吴觉农集

中国地方志茶叶历史资料选辑

吴觉农 辑

中国农业出版社
北京

中国国际茶文化研究会《吴觉农集》编辑委员会

出版说明

吴觉农先生（1897—1989）是我国著名的农学家、茶学家和社会活动家，也是我国现代茶叶事业复兴和发展的奠基人，被誉为“当代茶圣”。一生撰写、翻译、主编220多部（篇）论著，时间跨度达74年之久，是中国现当代茶业的全景式历史文献，对于从茶业角度深入了解认识现当代中国社会历史，有着无可替代的重要作用。

为使读者全面了解现当代中国茶业发展的历史及其与中国社会政治经济发展的相关性，本编委会特编选《吴觉农集》，收录吴觉农与茶有关的120余部（篇）论著，时间从1922年到1989年达67年之久。作为历史文献，其文字内容与习惯表述方面有着鲜明的历史性，为免引发歧义，本编相应对其作了一些处理，主要集中在如下几个方面：

一是当时仍被日本、英国、葡萄牙占据的台湾、香港、澳门，在述及茶叶产地、进出口地及相关数据时，被作为地区单独列出叙述，直到1945年、1997年、1999年相关表述才有改观。对于本编中的相关地区名称与现今规范不同的表述，为保留文献的历史性而保持原状，在每部（篇）文献第一次出现时，加编者注予以说明，或在行文便宜处加“中国”“地区”以规范其表述。

二是西藏、新疆、内蒙古等民族地区，唐代实行茶马贸易以来，对边疆少数民族地区的茶叶贸易一直实行不同的政策，在历史资料中也都以不同的民族地区名称称呼之。外蒙古地区于1911年宣布独立，但曾长期没有得到中国政府的承认，故而在对蒙古的称谓上，并不特别区分内蒙古与蒙古。而在西方传教士、学者的游记或学术著作中，更是将西藏、新疆、蒙古单列称呼，甚至与中国并列叙述。为尊重文献的历史性，本编也在每部（篇）文献第一次出现不合现在规范表述时，加编者注予以说明，或在行文便宜处加“地区”以规范其表述。

三是一些时代性的表述，如称孙中山“国父”，在演讲中自称“兄弟”等，皆予保留原文，不改动、不加注，保持文献的历史原貌。

《吴觉农集》编委会

2017年9月

序

中国国际茶文化研究会会长　周国富

吴觉农先生（1897—1989），浙江上虞人，原名荣堂，后更名“觉农”，以示为振兴祖国农业而奋斗之志，曾用笔名有咏唐、池尹天、施克刚等。吴觉农先生是我国著名的农学家、茶学家和社会活动家，也是我国现代茶叶事业复兴和发展的奠基人，被誉为“当代茶圣”。

他 1914 年考入浙江省甲种农业专科学校，开始了解中华茶叶历史，立志从事茶业。在校修业四年，1918 年毕业后留校担任助教。1919 年留学日本，在日本农林水产省静冈县牧之原国立茶叶试验场学习，专修茶业。

1922 年学成回国后，他曾去安徽芜湖第二农校从教，其间在《东方杂志》上发表了《中国的农民问题》的文章，引起关注。因这篇文章涉及农民在我国政治、经济上的地位，土地、农民受剥削压迫、农业科技与农民教育等问题，对提高当时农民的思想觉悟、促进农民运动的发展具有一定的作用。因此这篇文章于 1926 年为毛泽东同志主办的广州农民运动讲习所采用，作为培训教材。

1923 年，他从农校辞职回上海，在家乡上虞县开办泰岳寺茶场，同时在上海筹建了振华茶栈。他把自己在上海的寓所作为中华农学会的驻地，是年在《中华农学会报》上发表了《茶树原产地考》和《中国茶叶改革方准》，引起业界重视。其后曾任上海市园林场场长，浙江省政府合作事业室主任及上海劳动大学教授等职。他自 1931 年起就任上海商品检验局茶叶监理处处长后，为振兴茶叶经济，维护华茶在国际市场上的声誉，改善茶农的生活状况，做了多方面的努力，如首创茶叶出口口岸和产地检验制度，在浙江、安徽、江西等产茶省成立茶叶试验场和茶叶改良场。其目的不仅要禁止劣质茶叶出口，而且要全面提高茶叶质量，采取科学办法从栽培、采摘、制造、贮藏等方面入手，改变因循守旧的手工生产方式。

1934 年秋至 1935 年 11 月，他先后到日本、印度、锡兰、印度尼西亚、英国、法国和苏联考察，对有关国家的茶叶生产和销售情况，以及茶叶的国际市场进行了详细的调查，回国后写出了《华茶在国际商战中的出路》《华茶对外贸易之瞻望》《中国茶业复兴计划》等多项报告和建议。

抗日战争期间，他负责当时政府贸易委员会的茶叶产销工作，在中国最大的茶叶出口市场上海沦陷后，他努力开拓茶叶对外贸易，特别是对苏易货贸易，代表贸易委员会和苏联商务代表在武汉谈判，签订了易货协定，随后在香港设立贸易机构富华公司，在内地颁布《管理全国出口茶叶办法大纲》，实行全国茶叶的统购统销。他亲自到各省联系，先后在各产茶省成立茶叶管理处（局），组织茶叶生产、收购、加工、运输等工作，借此消除了过去洋行买办、洋庄茶栈的垄断和地主豪绅、商业高利贷者对农民的剥削，恢复已萎缩的茶区生产，把分散在各省农村的成百万担的零星茶叶，加工为成品箱茶，汇集香港履行对苏易货和海外销售。1938—1939 年两年，取得较大成绩，华茶外销跃居出口商品第一位，不仅超额履行了对苏易货合约，还向西方国家换回一定数额的外汇，支援了抗日战争时期的经济。

他十分重视茶叶专业人才的培育。1940 年在重庆复旦大学，他与该校教务长兼法学院院长孙寒冰等商讨，成立了第一个高等学校茶叶系，自兼系主任和教授，并邀请了一批有名望的学者专家授课。在筹建茶叶系的过程中，孙寒冰在日机的狂轰滥炸中不幸牺牲。吴觉农在茶叶系的开学典礼上，沉痛悼念孙寒冰，要师生们永远纪念这位杰出的、著名的进步文化人。1941 年他加入了中国共产党领导的秘密组织“中国民主革命同盟”（简称“小民革”），开展了一些革命活动。

1941年，他组织了一批有志于复兴中华茶叶事业的人士，在浙江衢州万川，设立了“东南茶叶改良总场”，亲任场长。1942年，迁址福建武夷山，创立了我国第一所国家级的茶叶研究机构“中国茶叶研究所”，他亲任所长。集中了一批专家、教授和有实际经验的茶叶从业人员，系统研究茶叶的栽培、制造和贸易等方面的课题，取得了不少较有影响的研究成果。1946年他回到上海，出任兴华制茶公司总经理，其间曾去台湾考察茶业。

吴觉农先生既是一位杰出的农学家和茶学家，也是一位知名的爱国民主人士和社会活动家，他振兴中国茶业的理想同他爱国主义的思想密切相关。从青少年时代起，他就追求真理，倾向进步。他同胡愈之、沈端先（夏衍）等情同手足。在杭州求学时代，即同共产党的早期先驱人物宣中华、杨贤江等交往密切。1927年“四一二”反革命政变时，他同胡愈之、郑振铎等七人在报上发表了抗议国民党反动派血腥屠杀革命群众的公开信，被周恩来称之为“中国正直知识分子大无畏的壮举”。20世纪20年代末，他和周建人、叶圣陶、章锡琛等进步文化人，共同创办了在知识分子和进步青年中有很大影响的“开明书店”。30年代，他又与陈翰笙、薛暮桥、孙冶方、钱俊瑞等组成了中国共产党所领导的进步团体“中国农村经济研究会”，宣传共产党的主张，他担任该会代理事长。同时，他还担任中国农学界的学术组织“中华农学会”的总干事，在农学界前辈梁希、邹秉文的支持下，广泛联系农学界人士，负责组织和出版会刊等工作。在民族危亡的关键时刻，他加入了“中国人民救国会”，积极参加营救“七君子”及其他被捕同志的工作。40年代初，他加入了周恩来直接领导的秘密组织“中国民主革命同盟”，并在上海担任负责工作。1946年国共和平谈判破裂，中共代表团撤离前，周恩来召见“小民革”负责人指示今后工作，吴觉农等四人参加。在抗日战争和解放战争时期，他不顾个人安危，受党的委托做出了他力所能及的贡献。如在上海解放前夕，营救被捕同志；联络马寅初、吴有训、竺可桢、茅以升等知名人士，以防被国民党劫持；动员他留日时的老同学汤恩伯起义等。

1949年9月21日，他在北京参加了中国人民政治协商会议第一届全体会议，参与制定新政协的《共同纲领》。10月1日，又登上天安门城楼，出席中华人民共和国开国大典。新中国成立后，他担任了农业部的副部长，随后便立即会同贸易部副部长姚依林等同志讨论成立了中国第一个对外贸易公司——中国茶叶进出口公司（归中央贸易部领导），他亲自兼任总经理。在当时错综复杂的国际形势变化中，他迅速同苏联等国签订茶叶贸易合同；加紧组织进行茶叶的收购加工，履行易货偿债，并积极开展对资本主义市场的贸易，推销积存茶叶；大力订制制茶机械，在各主要茶区筹建各种类型的制茶厂；同时联系各省积极建立和扩大茶叶教学与科研机构等。当抗美援朝开始后，美国对我国实行封锁禁运，他又采取了绿茶改制红茶等应变措施。随后他召开了全国茶叶会议，制订了第一个茶叶发展计划，为新中国的茶叶事业勾画了宏伟细致的蓝图。

吴觉农先生历任第一、二、三、四届政协委员，第二、三届政协全国委员会副秘书长，第五、六、七届政协全国委员会常务委员。其间任中国人民赴朝慰问团中央分团副团长，赴朝慰问。作为中国代表之一，出席了在哥本哈根召开的国际经济会议筹备会。出席了在维也纳召开的保卫世界和平大会。参加中国科普代表团访问苏联，庆祝十月革命节。

吴觉农先生历任中国农学会副理事长、中国茶叶学会名誉理事长。一直关心着中国农业和茶叶事业的发展。在经历了十年“文化大革命”的浩劫后，他已年逾八十高龄，但仍积极与农业和茶叶界人士探讨问题，参与各项考察和学术活动。他亲自去云南、广西、海南等茶区做调研，建议云南、贵州、四川、广西、广东发展红碎茶，以适应国际市场的需要；为增强茶叶出口的竞争力，他首先提出外销红、绿茶出口免税的建议；统筹外销茶产制运销一条龙等。这些战略性的意见，引起了有关部门的重视，有的已被采纳实施。

吴觉农先生晚年，还继续致力于著书立说，主编了《茶经述评》《中国地方志茶叶历史资料选辑》等著作，发表了《湖南茶业史话》《四川茶业史话》《我国西南地区是世界茶树的原产地》等重要论文。他九十岁时还发起筹建中国茶叶博物馆的倡议，为中国茶产业和茶文化的发展竭尽全力。根据他对中国茶叶事业建立的功绩，以及他渊博的茶学知识、丰富的实践经验和理论著述，陆定一同志称誉他为“当代茶圣”。

1989 年 10 月 26 日吴觉农先生因病在北京逝世。

吴觉老一生的实践，是我们学习的楷模。吴觉老临终前说：“我一生事茶，是一个茶人。”至于什么是茶人和茶人精神，吴觉老曾经有过这么一段精辟的概括，他说：“我从事茶叶工作一辈子，许多茶叶工作者、我的同事和我的学生同我共同奋斗，他们不求功名利禄、升官发财，不慕高堂华屋、锦衣美食，没有人沉溺于声色犬马、灯红酒绿，大多一生勤勤恳恳，埋头苦干，清廉自守，无私奉献，具有君子的操守，这就是茶人风格。”中国社会科学院院长胡绳同志就曾这样评价他：“吴觉农先生出生于苦难的旧中国，具有高度的爱国主义精神，是不断求进步的革命知识分子，他的身上表现着富贵不能淫、威武不能屈、贫贱不能移的高贵品质。”

2001 年 5 月，由我国茶学界、茶文化界以及有关企业单位发起组织了学术性民间团体“吴觉农茶学思想研究会”，宗旨是团结茶界专家学者和广大的茶人、爱茶人共同探讨与弘扬他的茶学思想，繁荣茶叶经济、茶文化，为社会主义的物质文明和精神文明服务。

吴觉农的茶学思想内容是多方面的，他始终是一位振兴华茶的倡导者和实践者。吴老的同学、妻兄、中国蚕丝专家陈石民先生曾经有一句话说：觉农是一位茶叶界的革命家，他所做的一切都是前无古人的。回顾吴觉老光辉的一生，他确实为振兴华茶做出了巨大贡献。他是我国茶史的考证者和茶政的改革者，发展茶叶对外贸易的积极实践者，我国茶叶出口产地检验的创始人，我国茶业高等教育的开创者，也是我国茶叶科研工作的开拓者。

为了弘扬吴觉农的茶学思想，继承吴觉农振兴华茶的事业，为了使吴觉老创导的“茶人精神”代代相传，2006 年 4 月由中国国际茶文化研究会、吴觉农茶学思想研究会、中国茶叶学会、中国茶叶流通协会、中华茶人联谊会、华侨茶业发展研究基金会、绍兴市人民政府、上虞市人民政府、中国茶叶博物馆、上海市茶叶学会、浙江省茶叶学会、浙江省茶叶产业协会、浙江省茶文化研究会、浙江国际茶人之家基金会共同发布了“弘扬吴觉农茶学思想倡议书”。倡议书中建议“多方筹集资金，组织整理出版《吴觉农茶学文集》”，后改名为《吴觉农集》。

经过几年各方面的努力，确定由中国国际茶文化研究会和吴觉农茶学思想研究会具体负责，并成立了由全国有关专家组成的《吴觉农集》编委会。筹集了启动资金，广泛进行了有关文献资料的收集和整理，并进入了编辑出版阶段，确定由中国农业出版社出版。《吴觉农集》共八册，包括《茶经述评》等百余篇（部）文献和著作，还有书信一百五十余封，近四百万字，现在终于可以与读者见面了。

《吴觉农集》内容广泛，全面反映了吴觉农茶学思想的方方面面，阅读和学习它，对弘扬中华茶文化、振兴中国茶产业具有现实意义。让我们通过对《吴觉农集》的阅读与学习，借鉴吴觉老提供的历史经验，弘扬吴觉老的“茶人精神”，为复兴中华茶文化、振兴中国茶产业做出更大贡献。

2016年4月于杭州

凡　例

1. 统一采用横排简体字版式，原竖排版式文献中右、左等方向词相应改为上、下。

2. 在编辑整理过程中，对明显的文字排校差错进行必要的订正，疑字和无法认清的字用"□"标示。

3. 原著中的繁体字、异体字和错别字作统一规范，通用的字、词保持原貌，不作改动。

4. 专著、论文、讲话、讲演稿、调查报告、序、跋、书信、译著标题，皆在文末以括注的形式作题解，如写作时间和发表时间齐全，采用发表时间；发表时间不详或无考，采用写作时间，外文原著译为中文，亦按译文发表或出版时间编排。

文献无标题或原标题不明确的，编者根据文献内容和有关背景情况拟出标题，在文末括注形式的题解中予以说明。

5. 原著行文中的历史纪年，1949 年 10 月 1 日中华人民共和国建立前使用历史纪年和民国纪年，涉及其他国家的使用公元纪年；中华人民共和国建立后统一使用公元纪年。

6. 原著或译著中涉及中国地名，行政区划归属今已不同者，不作更改。

7. 译著中洲名、国名、州省郡名，俱改从今通行译名。译著《茶叶全书》中的人名，除日文外皆未译成中文，今仍原样。而《茶叶全书》部分专名、地名在译文后重复保留的英文原文，大都予以删除。

8. 1945 年以前的原著及 1949 年以前的译著中，台湾皆作为一个单独的地区名出现，这是因为台湾岛自 1895 年《马关条约》清政府被迫割让后即为日本侵占，1945 年抗战胜利后才归还我国。除少数地方为避免引起歧义而加国名称“中国台湾”外，一般皆仍原样，以使读者看到真实的历史面貌。

9. 原著及译著文献行文中用中文或阿拉伯数字表示的数据，时间（世纪、年代、年、月、日、时刻）、物理量、约数、概数等统一用中文表示。整数万位数及万位数以上用“万”或“亿”表示，非整数的万位数及万位数以上、千位数及千位数以下不变。

10. 原著及译著统计表内数据统一使用阿拉伯数字。

11. 原著及译著中的计量单位为英制、旧制的，保留不变。

12. 原著及译著中无标点的，按现行新式标点予以标注；非标准标点，则作适当规范。

13. 原著正文和注释引用外文的，以及译著中未译的外文，皆保持原貌，不作翻译。

14. 编者所加注释，统一在句末标明“编者注”，以与作者原注相区别。注释统一置于页下，使用如①的序号。

15. 编者为书信所加简单注释，则按出现顺序在文末一并以括注形式标注，不加注释序号。

前　　言

《中国地方志茶叶历史资料选辑》现已编辑成书了。

三十多年前，在我离开了农业和茶叶的行政岗位之后，许多朋友希望我对茶叶这一有关国计民生的经济作物的历史作进一步的调查研究，于是，我首先着手的工作，就是托人分头到就近的北京图书馆、中国科学院图书馆等，并函请南京、杭州、长沙等地和其他一些省份的图书馆，将各个产茶省份的地方志中关于茶叶的历史资料，以及与茶叶密切相关的有关水和山，特别是名泉、名山的历史资料，分省区地一一摘抄下来，历经十余年，这才大致搜集完竣。值得庆幸的是，在“文化大革命”期间，搜集成帙的这些历史资料，竟能幸免于难，这样，也才有可能得以编成这本《选辑》。

我之所以搜集这些茶叶历史资料，原是为了进行茶叶的研究工作，所以历年以来，我所着手的第二步工作是，利用这些历史资料并参考其他有关茶叶著作，写成了《湖南茶叶史话》《四川茶叶史话》以及一些有关茶叶的建议等，1983年起，更进而编写了陆羽《茶经述评》一书。就在我准备继续利用这些资料再次进行写作的时候，农业出版社根据该社拟订的农业古籍整理出版长远选题规划，要求我对这些地方志中的茶叶历史资料进行整理，以便出版。我以为这些资料如能在整理之后予以印行，不仅能使读者对我国茶叶的历史资料有更多的了解，抑且能对各省区和各县现正进行重编的地方志提供必要的参考。同时，广大的茶叶工作者，还能在这些资料的基础上，利用上述重编的地方志，借以编出我国更加完整的茶叶的历史资料。另外，农业出版社出版的《中国茶叶历史资料选辑》中，已说明这个《选辑》不包括地方志的有关茶叶资料，因此，我就对农业出版社的意见表示同意。这便是这本书得以出版的由来。

这本书所收录的地方志，从其完成的时间来说，最早是在南宋嘉泰年间（1201—1204 年），最晚是在民国三十七年（1948 年），前后延续达七百余年。起讫于这漫长时间的许许多多的地方志，我虽已就藏有地方志最多的北京图书馆等的馆藏加以搜集，但是，本书所搜集到的，仍难免有不少挂漏之处。这是应予说明的第一点。

水、山之于茶，关系都至为密切。以水而言，唐代陆羽，在其所著的《茶经·五之煮》中，即曾以较多的篇幅论及煮茶所用的水。宋代以后的茶叶专著中，也多于论茶的同时，兼论及水，例如，有人认为所用以煮茶的“水以清轻甘洁为美”（见宋赵佶《大观茶论》）；还有人认为“精茗蕴香，借水而发，无水不可与论茶”（见明许次纾《茶疏》）；也有人认为“名茶宜瀹以名泉”（见明罗廪《茶解》）。这就足以阐明饮茶“择水，最为切要”（见明钱椿年编，顾元庆校《茶谱》）。至于山，很多是茶所赖以生长的地方，其中的名山，则在历史上更多生长着名茶，因而名山、名茶，常常是茶叶工作者进行研究的共同课题。为了满足读者择水的需要，也为了满足茶叶工作者恢复原有名茶和发展新兴名茶的需要，还为了补充我所编写的《茶经述评》中关于水和山的论述的不足，特将上述地方志中有关山和水的历史资料悉予收入本书。这是应予说明的第二点。

地方行政单位中的府，作为地方一级的行政机构，是从唐代开始的，明、清两代，在省一级和县一级的地方行政单位中间，都设有府的一级，因之清代的地方志，府一般都有府志。但我国现在的地方行政单位，已无府的一级，同时，原有的府一级所辖的行政区域，实际上就是府以下州、县所辖的那些地方，府一级本身是没有自己的行政区域的。另外，有些虽为府志所有而为州、县志所无的重要资料，则又几已全数收入在省志之内，所以过去的府志就已无整理出版的必要，为此，本书已将府志都予删除。这是应予说明的第三点。

我国各省区所辖的县，即以清代以迄民国这一阶段而论，有的已经撤销，有的已经裁并，其变动是比较频繁的。而这些已变动了的县，其县志所用的名称，则多仍用撤销、裁并以前之旧名，这就给本书的编辑工作带来了较大的困难，虽经通过一些地理工具书多方查对，仍有不少县份无法判定是现在的哪一个县，有的甚至还无法判定其方位所在，幸承中国科学院地理研究所的同志大力协助，使所有这些无法查对清楚的问题一一得告解决。又本书在编辑过程中，承恽霞表同志在整理地方志的资料方面几乎承担了全部工作。这都是在本书编辑成书的今天应该致以深深的谢意的。

吴觉农

1985年12月1日

目　　录

中国地方志茶叶历史资料选辑　上册

江苏省地方志 / 25

江西省地方志 / 251

福建省地方志 / 337

河南省地方志 / 417

中国地方志茶叶历史资料选辑　下册

湖北省地方志 / 427

湖南省地方志 / 489

广东省地方志 / 565

广西壮族自治区地方志 / 623

四川省地方志 / 657

贵州省地方志 / 815

云南省地方志 / 835

中国地方志茶叶历史资料选辑

上册

陕西省地方志

陕西通志

康熙六年（1667年）　三十册　　贾汉复、李楷纂修

卷之三　山川

西乡县

归仁山　在县东南四百里，产茶之处。

卷之十二　茶法

宋榷茶务　官自为场，置吏总之，曰山场，十有三州军采茶民皆隶焉。凡园户岁课，作茶输其租，余则官悉市之，先受钱而后入茶，曰本钱；又民岁输茶折税赋者，曰折税；此收茶之法。凡民鬻茶者，皆售于官，官给其日用，曰食茶；商贾之欲贸易者，入钱若金帛京师榷货务，以射六务十三场茶，给券，随所射予之，谓之交引；此鬻茶之法。

陕西置茶马司四。

关运　正统八年奏准：金州芽茶一斤，收叶茶二斤，运西宁茶马司收贮易马。

禁例　洪武三十年诏：榜示通接西蕃经行关隘并偏僻处所，著拨官军严谨把守巡视，但有私茶出境，即拿解赴官治罪，不许受钱放过。

差官　洪武间，自三月至九月，每月差行人一员，于陕西河州、临洮，四川碉门、黎雅等处省谕把隘关口头目，禁约私茶出境。

本朝茶引，设立茶马御史，每岁于汉中、巩昌等处招商领引，纳课报部如明制。

陕西通志稿

民国二十二年(1933年)　一百二十二册　　杨虎城、吴廷锡纂修

卷二百　拾遗　物产

……茶叶一项，为中华之美利，向闻陕西产茶只紫阳一县，今至白河，始知本地亦复产茶，且性甘而温，不似紫阳之寒苦。入市稍迟，谷雨以后，始有卖者，土人谓之家园茶，但年出不过千数百斤，又制法不精，色香稍次，然味美与南茶无以异也……

葭县(即今佳县)志

民国二十二年(1933年)　六册　　陈琯、赵思明纂修

卷之一　盐茶志

葭县从无茶叶，商贩用途，亦极稀少……

卷之二　物产志

木属

茶　出余家山柏树墕。

安康县乡土志

民国二十八年(1939年)　一册　　荆仞千纂修

(卅四) 安康农林生产量数如下：

(十九) 茶叶每年总收获量数约二万斤。

紫阳县新志

道光二十三年(1843年)原修,光绪壬午(八年,1882年)补刻　四册

陈仅、杨家坤纂修

卷三　赋役

康熙二十三年奉旨豁免茶课银一百二十七两三钱四分六厘九毫三丝七忽。

按旧志所载赋役，俱康熙二十七年以前权宜之数，迄后增减因时，未有定额，今考《通志》及现行则例续之，用昭画一之良规焉。

卷三　物产

杂植

紫阳茶每岁充贡，陈者最佳，醒酒消食，清心明目，功则著矣，然多饮亦破睡伤脾。按《茶解》：茶地南向为佳，向阴者劣。《茶疏》：清明、谷雨，摘茶之候也，清明太早，立夏太迟，谷雨前后，其时适中。紫阳茶，春分时摘之，叶细如米粒，色轻黄，名曰毛尖白茶，至贵；清明时摘之，细叶相连，如个字状，名曰芽茶，入水色微绿，较白茶气力完足，香烈尤倍；以次渐迟，摘之则为蔓子，为草青色，香味俱不及清明、谷雨前者为佳。

卷八　艺文

诗

邑令陈仅《紫阳书事》　崖边摘茗分寒暖，紫阳产茶，以阴坡、阳坡分茶性寒暖。林际听莺识雨旸。黄莺，关中人呼为水鸦儿，虽久旱，闻林莺啼必有雨至。西涧柳欹东涧溟，南坡花发北坡香。

重修紫阳县志

民国十四年(1925年)　六册　　杨家驹、陈振纪、陈如镛纂修

卷一　物产

紫邑……茶、麻以西南区及蒿坪河一隅为最多。茶之原质，色、香、味较他处所产俱胜，谷雨前毛尖，尤称上品，惟制法不精，行销地向复加以限制，贩运者北至省城南关，西至汉中，东至老河口而止。光绪间价尤低廉，多有毁去茶树者。近年茶价稍昂，植者渐广。民国二年绅商创立茶叶公司，欲改良制法，推畅销路，惜股本不济，旋即解体……

卷一　水道

蒿坪河，在治东北三十里，源出滴水崖纳铁炉北沟二水，东径蒿镇之北，南流二十一里至新铺子，入安康界。

卷二　市集

县城东二十一里洞河口，东乡土产，如药材、丝、茶之属，由此出口，商业颇盛……

县城南十八里瓦房店……近年如茶、麻、漆、丝、桐漆油、木耳、药材之属，西南二乡所产者多，由此出口，可为大宗，商业稍有起色。

县城西二十九里宦姑滩，滨汉南岸，出口有茶、丝、漆油、木耳……

县城西北六十三里汉王城，滨汉北岸，街长一里，市面整齐，下街属紫阳，上街属汉阴，向来商业颇盛……出口以丝、茶、木耳、桐油、漆油、牛羊皮为大宗。

县城东北三十里蒿坪河，茶、麻、丝为大宗，由流水店出汉江。

卷二　赋税

茶税无定额，每石征收钱一百文。

汉阴县志

康熙丁卯(二十六年,1687年)　一册　　赵世震、汪泽延纂修

卷三　物产

货则茶

汉阴厅志

嘉庆二十三年(1818年)　六册　　钱鹤年、董诏纂修

卷二　物产

茶出南山

石泉县志

道光十四年(1834年)　六册

卷之三　食货　物产

货之属

槚，一曰茗，邑产极佳。

城固县志

康熙五十六年(1717 年)　四册　　王穆纂修

卷三　茶引

按：城固茶引有大小之别：大引共二百一十张，每张折价二两，共该银四百二十两；小引六张，每张折价二两，共该银一十二两，折价即纳茶课也。商人不拘多寡，有力量者，或领三四十张，无力者，或领一二十张，亦无定名，今年系赵商，明年即将引卖与钱商。行茶先于甘宁茶院报明领引，每引一张，计茶二十封，每封五斤，至湖广长沙府安化县收买，从水路运至襄阳及陕西兴安州白河、紫阳验引放行，至汉中茶法厅，按引盘茶，由陆路驮至临、巩等处。查西边有河州、岷州、庄浪、西宁四厅，如其商奉院发在何司，则运至彼发卖。茶有贵贱，引价则一如前开，每张二两是也。例系卖茶完价，如茶不能销，则价亦拖延，甚至越两年而未楚，所以引领于本年之夏，而价不能完足于当年之冬。每年春，奉茶院票提商人领引，四司照簿行催完价，县据商报赴司日期申复。甘肃向有茶马察院，昔年奉裁，归并于甘肃巡抚衙门矣。

西乡县志

康熙二十二年(1683 年)　存二册　　史左、陈鹏程纂修

卷三　土产

货类　茶

西乡县志

民国三十七年(1948年)　六册　　薛祥绥纂修

秩官志第七　勋绩

南宋　唐文若，字立夫，眉山人。登进士第，召对便殿，高宗特旨通判洋州。洋西乡县产茶，亘陵谷八百余里，山穷险，赋不尽括，使者韩珠将增赋以市宠，园户避苛敛转徙，饥馑相藉，文若力争，赋讫不增。据《宋史》本传增入。案贾志云：唐文若，四川丹棱人。

物产志第十二　植物

木材

茶　清《一统志》云：出西乡县归仁山。按：其地今属镇巴县西乡。东区之青溪、三高川、五里坝、老渔坝，南区之面子山，西区之大巴关、楼坊坪等地，均有茶山。茶子油可食，与鱼同食，则有毒。又作印泥。宋王象之《舆地纪胜》利州兴元府茶马司条云：《图经》云：成都利州路买茶，秦凤熙博马，始于熙宁之十年。是时，李杞置司秦州，蒲宗闵置司成都，而川司、秦司之分，则始于此。绍兴七年，四川都大茶马李迨奏请合为一司，总治成都，从之。其后或分或合，合则总治成都，分则川司治成都，秦司治兴元，俱称都大茶马。宝庆中，分为两司，而秦司不复专官，惟以兴元帅兼领焉。《朝野杂记》云：淳熙中，秦司每岁五千九百匹，其后增为六千一百二十。《图经》云：秦司置司兴元，属官一员掌之，职在收宕昌、高峰、文州所买马，类聚发纲，及受本府南郑、城固、洋州之西乡茶引钱，及利州路州军博马，按帛发马，一岁凡一百三十纲，六千五百匹。《明史·食货志》云：洪武初定令，凡卖茶之地，令宣课司三十取一。四年，户部言，陕西汉中、金州、石泉、汉阴、平利、西乡诸县茶园四十五顷，茶八十六万余株；四川巴茶三百十五顷，茶二百三十八万余株，宜定令每十株官取其一，无主茶园，令军士薅采，十取其一，以易番马，从之。于是诸产茶地设茶课司，定税额，陕西二万六千斤有奇，四川一百万斤，设茶马司于秦、洮、河、雅诸州。又云：帝尝谓户部尚书郁新，用陕西汉中茶三百万斤，可得马三万匹，四川松茂茶如之，贩鬻之禁，不可不严，以故遣佥都御史邓文鉴等察川陕私茶。又云：神宗万历二十三年，御史李楠请禁湖茶，言湖茶行，茶法、马政两弊，宜令巡茶御史召商给引，愿报汉、兴、保、夔者准中，越境下湖南者禁止，且湖南多假茶，食之刺口破腹，番人亦受其害。既而御史徐侨言，汉川茶少而直高，湖南茶多而直下，湖茶之行，无妨汉中，汉茶味甘而薄，湖茶味苦，于酥酪为宜，亦利番也，但宜立法严核，以遏假茶。户部折衷其议，以汉茶为主，湖茶佐之，各商中引，先给汉川，毕，乃给湖南，如汉引不足，则补以湖引。报可。王圻《续文献通考·征榷考》云：嘉靖十二年，令陕西金州、西乡、石泉、汉阴、紫阳五州县茶户，巡茶御史每十年一次清审，量为增减，均平茶课。又云：陕西茶课，初二万六千八百六十二斤一十五两五钱，万历时，五万一千三百八十四斤一十三两四钱。原注：系汉中府属金州、紫阳、石泉、汉阴、西乡五州县岁办，分解各茶马司。顾炎武《天下郡国利病书》茶课条云：西乡县二万六百八斤五钱。何大复曰：汉中之茶，产于西乡，故谓尽茶地。余闻之不然，西乡茶地，惟三里耳，三里去县又四百里，径于豺虎寇盗之窟，比以加赋，其民昼夜治茶不休，男废耕，女废织，而莫之能办也，于是乎有逋户焉。祥绥按：茶税始于唐德宗时，宋、明以来之纪载，多称本县产茶，然税重多扰，民不聊生，利不胜害也。至清代陕南惟紫阳茶有名，而本县之茶，则绝迹市场焉。紫阳茶则行销甘肃，必过本县，民国四年，甘肃曾派员于本县设局，征收散茶税，直至十四年始撤销。兹历引史事，冀观者知凡物税重，皆足病民，而增加赋税，尤为乱阶，侈言加税者，幸三思之。

实业志第十三　商业

……乡村有市集者，始有商业可言……而茶社则甚普遍，且有数家者，繁盛之市，各区皆有。如东区之两河口，则为与石泉互市之所，多茶、铁、蓝靛、木耳等业。下高川为川货经过地，洋县人多至此卖盐，购白麻纸。五里坝蓝靛、漆油、木耳、茶、铁等业均盛……

输出土产表

地　域	输出土产
陇　南	茶

定远厅(旧厅名,民国时改为镇巴县)志

光绪五年(1879 年)　六册　　余修凤纂修

卷八　物产

货之属

茶　有茶税。

木之属

茶树　下楮河、双北河两地，间有乡民摘食，无出卖者。

南郑县志

乾隆五十九年(1794 年)　四册　　王行俭纂修

卷五　物产

茶　《唐书·地理志》：兴元府贡。《明史·食货志》：汉中茶味甘而薄。

南郑县志

民国十年(1921年)　十册　　柴守愚、刘定铎纂修

卷三　实业

茶　由兴安、湖北等处运入，年约十万斤，转运于甘肃者，约占五万斤。

褒城(旧县名,原县辖境属今汉中地区)县志

道光间　六册

卷八　文物志

《史记·河渠书》：褒斜材木竹箭之饶，拟于巴蜀……

《唐书》：兴元府土贡谷、蜡、红蓝燕脂、夏蒜、冬笋、糟瓜、柑、枇杷、茶，历观前纪，褒城之土产民风可想见矣……

甘肃省地方志

甘肃通志

乾隆元年(1736年)　三十六册　　查郎阿、刘于义、许容纂修

卷十九　茶马

自唐回纥入贡，以马易茶，宋熙宁间相继行之，所谓摘山之利而易充厩之良。有明定制，金牌差发，假市易以羁縻控驭，为制番上策。夫茶运于商，督销有官，权其轻重，缉私便商，茶司各官之专责也。志茶马。本朝茶法：陕西差茶马御史一员，辖洮岷、河州、西宁、庄浪、甘州五茶马司各厅员。内甘州一司，隶兰州同知。苑马寺卿一员，领监七。每岁，御史招商领引，纳课报部。所中马，牡者给各边兵，牝者发苑马寺喂养孳息。岁额：茶课折色银六千二百六十六两二钱二分六厘，本色茶十三万六千四百八十篦，旧额新增，共茶引二万八千七百六十六道，内甘省五司，旧额新增，共引二万七千二百九十六道。茶商领引，赴产茶地方办运，每引征茶五篦，每篦二封，每封五斤，共征茶一十三万六千四百八十篦。又宁夏道额引二百七十道，纳茶价银一千五十三两余，均系西安所属。顺治初易马例，每茶一篦，重一十斤，上马给茶一十二篦，中马给茶九篦，下马给茶七篦。凡通接西番关隘处所，拨官军巡守，遇有夹带私茶出境者，拿解治罪。其番僧夹带奸人并私茶，许沿途官司盘检茶货入官，伴送夹带人，送官治罪。若番僧所到处，该衙门官纵容私买茶货及私受馈赠、改关文者，听巡按察究。又进贡番僧，应赏食茶，须给勘合，付四川布政司拨发有茶仓所照数支放，不许于湖广等处买私茶。甘镇以茶易马，各番许于开市处所互市，不容滥入边内。四年，差满汉巡茶御史、笔帖式、通事各一员。五年，议准茶篦止供中马，不许开销赏番。七年，题准旧例大引篦茶，官商均分，大引采茶九千三百斤，为九百三十篦，商领部引，输价买茶，交茶马司一半，入官易马，一半给商发卖，例不抽税。小引包茶，税分差等，每五斤为一包，每二百包

为一引，发卖民用。每引汉中税银九两四钱，西安、凤翔税银一十四两，今定大小引一例平分。十年，复准茶商旧例大引附茶六十篦，小引附茶六十七斤零，今定每茶一千斤概准附茶一百四十斤，如有夹带私茶，严查治罪。茶篦先由潼关、汉中二处盘查，运至巩昌，再经通判察验，然后分赴各司交纳，官茶贮库，商茶听商人在本司贸易。延、宁二处商税，每引百斤量入官茶三十斤，折银一钱三分，交库汇报。凡镇将发银市马，查核的确，准令购买，若有载茶易马者，概行禁止。

各番交易茶马，量赏烟酒，以示抚绥。十三年，复准新茶中马既足，陈茶变价充饷，如新茶不足，陈茶两篦折一中马。十四年，复准私茶私马变价及赎罪银，原留中马支用，今七监马匹蕃庶，改解充饷。康熙二年，题准茶九万篦作十分考核，欠不及半分者，罚俸六个月；欠半分以上，罚俸一年；一分以上，降一级；二分以上，降三级；三分以上，降四级调用；四分以上，革职。溢额，每分以上，记录一次；至四分以上，加一级；五分以上，加一级，记录一次。茶引不完者，虽多得茶斤，不准议叙。四年，裁陕西苑马各监。七年，裁茶马御史，归甘肃巡抚兼理。十四年，题准茶马事宜，每年八月攒造汇报。三十二年，题准西宁五司收贮茶篦年久，难免浥烂，每篦十斤，变价银六钱。三十六年，仍差部员管理茶马事务。又陕西黄甫堡原额茶引一百三十四道，今口外蒙古在杀虎口就近易盐，以致黄甫堡茶引不行，嗣后将额引停其颁发。又以兰城无马可中，将甘州司积贮茶篦，在五镇俸饷之内，银七茶三，每银一两，搭放值三钱茶一封。四十二年，题准陕西茶引共额二万七百九十六道，发西、庄、洮、河四司，通番中马，内有小引八百余道，售西、凤、汉中三府人民供食。自康熙二十三年后，被大引渐次侵更，现今止留小引一百道，西、凤、汉中三府地方人民，不足食用，以致私贩横行，今于小引原额内颁茶引五百道，给商行茶，每引征茶五篦，每篦折银四钱，共征银一千两。四十三年，复准嗣后陕境交界处盘查茶斤，行人携带十斤以下者，停其搜捕。如有驴驮车载，无官引者，即系私茶，照私盐律治罪，失察官员，俱照私盐例议处。四十四年，茶马事务，停止差官，仍归甘肃巡抚兼管料理。西宁等处所征茶篦，停止易马，将茶变价折银，每新茶一篦，折银四钱，陈茶一篦，折银六钱充饷。巡察私茶，十斤以下，停其搜捕，恐沿途行人分带零运，仍照旧例缉拿处分。五十七年，议准陕西、西宁地方，为通番大路，原额茶引九千二百四十八道，不敷民番食用，今加增茶引二千道，每引照例征茶五篦，每篦折银四钱，共征银四千两。六十一年，复准陕西、西宁、庄浪、岷州、河州界连口外，增茶引四千道，交于总督办理，一年定例之后，仍照旧交与巡抚办理。又议准西宁等处行茶，原照例易换马驼羊牛，并买粟谷，今将旧茶悉出变卖，以作兵饷。雍正三年，河西厅改为府。卫所改为州县案内，西宁厅改为西宁府，西司茶务，归西宁府管理。又复准甘肃四司茶篦，自康熙六十一年为始，五年之内，总收本色，五年之后，即将五年以前之茶发出变价，挨次出陈易新，将变价银两按年题报，嗣后总以五年为率。又复准陕省茶改令产茶地方官给发船票，照依该商引目茶数，一一开明，不得另给印票。其应行盘查之处，照依引目及正茶、附茶斤两盘查验放，不得勒掯留难。如于部引之外，有搭行印票及附茶不依所定斤数多带私茶者，查拿照私盐律治罪。如查验官故纵失察者，照失察私盐例处分。如有地僻引多，茶斤壅滞，不能行销者，该商具呈该司，该司详报甘抚行令往别司分通融发卖办课。八年，题准改岷厅为州，洮岷司茶务，归洮岷道管理。又题准五司茶价，西司每封九钱五分，庄司七钱五分，洮司七钱五分，河司九钱四分，甘司七钱二分，各司总在前议价值以上发卖，按季具结报部。九年，奏准令五司复行中马之法，每上马一匹，给茶十二篦，中马一匹，给茶九篦，下马一匹，给茶七篦。俟一年之后，计收马之数，如所得一二千匹，即留甘省军营之用，或马数甚多，分拨于河南、山西相近之各营汛喂养。十年，奏准中马之法，应见马给茶，并于收喂之第一个月，支料二京升，草一束；第二个月，再加料一京升，草半束；至第三个月，支料四京升，草二束。仍于五月初一日出场，九月初一日收槽，其槽口、喂夫、棚场、灯油等项，俱照例开销。又咨准茶商船票，仍由甘肃巡抚衙门给发。

附：历代茶马

唐德宗纳户部侍郎赵赞议，税天下茶、漆、竹、木，十取其一，以为常平本钱。后罢之。旧志谓：茶之有税始此。贞元九年，从盐铁使张滂奏，令出茶州县，若山及商人要路，以三等定估，十税其一。自是岁得钱四十万缗。穆宗从王播奏，增天下茶税率百钱增五十。其后，王涯判二使，置榷茶，徙民茶树于官场，焚其旧植者，天下大怨。令狐楚代为盐铁使后，令纳榷加价而已。李石为相，以茶税皆归盐铁，复贞元之制。武宗增茶税时，诸道置邸以收税。大中初，盐铁转运使裴休著条约，其法益峻，同于私盐，私商给自首之帖，天下税茶增倍。

宋置榷茶务，官自为场，置吏总之，曰山场。凡园户岁课，作茶输其租，余则官悉市之；先受钱而后入茶，曰本钱；又民岁输茶折税赋者，曰折税；此收茶之法。凡民鬻茶者，皆售于官，官给其日用，曰食茶；商贾之欲贸易者，入钱若金帛于京师榷货务，以射六务十三场茶，给券随所射予之，谓之交引；此鬻茶之法。雍熙后，用兵乏饷，令商人入刍粟塞下，酌地远近，增其虚估，给券以茶偿之。天圣初，行见钱法，商人入刍粟塞下者，度地里远近，使茶与边籴各以实钱，禁纳色虚估之弊，豪商大贾，不能为重轻，而烦费顿省。嘉祐中，弛旧禁，通商茶法，弊园户，困于征取，何鬲、王应麟俱言其不便，时韩琦、富弼主行之，岁收租三十三万八千有奇，与诸路本钱悉储以给边。神宗熙宁中，置提举熙河路买马，命知熙州王韶为之，而以提点刑狱为同提举。

八年，提举茶场李杞言，卖茶买马，固为一事，乞同提举买马。诏如其请。十年，又置群牧行司，以往来督市马者，此茶马所由始也。元丰三年，复罢为提举买马监牧司。四年，群牧判官郭茂恂言，承诏，专以茶市马，以物帛市谷，而并茶马为一司，臣闻顷时以茶易马，兼用金帛，以听其便，近岁司局既分，专用银绢钱钞，非羌部所欲，且茶马二者，事实相须，请如诏便。奏可。六年，买马司复罢兼茶事者。七年，更诏以买马隶经制熙河财用司，经制司罢，乃复故。自李杞建议，始于提举茶事兼买马，其后二职分合不一。八年，陕西卖茶，为场三百三十二，金州为场六。元祐二年，熙河、秦、凤三路茶，仍官为计置，永兴、鄜延、环庆，许通商。崇宁四年，诏令茶马司总运茶博马之职，复元丰成法，自是职任始一。

元世祖至元五年，用运使白赓言，榷成都茶，于京兆、巩昌置局发卖，私自采卖者，其罪与私盐法同。

明陕西置茶马司四，河州、洮州、西宁、甘州各府，并赴□州茶引所批验。洪武初，上引五千斤，中引四千斤，下引三千斤，每七斤蒸晒一篦，运至茶司，官商对分，官茶易马，商茶给卖。每上引仍给附茶七百斤，中引五百六十斤，下引四百二十斤，名曰酬劳。经过地方，责令掌印官盘验，佐贰官催运。凡中茶有引由，出茶地方有税，贮放有茶仓，巡茶有御史，分理有茶马司、茶课司，验茶有批验所。岁遣行人赍榜文于行茶所在，悬示禁约私茶出境，拨官军把守巡视，但有私禁，即拿解治罪。茶课初二万六千八百六十二斤零，弘治十八年，新增二万四千一百六十四斤，并旧五万一千二十六斤零，见今茶课五万一千三百八十四斤零，系汉中府属西乡、石泉、汉阴及兴安、紫阳五州县岁办，分解各茶马司。又设陕西行太仆寺，寺有卿，有少卿及寺丞、主簿各一人，甘肃行太仆寺亦如之。又设陕西苑马寺卿、少卿、主簿各一人。后裁少卿、寺丞，领监二，长乐、灵武。监有正，置苑七，广宁、开城、黑水，安定、清平、万安、武安，苑有圉长。二监易七苑为七监，圉长为监正。甘肃苑马司设官如陕西，领监六，苑二十四。洪武初，令陕西河州、洮州、西宁各设茶马司，每三年一次，差在京官选调边军，赍捧金牌四十一面，降此三卫附近羌族，令纳马万有三千八百五十匹，收马给茶，名曰差发。先期于四川征茶一百万斤，官军转运各茶司分贮给用。二十三年，定易马茶数，上等每匹一百二十斤，中等七十斤，下等五十斤。洪武四年，奏准陕西汉中府金州、石泉、汉阴、平利、西乡县民茶，十株官取一分，民所收茶，官给价买，无主者，令官军薅培，及时采取，官取八分，军收二分。每五十斤为一包，二包为一引，令有司收贮，与西番易马。永乐初，遣御史巡督洮、河等处茶马。

正统八年，奏准金州芽茶一斤，收叶茶二斤，运西宁易马。十四年，停止金牌，每岁遣行人一员，巡察潼关以西至甘肃等处私贩。景泰二年，令陕西布政司委官巡视，罢遣行人。四年，复遣行人。成化三年，定粗茶每百斤收银五钱，芽茶三十五斤，亦量收五钱，无银，收丝绢等项，俱解本省有司买茶支用。十四年，差御史一员，领敕专理茶马，每岁一代，遂为定例。定制：易马自四岁至六岁，高大中度者，方准收买，牡骟马给各边兵，牝马送苑马寺孳牧。十五年，令巡茶御史招羌易马，不拘年例。十八年，令贩私茶五百斤者，照私盐例充军。弘治三年，令陕西布政司招商给引，赴产茶地方买茶，运赴茶马司，六分听其货卖，四分验收入官。十六年，取回巡茶御史，凡茶法，听马政都御史兼理。十七年，令陕西每年拣宪臣驻扎临洮府，巡禁私茶，一年满日交代。又召商收买茶五六十万斤，依原拟给银，定限听其自买，自运至各该茶司，仍委官于西宁、河州二卫发卖，价银，官库收候给商。十八年，题准各处行茶地方，但有兴贩私茶，在边境交易，及在腹里卖与进贡远人者，不拘斤数，事发，并歇家牙保，俱发问烟瘴卫所，永远充军。其在西宁、甘肃、河州、洮州贩卖者，一百斤以上者，分别附近边卫充军，不及数者，俱依律枷号，摆站守哨。若军官纵容子弟伴当兴贩，及守备把关巡捕官知情故纵者，事发参问。若官自出资本，贩私茶通番者，发边卫充军。在西宁、洮河、甘肃地方发卖者，三百斤以上，近卫充军。正德元年，旧额茶课二万六千八百余斤，新收茶课二万四千一百六十四斤，俱照岁办，永为定例。商人不愿领价者，对分，官茶贮库，商茶径自货卖，遂为常例。二年，仍差巡茶御史一员，请敕兼理马政茶法二事。十五年，以每年招易羌人，不辨秤衡，止订篦中马，篦大则官亏，小则商病，令酌为中制，每一千斤定三百三十篦，以六斤四两为准，作正茶三斤，篦绳三斤。嘉靖十五年，题准陕西三茶马司积茶，止留二年之用，每年易马，计该正茶外，分毫不许夹带。四十三年，题准以后每年开茶，仍止五六十万斤，商人以一百五十名为止，勒限买茶报中。又定买茶中马事宜，各商自备资本，执引前去收买真细好茶，正附一例，蒸晒每篦重七斤，巩昌府查验篦数，稽考夹带，每正茶一千斤，许照散茶一千五百斤，数外若有多余，方准抽税，各照格填注，印钤截角，依限运赴洮岷参将转洮岷茶司，照例对分贮库，取实收赴院销缴。如有夹带数多，伪造低假，正附篦斤不同，即从重问罪。夹带与斤重者，入官；低假者，砍焚；引过五年不销者，究问。隆庆三年，以四川课茶改征折色，解苑马寺易买种马。五年冬，令甘州茶司比照洮、河、西宁三茶司例，定以六月，该道会同将领，抚调羌族马堪骑征者，方许中纳，每年约以八百匹为止。万历二年，陕西苑马寺缺少种马，将该寺贮库茶课等银岁解固原镇二千两，给军自买，于年例应解该镇马二千匹内，扣留二百匹，在苑作种。

皋兰县志

乾隆四十三年(1778年)　四册　　吴鼎新纂修

卷之五　山川

甘泉　县南三十里，地名峨嵋湾，水甘，可烹茶。

皋兰县续志

道光二十三年(1843年)　四册

卷十　奏疏

明杨一清《请复茶马旧例疏》　臣于茶马事例，知圣祖神宗，睿谋英略，度越前代也。自唐世回纥入贡，以马易茶，至宋熙宁间，乃有以茶易番马之制，所谓以摘山之利，而易充厩之良，戎人得茶，不能为我害，中国得马，足以为我利，计之得者，无越于此。至我朝纳马，谓之差发，如田之有赋，身之有庸，必不可少，彼既纳而酬以茶斤，我体既尊，彼欲亦遂，较之前代曰互市，曰交易，得失轻重，较然可知。且金城之西，绵亘数千里，北有狄，南有番，狄终不敢越番而南，以番人为之世仇，恐议其后，此天所以限别区域，绝内外者也。国初，散处降夷，各分部落，随所指拨地方安置住札，授之官秩，联络相承，以马为科差，以茶为酬价，使知虽远外小夷，皆王官王民，志向中国，不敢背畔，且如一背中国，则不得茶，无茶，则病且死，以是羁縻之，贤于数万甲兵矣，此制西番以控北边之上策，前代略之，而我朝独得之者也。顷自金牌制废，私贩盛行，虽有抚谕巡茶之官，莫之能禁，坐失茶马之利，垂百六十年，岂徒边方缺马，将意外之虑，或从此生。乞敕该衙门将金牌旧额查出，仍遣廷臣赍捧前来，会同臣等昭示番族，使知朝廷修复旧制，各当本等差发，不许违背。附近番族，调取原降金牌，前来纳马，给茶赏劳，有不受约束招调者，官兵诛剿，以警其余，庶几恩威并施，番人怀畏，永为藩篱之固。

重修皋兰县志

民国二十六年（1937 年）　十四册

卷十　舆地中

红泥泉，在红泥岩下，谷深树密，盛夏入之，寒气袭人，岩半祠宇巍峨，泉出其旁，清冽潺湲，色白而骨重……酿酒烹茗，风味殊绝。旧县志续志：秦维岳红泥泉诗：兰郡多泉水，兹泉味莫加。调羹宜作醢，消暑可烹茶……

江苏省地方志

江南通志

康熙二十三年(1684年)　三十四册　　王新命、张九征纂修

卷之七　山川

苏州府

六品泉　在吴江县南五里。张又新品为东南第六泉，清澈甘洌，烹茶极佳。

石井泉　在虎丘山。今名陆羽泉，羽尝以此泉为天下第三。

松江府

佘山　在卢山东北。旧传有佘姓者养道于此，故名。按：《吴兴志》亦有佘山，上有东汉佘将军庙，好事者遂指此为东佘云。其高与干山等，东西二峰，延亘数里，招提兰若，隐见其中，土宜茶，有泉名洗心，甚清洌。

常州府

唐贡山　在宜兴县东南三十五里，临罨画溪。山产茶，唐时入贡，故名。

陆子泉　在无锡县慧山寺南庑。石穴源出，若冰洞。陆羽品天下水味，以庐山谷帘泉为第一，此居次，今匾曰天下第二泉。

卷之二十四　物产

常州府

茶　《诗》云：荼。《尔雅》云：槚，苦荼。陆羽《茶经》云：浙西以湖州为上，常州次之。产宜兴者曰岕茶。

淮安府

黄凉茶　是木即楷树，可茹其嫩叶芽。

江南通志

乾隆元年（1736 年）　七十册　　尹继善、黄之隽纂修

卷八十六　食货志　物产

江宁府

茶　江宁天阙山茶，香色俱绝。城内清凉山茶，上元东乡摄山茶，味皆香甘。

苏州府

茶　出虎丘金粟房，其色白，香如幽兰，采于谷雨前为雨前茶，天池、伏龙俱佳，此为最。又洞庭两山亦出佳茗。

松江府

兰笋山茶　色淡而味清芬，亦绝品也。

常州府

岕茶　产宜兴山谷者佳。

卷一百九十五　杂类志　纪闻

镇江府

唐代宗时，李季卿刺湖州，至维扬，逢陆鸿渐羽。李素熟羽名，因赴郡，抵扬子驿，曰：陆君善于茶，天下闻名，况南零水又殊绝，二妙千载一遇。乃命军士挈瓶操舟，汲南零。羽执器以俟，俄水至，羽以杓扬之，曰：江则江矣，非南零者。既而倾诸盆，而半遽止之，曰：此南零者矣。军士大骇，跪曰：赍自南零，舟荡覆水，惧其鲜，挹岸水增之，处士，神鉴也！又李德裕在中书，有亲知奉使京口，德裕曰：还日，金山下中泠水可与汲一盎来。其人举棹日醉而忘之，至石城下方忆，乃汲一瓶于江中，归献德裕。饮而叹曰：江表水有异于顷岁矣，颇似建业石城下水。其人谢过不敢隐。

重刊景定建康志

嘉庆六年(1801 年)　十六册　　马光祖、周应合纂修

卷十九　山川

白乳泉，在摄山栖霞寺千佛岭下。昔因人伐木，始见石壁上刻隶书六大字曰：白乳泉试茶亭，不知得名于何人。

钟山水，李卫公《浮槎山水记》云：……则钟山水与浮槎之水其味同也。

首　都　志

民国二十四年(1935 年)　二册　　柳诒征、王焕镳纂修

卷三　山陵上

钟山水　《建康志》引李卫公《浮槎山水记》云：……则钟山水与浮槎之水其味同也。

茶圃　《陵园小志》：茶圃于十八年开始进行，面积约五十亩。第一区在东沟之西，第二区在东沟之东，第三区在小红山官邸之东。第一年用苗床播种，第二年定植，此后概用直播方法，取其茶苗发育较旺。定植形式分二种：一种三角形，一种长条形。

南京气候，对于茶作尚称合宜，惟冬季严寒，春季稍迟。前者植防风林及用毛草包扎，以资补救，后者出品略迟而已。茶苗年龄未至采摘时期。二十二年春，择大丛者试制数斤，其味其色，均不减龙井。此后茶圃拟向东沟北部扩充，待茶苗有三百亩以上时，即采用机器制茶。其他各分区苗圃，因造林将次完竣，亦拟改为茶圃，茶圃内附植滁州白菊及玫瑰花……红玫瑰现栽一亩，焙制花干出售。

卷四　山陵下

向紫峰阁循涧而上，度春雨桥，有白鹿泉庵，《栖霞小志》：庵在中峰涧之上……庵后石壁下有泉，大不盈尺许，人称白乳，实不知山中自有白乳泉，试茶亭在白云庵之上……而庵内外尤多梅花，茶树可摘可烹云。

中华门外三十里有牛首山……山产茶，香色俱绝，名天阙，茶……

其五峰连峙于东南，曰吉山……山亦产茶，与牛首相似。

金陵物产风土志

（《金陵琐志》内）

光绪戊申（三十四年，1908 年）　五册

牛首、栖霞二山皆产茶，生于山顶，以云雾名。寺僧采之以供贵客，非尽人所能得。惟城西五台山茶，树本不高而叶茂。同治初江宁涂太守宗瀛所种，尚有数十株耳。然品茶必先试水。钟山一勺泉、嘉善寺梅花水、永宁庵雨花泉，水中之清品，地僻不可常致。江水离城市亦远，河水则污浊不堪，居民汲饮，每以为苦。惟雨水较江水洁，较泉水轻，必判分昼夜，让过梅天，炭火焠之，叠换缸瓮，留待三年，芳甘清洌，车研诗所谓为忆金陵好，家家雨水茶是也。

上元县志

道光四年（1824 年）　二十年　四卷　　武念祖、陈栻纂修

卷之四　山川

白乳泉、品外泉、珍珠泉，皆在栖霞寺。昔有人伐木，见石壁上刻隶书六大字曰：白乳泉试茶亭，不知得名所自。

上、江（上元、江宁）两县志

同治十三年（1874年）　十三册　　莫祥芝、甘绍盘、汪士铎纂修

卷三　考山

……厥惟钟山……钟山水。《建康志》引李卫公《浮槎山水记》云……则钟山之水与浮槎之水其味同也。

而西峙乎大江者，曰摄山……前有妙因寺……寺后有古佛庵……左折为品外泉。石莲中擎，凿穴引水，滥泉涌出，复折而下，潺湲成音。曰品外者，为陆羽解嘲也……

昔人论黄山为金陵元脉，自新岭分为二支，北支为钟山，其南支则江宁也……然得名最古，佥曰牛首……在江宁城南三十里……山产茶，香色俱绝，名天阙茶……

其五峰联峙于东南，曰吉山，在江宁东善桥之上村……山亦产茶，与牛首相似。

北行逶迤而崒起者，曰聚宝山，在江宁城南聚宝门外……上有雨花台……《丹阳记》云：江南登览之地三，雨花其一也。有泉一泓，纤淫缕浸，色味俱绝……明赵谦书第二泉扁额，今亡。

卷七　考食货

……钟山、摄山、天阙俱产茶……

卷二十八　摭佚

摭佚，又有小品亦可著录者，其记地若泉品。金陵二十四泉，曰：鸡鸣山泉，国学泉，都城隍庙泉，府学玉兔泉，凤凰泉，骁骑卫仓泉，冶城忠孝泉，祈泽寺龙泉，摄山白乳泉，品外泉，珍珠泉，牛首山龙王泉，虎跑泉，太初泉，雨花台甘露泉，永宁寺茶泉，净明寺玉华泉，崇化寺梅花泉，方山八卦泉，静海寺狮子泉，上庄宫氏泉，德恩寺义井，方山葛仙翁丹井，衡阳寺龙女泉。周吉甫增八处，

曰：谢公墩铁库井，铁塔寺仓百丈泉，铁作坊金沙井，武学井，石头城下水，清凉寺对山莲花井，凤台门外焦婆井，留守右卫仓井（即鹿苑寺井）。

江浦埤乘

光绪十七年(1891年)　十四册　　夏锡宝、侯宗海纂修

卷一　物产

女儿红，茶名也，浦口人于春间采制，贩运苏沪。又以珠兰熏茶之法，尤以浦口为工。

卷四　山水下

卓锡泉，在定山观音岩下定山寺内，相传达摩折苇渡江，至定山，思西域水，以杖卓石，遂得泉。旧志：国朝邑人刘岩《定山泉水记》：定山之泉有二：一卓锡泉，为石池水，涓涓流出于三峰之趾。相传：达摩尝燕坐于崖石，思西域水，以锡杖卓山石而出。其说或不经，然其味固甘以芳，可烹而饮……然余考水之直出者曰濆泉。濆泉者，涌泉也，《诗》云：觱沸槛泉，是直出之泉也……夫山下出泉曰蒙。蒙，稚也，水必以稚也而后味全焉。陆鸿渐曰：山水，乳泉、石池漫流者上，稚之义也。至于泉之悬出而为沃者，暴溜而为瀑者，与斯泉之涌出者，自古品泉者皆弃之而不食，谓其迅激喷薄，而味不能以自全，故劣之也。而求所谓乳泉、漫流者，则卓锡泉有焉……(《匪莪堂文集》)

海州直隶州(旧直隶州名，民国时改为东海县)志

嘉庆十六年(1811年)　十册　　唐仲冕、汪梅鼎纂修

卷十　舆地考　物产

木属……茶　出宿城山，味似武彝小品，以悟正庵者为最。

卷十一　山川

海州

宿城山　顾志：诸峰矗兀，环抱如城，中有山田，皆上腴。

卷十六　食货　杂征

海州

《宋史·食货志》：海州为榷茶之所。景德二年，诏茶商须海州茶者，入见缗五十五千。后增至数万，时海州茶善而易售，商人愿之，故入钱之数，厚于他州。

卷二十五　寺观

海州

悟正庵　顾志：在宿城山顶。庵多茶树，东海茶以此地为最，风味不减武彝也，其名曰云雾茶。

海州文献录

道光乙巳(二十五年,1845年)　四册

卷十六　考证

……李心传《建炎以来朝野杂记》载：东南茶法，海州之茶，在六榷货务之内。《宋史·食货志》谓：海州茶善而易售。今惟宿城山有云雾茶，岁采不及一斤，山麓居民则以山楂之叶代茗荈，别无茶树也……

邳州志

乾隆十五年（1750年）　四册　　郐承显、吴从信纂修

卷十　艺文

吴钺《小山泉记略》　小山去城百步而近，其山椒有泉一线，流入土地，容水不及一斛，盈而泛焉。州人于酷暑时汲而代茗，味甘洌可饮。刺史自吴门来，客有知刺史有水癖者，进小瓶尝之，且曰：侵晨用汲，少迟则涸矣。刺史饮惠泉七年，其源流考核颇详，因思物理大同，昔日之惠泉，皆传为仰出于地中，刺吏坐亭上，命夫役汲之尽，始见滃然而直出者如乳窦然，良以全山之脉络于此端，非泉源即在此也。小山为艾山余气所蟠结，东西长六七里，脉络所通，当不止一线细流也。刺史莅任之四十日，相度形势，命工人开山疏泉，相离尺许，又得二孔，合并疏浚，复凿池以蓄水，可得十余斛，取者纡徐，即汩汩然不竭，州民实利赖焉。刺史结习山水，虽因势利导，然扩而充之，不得谓非刺史之宿缘也。爰额以小山泉而记其缘起如此。

泗阳县志

民国十五年（1926年）　十二册　　李佩恩、张相文纂修

卷十九　实业　物产

茶　常绿灌木，高六七尺，秋日开小白花，实为三角形，其叶可烹为饮料。邑中茶叶皆贩自外埠，惟乡人宅边所种茶树，其味甚薄。

商业

……输入之品则……茶叶（徽茶、浙茶二种）……每岁输入数亦巨万。大有之年，地方物产，搬运出境，足以抵输入品而犹有赢余；至于

岁或不登，输入品不能减少，而闾阎生计支绌，无以为交易之资，而商乃病矣……

盱眙县志

乾隆十一年（1746 年） 八册 郭起元、秦懋坤纂修

卷四 山川

玻璃泉 县西秀岩下……今文庙后也……米元章诗云：凿破玻璃引碧泉，其名古矣……

卷十二 古迹

郭起元《玻璃泉记》……而是泉之所出独高，众流不免漶浊，而泉出石穴，湛然以清，莹然以明，味甘且洌，邑人资饮汲焉。唐以前未著名，自宋襄阳米老标而味之，司马、欧阳、苏、梅诸公皆继韵，刻之岩石，……世无郦元、陆羽其人，采之以补山经、水志所未备，其名仅见于邑乘之为，可叹也！故记之。

盱眙县志

同治十二年（1873 年） 四册 方家藩、傅绍曾纂修

卷二 物产

……乱后满山生茶树，可饮……

盱眙县志稿

光绪十七年(1891 年)　八册　　王锡元纂修

卷二　山川

秀岩　治西北瑞……下有玻璃泉。《舆地纪胜》：玻璃泉在第一山之下……

山阳(旧县名,即今淮安)县志

乾隆十四年(1749 年)　十二册　　金秉祚、丁一寿、周龙官纂修

卷之十七　古迹

茶陂　在县治南。陆羽《茶经》云：《淮阴图经》：山阳县南二十里有茶陂。府志云：去治西南二十里，北枕管家湖，管家湖，即故西湖，自河徙湖塞，茶陂址遂不可考。

通州直隶州(旧直隶州名,民国时改为南通县)志

光绪元年(1875 年)　十六册　　梁悦馨、莫祥之、顾曾焕、顾曾烜纂修

卷二　山川

狼山在州治南十八里……

宋刘弇《狼山记》　白狼五山，距通州城南十里，率不百步……元丰四年冬，弇按田山旁，至则求观所谓五山者，入寺东庑，得乳泉，号幻公井，幽光浚发，若上喷状，茗饮者利其甘，争至赴汲……

靖江县志

光绪五年(1879年)　八册　　叶滋森、褚翔纂修

卷十六　名胜

圣井　一名长安井，不知浚于何年，在长安寺旧址之北，其泉清冽，与他井异……

江都县志

雍正七年(1729年)　十册　　陆朝玑、程梦星纂修

卷七　历代风俗

《宋史·地理志》：扬州土壤膏沃，有茶、盐、丝、帛之利……

物产

茶　《寰宇记》云：蜀冈有茶园，其香味如蒙顶所产，岁入贡，今无其种。

卷八　山川

蜀冈　在城西北四里，一名昆冈。鲍照《芜城赋》：轴以昆冈，谓此上有井，其脉通蜀，曰蜀井。考证：《方舆胜览》云：旧传地脉通蜀，故曰蜀冈。《大观图经》云：蜀冈今枕禅智寺，即隋之故宫。《寰宇记》云：蜀冈有茶园，其茶甘香如蒙顶，蒙顶在蜀，故以名冈……

南零水　扬子江心水也。

考证：唐温庭筠《采茶录》云：代宗朝，李季卿刺湖州，至维扬，逢陆鸿渐。抵扬子驿，将食，李曰：陆君善别茶，闻扬子南零水又殊绝，今者二妙千载一遇。命军士谨慎者深入南零，陆利器以俟。俄而水

至，陆以杓扬水，曰：江则江矣，非南澪，似临岸者。使者曰：某棹舟深入，见者累百，敢有绐乎？陆不言，既而倾诸盆，至半，陆遽止之，又以杓扬之，曰：自此南澪者矣。使者蹶然驰白：某自南澪赍至岸，舟荡覆过半，惧其鲜，挹岸水增之，处士之鉴，神鉴也！某其敢隐焉。

蜀井　在城东北蜀冈上禅智寺侧，其泉通蜀，故名。又云：水味甘洌如蜀江。

宋苏辙诗：信脚东游十一年，甘泉香稻忆归田。行逢蜀井恍如梦，试煮山茶意自便。短绠不收容盥濯，红泥仍许置清鲜。早知乡国胜为客，游宦何须更着鞭。秦观诗：蜀冈精气滀多年，故有清泉发石田。乍饮肺肝俱澡雪，反窥杖履亦轻便。炊成香稻流珠滑，煮出新茶泼乳鲜。坐使二公乡思动，放杯西望欲挥鞭。

第五泉　在城西北大明寺前，唐张又新《煎茶水记》品扬州大明寺井第五。明嘉靖间御史徐九皋立石，书第五泉。

卷十二　古迹

春贡亭

考证：《寰宇记》云：蜀冈有茶园，其茶甘香，味如蒙顶。上有贡亭，宋时扬州贡茶，皆出蜀冈，因以名亭。

时会堂

考证：胡仔《苕溪渔隐丛话》云：欧阳文忠诗集有和刘原父扬州时会堂绝句，注云：堂，造贡茶所也。

茶园

考证：《寰宇记》云：蜀冈有茶园，上有时会堂、春贡亭，皆造茶所也。

卷十八　艺文

罢扬州贡献敕。英宗治平四年

诏诸州贡物，有一郡而岁三四至，耗蠹民力，莫不由斯，令罢之。扬州岁贡新茶一银合……亦罢。

卷十九　艺文

宋晁无咎《扬州杂咏》　蜀冈茶味图经说，不贡春芽向十年。未惜青青藏马鬣，可能辜负大明泉。

江都县志

光绪七年(1881年)重印　乾隆八年(1743年)本　存十二册

五格黄相、程梦星纂修

卷四　山川

南泠水　扬子江心水也，唐张又新品为第一。又《中朝故事》载：李德裕作相，有奉使京口者，命勺金山下扬子江中泠水，置一壶。其人忘之，至石城，方汲一瓶，归献之。李饮之，曰：此颇似建康城下水。其人谢过不敢隐。

第五泉　在城西北大明寺前。唐张又新《煎茶水记》品扬州大明寺井为第五。明御史徐九皋立石，书第五泉。国朝雍正间，汪光禄应庚于平山堂凿池得井，味甘冽，人以为此乃古第五泉。

卷十六　古迹

附旧志所有古迹今分属甘泉境内者：

春贡亭　蜀冈有茶园，宋时贡茶，皆出于此，上有春贡亭。

时会堂　在蜀冈上，宋造贡茶之所。

茶园　在蜀冈上，宋造贡茶所。

卷三十二　杂记

大明寺水，见唐张又新记，宋欧阳文忠记，明御史徐九皋立石标寺右井为第五泉，沿传已久。乾隆二年春，邑人汪应庚于寺侧凿池种莲，池中得石井，井大于常，甃甓坚莹，镌殿司监造字，井内累景福钱盈贯，掬饮其水，清冽而甘，闻者争携铛茗瀹试之。应庚环亭跨桥其间，遂成胜境。其年夏秋旱，塘井皆涸，独此井浥注不竭，日供万家，人益以为异，因谓此正古第五泉，徐所标指者非是良常。王吏部澍大书天下第五泉揭于石，郡守高士钥作《新得第五泉记》……考张邦基《墨庄漫录》云：元祐六年七夕日，时东坡知扬州，与发运使晁端彦、郡倅晁无咎大明寺汲塔院西廊井与下院蜀井二水，校其高下，以塔院水为胜。按：塔院者，宋景德四年于寺建晋惠塔院，井亦以蜀名者，大明寺枕蜀冈上，冈脉故与蜀通，据此，则大明寺原有二井：徐所标之井，正当寺西，其为塔院西廊井无疑；今井在寺右山崖之下，必即所谓下院蜀井也。两井昔固并峙，乃一显一晦，独湮没于尘土数百年，考古之士大夫亦无能举其旧名，访其遗迹，而一旦跃然以出，是足知灵物之终不可掩，而因以补《茶经》《水记》之阙，亦嘉话也。

江都县续志

民国十年(1921 年)　十册　　钱祥保、桂邦杰纂修

卷六　实业

……茶业岁销银币约五十万，扬州风俗，素喜饮茶，以举家日用计之，亦为大费……

卷七　物产

木之属

茶，常绿灌木，春生嫩叶，采以充饮料，花如白蔷薇，六出，果实，木质。

甘泉（旧县名，民国时并入江都县）县志

乾隆七年（1742 年） 十册 吴鹗峙、厉鹗纂修

卷三 山川

蜀冈 在城西北四里，一名昆冈……

……《寰宇记》曰：蜀冈有茶园，其茶甘如蒙顶，蒙顶在蜀，故以名冈……

第五泉 在蜀冈大明寺前。唐张又新品定，宋欧阳修有《水记》，明御史徐九皋书第五泉三字立石。元祐六年七夕，东坡与发运使晁端彦、郡倅晁无咎大明寺汲塔院西廊井与下院蜀井二水，校以塔院水为胜。（《墨庄漫录》）

乾隆二年，郡人汪少卿应庚于山右凿池，得古井，井大于常，甃甓极坚致，镌殿司监造四字，井底有景福钱盈贯。掬饮其水，清冽甘美，考古家谓此井乃第五泉也。王吏部澍书天下第五泉五字嵌诸壁，太守高公记。

蜀井 在府城东北蜀冈禅智寺侧，其泉脉通蜀，味甘冽亦如之，故名。（万历《县志》）

卷四 物产

蜀冈茶 冈有茶园，茶味甘香如蒙顶，宋时贡茶，皆出蜀冈。上有春贡亭、时会堂。（《太平寰宇记》）

以陆羽《茶经》考之，不言扬州出产。惟毛文锡《茶谱》云：扬州禅智寺，隋之故宫，傍蜀冈，其茶甘香，味如蒙顶焉。（《笤溪渔隐丛话》）

卷十一 古迹

春贡亭 蜀冈有茶园，茶甘旨如蒙顶，故以名冈，上有时会堂、春贡亭，见毛文锡《茶谱》。（《太平寰宇记》）

卷十二　古迹

茶园　蜀冈有茶园，上有时会堂、春贡亭，皆造茶所也。(《太平寰宇记》)

扬州禅智寺，隋之故宫。寺枕蜀冈，其茶味如蒙顶，但不知入贡起于何时。(《茶谱》)

时会堂　旧在蜀冈，乃宋时造贡茶之所。

甘泉县续志

民国十年(1921年)　八册　　钱祥保、桂邦杰纂修

卷七上　物产考上

木之属

茶　叶绿，春生嫩叶，采以充饮料，花六出，色白如蔷薇，果实为木质。

瓜洲续志

民国十六年(1927年)　十二册　　于树滋纂修

卷二　山川

中泠泉　在城南大江中金山北。

《嘉定镇江志》　苏轼《游金山》诗：中泠南畔石盘陀，又《送金山乡僧归蜀开堂》诗：涪江与中泠，共此一味水。蔡肇《石排山渡》诗：中泠之西古石排，狂波悍浪不能摧；又《烟江叠嶂图》诗：中泠之南古浮玉，钟鼓下震蛟龙川。并用此泠字。《润州类集》：江水至金山为三淚，又唐窦庠《金山》诗：西江中淚波四截。用此淚字。欧阳修

云：陆羽《茶经》论水：山水上，江水次，井水下。至张又新始云：刘伯刍谓水之宜茶者有七等，以扬子江南零水第一，丹阳寺井第四。又新《煎茶水记》：代宗朝，李季卿刺湖州，至维扬，逢陆处士鸿渐。李素熟陆名，因赴郡，抵扬子驿，将食，李曰：陆君善于茶，盖天下闻名矣，况扬子南零又殊绝，二妙千载一遇，可旷之乎！命军士挈瓶操舟，诣南零。陆执器以俟之，俄水至，以杓扬其水，曰：江则江矣，非南零者。既而倾诸盆，至半，陆遽止之，曰：此南零者矣。军士大骇，跽曰：赍至南零，舟荡水覆，惧其鲜，浥岸水增之，处士，神鉴也！其敢隐焉。《太平广记》：李德裕居廊庙日，有亲知奉使京口，李曰：还日，金山下中零水可与汲一盎来。其人举棹日醉而忘之，泛舟至石城下，方忆，乃汲一瓶于江中，归京献之。李饮后，叹曰：江表水味，有异于顷岁矣，颇似建业石城下水。其人谢过不隐。并用此零字。昔人取中泠泉，用油纸覆瓶，长竿深探，度至泉底，则别用一竿撞破油纸。使水入瓶，满，然后引出，近岁不复如此取水。寺僧乃指水陆堂下井水为中泠，非也。

卢见曾《金山志》　中泠在石簰山东，宋苏轼：中泠南畔石盘陀，蔡肇诗：中泠之西古石簰。一作泶，唐窦庠诗：西江中泶波四截。一作濡，蔡佑《杂记》：石排山北谓之北濡是也。或又作零。其南曰南泠。又按：中泠即扬子江心水，古未有称泉者。唐张又新水记，宋欧阳修记，苏轼诸诗，皆可据。宋曾旼《润州类集》云：江水至金山分为三泶，曰江水所分，则不得谓之泉明矣。《集韵》：濡，水曲也，别作泶，亦作泠。据此，则泠以江水盘涡得名，非泉也。旧志载：文信国天祥有扬子江心第一泉之句，而本集及《南来录》皆无此诗。明初学士黄淮额中泠二字于龙王庙井上，后都穆始改曰东南第一泉，都文奎亦称第一泉，然并揭于井旁，未尝谓石排山之中泠为泉也。至隆庆间，仲山王问复系泉于中泠之下，后人遂谓石排山下有泉，且竞言取泉之法，殊附会不足信。又按：释宏乘《名胜录》有凿中泠于寺之语，然则昔人凿山得泉，以为通于中泠，而以名其井，因有中泠泉之名耳。

潘介《中泠泉记》　中泠，伯刍所谓第一泉也，昔人游金山，吸中泠，胸臆皆有仙气，其知味者乎！庚辰春正月，予将有澄江之行。初四日，自真州抵润州，中望金山，波中一峰，突兀云表，飞阁流丹，夕阳映紫，踌躇不肯舣岸，但不知中泠一勺，清澈何所耳。次日，觅小舟破浪登山……得见世所谓中泠者，瓦亭覆井，石龙蟠井栏，鳞甲飞舞动……是日也，吴人谓钱神诞，争诣寺中为寿，摩肩连衽，不下数万人，茶坊满不纳客，凡三往，得伺便饮数瓯，细啜之，味与江水无异。予心窃疑之，默然起，履巉陟险，穷尽金山之胜，力疲小憩，仰观石上苍苔剥蚀中依稀数行，磨刷认之，乃知古人所品，别在郭璞墓间。其法于子午二辰，用铜瓶长绠入石窟中……始得真泉，若浅深先后，稍不如法，即非中泠正味，不禁爽然，汗下浃骨，然亦无从得铜瓶长绠如古人法而吸之饮之也。郭公爪发，故在山足西南隅洪涛巨浪中，乱石嶙峋，森森若奇鬼异兽，去金山数武，而徘徊踯躅，空复望洋，盖杳乎不可即矣……

薛书常《中泠泉辨》　幼读潘次耕《中泠泉记》及所述取泉之法，心焉向之。比官吴中，而金山毁于兵，且昔在江心，今则屹然立南岸矣。同治己巳，捧檄来修江天寺，主僧出迓，首询郭璞墓故址，则指在石簰山下丛芦之中，问中泠，莫能对。明年春，与署都转庞省三同年登山西望，复以中泠问老僧，仍茫然。旁一沙弥，对曰：中泠非所知，惟石簰山西南有泉井，井尚在也。予闻之，欣然亟偕省三同年往验之，则大小错落，如屋如席，如盘如瓮者，星罗而棋布，泉脉喷涌如沸汤，高出于水面者，或二三寸，或四五寸不等。沙弥又言：每子午时，泉涌更旺，与他泉异。亟取一壶煎试之，甘冽异常。权之，每茶瓯重于江水一钱，与《山志》所言中泠同。复取巨瓯注泉水满中，如试龙井法，以制钱投之，投至八十，而水尚不溢，易以江水，则不三十文而溢矣。其为中泠可以无疑。于是命工以石砌之，沈仲复观察复勒石志之。然东坡诗云：中泠南畔石盘陀，蔡肇诗云：中泠之西古石簰，是中泠当在石簰东北，而今在西南，则又何耶？按：唐张又新《煎茶水记》，分载刘伯刍以扬子江南冷水为第一，陆鸿渐以扬子江南冷水为第七，蔡佑《杂记》亦曰：石簰山北，谓之北泠，其南曰南泠。于中泠皆未尝齿及，或又谓中泠以江水盘涡得名，明以前未有称中泠为泉者。由今观之，沧桑迁变，而南泠之喷涌如故，谓之非泉不可也。中泠久擅胜名，今竟无迹可寻，谓为南泠之顺流而盘涡可也，谓之为泉不可也。乃知伯刍、鸿渐诸贤，仅月旦于南泠，而不及中泠者，其亦必有所据矣。敢质之博雅君子。

沈德潜《月夜汲中泠泉》诗　浮玉山头月光起，金波鳞鳞漾千里。微风不动水无声，短棹直入空明里。江心有泉名中泠，寻源何处穷冥冥。珠沫难逢窟穴秘，铜瓶深坠蛟龙惊。千层浊浪名泉出，一勺清寒彻肌骨。归拾松枝活火煎，地炉已热江中月。

按：前志所载：中泠泉在金山西北江心。考瓜洲疆域，南至金山为界，是金山以北大江，属于瓜洲明甚，独惜前志未载中泠泉事实，殆残本有缺失欤……惟金山以北，已成陆地，名泉湮没，良足惜耳！咸丰后，金山南淤淀日甚，不复见江。同治初，涨沙中江水一泓，泉上沸，镇人谓为中泠，实昔所谓南泯也。辛未，灵宝薛世香观察书常作文辨之，归安沈仲复观察秉成撰记立石于郭公墓上碑文剥蚀殆尽。癸巳，闽县王可庄太守仁堪凿池建亭，借留名胜，然脉非涌泉，味非清洌，较之潘介所记清香一片，沁入心胃，二三盏后，薰风满腋，尘襟尽涤者，不可同日语矣。然视水陆堂中井水，则又此胜于彼也。

卷二十八　杂录

扬子江心水号中泠泉，在金山寺傍郭璞墓下，最当波流险处，汲取甚艰。士大夫慕名求以瀹茗，操舟者多沦溺，寺僧苦之，于水陆堂中穴井以给游者。往岁连州太守张恩顺监江口镇，日尝取二水较之，味之甘冽，水之轻重，万万不侔。乾道初，中泠别涌一小峰，今高数丈，每岁加长，鹳栖其上，峰下水益湍，泉之不可及，更倍昔时矣。（张世南《游宦记闻》）

金山中泠泉又曰龙井。水经品为第一。旧当波险中，汲者患之。僧于山西北下穴一井，以给游客，又不撤堂前一井，与今中泠相去又数十步，而水味迥劣。按：泠一作灵，又作泯，《太平广记》：李德裕使人取金山中泠水，苏轼、蔡肇并有中泠之句，《杂记》云：石碑山北谓之北淚……则中泠之外，似又有南零、北淚者。《润州类集》云：江水至金山分为三泠，今寺亦有三井，其水味各别，疑似三泠之说也。（明陈继儒《偃曝余谈》）

金山郭墓下江心泉为天下第一，然有龙窝，洄流甚急……康熙乙巳六月，余避暑山之七峰阁，命寺僧拿四舟相连若井，抵洄流，用绳沉锡桶，桶上开五眼，线系木屑，塞之，无令浊水入，沉十数丈，到底，方拔线提木屑，则真泉入矣。三沉其桶，江波大作，予急回岸烹泉。与僧共饮，清香透骨，非复人间味，试以松萝，较惠泉色更不变。僧曰：衲等老死此山，未获尝江心真泉。再取山中井水较之，味迥别。越数日，复拿舟系墓畔，意欲取水，风涛掀翻，棹不可泊，如此者三，竟如海上三山，舟至，辄引去。（《寄园寄所寄》）

唐刘伯刍品水，以中泠为第一，惠山、虎丘次之，陆羽则以康王谷为第一，而次以谷帘、惠山，古今耳食者，遂以为不易之论。其实二子所见，不过江南数百里内之水，远如峡中蛤蟆碚，才一见耳，陋亦甚矣！不知大江以北，如吾郡发地皆泉，其著名者，七十有二，以之烹茶，皆不在惠泉之下。宋李文叔格非，郡人也，尝作《济南水记》，与《洛阳名园记》并传，惜《水记》不存，无以正二子之陋耳。谢在杭品平生所见之水，首济南趵突泉，次以益都孝妇泉在颜神镇、青州范公泉，而尚未见章丘之百脉泉。右皆吾郡之水，二子何尝梦见，余尝题王秋史苹《二十四泉草堂》云：翻怜陆鸿渐，跬步限江东，正此意也。（王渔洋《古夫于亭杂录》）

杜浚字茶村，黄冈人，明季诸生，避乱居金陵。少倜傥，尝欲赫然著奇节，不得有所试，刻意为诗，时人称为诗圣，嗜茗饮，尝言：吾有绝粮无绝茶。既有花冢，因拾残茗以聚封之，谓之茶冢。年七十有七卒于扬州。

《金山志·杂记》：陈任旸　案……金山以西、南、东三面，有河环绕，故须渡而登，其实以滩势度之，北面生出几百余丈，早在滩之中矣……即王可庄太守石甃之第一泉，亦在滩内突出，混浊不堪，间往品试，殊不及江心水也。盖石排山向指为郭璞墓者，近亦淤入滩内，去水已远，焉有南濡、北濡之分耶？光绪癸卯夏六月……

六合县志

康熙二十三年(1684 年)　存二册　　洪炜、汪铉纂修

卷十二　茗笈

品茶者，从来鉴赏，必推虎丘第□，以其色白，香同婴儿肉，此真绝妙论也；次则屈指栖霞山，盖即虎丘所传匡庐之种而移植之者。曩有业茶徽贾，游灵岩，谓水清地沃，极宜种茶，语若有凭，惜无植者。今辑诸家茶政中精要语类列十四则，人各为论，不相沿袭，使有同志者专艺为业，遂可代耕，奚止夸为鸿渐功臣哉!

第一：溯源

赞曰：世有仙芽，消颣捐忿。安得登枝，而忘其本。

按：唐时产茶地，仅仅如季疵所称。而今之虎丘、罗岕、天池、顾渚、松罗、龙井、雁荡、武夷、灵山、大盘、日铸、朱溪诸名茶，无一与焉。乃知灵草在在有之，但培植不嘉，或疏采制耳。(罗廪《茶解》)

吴楚山谷间，气清地灵，草木颖挺，多孕茶荈。大率右于武夷者为白乳，甲于吴兴者为紫笋，产禹穴者以天章显，茂钱塘者以径山稀，至于续庐之岩，云衡之麓，雅山著于□宣，蒙顶传于岷蜀，角立差胜，枚举实繁。(叶清臣《煮茶泉品》)

唐人首称阳羡，宋人最重建州，于今贡茶，两地独多。阳羡仅有其名，建州亦非上品，惟武夷雨前最胜。近日所尚者，为长兴之罗岕，疑即古顾渚紫笋，然岕故有数处，今惟洞山最佳。姚伯道云：明月之峡，厥有佳茗，韵致清远，滋味甘香，足称仙品。其在顾渚，亦有佳者，今但以水口茶名之，全与岕别矣。若歙之松罗，吴之虎丘，杭之龙井，并可与岕颉颃。郭次甫极称黄山，黄山亦在歙，去松罗远甚。往时士人皆

重天池，然饮之略多，令人胀满。浙之产曰雁宕、大盘、金华、日铸，皆与武夷相伯仲。钱塘诸山，产茶甚多，南山尽佳，北山稍劣。武夷之外，有泉州之清源，倘以好手制之，亦是武夷亚匹，惜多焦枯，令人意尽。楚之产曰宝庆，滇之产曰五华，皆表表有名，在雁宕茶之上。其他名山所产，当不止此，或余未知，或名未著，故不及论。（许次纾《茶疏》）

第二：得地

赞曰：烨烨灵荈，托根高岗。吸风饮露，负阴向阳。

产茶处，山之夕阳，胜于朝阳，庙后山西向，故称佳，总不如洞山南向，受阳气特专，称仙品。（熊明遇《罗岕茶记》）

茶地，南向为佳，向阴者遂劣，故一山之中，美恶相悬。（罗禀《茶解》）

茶产平地，受土气多，故其质浊。岕茗产于高山，浑是风露清虚之气，故为可尚。（《罗岕茶记》）

茶固不宜杂以恶木，惟桂、梅、辛夷、玉兰、玫瑰、苍松、翠竹，与之间植，足以蔽覆霜雪，掩映秋阳，其下可植芳兰幽菊清芬之物，最忌菜畦相逼，不觉渗漉，滓厥清真。（《茶解》）

第三：乘时

赞曰：乘时待时，不愆不崩。小人所援，君子所凭。

清明太早，立夏太迟，谷雨前后其时适中，若再迟一二日，待其气力完足，香烈尤倍，易于收藏。（《茶疏》）

茶以初出雨前者佳，惟罗岕立夏开园，吴中所贵，梗粗叶厚，有萧箬之气，还是夏前六七日如雀舌者佳，最不易得。（《罗岕茶记》）

岕茶非夏前不摘，初试摘者，谓之开园，采自正夏，谓之春茶，其地稍寒，故须得此，又不当以太迟病之。往时无秋日摘者，近乃有之，七、八月重摘一番，谓之早春，其品甚佳，不嫌少薄。他山射利，多摘梅茶梅雨时摘，故曰梅茶，梅茶苦涩，且伤秋摘佳产，戒之。（《茶疏》）

凌露无云，采候之上；霁日融和，采候之次；积雨重阴，不知其可。（邢士襄《茶说》）

第四：揆制

赞曰：尔造尔制，有矱有矩，度也惟良，于斯信汝。

断茶以甲不以指，甲则速断不柔，指则多湿易损。（宋子安《东溪试茶录》）

茶初摘，香气未透，必借火力以发其香。然茶性不耐劳，炒不宜久，多取入铛，则手力不匀，久于铛中，过熟而香散矣。炒茶之铛，最嫌新铁，须预取一铛，毋得别作他用。炒茶之薪，仅可树枝，不用干叶，干则火力猛炽，叶则易焰易灭。铛必磨洗莹洁，旋摘旋炒，一铛之内，仅用四两，先用文火炒软，次加武火催之，手加木指，急急钞转，以半熟为度，微俟香发，是其候也。（《茶疏》）

茶初摘时，须拣去枝梗老叶，惟取嫩叶，又须去尖与柄，恐其易焦，此松罗法也。炒时，须一人从傍扇之，以祛热气，否则黄，色香味俱减。予所亲试，扇者色翠，不扇色黄。炒起出铛时，置大磁盘中，仍须急扇，令热气稍退，以手重揉之，再散入铛，文火炒干入焙。盖揉则其津上浮，点时香味易出，田子艺以生晒不炒不揉者为佳，亦未之试耳。（闻龙《茶笺》）

火烈香清，铛寒神倦，火烈生焦，柴疏失翠。久延则过熟，速起却还生，熟则犯黄，生则著黑。带白点者无妨，绝焦点者最胜。（张源《茶录》）

室高不逾寻，方不及丈，纵广正等，四围及顶，绵纸密糊，无小罅隙。置三四火缸于中，安新竹筛于缸内，预洗新麻布一片以衬之。散所炒茶于筛上，阖户而焙。上面不可覆盖，盖茶叶尚润，一覆则气罨黄。须焙二三时，俟润气尽，然后覆以竹箕，焙极干出缸，待冷入器收藏，后再焙亦用此法，色香与味，不致大减。（《茶笺》）

茶之妙，在乎始造之精，藏之得法，点之得宜。优劣定乎始铛，清浊系乎末火。（《茶录》）

诸名茶法多用炒，惟罗岕宜于蒸焙，味真蕴藉，世竞珍之。即顾渚阳羡，密迩洞山，不复仿此，想此法偏宜于岕，未可概施他茗，而经已云：蒸之、焙之，则所从来远矣。（《茶笺》）

第五：藏茗

赞曰：茶有迁德，几微是防。如保赤子，云胡不臧。

藏茶，宜箬叶而畏香药，喜温燥而忌冷湿。收藏时，先用青箬以竹丝编之，置罂四周，焙茶俟冷，贮器中，以生炭火煅过，烈日中暴之，令灭乱插茶中，封固罂口，覆以新砖，置高爽近人处。霉天雨候，切忌发覆，须于晴明取少许别贮小瓶，空缺处即以箬填满，封置如故，方为可久。或夏至后一焙，或秋分后一焙。(《罗岕茶记》)

切弗临风近火，临风易冷，近火先黄。(《茶录》)

凡贮茶之器，始终贮茶，不得移为他用。(《茶解》)

吴人绝重岕茶，往往杂以黄黑箬，大是阙事。余每藏茶，必令樵青入山采竹箭箬拭净烘干，护罂四周，半用剪碎，拌入茶中，经年发覆，青翠如新。(《茶笺》)

第六：品泉

赞曰：仁智之性，山水乐深。载蔛清泚，以涤烦襟。

山宣气以养万物，气宣则脉长，故曰山水上。泉不难于清，而难于寒，其濑峻流驶，而清岩奥积，阴而寒者，亦非佳品。(田艺衡《煮泉小品》)

山顶泉清而轻，山下泉清而重，石中泉清而甘，砂中泉清而洌，土中泉清而白。流于黄石为佳，泻出青石无用。流动愈于安静，负阴胜于向阳。(《茶录》)

甘泉旋汲，用之斯良，丙舍在城，夫岂易得。故宜多汲，贮以大瓮，但忌新器，为其火气未退，易于败水，亦易生虫，久用则善，最嫌他用。水性忌木，松、杉为甚，木桶贮水，其害滋甚，挈瓶为佳耳。(《茶疏》)

烹茶须甘泉，次梅水。梅雨如膏，万物赖以滋养，其味独甘，梅后便不堪饮。大瓮满贮，投伏龙肝一块，即灶中心干土也，乘热投之。(《茶解》)

贮水瓮须置阴庭，覆以纱帛，使承星露，则英华不散，灵气常存。假令压以木石，封以纸箬，暴于日中，则外耗其神，内闭其气，水神敝矣。(《茶解》)

第七：候火

赞曰：君子观火，有要有伦。得心应手，存乎其人。

火必以坚木炭为上，然本性未尽，尚有余烟，烟气入汤，汤必无用，故先烧令红，去其烟焰，兼取性力猛炽，水乃易沸，既红之后，方

授水器，乃急扇之，愈速愈妙，毋令手停。停过之汤，宁弃而再烹。（《茶疏》）

炉火通红，茶铫始上，扇起要轻疾，待汤有声，稍稍重疾，斯文武火之候也。（《茶录》）

第八：定汤

赞曰：茶之殿最，待汤建勋。谁其秉衡，跂石眠云。

水入铫，便须急煮，候有松声，即去盖，以消息其老嫩。蟹眼之后，水有微涛，是为当时。大涛鼎沸，旋至无声，是为过时，过时老汤，决不堪用。（《茶疏》）

茶碾磨作饼，则见沸而茶神便发，此用嫩而不用老也。今时制茶，不假罗碾，全具元体，汤须纯熟，元神始发也。（《茶录》）

第九：点瀹

赞曰：伊公作羹，陆氏制茶。天锡甘露，媚我仙芽。

茶注宜小不宜大，小则香气氤氲，大则易于散漫。若自斟酌，愈小愈佳。容水半升者，量投茶五分，其余以是增减。（《茶疏》）

酾不宜早，饮不宜迟，酾早则茶神未发，饮迟则妙馥先消。（《茶录》）

一壶之茶，只堪再巡，初巡鲜美，再巡甘醇，三巡意欲尽矣。余尝与客戏论：初巡为婷婷袅袅十三余，再巡为碧玉破瓜年，三巡以来，绿叶成阴矣。所以茶注宜小，小则再巡已终，宁使余芬剩馥，尚留叶中，犹堪饭后供啜嗽之用。（《茶疏》）

第十：辨器

赞曰：精行惟人，精良惟器。毋以不洁，败乃公事。

金乃水母，锡备刚柔，味不咸涩，作铫最善。制必穿心，令火气易透。（《茶录》）

茶壶，往时尚龚春，近日时大彬所制，大为时人所重，盖是粗砂，正取砂无土气耳。（《茶疏》）

茶具涤毕，覆于竹架，俟其自干为佳。其拭巾只宜拭外，切忌拭内，盖布帨虽洁，一经人手，极易作气，纵器不干，亦无大害。（《茶笺》）

第十一：申忌

赞曰：宵人栾栾，腥秽不戒。犯我忌制，至今为慨。

茶性畏纸，纸于水中成，受水气多，纸裹一夕，随纸作气尽矣。虽再焙之，少顷即润。雁宕诸山，首坐此病。纸帖贻远，安得复佳。（《茶疏》）

吴兴姚叔度言：茶叶多焙一次，则香味随减一次。予验之良然。但于始焙极燥，多用炭箬如法封固，即梅雨连旬，燥固自若。惟开坛频取，所以生润，不得不再焙耳。自四五月至八月，极宜致谨，九月以后，天气渐肃，便可解严矣。虽然，能不弛懈，尤妙尤妙。（《茶笺》）

不宜用恶木、敝器、铜匙、铜铫、木桶、柴薪、麸炭、粗童、恶婢、不洁巾帨及各色果实、香药。（《茶录》）

不宜近阴室、厨房、市喧、小儿啼、野性人、童奴相哄、酷热斋舍。（《茶疏》）

第十二：相宜

赞曰：宜寒宜暑，既游既处。伴我独醒，为君数举。

煎茶非漫浪，要须人品与茶相得，故其法往往传于高流隐逸，有烟霞泉石磊块胸次者。（陆树声《煎茶七类》）

茶候：凉台净室，曲几明窗，僧寮道院，松风竹月，晏坐行吟，清谈把卷。（《煎茶七类》）

山堂夜坐，汲泉煮茗，至水火相战，如听松涛，倾泻入杯，云光潋滟，此时幽趣，故难与俗人言矣。（《茶解》）

第十三：衡鉴

赞曰：肉食者鄙，藿食者躁。色味香品，衡鉴三妙。

茶之色重、味重、香重者，俱非上品，松罗香重，六安味苦，而香与松罗同，天池亦有草莱气，龙井如之，至云雾，则色重而味浓矣。尝啜虎丘茶，色白而香似婴儿肉，真精绝。（《罗岕茶记》）

茶色白，味甘鲜，香气扑鼻，乃为精品。茶之精者，淡亦白，浓亦白，初泼白，久贮亦白，味甘色白，其香自溢，三者得，则具得也。近来好事者，或虑其色重，一注之水，投茶数片，味固不足，香亦窅然，

不免有水厄之诮。虽然，尤贵择水，香以兰花上，蚕豆花次。(《茶解》)

第十四：谈茶

赞曰：斯莽赏题，亦既众只。秋摘冬青，展也知己。

茶以春萌胜，贵其香也。近有秋摘者，味尤爽烈。盖夏炎湿蒸，春芽易黦，秋气萧瑟，冬尽尤青。(蔡献臣《谈茶》)

虎丘茶色白而味香，然凭万顷云，俯瞰僧园，敝株尽矣，所出绝稀，味亦不能过端午。

茶与酒，清浊美恶，入口自知，所贵君子之交，淡而有味，香胜者未为上品。

附：泰西熊三拔《试水法》：

试水美恶，辨水高下，其法有五，凡江河井泉雨雪之水，试法并同。

第一，煮试。取清水置净器煮熟，倾入白磁器中，候澄清，下有沙土者，此水质恶也。水之良者无滓。又水之良者，以煮物则易熟。

第二，日试。清水，置白磁器中，向日下，令日光正射水，视日光中若有尘埃氤氲如游气者，此水质恶也。水之良者，其澄澈底。

第三，味试。水，元行也。元行无味，无味者真水。凡味皆从外合之，故试水以淡为主，味甘者次之，味恶为下。

第四，秤试。各种水，欲辨美恶，以一器更酌而称之，轻者为上。

第五，丝绵试，又法，用纸或绢帛之类。其色莹白者，以水蘸候干，无迹者为上也。

仪征县志

康熙七年(1668年)　十二卷　　胡崇伦、陈邦桢纂修

卷之九　寓贤列传

陆羽字鸿渐，善别水品茶。与李季卿遇于扬子江，将试茶。李□闻

南泠水殊绝，命军士往取之。及至，羽以杓扬□，曰：江则江矣，非南泠近岸者乎？既而倾水及半，□又以杓扬之，曰：此是南泠矣。使者蹶然曰；某至南泠，持至岸，偶覆其半，取近岸水增之，真神鉴也!

仪征县志

道光三十年(1850 年)　二十四册　　王检心、刘文淇纂修

卷三　风俗

土壤高沃，有茶、盐、丝、帛之利……(《宋史》志)

以上申志

卷五　山川

塘

古东园塘　在宋东园旧址之南，北隔一河，即旧建欧阳碑记处……其塘曲折相联，水清见底，烹茶经宿，色不变，俗名古董塘。

泉

慧日泉　申志云，在天宁禅寺，世传苏子瞻尝于寺写经，名其泉为慧日。胡、陆志同　颜志云：在天宁寺藏经楼下。邑人程元基记，略曰：宋东坡先生自儋召还，欲归阳羡买田以老，道出真州，爱楞伽庵地，留写光明经。庵，故寺中僧舍也，井隔院墙，暇日酌水品之，喜其清甘，题曰慧日泉。渔洋山人《江深阁》诗云：自怜五载真州客，初试东坡慧日泉。泉之重于真州也如此! 适余居忧在籍，僧慧博重建兹寺，后楼光景一新，时邀余试泉烹茗，仿九龙竹炉故事，异日者绘图志异，增一琳宫佳话，余尚能为慧博记之。

第一泉　陆志云：在厂西马神庙旁，有井亭，额曰江北第一泉。

仪征县志

光绪十六年(1890年)重刻　道光三十年本　十六册

卷四十七　杂类志　纪闻

唐代宗朝，李季卿刺湖州，至维扬，逢陆鸿渐。抵扬子驿，将食，李曰：陆君善别茶，闻扬子南泠水又殊绝，今者二妙千载一遇，命军士谨慎者深入南泠，陆刷器以俟。俄而水至，陆以杓扬水，曰：江则江矣，非南泠，似临岸者。使者曰：某棹舟深入，见者累百，敢有绐乎？陆不言，既而倾诸盆，至半，陆遽止，又以杓扬之，曰：自此南泠者矣。使者蹶然驰白：某自南泠赍至岸，舟荡覆过半，惧甚，稍挹岸水增之，处士之鉴，神鉴也！其敢隐焉。(温庭筠《采茶录》)

丹徒县志

光绪五年(1879年)　三十二册　　何绍章、吕耀斗纂修

卷十七　物产

木属

茶　一名槚，《尔雅》谓之苦荼，古无茶字，荼即茶耳。郭璞云：早采者为荼，晚取者为茗，一曰荈。徒邑迤西诸山皆有之，五州出者尤佳，名云雾茶，但土人不善焙，故名不闻耳。

续丹徒县志

民国十九年(1930年)　十二册　　张玉藻、高觐昌纂修

卷五　物产

碧萝春茶　见南洋劝业会审查给奖册。前志谓徒邑迤西诸山产茶，五州山产者名云雾茶为尤佳。今按：五州山惟翠岩室前有茶树，云雾茶当即指此。碧萝春茶系迤西诸山所产之一种，宣统二年，列入劝业会，获奖金牌。

丹阳县志

光绪十一年(1885年)　十六册　　凌焯、徐锡麟纂修

卷之二十九　风土　物产

土茶　晓里桥南数里，地名杨城，有坟，约四五亩，产此，每年于二三月间采之，风味不减武彝，近已有收买之者。

武进县志

万历三十三年(1605年)　八册　　晏文辉、唐鹤征纂修

卷之二　地理二　乡都

茶巢岭　在下浦西，陆龟蒙种茶处，龟蒙有茶具十咏。

武 进 县 志

康熙二十三年(1684 年)　四十四卷　　武俊纂修

卷四十二　艺文

诗

唐皎然《访陆羽处士不遇》　太湖东西路，吴王故山前。所思不可见，归鸿自翩翩。何山赏春茗，何处弄春泉。莫是沧浪子，悠然一钓船。

武进、阳湖(旧县名，民国时并入武进县)县合志

道光二十三年(1843 年)　三十二册　　黄冕、李兆洛纂修

卷二　山川

茶巢岭　唐志：在下埠西，陆龟蒙种茶处，陈墓湾山以下，属新塘乡。右属阳湖。

古迹

境会亭　在茶山路，昔湖、常二守每造茶修贡会此，今废。

高氏父子泉　在阳湖安丰乡南芳茂山大林庵。高绅早岁寓横山冲虚观，泉味极甘，谓可比惠泉，惜不入陆鸿渐品第。太平兴国中，以太宰少卿出宰故里。章圣时，命其子夷直为尉，俾就养焉。首访是泉，废已久，至是复腾涌。郡别驾董黄中作诗序其事，名高家父子泉。

武、阳（即武进、阳湖）志余

光绪十四年（1888 年）　十五册　　枸泽、庄毓铉、陆鼎翰纂修

卷一　山川

国朝邵长蘅《毗陵诸山记》　毗陵县治南三里，曰茶山……其地林木荟蔚，多古冢。唐末，湖、常二郡守修茶贡于此，因以名，然实非山也……

古迹

茶山路，在县西南广化门外十里许，墩阜连绵，有山之形。唐肃宗时，湖、常二守会阳羡造茶修贡，由此往返，故名。时常守为李栖筠，有僧献茗，陆羽以为芬香冠绝他境，可供尚方，于是常茶始贡。杜牧《题茶山》：山实东吴秀，茶称瑞草魁。剖符虽俗吏，修贡亦仙才。溪尽停蛮棹，旗张卓翠苔。柳村穿窈窕，松涧渡喧豗。等级云峰峻，宽平洞府开。拂天闻笑语，特地见楼台。泉嫩黄金涌（《咸淳志》注：山有金沙泉，修贡出，罢贡即绝），牙香紫璧裁。拜章期沃日，轻骑疾奔雷。舞袖岚侵涧，歌声谷答回。磬音藏叶鸟，雪艳照潭梅。好是全家到，兼为奉诏来。树阴香作帐，花径落成堆。景物残三月，登临怆一杯。重游难自克，俯首入尘埃。又《春日茶山病不饮酒，呈宾客》云：笙歌登画船，十日清明前。山秀白云腻，溪光红粉鲜。欲开未开花，半阴半晴天。谁知病太守，犹得作茶仙。

境会亭，在茶山路，湖、常二守，每造茶修贡，会此。白居易《夜闻贾常州、崔湖州茶山境会，想羡欢宴，因寄此诗》：遥闻境会茶山下，珠翠歌钟俱绕身。盘下中分两州界，灯前合作一家春。青娥递舞应争妙，紫笋齐尝各斗新。自叹花时北窗下，蒲黄酒对病眠人。明唐顺之《茶山杂兴》诗：溪声喧亦好，月影暗还奇。万古山中景，山中人未知。

茶巢，在下浦西，唐陆龟蒙种茶处，龟蒙后种茶顾渚山下，即此岭

移种者也。陆龟蒙《茶具十咏》：茗地曲隈回，野行多缭绕。向阳就中密，背涧差还少。遥盘云髻慢，乱簇香篝小。何处好幽期，满岩春露晓。(《茶坞》)天赋识灵草，自然钟野姿。闲来北山下，自与东风期。雨后探芳去，云间幽路危。唯应报春鸟，得共斯人知。(《茶人》)所孕和气深，时抽玉茗短。轻烟渐结花，嫩蕊初成管。寻来青霭曙，欲去红云暖。秀色自难逢，倾筐不曾满。(《茶笋》)金刀劈翠筠，织似波文斜。制作自野老，携持伴山娃。昨日斗烟笠，今朝贮绿华。争歌调笑曲，日暮方还家。(《茶籝》)旋取山上林，架为山下屋。门因水势斜，壁任岩隈曲。朝随鸟俱散，暮与云同宿。不惮采掇劳，只忧官未足。(《茶舍》)无突抱轻岚，有烟映初旭。盈锅玉泉沸，满甑云牙熟。奇香袭春桂，嫩色凌秋菊。炀者若吾徒，年年看不足。(《茶灶》)左右捣凝膏，朝昏布烟缕。方圆随样拍，次第依层取。山谣纵高下，火候还文武。见说焙前人，时时炙花脯。(《茶焙》)新泉气味良，古铁形状丑。那堪风雪夜，更值烟霞友。曾过赪石下，又住青溪口。且共荐皋卢，何劳倾斗酒。(《茶鼎》)昔人谢坻埞，徒为妍词饰。岂如珪璧姿，又有烟岚色。光参筠席上，韵雅金罍侧。直使于阒君，从来未尝识。(《茶瓯》)闲来松间坐，看煮松上雪。时于浪花里，并下蓝英末。倾余精爽健，忽似氛埃灭。不合别观书，但宜窥玉札。(《煮茶》)

常　州　赋

光绪四年(1878 年)重刊　乾隆间本　一册

武、阳

……茶巢茶舍，宁无茶树纷披。　茶巢岭，在新塘乡下浦西，陆龟蒙种茶处，龟蒙后种茶顾渚山下，即此岭移种者也。岭去顾渚三十里。茶舍，唐李栖筠守郡时置。时有僧献阳羡佳茗，陆羽以为芬香冠绝他境，可供尚方，遂置舍，岁贡万两。按茶舍，当在茶山路，而县志不载，府志武进古迹，有茶舍，又云：舍在罨画溪，盖当日武、宜皆置也。

……贡茶路遥，通京邑，故道逶迤。　茶山路在县西南广化门外十里内，墩阜累累，有山形焉。唐末，湖、常二守会造阳羡茶修贡，由此往返，故名。

锡、金（编者按：即无锡、金匮）

……亭翼然于二泉，如鸟斯革。　第二泉，即陆子泉，源出若冰洞。唐陆羽品天下泉，以庐山谷帘泉为第一，此为第二。味甚甘，异于他泉。

……金瓯醉月，宜来曲水之亭。　曲水亭，在惠山寺内，其水九曲。陆羽《惠山寺记》云：曲水亭，一名憩亭，一名歇马亭。其水九曲，甃以文甑甋甓。《常州志》云：若冰洞下有流觞曲水，万历间，邑人刘元珍重浚。

……李文饶之水递，何劳邮传络绎。　唐李德裕在中书，好惠山泉，置水递以进。皮日休为诗讥之曰：丞相当思煮茗时，郡侯催发只嫌迟。吴关去国三千里，莫笑杨妃爱荔枝。

宜、荆（编者按：即宜兴、荆溪）

唐贡则由唐始，李栖筠置舍罨画溪。　唐贡山，即茶山，在县东南三十五里均山乡。山产茶，唐时入贡，故名。茶舍在罨画溪，去湖㳇一里，唐李栖筠置。

茗岭㟍岭，揖松岭而斗奇。　茗岭产茶，在县西南八十里。

……稠锡禅师洗肠烹茗之乡，泉迸珠光灿烂。　珍珠泉，一名卓锡泉，即洗肠池也。在南岳寺，寺建于齐永明二年。唐开元中，稠锡禅师隐此。尝指珍珠泉曰：以此泉烹桐庐茶，不亦称乎！未几，有白蛇衔茶子置寺侧，自是种滋蔓，味倍佳，因以入贡。师名清宴，桐庐人……

……茶号含膏，王莨臣独为称赞。　王莨臣《群芳谱》：宜兴滆湖出含膏茶。按：宜兴茶如阳羡春、紫笋茶并佳品。

……於泉可贡……於潜泉在湖㳇镇税务场后。窦穴阔二尺许，状如井。其源伏流潜通，味颇甘冽。唐修茶贡，泉亦递进。

……磁壶精工，明供春心裁特擅。　土产磁壶，澄泥为主，始于明供春童子，有龙蛋、印方诸式，极古秀，世所谓供春壶也。嗣是时大彬师之，曲尽其妙，继则陈仲美、李仲芳、欧正春、沈君用、陈用卿并有名，而徐友泉尤著。一壶价至数十金焉。吴梅鼎《阳羡茗壶赋》序：余从祖拳石公读书南山，携一童子，名供春，见土人以泥为缶，即澄其泥以为壶，一瓷罂耳，价埒金玉。赋注云：有异僧绕白砀、青龙、黄龙诸山，指土示人曰：卖富贵土。人异之，凿山得五色土，因为壶。

尚逢暇日，即当种桔而树茶。　茶山，见前注，又蒿山，亦产茶，又有茗山，并在县西南。

物产

红筋茶美，春时仅见敷芽。　古阳羡茶入贡。今宜兴离墨山出红筋茶，乃阳羡真种，最难得。其他宜兴产者，总名岕茶，大约以高山为上，平原者为下。每初夏，商贾骈集，官给茶引，乃敢出境。

咸淳毗陵(古郡名)志

嘉庆二十五年(1820 年)刻　四册　　史能之纂修

卷十三　土产

货之属

茶　《诗》云：荼。《尔雅》云：槚，苦荼。陆羽《茶经》云：浙西以湖州为上，常州次之。产宜兴。

卷十五　山水

无锡

锡山，在县西五里。唐陆羽云：慧山之东峰，周秦间尝产铅锡，汉兴遂乏，因以名县。

慧山在锡山西。陆羽云：古华山。《吴地记》云：华山，在吴城西百里……

宜兴

唐贡山　在县东南三十五里，临罨画溪，以唐朝贡茶，故名。

蒿山　在县西南三十里，多产茶。

宜兴

啄木岭，在县东南七十里，唐湖、常二守贡茶相会之地。

无锡

泉

陆子泉　在慧山寺南庑，源出若冰洞。陆羽品天下水，以庐山谷帘泉为第一，此居次。令聂载厚之味其甘异于他泉，感锡之气耳。独孤刺史记云：寺居西神山足，山小而泉多。会昌中，刺史张中丞筑室十余楹护其所。皇甫冉歌云：寺有泉兮泉在山，锵金鸣玉长潺潺。李绅、许浑、王武陵、皮日休皆有诗。苏文忠《谒钱道人烹小龙团》诗云：独携天上小团月，来试人间第二泉。今泉侧留咏殆遍，不可胜载。

宜兴

真珠泉，一名卓锡泉，在南岳。唐稠锡和尚尝曰，以此泉烹桐庐茶，不亦称乎！未几，有白蛇衔茶子置庵侧，自是种滋蔓，味倍佳，时人争致，官府征需无艺，寺僧苦之。有题壁间曰：官府星火催新焙，反使山僧怨白蛇。近亦无余种矣。

於潜泉，在湖洑镇税场后，味甘冽，唐修茶贡，泉亦递进。

卷十九　人物　遗逸

宜兴

唐　陆龟蒙，字鲁望，元方七世孙。少高放，通六经大义，乐闻人□学。性嗜茶，置园顾渚山下，自判品第。尝升舟设篷席，赍束书、茶灶、笔床、钓具往来，谓江湖散人，或号天随子，甫里先生。

卷二十二　词翰

唐李郢《茶山贡焙歌》　使君爱客情无已，客在金台价无比。春风三月贡茶时，尽逐红旌到山里。焙中清晓朱门开，筐箱渐见新芽来。陵烟触露不停采，官家赤印连帖催。朝饥暮匐谁兴哀，喧阗竞纳不盈掬。一时一饷还成堆，蒸之馥之香胜梅。研膏架动轰如雷。茶成拜表贡天子，万人争瞰春山摧。驿骑鞭声砉流电，半夜驱夫谁复见。十日王程路四千，到时须及清明宴。吾君可谓纳谏君，谏官不谏何由闻。九重城里虽玉食，天涯吏役长纷纷。使君忧民惨容色，就焙尝茶坐诸客。几回到口重咨嗟，嫩绿鲜芳出何力。山中有酒亦有歌，乐营房户皆仙家。仙家十队酒百斛，金丝宴馔随经过。使君是日忧思多，客亦无言征绮罗。殷勤绕焙复长叹，官府例成期如何。吴民吴民莫憔悴，使君作相期苏尔。

唐陆希声《茗坡》　二月山家谷雨天，半坡芳茗露华鲜。春醒酒病兼消渴，惜取新芽旋摘煎。

卷二十三　词翰

宋王禹偁《陆羽茶泉》　甃石封苔百尺深，试茶尝味少知音。唯余半夜泉中月，留得先生一片心。

宋苏轼《焦千之求慧山泉》　兹山定空中，乳水满其腹。遇隙则发见，臭味真一族。浅深各有值，方圆随所蓄。或为云汹涌，或作线断续。或鸣空洞中，杂佩杂琴筑。或流苍石缝，宛转龙鸾蹙。瓶罂走四海，真伪半相渎。贵人高宴罢，醉眼乱红绿。赤泥开方印，紫饼截圆玉。倾瓯共叹赏，窃语笑童仆。岂如泉上僧，盥洒自挹掬。故人怜我病，箬笼寄新馥。欠伸北窗下，昼睡美方熟。精品厌凡泉，愿子致一斛。

苏轼《游慧山》　梦里五年过，觉来双鬓苍。还将尘土足，一踏漪澜堂。俯窥松桂影，仰见鹳鹤翔。炯然肝腑间，已作冰玉光。虚明中有色，清净自生香。还从世俗去，永与世俗忘。薄云不遮山，疏雨不湿人。萧萧松桂滑，策策芒鞋亲。嘉我二三子，皎然无缁磷。胜游岂殊昔，清句仍绝坐。吊古泣旧史，疾谗歌小旻。哀哉扶风子，难与巢许邻。敲火发山泉，烹茶避林樾。明窗倾紫盏，色味两奇绝。吾生眠食耳，一饱万想灭。颇笑玉川子，饥弄三百月。岂如山中人，睡起山华发。一瓯谁与共，门外无来辙。

宋黄庭坚《题慧山泉》　锡古寒泉椭石俱，并得新诗虿尾书。急呼烹鼎供茗事，澄江急雨看跳珠。是公与世涤膻腴，今我屡空常晏如。安得左蟠箕颍尾，风炉煮茗卧西湖。

宋张商英《留题慧山寺》　元符己卯，两浙运判曾孝蕴作常润京口奔牛上闸成，集贤殿修撰、发运使张商英被旨相视，至慧山寺，留题以纪行役。

咸阳获重之明年，五月端午予泛船。二闸新成洞常润，组练直贯吴淞川。淮南柁师初入浙，借问邑里犹茫然。《茶经》旧说慧山泉，海内知名五十年。今日亲来酌泉水，一见信异传闻千。置茶适自建安到，青杯石臼相争先。碾罗万过玉泥腻，小瓶蟹眼汤正煎。乳头云脚盖盏面，吸嗅入鼻消睡眠。涤釜操壶贮甘液，缄题远寄朱门宅。仙人见水是琉璃，乃知陆羽非凡客。

卷二十七　古迹

茶舍，在罨画溪，上去湖洑一里。李栖筠为州，有僧献佳茗，陆羽以为芬香冠绝他境，可供尚方，始贡万两。置舍洞灵观，韦夏卿徙兹地。卢仝诗云：天子须尝阳羡茶，百草不敢先开花。李郢云：吾君可谓纳谏君，谏官不谏何由闻。使君爱民惨颜色，就焙尝茶坐诸客。几回到口重咨嗟，嫩绿鲜芳出何力。僖宗幸蜀，间关驰贡，王守枳诗云：今朝拜贡盈襟泪，不进新芽是进心。　南唐保大四年，命建州置的乳茶，号京挺，乃罢贡。

卷三十　纪遗

高绅早岁寓横山冲虚馆，味泉极甘，谓可比惠山，惜不入陆鸿渐之品第……

宜兴县旧志

重刻雍正间本　十册

卷一　风俗

……茶户以谷雨日赛茶神，入山采茶，俗谓开园……

土产　货之属

茶叶　产茗岭、铜官、离墨诸山者尤佳。

茗壶　产蜀山川埠诸山窑。及花瓶、水注之属，初用紫泥素质，今用五色彩釉，俱极精巧。

卷三　杂税

国朝　岁贡芽茶一百斤　贡茶，旧典也。唐以前无考，自唐御史大夫李栖筠守常州，有山僧献阳羡佳茗，野人陆羽以为芬芳冠绝他境，可荐尚方，栖筠从之。遂置茶舍，岁贡阳羡茶万两，此其滥觞耳。宋时因之。元贡荐新茶九十斤，贡金字末茶一千斤，芽茶四百一十斤。明时，贡荐新细芽茶一百斤。续郡志云：洪武十年，岁贡芽茶四十斤，叶茶一万三千斤。后按额裁减，止进芽茶八十斤，南京礼部二十斤，各茶户办纳。本朝因之，止贡芽茶一百斤。每岁谷雨前一日，县官祭山神开园，择取入篓，自县起程，赴司府验明，候布政司拜表，发解到部，例有定限。明时，于里甲内签点解户四名，遵限解交礼部，掣取批回。国朝革除民解，专委张渚湖㳇巡司轮年领解。

卷九　古迹

茶舍，在罨画溪，上去湖㳇一里。李栖筠为州，有僧献佳茗，陆羽以为芬香冠绝他境，可供尚方，始供万两。置舍洞灵观，韦夏卿徙兹地。南唐保大四年，命建州置的乳茶，号京挺，乃罢贡。

卷十　艺文

国朝陈玉瑾《卓锡泉记》　宜兴南岳山，有泉名卓锡……南山，故产茶处，与洞山连络。洞山有峡名岕，产尤佳，今所名岕茶是也。二山茶又并称阳羡，岁岁贡于朝。南山既得泉，凡洞山人每产茶，日辄携就泉烹之，与南山种茶人相角胜。泉深尺许，围四之，清洌如镜……戊申十月，予与友游南山，至斯亭，尤徘徊，他日产茶时，予虽远道，必当更至，酌泉而烹之。

卷十　艺文

唐皇甫曾《送陆鸿渐南山采茶》　千峰待逋客，香茗复丛生。采摘知深处，烟霞羡独行。幽期山寺远，野饭石泉清。寂寂燃灯夜，相思磬一声。

卷末　艺术

陈远字鸣远，工制壶、杯、瓶、盒诸物，手法在徐士衡、沈士良之间，而款识书法独雅健，有晋唐风格。尝铭所作壶云：汲寒泉，瀹芳茗，孔颜之乐在瓢饮。时有陈子畦，仿士衡壶最佳，为世所珍，或云即远之父。

宜兴县旧志

嘉庆二年(1797 年)　十四册

卷一　山川

南岳山，在县西南一十五里，即君山之北麓。孙皓既封国，遂禅此山为南岳，其地即古阳羡产茶处。(详名胜)

茗岭山，一曰闽岭，在县西南八十余里。山脊与长兴分界，旧多茶，较离墨尤胜，俗称庙前、庙后茶者是。

离墨山，在县西南五十里，九岭相连，高一百二十五仞，临蒲墅荡东。相传仙人钟离墨得道于此，故名。山顶产佳茗，芳香冠他种。

唐贡山，在县东南三十五里，临罨画溪，以唐时产茶入贡，故名。金沙泉，即在山下。

啄木岭，在县东南七十里，唐湖、常二守贡茶相会之地。

真珠泉，一名卓锡泉，在南岳寺前，大旱不竭。唐稠锡和尚尝欲以此泉烹桐庐茶。未几，有白蛇衔茶子置庵侧，自是种滋蔓，味极佳，时人争致，官府征需无艺，寺僧苦之。有题壁间云：官府星火催新焙，反使山僧怨白蛇。泉旧有亭覆之，吴达可题卓锡泉三字。

於潜泉，在湖㳇镇税务场后。穴阔二尺许，状如井。其源尝伏，味甘洌，唐修贡茶时，此泉亦上供。

卷末　艺术

金沙寺僧，逸其名。陶者相传，谓僧闲静有致，习与陶人处，抟其细土，加以澄练，捏筑为胎，规而圆之，刳使中空……烧成人，遂传用。

供春，邑吴氏家僮。偶见金沙寺僧为茗壶，暇窃仿之，亦淘细土抟胎……指螺文隐起可按，胎必累按，故腹半尚现节腠，视以辨真。今传世者，栗色暗暗，如古金铁。以其本龚姓，亦书为龚春。（吴梅鼎《阳羡茗壶赋·序》、吴骞《阳羡名陶录》）

董翰别字后溪，造壶作菱花式，与赵梁、元锡、时朋皆万历时人，为供春后四名家。翰文巧而三家古拙。

时大彬别字少山，朋子。其为壶或淘土，或杂钢砂土，不务妍媚，而朴雅坚栗，妙不可思。初仿供春，喜作大壶，后游松江，闻陈继儒与王世贞诸人品茶施茶之论，乃作小壶，置几案间，生人闲远之思。前后名家，并莫能及。

李养心字茂林，制小圆壶，妍妙在朴致中，世称名玩……

徐士衡字友泉……所制有汉方、小云罍、提梁卣、焦叶、莲方、菱花……诸款，泥色有海棠、红硃、砂紫、定窑、白冷、金黄、淡墨、沉香、水碧、葵黄诸名。晚年恒自叹曰：吾之精终不及时之粗……

陈用卿与时大彬同工，而年技俱后……款仿钟繇帖意，落墨拙，奏刀工……

沈士良字君用，崇祯时人。壶式上接欧正春一派……所制取象器用，不尚正方圆，而笋缝不苟丝发，金石同坚……

沈子澈，崇祯时人。所制壶古雅浑朴，尝为人制菱花壶，铭之，曰：石根泉，蒙顶叶，漱齿鲜，涤尘热。时又有沈君盛善，仿徐士衡、沈士良二家器。

陈辰字共之，工镌壶款，人多假手，周高超称之为陶家中书君。（以上俱参节《阳羡茗壶系》）

宜兴、荆溪（旧县名，民国时并入宜兴县）县新志

光绪八年（1882 年）　八册　　施惠、潘树辰、吴景墙纂修

卷一　山

蛳螺山之东为筱岭，又东为茗岭。　产佳茗，俗称闽岭，乡音误也。岭有庙，祀柳宿，柳主草木，为茶神也，俗误刘秀……又有泉，出于庙后，澄渟石上，可就饮而不可汲取。其泉旁产茶，名庙后茶。按阳羡之山，茗岭最为亭峻……

……董山即墨离山……东北自铜官之鹅尾伏而复起，宠炏崔嵬者为主峰……其支峰为茗山，产茗。

铜官山……西向为……南岳山　即铜官之北麓。孙皓封铜官为南岳，禅于此地，后人因呼北麓之峰为南岳。山足有寺，为南岳寺。寺前有卓锡泉，昔稠锡禅师驻杖于此，泉随涌出，亦名珍珠泉，清冽如镜，中产蜥蜴。又有白蛇衔茶种来植于侧，芬芳冠绝他境……

……唐贡山　即茶山，唐时茶入贡，故名。今其村名唐贡里，居民多艺茶茗，小峰累累，概称之曰茶山。

物产

而茶山苦槚，自唐迄今，阳羡之种名天下，不止蛇衔佳茗，与锡树争奇已。　《尔雅》：槚，苦荼。郭注云：树小似栀子，冬生，叶可煮作羹饮，今呼早采者为荼，晚取者为茗，一名荈。按：此即今之茶树。古荼茗字，与荼荠字同读，至汉县荼陵，有宅加切之音，唐陆羽著《茶经》，始减一画作茶。茶产义兴者，总名岕茶，唐时入贡。有茗岭，以产茗得名，铜官、离墨，亦多产茶。离墨红筋茶，为阳羡真种，而铜官山

麓南岳寺，旧有白蛇衔茶种来，种之，得佳茗，尤为珍品……

卷八　人物

艺术

杨彭年，字二泉，以善制茗壶称，陈曼生鸿寿宰溧阳，闻其名，致之。曼生自出新意，造仿古式，镌书画其上，号曼生壶，皆彭年作也，其底有二泉两字云。同时上岸里人邵大亨，年少而得名独早，彭年以精巧胜，大亨以浑朴胜……有周永福者，善为鹅蛋壶，学大亨法，佳者夺真，大亨同姓邵赦，多得彭年壶，心摹力追，尽传其巧妙……

卷九　名胜

卓锡泉　山亭之乡，有泉名卓锡。昔稠锡禅师驻杖于此，石罅之中，甘醴漻然以出，谓之珍珠泉，亦曰真珠。厥后龙子见于泉源，蛇神献其茶种，取种莳之，芳遍山麓，阳羡茶、泉，由兹推南岳矣。夫阳羡固多产茶，泉之佳者何限？以今所闻，於潜之泉在湖㳇税务场后，穴广二尺所，厥状如井，源伏而味甘。唐时，贡茶泉亦上供，顾地近嚣尘，不足以当美景名矣……茗岭之足，村名卢岕，地界长兴，岕片之美，陆鸿渐《茶经》所称圈岭茶也。有泉自山而下，湛于石洼，引颈就饮，清洌异常。岭故有柳宿庙，采茗者祀之。庙前之茶，庙后之水，乡人艳称……

卷末　摭失

境会亭（褚邦庆《常州赋》误入武、阳），在茶山路。唐时，湖、常二州守造茶修贡会此。白居易有《夜闻贾常州、崔湖州茶山境会，想羡欢宴》诗。

定讹

按：《茶谱》云：湖州长兴县啄木岭金沙泉，即每岁造茶之所也。湖、常二郡，接界于此，有境会亭，每茶节，二牧皆至焉。泉处沙中，居常无水，将造茶，太守具仪注牺牲，拜敕祭泉，顷之发源，其夕清溢，造供御者毕，水即微减，供堂者毕，水已半之，太守造毕，即涸矣……

据此，则金沙泉在啄木岭，非唐贡山下也。旧志汤泉注，又引徐志，阳羡茶、泉在啄木岭。按：啄木岭之阳，隶长兴县，徐所据者，《湖州府志》，而以长兴之泉为阳羡泉，疏矣。

重刊续纂宜、荆县志

光绪八年（1882 年）　四册

卷九　艺文

吴骞《阳羡名陶录序》　……惟义兴之陶制，度精而取法古，迄乎胜国，诸名流出，凡一壶一合，几与商彝周鼎并为赏鉴家所珍，斯尤善于复古者欤！予竭来荆南，雅慕诸人之名，欲访求遗器，破数十年之功，而所得盖寥寥焉。虑岁月滋久，并作者姓氏且致翳如，拟缀辑所闻，以传好事，暨阳周伯高氏尝著《茗壶系》述之，间多漏略，兹复稍加增润，厘为二卷，曰《阳羡名陶录》，翼超览君子更匡益所未逮焉。

光宣宜、荆续志

民国九年（1920 年）　六册　　陈善谟、徐保庆、周志靖纂修

卷六　实业

阳羡垦牧树艺公司　光绪三十四年，李逢庆、徐翰淦等招股设立，资本五万元，契买民山八千余亩，山田一百余亩，湖汊、房屋、基地十八亩，建造总厂，资遣客民，栽植松、竹、茶、桑等树……

以上荆溪。

金坛县志

光绪十一年(1885年)　十二册　　丁兆基、汪国凤纂修

卷之一　土产

茶叶　出方山，谷雨前采者佳。

金坛县志

民国十五年(1926年)　四册　　冯煦纂修

卷一　舆地志　物产

茶叶　出郁冈山者佳，出方山者尤佳。

卷二　山水志　山水

方山，又名四平山，亦名挂榜山，山半有洞，曰朝阳，其树多茶。方山顶茶称佳品。

溧阳县志

康熙六年(1667年)　十四卷　　徐一经纂修

卷之三　古迹附书目

《补茶经》　邑人周绛著。

风俗

……邑之南多山，饶有茶、纸、梓、竹、梨、枣、柿、漆之材，其他皆平田……

句容县志

乾隆十五年(1750年)　八册　　曹袭先纂修

卷一　物产

干茶　出乾元观。

续纂句容县志

光绪二十年(1894年)　十六册

卷六　物产

茶则有空青、云雾，王门桥所产亦高品（俱在治北）。

高淳县乡土志

民国癸丑(二年,1913年)印
宣统三年(1911年)本　一册　　吴寿宽纂修

物产

……其自他境运来者，若糖，若纸，若茶叶、烟叶，皆入本境而后制造，民间食用皆资之。

商务

……他若茶叶自石埭及宁国运来，约五六百石……

江阴县志

光绪四年(1878年)　二十册　　卢思诚、季念贻、夏炜如纂修

卷三　山川

山

顾山，在县东九十里。旧名香山，以界于江阴、无锡、常熟县，故名三界山。半麓为香山寺，建自梁大同中，寺有山茶树，相传为昭明太子手植，寺左有文选楼。

常、昭(即常熟、昭文。昭文,旧县名,民国时并入常熟县)合志稿

光绪甲辰(三十年,1904年)　十六册　　郑钟祥、庞鸿文纂修

卷二　山形

虞山，居邑境中央，当赤道北纬三十一度四十一分，东经四度零六分（编者按：此处经度有误）。

……《越绝书》云：虞山者，巫咸所出也……去县百五里，（鸿文按：指吴县言也。）一名乌目，（鸿文按：不知何本，旧志谓出《山海经注》，似未确。）一名海禺，《括地志》。一名海巫，《吴郡志》。……至谢家浜……更西即近湖桥，由山麓曲折而登，径松林中，有白云栖禅院，中有石洞……其右坎深丈余，泉自中溢出……泉甚甘洌，故曰洌泉。城中好事者往往汲载，以供茗饮……其上为齐女峰……盖虞山北面最高之峰也……由中峰寺穿林而西，是为顶山……顶山之西，秦坡涧之，上有泉名曰玉蟹泉，中常涵白乳丝，盖石华所化钟乳之类，以之瀹茗，味甘且腴，甲于虞山诸泉，权之量亦重于他水，但质既浓厚，其味易变，嗜饮者必携炉铫就酌，若

汲担入城，不堪饮矣……

卷六　风俗

立夏日食麦蚕。用新麦穗煮熟，去芒壳，磨成细条，此品自南宋时已有之，见《梦粱录》。家家以大秤权身轻重，俗说立夏节物曰樱桃九熟，谓樱桃、青梅、新茶、麦蚕、蚕豆、玫瑰花、象笋、松花、谷芽饼也……

卷四十六　物产

……兹记其材之良与花实之佳者……其以叶著者……曰茶　山北间有植者，绿色，名本山茶……

补常、昭合志艺文

无年代　一册

《茶谱》　钱椿年，字宾桂。见《牧斋家乘》文。

光绪太仓直隶州志稿

无年代　十一册

卷六　物产

药之属

五茄皮　春时，土人采嫩芽，烘焙代茶，清芬可爱。根皮入药，补劳伤，古谚云：宁得一把五茄，不用金玉满车。

昆、新（即昆山、新阳。新阳，旧县名，民国时并入昆山县）两县合志

乾隆十六年（1751 年） 十五册 邵大业、王峻纂修

卷八 物产

药之属

五茄皮 嫩芽可以点茶。

昆、新两县续修合志

光绪六年（1880 年） 二十四册 金吴澜、汪堃、朱成熙纂修

卷三十四 游寓

唐 陆龟蒙，字鲁望，吴人。汉陆贾裔，唐天后朝宰相元方七世孙。父宾虞，以文名，历侍御史。龟蒙，宪宗时人……隐迹松江甫里……嗜茶，置园顾渚山下，岁收茶租，自判品第。不与流俗交，尝升舟设篷席，赍束书、茶灶、笔床、钓具往来，时谓江湖散人，又号天随子，甫里先生……龟蒙卒，葬白莲寺旁……有《吴兴实录》《松陵集》《笠泽丛书》等行世……旧志本列龟蒙游寓，自方鹏志辨其在长洲，与昆山无涉，遂删去。然龟蒙以甫里先生称，按：甫里界长、昆两邑，余韵流风，似宜采入游寓。

昆、新两县续补合志

民国十一年（1922年）　十册　　连德英、李传元纂修

卷七　古迹

第六泉，在吴淞江中，相传南近千亩潭，北近蒋家圩，一云在墨竹渠左近，系唐张又新所品第者。

钱允治《第六泉》并序　余往来吴淞江，知有第六泉近蒋家圩久矣，风帆迅速，吉凶迸迫，畴能溯流汲之。余友蒋公鸣正家圩内，素谙泉处，汲之二缶，烹煎尝试，风味凉爽，真逸品也，岂特第六耶!

吴　郡　志

影宋本　十六册　　范成大纂修

卷二十九　土物

石井、松江二水，唐张又新品第东南烹茶之水为七等，以虎丘石井为第三，吴松江为第六……

长洲（旧县名，民国时并入吴县）县志

万历二十六年（1598年）　十卷　　张德夫、皇甫汸纂修

卷之四　人物

陆龟蒙，字鲁望，元方七世孙。少高放，通六经大义，尤明春秋。尝至饶州，三日无所诣，刺史蔡京率官属就见之，龟蒙不乐，拂衣去。居松江甫里，多所论撰，虽幽忧疾痛，资无十日计，不少辍也。文成，

窜稿箧中，或历年不省，为好事者盗去。嗜□□顾渚山下，岁取租茶，自判品第。不喜与流俗交，造门不肯见……舟设篷席，赍束书、茶灶、笔床、钓具往来，时谓江湖散人。后以高士召，不至。远祖绩，为郁林太守，罢归，舟轻，取石为重，人称郁林石。

卷之七　艺文

唐陆龟蒙《甫里先生传》……先生嗜荈，置园于顾渚山下，山在吴兴郡，岁贡茶之所。岁入茶租十许，薄为瓯牺之实，自为品第书一篇，继《茶经》《茶诀》之后。(《茶经》,陆羽撰。《茶诀》,皎然撰。) 南阳张又新尝为水说，凡七等，其二曰惠山寺石泉（无锡县），其三曰虎丘寺石井，其六曰吴松江，是三水，距先生远不百里……

临顿里在城东，为吴中胜地，陆鲁望所居也。皮、陆有诗十首咏之，余悉次其韵，盖仿佛昔贤之高致云。(高启)

长洲县志

乾隆十八年(1753 年)　三十册　　李光祚、顾诒禄纂修

卷十六　山阜

茶坡泉　在山南，泉之极佳者。

卷十七　物产

山茶

元和(旧县名,民国时并入吴县)县志

乾隆五年(1740 年)　十册　　沈德潜纂修

卷十五　山阜

石井泉　在剑池藏经阁后。《煎茶水记》载：刘伯刍论水七等，以虎丘石井为第三，或又传陆羽品定。

卷十六　物产

茶之属

虎丘茶　指虎丘金粟房，叶微带黑，不甚苍翠，点之，色白如玉，而作豌豆香，宋人呼为白云茶。卜万祺《松寮茗政》云：色味香韵，无可比拟，茶中王也。明时，例岁有司以此申馈大吏，诣山采制，胥皂骚扰，守僧不堪，剃除殆尽，学士文震孟作《剃茶说》以伤之，后复植如故，有司计偿其值，采馈同前例。睢州汤公斌镇抚三吴，严禁属员馈送，寺僧亦疲于艺植，此种遂萎，今不可复得云。

吴　县　志

民国二十二年(1933 年)　四十册　　曹允源纂修

卷十九　舆地考

山

铜井山，亦名铜坑山……东为马驾山。

清汪琬《游马驾山记》　马驾山在光福镇西，与铜井并峙山中，人率树梅、艺茶、条桑为业。梅五之，茶三之，桑视茶而又减其一。号为光福奇丽幽绝处也……

虎丘山距城西北七里……陆羽石井　俗名观音泉，傍剑池北上。井口方丈余，四旁石壁，下连石底。泉甘冽。相传陆羽石井为第三泉，即此。《姑苏志》：石井岁久湮废，寺僧乃以山后土井当之。绍熙三年，主僧如璧始淘大石井，味甘冷胜剑池。郡守沈揆作屋覆之，别为亭于井傍，以为烹茶晏坐之所。　明王鏊《虎丘复第三泉记》：虎丘山第三泉，其始出于陆鸿渐品定，或云张又新，或云刘伯刍，所传不一，而其来则远矣。顾闭于颓垣荒翳之间，虽吴人鲜或至焉。长洲尹左绵高君行县，至其地，曰：可使至美蔽而弗彰乎？乃命撤墙屋，夷荆棘，疏沮洳，荒翳既除，厥美斯露。爰有巨石，巍峙横陈，可数十丈，泉觱沸漱其根而出。曰：兹所谓山下出泉，宜其甘寒清冽，非它泉比也。遂作亭其上，且属予记其事，所以贺兹泉之遭也……

卷五十一　物产二

饮馔之属

茶　出吴县西山，以谷雨前采焙极细者为贵。唐皮、陆各有《茶坞》诗。宋时洞庭茶尝入贡，水月院僧所制尤美，号水月茶，载《图经续记》。近时，东山有一种名碧螺春，最佳，俗呼吓杀人香，味殊绝，人矜贵之，然所产无多，市者多伪。又虎丘金粟山房旧产茶叶，微带黑，不甚苍翠，点之，色白如玉，而作豌豆香，性不能耐久，宋人呼为白云茶，明时有司用馈大吏，骚扰不堪，守僧剃除殆尽。

卷五十二　风俗一

四月立夏日……是日，取去岁撑门炭烹茶以饮，茶叶则索诸左右邻，谓之七家茶……

卷五十七　艺文考三

顾元庆《茶谱》二卷　《茶具图》一卷　《茗曝偶谈》一卷　《茶话》一卷

卷五十八下　艺文考八

陈鉴《虎丘茶经注补》一卷。（陈鉴，字子明，南越人）

卷七十八　杂记一

刘伯刍品七水，虎丘石井第三；陆羽与李季卿品二十水，虎丘寺井第五。（《煎茶水记》）

卷七十九　杂记二

洞庭东山碧螺峰石壁，产野茶数株，每岁土人持筐采归，以供日用。（《柳南随笔》）

元和唯亭志

道光二十八年（1848年）　六册　　沈藻采纂修

卷之八　古迹

六泾泉　离镇西六里，有桥，曰六泾桥，下一环清憨，即泉也。汲之烹茶，其味清冽，不减虎丘、吴淞诸泉，惜未遭名流品题，至今湮没不传。

光福志

民国十八年（1929年）　二册　　徐溥纂修

卷三　水

七宝泉，在邓尉妙高峰下，甘而冽，迥异诸泉。明倪云林尝使童子担七宝泉，以前桶煎茶，后桶濯足。人不解其意，或问之，曰：前者无浊，故以煎茶；后者或以泄气所秽，故以濯足。

卷十一　集文

（编者按：未注作者姓名）《天池记》　从贺九岭而进，别一洞天，峭壁削成，车不方轨，飞楼跨之，舆骑从楼下度，逾岭而西，平畴广野，与青峦紫嶂相映……土人以茶为业，隙地种遍……

震泽（镇名，属吴江县）镇志

道光二十四年（1844年）　四册　　纪磊、沈眉寿纂修

卷二　物产

茶干，以豆为之，味香美。

无锡县志

民国十一年（1922年）　三册

卷三上　事物

唐陆羽，字鸿渐，未知所生。及长，以易自筮，得蹇之渐，曰：鸿渐于陆，其羽可用为仪，吉。乃以陆为氏，名羽，而以鸿渐字之。嗜茶，著《茶经》三篇。鬻茶者，至陶羽形祀为茶神。上元初，隐居苕溪，自称桑苎翁，又号竟陵子。在陇西公幕府，自号东园先生，又号东冈子。尝品水味，列无锡惠山泉第二，至今称为陆子泉。泉上有祠，祀羽画像。

卷三下　学校

第二泉，即陆子泉也。在惠山之麓若冰洞前。洞高咫尺，广可方丈……唐陆鸿渐品水味二十等，列此泉为天下第二，世称第二泉，以鸿

渐所品，故又名陆子泉……

卷四上　辞章

蔡襄《即惠山烹茶》　此泉何以得，适与真茶遇。在物两称绝，于予独得趣。鲜香箸下雪，甘滑杯中露。当能变俗骨，岂独湔尘虑。昼静清风生，飘萧入庭树。中含古人意，来者庶冥悟。

王禹偁《题惠山》　吟入惠山山下寺，古泉闲挹味何嘉。好抛此日陶潜米，学煮当年陆羽茶。犹欠片心眠水石，暂开尘眼识烟霞。劳生未了来还去，孤棹寒篷宿浪花。

无锡、金匮（旧县名，民国时并入无锡县）县志

光绪七年（1881年）　十八册　　裴大中、秦缃业纂修

卷三　水泉

第二泉，在惠山第一峰白石坞下。唐陆羽定天下水品二十种，以惠山石泉水为第二，故又名陆子泉。又张又新记水品，其说与羽不同，惠泉则仍居第二。泉上有若冰洞，人多言泉源所出，然洞有水甚浊，而不通二泉，二泉伏涌潜泄，略无形声。池二，圆为上池，方为中池，两池中隔尺许，本有穴相通，挠之则俱动，而中池之味，遂远不逮上，盖中池便杂若冰洞水，上池不杂故也，水下流而不能逆上，故不杂。汲泉者瓶罂负担，不舍昼夜，皆上池独给之。相传宋高宗南渡，尝酌泉于此。泉由暗渠东出，吐注下池，下池深广方丈余，由是其流分为二，北经鼋池、金莲池，出寺塘泾，下运河。康熙庚午志：下双河……

卷十四　古迹

曲水亭，在惠山寺。陆羽《惠山寺记》：寺前有曲水亭，一名憩亭，一名歇马亭，以备士庶投息之所。其水九曲，甃以文砖寙甓。

卷三十一　物产

茶　横山雪浪庵有数十株，山僧于谷雨前采之，曰本山茶，香味不减洞庭碧螺春。

卷三十二　艺文

杨万里《题陆子泉上祠堂》　先生吃茶不吃肉，先生饮泉不饮酒。饥寒只忍七十年，万岁千秋名不朽。惠泉遂名陆子泉，泉与陆子名俱传。一瓣佛香炷遗像，几多衲子拜茶仙。麒麟画图冷似铁，凌烟冠剑消如雪。惠山成尘惠泉竭，陆子祠堂始应歇。

卷四十　杂识

淮海周辉云：辉家惠山，泉石皆几案间物，故东来数问松竹平安信，且时致陆子泉，茗碗殊不落莫。顷岁亦可致于汴都，但未免瓶盎气，用细砂淋过，则如新汲矣。

邵文庄有茶田十八亩，在二泉书院右偏，引泉灌溉，水旱无虞，令惠山寺僧承佃，以供夏月施茶之费。文庄没后，寺僧……轮年耕种，但资山僧口腹，暑月行人，不复沾施茶之惠矣。

邵文庄曰：《文献通考》言：惠泉甘美，置之第二不忝，但未知康王谷水何如？余饮惠泉旧矣，后饮康王谷水，未尝跃然惊也。余友刘镇江绩，亦称惠泉第一。又《杞园文集》载：康熙间，有题泉上云：刘伯刍论水之宜茶者七，自一至五，余皆得而酌之，澄泓甘冽，未有如惠山石泉者，乃强抑之第二，不知何意……

袁宏道曰：余不嗜酒，而有茶癖。居江乡日，与泥汁渗潢为偶。吏吴以来，每好事者设茶供，未尝不自笑，然务烦心懒，十未得一。乃居锡城，往来惠山，始得专力于此。一日，携天池斗品偕数子汲泉试茶，一人突问曰：公今解官，亦有何愿？余曰：愿得惠山为汤沐，益以顾渚、天池、虎丘、罗岕，如陆、蔡诸公者供事其中，余得披缁老焉，胜于酒泉醉乡远矣。

无锡、金匮县志

光绪七年(1881 年)　十八册

卷三十五　艺文

孙觌《陆子泉亭记》　陆鸿渐著《茶经》，别天下之水，而惠山之品最高（编者按：陆羽《茶经》无此说法）。山距无锡县治之西五里，而寺据山之麓，苍崖翠阜，水行隙间，溢流为池，味甘寒，最宜茶。于是茗饮盛天下，而瓶罂负担之所出通四海矣……

锡、金(即无锡、金匮)志外

道光二十三年(1843 年)　四册　　秦锡淳纂修

卷二　艺文

宋梅尧臣《尝惠山泉》　吴楚千万山，山泉莫知数。其以甘味传，几何若饴露。大禹书不载，陆生品尝著。昔唯庐谷亚，久与《茶经》附。相袭好事人，砂瓶和月注。持参万钱鼎，岂足调羹助。彼哉一勺微，唐突为霖澍。疏浓既不同，物用诚一处。空林癯面僧，安比侯王趣。

杂识

华淑《惠山名胜志》云：有僧言，京师昊天观一眼井与惠山泉脉相通，李德裕不信，因取惠泉、昊天泉二瓶，杂以他水，共十瓶，暗记出处，使僧辨析，僧独取惠山与昊天二泉，裕大奇之，因罢水递。应补入旧志李德裕置水递一条下。

元时，有州守某，税泉以供州费，不月余，泉涸，税解，泉复如初，见《惠山名胜志》。

锡、金志补

无年代　一册

明马治《惠山四贤祠记》　惠山寺四贤祠，在第二泉发源东偏三十步。所谓四贤者，刘宋司徒右长史湛茂之，南齐孝子华宝，唐中丞李绅，桑苎翁陆羽也……元亡，寺为兵废，祠亦随毁。皇明以孝治天下，所在更化，寺将复新……桑苎翁往来品第泉水，士大夫清尘雅望，与山俱高……

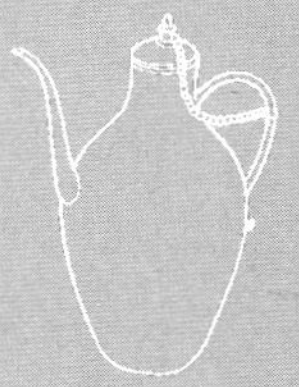

浙江省地方志

敕修浙江通志

乾隆元年（1736年） 一百册 嵇曾筠、沈翼机纂修

卷九 山川

钱塘县城外山川

参寥泉 成化《杭州府志》：在智果寺。

涌泉 万历《杭州府志》：在霍山清心院前山坡上……味极清甘，亢旱不涸。

卷十一 山川

嘉善县

幽澜泉 《六砚斋笔记》：在县东武水北景德寺幽澜井。

卷十二 山川

长兴县

青砚山 《吴兴掌故》：在县西六十里。陆羽云：啄木青岘茶，味与寿州同。

顾渚山即茶山 《方舆胜览》：茶山在长兴县西，产紫笋茶。万历《湖州府志》：山在县西北四十七里，西达宜兴。吴夫槩顾其渚，宜茶，后其产果然，乃充贡。下有贡茶院，旁有金沙泉，甚美。山中有明月峡，绝壁峭立，大涧中流，其茶所生，尤为异品。 杜牧《春日茶山呈宾客》诗：笙歌登画船，十日清明前。山秀白云腻，溪光红粉鲜。欲开未开花，半阴半晴天。谁知病太守，犹得作茶仙。

大官山 小官山 万历《湖州府志》：在县西北四十五里……有张坞，产茶，为罗岕之次。

明月峡 《吴兴掌故》：与顾渚联属，绝壁峭立，于大涧中流，乱石

飞走，茶生其间，尤为绝品。张文规所谓明月峡中茶始生是也。

枪旗岭　弘治《湖州府志》：在县东南三十里弁山上。石多枪旗所植之窍，俗传霸王屯戍之所。嘉靖《浙江通志》：苏子瞻云，世谓茶之始生而嫩者，为一枪，寖大而开者，为一旗。王介甫送元厚之诗云：新茗斋中试一旗是也。此山旧亦产茶而嘉，故曰枪旗。

卷十五　山川

会稽县

日铸岭　《嘉泰会稽志》：在县东南五十里。昔欧冶子铸五剑，采金铜之精于山下。《归田录》：草茶盛于两浙，两浙之品，日铸第一。

卷十六　山川

天台县

瀑布山　《天台山方外志》：在县西四十里。　嘉靖《浙江通志》：一名紫凝山，有瀑布，陆羽品为天下第十七水，与福圣、国清二瀑为三云。　《名胜志》引《神异记》云：余姚人虞洪入山采茗，遇一道士，牵三青羊，引至瀑布山曰：吾丹丘子也，闻子善具饮，常思见惠，山中有大茗，可以相给。

卷十七　山川

武义县

蒋富山　嘉靖《武义县志》：在县东南三十五里，周二十余里，山多产茶。传云：昔有蒋氏居此，致富，因名。

卷二十　山川

永嘉县

白茶山　《茶经》引《永嘉图经》：县东三百里有白茶山。

卷四十二　古迹

湖州府

宋贡茶院　弘治《湖州府志》：在长兴县西北，面官山。贞元中，以吉祥寺置修贡堂，有贡茶刺史题名。

桑苎园　吴文企《桑苎园记》：在归安。以城为垣，以河为池。逍遥者其堂，鸣鹤者其亭，乐度者其梁。在唐中叶，陆鸿渐流寓其中，自号桑苎翁。

三癸亭　《名胜志》：在杼山。鲁公为陆鸿渐建，其时为唐大历七年癸丑岁冬十月癸卯朔二十一日癸亥落成，故名。

境会亭　嘉靖《长兴县志》：一名芳岩，在悬脚岭。唐时，吴兴、毗陵二郡守分山造茶，宴会于此。　白居易《夜闻贾常州崔湖州茶山境会亭欢宴》诗：遥闻境会茶山夜，珠翠歌钟俱绕身。盘上中分两州界，灯前合作一家春。青娥对舞应争妙，紫笋齐尝各斗新。自笑花时窗下客，蒲黄酒对独眠人。

忘归亭　嘉靖《长兴县志》：在顾渚山。有司采茶寓此。

荐春台　嘉靖《长兴县志》：在子山左，令熊明遇筑。每清明前三日，诣顾渚山采茶，先于此拜接。

卷四十六　古迹

台州府

茶园　《云笈七签》：临海盖竹山，旧传葛元植茗于此，结庐而居焉。

卷四十九　古迹

严州府

天下十九泉亭　《严陵杂志》：钓台下，泉甚甘。《茶经》品第天下水味，此泉居第十九。旧时江岸有天下十九泉亭。

卷八十六　榷税

国朝税额　北关

本关茶税一百斤为一引，每引纳银二分九厘三毫八丝，每年额销茶引一十四万道。货未到关，先具折开报完银，填给关封，领引运行。其茶引截角，于年终奏销解部。每年约收银四千两不等。

北新关　《北新钞关志》：关据杭之北，去会城十里而遥，当三吴上游，其地即仁和芳林乡也……

谨按：北新有关，自明宣德四年始，成化四年废，七年复设，遂为定制。国朝顺治二年设立北关，以征船料商税，历今无改。

卷九十九　风俗

余杭县

《临安县志》：……商贾贸茶，南多于北。

昌化县

《海宁县志》：四月立夏日，以诸果品杂置茗碗，亲邻彼此馈送，名曰七家茶。

新昌县

《嘉泰会稽志》：……率以是日夏至祀先以面，萧山各供茶，曰夏至茶……

桐庐县

《方舆胜览》：山险土硗，蚕桑是务，蒸茶割漆，以要商贾贸易之利。

分水县

《严陵志》：山多田少，水浅土硗，地狭民稠，木炭、纸、茶之利，终岁所入，不足以给饔飧三分之一……

卷一百一　物产

杭州府

茶　《咸淳临安志》：岁贡见旧志。钱塘宝云庵产者，名宝云茶。下天竺香林洞产者，名香林茶。上天竺白云峰产者，名白云茶。　《钱塘县志》：翁家山亦产茶，最下者法华山、石人坞，俱名本山茶。　苏轼《僧怡然以新茶见饷，报以大龙团》诗：妙供来香积，珍烹具大官。拣芽分雀舌，赐名出龙团。晓日云庵暖，春风玉殿寒。聊将试道眼，莫作两般看。

龙井茶　《煮泉小品》：武林诸泉，惟龙泓入品，而茶亦惟龙泓山为最。其上为老龙泓，寒碧倍之，其地产茶，为南北山绝品。

谨按：杭郡诸茶，总不及龙井之产。而雨前细芽，取其一旗一枪，尤为珍品。第所产不多，宜其矜贵也。

天目茶　《茶经》：杭州茶生临安、於潜二县天目山者，与舒州同。《煮泉小品》：天目固次品。叶清臣云：……今天目远胜径山，而泉亦天渊也，洞霄次径山。

径山茶　《梦粱录》：径山采谷雨前茗，用小缶贮之，以馈人。

昌化茶　《紫桃轩杂缀》：昌化所产，大叶如桃枝、柳梗，其味乃极香。

卷一百二　物产

嘉兴府

茶　贝琼《游山记》：鹰窠山，崭然中高，旁杀，树皆合抱，产茶，类武夷。

湖州府

荈　《茶经》引《吴兴记》：乌程县有温山，出御荈。

顾渚茶　《茶经》：浙西茶，以湖州为上。　《太平寰宇记》：长兴县金沙泉，每岁造茶所也。茶产在邑界，有生顾渚中者，与峡州、光州同；生山桑、儒师二坞，白茆山悬脚山岭者，与襄、荆、申三州同；生凤亭山伏翼涧，飞云、曲水二寺，青岘、啄木二岭者，与寿州同。《天中记》：明月峡在顾渚侧，二山相对，石壁峭立，大涧中流，茶生其间，尤为绝品。张文规所谓明月峡中茶始生是也。　《国史补》：唐时以宜兴造数多，命长兴均贡，限清明日到京，谓之急程茶。　《避暑录话》：顾渚在长兴县，所谓吉祥寺也，其半为今刘侍郎希范家所有。两地所产，岁止五六斤，余求于刘氏，过半斤则不复佳。盖茶味精者在嫩，取其初萌如雀舌者，谓之枪，稍敷而叶者，谓之旗，旗非所贵，不得已取一枪一旗犹可。

《茶谱》：袁州界桥，其名甚著，不若湖州之研膏紫笋，有绿脚垂下，故吴淑赋云：云垂绿脚。　《吴兴掌故》：今茶品已定，与唐不同。大抵南产优而绝无用团者，紫笋、旗牙、雀牙之品大著矣。陆羽所谓常州，即阳羡也，与顾渚故同。而湖茶必先顾渚云。　蔡宽夫《诗话》：湖州紫笋入贡，每岁以清明日贡到，先荐宗庙，后赐近臣。其生顾渚，在湖常之间。以其萌茁紫而似笋，故曰紫笋茶。　《脞说》：湖州长兴县啄木岭金沙泉，每岁造茶之所，泉处沙中。居常无水。湖、常二郡太守至，于境会亭具牺牲拜敕祭泉，其夕，水溢，造御茶毕，水即微减，供堂者毕，水已半之，太守造毕，即涸矣。　杜牧《题茶山》诗：山实东南秀，茶称瑞草魁。剖符虽俗吏，修贡亦仙才。溪尽停蛮棹，旗张卓翠苔。柳村穿窈窕，松涧渡宣㶇。等级云峰峻，宽平洞府开。拂天闻笑语，特地见楼台。泉嫩黄金涌，牙香紫璧裁。拜章期沃日，轻骑疾奔雷。舞袖岚浸润，歌声谷答回。磬音藏叶鸟，雪艳照潭梅。好是全家到，兼为奉诏来。树阴香作帐，花径落成堆。景物残三月，登临怆一杯。重游难自克，俯首入尘埃。　王十朋《谢章季子惠顾渚茶》诗：白齿新芽不出山，青囊谁遣到人间。午窗惊觉还乡梦，纱帽笼头捧兔斑。

岕茶　《茶疏》：长兴之罗岕，疑即古人顾渚紫笋也。介于山中谓之岕，罗氏隐焉，故云罗。姚伯道云：明月之峡，厥有佳茗，是名上乘。要之：采之以时，制之尽法，无不佳者。其韵致清远，滋味甘香，清肺除烦，足称仙品。此自一种也。若在顾渚，亦有佳者，人但以水口茶名之，安与岕别矣。　《西吴枝乘》：湖人于茗，不数顾渚而数罗岕。然顾渚之佳者，其风味已远出龙井下，岕稍清隽，然叶粗而作草气。　嘉靖《长兴县志》：罗岕在互通山西土地庙后，产茶最佳，吴人珍重之。凡茶以初出雨前者佳，惟罗岕立夏开园，梗粗叶厚，微有萧箬之气，还是夏前六七日如雀舌者最不易得。然庙后山西向，故称佳，总不如洞山南向，独受阳气专，称仙品，只数十亩而已。凡茶产平地，多受土气，故其质浊，罗茗产高山岩石，浑是风露清虚之气，故可尚。

卷一百三　物产

宁波府

茶　《茶经》：出浙东，以明州次，贸县生榆荚村。　晁以道诗：官有白茶十二雷。自注：四明茶名。　至正《四明续志》：茶出慈溪，在资国寺山者为第一，开寿寺侧者次之。每取化安寺水蒸造，精妙如雀舌。嘉靖《宁波府志》志：茗壂山，在慈溪县西北，其山多产茶。万历《象山县志》：茶出朱溪者佳。　《象山县志》：郑行山产佳茗，珠山更多。《定海县志》：定海之茶，多山谷野产，又不善制，故香味不及园茶之美。五月时重抽者曰二乌，苦涩不堪。产桃花山者佳，普陀山者可愈肺痈、血痢，然亦不甚多得。

卷一百四　物产

绍兴府

日铸茶　《方舆胜览》：会稽日铸岭，其地产茶。欧阳修云：两浙产茶，日铸第一。　《嘉泰会稽志》：日铸岭，产茶奇绝，然有名颇晚。吴越贡奉中朝，土毛毕入，不闻有日铸，殆出在吴越国除之后。《归田录》云：草茶盛于两浙，浙之品日注第一。《青箱记》亦云：越州日铸茶，为江南第一。范文正汲清白泉，以建溪、日铸、卧龙、云门之品试之，云：甘液华滋，悦人灵襟。按：今会稽所产茶极多，佳品惟卧龙一种，得名几与日铸相亚。卧龙者，出卧龙山，知茶者谓二山土脉相类，信亦佳品。然日铸芽纤白而长，其绝品长至三二寸，不过十数株，余虽不逮，亦非他产可望，味甘软而永，多啜宜人，无停滞酸噎之患。卧龙则芽差短，色微紫黑，类蒙顶、紫笋，味颇森严，其涤烦破睡之功，日铸有不能及。顾其品终在日铸下。自顷二者或充包贡，卧龙则易其名日瑞龙。日铸，他书及土人皆用此铸字，惟欧阳公《归田录》则书为日注，疑公自有所据。其后亦有书作注者，盖自欧公始也。《剡录》：越产之擅名者，有会稽之日铸岭茶，秦望山之小朵茶，陶晏岭之高坞茶，会稽山之茶山茶，云门山之丁坑茶，东土山之雁路茶，山阴之卧龙山茶，兰亭之花坞茶，诸暨之石笕岭茶，余姚之化安瀑布茶，嵊县之西白山瀑布岭茶、五龙真如茶、紫岩茶、鹿苑茶、大昆茶、小昆茶、焙坑茶、细坑茶，而日铸茶名最著。旧志谓卧龙山茶过于日铸，若化安瀑布茶，陆羽品其殊异，同时号为仙茗。

谨按：今诸暨各地所产茗叶，质厚味重，对乳茶最良，每年采办入京，岁销最盛，而昔人未有志及者，故特拈出。

茗山茶　《名胜志》萧山县茗山产佳茗。

后山茶　嘉靖《浙江通志》：茶之类，有上虞后山茶。

卷一百五　物产

台州府

竹沥　江邻几《杂志》：苏才翁尝与蔡君谟斗茶，蔡茶水用惠山泉，苏茶小劣，改用竹沥水煎，遂能取胜。天台竹沥水，彼人砍竹，稍屈而取之，盈瓫，若以他水杂之，则亟败。

茶　《赤城志》：按陆羽《茶经》：台州下。注云：生赤城山者，与歙同。桑庄《茹芝续谱》云：天台茶有三品：紫凝为上，魏岭次之，小溪又次之。紫凝，今普门也，魏岭，天封也，小溪，国清也。而宋祁答如吉茶诗，有佛天雨露，帝苑仙浆之语，盖盛称茶美，而不言其所出之处。今紫凝之外，临海言延峰山，仙居言白马山，黄岩言紫高山，宁海言茶山，皆号最珍，而紫高茶山，昔以为在日铸之上者也。《赤城续志》：黄岩紫高山，土膏泉冽，中产茶甚奇。又宁海盖苍山，一名茶山，濒大海，绝顶其地产茶。

上云茶　嘉靖《临海县志》：上云峰产茶，味异他处，宋濂有记。

园茗　《抱朴子》：盖竹山有仙翁茶园，旧传葛元植茗于此。

卷一百六　物产

金华府

玉茗　《东阳志》：似玉，采而干之，夏月点茶，能解烦热，他种有宝珠、石榴、香妃，皆假其名。

茶　《茶经》：婺州次。东阳县东白山，与荆州同。《品茶要录补》：婺州之举岩碧乳。《东阳县志》：大盆、东白二山为最。谷雨前采者谓之芽茶，更早者谓之毛尖，最贵，皆挪做，谓之挪茶。茶客反取粗大，但少炊之，谓之汤茶。转贩西商，如法细做，用少许撒茶饼中，谓之撒花，价常数倍。　正德《兰溪县志》：茶山山谷深窈，草木森蔚而多茶。万历《浦江县志》：二都、三都、二十四都、二十八都出茶。

卷一百七　物产

温州府

茶　万历《温州府志》：五县俱有。乐清雁山龙湫背者为上，瑞安胡岭，平阳蔡家山产者，亦佳。　《雨航杂录》：雁山五珍，谓雁山茶与观音竹、金星草、山药、官香鱼也。　《雁山志》：浙东多茶品，而雁山者称最。每春清明日采摘茶芽进贡，一枪一旗而白色者，名曰明茶，谷雨日采者名曰雨茶，此上品也。又一种紫茶，香味尤佳，难种薄收，土人厌人求索，园圃中少植，间有之，亦必为识者取去。　《瓯江逸志》：按《茶经》云：温州无好茶，惟雁山水为佳，此山茶亦为第一，去腥腻，除烦恼，却昏散，消积食。但以锡瓶贮者，得清香味，同阳羡山岕茶无二。采摘宜近夏，不宜早，炒做宜熟，不宜生，如法可贮二三年，愈佳。

卷二百六十二　艺文

记

明袁宏道《天目山记》　天目幽邃奇古不可言……头茶之香者，远胜龙井……

卷二百六十九　艺文

宋王十朋《会稽风俗赋》　……日铸雨芽，卧龙瑞草，瀑岭称仙，茗山斗好，顾渚争先，建溪同蚤，碾尘飞玉，瓯涛翻皓，生两腋之清风，兴飘飘于蓬岛……

卷二百七十三　艺文

诗

唐张文规《吴兴三绝》　蘋洲须觉池沼俗，苎布直胜罗纨轻。清风楼下草初茁，明月峡中茶始生。吴兴三绝不可舍，劝子强为吴会行。

宋苏轼《将之湖州，戏赠莘老》　余杭自是山水窟，仄闻吴兴更清绝。湖中桔林新著霜，溪上苕花正浮雪。顾渚茶芽白于齿，梅溪木瓜红胜颊。吴儿鲙缕薄欲飞，未至先说馋涎垂。亦知谢公到郡久，应怪杜牧寻春迟。鬓丝只好对禅榻，湖亭不用张水嬉。

宋苏轼《送刘寺丞赴余姚》　中和堂后石楠树，与君对床听夜雨。玉笙哀怨不逢人，但见香烟横碧缕。讴吟思归出无计，坐想蟋蟀山房语。明朝开锁放观潮，豪气正与潮争怒。银山动地君不看，独爱清香生雪雾。别来聚散如宿昔，城郭空存鹤飞去。我老人间万事休，君亦洗心从佛祖。手香新写法界观，眼净不觑登伽女。余姚古县亦何有，龙井白泉甘胜乳。千金买断顾诸春，似与越人降日注。

卷二百七十五　艺文

宋梅尧臣《送余少卿知睦州》　青山峡里桐庐郡，七里滩头太守船。云雾未开藏宿鸟，坡原将近见烧田。养茶摘蕊新春后，种桔收包小雪前。民事萧条官政简，家书时问雪溪边。

宋苏轼《九日寻臻阇黎泛舟懃师院》　湖上青山翠作堆，葱葱郁郁气佳哉。笙歌丛里抽身出，云水光中洗眼来。白足赤髭迎我笑，拒霜黄菊为谁开。明年桑苎煎茶处，忆著衰翁首重回。

卷二百七十七　艺文

唐张文规《湖州贡焙新茶》　凤辇寻春半醉回，仙娥进水御帘开。牡丹花笑金钿动，传奏吴兴紫笋来。

宋苏轼《七年九月，自广陵召还，复馆于浴室东堂。八年六月，乞会稽，将去，汶公乞诗，乃复用前韵》　乞郡三年字半斜，庙堂传笑眼昏花。上人问我迟留意，待赐头纲八饼茶。（尚书、学士得赐头纲龙茶，一斤八饼，今年纲到最迟。）

卷二百八十　杂记

《严陵志》：张又新作《煎茶水记》，载陆羽与李季卿论水，第为二十等，而以扬子江中南泠水为第一，严陵滩水为第十九。又载刘伯刍言曰：凡较水，与茶宜者有七等，而以扬子江中南泠水为第一，严陵滩水不与焉。又新自谓尝挹而比之，诚如其说。又云：客有熟于两浙者，言搜访未尽，尝志之。及刺永嘉，过桐庐，至严子滩，其溪至清，水色深翠，家人辈用陈黑坏茶泼之，皆至芳香，又以煎佳茶，不可名其鲜馥也，逾于扬子江南泠远矣，盖又新所记云尔。而欧阳公乃取羽《茶经》论水，谓山水上，江水次，井水下。山水，乳泉、石池漫流者上，江水取去人远者，井水取汲多者。又新所载二说，与《茶经》不合，疑又新妄附益之。今州城北玉泉，出乌龙山之麓，其水甘香，尤宜茶，殆所谓乳泉、石池漫流者邪？惜前此未有知之者。

浙江通志

光绪己亥（二十五年，1899年）重刊　乾隆元年本　一百二十册

卷之十　山川

於潜县

东坡泉　《咸淳临安志》：在双溪西数十步，石窍中出，坡公始寻溪源，得之，以瀹茗。

卷之十四　山川

镇海县

玉泉　《延祐四明志》：在县东北三十里广福院前。味甘色白，烹茶为胜。

卷之十五　山川

会稽县

茗山　《嘉泰会稽志》：在县西三里。王十朋《会稽风俗赋》：茗山斗好。

诸暨县

瀑布岭　《茶经》：越州余姚，茶生瀑布岭者，号曰仙茗，大者殊异，小者与襄州同。

卷之十七　山川

兰溪县

灵洞源　《金华府志》：旁皆奇峰怪石，其中一道如砥，窈窕十余里，杨梅、茶、笋之利出焉。

卷之十九　山川

桐庐县

十九泉　《严陵志》：在县西三十五里钓台下，甚甘美。陆羽《茶经》品第天下水味，以此泉居第十九（编者按：陆羽《茶经》无此说法），故名。

卷之四十　古迹

杭州府

荐菊亭　《成淳临安志》：循双溪而上，溪侧有洼，其泉甘冽，东坡行县至此，尝酌以试茶。开禧二年，令章伯奋作小亭其左，取东坡诗一盏寒泉荐秋菊之义。

卷之四十一　古迹

嘉兴府

茶屋　《嘉兴县志》：元屠兼善嗜茶，筑茶屋，贝琼为记。

茶院　《海盐县图经》：在县西南二十七里。吴越王钱镠幸金粟寺，令寺僧于此设茶。

卷之四十二　古迹

湖州府

清风楼　《石柱记笺释》：长兴顾渚明月峡，茶生其间，唐有贡焙院，院侧有清风楼，张文规诗：清风楼下草初茁，明月峡中茶始生。

陆羽别业　释皎然有《喜集陆处士羽青塘别业》诗。

茶园　《笠泽丛书》：甫里先生嗜茶，置园于顾渚山下。

卷之四十七　古迹

金华府

茶院　《东阳山水记》：去东阳县治东五十里曰独山，望如城郭，中为深坞，唐宋时有司常治茶于此，设茶院。

卷之四十九　古迹

严州府

潇洒楼　《新定续志》：郡治正堂北，旧名紫翠。《严陵志》：宋宣和中，知州周格建。　范仲淹《潇洒桐庐郡十绝》：……潇洒桐庐郡，春山半是茶。轻雷何好事，惊起雨前芽……

谨按：范仲淹以仁宗景祐元年为郡守，周格以徽宗四年为郡守，是潇洒楼之名起于周格，因仲淹有此十绝而名之也。

卷之五十一　古迹

处州府

苦斋　刘基《苦斋记》：龙泉章溢先生所居之室也。室十有二楹，在匡山之巅，建溪之水出焉。

西　湖　志

光绪四年(1878 年)　二十册

卷五　山水一

六一泉　杨万里《以六一泉煮双井茶》诗：鹰爪新茶蟹眼汤，松风鸣雪兔毫霜。细参六一泉中味，故有涪翁句子香。日铸建溪当退舍，落霞秋水梦还乡。何时归上滕王阁，自看风炉自煮尝。

茶坊岭　《西湖游览志》：宋时，有茶坊在焉。

卷六　山水二

涌泉　万历《杭州府志》：在霍山清心院前山坡上。宋绍兴间，高宗取之瀹茗。寺僧护以朱栏，泉从石罅中流出庙前，折入黄山桥小河。味极清甘，亢旱不竭。

莲花泉　在飞来峰顶，石岩无土，清可啜茶。

烹茗井　在灵隐山。白少傅汲此烹茗，故名。

卷二十四　物产

宝云茶　《咸淳临安志》：宝云庵产者，名宝云茶。

香林茶　《咸淳临安志》：下竺香林洞产者，名香林茶。

白云茶　《咸淳临安志》：上竺白云峰产者，名白云茶。东坡诗：白云峰下两枪新。

龙井茶　万历《杭州府志》：老龙井，其地产茶，为两山绝品。《钱塘县志》：茶出龙井者，作豆花香，名龙井茶，色青味甘。又翁家山亦产茶。最下者法华山、石人坞茶，而龙井法相僧，收以语四方人，曰本山。

《快雪堂集》：昨同徐茂吴至老龙井买茶，小民十数家各出茶。茂吴以次点试，皆以为赝，曰：真者甘而不冽，稍冽便为诸山赝品。得一二两，以为真物，试之，果甘香若兰，而山人及寺僧反以茂吴为非，吾亦不能置辨，伪物乱真如此。

安乐山茶　《西溪梵隐志》：安乐山春日焙茶石坞，香闻十里。

西湖新志

民国十年(1921年)　五册

卷一　山水一

香林洞　在法境寺后，一名香桂林，其山即飞来峰之阳也。《临安志》：下竺岩下石洞，通人往来，产茶，号香林茶。

卷二　山水二

茶坊岭　自书院达清波门路也。《西湖游览志》：宋时有茶坊在焉。岭下有神禹庙。

卷十三　物产

货品

茶　四山皆产，以龙井为最，有明前、雨前等名。明袁宏道谓其尚带草气，陶望龄作歌嘲之。《湖壖杂记》：龙井产茶作豆花香，与香林、宝云、石人坞、垂云亭者绝异，采于谷雨前者尤佳。啜之淡然，似乎无味，饮过后，觉有一种太和之气弥沦乎齿颊之间，此无味之味，乃至味也。或曰：龙井产者，为两山绝品。

卷十四　志余

茶肆　旧时涌金门外有西悦来、颐园、仙乐园，昭庆寺前有景春楼，以上四家，茶酒兼备。昭庆寺前之景乐园，则专卖茶而已。然以仙乐园、景春楼两家为最佳。每当夕阳斜照，裙屐偕来，全湖风景，一览无余，悦目爽心，诚快事也！然自开辟新市场以来，该二处顿形寂寞，令人有不胜今昔之感矣。

临安县志

康熙十四年(1675年)　十卷　　陆文焕纂修

卷之一　舆地　山川

黄岭山　每年额贡御茶二十斤，系庆仙乡二图黄岭地方办解。嗣因奉东新西二里亦产茶，贴近黄岭东南，庆仙人旁采越岭，以致争竞构讼。康熙七年，令陈提知亲往黄岭踏勘，众议：奉东新西二里每年帮庆仙茶七斤。犹恐色位不同，不堪作贡，奉东新居民竟将契买庆仙乡茶山二号付抵每年帮茶七斤之数，详宪比富阳例办解。一勒碑仪门，一勒碑观音岭。

卷之六　田赋　物产

货类

茶

卷之八　风土志　风俗

……又乏珍产，无奇技淫巧。妇女缫丝，北工于南；商贾贸茶，南多于北。俗不喜远出，土产俱贸迁近地，其习然也……

临安县志

光绪十一年(1885年)　四册　　赵民洽、许琳纂修

卷一　山川

黄岭山　《杭州府志》：在治西南三十里，土黄，故名。

卷四　物产

货类

御茶　《咸淳临安志》：黄岭出佳茗。万历旧志：黄岭山岁贡御茶。康熙旧志：黄岭山每年额贡御茶二十斤，勒碑于仪门及观音岭。

天目云雾茶　万历旧志：云雾茶出天目，各乡俱产，惟天目山者最佳。《茶经》：杭州茶，生临安天目山者，与舒州同。　《煮泉小品》：天目茶远胜径山，而泉亦天渊也，洞霄次径山……按：天目茶今无细者，以土人不谙焙制故也。

径山茶　《梦粱录》：径山采谷雨前茗，用小缶贮之，以馈人。张京元《临安纪游》：径山泉清茗香，洒然忘疲。按：径山茶出凌霄峰者尤佳。

黄茶　出南乡。茶不甚佳，而所行极远，辽东沈阳等处，岁必贸迁。

临安县志

光绪十一年(1885年)　四册

卷一　图说

山川

九锁山　张景修《九锁山》诗：九锁山中多隐仙，洞门终古掩云烟。

茶生东坞偏迎日，松老西岩不记年……

卷四　物产

艺文记

明张京元《游临安记》　径山者，两天目之径也。在余杭西北境，去武林百里而遥，不当孔道，游者多不易至。余行视漕，例自余杭、临安始。戊申正月十九日，出武林，登舟，是日晚，不及发。二十日，黎明解维，行七十里，日晡至余杭桥……出余杭北门，道田间约十里，渐入山径……至洞桥，为径山寺界……至山半，舆人少歇，庵僧供茗，泉清茗香，洒然忘疲……二十三日往天目，取道西麓，迤逦而下……石桥跨涧，涧深数十仞，左壁悬崖如削，飞湍奔下，洮珠溅玉，望岩颠崩腾浩渺，若不可测，余未识庐山、赤城两瀑布，几以此为夜郎王矣。过桥，望昭明寺，夹路松杉，大皆合抱，树外种茶，清芬袭人……

杂诗

陆放翁《临安春雨初霁》……小楼昨夜听春雨，深巷今朝卖杏花。矮纸斜行闲作草，晴窗细乳戏分茶。素衣莫逐风尘叹，犹及清明可到家。

西天目祖山志

光绪二年(1876年)　四册

卷五　诗

唐皇甫曾《送陆鸿渐山人天目采茶回》　千峰待逋客，香茗复丛生。采摘知深处，烟霞羡独行。幽期山寺远，野饭石泉清。寂寂燃灯夜，相思一磬声。

卷八　生殖

木类

茶　较它山采独迟，叶不甚细，以云雾高寒俟其气足者为上，苦不多产耳。僧民资其粮以卒岁，其味厚。

卷末　纪谈

茶品同舒　陆羽《茶经》曰：临安、於潜二县生天目山者，与舒州同。又云：舒州生太湖县、潜山者，与荆州同。

茶衡清苦　……处处茶，皆有自然胜处，未暇悉品……天目清而不醨，苦而不螫，正堪与缁流漱涤笋蕨。

淳安县志

光绪十年(1884 年)　八册　　李诗、陈中元纂修

卷一　山川

鸠坑　在黄光潭，对涧二坑，分绕鸠岭。地产茶，以其水蒸之，色香味俱臻妙境。(见《翰墨全书》)

风俗

郡志云：山多地瘠，民贫而啬，谷食不足，尝仰给他州，故勤于本业，而更蒸茶割漆，栽培山木，以要懋迁之利。

卷五　土物

货

茶　旧产鸠坑者佳，称贡物，宋朝罢贡，茶亦不甚称焉。范文正公诗云：潇洒桐庐郡，春山半是茶。轻雷何好事，惊起雨前芽。

桐庐县志

乾隆二十一年(1756年)　十册　　严正身、金嘉琰纂修

卷之七　食货　物产

货有茶　省志引《严陵志》：陆羽序茶，谓浙西以湖州上，常州次，睦州下。生桐庐山谷，与衡州同。

卷之十六　杂志　诗话

陆羽《茶经》载：《桐君药录》谓：西阳、武昌、庐江、晋陵好茗，而不及桐庐。又谓：凡可饮之物，茗取其叶，天门冬取子，拔揳取根。而羽叙茶所出，谓浙西以湖州上，常州次，睦州下。生桐庐山谷，与衡州同。衡州，谓祝融峰所产也。按，唐志：睦州贡鸠坑茶，属今淳安县。(《唐诗纪事》)

分水(旧县名,原县辖境并为今桐庐县)县志

光绪三十二年(1906年)　六册　　陈常铧、臧承宣纂修

卷一　山川

罗迦山　在县治北。山势深坳，曲径幽静，内有云护庵，庵外有云护泉，色碧味甘，汲以烹茶，甚佳。

风俗

分水山多田少，土地硗瘠，民以薪炭茶漆为生……

节令……谷雨前妇女采芽茶。

卷三　食货　物产

货属

茶　谷雨前采者，名曰雨前，谷雨日采者，名谷雨尖，又有三眠萤茶。《六研斋笔记》载：邑天尊岩产茶，最芳辣，宋时充贡。《紫桃轩杂缀》云：分水贡芽，出本不多，大叶老根，泼之不动，入水煎成，翻有奇味。按：贡芽并非大叶老根。近时所产，有苞紫、寿眉、雀舌、莲心、顶谷、柳条、桐丝诸品，贸贩远郡，惟黄茶售辽东，五月始采为大叶老根耳。

建德县志

乾隆十九年(1754 年)　四册　　王宾、应德广纂修

卷之二　食货　物产

货之殖

土茶

建德县志

宣统二年(1910 年)　十册　　孙万城纂修

卷五　食货　物产

货之属凡三

一曰：食货为茶　出茶坑者佳，不堪上供。《文献通考》：宋饶池茶，片有仙芝、嫩蕊、福合、禄合、运合、庆合、指合诸名，今六县皆有，然无名称矣。

建德县志

民国九年(1920 年)　十二册　　夏曰璈、王韧纂修

卷一　地理　农田

农人于立春后栽种桐竹……清明下谷种，荒山种松，熟地种桑以及柏秧，棕秧，茶、柏各秧……是时，田家催耕急，山上采茶忙。

卷二　地理　物产

茶

卷八　食货　土货

茶业　岁出约一百五十万斤。东、南、西、北四区合计。

於潜(旧县名,原县辖境属今杭州市)县志

嘉庆十五年(1810 年)　十六册　　蒋光弼、张燮纂修

卷四　山川志

金楼山　县南二十九里，一名霞山。(《一统志》) 山在紫溪之西，高三百丈，周回十五里，上饶松、竹、茶、栗，间有桂、柏、蔷薇。(万历《县志》)

卷九　风俗

谷雨采茶，妇女儿童满山谷。

卷十　食货志

货之属

茶　《太平寰宇记》：天目山多名茶，较他山采独迟，叶不甚细。以云雾高寒，俟其气足者为上，不多产。僧民资其粮以卒岁，其味厚。

卷十五　艺文志

释皎然《饮天目山茶，寄元居士晟》　喜见幽人会，初开野客茶。日成东井叶，露采北山芽。文火香偏胜，寒泉味转嘉。投铛涌作沫，著碗聚生花。稍与禅经近，聊将睡网赊。知君在天目，此意曰无涯。

昌化（旧县名，原县辖境属今杭州市）县志

康熙三十年（1691年）　二册

卷之一　山川

神泉　在神仙岭下，源出深涧中。甘洌，烹茶可疗疾，今访之不得。

昌化县志

光绪二十三年（1897年）　四册

卷一　山川

神泉　在城北十里神仙岭下，味甘洌，烹茶可疗病，虽旱不竭。

新城（旧县名，原县辖境属今杭州市）县志

康熙十二年（1673年）　二册　　张缵、张戬纂修

卷二　物产

茶

遂安(旧县名,原县辖境属今杭州市)县志

乾隆三十二年(1767 年)　八册　　邹锡畴、方引彦纂修

卷三　食货　物产

货类

茶

遂安县志

光绪十六年(1890 年)刻　　乾隆三十二年本　八册

卷之二　食货　物产

货类

茶

遂安县志

民国十九年(1930 年)　八册　　罗柏麓、姚桓、洪梦云纂修

卷三　食货　物产

货类

茶　多栽山地，谷雨采者为毛尖，春为春茶，夏为子茶。产额约二十余万斤，设号制成箱茶，运销上海，转售欧美各国。

遂安县志

民国十九年(1930年)　八册

卷一　方舆志

职业

商业　经商以徽人居多，杭、绍亦有之，邑人较少。近则乡村多本地人经商者，商以盐业为上，南货业次之，其他又次之。茶业由各商兼营，纸、柴、木炭各商，皆本地人，运销杭、沪等处。

卷三　食货志

赋税

民国　税捐

茶捐银一万三千元。　专设龙山茶捐局。征收附费有：教育费三百元，警察费五百二十元，育婴费六百元。

物产

货类

油　有柏油、桐油、菜油、青油、茶油、麻油等……茶油亦由开、常输入，本地产额无多。

重修寿昌(旧县名，原县辖境属今杭州市)县志

顺治十年(1653年)　三册　　李世芳纂修

卷之二　物产

货之属

茶

寿昌县志

民国十九年(1930年)　八册　　陈焕、李任、陈举恺纂修

卷二　疆域志　山川

大山　在县东南十五里。该山……巍巍高大，为全区诸山冠。现已大半开辟，栽种杂粮及桐、茶、竹、木，附近居民赖以生活者，不知凡几。

黄尖山　在县西南十五里。高出云表，秀拔异常，出产名茶，为全邑冠。

卷三　食货志　杂税

出埠茶叶捐　民国四年五月创办，由县政府派员征收，充作警察经费。

卷三　食货志　特产

茶　每年出产约数千担，运销沪、杭一带。以十都之绿茶及十二都里洪坑之红茶为最，曾得北京展览会褒奖超等褒状及巴拿马赛会特奖头等金牌。

南浔(镇名,在吴兴县东南)志

民国壬戌(十一年,1922年)　十六册

卷九　宅第一

吉贝居　在北栅，施国祁著书处。

施国祁《吉贝居暇唱自序》：……浔之西百里而近，地多冈阜，为

茶、栗、竹、木山场……

菱湖镇(镇名,在吴兴县东南)志

光绪十九年(1893 年)　六册　　孙志熊纂修

卷十一　物产

木之属

茶　新府志引《菱湖志》：本山茶色绿味薄，立夏前后，竞贩新茶转鬻。捆用布缚，售论缚不论斤，每缚约二百两。

饮食之属

何县志：桂花茶　橙味酸，配桂花入茶。

平湖县志

光绪十二年(1886 年)　十三册

卷二　地理下　古迹

玉泉池　在大乘寺。其泉汪洋澄澈，煮茶无滓，故名。

嘉兴县志

康熙二十四年(1685 年)　十册　　何志、王庭纂修

卷之二　古迹

煮茶亭　在景德寺东禅堂，亦苏学士汲水煮茶处……

茶屋　元屠兼善嗜茶，尤善烹茶之法，贝琼记。

嘉兴县志

光绪间　二十四册

卷九　园宅

茶屋　屠兼善建以为游息之所。　贝琼《茶屋记》：槜李屠生兼善，颜其游息之所曰茶屋。盖兼善嗜茶，尤善烹茶之法，凡茶之产于名山，若吴之阳羡，越之日铸，闽之武夷者，收而贮之屋中，客至，辄汲泉烹以奉客，与之剧谈终日，不待郗茗之会焉。余因告之曰：昔陆鸿渐著《茶经》三篇，蔡君谟亦著《茶录》上、下二篇，而玉川子则有答孟谏议惠茶诗，兼善尝取而读之乎？彼奴视茶者，未若鸿渐之深于味，惜计口腹之小，而不免御史李季卿之辱；君谟以宋之名臣，乃进龙凤团希宠一时，如丁晋公所为，不免欧阳永叔之讥；若玉川子，洛阳布衣耳，谏议饷以先春之品，其于润燥吻，沃枯肠，饮之不厌，可谓好之至矣，然不徒足一己之好为事，且忧百万亿苍生困于巅崖，未获其苏息，遂因以讽在位之君子，是以天下为心者乎！此三子皆知嗜茶：鸿渐固不足言，君谟乌能无愧于玉川子也。兼善必辨于是而有玉川之心已。亟起而求书为记。余复笑谓之曰：俟大雪之夜，过茶屋，听松风汹汹作秋涛声，酒醒，一书未晚也。而请之益坚，遂书之。

卷十六　物产

饮食

茶　《味水轩日记》：吾地无山，鲜业茶者。昔年，白苎陈翁号五州者，其茅亭前，篱脚下，皆植茶。每春晚手摘焙千斤余，藏以自饮，间出供客，风韵良妙。

秀水(旧县名,民国时并入嘉兴县)县志

康熙二十四年(1685 年)　八册　　任之鼎、范正辂纂修

卷之七　古迹

煮茶亭　在县西景德寺之东禅堂。苏学士轼三过嘉禾汲水煮茶处，后人建亭识之，今废。或曰在鸳湖中。

新塍镇(镇名,在嘉兴县西北)志

民国九年(1920 年)　四册　　朱士楷纂修

卷九　古迹

煮茶亭　本觉寺旧有煮茶亭，为东坡三过与文长老茶话处。

安吉州志

乾隆十四年(1749 年)　十六卷　　刘蓟植纂修

卷七　风俗

正月　元旦……家设茶果蒸糕以待客，至茶毕，即留饮酒，俗云：拜年三钟。虽历数家，必一即席始退。

卷八　物产

茶　《前溪逸志》：凡茶二月而茁，三月而荣，四月而采。采之日，老幼男女毕出，筐之筥之，邻里强以相助也。夜篝火彻曙，岸釜而炽薪。炙之，以柔其性也；挼之，以敛其质也；焙之，以烈其气也；汰之，以

存其精也。乃盛于篓，乃鬻于市，千树茶比千户侯矣。五月而再摘，曰梅尖；六月而三摘，曰秋白；十月而摘，曰小春，皆劣于春，不贵也。按：茶出东南山乡，产高山者佳。谷雨前数日采者为雨前茶，亦谓之芽茶；值甚倍，采亦不多；交夏皆采，谓之茶忙；迟则叶粗而味薄，俗谓之老茶。焙茶必察其火候，故茶之佳者，色香味俱备焉。产茶之地，岁必锄掘数次，工偶旷，其息遂微。春夏之交，山乡鲜蚕麦之利，茶虽工繁利薄，然业此者，每借为恒产云。

安吉县志

同治十三年(1874 年)　十六册　　汪荣、刘兰敏纂修

卷七　风俗

立夏　……山村采茶叶甚忙，谚云：立夏三日茶生骨……

卷八　物产

按：茶，即《尔雅》之槚，字当作荼。近郝氏《义疏》谓：唐陆羽著《茶经》，始减一画作茶。《尔雅》：槚，苦荼。郭注：树小似栀子，冬生，叶可煮作羹饮。今呼早采者为荼，晚取者为茗，一名荈，蜀人谓之苦荼。此其证也。郝氏谓茶饮起于汉前而盛于汉后。观王褒《僮约》有武阳买茶之语，而《晏子春秋》亦有茗菜二字，《御览》载入茗事中，盖可见矣。

海盐县图经

乾隆十二年(1747 年)　五册　　樊维城、胡震亨、姚士粦纂修

卷三　方域

山

鹰窠顶山　县南三十里。　《云岫庵志》曰：山下有长水涧，由山麓至庵有九曲径、初憩亭、三休亭、狮头岩、合掌岩。庵前有泉，深丈许，旱涝不加盈涸，味甘冽，名雪窦泉……郡太守车大任记曰：山前临澉湖，后枕大海，形既壁立，路更纡回，凡九折而上，饶怪石及产奇茗，其上有庵，曰云岫庵……

海盐县志

光绪二年(1876年)　十六册　　王彬、徐用仪纂修

卷五　舆地考　山水

茶山　伊府志：在县东南海中。《一统志》云：明嘉靖三十七年，俞大猷败倭于茶山洋，即此。

木山　伊府志：在邵湾之南。产茶最佳，号云雾茶。

茶磨山　《图经》：县西南三十七里，高二十丈，周三里。

卷八　舆地考　风土

胡穰园《备荒先政》曰：茶坊，乾隆初年无有也。邑城只县前及马头有之，亦不甚闹。自后城中渐有增设，既而市镇亦有之，今则所在都有，凡村落之有桥亭者，无不然也。

海盐澉水志

绍定三年(1230年)　一册　　常棠纂修

卷六　物产

茶

溆水新志

道光三十年(1850年)　三册　　方溶纂修

卷一　山

邵湾山，高七十丈，周八里。一名木山，产茶名云雾。

土产

茶，产鹰窠顶，类武夷；产木山，名云雾。

卷七　古迹

狮头岩　合掌岩　雪窦泉　九曲径　初憩亭　三休亭　俱在鹰窠山。山顶产茶，类武夷……

海宁州志稿

民国十年(1921年)　三十二册　　李圭、刘蔚仁、朱锡恩、沈寅烈纂修

卷八　名迹

白水泉　在西山白水庵。旁有泉，渟洁、色白、味淡，点茶最佳，有谈迁记。见金石　泉昔在室中，后室毁，露于山麓，较畴昔之美，远不逮矣。(《硖川续志》)

赤壁泉　在东山小赤壁下。有寒泉亭……一名半月泉，瀹茗味胜。名赤壁泉者，从色也；名半月泉者，象形也。(据《硖川志》并《志略》补)

卷十一　物产

货类　茶

州境不产茶。惟有范茶一种，产斜桥乡，相传只十八株，不能增。

此外，惟袁花乡稍有山茶，质粗味薄，产亦无几，烘焙均用土法，故不填列，附志备考。

卷四十　风俗

城镇之有茶肆，始于乾隆时。今则村落之有桥亭者，无不遍设矣。清晨趋市曰吃早茶，午后曰吃晚茶……

海宁县志

嘉靖三十六年(1557年)修

光绪二十四年(1898年)重刊　二册　　蔡完、董谷纂修

卷九　井泉

灵泉井　在县东六十里黄湾真如寺侧……陈逸撰记云：邑之东六十里，山曰菩提，水曰灵泉……泉在寺旁，饮之，与吾家庶子泉颇相伯仲……此邑地半海卤，而有斯泉，惜乎陆羽、张又新辈未尝一顾，不列于《茶经》水品……庶子泉在二浙之冲，瓶罂之行，不远万里，好事者谓茶得泉，如人得仙丹，精神顿异……

德清县志

民国二十年(1931年)　四册

卷之二　物产

茶叶类

茶　《尔雅》：槚，苦荼。郭注：早采为荼，晚采为茗，一名荈（音舛）。陆羽云：其名有五，一荼，二槚，三蔎（音设），四茗，五荈。《诗

经》：谁谓荼苦，其甘如荠。荼即茶也。头茶气芳，二茶易馊，三茶味薄。茶子可制油，极清香。

按：宋王毂知德清县时，蔡京为相，括责民茶租甚急。初，邑境产茶最盛，毂令民尽伐去，谕曰……若租额一立，永为子孙害矣。自是德清茶租最轻。胡志：产东山岭者为最佳。昔人云：半月泉中水，东山岭上荼，即此。销于菱湖、洛舍暨城内各处，每年不过数百斤。慈相现亦种茶，以寺僧漫不讲求，所产不多。他茶味薄，乡民只备自用而已。年来洋销极盛，价增数倍。吾邑西北多山，森林砍伐将尽，宜种植茶树以补之。又印度、锡兰、日本产茶，年年增进不已，中国茶逐渐退落，有经验之华商，屡拟改良制法、装法，以与竞争，可见天产品必恃人功以善其后。

嘉泰吴兴记

宣统元年(1909年)刊　六册　　李景和、谈钥纂修

第一册　山

长兴县

山

赭石山，在县北六十一里。多产刺榆、贡茗。

岭

悬脚岭，在长兴县西北七十里。《山墟名》云：以岭脚下悬为名。多产箭竹、茶茗。一名芳岩，箬水出焉。

白岘岭（一作山），在县西北八十里。《山墟名》云：多产楮、茗、箭箬。

峡

明月峡，在长兴县顾渚侧。二山相对，壁立峻峭，大涧中流，巨石飞走。断崖乱石之间，茶茗丛生，最为绝品。张文规诗曰：明月峡中茶

始生。石上多唐人刻字，颜真卿所书，但存仿佛。

第二册　渚

顾渚，在长兴县西北三十里。《山墟名》云：昔吴夫槩顾其渚次，原隰平衍，可为都邑之地。今崖谷之中，多生茶茗，以充岁贡。新唐志云：顾渚有茶以供贡，详见贡茶院下。郡县志：茶生石上，谓之紫笋，最为上品。唐置贡茶院，茶于中川配造贡进。会昌中，加至一万八千四百斤。

第三册　古迹

贡茶院，在县西北四十五里。唐贞元十七年，刺史李词置，以吉祥院东廊为院。

第四册　县令题名

王彀　山东人，政和二年为令。是时，括茶租甚严。德清山间茶最盛，使尽剪伐。民初虽不信，委曲劝谕，以为茶可复种，茶租一立，则永为子孙之害。至今德清茶租最轻。

第六册　碑碣

袁高茶山述在墨妙亭。唐朝议大夫、使持节湖州诸军事、守湖州刺史、护军、赐紫金鱼袋于頔撰，朝议郎、前滁州长史、上柱国徐琦书，盖述刺史袁高所作茶山诗也。《宝刻丛编》：唐湖州刺史袁高撰，前滁州刺史徐琦书。湖州之顾渚山，岁备茶贡，高为刺史，感其采制之勤而作是诗。其后于頔为刺史，得之于坏垣，为之序而刻之。贞元七年立。

食用故事

茶　陆羽《茶经》曰：浙西以湖州上，常州次。湖州生长兴县顾渚山中，常州义兴县生君山悬脚岭北峰下。唐《义兴县重修茶舍记》云：义兴贡茶，非旧也。前此故御史大夫李栖筠典是邦，僧有献佳茗者，会客尝之。野人陆羽以为芬香甘辣冠于他境，可荐于上。栖筠从之，始进万两。此其滥觞也。厥后因之征献浸广，遂为任土之贡。故玉川子诗云：

天子须尝阳羡茶，百草不敢先开花。旧编云：顾渚与宜兴接，唐代宗以其岁造数万，遂命长兴均贡。自大历五年始，分山析造，岁有定额，鬻有禁令，诸乡茶芽，置焙于顾渚，以刺史主之，观察使总之。裴汶《茶述》云：顾渚、蕲阳、蒙山最上，其次寿州、阳羡。李肇《国史补》云：蒙顶第一，顾渚第二，宜兴第三。《郡国志》云：生顾渚山谷，与峡州、光州同；生山桑、獳师二坞，白茅山悬脚岭者，与襄、荆、申三州同；生凤亭山伏翼涧，飞云、曲水二寺，青岘、啄木二岭，与寿州同。贞元五年，置合溪焙、乔冲焙，岁贡凡五等，第一陆递，限清明到京，谓之急程茶。张文规有诗云：牡丹花笑金钿动，传奏吴兴紫笋来。李郢诗曰：十日王程路四千，到时须及清明宴。其余并水路进，限以四月到。贞元初，刺史袁高《茶山》诗曰：黎甿轻耕农，采掇实苦辛。一夫且当役，尽室皆同臻。扪葛上欹壁，蓬头入荒榛。终朝不盈掬，手足皆鳞皴。悲嗟遍空山，草木为不春。阴岭芽未吐，使曹牒已频。可见当时之害民亦不少。又与毗陵交界，争耀先期，或诡出柳车，或宵驰传驿，争先万里，以要一时之泽。贞元八年，刺史于頔始贻书毗陵，请各缓数日，俾遂滋长。开成三年，刺史杨汉公表奏，乞于旧限特展三五日。敕从之。先是，两州析造时，供进五百串，稍加至二千串。会昌中，至一万八千四百斤。每造茶时，两州刺史亲至其处。故白居易有诗曰：盘上中分两州界，灯前合作一家春。青娥递舞应争妙，紫笋齐尝各斗新。《统记》云：长兴有贡茶院，在虎头岩后，曰顾渚，右斫射而左悬臼，或耕为园，或伐为炭，惟官山独深秀。旧于顾渚源建草舍三十余间，自大历五年至贞元十六年，于此造茶，急程递进，取清明到京。袁高、于頔、李吉甫各有述。至贞元十七年，刺史李词以院宇隘陋，造寺一所，移武康吉祥额置焉。以东廊三十间为贡茶院，两行置茶碓，又焙百余所，工匠千余人，引顾渚泉亘其间，烹蒸涤濯，皆用之，非此水不能制也。刺史常以立春后四十五日入山，暨谷雨还。

事物杂志

陆鲁望　唐陆龟蒙字鲁望……嗜茶，置园顾渚山中，岁取茶租，自判品第。

吴兴三绝　刺史张文规诗曰：蘋州顿觉池沼俗，苎布直胜罗纨轻。清风楼下草初茁，明月峡中茶始生。吴兴三绝不可舍，劝子强为吴会行。

上贡

唐岁贡御服折造布二百一十端，唐志作折皂，旧图经云：皂当作造，《统记》云：折者，浣练精细，如折米取其心尔。或曰：以多折少而造，取其精致。按：唐贡顾渚茶，亦言折造，恐无浣练之意也。

紫笋茶一万串。唐张文规诗曰：牡丹花笑金钿动，传奏吴兴紫笋来。白居易茶山诗曰：紫笋齐尝各斗新。蔡宽夫《诗话》曰：唐茶，惟湖州紫笋入贡，每贡以清明日贡到，先荐宗庙，然后分赐近臣。紫笋生顾渚，余事见茶下。宋朝太平兴国三年，贡乳柑五百颗，白编布二十匹，紫笋茶一百斤，金砂泉水一瓶……紫笋茶，大历五年始于顾渚置贡茶院，侧有碧泉涌砂，粲如金星，则金砂泉亦大历后所进也。

吴兴备志

天启四年(1624年)　十册　　董斯张、闵元衢纂修

第四之三　官师征

陆羽《茶经》，裴汶《茶述》，不第建品，说者谓二子未尝至闽。(《贡茶录》)

第十一　岩泽征

顾渚山骨现于顶，而胸背多肤，大约以态胜，以毛发奇。余春季以茶事往，泛上箬，掠包洋，指艺香山而西，土人告余曰：此西施种香处也。西折十里许，舍筏……又折而稍北，抵山足，扪葛而上，则山花照人，数百武，抵寺焉，曰吉祥。山产茶，唐置贡茶院。其请以贡焙立寺者，贞元中李词也；其以采摘入山者，湖、常二州刺史也；癖焉而园其下者，桑苎翁也……寺侧有枕流、息躬、金沙、忘归四亭，今废其二。

金沙以泉名，其窦大如盎，喷涌飞泻，载茶香竹韵而去……曰大官、小官，其一多奇骨，顶上仄出一崖，狞怪生动，如怒如啸，曰虎头岩……侧有明月峡，两石对峙壁峭，茶生其中，香味若兰。石上有蚕头鼠尾碑，颜真卿所镌也。（游士任《登顾渚山记》）

第十二　田赋征

唐岁贡御服折造布二百二十端。（谈志）

唐志作折皂，旧图经云：皂当作造，《统记》云：每匹直十五贯，有为龙凤瑞草花纹，折者，浣练精细，如折米取其心耳。或曰：以多折少而造，取其精致。按：唐贡顾渚茶，亦言折造，恐无浣练之意也。

紫笋茶一万串。

按：新唐志：湖州土贡……紫笋茶……金沙泉……

宋太平兴国三年，贡乳柑五百颗，白编布二十匹，紫笋茶一百斤，金沙泉水一瓶。其瓶浪银打成，并锁钥，重五十六两。

德宗贞元十三年至十五年始进。至元和中，米已三损其一，乳柑不载所进之年，紫笋茶，大历五年始于顾渚置贡茶院，院侧有碧泉涌砂，粲如金星，则金沙泉亦大历后所进也。

第二十二　方物征

浙西茶，湖州为上。御史大夫李栖筠典郡日，陆羽以为冠于他境，栖筠始进。故事：湖州紫笋到，先荐宗庙，后分赐近臣。紫笋生顾渚。（蔡宽夫《诗话》）

陆羽与皎然、朱放辈论茶，以顾渚为第一。（《读书志》）

湖州长兴啄木岭金沙泉，即每岁造茶之所也，湖、常二郡，接界于此。有境会亭，每茶节，二牧皆至焉。斯泉也，处砂之中，居常无水，将造茶，太守具仪注拜敕祭泉，顷之，发源，其夕清溢，造供御者毕，水即微减，供堂者毕，水已半之，太守造毕，则涸矣。（张君房《脞说》）

二州交境，争先贡茶赴期，以趋一时之泽。贞元八年，刺史于頔始贻书毗陵，请各缓旬，俾遂滋长。开成三年，刺史杨汉公表奏，乞于旧限

宽展日期。敕从之。（谈志）

唐制：湖州造茶最多，谓之顾渚贡焙，岁造一万八千四百八斤。焙在长兴县西北，大历五年以后，始有进奉。至建中二年，袁高为郡，进三千六百串，并诗刻石在贡焙。（《南部新书》）

袁州界桥茶，其名甚著，不若湖州之研膏紫笋，烹之有绿脚垂下。（《天中记》）

谢氏论茶曰：此丹丘之仙茶，胜乌程之御荈。（《臆乘》）

点以凤林之醋，饮以乌程之茗。（张鹭《龙筋凤髓》）

开宝中，窦仪以新茶饮予，味极美，奁面标云：龙坡山子茶。龙坡，是顾渚之别境。（《清异录》）

唐制：清明日，湖州进紫笋茶。（《荆楚岁时记》）

顾渚在长兴县，所谓吉祥寺也。其半为今刘侍郎希范家。所有两地所产，岁亦止五六斤。近岁，寺僧求之者多，不暇精择，不及刘氏远甚。余岁求于刘氏，过半斤则不复佳，盖茶味虽均，其精者在嫩芽，取其初萌如雀舌者，谓之枪，稍敷而叶者，谓之旗，旗非所贵，不得已取一枪一旗犹可，过是则老矣，此所以为难得也。（《避暑录》）

岘山麓近僧房处，时有茶，味亦佳。按：六安州有小岘山，出茶，名小岘春。若此茶当名碧岘春耶？（《岘山志》）

凡茶以初出雨前者佳，惟罗岕立夏开园，吴中所贵，梗粗叶厚，微有萧箬之气，还是夏前六七日如雀舌者佳，最不易得，每岁只宜廉取，多取土人必淆杂为赢，无复真者。（熊明遇《罗岕茶记》）

两山之夹曰岕，俗止云岕，茶则山尽岕也。岕以罗名者，是产茶处。山之夕阳，胜于朝阳，庙后山西向，故称佳，总不如洞山南向，受阳气特专，称仙品，然只数十亩而已。凡茶产平地，多受土气，故其质浊，罗茗产高山岩石，浑是风露清虚之气，故为可尚。

蔡君谟谓：黄金碾畔绿尘飞，白玉瓯中碧涛起二句，当改绿为玉，改碧为素，以色贵白也。然白亦不难，泉清瓶净，叶少水浣，旋烹旋啜，其色自白，然真味抑郁，徒为目食耳。若取青绿，则岕茶之最下者，虽冬月，色亦如苔衣，何足为妙。莫若予所制洞山，自谷雨后五日者，以汤薄滓，贮壶良久，其色如玉，至冬则嫩绿，味甘色淡，韵清气醇，嗅之亦有虎丘婴儿之致，而芝芬浮荡，则虎丘所无也。有以木兰坠露，秋菊落英比之者，木兰仰萼，安得坠露，秋菊傲霜，安得落英，莫若李青莲梨花白雪香一语，则色味多在其中矣。

凡烹茶，水之功居大。择水则惠泉称尚。如长邑之金沙泉，唐宋涌处，今亦湮塞，其下流为紫花濑，澄泓有致，不能久停，东有光竹潭，甘洌如惠泉而淡亚之。然惠泉自梁溪绛挽而来，必逾数日，比光竹之新汲者，亦难辨淄渑矣。

罗岕有洞山，山起四五顶，最后一顶，转面向南，适在土地庙后。隔一水沟，其山尽石沙，无土，色黄。第一路为姚京兆家，大雅、二雅两上舍分地，自山顶而下，岁产茶不过十余斤；第二路为公牖明经公达趋马分地，岁产茶不过二十斤；第三路为叔子、茂先两文学分地，产茶倍之。叶微黄而薄，气如兰而幽，味甘而滑且厚，此第一品也。又出一路为吴江周本音，又出一路为吴令蒋菉淇，皆得之姚氏者，土色黄而微带黑，然种茶已久。又出一路为丁客部长孺地，土微黑矣。又从庙后出口，将至明洞，转而南向，亦为大雅、二雅分地，是为老洞山，其发香较庙后更甚，而味稍薄。此皆为洞山茶之第二品也。水沟以外，土地庙之对山，是为涨沙岕，其发香较老洞山更窜，而味更薄，不耐久藏。洞山之外，为大作岕，香不及涨沙，气味略厚，可久藏，姚及蒋、徐皆有之。而叔子、茂先者，更有一种清远之致，此第三品也。岕中佳处略尽此。总之，第一要香，而香以如兰幽酝为上，其次稍窜如豆花，味要甘要滑，而又厚者为上，其次稍薄，若苦涩，则非罗岕产。（郑圭《罗岕茶地考》）

江南之茶，唐人首称阳羡。近日所尚者，为长兴之罗岕，疑即古人顾渚紫笋也。介于山中谓之岕，罗氏隐焉，故名罗。然岕故有数处，今惟洞山最佳。姚伯道云：明月之峡，厥有佳茗，是名上乘。若在顾渚，亦有佳者，人但以水口茶名之，全与岕别矣。（许次纾《茶疏》）

茶性最寒，惟顾渚茶独温和，饮之宜人，厥名紫笋。他茶久置，则有痕迹，惟此茶久置，清若始烹。闻此地有涌金泉，以造茶时溢，茶毕则涸。（冯元成《碑谈》）

吴兴备志

民国间刻本　十二册

第十一　岩泽征

园第　井泉　陵墓附

天目山有两湖，谓左右目，故名天目也。山极高峻，上多美石、泉水、名茶。(《舆地志》)

第二十五之一　琐征

元和九年春，予初成名，与同年生期于荐福寺。余与李德裕先至，憩西厢玄鉴室。会适有楚僧至，置囊，有数编书。余偶抽一通览焉，文细密，皆杂记。卷末又题云《煮茶记》，云：代宗朝，李季卿刺润州，至维扬，逢陆处士鸿渐。李素熟陆名，有倾盖之欢，因之赴郡。抵扬子驿，将食，李曰：陆君善于茶，盖天下闻名矣！况扬子南零水又殊绝，今日二妙，千载一遇，何旷之乎？命军士谨信者，挈瓶操舟，深诣南零。陆洁器以俟之。俄水至，陆以杓扬其水，曰：江则江矣，非南零者，似临岸之水。使曰：某棹舟深入，见者累百，敢虚绐乎？陆不言，既而倾之盆，至半，陆遽止之，又以杓扬之，曰：自此南零者矣。使蹶然大骇伏罪曰：某自南零赍至岸，舟荡覆半，惧其尠，挹岸水增之。处士之鉴，神鉴也！其敢隐焉。李与宾从数十人，皆大骇愕。李因问陆，既如是，所经历处之水，优劣精可判矣。李因命笔口授而次第之。(张又新《煎茶水记》)

按：《新唐书》云：季卿以御史大夫宣慰江南，至江外，知鸿渐善茶，召之。鸿渐野服，随茶具而入，茶毕，命取钱酬茶博士，鸿渐愧之，著《毁茶论》。冯元成《艺海洞酌》云：羽为季卿所慢，更名疾，字季疵，言其为季所疵也。此说与又新所载迥异，两存之。(闵元衢)

常鲁公使西蕃，烹茶帐中。赞普问曰：此为何物？鲁公曰：涤烦疗渴，所谓茶也。赞普曰：我此亦有。遂命出之，以指曰：此寿州者，此舒州者，此顾渚者，此蕲门者，此昌明者，此灉湖者。（《国史补》）

第二十七　匡籍访

《太平广记》一则

三百九十卷引　又新《煎茶记》云：太宗朝，李季卿刺湖州，《百川学海》亦载。按《唐书·李适之传》云：适之子季卿，代宗即位，拜吏部侍郎，兼御史大夫，奉使江淮宣慰，振拔幽滞，进用忠廉云云。又按：《地理志》云：润州，永泰后，常为浙西道观察使理所，则季卿尝刺润，非刺湖也，今从何元朗《语林》改正，又代宗误为太宗，亦正之。

按：温庭筠《采茶录》，其文与又新不甚异，岂本一书而好事者故歧其名欤？（闵元衢）

吴兴掌故集

嘉靖三十九年（1560年）　四册　　徐献忠纂修

卷三　游寓类

陆羽，字鸿渐，复州人。唐上元初，隐居苕溪，自称桑苎翁。嗜茶，著经三篇。（详见《自序》）

卷四　著述类

《顾渚山记》《茶经》三卷、《江表四姓谱》十卷、《南北人物志》十卷、《源解》三十卷、《占梦》三卷，陆羽撰。

《茶山稿》十二卷，长兴沈贞著。

卷六　艺文类

郑谷《寄湖州从叔员外》云：顾渚山边郡，溪将罨画通。远看城郭里，全在水云中。西阁归何晚，东吴兴未穷。茶香紫笋露，洲迥白蘋风。歌缓眉低翠，杯明蜡剪红。政成寻往事，辍棹问渔翁。

卷十　山墟类

顾渚山，西北四十七里。

相传吴夫槩于此顾望，原隰可为城邑，故名。唐时，其下有贡茶院，旁有金沙泉，汲造紫笋茶，有司具礼祭，始得水，事迄即涸。至元十五年，中书省遣官致祭，一夕水溢，可溉田千亩，赐名瑞应泉。诸题茶山诗，惟袁高一首，有惜民爱国之意。（见文苑）

大官山、小官山，西北四十五里。

顾渚左右诸山，或为茶园，或伐薪炭，惟此二山林木深茂，未尝樵采，故曰官山。大山上有虎头岩，下有石门，可往来。张文规诗：谁云隼旟吏，长对虎头岩。

明月峡，与顾渚联属。绝壁削立于大涧中流，乱石飞走，茶生其间者，尤为绝品。张文规所谓明月峡中茶始生是也。

啄木岭，西北六十里。

山多啄木鸟。唐时，吴兴、毗陵二守造茶，会宴于此，有境会亭。白居易《夜闻贾常州、崔湖州境会欢宴》诗。（见文苑）

飞云山，西二十里。

中有风穴，云起辄散。其下有飞云寺，有石泉、沙渚、松门、竹岩之胜，亦产茶。

卷十二　风土类

食啖，凡可久藏者，必糠火熏炙，虽茶茗亦然。

每朔望，女妇设茶果堂中，茶多至三十碗者，云供土地神，供毕，或通饮馁于邻妪。

勤俭二字，湖人立家，可以无愧。其地，不通商贾，多务本力穑，终岁无复闲暇之时，方得免于饥寒之困。凡衣服食饮，率多野朴。以茶饮一事言之，湖人上户，视松人中户犹薄，自中户以下，至有不费茶钱者。茶本土产，而朴习如此。

卷十三　物产类

茶

唐制：湖州贡茶甚多，岁造顾渚茶一万八千四百斤。大历后，又有进奉上品茶。建中二年，袁高刺郡，进三千六百串，并诗一章。

我朝太祖皇帝喜顾渚茶，今定制岁贡止三十二斤，清明前二日，县官亲诣采造，进南京奉先殿，焚香而已，未尝别有上供，此自来进茶轻省之日也。

两浙茶产虽佳，宋祚以来，未经进御。李溥为江淮发运史，章宪垂帘时，溥因奏事，盛称浙茶之美，云：自来进御，惟建州茶饼，浙茶未尝修贡，本司以羡余钱买到数千斤，乞进入内。乃自国门挽船而入，称进奉茶纲，有司不敢问，贡余悉入私室。溥晚年竟以赌败，窜谪海州，而进茶遂为例矣。

陆羽《茶经》：湖州，生长城县顾渚，与峡州、光州同；生白茅山悬脚岭，与襄州、荆南、义阳同；生凤亭山伏翼涧，飞云、曲水二寺，啄木岭，与寿州、常州同；生安吉、武康二县山谷，与金州、梁州同。今时茶品已定，与唐时不同，大抵南产优而绝无用团者，紫笋、旗牙、雀牙之品大著矣。羽所谓常州，即阳羡也，与顾渚故同，而湖茶亦必先顾渚，其他亦未必如羽所云。

杜鸿渐与杨祭酒书云：顾诸山中紫笋茶两片，此物但恨帝未得尝，实所叹息，一片上太夫人，一片充昆弟同啜。然则唐人所进，类非佳品，观此书可知矣。其后开成三年，以贡不如法，停刺史裴充官。

《茶经》言茶之原、之法，之具、天下益知饮茶矣。鬻茶者至陶羽形置灶突间，为茶神。有常伯熊者，因羽论茶，复广之。其后尚茶成风，回纥入朝，始驱马市茶，茶榷始严。皆贞元间事也。

罗岕在长城之西乡，由合溪至其地四十里，地多罗姓。其茶，粗枝大叶，立夏始开园采摘，其味太厚，必藉煎法，始成佳品。

《世说》：王濛好茶，人至，辄命饮，士大夫皆患之，每欲往候，必云：今日有水厄。唐人茶序云：释滞消壅，一日之利暂佳，瘠气侵精，终身之患斯大，获益则功归茶力，贻患则不谓茶灾，岂非福近易知，祸远难见者乎？

长兴县志

康熙十二年（1673年）　八卷　　韩应恒、金镜、朱升纂修

卷之一　山墟

顾渚山　去县治西北四十七里。高一百八十丈，□十二里，吴王夫差顾其渚平衍，可□，故名。山产茶，谓之顾渚茶□。

大官山、小官山　在县治西北四十五里。高五十四丈，围七里。顾渚之侧诸山，或为茶园，或伐为薪炭。惟此二山未尝樵采，人谓之官山。

斫射山　去县治西北五十里。高五十二丈，围十里。土人善樵斫射猎，亦名斫射岕。又刺史庾威亦于此造团茶以进。

乌瞻山　有二，一在县治西三十里，高八十丈，回二十里。峰峦秀俊，亦宜茶，名云雾。

青岘山　在县治西六十里。高一百十丈，周二十里。生箭箬，霜雪不凋。陆羽云：青岘、竹木二山，茶味与寿州同。

茗岭　在县治西北七十里。朱升建茗理楼其下。

卷之三　物产

生计

茶　顾渚芽茶：唐代宗大历五年置贡茶院于顾渚山。宋初贡而后罢。元改贡茶院为磨茶院。明洪武八年革罢，每岁止贡茶芽二斤。永乐二年，加增三十斤，岁贡南京，焚于奉先殿。然官茶地只有一亩八分，山南北虽俱产茶，而皆为民业，以贡额不足，岁轮采茶童子一十四名，每名纳茶一斤，又添谢公、尚吴、嘉会、平定、至德、安化、吉祥等七区……

共纳茶三十斤……至皇清……县官仍于清明前三日躬诣山中拜祭，茶户攒价齐备，循例支给额载条银十两，为龙袱、旗袋、篓榱、包索等用，又支存□备用银六两，凑纳藩司，自差官汇解……

罗岕梗茶，去梗者为片茶。阅熊令明遇《罗岕记》云：今人多以阳羡即罗岕，岕有茶，不上百年，山不数陇，似于阳羡有名之时未合。

按：名茶从无带梗者，带梗之茶，茶之下驷，好事者谬取世说茗柯有实理之句，缘饰傅会，谓罗岕茶之异于他茶，其妙全在于梗。升窃疑之，尝于雨窗无事时，取纯梗而瀹之，又取无梗者而瀹之，则纯梗者但有□腥，绝无香味，因决意单用片叶，谓之罗岕片茶。两□之夹曰岕，诸岕之中，罗岕为佳；罗岕之中，洞山为□；洞山之中，老庙后、犁头尖、棋盘顶、纱帽顶皆为佳品。然山仅数亩，出少而价昂，鲜有真者。熊疏云：主人舌根，多为名根所役。又云：每岁只宜廉取，多则土人必淆杂为赢。

长兴县志

乾隆十四年(1749年)　十二册　　谭肇基、吴棻、胡家瑞纂修

卷三　山

顾渚山，去县治西北四十七里。高一百八十丈，周十二里，即茶山。《方舆胜览》：茶山，在长兴县西，产紫笋茶。《吴兴掌故》：吴夫槩于此顾望，原隰可为城邑，故名。唐时有贡茶院。　程府志：吴夫槩顾其渚，宜茶，后其产果然，乃充贡。按：夫槩时未尝饮茶，又安知渚之宜茶，真附会之可笑者。又韩志以夫槩为夫差，此大误。　县志：陆龟蒙尝置茶园于此。　山游记：顾渚山骨现于顶，而胸背多肤，大约以态胜，以毛发奇。《石柱记笺释》：顾渚山下有唐贡焙院，院侧有清风楼。绝壁峭立于大涧中流，乱石飞走，曰明月峡，茶生其间，尤为绝品。张文规诗：清风楼下草初茁，明月峡中茶始生。　县志：贞元中，刺史李词以贡焙奏

乞立寺，诏以武康寺移建于此，名吉祥寺。陆羽置茶园，作《顾渚山记》二篇。有枕流亭、息躬亭、金沙亭，又有忘归亭，俯瞰太湖；又有木瓜堂，植木瓜于庭，引泉入焙，今俱废。贡茶院，元改为磨茶院。　陆羽《茶经》：蒙山顶第一，顾渚第二，宜兴第十（编者按：陆羽《茶经》无此说法）。旧编云：顾渚与宜兴接境，唐代宗时，以宜兴岁造数多，命长兴均贡。贞元五年，岁限清明到京，谓之急程茶。张文规诗云：牡丹花笑金钿动，传奏吴兴紫笋来。李郢诗云：一月王程路四千，到时须及清明宴。是时，湖、常二州争先赴期，以趋一时之泽。袁高有《茶山》诗，备述当时扰民之害。贞元八年，刺史于頔贻书毗陵，请各缓旬日，俾遂滋长。开成三年，刺史杨汉公表奏，乞宽限。诏从之。每造茶时两刺史亲至其处，大率以立春后四十五日入山，暨谷雨始还。　袁高诗：禹贡通远俗，所图在安人。后王失其本，职吏不敢陈。亦有奸佞者，因兹欲求伸。动损千金费，日使万姓贫。我来顾渚源，得与茶事亲。甿辍耕农耒，采采日苦辛。一夫且当役，阖室皆同臻。扪葛上欹壁，蓬头入荒榛。终朝不盈掬，手足皆鳞皴。悲嗟遍空山，草木皆不春。阴岭芽未吐，使君牒已频。心争造化功，走挺麋鹿均。选纳无昼夜，捣声昏继晨。众工何枯槁，俯仰弥伤神。皇帝尚巡狩，东郊路多堙。周回达天涯，所献逾艰勤。况兼兵革困，量兹固疲民。未知供御余，谁合分此珍。顾省忝郡守，又惭复因循。茫茫沧海间，丹愤何由申。

释皎然《顾渚行》：我有云泉邻渚山，山中茶事颇相关。鶗鴂鸣时劳草死，山家渐欲收茶子。伯劳飞日芳草滋，山僧又是采茶时。由来惯采无近远，阴岭长兮阳崖浅。大寒山下叶未生，小寒山下叶初卷。吴姹携笼上翠微，蒙蒙香刺罥春衣。迷山乍被落花乱，度水时惊啼鸟飞。家园不远乘露摘，归时雾彩犹滴沥。初看抽出欺玉英，更取煎来胜金液。昨夜西风雨色过，朝寻新茗复如何。女宫寒沥青牙老，尧市人稀紫笋多。紫笋青牙谁得识，日暮采之长太息。清泠真人待子元，贮此芳香思何极。

大官山、小官山，在县治西北四十五里。高五十四丈，周七里。劳志：顾渚之侧诸山，或为茶园，或伐为薪炭，惟二山林木深茂，樵苏不及，谓之官山。

斫射山，去县治西北五十里。高五十二丈，周十里。土人善樵斫射猎，亦名斫射岕，在顾渚山左。　韩县志：刺史庾威亦于此造团茶以进。

青山，在县治西二十七里。高一百十丈，周十里。下有涧曰青山湾，最澄澈。

乌瞻山，有二，一在县治西三十里，高八十丈，周二十里，峰峦秀拔，产云雾茶。

青岘山，在县治西六十里。高一百丈，周二十里。　《吴兴掌故》：多生箭竹，霜雪不凋。县志：陆羽云：青岘、竹木二山，茶味与寿州同。按：吴均《入东记》：东晋欲立城郭于此，名东晋山，即此。

悬脚岭，在县西北七十里，以其岭脚下垂，故名。唐时，每岁吴兴、毗陵二郡太守分山造茶，宴会于此，有会景亭。一名芳岩。以岭中为两州之界，上有废亭遗址。

枪旗岭，在县东南三十二里。弁山西北。《浙江通志》：苏子瞻云：世谓茶之始生而嫩者，为一枪，寖大而开者，为一旗。王介甫送元厚之诗云：新茗斋中试一旗是也。此山旧亦产茶而佳，故曰枪旗。　县志：石山多窍，是枪旗所植。俗传楚霸王屯戍于此，山趾有项羽祠，上走马埒，下饮马池。

张坞，在县治北四十里。产茶，为罗岕之次。

罗岕，在县西北五十里……有洞二，曰明洞、暗洞。有池二，曰东池、西池。俱产茶。在土地庙后者尤嘉。　《岕茶汇钞》：罗岕介于山中，罗隐隐此，故名。　明熊明遇《茶记》：今人多以阳羡即罗岕，岕有茶不上百年，山不数陇，似于阳羡有名之时未合。按志乘：唐、宋、元贡顾渚茶颇郑重。毗陵、吴兴二刺史亲为开园。考唐诗有牡丹花笑金钿动，传奏吴兴紫笋来之句。陆龟蒙茶园亦在焉。意者顾渚即古所谓阳羡产茶处耶？今人谓义兴为阳羡，顾渚、罗岕俱在义兴南，只隔一岭，二山东西相距八十里而遥。　《石柱记》《新唐书》：顾山有茶以供贡。有铜。

郑元庆《笺释》：按顾山即顾渚，在县西北四十二里。《元和郡县志》及《舆地纪胜》析而为二，非也。《读书后志》云：陆羽与朱放辈论茶，以顾渚为第一。羽著《茶经》有云，紫者上，绿者次；笋者上，芽者次。

《膳夫经》云：茶，古不闻食之，晋、宋以降，吴人采其叶煮，是为茶粥。至开元、天宝之间，稍稍有茶，至德、大历遂多，建中以后盛矣。茗、丝、盐、铁，管榷存焉。　《南部新书》云：顾渚贡焙，岁造一万八千四百斤。建中二年，袁高以诗进规，遂为贡茶轻省之始。《舆地志》云：吴采章山之铜，即此。

明月峡，在县西北顾渚山侧。《吴兴掌故》：绝壁峭立于大涧中流，乱石飞走，茶生其间者，尤为绝品。张文规诗云：明月峡中茶始生是也。

卷十　风俗

立夏……后三日，长兴人俱往岕中采茶，例以是日开园。

卷十　物产

饮食之属

长城顾山有茶以供。(《新唐书》)

唐岁贡紫笋茶一万串。(《吴兴志》)

宋初，吴越归命，郡始修贡。每岁贡紫笋茶一百斤，金沙泉一瓶。其瓶浪银打成，并锁钥，重五十六两。(《石柱记笺释》)

环长兴境产茶者，曰罗岕，曰白岩，曰乌瞻，曰青东，曰顾渚，曰篆浦，不可指数，独罗岕最盛。环岕境十里而遥，为岕者亦不可指数。岕，两山之介也。罗氏居之，在小秦王庙后，所以称庙后罗岕也。(《岕茶笺》)

岕有秋茶，取过秋茶，明年无茶，土人禁之。韵清味薄，旋采旋烹，了无意气，取置瓷瓶中，旬日，其臭味始发，枫落梧凋，月白露冷之后，杯中郁然一种先春风味，亦奇快也。

棋盘顶、纱帽顶、雄鹅头、茗岭，皆产茶。诸地有老柯、嫩柯，惟老庙后无二，梗叶最密，香不外散，称为上品。

吴楚山谷间，气清地灵，草木颖挺，多孕茶荈，大率甲于吴兴者为紫笋。(《煮茗泉品》)

陆羽云，其名有五：一茶，二槚，三蔎，四茗，五荈。眉公《枕谭》云：茶树初采为茶，老为茗，再老为荈，今概称茶，当时错用事也。

宋王十朋《谢章季子教授惠顾渚茶，报以宣城笔，戏成三绝》：春回顾渚雪芽生，香味殊宜泌水烹。搜我枯肠欠诗卷，饮君清德赖诗情。　白齿新芽不出山，青囊谁遣到人间。午窗惊觉还乡梦，纱帽笼头捧兔斑。雪水书来寄叶嘉，山中人去代琼华。定将绛帐铸人手，散出毫端千种花。

卷十一　艺文

明萧洵《顾渚采茶记》　长兴县，本战国吴夫差弟夫槩故城。城北四十五里，有山曰顾渚。夫槩顾其渚，可为都邑，得名。山麓宜茶，志称与光州同。始自唐贞元十六年，刺史李词乞以贡焙立寺，山下吉祥故有寺也。寺前百步有泉，极清甘，煮顾渚茶叶，皆仰立。相传：每岁刺史入山，将造茶，具礼拜敕泉，顷之发源，其夕清溢，造毕随减，刺史去，则涸矣。历代皆贮之与茶同贡。当时刺史入山，往往称胜，号为茶仙。刘禹锡诗有云：何处人间似仙境，春山携妓采茶时。杜牧之云：谁知病太守，犹得作茶仙。颜真卿、白居易、皮日休、郑谷辈，逮宋苏轼诸贤，履舄所至，题咏犹为烂漫，流风余韵，皆可想见。若曰息躬、枕流、忘归、金沙诸亭，与木瓜堂、明月峡、清风楼则皆漫无可访。洪武六年春，余以工部主事来宰是邑……未几，府帖下，通判四明周亨随至，余以守令，例当偕行。明日，守御刘侯显亦来，盛集于此。寺悉倾圮，守僧养中来见，垂首衣结，眊眊焉言即泪下。周视山麓之茶，皆茶新拔草莽间，大惧，将何以修厥贡？罪将谁归……于是始谋诸众，伐木荦土，求金沙水疏涤之。招来僧之窜避者，复其身专事于茶。寺宇之蠹折者，皆令撤而完之以居。岁入山之众，制备笼焙之器，饬童子数十，至期盥栉易衣，人授采筐，平旦以从，采毕，仍收。寺僧喜悦，定为常典。然后次第修完息躬亭于茶园右，率童子官僚至，则少休焉。构清晖轩于磨院西，为监官之所舍。甃金池，缭之以阑槛，仍作亭四间池上，笼焙时所以礼泉也。明年春，谷雨先二十日，通判金华田侯洞实来。前夕小雨，茶皆叶芽争敷，足供常贡，田侯喜而有诗。时太守楚公而下，相继属和，汇成两卷……故谨书其当事之所宜先，采贡之次第，记于寺壁，庶来者守之而弗敢怠忽，历代岁造之增益罢行，并书下方云。　唐岁造焙茶一万八千四百斤。宋罢贡。元末茶二千斤，续增芽茶九十斤。国朝丁酉年，进芽茶三百斤，戊戌年，增荐新芽茶九十斤，又增贡五百三十三斤一十二两。丙子年，又增芽茶八百一十六斤六两，叶茶三千二百六十五斤八两。吴元年，又增贡荐新芽茶二斤，磨造末茶二千八百八十三斤一十五两七钱五分，叶茶二万二百八十二斤二两二钱五分……洪武四年，又增末茶三千二百四斤六两七钱五分，芽茶一万六百一十一斤一十四两二钱七分五厘，叶茶九万六千八百八斤七两一钱七分五厘。洪武七年又增顾渚山叶茶一十斤……洪武八年二月二十五日并书于吉祥寺屋壁。

杜牧之《茶山下作》　春风最窈窕，日晚柳村西。娇云光占岫，健水鸣分溪。燎岩野花远，戛瑟幽鸟啼。把酒坐芳草，亦有佳人携。

卷十二　著述

陆羽：《教坊录》一卷；

《茶记》三卷；

《茶经》三卷；

《茶经》言茶之源、之法、之具，天下益知茶味矣。有常伯熊者，因羽论茶，复广之。其后尚茶成风，回纥入朝，始驱马市茶，茶榷始严，皆贞元间事也。

《顾渚山记》一卷。

自周以降，至于国朝，茶事竟陵子陆季疵言之详矣。余始得季疵书，以为备，后又获其《顾渚山记》二篇，其中多茶事。后又太原温从云、武陵段碣之各补茶事十数节，并存于方册。茶之事，由周至今，无纤遗矣。昔晋杜育有《荈赋》，季疵有茶歌，余缺然于怀者，谓其有具而不形于诗。亦季疵之余恨也。遂为十咏，寄天随子。（皮日休《记略》）

《茶记》宋史两见，一作《茶记》，一作《顾渚山记》，即一本也。（《湖录》）

沈贞：《茶山集》五十卷。

《吴兴掌故集》作十二卷，一作十卷。臧受澄先生语予曰：向家藏有之，止四本，今归沈氏。亟访之，已不存矣。　《湖录》：茶山老人生于元末，入明不仕，隐德潜行，轶于正史，所著有《茶山集》，今无传。近时县志所载，寥寥数首，朱竹坨先生从陈编中搜得乐神曲十三章，汰其六，采入《明诗综》。（鲍钤《遗集序略》）

《茶山老人遗集》二卷。

《茶山集》五十卷，逸，不传。乾隆三年，长兴知县鲍钤搜集诗文百余篇，序而刻之。（《胡府志》）

卷十二　碑版

唐

贡茶刺史题名碑

唐贡茶刺史题名二十八人，石刻在贡茶院修贡堂上。（《舆地纪胜》）

顾渚山题名

顾渚山有杨汉公、杜牧题。（《诸道石刻录》）

金沙泉唱和诗

金沙泉有寺，寺有碑，载当时杭、湖、常三州太守贡茶唱和诗。（《诗话总龟》）

卷十二　杂志

唐刺史张文规诗云：吴兴三绝不可舍，劝子且为吴会行。三绝谓下箬酒、顾渚茶、雪溪鱼。

《元史》载：湖州长兴县有金沙泉，泉不常出。唐时，用此水造紫笋茶进贡，有司具仪祭之，始得水，事讫，即涸。宋末，屡浚治，泉不出。是时，帝遣官致祭，一夕水溢，可溉田千亩。所司以闻，赐名为瑞应泉。此泉，本朝久涸，近明月岭茶盛行，此泉复溢出，然曾为胡虏役，不足重岭矣。（茅元仪《野航史话》）此元史之妄，已辨注金沙泉条下，茅语特见血性，故爱而录之。（张县志注）

有积师者，嗜茶久，非渐儿煎侍不向口。羽出游江湖，师绝于茶味。代宗召入供奉，命宫人善茶者饷师，一啜而罢。访羽，召入，赐师斋，俾羽煎茗，一举而尽，曰：有若渐儿所为也。于是出羽见之。（《纪异录》）

李于鳞为浙臬副，长兴徐子与以岕茶最精者饷之。比看子与昭庆寺，问及，则已赏皂役矣。盖岕叶大多梗，于鳞北士，不遇宜矣。纪之以发一笑。(《快雪堂漫录》)

石门(旧县名,原县辖境属今嘉兴地区)县志

道光元年(1821 年)　八册　　耿维祜、潘文铬、潘蓉镜纂修

卷四　物产

茶楝　《苕溪渔隐》：有水楝茶，生楝茶，俗呼茶穰。树头为黄楝头。

石门县志

光绪五年(1879 年)　十二册　　余丽元、谭逢仕纂修

卷三　田赋

贡品　……芽茶……

武康(旧县名,原县辖境属今嘉兴地区)县志

嘉靖庚戌(二十九年,1550 年)　八卷　　骆文盛纂修

卷四　食货　物产

货之属

茶

武康县志

康熙十一年(1672年)　二册　　冯圣泽、骆维恭纂修

卷之三　山川

池井

毛公醴泉井　县西北七里招贤山麓。泉始出平原，色如乳，毛滂取以烹茶，味甘冽，因疏凿为井，故东堂诗有煎茶玉醴轻之句。

卷之四　食货

货之属

茶

武康县志

道光九年(1829年)　十册　　疏筤、陈殿阶、吴敬羲纂修

卷二　地域志　山川上

吴康侯《天泉山记》　……昔人遗垣、断灶、水碓故址犹存焉。绝顶平田顷亩，四时流泉，昔之人引为沟渠，注为陂池，插禾艺黍，隙地遍植茶、苎、桑、栗、林檎、金桔之属……

吴康侯《游天池寺登莫干山记》　……有古塔遗迹，俗呼塔山，实则莫干之顶矣。寺僧种茶其上，茶吸云雾，其芳烈十倍恒等……

卷三　地域志　山川下

毛公醴泉井　在县西北七里招贤山麓。泉始出平原，其色如乳，宋知县毛滂取以烹茶，味甘冽，因凿为井。滂游禅寺诗云：煎茶玉醴轻，

谓此也，遂称之。

卷五　地域志

风俗

谷雨，山中产茶处，妇女竞出采之，名谷雨茶；其先一二日采者，曰雨前茶。

物产

货之属

茶　产塔山者尤佳。

卷十五　艺文志

著述　茗酪记

定海厅志

光绪十一年(1885年)　十册　　史致驯、陈侨纂修

卷十四　疆域　山川

黄杨尖山　国朝曹伟皆诗：黄杨尖上白云浓，谷雨茶芽细如松。村女蹋歌莲步稳，负筐直到最高峰。

普陀山　在东海中，一名梅岑山……曰茶山茶。山地最广阔，中多溪涧，产茶，因以得名……

桃花山　离县约百二十里。山多茶田，颇肥美，半属普陀僧开垦。

东方岩　在普陀茶山前。

平天洞　在茶山北尽处。

卷二十四　物产

货之属

茶　古作荼，《尔雅》：槚，苦荼。自陆羽作《茶经》，始减一画作

茶。《茶经》：一曰茶，二曰槚，三曰蔎，四曰茗，五曰荈。定海茶向无佳品，谷雨前者曰雨茶，雨后者曰春茶，立夏后者曰夏茶，皆山谷野产，又不善制。五月时重抽者曰二乌，益苦涩。产桃花山者佳；普陀山者，可愈肺痈、血痢，然亦不能多得。近时各处所产寖多，制亦合法，以黄杨尖山为最胜。

定海县志

民国十三年(1924 年)　六册　　陈训正、马瀛纂修

卷七　物产

茶　谷雨前者曰雨茶，雨后者曰春茶，立夏后者曰夏茶，五月时重牙者曰二乌。分东乡、西乡二种，东乡较胜。然采制均不合法，惟洞隩黄杨尖、岱山石马隩二处，乃雨前所采，制法又稍精，人争购之，惜产额不多。民国四年，美国巴拿马赛会征集各国出品，黄杨尖牙茶，获得三等奖凭。旧志称：茶产桃花山者佳；普陀山者，可愈肺痈、血痢，今不能多得。

	民国元年	二年	三年	四年	五年
茶 叶	细 0. 320 粗 0. 130	0. 296 0. 128	0. 260 0. 124	0. 308 0. 132	0. 480 0. 188
	民国六年	七年	八年	九年	十年
茶 叶	细 0. 400 粗 0. 164	0. 320 0. 168	0. 296 0. 156	0. 360 0. 148	0. 284 0. 124

食货

十年以来主要食用品价格比较表（见上表）。

卷十六　方俗

风俗

西乡　甬东之西……于是旋以土轻而废，四境褊狭，田少地多，土质硗确，溪流浅短，雨则易盈，旱则易涸，虽邻盐仓而农利远逊，惟竹木樵苏，茶荈果实，因山而饶，常售邻境……

北乡　舟山全岛，农田之利，以北乡为最下……副产则……北埠兼业晒盐，网捕干礁，亦兼产茶云……

东南各岛　各岛之中，以六横为最大……六横之谚，山多田少……铁山之茶荈，要为副产……

西南各岛　舟山之西岛之最大者为金塘……而烈港外有大平山之屏蔽，渔舟多避风于是，故贸易寖盛，蔚成镇市。至梨、李著名于全国，茶荈销售于外乡，犹其余利也。金塘越海而东南则为大榭，与镇海之穿山不过一衣带水，涂田尽辟，人口亦稠，茶荈柑桔，运销他邑，鱼盐之利，则较逊焉。

重修南海普陀山志

道光十二年(1832 年)　四册

卷之一　形胜

茶山，在白华顶后，自北亘西，其地最广，中多溪涧。山上多产茶茗，僧于雨前采摘供用，可治肺痈、血痢。又有山茶花树，高数丈，冬春之交，丹葩被谷，若珊瑚林。

卷之十二　方物

木之属

茶，出白华顶后之茶山。县志云：普陀之茶，可愈肺痈、血痢，故虽少而可贵。又寺西南海中桃花山出者亦佳。

鄞县志

乾隆五十三年(1788年)　十六册　　钱维乔、钱大昕纂修

卷之二十八　物产

茶树，出浙东，以明州次，鄮县生榆荚村。(《茶经》)　元以十二雷之区茶入贡，鄞之太白茶为近出。然考舒懒堂天童虎跑泉诗：灵山不与江心比，谁为茶仙补水经。则宋时已有尝之者，因更名曰灵山茶，至今山村多缭园以植。(《勾余土音诗话》)　按：茶，晚收者曰茗，曰荈。以太白山为上，凤溪次之，西山又次之。太白出者，每岁采制，充方物入贡。

卷之二十九　土风

李邺嗣《鄮东竹枝词》　太白尖茶晚发枪，濛濛云气过兰香。里人那得轻沾味，只许山僧自在尝。太白山顶茶，山僧采摘，岁不过一二斤，其上多兰花，故茶叶自然兰香。　天井山茶味自长，它泉烹酌淡而香。并论太白谁优劣，一任闲人肆抑扬。鄞泉以它山为上，不减锡山二泉。太白山在东乡，亦产茶。

鄞县志

光绪二年(1876年)　三十四册

卷二　岁时

清明后，近山妇女，结伴采茶，以谷雨前所采曰雨茶，以立夏节所采曰老婆茶。(新增)

卷四　山川

天童山　县东六十里。（按：嘉靖志作六十五里，闻志作六十三里。）舒亶题天童诗：日日青鞋踏白沙，未应泛艇即灵槎。雨溪清越鸣哀玉，凤蔓蜿蜒动暗蛇。晓润芝篁挑秀茁，午香茶灶煮苍芽。玲珑仙客知何在，千古烟霞自一家。

卷七十二　物产下

茶　茶之出浙东，以越州上，明州次，鄮县生榆荚村。（《茶经》）

区茶　元贯，范文虎进。《句余土音注》按：《鲒琦亭集》：吾乡十二雷之茶曰区茶，又曰白茶，见晁以道诗。

卷七十三　方言

吃茶　《茶疏》：茶不移本，植必生子。古人结婚，以茶为礼，取其不移植生子之意，今犹名其礼曰下茶。《七修类稿》：女子受聘，谓之吃茶。

鄞县通志

民国二十六年（1937年）　十三册　　赵家荪、陈训正、马瀛纂修

食货志　丙编　工业

小工业概况第二表（依据民国二十一年调查）

项别 业别 类别	资金总额	种类	副产品	全年数量	物料原料	制藏方法	销售地域及总值	其他
变形类制茶		绿茶		2 000担	鲜茶	炒焙	本县万余元	

戊编　产销

特用农作物产量表

作物种类	种植亩数	产量总额（担）	每亩产量（斤）
茶	250	120	80

民国二十二年沪杭甬路输入货物数量表

种　类	吨　数
茶	8 521

历年土货输出第一表 民国十五年至二十年价值，以关平两为单位，二十一年后为国币

数量价值 年份 种类	民国十五年		民国十六年		民国十七年	
	数量单位	价　值	数量单位	价　值	数量单位	价　值
工夫红茶					25 担	875
小珠绿茶	112 547 担	3 152 072	85 840 担	3 895 410	97 992 担	4 409 640
熙春绿茶	636 担	18 126	149 担	5 588	299 担	11 960
其他绿茶	718 担	14 360	948 担	23 200	1 000 担	55 000
毛　茶	6 306 担	75 672	7 752 担	81 210	11 445 担	125 895
茶　梗	273 担	1 857	914 担	6 215	874 担	6 122

历年土货输出第二表

数量价值 年份 种类	民国十八年		民国十九年		民国二十年	
	数量单位	价　值	数量单位	价　值	数量单位	价　值
小珠绿茶	88 189 担	4 188 978	89 716 担	3 409 208	77 973 担	2 222 231
熙春绿茶			2 担	90		
其他绿茶	30 000 担	170 000	1 250 担	30 125	967 担	24 280
毛　茶	13 681 担	206 994	9 901 担	118 812	4 963 担	59 556
茶　末	16 703 担	112 745	12 810 担	70 455	11 257 担	78 799
茶　梗	761 担	5 100	683 担	4 616	199 担	1 306

民国二十年土货输出第一表

货名 \ 数量价值 \ 国家与地区		中国香港	新加坡	荷属印度	中国台湾	英属印度	英	美	法	合计
绿茶	数量	7 担								
	关两	280								

历年由沪杭甬路输出货物数量表

货名 \ 吨数 \ 年份	民国十八年	民国十九年	民国二十年	民国廿一年	民国廿二年
茶　叶		54	130	184	108

通商略史　鄞邑，自周以来，已为海道运输之要口，至于历年甬埠贸易之情形，发表于海关册者，自民国十四年以迄二十年，犹可考见焉。

土货贸易

茶，本年收成最优。其市价，每担为上海规元银三十六两至四十一两。于六月二日曾有第一批装运出口，绿茶及未经烤烘之生茶，本年出口之巨，均为向所未有，惟茶末之销场，稍为跌落耳。　平水小绿珠茶，于夏季时，出口甚形增加，毛茶及未经烘烤之生茶，出口亦稍增，惟茶末较之去年稍有跌落。平水茶价，在上海市价开盘时，每担售规元银四十两，后因上海太古公司货栈失慎，烧毁茶叶十万箱，及宁波与其附近一带因天气不佳，收成歉薄，不能供给急需之故，竟涨至每担规元银六十四两。统计本年出口各种华茶，估值均见减少。　绿茶之收成平平，其质品又不及去年之标准，于是巨量之下等茶叶存而未售，因其不合欧洲市场之需要也。又因与俄国断绝外交关系之故，通常次等茶叶出售于彼邦者，现已不能售出。茶叶价格，本年在规元银六十三两至二十五两之间，去年则在规元银六十一两至三十九两之间。各种茶叶，因收成丰富，运输出口，均见增加。珠茶多一万二千一百五十二担，毛茶多三千六百九十三担，茶末多七千六百六十五担。惜当发芽之时，雨水过多，山户不能往采，致所产茶叶，质地不良，其售价平均约在上海规元银三十八两至二十八两间。

博物志　甲编

一、植物之部

（三）嗜好品类　本类植物，完全不含人体营养上有效之成分，即有之，亦极微量，多用之，反有害，若用之适度，亦足以鼓舞神经，促进消化机能。县产现仅茶、烟二种：

名称或别名	茶
科属	山茶科 山茶属
学名	Thea sinensis，L
品种	
用途	（叶）充饮料，能使人兴奋。 （子）榨油供食用，燃灯用。粕充肥料及饲料。
产地	山野栽培或野生。以四明山、白岩山、太白山、福全山等所产者为佳。
备注	常绿灌木

象山县志

乾隆二十三年（1758年）　六册　　史鸣皋、姜炳章、冒春荣纂修

卷之二　山川

象山，缘海而邑，一路穿陆，环邑皆山，而治奠于象山之麓。其山自天台绵邈萦纡走数百里，或隐或见，或起或伏，至盖苍山高出云表，宁海、象山分界也。按：盖仓山一名茶山……

丹山，北出曰东岭，经一里许，势断而跌宕复起，曰蒙顶山，于诸山独峻绝。天峰者，蒙顶之第一峰也……山上平衍，有水田，有佳茗，西乡之少祖山也。

卷之三　物产

货之属

茶　产珠山顶者佳。

象山县志

清刻本　八册

卷之二　山川

狮子山之上，俗名茶园山。山半彭姥岭，侧有泉水，味甘。

郑行山，县北十里。上产灵草、佳茗。旧有郑行结庵于此，故名。（宝庆志）

蒙顶山，县西北四十五里，一名茶山。有花气岩，其绝顶名天峰……有佳茗……

磕苍山，一名茶岩。相传陶弘景居此，上有石刻真逸二字。弘景尝从张少霞游，往来至此。上有水晶帘。县西北七十里，亦名茶山。

卷之十一　古迹

深月春风阁，在石浦茶园，指挥吴一鹏别墅。（见包映奎诗注）

卷之十九　物产

货之属

茶　珠山尤佳。吴志　郑行山产佳茗。（《浙江通志》）

象山县志

民国四年(1915年)刻　道光本　八册　　童立成、冯登府纂修

卷之一　山川

珠山，县东北三十五里。一名珠严山……有白垩、茜石、异草、佳茗……

象山县志

民国十四年(1925年)　二十册　　郑迈、陈汉章纂修

卷之二　山脉

象山，自天台绵邈萦纡走数百里，或隐或见，或起或伏，至盖苍山高出云表，宁海、象山分界也。原按：盖苍山一名茶山……按，《一统志》：盖苍山在宁海县东北九十里，濒海。山极高广，多产茶，又名茶山，亦曰茶岩。

蒙顶山，于诸山独峻绝。天峰者，蒙顶之第一峰也……山上平衍，有水田，有佳茗，西乡之少祖山也。宝庆志：一名茶山……

狮子山，县西南半里，以形名。道光志：狮子山之上，俗名茶园山……

大炼丹山逆折而北，起郑行山，产白垩、佳荈，有石井……宝庆志：郑行山，县西北十里，上产灵草、佳茗……

卷十二　物产

木类

茶　《浙江通志》引《象山县志》：郑行山产佳茗，珠山更多。康熙

志：茶，珠山尤佳。按：蒙顶山、五师山，皆产佳茗异蔎。

宁海县志

光绪二十八年(1902年)　十六册　　王瑞成、张浚纂修

卷二　叙山

盖苍山　……奇花异草，骇兽惊禽，靡所不有，药品尤佳。《舆地纪胜》：东北九十里濒大海。旧志：极高广，产茶，又名茶山……

茶山　县西南五十二里天台界，产茶。

物产　花类

山茶　有红、白二色，《本草》注：其叶类茗，故以茶名。

货类

茶　可重采，初采者佳。

慈溪县志

雍正八年(1730年)　八册　　杨正笋、蔡云鹏、冯鸿模纂修

卷二　土产

茶

卷三　山川

县治西南　大冈山　三十里。平旷深邃，地多异茗。

县治西北　茗嶴山　六十里。山多产茶。

卷六　旧景

吾邑自三代时名句章，县治在城山……南北开三横河：上河通丽泽

桥；中河通福聚桥；下河通平政桥……平政桥南至驄马桥，则无市河……河之两岸，旧有纤路，今皆没于民居。其东西郭皆有酒楼……楼前商舸百货云屯，往往于楼上取乐。其市井所货饮食……及香茶、香汤、茶果、茶食，无不具有。其人家所用茶汤，皆以细茶芽合和香料为饼，或茶磨、茶碾或臼为末，罗过，投于茶铛中，三沸三点，仍用竹筅篸之令匀。稽宋人点香，皆用此法。香色味三者俱足，则以盘盛楪，市茶食、茶果，或八楪、十楪，供客啜茶……其四乡村市，凡二十八处，东则文溪，西则商港，其余诸市所产……茶、笋、麻、苎、木棉之类……

卷十二　寺观

定水禅寺　县西北五十里。唐乾元间建，名清泉……绍兴七年，更名禅寺，有泉甘洌，宜煮茗……

卷十四　记

明顾言《贡茶碑记》　宁波府慈溪县为岁贡茶芽事。照得本县每岁额贡茶芽二百六十斤，征收押解，规则不一，公私赔累，年年称苦。万历二十三年十月内，蒙本府推官张条陈议定画一，已经详允遵行在卷……查得该县原额贡茶，岁该二百六十斤，例于每年清明后收采，选差县吏一名经手管解，限五月内到京投纳，掣批回缴，此定制也……盖茶户之起，由国初时，本县十、四、五、八、九等都地方，广种茶园，因而设局，其所烘焙干净茶芽，相沿酌定年以二百六十斤为额，每鲜茶四斤，焙作一斤，共计该鲜茶一千四百余斤，着落产茶之家出备前数，以供上用……至嘉、隆时，议给茶价每斤一分，后复渐增六厘……及茶将起解，潜往鄞、象、定各产茶地方轻价收买，复指烘焙之虚名，而骗领工食柴炭银两……原额四十两，至万历二十一年，奉文加增二十五两，共六十五两。今计茶二百六十斤，每斤实计时值，共该七分，除拣摘草梗折干外，每斤定价一钱，通共该银二十六两……应于在册茶户照数均派……但审陈湘等苦称，历年茶户，虽有其名，并无其人，若使加派之银，责之茶户出办，未免里递包赔……选忠实能干吏一名办买，验明照旧如法装封，差民壮一名，勒限协解……

慈溪县志

光绪二十五年(1899年)　廿四册　　冯可镛、杨泰亨纂修

卷六　舆地一　山

瞭舍山　县西南四十里。山多茶，不亚于冈山。

冈山　雍正志作大冈山。县西南六十里。平旷深邃，地多异茗，不减武夷、阳羡。《四明山志》云：下有开寿寺，产名茶，次于三女山所出。上有宋丞相史嵩之墓，殿帅范文虎因置茶局贡茶，冀史墓不至荒落。每岁清明前一日，县令入山监制茶芽，先祭史墓，乃开局制茶，至谷雨日回县。本朝永乐间，县官袭其旧，建局在山之西南，至期派办，供亿所费不赀，民无宁岁。嘉靖十五年春，余至县，时薛应旂为令，议革入山故事，应办茶户，送县监制，永为定规，士民称便。况此山旧志产茶，今则无矣。应贡芽茶，实在他山采办，而县官顾入居此山，亦甚无谓也。

茗隩山　县西北五十五里。（按：诸志俱作六十里）其山多产茶。嘉靖府志：今称大茗隩，在杜湖西。其南五里许，曰小茗隩。

卷七　舆地二　岭

东岭　天启志作东县，雍正府志作东悬。县东三里。按：嘉靖、雍正二府志，作一里，雍正志作四里。

查初揆《东悬岭诗序》：由北湖之东悬岭不三里，峡口峻阻，林木昏翳，行人出烟翠中，若婴投抱，若鸟度空也。下岭至鸟岩庙，村落疏野，多茶、梅、杂卉……

卷十二　田赋

明　岁贡

茶二百六十斤。按，天启志：慈溪芽茶二百六十斤。

卷五十三　物产上

茶　至正《四明续志》原注：出慈溪名山。在资国寺冈山者为第一，开寿寺侧者次之。每取化安寺水蒸造，精择如雀舌细者入贡。　成化府志：岁贡茶二百六十斤。　嘉靖府志：茗陋山在慈溪西北，其山多产茶。《句章上物志》：诸山所产曰山茶，园中所植曰园茶。惟车厩三女山者为最。按，陆氏《茶经》云：浙东以越州为上，生余姚瀑布泉之岭，曰仙茗。盖实即三女山之物，特以余姚瀑布泉制之，遂误指耳。　《溪上遗闻》：慈溪贡茶，始于元，至明万历二十三年停止，邑令顾公言有碑记，列于县署仪门。盖因是时茶园已废，茶无可采，自是遂无有言慈之产茶者。

镇海县志

乾隆十七年(1752 年)　八册　　王梦弼纂修

卷四　物产

木之属

茶　出太丘乡（编者按：又称泰丘乡）太峰巅者佳。杜牧之诗：山实东吴地（编者按：吴地两字误），茶称瑞草魁。

镇海县志

光绪五年(1879 年)　十六册　　于万川、刘凤章、谢凤缨纂修

卷二　形胜

有客自中州来，过吴入越，历我蛟川，以为游览之况，至此索焉尽

也……以言物产：稻有光糯细秆，早黄乌撒，茶有雀舌龙团，普陀太白……谷美百名，菽分五色，薪采万山，酒酿千泽……（谢泰定《蛟川形胜赋》）

卷三十八　物产

食之属

茶　茶之出浙东，以越州上，明州、婺州次。（《茶经》）出泰丘乡太峰巅者佳。（乾隆志）瑞岩产茶最盛，茶干有大如碗者。（《见闻谨述》）

光绪奉化县志

光绪丙申（二十二年，1896 年）　十二册

卷四　山川上

元戴表元《四明十绝》茶焙：山深不见焙茶人，霜日清妍树树春。最有风情是岩水，味甘如乳色如银。

余姚县志

光绪二十五年（1899 年）　十六册　　邵友濂、孙德祖纂修

卷二　山川

羊额岭　崇宁间，进士孙彦温凿险通之。《神异记》曰：余姚人虞洪，入山采茗。遇一道士，牵三百青羊，饮瀑布水，曰：吾丹丘子也。山中有大茗，可以相给，他日瓯牺之余，幸不忘也。洪因立茶祠，是后往往获大茗。此岭之所以名羊额也。旧志以为刘樊乘羊过此，杜撰甚矣。按，《太平寰宇记》：有瀑布岭，引《茶经》云：越州，余姚茶生瀑布岭者，号曰仙茗。疑即羊额岭也。

石井山　亦名建岘嶴。有石屋，有石蟹泉。其岭曰谢公，以安石得名。建岘产茶，谢公岭尤为名品。

化安山　在县东南二十里……有化安泉，有剡湖。谢迁尝读书于此，其言曰：山川所汇，以其景物之胜似剡溪也。产茶为名品。

卷五　风俗

婚礼……妇入门三日，始通称谓，奉贽于舅姑及各尊长，用女红，先以茶，如莲、枣之类。

卷六　物产

茶之品　按：近代与盐并榷，宜属货。旧志殆以诸山所产，各有品目，难于分别为一条，今仍之。

瀑布岭茶　《神异记》：余姚虞洪入山采茗，遇一道士，牵青羊三百，饮瀑布水，曰：丹丘子也，山中有大茗，可以相给，他日瓯牺之余，幸不忘也。洪因立茶祠，是后，往往得大茗。　《茶经》：余姚茶生瀑布岭者，号仙茗，大者殊异。国朝黄宗羲《制茶》诗：檐溜松风方扫尽，轻阴正是采茶天。相要直上孤峰顶，出市都争谷雨前。两筥东西分梗叶，一灯儿女共团圆。炒青已到更阑后，犹试新分瀑布泉。

化安山茶　《嘉泰会稽志》：会稽茶，惟卧龙与日铸相亚，其次余姚之化安瀑布茶。

建岘嶴茶　《四明山志》：石井山，亦名建岘嶴，其岭曰谢公。建岘产茶，而谢公岭为名品。

童家嶴茶　康熙志：茶产瀑布岭、建岘嶴者佳，并称四明茶。化安次之，童家嶴又次之。

南黄山茶　山在双雁乡。其茶，邑人称南黄茶。

卷十七　艺文下

黄征肃《古山茶阁诗稿》

嘉泰会稽志

嘉庆十三年(1808年)刊　二十册　　沈作宾、施宿纂修

卷九　山

府城

卧龙山　……地出佳茗，以山泉烹瀹为宜……越城八山，蜿蜒奇秀者，卧龙山也……范公《清白堂记》云：山岩之下，获废井，视其泉清而白色，味之甚甘，以建溪、日铸、卧龙、云门之茗试之，甘液华滋，悦人襟灵。张伯玉《蓬莱阁》诗自注：卧龙山茶冠吴越。

会稽县

日铸岭　在县东南五十五里。地产茶，最佳。欧阳文忠《归田录》：草茶盛于两浙，两浙之品，日铸第一。黄氏《青箱记》云：日铸茶，江南第一。华初平云：日铸山茗，天真清冽，有类龙焙。

硙山　有石泉，在竹树阴中，甘寒可瀹茗。山形如硙，故得名。

萧山县

茗山　在县西三里。山多茗，下有二塘。

卷十一　泉

府城

郑公泉　在县东南……泉有二脉，滴沥出石罅，味极甘，宜茶。石之上为行路，而泉注溪中，非山僧野叟不能知其处。

苦竹泉　在泰望山侧……苦竹泉出其下，泓洁宜茶。

卷十七　日铸茶

日铸岭　在会稽县东南五十五里。岭下有僧寺名资寿，其阳坡名油车，朝暮常有日，产茶绝奇，故谓之日铸。然茶之尤者，顾渚、蜀冈、

蒙顶、皖山、宝云，皆见于唐以来记录或诗章中。日铸有名颇晚，吴越贡奉中朝，土毛毕入，亦不闻有日铸，则日铸之出，殆在吴越国除之后。《归田录》云：草茶盛于两浙，两浙之品，日铸第一。《青箱记》亦云：越州日铸茶，为江南第一。范文正公汲清白堂西山泉，以建溪、日铸、卧龙、云门之品试之，则甘液华滋，悦人襟灵。《茶经》：余姚茶，生瀑布岭，昔号仙茗，大者殊异，与襄州同。按：今会稽产茶极多，佳品惟卧龙一种，得名亦盛，几与日铸相亚。卧龙者，出卧龙山，或谓茶种初亦出日铸。盖有知茶者谓二山土脉相类，及艺成，信亦佳品。然日铸芽纤白而长，其绝品长至三二寸，不过十数株，余虽不逮，亦非他产所可望，味甘软而永，多啜宜人，无停滞酸噎之患。卧龙则芽差短，色微紫黑，类蒙顶、紫笋，味颇森严，其涤烦破睡之功，则虽日铸有不能及，顾其品终在日铸下。自顷二者皆或充包贡，卧龙则易其名曰瑞龙，盖自近岁始也。其次则天衣山之丁垅茶，陶宴岭之高坞茶，一曰金家陾茶，秦望山之小朵茶，东土乡之雁路茶，会稽山之茶山茶，兰亭之花坞茶，诸暨之石笕茶，余姚之化安瀑布茶，此其梗概也。其余犹不可殚举，日铸，它书及土人皆用铸字，蔡君谟、东坡先生诗帖墨迹皆然，惟欧阳公著《归田录》，则书为日注，疑公自有所据。其后亦有书作注者，盖自欧阳公始也。

会稽续志

卷之四　茶

前志载越中茶品甚详，而独遗剡茶。按，唐僧清昼诗：越人遗我剡溪茗，采得金芽爨金鼎。则剡茶自唐已著名矣。华镇《剡中瀑布岭仙茶》诗云：烟霞密迩神仙府，草木微滋亦有灵。则剡茶见称，不特清昼而已。剡茶有九：曰西太白山瀑布岭仙茶，曰五龙茶，曰真如茶，曰紫岩茶，曰鹿苑茶，曰大昆茶，曰小昆茶，曰焙坑茶，曰细坑茶。见高氏《剡录》。

会稽（旧县名，民国时并山阴、会稽二县置绍兴县）县志

康熙十一年（1672 年）　十五册　　吕化龙、董钦德纂修

卷三　山川志上　山

箬篑山，在县东一十二里洞浦山西北。旧经：秦皇东游，于此供刍草，俗呼绕门山。巅有小庵数间，群峰环峙，诸水绕流，艺竹、种茶，幽清可玩。山多坚石，取用甚广。

山川志下　岭

日铸岭，在县东南十五里陶晏岭北。地产茶最佳。欧阳修《归田录》：草茶盛于两浙，两浙之品，日铸第一。黄氏《青箱记》：华初平云：日铸山茗，天真清冽，有类龙焙。王十朋《风俗赋》：日铸雪芽。又晏殊有诗，见惠泉下。

卷五　古迹志　地属

惠泉，在太平山。二泉如带，大旱不涸。宋晏殊诗：稽山新茗绿如烟，静挈都篮煮惠泉。未向人前杀风景，更持醪醑醉花前。

卷六　物产志　货

茶　郡志：日铸山中有僧寺，名资寿，其阳坡名油车，朝暮常有日，产茶绝奇，芽纤白而长，味甘软而永……近多采之，名曰兰雪，味取其香，色取其白，价最贵。

道光会稽县志稿

民国二十五年(1936 年)刊　三册　　王藩、沈元泰纂修

卷八　物产志

货之属

茶　最早者曰清明茶，香味特绝；清明后采者曰雨前茶，谷雨后采者曰早春茶，俱属会稽佳品；最后则曰夏茶，其味减矣。

高坞茶　一名金家隩茶，出陶晏岭。

山阴(旧县名,民国时并山阴、会稽二县置绍兴县)县志

嘉庆八年(1803 年)　八册　　徐元梅、朱文翰纂修

卷三　山

硊山，在府城西南十里。有石泉，可瀹茗。(府志)

卷八　土产

货之属

茶　卧龙山产佳茗，芽纤短，色紫，味芬，名瑞龙茶。《会稽志》云：会稽产茶极多，佳品惟卧龙，得名亦盛，与日铸相亚。杜牧之诗云：山实东吴地（编者按：吴地两字误），茶称瑞草魁。

新昌县志

民国八年(1919年)　十二册　　金城、陈畲、俞涵三纂修

卷四　食货下

茶　特产之一

选种　收老茶子下秧分种者，发生骤且耐久；锄野茶秧临时栽种者，败落易且难茂。

培壅　牛粪为上，猪粪次之，焦灰又次之。其土喜培壅，不喜启开，与桑相反。

地质　光绪以前，王家山、度王山、三透屋附近地面，出茶亦富。虽清香少逊，而味厚质浓，运销亦广。自蚕利发达，肥腴之地改种桑木，茶叶一项，遂有一落千丈之势，其仅有存者，土瘠不毛之地而已。

改良　山背茶丛，每丛间断或七八尺，丈余不等，有如星罗棋布。倘或纵或横，分行不分丛，则培壅较易，采摘较便，种作较好，旷地较省，出货较多，换一法而数利随之，种茶者有何乐乎守旧!

销路　六十年前，只有烘青与红茶两样出销杭、嘉、湖。海禁开后，半改为圆茶，由宁、绍各栈运销于外地。近因各栈货益求良，工费殊繁，有改为烘青而出自沪上以销营口者。以上采访稿。

按：古无茶字，至唐始著茗、荈等名，皆其类也。《剡录》：宋后即有细坑茶、焙坑茶诸名目，发于浙东最早。新自蚕利未兴以前，必以此称首，今已渐不昔若，其税额亦类由销地自行征收，无从核计。

新昌农业调查

第四篇　茶

会稽山茶，以日铸名天下。《剡录》载：日铸寺僧言：左右岩鸣能几何？茶入京都，奉台府，供好事者，何可给？盖取诸近峰，剡居半，然

则世之烹日铸茶者，多剡茶也。新昌于吴越王钱镠开平二年割台、分剡置，邑东北一带，古号剡东；西乡则为剡南，产茶素富；东南一带，毗连天台，高山所产之茶，又与华顶山云雾茶相类近。年产额岁计三十余万元，虽由气候土性之适宜，而土法农作，亦自有足称者。语曰：十年之计树木，而树茶之利，则不待十年。四五年后，枝干繁密，每株至少可采生叶一斤，以每株占地三尺计之，每亩可植四百株，生叶制成，以三得一，每亩所获干茶百斤以上，况加意培植，五年以后，其得茶尚不止此耶！余念近年华茶出口渐减，影响所及，有关小民生计，每遇因公下乡，与父老悉心研究，陈君石民复助余调查。兹就所得，濡笔记之。

气候

茶之气候，以温高、雨多、风土常润湿者为最善。温高则发育良好，无凋萎冻毙之害；雨多则地土湿润，有根芽易茁之益。而尤要者，空气常须润湿，盖茶质之厚薄，茶汁之浓淡，为茶叶品第高下之判，其所以或厚或薄，或浓或淡者，湿润之空气为之，是故朝露浓厚，云雾弥漫之地，恒产良茶。两湖之龙井茶，华顶之云雾茶，即其例也。本邑产茶区域，多在高山浓雾厚露之地，谚有平地桑、高山茶之称，如南乡烟山、西乡遁山、东乡里山，皆产茶最著、最多之处，其山皆巍巍独出者也。

辨土

本邑老农相传：地之据高面阴，土之带砂，黄泥，植茶之适地也；次之则为细砂黑土、香灰泥等，云云。

品类

吾国素来视茶只有龙团、雀舌等品名，并无所谓品种。兹将本邑茶之种别列之于下：

一白毫尖　为茶种之特等者。叶面毫毛皆呈白色，质厚且软，味汁俱佳。

二红芽茶　叶芽柔嫩致厚，且具红色，亦上品也。惟其种不繁，所睹无多耳。

三起蕻茶　叶芽起蕻颇繁，又皆柔嫩，虽采期多延数日，亦不老硬，故尚不失为佳品之目也。烟山、遁山二地所植者，多属此种。

四对爿茶　是种叶芽发生，仅有二爿，同时相长，叶量较少，质亦不甚良，故为品种之次。

选种

六七月之交，茶树生第二番新芽时，有花蕾生叶际，状如粟粒。至八月，蕾状渐小如豆。九月，如青豆。遇寒暑表至七十度，则花蕾渐放矣。蕾有雌雄，雄多而雌少。香气清美，花瓣有之。葩，四五葩者，开时，多向侧面下面，开三日许，即渐结实（遇雨一日则腐败，故雨多之岁，结实者少）。晚秋，茶子成熟（周围多皱纹，子带黑色者未熟），壳中结核一二颗，或三四颗。一二颗者，发育不良，以三颗者为佳。乘其外皮未裂时，采而种之。

白露后，茶子熟时，即采即种。法将土地深耕，使极松，碎整成畦形。畦上酌开条沟，连壳播入沟中。是为条播，覆以焦泥灰，再加细薄泥土，以种粒不露出为度。否则播种过深，覆盖太厚，不易发芽。至翌年立夏前，茶苗自生，乃以混水之稀薄人尿浇之，频除杂草，旱则灌水，且不时删除弱苗，施以薄肥，及长，渐可加浓，如此直至第三年之春，苗长一尺左右，可以拔取，每四五株集成一束，而移植于茶园矣。

移植

茶树为深耕植物之一，移植之先，必须将茶园深耕，俾得遂其发育。如遇黏湿之地，且须设畦开沟，使其易于排水。整理完竣，每相距尺余掘穴，施入腐熟堆肥，以泥土拌匀，将苗根残枝剪除，每孔植一束，即四五株。植时，须以手微摇其干，使根土互相贴着，继乃培土，务期坚实。如系山地，可倾向山之下方斜种于穴中，庶入土较深也。

耕耘

茶苗移植后，每岁春、秋耕耘两次，意在芟除野草，甚属简单。

吾国植茶老农恒称：茶树无须下肥。其实不然，在新开之山种茶，有天然地力，固无俟施肥，迨历年既久，地力苦罄，茶树日就凋败，茶味日趋淡薄，势不能不讲求肥料。本邑施肥，系于每年茶叶之摘前摘后，施油饼末、焦泥灰或羊、猪、牛粪等一二次。本邑植茶家，自茶移植后，任其生长，从未见有何项之管理者，不过树梢太长，每于采茶时折去之，以使枝条之繁发而已。芟草虽勤，却因种植间作物如玉蜀黍（俗名六谷）、豆、麦或甘薯等之故，亦非全为乎茶也。

西湖龙井，有所谓明前茶，采自清明之前；又有所谓雨前茶，谷雨前采之。明前茶，一称寿眉，叶仅一枚，极柔嫩；雨前茶，又曰旗枪，叶有二枚，一展似旗，一卷似枪，皆以象形命名焉。至于本邑采茶，谷雨前或有之，而清明前绝少见焉。大约以茶树移植后，四五年枝条繁长已足，乃可采叶，其采期过早，芽虽柔嫩，而其量却甚少。故本邑植茶家，以立夏前采摘为最盛也。其时，所采是谓头茶，茶树棵中，采之惟净，每人每日所采，以熟练与茶之大小而异，约五六斤至十数斤不等。采后，经月余，茶芽复萌，又从而采摘之，量较前次为少，其质亦不如前。凡欲其枝条半盈，树势常强，则二次自以少采为宜，既在夏至行之，是为二茶。三茶采者极少，盖茶摘三次，必易枯倒，故谚有摘三茶，犯天骂之语。是即本邑采茶之大略也。然采摘时期，因气候之寒暖而异，采摘数量，以发育之强弱而殊。本邑植茶家，于此似欠关心，一任外来之劳动，如天台妇女等，绝无责任观念，尽管采折，故树势萎顿，极为迅速，树形偏歪，颇非美利，业主应支配茶地人数，特设是项奖金，励其慎到，则彼辈自不专以量分为事矣。又若供制上品之茶，则采摘宜早宜嫩，而叶芽宜少，回数宜多，稍老者，且勿取之，又应详慎，而不损其叶腋间之腋芽为要。恒当天气晴明之际，雨日不采，以茶叶水分过多，制造难佳故也。肩垂篮而采摘，用拇指之爪与食指之腹行之，老练者，左右两手皆能采摘，且极神速，篮容满则移置于阴暗树下，或无阳光照射处，用湿布盖之，务须当日运回，制造间干燥蒸郁，业者亦应注意防之也。

诸暨县志

乾隆三十八年(1773 年)　十册　　沈椿龄、楼卜瀍纂修

卷三　山川

东白山　《嘉泰会稽志》在县东九十里。一名太白峰……　万历《绍

兴府志》：绝高者为太白，次为小白，面东者为西白，面西者为东白……在山之阳，瀑泉怒飞，清被岩谷，悬下三十丈，称瀑布岭，产仙茗……

宣家山　万历《绍兴府志》：在县东七十里嵊县界。产茶甚佳。

卷八　物产

《剡录》：越产之擅名者，诸暨石笕岭茶。　《浙江通志》：志茶者多尚名贵，《茶经》而后，著录者多矣。今诸暨各地所产茗叶，质厚味重，而对乳茶最良，每年采办入京，岁销最盛。

诸暨县志

宣统三年(1911 年)　十八册

卷七　山水志三

瀑布岭，亦东白山支峰，在县东九十里，属孝义乡……两山环抱，悬崖壁立，水出龙门，直泻百余丈。其地产茶最佳，所谓瀑布岭仙茗是也……

卷九　山水志五

宣家山，南负走马冈，东界嵊县，产茶甚佳。

卷十九　物产志一

志茶　茶《尔雅》：槚，苦荼。郭注：树小如栀，冬生，叶可煮羹饮。释文：荼，《埤苍》作搽。邵晋涵曰：今茶树，小者一二尺，大者至数丈，叶似栀子，南方采叶作茗饮，以春采者为良。(谷雨前采者更佳，呼谷雨前茶。)《浙江通志》：诸暨各地所产茗叶，质厚味重，而对乳最良。每年采办入京，岁销最盛（谓之黄茶，每年八月采焙，售于关东、口外。茶户给执照，不得私售出境。又有一种曰圆茶，揉挼一叶如丸，焙干，仿古龙团、凤团之制，售于外洋。）邑茶之著者，石笕岭茶，（《剡录》：越产之擅名者，诸暨石笕岭茶。）东白山茶，（即太白山，在诸暨称东白。）宣家山茶，（隆庆骆志：宣家山在县东七十里。）日入柱山茶，（县南七十里。）五泄山茶，（县西四十里。）梓乌山茶。（县东七十里。）

上虞县志

光绪十七年(1891 年)　二十册　　唐煦春、朱士黻、蔡元培纂修

卷之十九　山川

玉冈山，在县署后。山之后，曰布谷岭，去岭七里为县后山，产佳茶。

建峒嶴，在县东南三十里……岭曰谢公。建峒嶴产茶，谢公岭尤为名品。（《四明山志》）

卷之廿八　物产

茶之属

郝懿行曰：今茶古作荼。又云：诸书说茶处，其字仍作荼，至陆羽著《茶经》，始减一画作茶，令则知茶不复知荼矣。《茶经》曰：其名有五：一茶，二槚，三蔎，四茗，五荈。按：越中产茶，最著名者，日铸之茶。虞邑所产，种类亦繁。

后山茶　嘉靖《通志》：茶之类，有上虞后山茶。《备稿》曰：今县北诸山多产茶，其在罗岩山上者，俗称云雾茶，味更佳。明韩铣有后山茶诗。

风鸣山茶　嘉庆志云：以山上瀑布泉烹之，色香味俱绝，或以县北老婆岭泉烹之，亦佳。

覆卮山茶，鹁鸠岩茶　产岩之上下，采取烘干，有细白毛，名曰白毛尖，其味隽永，颇为难得。

隐地茶　近以此茶为最佳。

雪水岭茶　以上诸茶，皆以地得名。

明前、雨前　明前，清明前采；雨前，谷雨前采。

早春、迟春

夏茶　立夏后采。以上诸茶，皆以时得名。

上虞县志校续

光绪二十四年(1898年)　二十册　　储家藻、徐致靖纂修

卷二十一　舆地志二　山川

按：今北城外，自五癸至萝岩一带山麓，名县后山，府志以玉冈山为县后山，误。

寒山（亦名翰山），在县南七十余里……东北六七里，为衔水岩，纵横数十丈，岩下有白云洞，其右为布谷岩，产名茶。

嵊县志

乾隆七年(1742年)　六册　　李以瑛、田实秬纂修

卷二　地理志二

山川

鹿苑山，向名鹿苑岭，在县西六十里剡源乡，即小白山。考证，宋华颠云：……产仙茗。

五龙山，在县西北四十里永富乡。

真如山，在县西北五十里，与五龙山并产茶。就其水烹之，味极香美，茶叶浮于杯面。

物产

茶之属

仙家岗（充贡）　瀑布岭　五龙山　真如山　紫岩　焙坑　大昆　小

昆　鹿苑　细坑　蕉坑（俱产茶之地名，而西山者最佳。）　苦荳。（生四明山中。）

嵊　县　志

道光八年（1828年）　八册　　李式圃、李富孙、李遇孙纂修

卷一　山川

太白山　在县西七十里剡源乡，为县治西障，与东四明山相望……宋华颠曰：……产仙茗。

油竹山　在县西剡源乡，太白之分支。产茶为剡最。

龙口岩　在四明山。悬岩嵌空，状类龙口，土人筑室其下，水从龙口中出，落檐前，若垂帘然，下汇为潭，产茶甚佳。

仙家岚　在县西七十里。剡茶品此为最。

瀑布岭　在鹿苑山。产仙茗。

嵊　县　志

同治九年（1870年）　十二册　　严思忠、蔡以瑺、朱彭年纂修

卷一　地理志

山川

上官岭　在县北五十里灵芝乡，古会稽界。其西十里为茶园冈。

太白山　在县西七十里剡源乡　……华初平《瀑布岭诗序》：……昔产仙茗。今油竹山产茶为佳，亦太白之分支也。

卷二十　风土志

物产

茶之属　剡素以茶著，凡产茶之地，所出多上品，而西山尤佳。

按：……今大昆茶，以孔村者为佳；小昆茶，以油竹潭为佳。而南山九州峰之上坞山茶甚甘美，寺横路尤佳。

剡　录

嘉定八年（1215年）　二册　　高似孙撰

卷十　茶品

会稽山茶，以日铸名天下。余行日铸岭，入日铸寺，绠日铸泉，瀹日铸茶，茶与水味深入理窟。茶生苍石之阳，碧涧穿注，兹乃水石之灵，岂茶哉！山中僧言：吾左右岩坞能几何？茶入京都，奉台府，供好事者，何可给？盖取诸近峰，剡居半，然则世之烹日铸者，多剡茶也。日铸，以水胜耳。建溪、顾渚溪，以茶名者，水也。剡清流碧湍，与山脉络，茶胡不奇！余留剡几年，山中巨井，清甘深洁，宜茶。方外交以茶至者，皆精绝……唐僧清昼诗：越人遗我剡溪茗，采得金芽爨金鼎。剡茶声，唐已著。李易剡山诗：雪巘移佳茗，风潭绕古松，栽种也；趁时务撷茗，余力工捣楮，采撷也；丹鼎山头气，茶炉竹外烟，烹试也。仲皎《赠剡僧秀蕴点茶成梅花》诗：未飞三白雪，却报一枝春，皆风流人也。作茶品。

瀑岭仙茶　五龙茶　真如茶　紫岩茶　鹿苑茶　大昆茶　小昆茶　焙坑茶　细坑茶

剡　录

嘉定八年　四册

卷二　山水志用郦道元注《水经》凡例

剡山……然剡山之奇深重复，皆聚乎西。其西曰太白山、小白山，峻极崔嵬，吐云含景……瀑泉怒飞，清波崖谷，称瀑布岭（岭中产仙茗）。宋褚伯玉尝隐兹峰……（华镇《瀑布岭诗序》曰：在嵊县西六十里……昔产仙茗。《寰宇记》曰：瀑布岭属余姚，盖此山连接余姚县界）贵门山（县西有细岭山，有三悬潭，山下有普济龙祠。给事李易有诗：云巘分佳茗，风潭矗怪松。书疑黄石授，税可紫芝供。抵玉那惊鹊，探珠欲近龙。晚来听尽雨，乞水濯尘容……）

卷六下　诗

宋李易《剡溪幽居》　胜绝剡溪边，巢枝度半年。燕回衔落絮，鱼涌接飞泉。丹鼎山头气，茶炉竹外烟。幽居已成趣，佳致若为传。

宋李易《龙潭》　云巘移佳茗，风潭绕怪松。书传黄石秘，税可紫芝供。抵玉休惊鹊，怀珠且伴龙。听经谁氏子，卉服秀仍恭。

卷十　草木禽鱼诂下

泉品

陆羽水品二十，刘伯刍水品七，品藻天下名泉也。余尽取剡中潭谷水入茶，三叹茶非水不可，水得茶方神耳。卢天骥《玉虹亭试茶》诗：才见飞泉眼即明，玉虹垂地半天声。何时萧鼓无公事，洗钵重来汲浅清。又，航湖未逐鸥夷子，得水今同桑苎翁。试遣茶瓯作花乳，从教两腋起清风。斯人殊有风度。作泉品。

葛仙翁井泉

瀑布泉　县西太白山。

五龙潭　县西北。

簟山三潭　县东四明山。

石门潭　县西。

响岩潭　县西。

动石潭　县北。

三悬潭　县西南之北。

紫岩潭　县西。

橐潭　县西北。
亚父潭　县西。
雪潭泉　上乘寺。
偃公泉
龙藏大井
明觉大井
竹山大井
谢岩潭
狮子岩大井

临海县志

康熙二十二年(1683 年)　八册　　洪若皋、马镳纂修

卷三　食货

货
茶

玉环厅志

光绪七年(1881 年)　八册　　杜冠英、沈克昌、吕鸿焘纂修

卷之一下　舆地　物产

货殖之属
茶

嘉定赤城志

嘉定癸未（十六年，1223年）　六册　　黄㽦、齐硕、陈耆卿纂修

卷十九　山水

盖竹山……《抱朴子》云：此山……有仙翁茶园，旧传葛元植茗于此……

卷二十　山水

黄岩

紫高山，在县南八十里。土膏泉冽，中产茶甚奇。

叶茶寮山，在县南八十里。

茶屿，在县南四十五里。

卷二十二　山水

宁海

盖苍山，在县东北九十里，一名茶山。濒大海，绝顶睇诸岛溆，纷若棋布，以其地产茶，故名……

卷二十五　山水

松岩潭三，在县西北七十里。上潭险绝无径，中潭各煎茶，每祷则瀹茗焉……

茶山黑龙潭三，在县北一百二十里。其水三色……

太平(旧县名,原县辖境属今台州地区)县志

嘉靖十九年(1540 年)　三册　　曾才汉、叶良佩纂修

卷之三　食货志

货之属

茶　近山处多有之，惟紫高山、鹅鼻山者颇佳。

太平县志

康熙二十二年(1683 年)　三册　　曹文斑、林槐纂修

卷之一　舆地志

茶山　在县东南五十里。旧属茶园。

卷之三　田赋志

物产　货类

茶

太平县志

光绪二十二年(1896 年)　十八册　　庆霖、戚学标纂修

卷之二　叙山

叶茶寮山　在县东稍南三十里。昔叶姓种茶结寮之所……

紫高山　……亦曰紫皋山，顶平旷，土膏滋沃，产茶，出日铸

上……

苍山　距县四十五里……普照寺在山下，约行四五里有旧茶园，僧种茶处，叶志：茶山是也。

物产

茶　叶志：近山多有，惟紫高山、鹅鼻山者佳……《赤城志》：产茶，紫凝之外，临海言延峰山，仙居言白马山，宁海言茶山，黄岩言紫高山，皆号最精，而紫高山茶，昔以为在日铸之上者也。今以出谷隩者佳。戴石屏集有桐树开花，采茶大家语。

永嘉县志

光绪八年(1882年)　三十册　　孙宝琳、王棻、戴咸弼纂修

卷二　舆地志　山川

叙山

茶山，在城东南二十五里，大罗山之支。(谨按：《通志》载白茶山。《茶经·永嘉图经》：县东三百里，有白茶山，而里数不合，旧府县志亦未载，附识俟考。）一名五美园山，（在十二都，产茶。巅有龙潭，其水不涸。）有五美园岭。

卷六　风土志　物产

货属

茶　万历府志：永嘉，岁进茶芽十斤。(茶产枏溪之五十都及五十一二等都，地近雁山，色香味与雁山茶无异。按：张文忠奏罢瓯中所贡方物，而茶芽独留。至本朝惟乐清岁供雁山茶，而永嘉独免。)

平阳县志

康熙三十三年(1694年)　存三册　　金以埈、吕弘诰纂修

卷一　舆地志　山川

钱令公烹茶井　在松山，泉清美。吴越钱弘俌尝以中书令守永嘉，移镇闽中，与僧愿齐汲此泉瀹茗。

物产

货类

茶　出南北港多。

平阳县志

民国十五年(1926年)　九十八卷　　王理孚、符璋、刘绍宽纂修

卷三　舆地志三

山川上

分水山东为松山　松山，（旧志：在县西南八十里。）高秀与玉苍山相亚，一名五公山……西北有九峰山（按：即南山），上有烹茶井，泉水清美。吴越钱弘儞（编者按：应为弘俌）尝以中书令守永嘉，移镇闽中，与僧愿齐汲此井以瀹茗。

卷十四　食货志三　商税

茶　宋崇宁元年，以右仆射蔡京言，产茶州郡，随所置场，温州，以平阳。其税，元年用禁榷法（京请仍旧禁榷官买，申商人、园户私易之禁。凡置场地，园户租折税仍旧。产茶州军，许其民赴场输息，量限斤数，给短引于旁近郡县便鬻；余悉听商人于榷货务入纳金银缗钱，或

并边粮草，即本务给钞，取便算，请于场别给长引，至所指州军鬻之，至所指地，然后计税尽输），四年用通商法（罢官置场，商旅并即所在州县或京师给长短引，自买于园户。茶贮以笼篰，官为抽盘，循第叙输息讫，批引贩卖）。自元迄明，茶税无考。清代浙属茶课，由经过关津验明征收，归入关税，由部颁引。每引百斤，由关给发引课。同治三年后，课税银之外，又有厘捐。民国，引课裁并茶捐。茶岁出口约一万零担，每百斤捐一元一角，加引课二角，为正捐，解财政厅，外加二成附加税，解省公署。其洋税，每担向章一两，民国九年十月，减为七钱。常关税，由鳌江出口，完税者，每担六钱二分五厘，其洋庄毛茶，由温州出口，完税者，九年十月减为三钱五分。茶之制造品类，有红茶、绿茶、白茶、珠茶、烘青、芽茶、乌龙、寿眉诸目。装有箱茶、篓茶。装箱者，运销外国或牛庄、营口等处，装篓者，运销苏、杭、上海、硖石等处。岁约值银元二十余万。

卷十五　食货志四　物产上

植物部

嗜好料植物

茶　南北两港俱产之。其制法，有红茶、绿茶等种。绿茶由新叶蒸焙而成；红茶则将新叶曝之使萎，堆积箱中，发酵变色，再蒸焙之。产数详见前。

卷五十二　古迹志一　名迹

绵坳　茶亭　钱库　盐亭　相传在南雁荡山。五代时，钱王以绵、绢、茶、盐等税给僧徒愿齐等，因以得名（按：绵坳疑即绵奥，与茶亭并在亲仁乡，钱库、盐亭，并在金舟乡……盖钱俶以一乡财赋给予愿齐，特于江南设诸所以征收之，旧志及南雁志并云在南雁荡，恐误）。

卷九十七　文征外编二十一

清一

清赵诒瑄《拣茶歌》　平邑金镇茶贾收茶，必拣去枝梗，炒焙入篓。其地妇女，于黎明装束挈伴到客邸领茶，列坐代拣，亦近时鄙俗也。因代作拣茶歌（编者按：歌略）。

泰顺县志

雍正七年(1729 年)　四册　　朱国源、朱廷琦纂修

卷二　土产

货之属

茶　近山多有，惟六都泗溪、三都南窍独佳。

泰顺分疆录

光绪五年(1879 年)　六册　　林鹗纂修

卷二　风俗

商在昔时惟靛、炭最多，常远达苏杭。近数十年，其业极少，惟铁、油、竹、木、茶、纸，然赀薄货稀，鲜有远出者。

物产

货之属

茶

乐清县志

隆庆六年(1572 年)　四册　　胡用宾、侯一元纂修

卷三　财用　物产

货之属

茶　近山多有，惟雁山龙湫背清明采者极佳。

茶油　山茶子为之。

花之属

山茶　红、粉二色。

乐清县志

光绪二十七年(1901年)　十五册　　李登云、陈坤、洪齐琳纂修

卷五　田赋志

土贡

明岁贡茶芽十斤　国朝岁贡茶芽六斤

雁荡龙湫茶品，与岕茶埒，然所产无几，故我朝特减贡额，以纾民力。(李志：雁山贡茶，比他处较早。)

物产

雁山五珍　《雨航杂录》：雁山五珍，谓雁山茶与观音竹、金星草、山乐官、香鱼也。

雁山茶　《瓯江逸志》：瓯地茶，雁山为第一，去腥腻，除烦恼，却昏散，消积食，味与阳羡岕茶无二。宋梅尧臣《颖公遗碧霄峰茗》诗：到山春已晚，何更有新茶。峰顶应多雨，天寒始发芽。采时林狖静，蒸处石泉嘉。持作衣囊秘，分来五柳家。　汤显祖《雁荡山种茶人多姓阮，偶书所见》诗：一雨雁山茶，天台旧阮家。暮云迟客子，秋色见桃花。壁绣莓苔直，溪香草树斜。风箫谁得见，空此驻云霞。　阮元《试雁山茶》诗：嫩晴时候碾茶天，细展清旗浸沸泉。十里午风添暖渴，一瓯春色斗清圆。最宜蔬笋香厨后，况是松篁翠石前。寄语当年汤玉茗，我来也愿种茶田。

花类

茶花　府志：有山茶、川茶、洋茶，种类极多。隆庆志：山茶有红、

粉二色。《雁山志》：白山茶，挺干瘦直，质滑润如脂，亦堪作杖。冬月发花丛薄中，与梅竞白。（又磐石岩头天后宫有白山茶，一树每朵花样不同。）

广雁荡山志

乾隆五十四年(1789年)　八册

卷十二　物产

斗窟茶　施志：斗窟山……在能仁寺东南山脊上。两山排夹里许，中有茶圃，云雾时流其间，茶色味不下龙湫白云茶。

白山茶　李志：挺干瘦直，质润滑如脂，亦堪作杖。每冬月发花丛薄中，与梅竞白。

卷二十八　志余

劳大舆《瓯江逸志》：雁山五珍，谓龙湫茶、观音竹、金星草、山乐官、香鱼也。

茶，一枪一旗而白色者，名明茶，紫色而香者名元茶。其味皆似天池而稍薄……瓯水味薄，惟雁山水为佳，此山，茶亦为第一。

瑞安县志

乾隆十四年(1749年)　八册　　陈永清、吴庆云纂修

卷一　舆地志　风俗

民事

……又有低瘠山僻叠石之田，则单插晚禾一季，陆地为畦，杂种豆、蔬、桑、茶、苎麻、木棉等项。

物产
杂种
茶

瑞安县志

嘉庆十三年(1808年)　八册　　张德标、黄征义、王殿金纂修

卷一　舆地　物产

货物类

茶　府志：瑞安胡岭者佳。近梓嶴、大罗亦产善茶，香味经岁不变。

瑞安县志稿

民国二十六年(1937年)　十册　　瑞安县修志委员会纂修

山川门

五层山，在清乡之东山头村。其北有山曰鹅头山，山地已垦一百余亩。种植蕃薯者最多，稻次之，茶最少。

石塘岭，为瑞、平交界处。魏岙山有石塘岭，通平阳，去城西三十五里，为甲峰乡出入最要之途。山已开垦，除种薯外，并有茶树多株。

岙底山，山地已垦者，约八九十亩。森林以松类为多，居民以植茹为生，间有种茶者……

桐桥山，有附庸之山三：曰灯基山、四族山、大木山。山地垦植约百余亩。居民生活殊甚清苦，以地瘠，故收入每不敷所出。林木以杉木为少，竹木杂树为多，并略有植茶者……

碧山，又名北山，山地约有五六十亩。多植蕃薯，林木鲜少，有少许之松及茶而已……

集云山，山多坟墓，故可垦之地仅七百余亩，均已垦植。居民以植

薯种茶为生……

沙岙山，一名洒岙山。山无居民，林木以松、茶为多。

彭嶴山，山中居民十余户，赖植薯以为生。林木以松、茶为多。

焦石山……居民以植薯种茶为生，林木稀少。

凤山，俗名赤岩山，去城东三十五里……山中土质佳良，多已开垦，除种植蕃薯、豆、麦外，并有茶数百株。茶品最佳，高出雁山之上，俗名凤山茶……

东岙山，俗名蒋底山。山地开垦者已有数十亩，种植蕃薯及茶……

仙岩山(在瑞安县东北)志

民国二十二年(1933 年)　四册

卷一　山水

珠泉池　在圣寿寺方丈东北隅。池形长方，深约数尺，涧草平铺，澄澈见底，频起泡珠，故名为珠泉。掬以烹茗，味甚甘洌。

丽水县志

同治十三年(1874 年)　十五卷　　彭润章、叶敬纂修

卷十三　物产

货之属

茶　北乡为上，西南次之。

茶油　树高丈许，花、叶皆类茶，子大如龙目，屑以为油，近岁始盛，邻郡资之。

丽水县志

民国十五年(1926年)　十册　　李钟岳、孙寿芝纂修

卷之四　物产

货之属

茶　北乡为上，西南次之。近有输出外地者。

龙泉县志

同治二年(1863年)重刻

乾隆二十七年(1762年)本　十二卷　　苏遇龙、沈光厚纂修

卷三　物产

木之属

茶　县西、南二乡出云雾芽茶，每年于清明后、谷雨前分头前往采办，额定贡茶二十四斤……并分呈各宪样茶。

货之属

茶

龙泉县志

光绪四年(1878年)　六册　　顾国诏、程炳藻、戴穗孙纂修

卷之三　赋役　物产

货之属

茶

庆元县志

光绪三年(1877年)　八册　　林步瀛、史恩伟、史恩绪、吴炳文纂修

卷之七　物产

货之属

茶

缙云县志

道光二十九年(1849年)　十册　　汤成烈纂修

卷之三　风俗　物产

货之属

茶　随处有之，以产小筠、大园、柳塘者佳，栝苍云雾茶，亦为珍品。

缙云县志

光绪二年(1876年)　十二册　　何乃容、潘树棠、王翰纂修

卷三　古迹

浮杯亭　在县东七十里今竹庄旁。有金通泉，从溪流岩罅中出，煮茶味最佳。

云和县志

咸丰八年(1858年)　八册　　伍承吉、王士钤纂修

卷十五　物产

货之属

茶　随处有之，以产高胥、云章者佳。今高胥茶亦稀少矣。

茶油　榨茶子为之。茶树高丈许，花、叶皆类茶，子大如龙目。五、八、九都乡民，多资以为利焉。

遂昌县志

光绪二十二年(1896年)　二十册　　胡寿海、褚成允纂修

卷十一　物产

货之属

茶　味亦纯厚，以谷雨前为佳。采而复生者，谓之二茶。惟制造手法，逊于他处，非枯则碎，难得匀净而翠色者。

金华县志

道光三年(1823年)　八册　　黄金声、李林松纂修

卷一　物产

浙茶甲天下，而邑唯以龙门名（龙门，金华山中地名）。撷其茎数寸，缀叶三四，此不取稚，取其饱霜露极老者，亦中下品耳。

金华县志

民国四年(1915年)刻　道光三年本　十册

卷之十二　食货

赋税

宋　茶租钱一百七十五贯一百七十六文。　按：宋榷茶之制，官自为场，置吏总之，谓之山场；采茶之民，谓之园户；茶悉售于官，民不得私市；官先敷茶本钱，而后收茶。其后从园户贸易，而官收租钱。金华置场，在本州。

物产

凡制造之属　为茶。　《茶谱》：婺州有举岩茶，片片方细，所出虽少，味极甘芳，煎如碧乳也。按：举岩，今不知处。又道光志云：龙门茶，撷其茎数寸，缀叶三四，此不取稚，取其饱霜露极老者，亦中下品耳。

浦江志略

嘉靖丙戌(五年,1526年)　二册　　毛凤韶纂修

卷二　民物志　土产

货类

茶　二都、三都、二十四都、二十八都出。

浦江县志

光绪二十二年（1896 年）　十六册　　黄志璠纂修

卷十二　食货志　物产

货之属

茶叶　出二十八九都者佳。

道光东阳县志

道光十二年（1832 年）　十册

卷二　建置志　茶亭

麻车埠茶亭　义浆亭　指枫亭　如意亭　留云亭　惠远亭　受觞亭　梅林亭　里岭广济亭　望梅亭　且止亭　乐善亭　宅口亭　鸣松亭　古堰里广济亭　继志亭　乌竺岭头亭　碧云亭　白峰如意亭　肇芳亭　由义亭　广济亭　留憩亭　湶井岭亭　茹饮亭　种德亭　接官亭　避雨亭　甘泉亭　朗坑口茶亭

卷三　建置志　山

独山　在县东五十里。高百丈，周十里。　四望如城郭，中为深坞。唐、宋时，有司尝治茶于此，设茶院，名茶院坞。山左有茶场市……

卷四　建置志　物产

食货之属

茶

东阳县志

民国三年(1914年)重刻　道光间本　十册　　党金衡、王恩注纂修

卷四　建置志　物产

食货之属

茶

武义县志

宣统二年(1910年)　六册　　张营堠、周家驹纂修

卷之二　山川

蒋富山　县东南三十五里。周二十余里。山多产茶。

卷之三　物产

货之属

茶

江山县志

乾隆四十一年(1776年)　八册　　宋成绥、陆飞纂修

卷之一　山川

须女泉　朱志：县北三里。发源西山之麓，深不及丈，形如半月。甘冽宜茗。逆流溉田百亩余，唐因之名县曰须江……

卷之十三　物产

货类

茶　出詹村、上王、张村诸处，旧廿七都为尤盛。而生于江郎者第一，味甘色白，多啜宜人，无停滞酸噎之患，其价甚贵。

开化县志

雍正七年(1729年)　八册　　孙锦、方严纂修

卷之三　赋役志　物产

货之品

茶

兰溪县志

嘉庆五年(1800年)　六册　　张许、陈凤举纂修

卷二　山川

茶山　在高眉。左偏山谷深窈，草木森蔚而多茶，故名。

源

灵洞源　灵洞山下。两旁皆奇峰怪石，中路窈窕可十余里，杨梅、茶、笋、石灰之利出焉。

木沈源　在县北武昌乡。其源左右皆大山……其间茶、笋之利出焉。

溪里源　一名云源，在灵泉乡五都。源有双溪……饶产茶、笋之利。

卷六　物产

货类

茶

兰溪县志

光绪十五年(1889 年)　十册　　秦簧、唐壬森纂修

卷之一　山川

山之南向为金华龙洞坞、讲堂坞、玲珑岩坞等处，而北向为兰溪之溪里源（西为五都二图，东为五都三图），前志：一名云源，在灵泉乡五都，源有双溪……饶产茶、笋之利。穆澄源在其右，前志：作木沈，在县北武昌乡，源内左右皆大山……茶、笋之利出焉。北亦穆澄源，又西逾外黄峰茶山，一名云雾山，前志：在高眉，山左山谷深窈，草木森蔚而多茶，故名。

卷之二　物产

茶，有茶山之利。（见山志）

义乌县志

嘉庆七年(1802 年)　十二册　　诸自谷、朱世瑗纂修

卷之二　山川

茗平山　县东北七十里。俗传法轮禅师茶园。

西安(旧县名,即今衢县)县志

嘉庆十六年(1811 年)　十二册　　姚宝煃、范崇楷纂修

卷五　山川

箬坪山　叶淑衍《游箬坪山寺记》：……寺在万山之巅，负大须弥山

为屏障，……左右冈岭，回匝如环，卉木层蔽，尤富杉竹，弥山皆兰蕙，多佳果、美蔬、茶茗，遍山谷香味绝胜……

卷二十一　物产

北山茶　旧志：西邑出茶不多，惟北山者佳。曾几《迪侄屡饷新茶》诗：敕厨羞煮饼，扫地供炉芬。汤沸联从事，茶瓯遂策勋。兴来吾不浅，送此汝良勤。欲作柯山点，当令阿造分。原注：柯山点，俗所谓衢点也。

汤溪(旧县名,原县辖境属今金华地区)县志

民国二十年(1931 年)　十二册　　李沫、戴洪熙、洪承鲁纂修

卷之二　地理志　山川

仙霞岭，其西平地突起，为茶山。在许里北……旧有茶山竹院，为明周大忠隐居之所，今圮。

又北经张坑顶为茶园岭。大高坑由此通金华茶园。

分支东出为狮子岩。石塘东北。形如狮踞，上有石洞，如狮张口，相传古有寺，今产白茶。

又西北为茶亭山。仓里村西。当西源入城孔道，旁有茶亭殿。

卷之六　食货志　土产

货之属　前志：载十五种。

……若茶　三源皆产茶，塔石、狮子岩之白茶，茏氽龙湫上之甜茶，最称珍异。

卷之十三　杂录　古迹

茶山竹院　在县东二十里许……明县人周大忠建，今圮。

宣平(旧县名,原县辖境属今金华地区)县志

乾隆十八年(1753 年)　五册　　陈加儒、祝复礼纂修

卷之一　物产

货类

茶

宣 平 县 志

道光二十年(1840 年)　十八卷　　汤金策、余宗焕纂修

卷十　物产

货类

茶　高下不一，精粗亦殊，西乡颇盛。须晴天谷雨前采者为佳，阴雨迟采者次之。

景宁(旧县名,原县辖境属今金华地区)县志

乾隆四十三年(1778 年)　十二卷　　张九华、吴嗣范、任涛纂修

卷二　风土志　物产

食货

茶

卷三　建置志　寺观

附茶庵

惠泉庵　县东梅庄路旁。

顺济庵　一都大顺口路旁。

鲍义亭　一都蔡鲍岸路旁。

福卢庵　在三都七里坳。

景宁县志

同治十二年(1873年)　八册　　周杰、严用光纂修

卷十二　风土　物产

货之类

茶　随处有之，以产惠明寺大漈者为佳。

松阳(旧县名,原县辖境属今金华地区)县志

乾隆三十三年(1768年)　六册　　曹立身、潘茂才纂修

卷之五　风俗　物产

货类

茶

松阳县志

光绪元年(1875年)　六册　　支恒椿、丁凤章、沈宗敏纂修

卷之五　风俗

货类

茶

松阳县志

民国十五年(1926 年)　八册　　吕耀钤、高焕然纂修

卷六　风土　物产

货类

茶叶

龙游(旧县名,原县辖境属今金华地区)县志

康熙二十年(1681 年)　六册　　卢灿、余恂纂修

卷之四　田赋志附物产

货之品，多炭，多柏油，多烧纸，有木棉，有苎麻，有茶（方山最佳。额贡四斤），有靛，有黄蜡，有柿、漆。

卷之五　山川志

方山　在县东四十五里。山形方正如冠，故名。《隋书》所称丘山与龙山并称者，疑即此。石势耸削，上干青冥，产茶，入贡品，在顾渚、日铸之间。

龙游县志

民国十四年(1925 年)　十六册　　余绍宋纂修

卷二　地理考　风俗

俗礼　婚嫁，则先由父母合意，其不相识而缔姻者较稀。父母有意

联姻者，先由男宅请人持茶点四包诣女宅取命、造命。造既合，两宅各约媒妁定期纳采。先约定致聘若干金、茶食若干包。（中人之家聘金多者亦仅百金，茶食多者六十四包。）男宅以聘金之半并茶食及所备首饰致女宅，女宅则以女夙所制绣萧答之。各具礼柬往还，谓之压帖。其茶食中，必间有茶叶，故又谓之压茶。

卷六　食货考　物产

货品　生产者，最多者为纸……其余若茶，若靛……

安徽省地方志

江南通志

康熙二十三年（1684年）　三十四册　　王新命、张九征纂修

卷之七　山川

宁国府

鸦山　在宁国县西北三十里。《寰宇记》云：山产茶。《茶经》云：味与蕲州所产同。梅圣俞诗：茶咏鸦山佳。

广德州　建平

鸦山　在县南九十里……其山产茶，与宁国县界。

卷之二十四　物产

安庆府

茶　六邑俱有，以桐之龙眠，潜之闵山者为最。

徽州府

茶　细者为雀舌、莲心、金芽。

宁国府

茶　宣、泾、宁、旌、太诸山产松萝茶。又鸦山茶，宋梅询有“茶煮鸦山雪满瓯”之句，今不可复得。

池州府

茶　青阳、石埭、建德产，贵池亦有之，九华山闵公墓茶，四方称之。

庐州府

茶　六安、霍山并产名茶。早采者曰茶，晚采者为茗。其最著惟白茅贡尖，即芽茶也。

广德州

茶　州县通产，出建平鸦山者，色味香美。

江南通志

乾隆元年(1736年)　七十册　　尹继善、黄之隽纂修

卷八十六　食货志　物产

安庆府

芽茶　出潜山。

苦茶　可消暑疾，出皖山。

徽州府

茶　出松萝山者最佳，有雀舌、莲心、金芽数种。

紫霞茶　出歙县紫霞山，色香清幽如兰，新安家家制茶，以此品为最。

宁国府

茶　宣、泾、宁、太诸山皆产松萝。又太平龙门山产翠云茶，香味清芬。又鸦山茶，宋梅询有“茶煮鸦山雪满瓯”之句，今不可多得。

池州府

茶　有片茶、仙芝、嫩蕊等名，六邑皆出。

金地茶　出九华山，亦金地藏自西域携来者。

仙人掌茶　李白赠玉泉仙人掌茶诗，出九华山中。

茗地源茶　出九华山之闵园阴谷中，春夏之间，萌芽始发，故旗枪不大展，亦不可多得。

和州

茶　早取曰茶，晚取曰茗，帷苍山宜之。

广德州

芽茶　出建平鸦山者，色味香美。

六安州

茶　州及英、霍二邑并产名茶，而霍邑为多。

重修安徽通志

光绪四年(1878年)　一百二十册　　沈葆桢、何绍基、杨沂孙纂修

卷二十四　山川

安庆府

独秀山　府西北六十里，形势突兀，为府城众山之宗。其近者……又有花山，去硖石岭五里，上多竹、茶。

闵山　潜山县西八十里。有果老岭，产茶甚佳。

丘家山　宿松县西北九十里。山阴为蕲州界。高矗云霄，为诸峰第一，亦名罗汉尖，产茶。

卷二十五　山川

徽州府

云岚山　府北七里……又府北十五里有凤凰山，旧产茶，名甘白香。

松萝山　休宁县北十三里，俗名金佛山。蜿蜒数里，如列屏障于县治之后。山巅片壤产茶，为天下最……

卷二十六　山川

宁国府

黄峣山　泾县东南六十里……旁有岭曰百花尖、笔尖山，其南曰涌溪山，产茶。

齐云山　泾县南四十里……山巅平可数十亩，产茶极佳。

鸦山　宁国县西北三十里，接广德界。《寰宇记》：山出茶，尤为时贵。《茶经》云：味与蕲州同。梅圣俞所谓茶味鸦山佳者是也。

龙门山　太平县西北四十里。岩壁峭拔，中有石窦如门，产茶及诸药草。

卷二十七　山川

池州府

双塘山　石埭县西百五十里，亦名桑塘。有泉瀹茗，数日不变。

上下龙池　青阳县……上华池即龙池，下华池下注逆上，激水最奇，亦产异茗。

卷二十八　山川

太平府

浮丘山　繁昌县东十里，一名隐玉山……产茶甚佳……

卷二十九　山川

庐州府

浮槎山　府东八十里，一名浮巢山，一名浮阇山。《方舆胜览》：俗传自海上浮来，山顶有甘泉。梁天监中，帝女总持大师于此建道林寺。《隋书·地理志》：浮阇山在慎县。

宋欧阳修《浮槎山水记》　浮槎山，在慎县南三十五里……其上有泉，自前世论水者皆弗道。余尝读《茶经》，爱陆羽善言水。后得张又新《水记》，载刘伯刍、李季卿所列水次第，以为得之羽。然以《茶经》考之，皆不合。又新妄狂险谲之士，其言难信，颇疑非羽之说。及得浮槎山水，然后益以羽为知水者。浮槎与龙池山皆在庐州界中，较其水味，不及浮槎远甚，而又新所记，以龙池为第一，浮槎之水，弃而不录，以此知其所说多失。羽则不然，其论曰：山水上，江次之，井为下。山水，乳泉、石池漫流者上。其言虽简，而于论水尽矣。浮槎之水，发自李侯。嘉祐二年，李侯以镇东军留后出守庐州，因游金陵，登蒋山，饮其水，既又登浮槎……上有石池，涓涓可爱，盖羽所谓乳泉漫流者也，饮之而甘。乃考图记，问于故老，得其事迹，因以其水遗于京师。余报之曰：李侯可谓贤矣……故余为志其事，俾世知斯泉发自李侯始也。

卷三十　山川

凤阳府

咄泉　寿州北五里。泉与地平，每闻人声，水辄涌出如珠，又名珍珠泉。

卷三十二　山川

滁州

苍山　含山县西南三十里（县志作二十里）。山势峻拔，上有泉，曰白龙潭……潭侧产茶，更为佳品。

广德州

鸦山　建平县南九十里……山产茶，旧常入贡，宋梅询有“茶煮鸦山雪满瓯”之句……

卷三十三　山川

六安州

寨基山　州西百三十里（州志作一百四十里）。山极高峻，产茶，香色异常品。有泉出石窦，甚甘……

龙穴山　州东四十里，一名龙池山。上有龙穴，其水，张又新品为天下第十泉……

卷四十七　古迹

池州府

闵源，在九华山东岩。由神光岭南绕东岩外，上、中、下凡三处，皆产茗，此闵茶所由名。

卷五十二　古迹

滁州

茶仙亭，在州琅琊山。明《一统志》：宋绍圣中，僧永起为州守曾巩建，取唐杜牧“谁知病太守，犹得作茶仙”之句为名……

卷五十三　古迹

六安州

第十泉，在州龙穴山顶。龙池方五十尺，水味香甘，张又新品为天下第十泉。

卷七十八　关榷

唐德宗时，赵赞请……竹、木、茶、漆，税十之一，以赡常平本钱。帝纳其策。属军用迫蹙，亦随而耗竭，不能备常平之积。(《文献通考》)

杂课　（国朝）

乾隆二十九年议准，安徽商贩引茶，各州县于茶春时，即给茶牙循环簿，将茶商姓名、籍贯、引茶数目、经由关津、往卖处所逐一注明。该州县于本境要隘地方，委员盘验。每茶市毕，该茶牙将原发印簿送司查核。其行销已残引张，无论本省、外省，概予免追。

附：新定茶引章程

按：自咸丰三年芜、凤两关停废后，创设厘局，征收茶税，一时未有定章。同治元年，两江总督曾国藩颁定新章，每茶一百二十斤为一引，每引缴正项银三钱，公费银三分，捐银八钱，厘银九钱五分，给发三联引票、捐票、厘票，准将捐项银两照筹饷例一律请奖，各属茶局派员会同地方官办理。二年，每引加捐银四钱。五年，署两江总督李鸿章裁去引、捐、厘三票，改用落地税票，以归简便，每引仍共完银二两四钱八分，于内划出一两二钱准作捐项请奖。

卷八十五　物产

……而我朝例进方物，亦只纸、墨、砚、扇、茶、枣、粉、面之属，无他征求……

安庆府

茶　《寰宇记》：舒州土贡开火茶。《安庆府志》：六县俱有茶，以桐之龙山，潜之闵山者为最。

苦茶　出皖山，可消暑疾。

宁国府

茶　宣、泾、宁、太诸山皆产松萝。又太平龙门山产翠云茶，香味清芬。又鸦山茶，宋梅询有“茶煮鸦山雪满瓯”之句，今不可多得。

池州府

茶　……六邑皆出。

金地茶　出九华山，亦金地藏自新罗携来者。

仙人掌茶　李白有赠玉泉仙人掌茶诗，出九华山中。

和州

茶　早取曰茶，晚取曰茗。出苍山者佳。

皖省志略

道光元年(1821 年)　四册　　朱云锦纂修

卷之二　宁国县

……又有鸦山，昔产茶充贡……

卷之四　霍山县

……产茗绝佳……

萧县志

嘉庆十九年(1814 年)　十册　　潘镕、沈学渊纂修

卷十六　艺文

温长发《圣泉亭记》　余读《醉翁亭记》，知环滁皆山，而萧邑四

面，正无减于滁也。其西北一峰，曰凤山，山阴有泉，澄清香冽，甲于诸流，因以圣为名……辛亥夏杪，余承乏兹土，尝过其地，酌水瀹茗，饮而甘之……

怀远县志

雍正二年(1724年)　八卷

卷之一　地舆　山川

白龟泉，在荆山东麓下。汲以煮茗，味极甘美。

怀远县志

嘉庆二十四年(1819年)　十二册　　孙让、李兆洛纂修

卷二　赋税志　附土产

果类

茶菱　生淝河，形如莲蕊，微炒，切茶清香。

云雾茶　初夏出涂山，感云雾而生，故名。

泗虹(指旧泗州直隶州和旧虹县)合志

光绪十四年(1888年)　八册　　方瑞兰、江殿飏、许湘甲纂修

卷十二　方技

唐　常伯熊，临淮人。因陆羽《茶经》复广其论，龙团、雀舌妙天下。御史大夫李季卿宣慰江南，次临淮，召伯熊为煮茶，共饮之。

天长县纂辑志稿

同治己巳(八年,1869年)　存五册　　江景桂纂修

舆地志一　风俗

《宋史·地理志》称：江淮土壤膏沃，有茶、盐、丝、帛之利……

定远县志

嘉靖十四年(1535年)　十卷　　高鹤纂修

卷之一　土产

草木类

茶苓

巢县志

康熙十二年(1673年)　六册　　于觉世、陆龙腾纂修

卷十七　艺文志　疏

明广信府同知曹琥《请革芽茶疏》　为节贡献以苏民困事。臣闻天之生物，本以养人，未闻以其所养人者害人也。历观古昔帝王，忍嗜欲，节贡献，或罢或却，诏戒丁宁，盖不欲以一人之奉而困天下之民，以养人之物而贻害人之患，此所以泽及生民，法垂后世，而王道成矣。臣查得本府额贡芽茶，岁不过二十斤。祖宗以来，圣贤相承，不闻以为不足而益其常额。迩年以来，额贡之外，有宁王府之贡，有镇守太监之贡，是二贡者，有芽茶之征，有细茶之征，始于方春，迄于首夏，官校临门，

急如星火，农夫蚕妇，各失其业，奔走山谷，以应诛求者，或相对而泣，或困怨而怒，殆有不可胜言者！如镇守之贡，岁办千有余斤，不知实贡朝廷者几何？今岁太监黎安行取回京，未及征派，而百姓相贺于道，则往岁之为民病，从可知已，臣姑未暇论矣。宁府正德十年之贡，取去芽茶一千二百斤，细茶六千斤，不知实贡朝廷者几何？今岁之贡，取去芽茶一千斤，细茶八千斤，又不知实贡朝廷者几何？臣亦不暇论也。近日抚州守御千户所千户吴隆赍执牌面到府内称：舍人秦钦传奉令旨，去年进贡不敷，要得加添数目等因，其令旨之有无，臣不得而知，若传奉之应否，臣不能不为之寒心也。凡此自关国体，臣不敢过为之虑，乃若此贡之害，臣不容不为陛下悉数之。方春之时，正值耕蚕，而男妇废业，无以卒岁，此其为害一也。二麦未登，民艰于食，旦旦而促之，使不聊生，此其为害二也。及归之官，又拣择去取，十不中一，遂使射利之家，先期采集，坐索高价，芽茶一斤，卖银一两，犹恐不得，此其为害三也。亦或采取过时，括市殆尽，取无所应，计无所出，则又科敛财物，买求官校，百计营求，恐不免祸，此其为害四也。官校乘机私买货卖，遂使朝夕盐米之小民，相戒而不敢入市，此其为害五也。凡此五不韪者，皆切民之深患，致祸之本源，今若不言，后当有悔，臣又安得不为陛下悉数之。臣今窃禄署府，目观民患，苟有所虑，不敢不陈。伏望陛下扩天地生物之心，悯闾阎穷苦之状，特降纶音，罢此贡献，使方春之时，农蚕不至于失期，草木得全其生意，民物欣欣，颂声斯作，实四方万万年无疆之福，诸福之臻，可致之祥，无不毕至，而王道终矣。区区犬马之心，管蠡之见，冒干天威，不胜战栗之至！

含山县志

康熙二十三年（1684年）　存三册　　赵灿、唐廷伯纂修

卷五　山川

鼓山　旧志无鼓山，俗名左旗右鼓，俱附见太湖。自国朝康熙元年，

有鹤岩禅师，选胜探幽，谓是山可以卓锡，因结茅为篷，躬亲畚锸，创建禅林……掘地，得一石碑，有大彻禅院字，遂以名。手植松树二十余万，其他竹木茶芋，覆遍山麓，竟与普明并传……

苍山　县西南二十里南十三都。《一统志》云：一名桑山，以地多野桑，故名。又云：苍本作仓，秦王尝置仓于此。山势峻拔，上有泉，曰白龙潭，方广不一二丈，水深仅及骭，而淙淙石罅间，来去莫测也……潭旁产茶，香□独异，即以潭水瀹之，乳花凝白，兰气袭芬，真佳品也，然亦不可多得。旧传陈希夷曾炼丹山上，有手植茶树遗种，恐系附会。若今茶皆山僧自植者。

卷二十四　艺文

许畅《苍山茶歌》　茶味甘馥，产于苍山之巅，相传为陈图南先生手植。

戴重《太湖山游记》　登郡城西南望之，有山参差巉屼者，太湖山也……山有三峰……余未尝至其中峰，则普明禅师之塔寺也……塔西为锡杖泉，甘而静，满而不溢，日汲百斛不损寸，旬月不汲不益寸……明日又雨，与数书生坐谈移日……晚霁，炊锡泉，瀹苍山新茶，细如勾折，乳白兰香，佳味也……

直隶和州志

光绪二十七年(1901 年)　十六册　　朱大绅、高照纂修

卷四　山川

苍山，县西南三十里。形势峻拔，地多野桑，故一名桑山。山上有泉，曰白龙潭，方广不一二丈，水深仅及骭，而淙淙石罅间，来去莫测……山中产茶，潭上者尤佳。以潭水瀹之，乳花凝白，兰香袭人，经宿不变，然不可多得也。山坳有陈抟丹城。

风俗

三月三日……食谷雨茶……

盛暑，饮雪水茶……

卷七　关榷

附厘局

咸丰初年，芜、凤两关停废未设，嗣……户部议准，于南北两岸，设立盐、茶牙厘各局，暂收商税以抵补，开征至十一年，始设总局于安庆省城……

土产

苍山茶　以上县产。

历阳(古县名,治所在和县)典录

同治六年(1867 年)　八册　　陈廷桂纂修

卷四　山川

太湖山　含山南六十里……

苍山　含山西南二十里。《一统志》云：一名桑山，以地多野桑，故名。又云：苍本作仓，秦苻坚尝置仓于此。按：坚败于淝水，未尝越淮而南，安得置仓含山，俗学讹谬如此。山上有白龙潭……山中产茶，潭上者尤佳。以潭水瀹之，乳花凝白，兰香袭人，经宿不变，然不可多得也。山坳有陈抟丹城。

历阳典录

同治六年　十二册

卷一　沿革

宋　和州，皇朝管户主四千七百八十九，客四千九百六十一，土产纻、布、茶、鱼、稻。(《太平寰宇记》)

乾隆无为州志

1960 年印　十册

卷之廿　杂记

宋绍兴中，更定税法，州有杂色之赋，凡十数目：有酒务，有茶务，有矿场，有矾场……宋时，茶务设于城之东隅，以临河便于舟楫，每岁为额四十三万，另官榷税有差。后因州不产茶，遂罢去……(旧志田赋卷)

无为州志

嘉庆八年(1803 年)　十册　　顾浩、吴元庆纂修

卷之八　食货志　物产

杂物

州民虽浴蚕收茧，究非专业，乡之南多植木棉，纺绩成布，较他邑差佳……余则蜂蜜、黄蜡、靛蓝、茶、漆之类，所出无多……

庐江县志

光绪十一年(1885年)　十六册　　钱𫓹、卢钰纂修

卷十五　艺文　著作

醉茶吟　许澄露著

建平(旧县名,即今郎溪)县志

嘉靖辛卯(十年,1531年)　二册　　连钎、姚文烨纂修

卷一　山川

鸦山，在县南九十里……其山产茶，旧尝入贡。太守梅询有“茶煮鸦山雪满瓯”之句。入《一统志》。

卷二　物产

货之属

茶

建平县志

康熙三十八年(1699年)　存二册　　茅成凤、刘震纂修

卷五　山川

鸦山　县南九十里……山产茶，旧常入贡，入《一统志》。

广德州志

康熙十二年(1673年)修,二十二年(1683年)增修　四册

高拱乾、戈标纂修

卷二　沿革

……国朝因之，领建平一县……

卷十　物产

广德州

茶

建平县

茶　出鸦山者味美。

广德州志

光绪七年(1881年)　二十册　　胡有诚、丁宝书纂修

卷三　山川

建平县

鸦山　县南九十里。《南畿志》：周围三十余里（明《一统志》无此句）……其山产茶，太守梅询诗：茶煮鸦山雪满瓯。《通志》云：旧尝入贡，南接宁国界。《宁国府志》引《茶经》云：味与蕲州所产同。

卷二十二　物产

货之品

茶　州产五花岩者称珍品，谓之岕茶，今绝少。以石溪、阳滩山、乾

溪等处者为最。《一统志》云：出鸦山者味美。《通志》亦云：出建平鸦山者色味香美。而《门志》又谓其粗薄不堪，岂天地之气，有时而变，抑人事之有未善与?!

广德县志稿

民国三十七年(1948年)　一册　　钱文选纂修

新胡志第八册

货之品

丝，茶昔日为大宗。目下养蚕虽有，不及以前远矣。北乡五花岩山之茶，尤称珍品，谓之云雾茶，今已绝少。石溪、阳滩、乾溪等处亦佳，但所产者多系野山茶，并无人兴种耳。

按：民国四年美国巴拿马赛会，余任国际审查官，以广德之茶与赛，得金牌大奖，现尚存有得奖证明书之照片，如广茶能大兴，即以此相片为茶美之证，可作商标之用，因中外咸知，有档案可稽也。

宣城县志

康熙二十一年(1682年)　存六册　　袁朝选、徐肇伊纂修

卷八　艺文

山川古迹

施闰章《敬亭采茶》　一踏松阴路，因贪茶候闲。呼朋争手摘，选叶入云还。竹色翠连屋，林香清满山。坐看归鸟静，月出半峰间。

宣城县志

光绪十四年(1888年)　二十四册　　李应泰、章绶纂修

卷六　物产

杂植之属曰茶　松萝，处处皆有，味苦而薄，然所用甚广。敬亭绿雪茶最为高品。国朝施闰章咏绿雪茶诗：酌向素瓷浑不辨，乍疑花气扑山泉。今罕见。

宣城县志

光绪十四年(1888年)　二十四册

卷四　山川

东水之东为象鼻山、狮山、石壁山、双峰山……二峰对峙，古名丫山，产横纹茶，见陆羽《茶经》。

卷三十七　古迹

茶峡荡　阳坡山下，旧产佳茶，名瑞草魁，一名横纹，今久废，不复种茶。城内有三荡，此其一也。

泾县志

嘉靖三十一年(1552年)　四册　　王廷干纂修

卷之五　田赋纪　土产

货类

茶

旧志：泾川之地……白云寺有寻丈之地，面阳，而在山之腰，茶甘而香，号白云茶……

泾 县 志

嘉庆十一年(1806 年)　二十四册　　李德淦、洪亮吉纂修

卷三　山水

涌溪山，其上多杉木，多茶。(郑志)

由磨盘山南趋，至涌溪山，广袤三十余里，多产美茶，并杉木。(成化志　钱志)

桐坑山，山高险，仰之如在半天，有小径通商旅，与旌德县分界，一名桐岭，多产茶、杉。

芭蕉岭，又东曰茶坑，又东北曰阳岭，曰印斗坪，联岫回溪数十里，东连宁国，北接宣城，居民随山树艺，擅黍、稷、杉、漆、茶、果之利焉。(郑志)

芭蕉山，在鸟雀岭东北十余里，与宣城接界。折而又东，曰茶坑山，阳岭山，皆产茶。

齐云山，在狮子山北，距县西南七十里。在县南四十里，与承流峰并峙，高数千丈，山顶平可数十亩，产茶。(《一统志》)

……曰石女峰，其上产荈，与白云茶类。(郑志)

前山，在花尖山东，距县西八十里，一名南山，多松、竹，产佳茗。

水西山，在格山东南，去县西五里。其左峰曰白云，产美茶。

卷五　物产

货之属　茶

涂尖　梅花片　松萝　草青　黄茶　雨前　碧山茶　涌溪茶　洋尖茶

泾县续志

民国三年(1914年)印　道光五年(1825年)本　十六册

卷三　山川

桐坑山，在涌溪山南，距县东南八十里，与旌德县分界。其西即双岭，又西名碓嘴峰，山高险，仰之如在半天，有小径通商旅，与旌德县分界。成化《县志》一名桐岭，多产茶，杉。(府志)

白云山产美茶，下有白云潭。(顺治志)

南陵县志

民国十三年(1924年)　二十四册　　余谊密、徐乃昌纂修

卷十六　食货　物产

食用杂产之属

茶　早采为茶，晚采为茗。其叶以谷雨前采者为佳。邑境茶，产格里者美，工山野茶尤胜。

繁昌县志

道光以后刊本　十四册

卷之一　舆地　山川

隐玉山　一名浮丘山，产茶最佳……邑人王焞云：浮丘山……山产茶，岁可数千钟。近日士民烘焙得法，谓之炒青，品味清美，不在松萝、龙井之下。但其利尽布于四方，每谷雨时，四方之人，提筐携篓，鳞集

场市，篼之以去。而士民消渴，反不得其七碗之用，所谓笠家露顶，屐家赤脚，此贫而愚者也。

卷之六　物产

茶类

梅花片　炒青　雨前　碧山茶　涌溪茶　洋尖茶

休宁县志

康熙三十二年(1693年)　十六册　　廖腾煃、汪晋征纂修

卷之一　山川

仰山　在县东南七十里，由汊口环珮水东行，过方山，历凹上，至茶园，即仰山脚也……

卷之三　物产

货物之属

茶　邑之镇山曰松萝，远麓为榔源，多种茶。僧得吴人郭第制法，遂名松萝，名噪一时，茶因踊贵，僧贾利还俗，人去名存。士客索茗，松萝司牧无以应，徒使市肆伪售。

卷之八　古迹

宁国等路榷茶提举司　在县谯楼前正街。

太平县志

光绪十九年(1893年)　四册

卷三　物产

货属

茶　春季茶市颇盛，白羊庙、固军坝、青花溪、锅团圆等处产者尤佳。

老鹰茶　性极寒，多饮令人失声，煎茶合酱，不变味。

甜茶

苦茶

茶花

卷九　诗

杨汝偕《太平十景·竹峪茶烟》　治西竹峪关，地近茶园，清明前后，焙茶者多，青烟缭绕。

太平县志

光绪三十四年(1908年)　八册　　曹梦鹤、孔传薪纂修

卷三　风俗

地多溪河，山水骤发，桥易圮，渡易漂，往往随败随建……道路崎岖，喜修砌，建茶亭，置茶田，点夜灯，以利行人，皆俗之最厚处。

卷三　物产

茶子

旌德县志

嘉庆十三年(1808 年)　十四册　　陈炳德、赵良霨纂修

卷一　山川

鹿饮泉　在县西二十步，汲以烹茶，味极香美。旧传有白鹿饮此，故名。

古迹

生风亭　石壁莲塘庵路侧……朱逢年、朱怀俶同建，又合输田十三亩零，茶山四十余亩。

卷五　食货　杂税附

宋　茶税，置六榷务，掌受诸州买纳茶。听商旅入钱算于江宁、海、真、无为四务，受宣州茶。名有二：曰散茶，曰场茶。以斤计，多者五十八文，少者四十六文……

物产

杂植属

茶　凫山石椂产者绝佳，与宣城之绿雪，泾县之白云并著，饮之可瀹胀懑，不可多得。

宁国县志

顺治四年(1647 年)　存四册　　杨名远、朱载扬纂修

卷二　风俗

谷雨　宁山多茶，是日，其风俗知供送新茶。

宁国县志

民国二十五年(1936年)　十二册　　王式典、杨虎、李丙麐纂修

卷七　物产

杂植

茶　按：宁国产茶，昔重鸦山，今以高峰为最，色绿而味香醇厚，若改良焙法，不让龙井。

绩溪县志

乾隆二十一年(1756年)　十二册　　较陈锡、曹天祐、章瑞钟纂修

卷之二　食货　物产

货物之属

茶

绩溪县志

乾隆间　存四册

卷一　山川

大鄣山，在县东六十里，一名鄣山，一名三王山，一名玉山，是为邑镇山……其地多寒，虽隆夏无蚊蝇，阴云则雨，民居其间，无良田美池，种茶艺粟，采药椎蕨，以遂其生……

卷二　物产

货物之属

茶

歙　县　志

乾隆三十六年(1771 年)　八册　　张佩芳、刘大櫆纂修

卷一　山川

箬岭之偏左小支曰凤凰山，高三十仞，周十五里……旧产名茶。

风土

邑东毗迩绩溪，俗朴俭，鲜园林山泽之利，农十之三贾七焉。南分水陆二路……水南则贾善奇赢，士农并厘然错出矣；北擅茶荈之美，民半业茶，虽女妇无自暇逸……

卷六　茶纲

茶法变更屡矣。古制：买茶以熙宁十年为额，岁买六万一千二百六十四斤。自宣和改为招诱买贩，而不复苛买，人以为便。元、明榷茶之政不一，而松源务及梅口批验所实司之，今并裁革矣……

茶引由部颁安徽布政司，由司发县。茶商出境，街口巡司验实，截角放行。该商于所销地方缴引，该地汇报……按：明初置梅口批验茶引所，成化十四年，知府周正奏革，始令街口巡检司带管。

物产

茶　茶概曰松萝，松萝，休山也。明隆庆间，休僧大方住此，制作精妙，郡邑师之，因有此号。而歙产本轶松萝，上者亦袭其名，不知佳妙自擅地灵，若所谓紫霞、太函、幂山、金竺，岁产原不多得，其余若蒋村、径岭、北湾、茆舍、太庙、潘村、大塘诸种，皆谓之北源。北源

自北源，又何必定署松萝也，然而称名者久矣。又有歙产而与邻邑并著者。

歙 县 志

道光八年(1828 年)　十二册　　劳逢源、沈伯棠纂修

卷一　山川

箬岭偏左曰凤凰山，高二十仞，周十五里……旧产名茶。

歙 县 志

民国二十六年(1937 年)　十六册　　石国柱、许承尧纂修

卷一　舆地志　山川

凤凰山　高二十仞，周十五里……旧产名茶。

石耳山　高七百仞，周百余里，为邑南镇，濂溪之水出焉。山产石耳……又产茶，以山高雾重，素称名产。

风土

邑中商业以……茶、木为最著……

卷三　食货志　物产

货属

茶　旧志载：明隆庆间，僧大方住休之松萝山，制茶精妙，郡邑师其法，因称茶曰松萝。歙产本轶松萝上，亦袭其号，然其时仅西北诸山及太函山产茶。明人记载，以函紫为最上品，谓太函及紫霞山也。降至清季，销输国外，遂广种植，而繁厥名。其种类有罗汉、竹叶、卷耳、麦黄、天烛红等。称罗汉者，叶分层而密似罗汉松也；竹叶者，叶狭长

略肖竹叶也；卷耳者，叶肥厚如耳之卷也；麦黄者，收拣较迟，麦黄时始萌芽也；天烛红者，嫩叶鲜红，色若南天烛也。其采摘计分二次：头茶名春茶，二茶名子茶。其制而售诸国内者，有毛峰、顶谷、大方、雨前、烘青等目。大方以旱南有大方山而得名，或云仿僧之制法，故以僧名名之，产诸旱南者，味极浓厚，为邑产佳品；毛峰，芽茶也，南则陔源，东则跳岭，北则黄山，皆产地，以黄山为最著，色香味非他山所及；顶谷言其山高，毛峰言其芽细；雨前，撷之于谷雨前；烘青，焙而不揉，枝之稍嫩次于毛峰者。盖销地各有所嗜，制品亦相其所宜。其贸诸国外者，曰红茶，曰绿茶。吾邑惟产绿茶，其品目缘制法而分，有虾目、麻珠、宝珠、圆珠、镏珠、珍眉、凤眉、蛾眉、芽雨、针眉、蕊眉、乌龙、熙春、副熙十四品，其实皆一叶之所制也。拣之筛之，火之扇之，竭极人工而制法始备。熙春、副熙，乃其粗者，亦茶之大宗，运销俄国，几逾全额之半。珠则状其圆，眉则言其细，虾目，圆中之最者，珍眉之上者，别名抽心珍眉，皆类中重品，与各品畅销德意志、摩洛哥、花旗、巴尔干、土耳其及其他等国。光绪中，出口称盛，产亦递增，迨今统计，全邑岁产近五万担，东一万担有奇，南三万担有奇，北近万担，西亦数十担云。

卷三　食货志　茶纲

按：茶为县特产，旧志榷政可征产额，今仍之。

歙土宜茶，而道光八年前出产无多，故须认销他县茶，厥后逐渐推种，求变为供。至光、宣间，计输出者已达三万数千担……

新安（旧郡名，治所先在休宁，后移歙县）志

光绪十三年（1887年）刊　四册

卷一　风俗

祁门水入于鄱，民以茗、漆、纸、木行江西，仰其米自给……

卷二　物产

货属

……而茶则有胜金、嫩桑、仙芝、来泉、先春、运合、华英之品，又有不及号者，是为片茶八种，其散茶号茗茶……

茶课

州旧买茶，以熙宁十年为额，岁买六万一千二百六十四斤。其片茶有华英、先春、来泉，而散茶有茗茶，并以折税。国家异时六榷货务，其在真州者，受洪、宣、歙、抚十五州之茶，为额五十一万有奇；在无为军者，受洪、宣、歙、饶十三州之茶，为额四十三万有奇；用以给商人。今于在京及榷务入纳见钱算请真州务卖歙茶胜金，为钱五百四十三；嫩桑，五百八十八；华英，五百二十；运合，五百三十八；来泉，四百六十二；先春，四百八十八；仙芝，五百三十；不及号，四百四十六。无为军务卖先春四百七十一，来泉、嫩桑并四百六十二。而州自卖折税茗茶，每斤二十七。逮宣和改茶法，招诱商贩，而不复科买，人以为便，岁额二百万有奇。茶租钱者，起于嘉祐中……

卷三　歙县

山阜

凤凰山，在县北十五里，高三十仞，周十五里……旧产茶，岁采制不过三二斤，熙宁中，丘寺丞名之为甘白香。

卷七　先达

洪尚书中孚，字思诚，比部湛之从孙……后召为户部侍郎……上以陕西茶马课不登，问曰：神宗朝，岷山茶一垛易一马，今茶数倍矣，马不至，奈何？对曰：蕃部日饮酥酪，恃茶为命，若稍重茶禁，不急于马，则马自至……

黄　山　志

康熙五年(1666年)　八册

卷之一（六）　物产

茶

祁门县志

同治十二年(1873年)　十二册　　周溶、汪韵珊纂修

卷之五　舆地志　风俗

祁水入鄱，民以茗、漆、纸、木行江西，仰其米自给。（淳熙《新安志》）

三月清明插柳……谷雨前后竞采茶。

卷之十五　食货志

茶税

徽属山多田少，居民恒借养茶为生。向章新茶出山，皆归休邑屯溪办理，由休宁县派丞查验给引，由太厦司勘合，切角放行，其税每引不过分厘。自咸丰三年筹办徽防，经歙绅禀请，暂提充饷，历年递增，每引完纳厘银三钱，捐银六钱，公费银三分。同治元年五月，奉钦差两江阁督都堂曾颁定新章……自督辕颁发三联引票、捐票、厘票，随时填给，不得于三票外多取分毫，所经关卡，免厘放行。其捐票，俟茶开运后，准商人持赴总局照筹饷例一律请奖。各属分设茶局，祁局设于塔坊，派员同县会办，祁有茶局自是年始……同治五年十二月，奉爵督部堂李札饬，自六年春起，裁去引、捐、厘三票，改用落地税照，以归简便……

卷之十六　食货志　物产

货物

茶

黟　县　志

嘉庆十七年（1812 年）　十六册　　吴甸华、程汝翼、俞正燮纂修

卷三　物产

货之属　黟无鱼、盐、桑、麻之利，木棉贩自池阳，粮食来自江右，蜜蜡所产不多，材木已见于前，故所录止茶茗。

茶，一名茗，一名荈，一名皋卢。树如瓜卢，叶如栀子，花如白蔷薇而黄心，清香隐然，实如栟榈，蒂如丁香，根如胡桃。有高一二尺及三四尺者。徽产最多，《新安志》：旧有胜金、嫩桑、仙芝、来泉、先春、运合、华英之品，又有不及号者，是为片茶。黟之茶，产城南周家园二都，秀里四都，燕窝八都，大原十一都，朏曙下十二都，奕村又有南园熙春，出北原，云雾茶，出羊栈岭头。种茶，每二尺一棵，性恶水，宜肥地，勿耘草，以小便粪水或蚕沙壅之。采茶以谷雨前者佳。炒茶，每锅不过半斤，先干炒，微洒水，以布卷起揉做。语云：善蒸不如善炒，善晒不如善焙。盖茶以炒而焙者佳，候干燥，以锡罐盛之，勿通风，可久藏。其行商，统名松萝，贩者用木箱，箱内锡皮，箱外箬皮、篾衣，不使通风走湿，北至口外，南至澳门，其不及号者，用箬皮大篓装。榷茶，始于唐，盛于宋，而重于明。唐德宗纳赵赞议，税天下茶、漆、竹，木，十取其一，以为常平本钱。贞元中，张滂始以出茶州县若山及商人要路，以三等定为榷法。武宗时，裴休又著条约，如私盐例。宋始置榷茶务，国家因以为制财用之源焉。其大要有三：淳化时设交引法，则鬻之在官；又制贴射法，则通之商贾；嘉祐三年，均赋于民，则赋之茶户。

熙宁中，西人以善马至边，中国所利也，而敌所重惟茶，始运茶赴河西市马。明洪武初，置官给引，赴产茶府县，凡商人买茶，具数赴官纳钱给引，方许出境。

黟县三志

同治十年(1871年)　十六册　　谢永泰、程鸿诏纂修

卷三　物产

茶　六都石墨岭产者最佳，茗家谓之石墨茶。

黟县四志

民国十一年(1922年)　十二册　　吴克俊、程寿保纂修

卷三　物产

茶　吴志：货属有炒茶，每锅不得过半斤，先干炒，后洒水，以布卷起揉做，云云。按：此系祁门等处红茶制法，黟县仅有绿茶，制绿茶法，并无需于洒水。种茶之家，谷雨前采者极少，每岁先立夏三四日采取嫩叶，投锅匀炒，一凭锅炒，一用扇扇之，去其热湿之气，俟略干，置箕上，揉使圆转，俾成细卷，是曰茶胚，有摆风吹爽曰湿胚，有向日晾晒曰晒胚，少顷再入锅，爇以火，徐使熨之干，喜色嫩者，以青为度，泡时翠绿可人，欲藏久者，熨至霜白色为度。火功手工，至为重要。茶性淫，装以小口锡镄，则色香经火不变，此制茶法之大略。七都产茶近二百担，如鱼亭、上街及李村茶，实邑中之冠，盖茶性喜阴，二处土泥宜茶，兼以培壅勤，做工善，故完全优美也。

贵池县志

光绪九年(1883 年)　二十册　　陆延龄、桂迓衡纂修

卷十　食货志　土产

货属

芭茶

铜陵县志

乾隆二十二年(1757 年)　四册　　李青岬、史应贵纂修

卷六　物产

货类

茶

铜陵县志

民国十九年(1930 年)印　乾隆二十二年本　四册

卷六　乡耆　附物产

货类

茶

青阳县志

光绪十七年(1891年)　十二册　　华椿、周赟纂修

卷一　山川　山之西

东藏源　化城寺东，平原沃壤，两山之间，五钗松、柽柏，杂药、香茗之属皆有之。

卷二　风土志　物产

茶有：

石芝　生峭壁悬崖猿猱不可度处，采者缒引而上，服之轻身延年。生阳崖者其色紫，生阴谷者其色黑。

竹簟　柔白如菌，人食之，先以灰煮其汁如血，去汁再煮，味若珍脯，宋陈仁玉《菌谱》云：生竹根，味极甘。

金地茶　即地藏自西域携来者，今传梗空筒者是。

茗地源茶　根株颇硕，生于阴谷。春夏之交，方发萌茎，条虽长，旗枪不展，乍紫乍绿。天圣初，郡守李虚己、太史梅询试之，品以为建诸渚不过也。

石埭(即今石台)县志

康熙十四年(1675年)　五册　　姚子庄、周体元纂修

卷之二　风土　物产

货类

茶

东流(旧县名,原县辖境并为今东至县)县志

乾隆二十三年(1758 年)　八册　　蒋绶、汪思回纂修

卷之二　山川

□溪山　县南五十里，抵建德界。两山横亘，两水交流，故名山。产佳茗。

卷之四　物产

货

茶　□溪、历山味更佳。

桐城县志

道光七年(1827 年)　十二册　　廖大闻、金鼎寿纂修

卷之二十二　物产志

茶　其树大小不一。桐城茶皆小树丛生，椒园最胜，毛尖芽嫩而香，龙山茶亦好。

怀宁县志

道光四年(1824 年)　十册　　王毓芳、汪尔维纂修

卷之七　物产

茶　高山石岩，不种自生。龙眠庵、张家山、龙池尖、大龙山所产，品皆绝胜。清明前后采之，制出如新蚕，泡以山泉，味不在蒙顶下，但

不可多得。旨泉冲则有茶园，居民以种茶为业，然不肯早采，风味斯劣，故品茶者不及也。

怀宁县志

民国四年(1915年)　十二册　　朱之英、舒景蘅纂修

卷六　物产

茶　高山石岩，不种自生，谓之野茶。龙眠庵、张家山、龙池尖、大龙山所产，品皆绝胜。清明前后采之，制出如新蚕，泡以山泉，味不在蒙顶下，但不可多得。其余独秀山、百子山、科甲冲、甘露庵、谷泉庵、王家坝等处，亦产茶，味香质厚，惜所出者少。惟旨泉冲有茶园，居民多以种茶为业。

望江县志

乾隆三十三年(1768年)　九册　　郑交泰、曹京纂修

卷二　地理　物产

货类

茶

宿松县志

康熙二十八年(1689年)　存七册　　唐宗圣纂修

卷之五　山川

独山　孤尖秀插，迥出云表，产茶，多竹木。独孤及尝驻此山，因名……

丘家山　峰矗云霄，为诸峰第一，亦名罗汉尖，产茶。山阴为蕲州界。

摩旗山　峰如旗卷……崖产苦茶，可疗热。

卷之二十　物产

货之属

茶　不甚佳。

宿松县志

道光八年(1828年)　十册　　郄正楷、石葆元纂修

卷之二　舆地志　山川

独山，距县五十里。孤峰迥秀，产茶，多竹木。史可法尝置天城堡于此。(《一统志》)

摩旗山，距县七十里。峰如旗卷……崖产苦茶，可疗热。(《江南通志》《朱志》)

罗汉荡山，距县九十里……山常在云雾中，产异蔬、名茶、灵药……(《朱志》《采访册》)

卷之十一　食货志　物产

货属

茶　山多有之，产罗汉荡者佳。按：字本作荼，亦作檫，俗省作茶。

卷之二十五　艺文志

李耀祖《游罗汉荡小记》……山僧大能雅好客……出揖而入。水自山溜滴滴石坰中，烹茶注盏，熏蒸有云雾气……余尤味斯茶之味外味也。盖兹山之灵，郁积磅礴，钟于物，都与外间有别，而茶又得气之先者，远近争市之……

宿松县志

民国十年(1921年)　三十六册　　俞庆澜、张灿奎纂修

卷二　地理志　山川

丘家山，距县九十里。　山在县西北九十里，山阴为蕲州界。高矗云霄，为诸峰第一，亦名罗汉尖，产茶。(清《一统志》　邬志　《通志》)

罗汉荡山，距县九十里，西去罗汉尖二十里。　由雾沙河入，层巅嵂崒，丛石盘旋，如仰釜，如枯潭，所谓罗汉荡也……山常在云雾中，产异蔬、名茶、灵药……(朱志　邬志)

卷十七　实业志　农业

其次则为茶。通商以来，以丝、茶为出口大宗。皖属徽、六，尤以茶业甲天下。吾松为皖南北之中枢，各山之种茶者，所在多有，以西源山、北浴河、蒋家山、叶家山为最。松产之茶，品质纯厚，气味香美，其尤佳者，则为罗汉荡之云雾茶。清宣统时，江宁赛会，近年，美洲赛会，巴拿马赛会，松茶亦荷褒奖。惟茶质虽美，而拣焙不甚合法，制工粗率，不能畅销外埠，仅供本邑城乡各镇之销售。每亩平均产量约八九十斤。其特别种类，则有野茶，味极优美，相传为鸟雀飞衔茶子，堕入石缝或草莽中所生者，但每岁不可多得。又有所谓红茶花者，干大于橙，枝丛如轮盖，花开双瓣，摘下阴干煎饮，立治血症，惟不结子，不生苗，只节间吐出嫩芽，仿照接桂方法，押此嫩芽，可以度种，此又茶类之可供药品者也。

太湖县志

道光十年(1830年)　十册　　孙济、陈烈纂修

卷之六　舆地志　古迹

茶池亭，明知县罗汝芳道经小池，邑父老争献茶于此。后因建亭及池，石刻有父老壶浆当日事，先生风味至今遗之句。

卷之十一　食货志　物产

货类

茶　饭茶多出上乡。

灊山(即潜山)县志

康熙十四年(1675年)　七册　　周克友、陈衷赤纂修

卷之二　风俗

土壤高沃，有茶、盐、丝、帛之利，人性轻扬，善商贾，鄽里饶富，多高资之家。(脱脱《宋史》)

卷之四　方物

茶类，有芽茶，谷雨前者；有叶茶，立夏采者；有苦茶，出皖山，叶似茶而大，非茶种，可却暑疾。按：旧《食货志》云：潜山多茶。注：近六安者佳。《山川志》云：……有果老岭。其涧多茶，其茶佳。注：《纲目》云：宋时，茶一斤值四十六钱。又《玉泉子》云：有人授舒州牧，李德裕谓之曰：到彼郡日，天柱茶可惠三数角。其人献数十斤，李不受。明年，罢郡，用意精求，获数角。李闵而受之，曰：此茶可消酒

食毒。乃命烹一瓯，沃肉食内，以银合闭之，诘旦，视其肉，已化为水矣。众服其广识。又唐秦韬玉有咏天柱茶诗。观此，则天柱茶又最佳矣。

卷之十二　艺文下

秦韬玉《寄谢天柱山茶》　天柱香芽露香发，烂研瑟瑟穿荻篾。太守怜才寄野人，山童碾破团团月。倚云便酌泉声煮，兽炭潜然蚌珠吐。看著晴天早日明，鼎中飒飒生风雨。老翠香尘下才熟，搅时绕箸秋云绿。耽书病酒两多情，坐对闽瓯睡先足。洗我胸中幽思清，鬼神应愁歌欲成。

六安州志

万历十二年(1584 年)　八卷

卷三　食货　土产　州邑相近诸品

货属　多茶，多漆，多白蜡……

卷七　艺文　诗类

翰林联句《咏六安茶》　七碗清风自六安，(李东阳)　每随佳兴入诗坛。(萧显)　纤芽出土春雷动，(李士实)　活火当炉夜雪残。(李东阳)　陆羽旧经遗上品，(萧显)　高阳醉客避清欢。(李士实)　何时一酌中濡水，(李士实)　重试君谟小凤团。(萧显)

六安州志

雍正七年(1729 年)　存六册　　李懋仁纂修

卷十　物产

货属

茶　记称：寿春之山，有黄芽焉，可煮而饮，久服得仙。六、霍旧隶寿春故也。一名仙芽，又称寿州。霍山黄芽，六安州小岘春，皆茶之极品，明朝始入贡。自弘治七年，分设霍山县，州县俱贡，县户采办者，例仍汇州总进。

六安直隶州志

嘉庆九年(1804年)　三十二卷　　宋思楷纂修

卷之二　风俗

旧志云……城市城墟，僦食者所在多有，商所货，粟、米、竹、木、茶……诸物……

物产

……其植物、竹木、菜果之类，与淮南诸郡率同，而茶独擅于淮南。茶之产在霍山者为多，平地亦可种，而以在高山中复有平壤，艺者为佳，故曰云雾茶也。六安茶之上者，香色不能胜武彝、松萝之绝品，独其秉地气为厚，能开滞而不甚峻削，则愈于江以南诸产矣。以茶行贾，几遍天下，国初山中林木丛蔚之地，后民尽伐以种茶，茶之焙，又多需木炭，于是林木益少，而山岭之土日垦，遇大雨则砂石下流，塞填河道，水患易成，故茶为六安民利而抑其害也。(余详茶贡)

卷之三　山川

齐头山　……岗气常周，经旬才一二睹日光，犹是晨拂冥蒙，暮连苍霭，未尝亲觏朗廓于中。所艺茶，远谢膏沃，夙饱烟霜……惟白露所采最胜，先后日皆不贵，何况春枝……

寨基山　……产茶香味异常品，有泉出石窦，甚甘。

白羊山　一名白石山，县西南四十里。上有龙泉古寺，寺前井水，烹茶气香而味永……

茶园岭　县东二十里，旧产茶。

卷之七　户口

茶贡

天下产茶州县数十，惟六安茶为宫廷常进之品。欲其新采速进，故他土贡尽自督抚，而六安知州则自拜表径贡新茶达礼部，为上供也。明时，六安贡茶，制定于未分霍山县之前，原额茶二百袋。弘治七年，分立霍山县，产茶之山，属霍山者十之八，于是六安办茶二十五袋，霍山办茶一百七十五袋。国朝因之。康熙二十三年，奉文增办一百袋。于是六安办三十七袋，霍山办二百六十三袋。康熙五十九年，又增百袋。雍正七年，暂停。十年，复增。旧系茶户各备茶交官起解，而色类错杂，驳换迟误。康熙三十年，知州王廷曾以士民之请，改为官征官买，茶户但纳税银。又因霍山茶胜六安之产，故知州将茶课之银发交霍山并办一色芽茶。每岁，茶户采择雨前极品一枪一旗，依法焙制，官以黄绢为袋，袋盛茶一斤十二两，共四百袋，分贮于箱，知州敬谨钤封，恭缮贡本，限谷雨后十日起解。其解官以州县巡检递年轮流详委。

康熙十七年，御史蒋鸣龙疏请州县芽茶，该省汇齐，总差官解进。经礼部议云：旧例，江南、浙江、江西、湖广、福建等五省芽茶，每岁采摘装封，钤印封固，俱限谷雨后十日起解，程途远近，各有限期，已经题定。嗣后浙江省芽茶，照江西省例起解，布政司汇齐，封固缮疏起解。又江南、湖广、福建，此三省应解芽茶，向系各该州县委员解进，今此三省亦应俱照江西省例汇齐起解。内有江南省六安州及霍山县所进六安州茶，系该地方进到，随即臣部会同光禄寺交送总管内务府内用，非与别样芽茶可比，应将此六安州茶仍照前例，另委解进。奉旨：依议。

卷之廿九　艺文

郝遐龄《茶说》　茶见于《食经》《食志》《尔雅》诸书，至陆羽始专以经名之。羽有文学，耻一物不尽其妙，而于茶最嗜，著经三篇，言茶之源、之法、之具悉备。嗣是而茶之品益贵，功益大，用益广焉！韩翃谢启云：吴主礼贤置茗，晋人爱客分茶。永叔《龙团录》后序云：君谟小团最精，上方尤所珍惜，惟亲享明堂致斋之夕，始人给一饼，至今藏之，不以碾试，时传玩佳客耳。而痼其好者，至谓穷春秋，演河图，不如载茗一车，其品贵如此。且凡物于人有全利害，有半利害，有强半利害。夫茶不必全利，而亦不至强半害，往往取其所甚利，而舍其小有害。如刘琨与弟群书：吾体愦闷，常仰真茶，汝可信信寄之。刘禹锡馈白乐天菊苗、齑、芦菔、鲊换茶以醒酒。东坡云：吾每食已，辄浓茶漱口，烦腻既去，而滓之在齿间，亦尽消缩。卢仝茶歌，至肌骨清清风生。古人以功用归茶，岂诬也哉！自茶贡起，每岁拣芽驰献，先荐宗庙，然后分赐近臣，如至尊之余合王公是也。下至读书看剑宜茶，焚香清谈宜茶，禅龛元室宜茶，高山绝涧宜茶。其大者，税钱岁可得十万，以待水旱之缺。近世以茶易马，而边駉如云。常景使西番，番人以诸方所产示之，流用可不谓广欤！厥产匪一，他不具论，在南则松萝、阳羡为上，顾渚、北苑次之；在北则吾六为上，潜、太次之。但□□偏而土柔，其性寒，其味苦，助阴损阳，多饮令人瘦，患气疾，又但可一注，再注，则淡不可食矣。治法：采旗枪，剪杪蒂，数火数揉，数火则软而耐揉，数揉则□而耐火也。烹法：泉水上，江河水次之，井水下。李约云：茶须缓火炙，活火煎。活火谓炭火之有焰者，当使汤无妄沸，始则鱼目散布，微微有声；中则四边泉涌，累累连珠；终则腾波鼓浪，水气全消，谓之老汤。三沸之法，非活火不能也。藏法：则重箬篓为上，锡瓶次之，瓷为下。茶喜温燥，忌冷湿，尤不宜近香药物，贮楼板当风处，则上不熟蒸，下不湿浸也。治腹病，则又灵丸矣。盖凡物之尤，非得其人不传，如鸿渐辈，执以成名，借以寄傲，诚高才旷士也，李季卿直以傭保遇之，则又何哉！

六安州志

光绪二十一年(1895 年)印　同治十一年本　二十四册

卷三十九　人物志十四　才技

明　涂乾吾，以字行。隐居龙门冲，茆茨数椽，环以修竹，才通一径。工制茶，每苦制者伤其性，致色香味皆失，因亲为调剂，采摘烘焙，一经其手，迥非常品。因言茶产有阴阳，取其早晏，常于火候舒疾，心存目注，若事丹汞者，茶遂以涂名，一时莫不珍之，于是征求络绎，六、霍之间骚然矣。然涂有心得，不以授人，人亦鲜有解者。涂死，戒子孙勿习其法，其茶遂绝。

霍丘县志

康熙九年(1670 年)　存二册　　姬之簋、李瑾纂修

卷之四　食货志

货类

茶

霍丘县志

同治八年(1869 年)　十六册　　陆鼎敩纂修

卷之三　食货志四

物产

霍丘地东南界六安，多山……近六安之山，亦种茶荈，焙之如法，

不后于六安茶。但所出者少，民亦不习以为业……

货类

茶　陆羽《茶经》：一曰茶，二曰槚，三曰蔎，四曰茗，五曰荈。

寿　州　志

光绪十六年(1890 年)　十六册　　曾道唯纂修

卷八　食货志　物产

《唐书・地理志》：土贡丝、布、绝、茶、生石斛。

陆羽《茶经》：茶，凤亭山伏翼阁，飞云、曲水二寺，啄木岭，与寿州、常州同。碗，越州上，鼎州次，婺州次，岳州次，寿州、洪州次；寿州瓷黄，茶色紫。

《宋史・地理志》：贡葛布、石斛。《食货志》：茶在淮南有六州，寿州居一。官自为场，置吏总之，谓之山场。采茶之民，谓之园户。岁课作茶输租，余则官悉市之，其售于官者，皆先受钱而后入茶，谓之本钱。又民岁输税额折茶者，谓之折茶税。按：唐宋史志，皆云寿州产茶。盖以其时盛唐、霍山隶寿州，隶安丰军也。今土人云：寿州向亦产茶，名云雾者最佳，可以消融积滞，蠲除沉疴。自山户贪樵薪之利，淮南草木，旦旦伐之，而茶之萌蘖其生也渐微矣。今山中多有栽植树木者，倘斧斤以时，生机日盛，仍可普美利于无穷也。故检唐、宋史志备录以俟考。

卷三十六　杂类志　摭记

常鲁公使西蕃，烹茶帐中。赞普问曰：此为何物？鲁公曰：涤烦疗渴，所谓茶也。赞普曰：我亦有此。遂命出之，以指曰：此寿州者，此舒州者，此顾渚者，此蕲门者，此昌明者，此㴩湖者。(唐《国史补》)

舒 城 县 志

嘉庆十一年(1806 年)　十册　　杜茂才纂修

卷之十二　物产

货类

茶　出晓天主簿园、毛坦厂。

续修舒城县志

光绪三十三年(1907 年)　十六册　　吕林钟、赵凤诏纂修

卷之十三　食货志　物产

货属

茶

霍山县志

乾隆四十一年(1776 年)　六册　　甘山、程在嵘纂修

卷之三　贡赋志

贡茶之三

霍邑贡茶，民贡也，食毛践土，自将其草茅爱敬之私，故朝廷亦不拘以常格，准本州代为表奏，由通政司进呈，所以俯顺民情者，自明已然，诚异数也。今虽停本州进表，而其籍，内不隶于司农，外不稽于方伯，终与正供有殊，并与闽、浙贡茶由抚军汇解者各别。惜日久渐失厥指，幸前抚宪赵公洞察舆情，力为申请，奉恩旨，准部议岁有定额，民

乃不致以媚兹之忧，自贻厥累。谨详其颠末，以诏来兹。

茶考

按：古无茶字，茶荈之赐，始见于三国《吴志》，至晋茗饮乃盛，而霍茶黄芽之名，已肇于西汉《史记》，云：寿春之山，有黄芽焉，可煮而饮，久服得仙，则茶称瑞草魁，霍茶又为诸茗魁矣。六、霍旧隶寿春，天柱石室，古为仙窟，故其茶又名仙芽。唐李德裕遗书舒州牧，曰：到郡日，天柱茶可惠三数角。因献数十斤，李谓易视此茶，不受。明年，精求之，以数角投，悦而受之，曰：此茶能消滞物。因命烹一瓯，沃肉食内，以银合闭之，诘旦，视肉已化为水，众服其广识，则霍茶功效，当在阳羡诸品上。宋裴汶云：宇内以茶为土贡者实众，而顾渚、蕲阳、蒙山为上，其次则寿阳、义兴（即宜兴阳羡茶）、碧涧、溫湖、衡山，最下有鄱阳、浮梁、寿阳（即寿春也）。明代天下产茶以百数，致贡者仅十余处，而上供专用六安，谓寿阳居次，恐亦非定论也。

产地

六安茶，六安与霍山所并产也，其以六安名者，当霍未建县，已有贡额，从其朔也。天启志谓以六安寨山得名，似凿（六安寨，本名六万寨，俗误称六安）。顾霍邑山多硗确，六地既广且饶，产茶实浮于霍，而贡额，州不及县之什二，霍殚其力，州享其名，惜未有以诸葛之称权之，曲逆之刀分之者。查州志有州茶黑，县茶黄之语，恐系后人傅会。究竟产茶之地，惟东山最早，而东山皆属州境，每年各大宪荐新及本县贡品，率皆州民采摘居奇，雨前赴县售卖。霍产总属西南，山高寒重，所出多在雨后，则贡茶专名六安，亦纪实之词也。今为详著其地，此霍彼六，大较可睹矣。

东

凤凰冲	倪黄冲	郭家山	康坡畈	毛坦厂
梅子市	北斗岭	单龙寺	桂花园	指封河
东石笋	西石笋	东樊冲	西樊冲	四顾冲
百丈涧	源　口	乌泥冲	东　溪	西　溪
关　山	沙望河	杨山寨	楮皮岭	小溪河

右地在霍之东，俗称为东山，皆州境也，骑火惊雷，咸出于此，故贡茶岁居其八九。

北

同山冲	九公冲	齐头冲	磨剑冲	范家冲
水晶庵	青石河	龙门冲	独　山	麻　埠
流波撞	苏　口	水磨滩	黄石冲	青龙河
花梁亭	莲花河	茅　坪	枫香坪	轩皇岭
观音尖	小河湾	苎麻涧	恶石涧	火烧湾
古碑冲	槐花冲	崩山嘴	河龙集	天竺山
九龙湾	七龙湾	东香花岭	西香花岭	

由霍北迤逦而西，约二百余里，皆茶山也。东山茶出最早，北山茶植最广，天时地利，六盖兼擅之矣。以上皆州茶山。

南

南岳山	三庙岭	三石岭	佛子岭	大冲口
艨艟湾	大兴湾	鹰窝冲	五溪河	堆谷山
草场河	管家渡	中埠河	老鸦岭	磨子潭
筲箕窝	扫帚河	云雾尖		

霍南山最为广阔，而艺茶不及其半，百里外种之不殖矣。茶较西北稍早，而较东山则迟。

西

仙人冲	乌梅尖	清潭沟	六万寨	三道河
诸佛庵	落儿岭	新店河	小乾涧	大乾涧
西石门	下灌园	桃园河	螺蛳店	蔽阴山
挂龙尖	阳山铺	双树冲		

茶品以西山为最，然必交谷雨始奋笑，不能入贡，地限之也。以上系县茶山。

贡额

六安州岁贡芽茶二百袋，每袋重一斤十二两，明制也。自弘治七年分设霍山县后，随定额分办，州办二十五袋，县办一百七十五袋，送州汇进，以县属州统，而贡茶本章，系本州拜进也。国朝因之。康熙十七年，经御史条奏，请各省贡茶由藩司差官汇解礼部，议准惟六安岁贡芽茶，仍照旧委员另解。至康熙二十年，奉部文增办一百袋，州承办三十七袋，计六十四斤十二两；县承办二百六十三袋，计四百六十斤四两。每年州备价发县，代买一色芽茶，详请勘合，委官解送州县，递年轮值。州解则县夫送至州，本州雇夫送至金斗驿；县解则县夫径送金斗驿交替。其茶，从前着落本县粮户派拣雨前极品新芽一枪一旗，依法摘制，以黄绢为袋，封贮共四箱，杠用龙旗、龙袱，恭进本州，每岁申报各宪叙明在案。历来例进贡茶三百袋，每袋重一斤十二两，原系茶户办纳本色，委官起解，每窠正征水脚费银二钱二三分不等，后因粮户办纳，色味不能画一，累次换补，民不堪命。康熙三十七年，前令徐据士民公请纳银官办，每窠折银三钱五分，官民称便。康熙四十六七年，茶被水冲，豁去一千二百余窠，不敷办解，复议每窠征银四钱五分。于康熙五十九年奉部文，添办芽茶一百袋，州办十二袋，县办八十八袋，共四百袋，又议按窠增银一钱五分，每窠共征银六钱。至雍正七年，奉文，将添办一百袋之茶暂行停止。雍正十年，礼部奏明，仍添办芽茶一百袋，永著为例。乾隆元年，王公等分家，部檄再添办芽茶七百二十袋，又于正额外征银办解。乃产茶之地，无增于前，而办茶之银，屡加于后，民力未免竭蹶，经生员汪有本、李毓堂、宋瓒，里民陈应彪、张采一等，赴宪沥陈下悃，蒙抚宪赵公国麟奏请王大臣等议奏，恩准每年仍额办芽茶四百袋，每窠止征银四钱五分，又因乾隆元年添办芽茶七百二十袋，着将应办芽茶四百袋自乾隆三年为始，停解二年，以舒民力，于乾隆五年起，循照二年改例办解……

利病

旧志云：霍之产茶，大利大害也。境内山多田少，茶户借以抵田粮之半，故催征动俟茶春后。土人不辨茶味，唯燕赵豫楚，需此日用。每隔岁，经千里，挟资裹粮，投牙预质，及采造时，男妇错杂，歌声满谷，日夜力作不休，富商大贾，骑从布野，倾橐以质，百货骈集，开市列肆，妖冶招摇，亦山中盛事，然事关献纳，大尹或过为郑重，左右遂乘其意，变乱黑白，簧鼓小民，以规厚利。又云：贡茶自解京而后，民间已无多藏，而上官买茶，动以千百斤计，其发价未必抵寻常之半，而仓猝搜索民间，其价必三倍之，官责之衙役，衙役凭报茶户，任情挪移，富者贿免，仍出藏茶以邀倍价；贫者勒赔，破产倾家，以完公事；其交茶又须贿赂左右……己巳志：吴令学山云：今幸上宪加恩，民免前累。而茶贾茶行，朋结为奸，侵削日甚，诸贾隔岁挟资投行预质，牙侩负诸贾子母，每刻削茶户以偿之。诸贾所携白金，间有自带小炉，镕改低色，不与足纹（近概用制钱，不虞诈伪矣，又苦有扣折之病）。茶秤过大，与市秤迥不相符，罔顾国家画一权衡之定制。且茶品之高下，茶值之低昂，随口任心，茶户莫能与较；又格外多取样茶，与茶贾均分，视正茶不啻十分之一。每茶市罢后，茶贾以轻价获重货，捆载而归，牙侩亦饱囊橐，而茶户虽终年拮据，不免竭资枵腹，终叹罄悬，则奸蠹之为厉深哉！

茶窠正额

贡茶以窠名，未详何义，其窠数向无定额，增减之权，邑长得主之。至乾隆二年，奉部核定州县进贡芽茶袋数，并定每窠征银四钱五分。随奉宪檄，每窠银数照八折钱算，即以本年在册茶窠为准，于是茶窠侔于粮亩，莫能增减矣……

卷之七　货属三

茶　本山货属，以茶为冠。其品之最上者，曰银针（仅取枝顶一枪），次曰雀舌（取枝顶二叶微展者），又次曰梅花片（择最嫩叶为之），曰兰花头（取枝顶三五叶为之），曰松萝（仿徽茗之法，但徽制截叶，霍制全叶），皆由人工摘制，俱以雨前为贵。其任枝干之天然而制成者，最上曰毛尖，有贡尖、蕊尖、雨前尖、雨后尖、东山尖、西山尖等名（西山尖多出雨后，枝干长大，而味胜东山之雨前）；次曰连枝，有白连、绿连、黑连数种；皆以老嫩分等次也。至茶既老而不胜细摘，则并其宿叶捋而薙之，曰翻柯。皆为头茶。至五月初，复茁新茎，其叶较头茶大而肥厚，味稍近涩，价不及头茶连枝之半，是为子茶，亦有粗细数等。余详贡赋志贡茶条，兹不具载。

霍山县志

光绪三十一年(1905年) 六册 秦达章、何国祐纂修

卷二 风土

霍境气候，东北乡收种，较西南差早三候，而西南高山，较西南平地约迟三候，芽茶亦然。七月早寒，则山农失望……

物产

货之属，茶为第一。茶山，环境皆有，大抵山高多雾，所产必佳，以其得天地清淑之气，悬岩石罅，偶得数株，不待人工培植，尤清馨绝伦。故南乡之雾迷尖、挂龙尖二山左右所产，为一邑最，采制既精，价亦倍于各乡，茶商就地收买，倩女工拣提，分配花色，装以大篓，运至苏州。苏商熏以珠兰、茉莉，转由内洋至营口，分售东三省一带，近亦有与徽产出外洋者。次则东北乡与西南近城一带，多北运至亳州及周家口，半熏茉莉，转售京都、山西、山东。而西乡自土地岭以西，迤逦而南，茶味厚微苦，枝干粗大，采焙不精，皆青、齐茶商于大化坪、五溪河收买，运销山东一路。诸佛庵以北数保，则由土人运潮枝至州境之流波疃，西商收买，自行焙制，运销山西、口外、蒙古等处。极西之九五保，所出既微，味制俱逊，多为鄂人收买。至前志所载诸名目花色，如银针、雀舌，则茶始萌芽者；梅花片、兰花头、松萝春，则茶初放叶者；统名之为小茶。价既数倍，采亦维艰，故惟近城及柳林河诸佛庵数处有之，运售京都为多。气候则东南稍暖，谷雨前即可采摘，故有雨前、毛尖之名。西山，谷雨后始能开山，间数日采摘一次，须二旬始毕。故有头道、二道、三四道之分，最后并宿叶而撷薙之，曰翻柯老茶，为民间常用。春茶既毕，五六月复发新苗，谓之子茶，其干扁而味微涩，价亦半减，然爱惜株柯者，恒蓄不采取，次春茶必茂盛。

又一种名苦丁茶，虽名为茶，实则木本，枝叶似茶而大，有二种：

一叶小，上有刺，一叶大而圆，皆天然自生深山岩石间，无子种，与茶同时采制。味苦，其性极凉，可入药。近年茶商多喜购买，山民渐事觅植，极难长成。

《尔雅》曰：槚，苦茶。郭注：树小似栀子，冬生，叶可煮作羹饮，今呼早采者为茶，晚取者为茗，一名荈，蜀人名为苦茶。《博物志》：饮真茶者，令人少眠。《史记》：寿春之山，有黄芽焉，可煮而饮，久服得仙。《太平广记》：唐有人授庐江舒牧，宰相李德裕谓之曰：到彼郡日，天柱峰茶可惠三数角。其人献数十斤，德裕不受，退还。明年，罢郡，用意精求于天柱山僧寺，获数角，投之。德裕阅之，欣然而受，谓坐客曰：此茶可以消肉食毒。乃命烹一瓯，沃肉食内，以银合闭之，诘旦开视，其肉已化为水矣。众服其广识。

吴志：土人不辨茶味，唯燕齐豫楚，需此日用。每隔岁，经千里，挟资而来，投行预质，牙侩负诸贾子母，每刻削茶户以偿之，银则镕改低色，秤则任意轻重，价则随口低昂，且多取样茶，茶户莫能与较。虽迭经告诫，申详各宪，严饬乡保稽查，茶户稍沾实惠，然弊端犹未能尽除也。按：茶之为利虽厚，工则最勤苦。日采摘，夜炒焙，恒兼旬不能安枕，人力不足，又须厚雇客工。茶值稍昂，犹可相偿，军兴后，厘捐日益浮费繁多，商人成本既重，则转而抑减民值。近日行户渐增，竟有夤缘茶商，预订价值，把持行市者。黠贩收买，则又掺老叶，加水潮茶，商得以借口，故茶价愈趋愈下。光绪以来，每斤银，贵不过钱余，贱时才七八分，以是民用益绌。近徽郡仿外洋，以机器烘焙，制精工省，颇获其利，本邑绅商，如能集股设公司，精其制造，则利权操之自我，诸弊不禁自除矣。西人亦云：霍茶香味，较胜徽产。

霍山县志

光绪三十一年　六册

卷之二　地理志

天启志：霍山有野兽，则有网户；有茶，则有茶行。豪猾借以专利，鱼肉小民，致田荒户窜，无所控诉。黄陂吴公（即知县吴之皞），革去总茶行，并焚网户籍，数十年大害，一旦廓清，民得乐业。

霍　山　志

民国二十二年（1933年）　二册

卷一　地舆志　物产

木属

茶

江西省地方志

江西通志

雍正十年(1732年)　六十册　　高其倬、陶成纂修

卷七　山川一

南昌府

澄山，在丰城县南一百四十七里，产茶……

洪崖，在西山，距府城四十里，一名伏龙山，乃洪崖先生炼药处。有洞居水中，宸濠尝戽水见底。有五井，各方广四尺许。洞侧瀑布泉，状如玉帘，欧阳修品为第八泉……

鹿井，在府城西南七十里久驻村。井在溪中，天旱溪涸，井乃见。紫石回旋，肤色光莹，石罅中清泉涌出，以烹茗，辄成紫色。曾有群鹿饮其中，故名。

双井，在宁州西南三十里。黄庭坚所居之南溪心有二井，土人汲以造茶，绝胜他处。庭坚有送双井茶与苏轼诗。又州南三十步，掘二井以制火灾，亦名双井。

卷九　山川二

临江府

醴泉，在新喻县西三十里。宋黄庭坚尝过饮之而甘，曰：惜张又新、陆鸿渐辈不及知也。因题其旁石柱曰醴乳。

传担山，在泰和县西五十里。山极高峻，非攀援不可度。西南有石笋峰，尤峭拔，下有九龙潭，又有玉溪泉，凡四十八窍，至岩前合为一，因名六八泉，产茶，味极香美……

卷十　山川四

抚州府

旗鼓山，在南丰县西南十里。又西南二十里为福善山……其山高峻，与军山对峙，山顶山腰，皆有庵，产茶味佳……

卷十一　山川五

广信府

陆羽泉，在府城北茶山寺。以其土赤，一名燕支井。

化雨泉在钟灵讲院内，泉味甘冽。

万寿泉，在弋阳县市北稍东。唐陆羽尝品之，以为信州第三泉也。

宫井，在府城阛阓坊，又名义井。宋嘉泰间义门郑安寿修，明万历癸巳翁元勋等再浚九井，在高泉院内，四时不竭。今止存佛殿前一井，寺僧架辘轳其上，取以烹茗。

冠山，在余干县治东。平地崛起，巍然如冠。一名双覆峰，又名羊角峰。上多奇树怪石，前瞰琵琶洲。相传唐陆羽于此煮茶……后人因吴楚冠冕之语，易曰冕山。

市湖，在余干县治前。中有越水，风日清明，如镜如练，不与众水相混。唐陆羽取以烹茶，谓味似镜湖水也……

乌龙井，在德兴县东兴宝坊。其水澄泓，四时不竭。又县东妙元观有丹井，相传葛仙翁炼丹处，余息斋诗：神光腾夜气，余润溉春茶。

卷十二　山川六

南康府

玉渊泉，在栖贤寺侧三峡涧中……其东有招隐泉，泉出石龙首中，泻下三峡涧，汇为巨潭，曰石桥潭。唐陆羽《茶经》品其水为天下第六（编者按：陆羽《茶经》无此说法）。旧有陆羽亭，今废。

谷帘泉，在康王谷。其水如帘，布岩而下者三十余派，亦匡庐巨观也。唐陆羽品其水为天下第一。泉之侧，别有云液泉，山多云母石，甘且清，□云母滋液所致。按：九江志亦载谷帘、云液二泉。二泉之水合乌龙潭水，径康阳坂，入德安县界。

卷十三　山川七

南安府

龟山，在崇义县西三十里。形如龟，多产茶及水竹……

龙归山，在崇义县西一百八十里，与广东韶州仁化县连界。深林丛箐，土人制茶，与普洱茶相似。

犹石嶂，在上犹县北二十五里……又县西四十里有茶嶂。

蕉溪，在南康县西三十五里。源出锅坑，流至浮石，入章水。苏轼诗：蕉溪闲试雨前茶，指此。

白云泉，在崇义县西门外白云山下。清冽可瀹茗。

龟泉井，在府城西宝界寺内。掘井及泉，下有石龟，泉从龟双目中出。宋张九成寓寺中，品泉味，亟称之。

虔化石，在宁都县西五里。旧传有虎化为石，因字文相类，更名虔化。避唐讳也。又西五里为冠石，由长庚桥西入，环山麓皆植茶树……

陆公泉，在瑞金县西南东明观前。宋大观中，太常少卿陆蕴坐议原庙不合，调瑞金令，与弟藻同游此，烹泉瀹茗……邑人遂以陆公名泉……

狮子井，在府治前……又府治东坊江东庙前灵泉井，烹茶味佳，兼可愈疾。

卷二十六　风俗

广信府

信之为郡……原湿平衍，而山泽楮、荈、陶冶之利，聊足谋生……

卷二十七　土产

南昌府

《茶谱》：洪州西山白露鹤岭茶，号为绝品。今紫清、香城者为最。又西山有罗汉茶，叶如豆苗，因灵观尊者自西山持至，故名。又《茶事杂录》：双井，在宁州西三十里，黄山谷所居也。其南溪心有二井，土人汲以造茶，为草茶第一。山谷送东坡双井茶诗，有“我家江南摘云腴，落碨霏霏雪不如”之句。

瑞州府

茶　陆羽茶，谷雨前取。廖暹十咏，呼为雀香焙。

袁州府

茶　《茶谱》云：袁界桥，其名甚著。今称仰山稠平、木平者为佳，稠平尤号绝品。

临江府

茶芽　清江县出，色味俱不甚佳。

吉安府

茶　泰和传担山产……万安神潭两岸，亦多种茶，味香美，故云蜜潭水，神潭茶。

建昌府

茶　各县出。

广信府

茶　七邑俱产，然土人多不善制。

按：府志拾遗云：宋先有周山茶，白水团茶，小龙凤团茶，皆以佐建安而上供。今惟桐木山出者叶细而味甜，然终不如武彝味清苦而隽永。凌露而采，出膏者光，含膏者皱；宿制者黑，日成者黄；早取为茶，晚取为茗；紫者上，绿者次。三月清明前采笋为上春；清明后采芽为二春，四月以后采叶则不入。《茶经》：水，乳泉上，江水次，井水下。若采茶，以精行俭德之人，毋以妇人鸡犬到山，乃为清明。释滞消痰，解烦渴，苏肢节。然作法还以不剪为佳，而味性存焉。

饶州府

茶　饶州出茗，其利最夥，然味不及信州。唐李孝标送饶州张蒙使君诗，有“日暖持筐依茗树”之句。

南康府

匡茶　香味可爱，茶品之最上者。

九江府

茶　五邑俱产，惟庐山出者，味香可啜。

南安府

土茶　出崇义龙归山，与普洱茶相似，亦能消滞解热。

赣州府

岎茶　出宁都紫云峰，香味第一，不可多得。

储茶　出自储山，曰大园储茶，香味亦佳。

卷三十四　关津

上水税则　红粗茶每十篓俱七分零。

卷三十八　古迹一

南昌府

黄山谷故宅　《名胜志》：涪翁先居修水，后乃迁于双井，在州西三十里。其南溪心有二井，土人汲以造茶，为草茶第一。

卷四十　古迹三

广信府

陆鸿渐宅　明《一统志》：在府城西北。唐陆羽常居此，号东冈子。刺史姚骥尝诣其所居。凿沼为溟渤之状，积石为嵩华之形。后隐士沈洪乔葺而居之。　《图经》：羽性嗜茶，环居有茶园数亩，陆羽泉一勺。今为茶山寺。

卷四十一　古迹四

饶州府

陆羽灶　明《一统志》：在冠山。唐陆羽凿石为灶，取越溪水，煎茶于此。今灶尚存。

《名胜志》：上有煮泉亭。

卷一百零六　方技

赣州府

国朝　罗牧字饭牛，宁都人。工书画，得魏石林之法而益精，寓居南昌，巡抚宋荦作《二牧说》赠之……亦善制茶，巡抚郎廷极为诗纪其事……（府志）

卷一百五十九　杂记一

陆羽字鸿渐，号竟陵子，初未知所生。世传复州雁桥，乃竟陵龙盖寺僧得羽处。初见群雁翔集，覆小儿于下，僧史钟师得而育之，欲以为弟子。及长，以易自筮，得蹇之渐，曰：鸿渐于陆，其羽可用为仪，吉。乃以陆为氏，以羽为名，而字鸿渐，以雁目其桥。（《广信府志》）

江西通志

光绪七年(1881年)　一百二十册　　曾国藩、刘绎纂修

卷四十八　风俗

江南东西路，盖禹贡扬州之域，当牵牛、须女之分。东限七闽，西略夏口，南抵大庾，北际大江。川泽沃衍，有水物之饶，永嘉东迁，衣冠多所萃止。其后文物颇盛，而茗荈、冶铸、金帛、粳稻之利，岁给县官用度，盖半天下之入焉。（《宋史·地理志》）

瑞州府　其人稼穑渔猎，其利粳稻竹箭，楩柟茶楮，民富而无事。（苏辙《筠州圣寿院法堂记》）

饶州府……盖以山甚稠，田甚狭，以故食多不足，士与工商，皆出四方以就利……其货之大者，摘叶为茗，伐楮为纸……（汪肩吾记）

卷四十九　物产

茶　《茶谱》：洪州西山白露鹤岭茶，号为绝品。又西山有罗汉茶，叶如豆苗，因灵观尊者自西山持至，故名。《茶事杂录》：双井，在宁州西三十里，黄山谷所居也。其南溪心有二井，土人汲以造茶，为草茶第

一。山谷送东坡双井茶诗：我家江南摘云腴，落硙霏霏雪不如。(以上瑞州府)

茶　各县出。(以上建昌府)

茶　七邑俱产，土人多不善制。

谨按：国朝郑日奎《西山茶课记》：西山在弋之西北，山势宠从，亘十数里，土与石间之林壑，初无大异，其名也，以产茶。寺居山之麓，僧亦以种茶为业。住持老衲，鹅湖人也，腊甚高，好谈前朝事。客至，无他供，惟以茶。啜茶次，辄为客述明时弋之茶害也。正德中，宁藩势张甚。每岁春，辄遣官校督茶芽，凌轹官吏，民苦之。己卯，逆藩败，弋患始去。邑人汪少宰有《庚辰春日饮茶》诗，意盖指此。而今幸矣，无他虑矣。因为诵汪公诗，客皆色然喜，欣然笑也。更啜次，僧为客述明末铅之茶害也。信七邑，皆产茶，初无绝佳者，故不以供上用。独铅邑有茶户，有茶课，课额岁八斤耳，不为民厉。何时例忽起，每岁清明课茶时，除正供外，自监司以下逮丞尉，皆有馈，名曰荐新。实则本处所产，不能应，皆市之他郡以充之，民岁费金以数十计，已苦之矣。何时例又变，每岁课茶时，除正供本色外，其他馈赠，悉以银代之，于是民岁费金以百数十计，茶户或称贷偿，或鬻妻子偿，甚有自经沟渎间者。已而相率逃去，则科之合邑之粮里，费益不赀，害益深矣。邑人盛处士有《汭川采茶歌》，意盖指此。而今不知何如也。因朗诵盛子歌，歌未终，客皆惨然不乐，太息起，啜饮而别。(以上广信府)

茶　匡茶，香味可爱，茶品之最上者。又《元丰九域志》：出云居山者，土名攒林，色香味皆佳，虽闽之阳羡（编者按：阳羡茶不产于闽），浙之龙井，六安之银针，无以过焉。(以上南康府)

土茶　出崇义龙归山，与普洱茶相似，亦能消滞解热。(以上南安府)

储茶　出赣县储山，曰大园储茶，香味亦佳。(以上宁都府)

土贡

……明有额办，有岁办，额办曰荐新芽茶，茶户采办……

国朝贡额

永新砖茶一箱　安远茶一箱　庐山茶一箱

卷五十　山一

南昌府

澄山，在丰城县南九十里（一作一百四十七里），产茶……

洪崖，在新建县西四十里西山中，一名伏龙山，乃洪崖先生炼药处。有洞居水中，宸濠尝戽水见底。有五井，各方广四尺许。洞侧瀑布泉，状如玉帘，欧阳修品为第八泉……

卷五十二　山五

吉安府

传担山，在泰和县西五十里。高峻非攀援不可度。西南有石笋峰，尤峭拔，下有九龙潭，又有玉溪泉，凡四十八窍，至岩前合为一，因名六八泉，产茶，味极香美……

卷五十三　山七

建昌府

旗鼓山，在南丰县西南三十里。右如展旗，左如扑鼓。又西南二十里为福善山……其山高峻，与军山对峙，产茶最佳……

卷五十三　山八

广信府

南屏山，在上饶县东南五里。拱抱府治如屏，故名。一名天马山，宋赵汝愚尝建南台于上，旁有谢枋得祠，又县北有茶山，唐陆鸿渐尝居此。

茶山，在上饶县北。唐陆鸿渐居此，有陆羽泉，即天下第四泉也。

卷五十四　山九

饶州府

冠山，在余干县城中。平地崛起，巍然如冠。一名双覆峰，又名羊角峰。或称东冈，上多奇树怪石，前瞰琵琶洲。相传唐陆羽于此煮茶……

卷五十四　山十

南康府

康王谷，在星子县北三十五里。一作钊城，盖周康王名也，或作康阳。梁刘孝绰酬陆倕诗：乍观秦帝石，复憩周王城。即指此。旧志作楚王谷。　宋朱子康王谷水帘诗：循山西北骛，崎岖几经丘。前行荒蹊断，豁见清溪流。一涉台殿古，再涉川原幽。萦纡复屡渡，乃得寒岩陬。飞泉天上来，一落散不收。披崖日璀璨，喷壑风飕飗。追薪爨绝品，瀹茗浇穷愁。敬酹古陆子，何年复来游。

卷五十五　山十二

南安府

龙归山，在崇义县西一百八十里，接广东仁化县界。深林丛箐，土人制茶，与普洱茶相似。

卷五十六　山十四

宁都州

中华山，在石城县南六十里，一名凿龙山。产茗极佳……

卷五十七　川一

南昌府

鹿井，在新建县西南七十里久驻村。井在溪中，天旱溪涸，井乃见。紫石回旋，肤色光莹，石罅中清泉涌出，以烹茗，辄成紫色。曾有群鹿饮其中，故名。

双井，有二：一在义宁州南三十步。昔人掘二井以制火灾，称双井……一在州西三十里。黄庭坚所居之南溪心有二井，土人汲以造茶，号双井茶，绝胜他处。　宋欧阳修《双井茶》诗：西江水清江石老，石上生茶如凤爪。穷腊不寒春气早，双井芽生先百草。白毛囊以红碧纱，十斤茶养一两芽。长安富贵五侯家，一啜犹须三日夸。宝云日注非不精，争新弃旧世人情。岂知君子有常德，至宝不随时变易。君不见建溪龙凤团，不改旧时香味色。　黄庭坚《以双井茶送子瞻》诗：人间风日不到处，天上玉堂森宝书。想见东坡旧居士，挥毫百斛泻明珠。我家江南摘云腴，落硙霏霏雪不如。为公唤起黄州梦，独载扁舟向五湖。又《以双井茶送孔常父》诗：校经同省并门居，无日不闻公读书。故持茗碗浇舌本，要听六经如贯珠。心知韵胜舌知腴，何似宝云与真如。汤饼作魔应午寝，慰公渴梦吞江湖。

卷五十八　川五

吉安府

神潭，在万安县南五里惶恐滩上。水清深，观鱼辄见。两岸旧种茶，味香美……

卷六十　川十

南康府

玉渊泉，在星子县北二十里栖贤寺侧……其东有招隐泉，泉出石龙首中，泻下三峡涧，汇为巨潭，曰石桥潭。唐陆羽《茶经》品其水为天下第六（已有编者按在雍正十年《通志》）。旧有陆羽亭，今废。

谷帘泉，在星子县北三十五里康王谷。其水如帘，布岩而下者三十余派，亦匡庐异观也。唐陆羽品其水为天下第一。

卷六十一　川十二

南安府

焦溪，在南康县西三十五里。源出锅坑，流至浮石，入章江。苏轼诗：蕉溪闲试雨前茶，指此。

龟泉井，在大庾县西宝界寺内。掘井及泉，下有石龟，泉从龟双目中出。宋张九成寓寺中，品泉味，亟称之。

卷六十一　川十三

赣州府

狮子井，在府治前通衢左右……又府治东坊江东庙前灵泉井，烹茶味佳，兼可愈疾。

卷六十一　川十四

宁都府

陆公泉，在瑞金县南（一作西南）里许东明观前。宋大观中，太常少卿陆蕴坐议原庙不合，谪瑞金令，与弟藻周游此，烹泉瀹茗……邑人遂以陆公名泉。

卷八十七　税（九江关　九江新关　赣关附捐厘始末）

九江关

九江关，明初有关税，无船钞。宣德四年，九江始设钞关，征收船料。景泰元年，始差主事监收。成化二年冬十一月，征九江船钞。七年二月复设九江钞关。嘉靖四十二年，科臣张鸣瑞请移关湖口，抚按诸臣议未便，遂添设一关于湖口县西上钟山麓，算彭蠡湖出入舟船征料，附浔关汇解……清康熙四年定制：各关税均交地方官管理，以九江关归九江道。八年，复遣部员征税。二十一年题准九江关移驻湖口。

国朝税额银一十七万二千二百八十一两三钱六厘有奇，赢余银三十六万七千两。凡官商盐茶有征，客商货物，除竹木输税外，余皆无征……船料无火牌勘合者，与茶船、鱼苗船皆量船之丈尺，照商船例征收……茶税上则百斤，征银三钱，中则一钱，下则三分……

赣关

赣关，始于明正德六年……国朝康熙四年，定各关税归地方官管理，于是赣关归吉南赣道。八年，议各关复遣满汉部员，时赣关仍归地方官管理。十六年，乃复遣部员。雍正元年，奉旨：赣关停其遣官，交巡抚，令地方官兼管。

国朝税额，银……赣关共八万四千四百七十一两五分五厘……

上水税则……临江粗茶十篓……七分零四毫，细茶等百斤……三分五厘二毫……

……雍正七年……商贾货税，以丝税、茶税为大宗……茶税，则长江通商商贾贩运毕，集于九江、汉口，不复至赣……巡抚刘坤一复请减免，部议准免九成，赔一成。奉旨谕允。

附捐厘始末

江西之有捐厘，始于咸丰五年。时户部奏请通行各省，按货抽厘，以助军饷。爰于南康涂家埠，广信河口镇设卡试办。六年，乃设总局，定法综计百货而抽分之，凡货值银一两，捐二分，值钱千，捐二十，逢卡抽收，不立定限，坐贾则有门厘……及同治三年，巡抚沈葆桢奏，奉上谕，以江西牙厘茶税分提一半，作为防饷……盖自军兴以来，征发不常，岁用千万，东南七省，咸仰给于捐厘……始行于扬州仙女庙，达之数省，且资其用，以至今日，虽非常法，亦未可略而不书也。

卷一百十四　胜迹　署宅

黄山谷故宅　庭坚先居修水，后乃迁于双井，在州西三十里。其南溪心有二井，土人汲以造茶，为草茶第一。（以上义宁州）

卷一百十七　胜迹　署宅

陆鸿渐宅　在城西北。唐陆羽尝居此，号东冈子。刺史姚骥尝诣其所居。凿沼为溟渤之状，积石为嵩华之形。后隐士沈洪乔葺而居之。羽性嗜茶，环居有茶园数亩，陆羽泉一勺。今为茶山寺。（以上玉山）

陆羽灶　在冠山。唐陆羽凿石为灶，取越溪水，煎茶于此。今灶尚存。上有煮泉亭。（以上余干）

卷一百二十四　胜迹　寺观

茶山寺　在上饶县北隅，一名广教寺。有陆羽泉。唐天祐间建。国朝康熙五年推官黎士宏重建，后复毁，知府周镩元修。　黎士宏《建茶山寺记》：此山传为陆鸿渐旧居。陆好茶，故名茶山。山侧有泉，因目为第四泉，是未尝考张又新《煎茶水记》也。然山因陆固足传，泉性甘冽，又自足传，正不当以次第为高下耳。（以上广信府）

新建县志

康熙十九年（1680 年）　存九册　　杨周宪纂修

卷之十　食货　杂物

货之属

鹤岭茶　又名云雾茶。西山白露，号绝品，以紫清、香城者为最。又有双井茶芽，欧阳修诗：西江水清江石老，石上生茶如凤爪。

罗汉茶　茶如豆苗，因灵观尊者自西域持至，故名。

邓坑茶　昔无近有。

《茶谱》曰：洪州鹤岭茶，极妙。

《瑞草总论》云：洪州西山白露，茶之极品。

新建县志

同治十年（1871 年）　四十册　　承霈、杜友棠、杨兆崧纂修

卷五　山

罗汉岭，在香城寺后。上叠石为屋，曰罗汉坛，祀灵观尊者，前有濯足湖。地产罗汉茶，罗汉菜。

南昌县志

乾隆十六年(1751年)　二十册　　顾锡鬯纂修

卷之九　风俗

立夏日，妇女聚七家茶，相约欢饮，曰立夏茶，谓是日不饮茗，则一夏苦昼眠也。

浮梁(旧县名,即今景德镇市)县志

康熙二十一年(1682年)　九册　　陈淯纂修

卷之一　物产

草属

茶　浮每岁贡茶，有本色，有折色，按，白乐天《琵琶行》有浮梁买茶去，今浮产茶甚少，制亦不佳。聚于景镇者，皆徽之休宁、祁门、婺源贾客所鬻。

萍乡县志

康熙二十二年(1683年)　四册　　尚崇年、谭铨纂修

卷一　物产　货类

茶

卷三　赋税

明朝万历十三年，官民田地山塘三千七百一十三顷四十五亩五分

（茶，一万六千五百五十株）。万历二十一年，官民田地山塘三千七百一十顷四十五亩五分（茶，一万六千五百五十株）。

萍乡县志

同治十一年(1872年)　八册　　锡荣纂修

卷一　物产

货之属

茶

卷六　艺文

国朝欧阳鹤鸣《萍乡赋》　谋野子客乎萍乡，东里子礼焉。越三载，语谋野子曰……今客萍乡有年矣，凡一邑之情形后先，巨细皆备，阅而熟研，盍掞华摛藻，一一为我传之。谋野子曰……夫萍乡也者……谷则早籼晚糯……货则茶细麻轻……

德化(旧县名,民国时改为九江县)县志

乾隆四十五年(1780年)　八册　　沈锡三、罗为孝纂修

卷五　食货

茶　产庐山味香。

德化县志

同治十一年(1872年)　十六册　　陈鼒、吴彬纂修

卷四　山川

庐山　《庐山志》：山脉自衡山东行，过分宁为白藤、高梁，又东北至圆通，为庐山。

旧志：在城南二十五里古南障山。大岭凡七重。或云：高二千三百六十丈，或云：高七千三百六十丈……

苏辙诗：当年五月访庐山，山翠溪声寝食间。藤杖复随春色到，寒泉顿与客心闲。岩头悬瀑煎茶足，峡口惊雷泛叶悭。待得前村秋雨遍，扁舟应逐好风还。

康王谷　在庐山，去城四十里。《竹书纪年》：周康王十六年南巡狩至九江庐山，即此。

卷九　物产

茶　产庐山味香。

庐　山　志

同治十二年(1873年)　十六册

卷一　物产

草之品

桑疏：茶，诸庵、寺皆艺之，不减他名产。　南康志：往星子县例贡茶，然山寒，茶恒迟。频市之他邑以充贡。太平兴国中，邑人吴昶走阙下言之。有诏免贡。昶有气节，慷慨敢言，无所屈挠云。

新志：云雾茶，山僧艰于日给，取诸崖壁间，撮土种茶一二区，然山峻高寒，丛极卑弱，历冬必用茅苫之，届端阳始采，焙成，呼为云雾茶。新志：闼林茶，鸟雀衔茶子食之，或有坠于茂林幽谷者，久而萌生。山僧或有入林寻采者，所获不过三数两，焙而烹之，其色如月下白，其味如豆花香。

卷六　山川分纪五

栖贤桥东有招隐泉，其下有石桥潭。

桑疏：招隐泉在栖贤桥侧。泉出石龙首中，泻下三峡涧，汇为巨潭。陆羽常评其水为天下第六，旧有陆羽亭，今废。

六帖：陆羽更隐苕溪，自称桑苎翁。阖门著书，或独行野中，击木诵诗，徘徊不得意，辄恸哭而归。时谓唐之接舆。　邹士驺招隐泉诗：龙首清泉味不穷，长流清韵此山中。古今招隐何人至，只有苕溪桑苎翁。

卷十三　山川分纪十二

谷帘泉

桑疏：谷帘泉在康王谷中……湍怒喷薄，散落纷纭，数十百缕，班布如玉帘，悬注三百五十丈，故名谷帘泉，亦匡庐第一观也。《茶经》：谷帘泉水为天下第一。　桑疏：陆羽《茶经》言：瀑泻湍急者勿食。今此水瀑泻湍急无如矣，乃以为第一，毋亦自戾其言耶！　王禹偁曰：水之来，计程且一月矣，而其味不败。取茶煮之，浮云散雪之状，与井泉绝殊。　张又新《谢山僧寄谷帘泉》诗：消渴茂陵客，甘凉庐阜泉。泻从千仞石，寄逐九江船。竹柜新茶出，铜铛活火煎。散花浮晚菊，沸沫响秋蝉。啜忆吴僧共，倾宜越碗圆。气清宁怕睡，骨健欲成仙。吏役寻无暇，诗情得有缘。深疑尝沆瀣，犹欠所潺湲。迢递康王谷，尘埃陆羽篇。何当结茅屋，长在水帘前。

云液泉

桑疏：云液泉，在谷帘泉侧……清洌甘寒，远出谷帘之上，乃不得为第一，何也？

卷十三　山川分纪十三

香炉峰、遗爱寺、白公草堂

《玉海》云：祥符二年十二月，□□令江州，修白居易□第，以庐山有居易草堂，江州有故宅，画像犹存，故命葺之。

白居易《庐山草堂记》：匡庐奇秀甲天下，山北，峰曰香炉峰，峰北，寺曰遗爱寺，介峰寺间，其境绝胜，又□诸峰。元和十一年秋，太原人白乐天见而爱之，若远行客遇故乡，恋恋不能去，因面峰腋寺，作为草堂。明春，草堂成，三门两柱，二室四牖……堂北五步……又有飞泉植茗，就以烹燀……白居易《香炉峰下新卜草堂初成题壁》：长松树下小溪头，斑鹿胎巾白布裘。药圃茶园为产业，野麋邻鹤是交游。云生涧户衣裳润，岚隐山厨火烛幽。最爱一泉新引得，清冷屈曲绕阶流。

庐　山　志

民国二十二年(1933年)　二十六册

卷二　山川胜迹　目之十一　山北第二路

由妙智铺西南行，至桃花尖山，九、星二县分界处。

报国寺

云峰寺南有报国寺。庐山报国寺有三，或存或废，此其一也。

此地营梗香业者，利用涧水，沿涧置水碓共一百八联，每联两碓，现供用者八十余碓……考周益公游记云：广福、尊胜、保宁三庵，皆沿石门涧激水碓茶，资其利，是在宋时已为碓茶之用……在汪处憩谈既久，茶香水清，询其茶所自来，以后山自采对，并云：报国寺所在，亦名茶山，殆吴兰雪为方体署茶山草堂之所由乎？（注：方体字茶山，取人地双关之义）因叹庐山地大物博，国人任其弃于地而不知兴创，即论庐山云雾茶，出名虽久，至今市面绝少真品，是所望有提创实业之责者。

卷四　山川胜迹　目之十五　山南第二路

五老峰南行，至相辞涧。

楞伽院　白石寺

太平寺东北为楞伽院，院有白石寺，亦名白石庵。老僧一心云：山中无别产，衣食取办于茶。地又寒苦，树茶皆不过一尺，五六年后，梗老无芽，则须伐去，候其再蘖。其在最高为云雾茶，此间名品也。白香山：药圃茶园为产业，信非虚语。（黄宗羲游记）

卷五　山川胜迹　目之十七　山南第四路

五老峰迤西，（团山含鄱口太乙峰）东南行至宫亭湖。

行龟峰　旧万寿寺

朱砂峰西南为行龟峰，其下有旧万寿寺。

云雾茶，出五老峰者为上。今百花园迤近诸地，大半种茶，其味亦胜万寿。（吴炜续志）

第六泉

栖贤桥侧有招隐泉，其下有石桥。潭水出石龙首中，泻下三峡涧，汇为巨潭，陆羽尝评其水为天下第六。旧有陆羽亭，今废，传为陆羽著《茶经》处。（桑纪　庐山小志）

至三峡桥，酌陆子泉，俗子乃刻招隐二字于上，山志因之。不知陆羽云庐山栖贤寺下方潭水第六，固未尝名招隐……所谓招隐泉者，在开先寺招隐桥侧，初非陆羽所评。故益公后录游开先寺云：招隐桥，近为寺僧移数十步，而招隐泉无人知者，物色久之，得于二百步外丛筱之后，石井依然，今开先之泉隐没，而移其名于此，冤矣。（黄宗羲游记）

卷六　山川胜迹　目之二十　山南第七路

谷帘泉

由圆通二十里至康王谷，入谷中，泝涧行五里，至龙泉院，又二十里，有水帘飞泉，被岩而下者，二三十派，其高不可计，其广七十余丈。

陆鸿渐《茶经》尝第其水为天下第一（编者按：陆羽《茶经》无此说法）。（陈舜俞《庐山记》）

李季卿论水，以庐山康谷水第一。（《六一集》）

谷帘泉在康王谷中……湍怒喷涌，散落纷纭，数十百缕，班布如琼帘，悬注三百五十丈。（王禹偁序）　故名谷帘泉，庐山一奇观也。（桑纪）

陆游《入蜀记》曰：史志道饷谷帘水数器，真绝品也，甘腴清泠，具备诸美。前辈或斥水品以为不可信，水品固不必尽当，至谷帘泉，卓然非惠山所及，则亦不可诬也。

卷十二　杂识　内篇　庐山总类

贡茶　宋太平兴国中，庐山例贡茶，山寒，茶恒迟，市之他邑充贡，民甚苦。邑人吴昶走阙下言之。诏免贡。

瑞香花，种出自庐山，花多者，一株至百数十花。最忌麝，麝触之辄萎死。频以茶灌其根，则虫不蚀。

云雾茶　云雾茶，山僧多种岩壁间。更有鸟雀衔子，坠生林谷，名闼林茶，色白香清，谷雨时采之最良。廖雨诗：金芽碧玉可怜生，又云：云根冻护香一丝。注：云雾茶以野生者为上品。闼林茶，闼字待考，今曰钻林茶，各山寺间有之，产量极少。

云雾茶之沿革　云雾茶，为庐山特产。因庐山高出海拔一千五百余米，叠石为峰，断壑为崖，清香幽液，喷流岩石上，蒸气上腾，蔚为云雾，四时不绝。茶生其间，钟泉石之灵，禀清幽之气，味凉而色秀，液清而气香。其初由鸟雀衔种而来，传播于岩隙石罅，称为野茶，产量至少。嗣各寺僧采种培植，奈山高气寒，风雪太厉，保护维难，生育不良，终岁勤劳，所获有限。驯至清代，各寺销毁于兵灾火劫，且因官方征取过苛，应付乏术，而原有栽培之区，咸放弃不顾，以致鼎鼎有名之云雾茶，于无形中绝迹于匡顶。逮牯岭开放后，来山避暑者，欲征求云雾茶而不可得。商人乘机射利，或收取山麓土茶充之，受愚者不乏人。江西省立林场于民国二年开辟黄龙区，积极向九奇峰下择地育苗，继续栽植数十亩。至民国八年，方得采收数十斤，以供各界人士之品尝，而云雾茶之名遂复振矣。

云雾茶之栽培法　寒露节后采收种子，曝日光下，除去外壳。将种子用布袋悬挂空气流通之室内，或用晒干之黄土、细砂将种子埋藏窖内，勿使干燥及霉腐。至次春清明节前后，取出播莳于苗圃内。先整好三尺宽之苗畦，用条播法，每隔六寸播一行，每行约播种子七八十粒，每六行可播种子一公升，每一方丈约可播种子五公升。播后覆以薄土，以不露出种子为度。覆土后，再薄敷稻草或茅草于其上，以防雨水流失表土及日光之直射。土内经过两三周后，即行发芽，可将所敷之稻草或茅草除去，即拔草一次，以后间半月拔草一次，至七八月间施肥一二次。入冬，用茅草扎成霜棚，以防风雪侵入畦间，并须施以谷壳或木屑。至次春，全体掘起，剪除其直根，另行移植。发育若良，第三年春即可植出于圃间，否则须放置一年，加施肥料，以促其发育，至第四年春方能从事植出。当植出之前，须先将圃间杂草除尽，作成阶段形之横畦，然后将茶苗五株或六株合作一丛，用三角形植法，每隔三尺五寸植一丛，每地一亩约可植五百六十丛。植后首二年，须除草四五次，施肥二次，与农作物相等。以后年须除草三次，施肥一次，或不施亦可。除草期间，首次当在四月杂草萌发之时，二次当在七月旺盛之时，三次当在九月结实之时。施肥当在四、七月，除草之后，肥料则以腐烂之油桐、油菜、芝麻、花生等枯饼为佳，若施以人畜粪尿，味即不良。除草须用两齿耙，深事耕锄，去尽草根，以细土培壅茶株之周围，使其根株发育。树丛扩大至五六年后，并须于春前修剪，摘除其老叶，使其多发新芽，增加收获。但茶株不耐严寒，每当冬至后须用茅草逐丛包裹，再用泥土壅埋，以避风雪及冰冻之侵害。至次春解冻后，方可揭出，为时约在惊蛰前后也。

云雾茶之采制法　庐山高寒，所有茶株，每当清明节前后始行萌芽，俟谷雨后新芽稍行展开，方可从事摘采。若在雨前，则芽太小，采摘不易，收获亦少，过期，则叶太老，而味又不佳。但采摘时，须注意其发育程序。每三叶可摘二叶，必留存一叶以保持其生长，倘摘伤过甚，则再行萌发，极不容易，而树丛即呈萎缩之状态，渐趋于枯死，非比山麓暖地，可一摘而再摘也。如此每茶一丛，可采生叶一两至二两，每人每日约可采生叶三斤。每生叶五斤，方可制成干毛叶一斤。毛叶一斤，于过筛过拣后，可得佳茶十二两（编者注：老秤一斤为十六两）。但生叶采回后，即须杀生，不可久行搁置，因茶叶受热，易于发酵，而变易其色味。杀生时，火力宜大，手续宜敏捷，不可在锅内久炒。每锅以炒生茶二斤为度。经过三分钟，即须炒好，过度恐炒拌不匀，需时必多，定有过生过老之害，不能得良好之色味。杀生后，须晾开于揉板上，急急揉擦一回，打散一回，以免热气闭藏于中，致有发酵之虞。揉好后，尤须急急薄敷于焙笼上，用无烟、无臭、不大不小之柴煤火速行焙燥。燥后，即谓之毛茶。以毛茶加火过筛，拣去白叶细梗，再加火封装，即告成功。但茶易沾染他种气味，所用封装之瓶罐及揉焙之器皿，尤宜注意。

云雾茶之害敌　云雾茶之害敌，除霜雪外，以介壳虫为最甚。霜雪之避防，已于栽培法内说明。介壳虫之发生，大半因山中杂草太多，阳光不足，加以泉水泛流，潮湿过重所致。介壳虫体小而圆，带黄白色，每年于春末、秋初及仲夏时发生三次。初时产卵于茶叶之里面、分泌一种白色之蜡质，以遮盖之。一卵囊内，以扩大镜视之，约有幼虫数百蠕蠕而动，渐次蔓延，致全圃茶株，均若涂有石灰点者。约两周后，其幼虫即行孵化而出，变为成虫，至小且微，飞跳于杂草间，不可捕捉。其所遗蜡质体于茶株上，即引起一种霉菌，能使茶株之茎、叶、干立变黑暗色，而至于枯死。本场所有茶株，自民国十六年发生此种介壳虫，至十八九年间，蔓延几及于全圃。嗣经再三考察其发生原因，并悉心研究其救治方法，纯系自十五年以来未曾耕锄，致杂草郁闭，阴湿沉寒所致。其治法：初用石油乳剂及石灰琉璜液与炭酸乳剂注射，因虫体上包有蜡质，药力不能透过，全无效力；嗣用琉璜熏蒸，虽有效，而茶株与虫俱尽矣。后用布幕笼罩于茶株上，用四氯化碳熏之，结果虽良，然逐株使用，工作甚繁，期间甚长，药资过巨，于经济上亦不合算。最后，将已行被害之茶株尽数砍除而烧却，并将根株全体耕锄数次，除尽杂草，使其复行萌发，并勤事巡察，遇有发生之茎、叶、干部，时时摘除。今复郁郁苍苍，而虫害消灭于无形矣。

云雾茶之特点　茶叶之紧要，不外色香味三者。色香之鲜美馥郁，纯关于采摘之时期及制焙之火功与封装之良好；其味，则全视产品之土地气候为何。如庐山高出云表，岩石间均含有石钟乳，随泉水流出，溢于茶圃内，使茶株吸收，能营一种甘美清凉之液汁，比他处所产者不同。今欲识别云雾茶，须取清泉，用竹火煮沸，泡以浓液，于酒后烟余，徐饮徐咽，则觉喉间格外甘洌，而芳芬之气，复由咳唾发出，能保二三小时。民国二十一年十一月江西省立庐山林场技士严开广述。

杂记　内篇　山南七路

陆羽以庐山康王谷水第一。陈舜俞《庐山记》云：康王谷有水帘飞泉，破岩而下者，二三十派，共广七千余尺，其高不可计，山谷有诗云：谷帘煮甘露是也。又《东京记》曰：文德殿两掖有东西上阁门，故杜诗云：东上阁之东，有井绝佳。山谷忆东坡烹茶诗：阁门井不落第二，竟陵谷帘空误书（竟陵，陆羽也，竟陵人）。按：陆羽未尝以康王谷水为第一，读六一公集曰：李季卿论水，次第有二十种，以庐山康王谷水第一，无锡惠山泉第二，虎丘井第五，扬子江第七，松江水第十六，雪水第二十，与羽相反，则知以康王谷水为第一者，李季卿也，山谷误矣。

庐山志副刊之三　庐山历代诗广存。

清查慎行《庐山杂咏》　老鸦衔茶子，堕石久成树。何必百花园，峰峰有云雾（闵林茶亦名云雾茶）。

清廖雨《采茶谣》　常年采茶早，今年采茶迟。四月寒风吹石圃，云根冻护香一丝。卜日提新筐，晴好求少许。青芽碧叶可怜生，半付野豕牙涎煮。不堪叹息提筐回，寺中有客城中来。自称公府门下役，朱票买茶一百六。票书专得雨前茶，色香幽细比兰花。刻限三日交如数，官价一斤一钱足。老僧闻言面如土，顾谓徒属收拾走。石圃青丛可数处，请君佣工自摘去，诛锄灌溉不敢计。

彭泽县志

同治十二年(1873年)　十五册　　赵宗耀、欧阳涛纂修

卷四　物产

彭泽前临大江，左右腋两湖，背倚崇山，地少平衍，物产非饶矣……如枣栗，如羊桃猴枣，如竹笋椿芽，如丁香柿，而价值以漆为最，要不若武山、浩山之茶，色味香俱绝，通商利溥也……

都昌县志

康熙三十三年(1694年)　六册　　曾王孙、徐孟深纂修

卷之一　封域　土产

药之属

茶

都昌县志

同治十一年(1872年)　十册　　狄学耕、黄昌蕃纂修

卷之一　风俗

婚礼　初议婚，订以花簪履样之属，曰押样，行聘必以茶叶，曰下茶……

星子县志

同治十年(1871年)　十二册　　蓝煦、曹征甲纂修

卷之一　疆域

货之属

庐山茶　有云雾茶，最好，但不易得。

卷之十四　杂志　古迹

批验茶引所，在芦潭镇，去县治一百五十步，今废。

建昌(旧县名,即今永修)县志

康熙十四年(1675年)　六册　　李道泰、袁懋勤纂修

卷一　舆地　物产

货属

茶

建昌县志

道光元年(1821年)　八册　　马旋图、郭祚炽纂修

卷之二　舆地　物产

货之属

茶　《元丰九城志》：土贡茶芽一十斤。出云居山者，土名攒林，色香味皆佳，虽闽之阳羡（已有编者按在光绪七年《江西通志》），浙之龙

井，六安之银针，无以过焉。

德安县志

乾隆二十一年（1756 年）　四册　　曹师圣纂修

卷之四　山川

城门山　在县西北。中有大谷……

明里人邬瑞记：山在县西乡茶里，去治六十里。茶里者，或曰：里中有斥堠墩，上有茶亭，陟其顶，可侦寇；或曰：聂家山，产云香茶，故名。里之东为南田，西为横山……

卷之六　物产

货殖之属

云香茶　出聂家山。味甘美，可以消渴益神。今无。

德安县志

同治十年（1871 年）　八册　　沈建勋、程景周纂修

卷三　土产

货殖之属

云香茶　出聂家山。味美甘芳，可以消渴益神。今无。

卷五　田赋

安邑旧无关榷。咸丰十年，奉牙厘总局派委，设立乌石门关卡。所有征解数目，均未与闻。

瑞昌县志

隆庆戊辰(二年,1568年)　二册　　刘储纂修

卷之一　物产

货

茶

武宁县志

嘉靖二十二年(1543年)　二册　　徐麟纂修

卷之一　舆地类　土产

货之类

茶

武宁县志

雍正三年(1725年)　四册　　冯其世、汪克淑纂修

卷之一　土产

货之属

茶　岁雨前上供，荐新芽。

武宁县志

乾隆四十七年(1782年)　三十卷　　梁鸣冈纂修

卷之三　山川

伊山，县西北三十里……山产茶与木瓜。

龙须洞，县西三十里……产茶。

果子洞，县西北七十里……山产茶、榧。

菖蒲潭，县东四十里……相传靖公品茶于此。又名其地为茶瓶洞。

卷之七　土产

茶，武宁所产，伊洞、瓜源、果子洞擅名，然皆逊于象牙洞，内铁釜、长凹、竹凹最美者，有白毛，幽翠可爱，状如银须、雪爪、玉钩。清明前摘焙，溪涧水注之，色微碧，味绝隽，饮过喉舌间，有余味，令人疏豁；叶甘脆，细嚼亦甚清永。宁人喜茶，所产仅足供用，唯伊洞、瓜源粗者，他方所仰，其长凹、竹凹，虽土人不可多得也。长凹、竹凹茶，入数十叶于精瓷碗，倾以清溪熟水……全液出，饮之味清远厚郁，移时则失其妙。瓜源仙崖茶，香味绝佳，岁出不盈十镪，罕有知者。按：图经续志：武宁、宁州皆产茶，宋时名曰江茶。又《续职方乘》：茶出分、武两县者最佳。今遍行天下，号为江茶。又《归田录》：武宁严阳茶，与双井茶相亚，为草茶第一。合考诸书，宁茶有名已久。古人龙团䃺饼，失其本性，唯草茶元精独存，初沸水注之，云液浮出，色香味皆佳也。

卷之十　风俗

东晋以来，江南之人好佞佛，而武宁独否；李唐而后，江南之人皆嗜茶，而武宁独甚。宁为邑，朔南二百里……至于茶，则僻村深谷，往

往专制蓄之法，割牛肊，泛素瓷，甘泉清溪，随地可得，虽屠苏茅茨，其精好不异士大夫家。(《留雪草》)

宁人嗜茶，就地炉烹，且烹且饮……

俗喜嚼茶叶，啜其精液，又食其渣滓。然雪爪、玉钩，味实甘永，嚼之，齿舌间有余韵，虽文士不厌也。(《隐雪草》)

北乡以芎和茶，南乡以蕨为粉……

茗之性寒，芎之性散，皆有明文。土人二物并用，老者寿考康宁，少者强壮自若，未尝见有毫发之损，或地气相宜，抑亦脏腑相习，《本草》诸书，时有不验也。

卷之三十　杂记

李德严弃官学道，访丁义遗踪，入瓜源，构净明堂，时有白鹿驯扰阶下及青鸟采茶之异。茶产于丁仙崖，香色绝胜。其修治与乡人异，至今尚传其法云。

武宁县志

道光四年(1824年)　八册　　陈云章纂修

卷之五　山川

龙西洞……产茶（即龙须洞)。

卷之十一　风俗

里巷歌谣，父老转相传述，樵牧赓和，皆有自然音节，其言类多男女情事，独一歌云：南山顶上一株茶，阳鸟未啼先发芽。今年姊妹双双采，明年姊妹适谁家？词意缠绵，得风人之遗，较白志所纪阿婆门前一缸油，风韵殊胜。

卷之十二　土产

货之属

茶　邑所产，伊洞、瓜源、果子洞擅名，然皆逊于象牙洞……惟草茶元精独存，用初沸水注之，云液浮出……近日耕山者众，峦岫童秃，茶亦减色，诸书所云，不尽信也。

义宁州（旧州名，民国时改为修水县）志

同治十二年（1873年）　二十六册　　王维新、涂家杰纂修

卷之六　地理志　名迹

黄山谷故宅　涪翁先世居修水，后乃迁于双井，在州西。其南溪心有二井，土人汲以造茶，为草茶第一。（《名胜志》）

卷之八　地理志　土产

双井茶　《宋史·食货志》：茶之产于东南者，雪川顾渚生石上者，谓之紫笋，毗陵之阳羡，绍兴之日铸，婺源之谢源，隆兴之黄龙、双井，皆绝品也。欧阳修《归田录》：腊茶出（一作盛）于剑、建，草茶盛于两浙。两浙之品，日注为第一。自景祐以后，洪州双井白芽渐盛。近岁制作尤精，囊以红纱，不过一二两，以常茶十数斤养之，用辟暑湿之气。其品远日注上，遂为草茶第一。

叶梦得《避暑录话》　草茶极品，惟双井、顾渚，亦不过各有数亩。双井在分宁县，其地属黄氏鲁直家也。元祐间，鲁直力推赏于京师，族人交致之，然岁仅得一二斤耳。顾渚在长兴县，所谓吉祥寺也。其半为今刘侍郎希范家所有。两地所产，岁亦止五六斤。近岁，寺僧以求之者甚多，不暇精，不及刘氏远甚。余岁求于刘氏，不过半斤，则不复佳。盖茶味虽均，其精者在嫩芽，取其初萌如雀舌者谓之枪，稍敷而为叶者

谓之旗。旗非所贵，不得已取一枪一旗犹可，过是则老矣，此所以为难得也。

周辉《清波杂志》　双井因山谷乃重。苏魏公尝云：平生荐举不知几何人，惟孟安序朝奉岁以双井一瓮为饷，盖公不纳苞苴，顾独受此，其亦珍之耶！按：双井茶，黄庶诗云：双井名入天下耳，建溪春色无光辉。司马温公、欧公、坡公俱有诗。又坡公《和钱安道寄惠建茶》诗云：糠秕团凤友小龙，奴隶日注臣双井；《寄周安孺茶》诗云：未数日注卑，定知双井辱。孔平仲《送郭明叔知分宁县》云：茶并芽香雪满瓯。陈后山赠山谷诗云：君如双井茶，众口愿共尝。周益公《山谷祠记》，其词云：撷白芽于双井，灿浮瓯之云乳。其为当时名公脍炙如此。

碾茶法　《山谷刀笔》云：当以芦布作巾，裹厚埴盏一只，置茶其中。每用，首顿之，尽筛去白毛，并拣去茶子，乃碾之，则茶色味皆胜也。又云：石碾须洗令无他茶气，风日极干之，芽子以疏布净揉去白毛，乃入碾，少下而急转，如旋风落雪，方得所。又诗云：落碾霏霏雪不如，山芽落碨风回雪。曲尽碾茶之妙。然此法今已成广陵散矣。

煎茶法　《山谷刀笔》云：点时，净濯瓶，注甘冷泉，热火煮盘，炒盏令热，汤才沸，即点。草茶劣，不比建溪，须用热沸汤也。又《煎茶赋》云：水茗相投而不浑。诗云：茶如鹰爪拳，汤作蟹眼煎。

芽茶　双井钓台畔，有茶一株，叶与常茶异，高四五尺许，土人间采之，味佳，胜天池、武夷；又双井明月庵墙隅一株；然皆不复见矣。今其地犹生茶，采于清明、谷雨时者为芽茶，采于立夏时者为子茶，小满、芒种时则为红梗、白梗。八乡皆有之，而崇乡、幽溪较胜。按《宋史·食货志》：嘉泰四年，知隆兴府韩邈奏请隆兴府惟分宁县产茶，他县无茶。道光间，宁茶名益著，种莳殆遍乡村，制法有青茶、红茶、乌龙、白毫、花香、茶砖各种。每岁春夏，客商麇集，西洋人亦时至，但非我族类，道路以目，留数日辄去。

卷之三十四　艺文志　诗

司马光《以双井茶赠范景仁》　春睡无端巧逐人，驱诃不去苦相亲。

欲凭洪井真茶力，试遣刀圭报谷神。

宁州（旧州名，即义宁州）志

嘉靖二十二年（1543年）　四册　　龚暹纂修

卷之六　山川

双井　在州治西二十里高乡二十七都。宋黄庭坚所居之南溪心有二井，即修水也。上井深四丈，下井深六丈，沙石过而不入，土人汲以造茶，绝胜他处……

卷之六　物产

杂货类

茶

宁　州　志

乾隆二年（1737年）　十册　　张耀曾、陈昌言纂修

卷之二　舆地志下　山川

井　双井　州西二十里高乡二十八都。山谷世居于此。溪南有二井，上井深四丈，下井深六丈，沙石过而不入，土人汲以烹茶，绝胜他处。庭坚有送双井茶与苏轼诗……

卷之二　舆地志下　山川

土产　货类

茶

卷之八　艺文志　诗

苏轼《鲁直以诗馈双井茶，次其韵为谢》　江夏无双种奇茗，汝阴六一夸新书。磨成不敢付童仆，自看雪汤生玑珠。列仙之儒瘠不腴，只有病渴同相如。明年我亦东南去，画舫何妨宿太湖（宁有太湖山）。

黄庭坚《双井茶》　万仞峰前双井坞，婆娑曾占早春来。如今摸索苍龙壁，沉井铜瓶漫学雷。山芽落硙风回雪，曾为尚书破睡来。勿以姬姜弃憔悴，逢时瓦釜亦鸣雷。

上饶县志

乾隆九年(1744 年)　八册　　汪文麟、郑绍淳纂修

卷二　山川

陆羽泉，在城北茶山寺。唐陆羽寓其地，即山种茶，品其水曰第四。尚书杨麒因以为号。一名燕支井，以土赤名。长汀黎士弘改曰陆泉，匾曰独清，制一联曰：千年旧姓存前哲，一掬寒泉付老僧。有诗。

卷三　物产

茶　《鹤山集》云：茶之始，其字为荼。茶之团者，片者，皆出于碾硙之末，已损其真，总不若芽茶也。四乡售者多园茶。

卷十一　人物　寓贤

唐　陆羽字鸿渐，一名疾，字季疵，复州竟陵人。上元初，隐居苕溪，号桑苎翁。召拜太子文学，徙太常寺太祝，不就。寓居信城北三里，自号东冈子。性嗜茶，环居多植茶，因号茶山，刺史姚骥就访焉。尝著《茶经》三篇，鬻茶者目为茶神，祀之。又御史肖瑜领洪州，羽自信州移至洪州玉芝观，瑜喜与之唱和，成帙，权德舆为之序。

卷十六　艺文

皇甫曾《送陆羽采茶》　千峰待逋客，香茗复丛生。采摘知深处，烟霞羡独行。幽期山寺远，野饭石泉清。寂寂燃灯夜，相思一磬声。

刘长卿《送陆羽之茅山，寄李延陵》　延陵衰草遍，有路问茅山。鸡犬驱将去，烟霞拟不还。新家彭泽县，旧国穆陵关。处处逃名姓，无名亦是闲。

卷十六　杂志

陆羽字鸿渐，号竟陵子，初未知所生。世传复州雁桥乃竟陵龙盖寺僧得羽处，初见群雁翔集，覆小儿于下，僧史钟得而育之。及长，以易自筮，得蹇之渐，曰：鸿渐于陆，其羽可用为仪，吉。乃以陆为氏，以羽为名，而字鸿渐，以雁目其桥。(《雌伏亭丛记》)

上饶县志

道光六年(1826年)　十二册　　陶尧臣、周毓麟纂修

卷五　山川

五马岭，在邑城西北二里许。刺史姚骥因访茶山陆鸿渐，道经此，故名。

陆羽泉，在城北茶山寺。唐陆羽尝寓其地，即山种茶，品为第四。其水似井而傍山，色白味甘，是为乳泉。以土色赤，又名燕支井。湖潭唐世征诗：生为《茶经》累季疵，秃衿扬杓亦何辞。岂知北郭空山里，占得寒潭雪一池。

按：欧阳永叔记云，羽所说二十水，庐山康王谷水第一，无锡惠山石泉第二，蕲州兰谷溪石下水第三，峡州扇子峡虾蟆口水第四；又刘伯刍……以扬子江为第一，惠山石泉为第二，虎丘石井为第三，丹阳寺井

为第四；皆不及信州胭脂井，列之第四，好事者所附会耶？考《茶经》只载山水上，江水中，井水下。其山水，拣乳泉、石池漫流者上，其江水取去人远者，井取汲多者，初不著次第。而此水似井而傍山，色白而味甘，殆乳井泉乎？当仍旧志曰陆羽泉，不当以第四之名溷之屈之，俾博雅者贻诮。（前志）

卷十一　土产

货之属　茶之团者，片者，皆出于碾碨之末，已损其真，总不若芽茶也。四乡售者多园茶，今亦有植于山者。

卷十七　古迹

陆鸿渐宅，在府城西北茶山广教寺。昔唐陆羽尝居此，号东冈子。刺史姚骥尝诣所居。凿沼为溟渤之状，积石为嵩华之形。后隐士沈洪乔葺而居之。《图经》：羽性嗜茶，环居有茶园数亩，陆羽泉一勺。今为茶山寺。孟郊题陆鸿渐上饶新开山舍诗：惊彼武陵状，移归此岩边。开亭拟贮云，凿石先得泉。啸竹引清吹，吟花成新篇。乃知高洁情，摆落区中缘。

卷三十二　杂记

陆羽字鸿渐，号竟陵子，唐时人。初未知所生。世传复州雁桥乃竟陵龙盖寺僧得羽处，初见群雁翔集，覆小儿于下，僧史钟得而育之，欲以为弟子。及长，以易自筮，得蹇之渐，曰：鸿渐于陆，其羽可用为仪，吉。乃以陆为氏，以羽为名，而字鸿渐，以雁目其桥。（前志）

婺源县志

康熙三十三年(1694年)　八册　　蒋灿纂修

卷二　物产

茶

婺源县志

乾隆五十二年(1787年)　十二册　　彭家桂、张图南纂修

卷之四　疆域七　地产

货之属

茶　常品为多。其云松萝茶者，称佳品，须得地气，又加人工，未易为也。松萝山在休邑，借名耳。

婺源县乡土志

宣统间　一册　　董钟琪纂修

我婺源物产，茶为大宗，顾茶唯销于外洋一路。迩年茶市窳败，业茶富者，实降为穷户，而农民依茶为活，遂苦不可支。亦有稍知变计，易种木棉者，但不知研究种法，收成甚薄。

德兴县志

同治十一年(1872 年)　十二册　　孟庆云、杨重雅纂修

卷之一　地理志　物产

货类

茶叶

玉山县志

道光三年(1823 年)　八册　　武次韶纂修

卷十二　土产

货之属

货无他奇，惟茶油、菜油与时低昂……西坑茶，雨前雨后摘之，虽蒸焙法未精，行之江浙，与灵山茶并重。

玉山县志

同治十二年(1873 年)　十册　　黄寿祺、吴华辰纂修

卷一下　物产

茶，以三清山产者味特清冽，前志称西坑茶与灵山并重，然不及三清远甚。

广永丰(广丰县,本唐代永丰县)县志

康熙四十一年(1702 年)　六册　　傅而保纂修

卷之十六　物产志

在食物曰茶，曰笋，曰蕨，曰栗，曰石耳，曰石榴，曰香茹。春茶岁充贡……

广丰县志

道光三年(1823 年)　八册　　文炳、徐奕溥纂修

卷之三十二　杂记

丰山，产茶，地热，发最早，清明后即起旗枪矣。茶候修贡事，俱采之山谷。亦有种莳者，味清而薄，止供一泼。又制法最劣，大要焦熟始用之，故品茶者不录。昔陆季疵爱信州多茶山，特流寓其地。后鬻茶者陶其形，目为茶神而祀之。故信与丰凡产茶之处，皆季疵踪迹所及，而今固未闻有宗其癖经理茶政者，甚矣，丰人之不好事也！虽然以近时茶产论，陆之用姜点茶，倍戾乃甚。余观邑绅士家煮茶供客，必沃以蜜果，瓯中唯泛甘腻，不复闻有茶香，岂亦读陆经之点姜而过耶！(前志)

广丰县志

同治十一年(1872 年)　十册　　双全、顾兰生纂修

卷一　物产

木之属

茶叶

铅山县志

嘉靖四年(1525年)　二册　　费寀纂修

卷之二　土产

食货之属

茶

铅山县志

道光四年(1824年)　十七卷　　王之道纂修

卷之三　土产

茶之属　上春　下春

附：府志拾遗：凡石山带土者，两山夹岸者，阳崖者，阴峡者，皆种以莽木。至三月清明前后，始吐芽。山人无论老少，入山采其芽，揉作焙炒。宋先有周山茶，白水团茶，小龙凤团茶，皆以佐建安而上供。今惟桐木山出者叶细而味甜，然土人多不善制，终不如武夷味清苦而隽永。凌露而采，出膏者光，含膏者皱；宿制者黑，日成者黄；早取为茶，晚取为茗；紫者上，绿者次。三月清明前采芽为上春，清明后采芽为二春，四月以后采叶则不入。《茶经》：水，乳泉上，江水次，井水下。若采茶，以精行俭德之人，毋以妇人鸡犬到山，乃为清明。释滞消疾，解烦渴，苏肢节，然作法还以不剪为佳，而味性存焉。

铅山县志

同治十二年(1873 年)　十六册　　张廷珩、华祝山纂修

卷五　物产

茶类

茶　早取曰茶，晚取曰茗。蕲门团黄，有一旗二枪之号，言一叶二芽也。地产不同，称名各异。谷雨前取叶焙制者佳。《本草》：茶能去脂，使人不睡。陆羽嗜茶，著《茶经》三篇，鬻茶者祀为茶神。附，府志拾遗：凡石山带土者，两山夹岸者，阳崖者，阴峡者，皆种以奔木。至三月清明前后，始吐芽。山人无论老少，入山采其芽，揉作焙炒。宋先有周山茶，白水团茶，小龙凤团茶，皆以佐建安而上供。今惟桐木山出者叶细而味甜，然土人多不善制，终不如武夷味清苦而隽永。凌露而采，出膏者光，含膏者皱；宿制者黑，日成者黄；紫者上，绿者次。三月清明前采芽为上春，清明后采芽为二春，四月以后采叶则不入。《茶经》：烹茶宜活水，以乳泉为上，江水次之，井水为下。采茶，毋许妇人鸡犬到山，乃为清明。饮之，能释滞消痰，解烦渴，苏肢节。铅山物产，纸外惟茶。

卷五　土贡附

明

茶芽五斤八两。

进茶芽、斑竹，不惟出茶出竹之人户受害，凡一郡之人，同为供送，犹不能支持，则茶与竹之害骚然矣！

贵溪县志

乾隆十六年(1751 年)　五册　　华西植、黄炎纂修

卷一　山川

茶山　到县一百一十里。

卷四　物产

茶　土人多不善制。

府志拾遗：宋先有周山茶，白水团茶，小龙凤团茶，皆以佐建安而上供。今惟桐木山出者叶细而味甜，然终不如武夷味清苦。

安仁(旧县名,即今余江)县志

康熙二十二年(1683 年)　六册　　邱象豫、吴士骥纂修

卷之二　舆地　土产

杂类

茶

安仁县志

乾隆十六年(1751 年)　八册　　魏钬、郑长瑞纂修

卷之一　物产

杂类

茶

万年县志

同治十年（1871年）　十二册　　项珂、刘馥桂纂修

卷二　山川

云盖山　在五都。望之如盖，高出云外。所产有竹、木、茶、笋之饶，居民资以为生。

卷二　物产

货类

茶叶

乐平县志

康熙二十年（1681年）　五册　　宋良翰、杨光祚纂修

卷之一　物产

货之属

茶　出各都，文山者尤佳。

乐平县志

乾隆十七年（1752年）　七册　　王猷纂修

卷之八　食货志四　土产

货之属

茶　出各都。

波阳县志

康熙二十二年(1683 年)　六册　　王克生、王用佐纂修

卷六　物产

货之属

茶　儒堂最佳。

波阳县志

乾隆十四年(1749 年)　十二册　　黄登谷纂修

卷之一　山川

荐福山　……有万松关、百花州、茶园诸胜。

卷之二十二　古迹

茶园　在荐福山。

波阳县志

道光四年(1824 年)　十八册　　陈骧、张琼英纂修

卷之十一　风俗

鄱邑少蚕桑之利……湖滨一带，棉花外，时买丝结网，以佃以渔，谷雨前，环村妇女采取茶苗，谷雨后，携篮复采。

卷之十二　土产

货之属

茶　儒堂、韩山最佳。

卷之十七　古迹

茶园　在荐福山。（旧志）

波阳县志

同治十年（1871 年）　十册　　陈志培、王廷鉴纂修

卷之六　物产

木竹之属

黄莲茶

余干县志

康熙二十三年（1684 年）　四册　　吕玮、张洁纂修

卷之二　山川

水为龙窟河者，去治西南十五里……在县治前，即市湖，盖信州兴业水之余者也。中有越水，天气清朗，泓然无波，其纹或圆似镜，或长似练，不与众水混。味甘且重，陆羽取烹茶。韩彦长曰：羽以味似镜湖水，镜湖，越地也。

卷之二　古迹

曰茶灶，陆羽尝品越水为天下第二水，故居思禅寺，凿石为灶，煮茶……

卷之二　土产

茗，即俗云茶。春采其芽，入贡。外郡市者颇多，唯下乡各村落有之。但焙不如法，故为价不及徽茶十之一。

余干县志

道光三年(1823年)　十二册　　李暕、洪锡光纂修

卷之六　土产

货之属

茗　名稍著，外郡多市者。

附：许次纾《茶疏》：清明、谷雨，摘茶之候也。清明太早，立夏太迟，谷雨前后，其时适中。若肯再迟一二日，期待其气力完足，香烈尤倍，易于收藏。梅时不蒸，虽稍长大，故是嫩枝柔叶也。岭中之人，非夏前不摘。初试摘者，谓之开园。采自正夏，谓之春茶。其地稍寒，故须待夏，此又不当以太迟病之。往日无有于秋日摘茶者，近乃有之，秋七八月，重摘一番，谓之早春，其品甚佳，不嫌少薄。他山射利，多摘梅茶，梅茶涩苦，止堪作下食，且伤秋摘佳产，戒之。

卷之八　古迹

茶灶，在冠山。唐陆羽凿石为灶，取越溪水煎茶于此。明《一统志》：羽尝品越水，故居思禅寺，凿灶煮茶，相传至今。(参旧志)

余干县志

同治十一年(1872年)　八册　　冯兰森纂修

卷二　土产

货之属

神仙茶

弋阳县志

康熙二十二年(1683年)　五册　　谭瑄纂修

卷之一　疆域　山川　古迹

万寿泉　在市北近东。其水煮茗，味极隽永。陆羽尝品之，名为信州第三泉。

卷之三　食货　物产

宝藏之属

茶　本县西北乡间有佳者，谢源、木坑次之。明宁蕃差校坐并茶芽，陵轹官吏，民不堪命，宁败，弋去一大蠹矣。

弋阳县志

咸丰元年(1851年)　十册　　史致谔纂修

卷二　地理　山川

万寿泉　市北近东。其水煮茗，味甚隽永。唐陆羽尝品为信州第三泉。

卷二　地理　物产

货之属

弋产与他邑相埒，无甚佳者……至于茶，不及铅山……

临川县志

道光三年(1823年)　二十册　　姜铨、纪大奎纂修

卷五　山川

石狮山　在城南八十里。孤石雄峙，中通两孔如睛，爪牙伸缩，俨若狮踞。石蹬险仅容足，既登，坦平如掌。石泉清冽，涓涓不绝，烹茶时，间有云鹤幽鸟徘徊下翔，挥之不去。

卷十二　土产

木之属……有榛……

临川县志

同治九年(1870年)　二十四册　　童范俨、陈庆龄纂修

卷四　山川

县西北之山……由樟源而东旋里许，有山曰仙桂……由仙桂东北出，为大坑源，又东北有茶山，地多种茶。旧有税，近详免……

卷十　古迹

醒泉在正觉寺。

《正觉寺醒泉铭》　李卓吾序云：……万历己亥……上人邀余茶话，茶味甚奇。余曰：此河水耶？井水耶？余顾朗生曰：此水似不带气质者。夫井泉而不带气质，尤所甚难。若中泠、惠泉，一出于青山白云，一出于岷江之心，甚清奇，固其分内事也。如兹泉出近于城隍凡井风尘之间……余既得此泉清奇之味，又知铁山之茶始可匹此泉……

冷泉　在青莲山南二里许。山麓有石，阔可丈余，坎内出泉，冬夏不竭，一名月泉，取以烹茗，清美异常……

卷十二下　物产

木之属……有樣……

金溪县志

乾隆十六年(1751年)　八册　　杨文灏、杭世馨、丁健纂修

卷之三　古迹

试茗泉　旧志：试茗泉在跃马泉旁。　宋王安石诗：此泉地何偏，陆羽未曾阅。坻沙光散射，窦乳甘潜泄。灵山不可见，嘉草何由啜。但有梦中人，相随掬明月。

金溪县志

同治九年(1870年)　十六册　　程芳、郑浴修纂修

卷二　山川

翠云山，在县南一都，距城四里……两山对峙，一径洞开，曰翠云关，中有……跃马泉、鸣玉泉、试茗泉。(详古迹)

卷五　古迹

试茗泉，在跃马泉旁，宋王安石、陆九韶、陆九龄并有诗。（辛未志）

泸溪（旧县名，民国时改为资溪县）县志

雍正九年（1731年）　七册　　李如瑶、谭先纂修

卷三　物产

木之属，有……茶、木，并坚实，轮人取为舆辏之用……

花之属，茉莉，有单台、双台，单台者名素馨，其香亦可入茗……

泸溪县志

乾隆十六年（1751年）　八册　　朱崧、周立爱纂修

卷四　物产

木之属

茶　坚实，作劳器，耐用。

园茶　采于谷雨时，颇似闽产。

泸溪县志

同治九年（1870年）　八册　　杨松兆、彭钟华纂修

卷四　风俗

谷雨采茶，谓之谷雨茶。

物产

木之属，有……茶……

货之属，有……茶叶……

造茶法附：三月谷雨前，采最嫩者一叶一枪，摊干，为白毫。谷雨后，叶渐粗，另造作青庄、红庄二种。青者，用锅烧热，入叶炒之，乘热搓揉，炭火焙干，泡色淡，而香味较胜；红者，用篾垫曝太阳中，即搓揉成条，晒干，泡叶深红，可以货卖。摘茶以四月为头春，五月为二春，八月为三春，时候不一，而多寡亦殊。

新城(旧县名,即今黎川)县志

乾隆十六年(1751年)　十二册　　方懋禄、夏之翰纂修

卷三　物产

货之属　茶

卷七　气候

……自五月尽至十月……茶或三收。

新 城 县 志

同治十年(1871年)　十六册　　刘昌岳、邓家祺纂修

卷一　土产

货属　茶

卷十一　艺文　书目

《茶经》　明黄子安著。

南丰县志

康熙二十三年(1684年)　存九册　　郑钍、刘凝纂修

卷三　境内山川

福善山，在三十二都、三十九都界，去县五十里……其山层崚高峻，与军山并峙。山顶有庵，山半别一庵，去巅数十余武，风景更胜，产茶最佳。

冷水井，在七都冷水坑。水最甘冽，其冷如冰，汲以酿酒、烹茶，胜于他泉，溉田千亩。

南丰县志

同治十年(1871年)　二十八册　　柏春、鲁琪光纂修

卷四　山川

南丰居江郡上游，于会城为东南，于郡城为西南……纪其山则……曰福善山，有吴禅师道场，崚嶒高峻，与军山并峙，产茶最佳（三十二都）……

……曰流杯池，在七都冷水坑。味甘冽，烹茶最佳，盛暑坐池上，冷气袭人……

卷九　物产

……丰邑非沃土，民自耕种外，惟以闽山摘茶，省会业箈为生……山多产茶，香味略减于闽，必运入闽茶聚处售之……

南丰县志

民国十三年(1924 年)　十六册　　黎广润、赵惟仁纂修

卷三　山川

福善山　有吴禅师道场。高峻，与军山并峙，产茶最佳（三十二都）。

南城县志

道光六年(1826 年)　十六册　　时式敷、廖连纂修

卷之十二　土产

木属

茶叶，早采为茶，晚采为茗。东乡石山、黄土山者佳，沙地者次之。

货属

茶叶　详木属。家园细茶，味颇佳，不多出。二十八九两都出粗茶，叶愈陈愈佳。

宜黄县志

同治十年(1871 年)　二十四册　　张兴言、谢煌纂修

卷九　物产

货之属

茶　仙人茶　钩藤茶　白毫茶　观音茶

东乡县志

同治八年(1869年)　十册　　李士棻、胡业恒纂修

卷八　土产

草之属，以茶为利，东北皆产之，而润陂独多，黄石独佳。肩贩者携赴他处，加选制，往往得善价……

卷十五　艺文下一

夏皋《船岭记》　船岭……其岭脊自北而南，平直一片，两头交起，状若船形。有寺，在岭南，山路峻险，颇难驻足，然每上一层，辄换一境，稍停片刻，即忘疲矣。寺后枕岭头，张如屏风，前及左右平地数十亩，环寺之旁，种香茗、嘉蔬，余者并种菽麦，杂以花果……

进贤县志

康熙十二年(1673年)　十册　　聂当世、章兆瑞纂修

卷之一　物产

货类

茶　出南石坑者佳。

进贤县志

同治十年(1871年)　十六册　　江璧、胡景辰、赵日照纂修

卷二　舆地　山川

南石坑　邑东三十五里，在十六都。俗名石坑，昔产茶。

卷二　舆地　物产

货之属

茶　出南石山者佳。

广昌县志

康熙二十二年(1683 年)　八册　　王景升、魏宗衡纂修

卷一　山川

庵泉井，在川坛侧。水冷而甘，尤宜煮茗。

物产

……吾邑域山峻而地瘠，民瘼而生稀，稀则图籍见杀，瘠则物产无良。旧志：贡繁输瘁，余公莹特奏罢之。止赍茶芽、药材……食有茗，然亦在在有之，非特产也。

广昌县志

同治六年(1867 年)　十册　　曾毓璋纂修

卷一　山川

物产

……昌邑域山峻而地瘠，土薄而生稀，稀则图籍见杀，瘠则物产无良。旧志：贡繁输瘁，余公莹特奏罢之。止赍茶芽、药材……食有茗，然亦在在有之，非特产也。

石城县志

乾隆十年(1745 年)　六册　　王仕悰、刘飞熊纂修

卷二　寺观

啸溪庵　城南六十余里。龙冈邓源善建。庵门一井如镜，澄澈味香甘，乡人造酒、烹茗，多往取之。

卷三　物产

茶　石邑茶，多取资于福建崇安、宁化。本处山谷虽产，亦不佳。惟县南十五里通天岩有异茶，善制者往往携囊就岩采制，清芬淡逸，气袭幽兰，绝胜宁岕、赣储，然珠粒丹砂，宝贵不常，抑亦穷岩邃壑，罕有问津人欤?

石城县志

道光四年(1824 年)　八册　　朱一谦、许琼纂修

卷一　物产

货类

茶　石邑茶，多取资于福建崇安。本处山谷虽产，亦不甚佳。惟县南十五里通天岩有异茶，善制者携囊采制，气袭幽兰，不让宁都之林岕。

宁都直隶州志

道光四年(1824 年)　二十册　　黄永纶、杨锡龄纂修

卷之五　山川

冠石，州西十里。形如冠，俗呼纱帽寨。寓贤林时益、彭士望结庐其中，环山麓种茶。右为紫云蜂，最高爽，茶味尤美，四方争重价购之，名曰林岕。左曰东岩，遍植桃李，春月摘茶时，如入桃源。

卷之十一　风俗志（附应禁各条）

一禁抢摘茶子：查山头地角，种植茶树，业主费几许工本，冀望茶子成熟，摘取榨油，藉供家口。向时州境风俗淳厚，如谷雨后一二日，则听邻居村人入山采笋；冬至后一二日，则听邻居村人入山拾取茶子……近年以来，采笋之风，犹守旧约，竟有不俟霜降期到，辄自提筐入山抢摘茶子，彼此互争，往往酿成命案，贪小利而受大害，深可悯也！每年霜降前十余日，应出示严行禁止，违者照例治罪。

卷之十二　土产志

物货类

岕茶　出州治之西一带石山，而以冠石为最。明季南昌林时益寓居此山，遂家焉。课子弟，艺茶为业，种茶、采茶、造茶、贮茶，各得其法，世称为林岕。近日如黄竹寨、竹坑村、官人山、赤竹峰等处，所产色香味均无不美，向时土贡，悉采于此。瑞金以铜钵山产者为佳，石城以通天岩产者为佳，二县称其几与林岕争胜，益见岕茶之足珍也。

兴国州志

同治间　十二册

卷之二　山川

百福山　治西北三十里。旧名石榴山。其最高处，名龙楼。产茶甚美。北有石榴寨。

筠山　治北四十里。纵横十余里，产茶甚美……

厚岭山　俗称厚脑山，在排市背后。崖谷峻深，居民稠密。山北有峰，名桃花尖，石泉甘冽，里人用以造茶，称桃花绝品……

坡山　治东南七十里。峭壁十丈，顶平如楼，崭然出众……原名碧云山，东坡由兴国往江西筠州，视其弟子由，尝登此，因名。里人于此制茶，名坡山凤髓。山有响铃石。

卷之四　物产

木之属

茶　多出永福、吉口、双迁等里。谷雨前茶为上。

兴国州志

光绪十五年(1889 年)　十八册

卷四　物产

货类

茶叶

卷三十三　文录

明王质《论镇盗疏》　……臣往在江西，见其所盗贩茶者，多辄千余，少亦百数，负者一夫，而卫者两夫，横刀揭斧，叫呼踊跃，以自震其威，使人有所畏而不敢迫。其在江西，则江州兴国军屡被其害，其在江北，则舒、蕲之国不堪其扰，积累浸渍而不已，臣恐其患不止此数郡也。臣尝推其原，以为非独此曹之过也。北界利其茶，则以货诱之于外；园户利其货，则以茶诱之于内。北界虽未可以制，而园户我之所及制也。园户有茶而不敢售，则奸民欲茶而无所得，臣不知其自能采而煮治之耶？由是言之，莫若禁园户，则其党不治而自销。然欲擒宗师，要使勿惊，欲禁园户，要使勿怨。何者？无故而擒其首，则其党疑，其党疑，则惧而有所煽而为乱者，臣愿陛下密询州县之臣，籍记其宗师之姓名乡里，多方诱之，使自陷于刑辟，而后锄治而诛绝，夫如是则可使不惊。园户所资以为生，私茶之商也，骤塞其资之之门，则必有不平之心，臣愿陛下增降长短之引，使其茶有所宣泄，而不至于底滞，夫如是则可使勿怨。陛下试熟思之，足以见愚臣计算利害如此其深也。

兴国县志

同治十一年(1872 年)　十二册　　崔国榜、钟音鸿纂修

卷五　山川

黄岭，在衣锦乡，距县一百三十里。岭高数里，崇坂层冈，皆茶、漆、竹、木。

卷十一　风俗

平时宾客偶至，必呼酒留饮，佐以果盒，曰把盏……把盏之后，继以擂茶。捣茶叶为末，加芝麻、油盐及姜，瀹而羹之，陈列果品，再三劝进。女客至，尤尚此。农工力作，午间亦设以相劳，皆习俗之近厚者。《志林》讥其口之于味，固与人殊，殆素未经见，不免诧而异之耳。(蒋志)

卷十二　土产

食货类

茶　山地恒有之，然多粗劣。惟县东新溪，遍地皆茶树。谷雨前采取细嫩，清芳差可与岩茶比美。

雩都(即今于都)县志

同治十二年(1873年)　十册　　颜寿芝、王颖、何戴仁纂修

卷之二　山川

慈果岭　县南三十五里。至其麓，若无路者。从茶桐茂密中，有径陡绝，度岭一涧，逶迤循水响而出，可一里许，即接平旷。

卷之五　田赋　杂税

茶课银二两四钱

瑞金县志

嘉靖二十一年(1542年)　二册(八卷)　　林有年纂修

卷之一　地舆类　土产

杂货类

茶

瑞金县志

同治十三年(1874年)　十六册

卷一　山川

铜钵山，县西北五十里。高入云表，云气常幂其顶……相传僧建庵掘地，得一铜钵，并一伽蓝，色甚古，至今犹存，得名以此。其地植茶，春时采茶者，歌声互相应答，故八景有铜钵茶歌。

陆公泉，在县治南半里东明观前。宋大观中，太常少卿陆蕴坐议原庙不合，谪瑞金令，与弟藻同游此，烹泉瀹茗，有“轩前山色依然绿，溜下泉声漱玉寒”之句。后召还，邑人遂以陆公名泉。旧志误以藻兄弟为唐人，今据《宋史》改正。(《江西通志》)

卷二　物产

货类

茶　山阜多产，惟铜钵山为最著，以山高而土黄，得清虚之气为多也。近日铜钵山茶甚少，以观音岭所产为佳。

会昌县志

康熙十四年(1675年)　四册　　王凝命、董喆纂修

卷七　物产

货类

茶

会昌县志

同治十一年（1872年） 三十册 刘长景、陈良栋纂修

卷十二 土产

货之属

茶 出盘山者佳。

安远县志

乾隆十六年（1751年） 四册 董正、刘定京纂修

卷一 山川

古亨山 在廉江坊东，距县十五里。崒嶂岧峣，云气卷舒，踞九龙之上游，其叠阜复冈处，分上下。古亨皆产茶，露浓土美，香色味堪方九龙（向名古坑，今易亨）。

九龙嶂 在县南十五里新龙堡界。绵亘二十里，列岫嶒崚，如翠屏环抱。山之巅，云雾蒸腾，观其聚散，以验晴雨……晒禾坪数亩地，产茶，雨液露膏，滋润独厚，香色味可称名品，即今上贡茶也。

物产

茶 僻邑峣山，岂似蒙顶，而巉岩之所钟毓，堪馥冰瓯者，亦见之二处焉。古亨佳矣，九龙尤居第一。此山日上高春，云雾犹浓，向唯天龙庵僧制最佳，今树凋枯，只晒禾坪一带为上，烹以廉泉，香清色碧而味厚，惜所出无几，不能多得。夫茶为瑞草魁，莫不谓天膏滋养，地脉精腴而生者也。孰知山不自产也，食力之民，勤劳艺之，剪莽锄芜，云根种矣，土弗培，草弗薙，味苦如胆，俗谓山茶犹弃物也。募工铲治，泽泽滋培矣，而稚干嫩枝，采剪瘠薄，俗谓子茶头，识者弗取。蓄灅数

年，餐瀣吸气，稚者长，嫩者茁，方幸英繁簇新，旋虞期过芽老，为之雇集并工，乘时急之，晓星早露，寸而摘，斤而计，候火蒸膏，指擦掌疲，即一饮之常，费几许精勤而后齿颊芬芳也。雍正五年，有以此奉道宪王世绳尝之，评为美品，买以包贡。于是岁给价值，而露芽龙焙，得登御筐厨矣。山灵生色，寸草光荣，宁非遇合，特恐物制未良，无以当上献也。陆鸿渐云：茶之笋者，若薇蕨始抽，凌露采焉；茶之芽者，三五枝，选其中枝颖拔者采焉。紫者上，绿者次。日有雨不采，晴有云不采，晴采之。蒸之，捣之，拍之，焙之，穿之，封之，茶之干矣。又云：出膏者光，含膏者皱；宿制则黑，日成则黄；蒸压则平正，纵之则坳垤。山民蚩蚩，岂知《茶经》，而采制之法，亦颇吻合。第天气有雨旸寒燠，则发生迟早因之。遇旸燠，清明前采笋为上春，清明后采芽为二春；如或寒雨，勾萌既勒，即不烦催，而阳和黍谷，望切岭云，则急公恐后，转殷瘏瘵。传曰：好义终事，艺业者有焉。（何光著撰）

卷三　贡茶

安邑佳茶，多取资于闽中崇安，本处山谷虽产茶，佳者殊少。惟县南十五里九龙嶂，其岩有茶树，善制者携囊入山，守候采制，气味清芬如兰，然所产甚稀，得者若珠粒丹砂，宝贵异常。自雍正五年额数供贡，九龙岩所产不敷，在古亭采取垫数。后历年龙岩茶树新发不敌所枯，所贡额数，大半取给古亭，其清芬稍逊龙岩矣。而古亭产茶之处，距县十五里，官斯土者，逢春必登山亲看，谕土人培植爱护，并不时饬役巡查。近年茶树亦稀，岂植物之美者易于凋落与？抑地气之精，有时而泄，有时而伏与？恐将来古亭不敷，又必寻采其次云。

安远县志

同治十一年(1872年)　八册　　黄瑞图、欧阳铎纂修

卷一之四　山川

古亨山，在濂江坊东，距县十五里，岽嶂岩峣，云气卷舒，踞九龙上游，其叠阜复冈处，分上下。古亨皆产茶，露浓土美，香色味堪方九龙。向名古坑，今易亨。

九龙嶂，在县南十五里新龙堡界。九峰矗立，绵亘数十里，山名甚多。山巅云雾蒸腾，观其聚散，以验晴雨……晒禾坪数亩地，雨液露膏，滋润独厚，产茶入贡。

卷一之九　物产

木之属

茶，惟九龙嶂所产者为佳。雍正五年，取以作贡，计正额六十斤，后以所产不敷，在古亨山采取垫数，气味比龙岩亦不稍逊。每春……谕令土人培植，今则古亨所出又较多矣。

长宁(旧县名,民国时改为寻邬县,寻邬,即今寻乌)县志

光绪二年(1876年)　八册　　黄光祥、陈立超纂修

卷二　物产

货属

茶

长宁县志

光绪二十七年(1901 年)　八册　　徐清耒、刘凤翥纂修

卷二　物产

货属

茶

定南厅志

道光五年(1825 年)　八册　　赖勋、黄锡光纂修

卷六　物产

货属

茶

定南厅志

同治十一年(1872 年)　八册　　王大枚、黄正琨纂修

卷六　物产

茶

龙南县志

乾隆十五年(1750年)　八册　　永禄、廖运芳纂修

卷之九　山川

松梓山，在坊内堡，离城八里许……山下有泉……名龙潭，味甘洌，土人恒秤泉，较他水更重。邑令马公镇常取以煮茶，谓比惠山泉云。

龙南县志

道光六年(1826年)　八册　　王所举、徐思谏纂修

卷二　地理志　山水

松梓山，离城八里许，在坊内堡……山下有泉……名龙潭，味甘洌，土人恒秤泉，较他水更重。知县马镇取以煮茶，谓可比惠山泉云。

卷二　地理志　物产

食之属曰茶

茶，山阜、园地多产之，然其品不甚佳。出金盆山者差胜。

信丰县志

乾隆十六年(1751年)　四册　　游法珠、杨廷为纂修

卷四　土物

货之属

茶

信丰县志

道光四年(1824年)　四册　　许夔、谢肇涟纂修

卷之四　食货　土物

货之属

茶

赣　县　志

同治十一年(1872年)　十八册　　黄德溥、褚景昕纂修

卷九　物产

食之属

茶　山阜、园地皆产，惟山高而土黄，得清虚之气多者为贵。赣之储茶，出自储山，曰大园储茶，香味最佳。昔尝入贡，所产无多，人不易致。各乡亦有艺茶为业者。

赣　县　志

民国二十年(1931年)刊　十二册　　清黄德溥、褚景昕纂修

卷四　水

章水，在府城西。汉志名豫章水，源出南安府崇义县之聂都山……

国朝黄文汾《章水考》　章水出崇义县西南九十里聂都山……由聂都东流七十里，平政水合焉……又东北流一百五十里，历小溪、新城至锅坑塘，入南康界，浮石、蕉溪之水合焉。苏子瞻诗：蕉溪间试雨前茶，即此也……

南康县志

道光三年(1823年)　六册　　刘绳武、赖相栋纂修

卷之七　物产

杂产

牙茶

南康县志

同治十一年(1872年)　十二册　　沈思华、卢鼎峋纂修

卷一　山水

蕉溪水　在县西南三十五里。源出锅坑，流至浮石，入章水。苏东坡有“蕉溪间试雨前茶”之句，指此。(旧志)

卷一　土产

货属

茶　产锅坑、蕉溪者最佳。苏文忠南迁时，舟次浮石诗，有“浮石已干霜后水，蕉溪间试雨前茶”之句。

上犹县志

光绪十九年(1893年)　八册　　叶滋澜、李临驯纂修

卷之二　舆地　山

犹石嶂　……明万历邑人因严建寺岩中，泉水甘洁，四时不涸，人

或携瓶汲水以归，瀹茗，茗更佳，拭目，目倍明云。

崇义县志

同治六年(1867年)　六册　　汪宝树、胡友梅纂修

卷之一　山水

龟山，在县治西三十里。形如龟，多产茶及水竹。(罗志)

龙归山，在县治西一百八十里，与广东韶州仁化县连界。深林丛箐，土人制茶与普洱相似。(罗志)

白云泉，出城西白云山，清冽可瀹茗。(罗志)

卷之四　风俗　物产

货类

茶

崇义县志

光绪二十一年(1895年)　八册　　廖鼎章纂修

卷一　山水

阳岭山，在县治西南数里……产茶极佳。是山，朝无云则晴，云则必雨，邑人常卜不爽云。(罗志)

卷三　物产

货类

茶

庐陵（旧县名，即今吉安）县志

康熙二十八年（1689 年） 十册 陆在新、欧旧齐纂修

卷十三 寺

宁国寺 在甘泉门之上……寺岁以茶贡，然山不种茶也……寺不市，僧不伧，长廊学画，曲房写字，劈笺涤砚，以韵胜他寺。僧名公贵，人多喜之，数数过从，盖茶铛篆鼎不能间也……

庐陵县志

道光五年（1825 年） 二十八册 梅大鹤、王锦芳纂修

卷二 物产

货之属……曰茶。旧志：土贡有茶芽。今山阜间种之，然味已逊闽、吴远甚，土人亦不善制造。

卷三 水

东坡井，在府治南。苏轼自儋耳还，游清都观，至米市街，偶失足堕沟中，笑曰：此可开井。人如其言，果得甘泉。

卷三十九 寺观

宁国寺，在城西甘泉门之上。寺多古树……寺门额曰进贡山，传旧时岁以茶贡，然山实不种茶。

青又庵，在青又山。距净居寺五里，一名青幽庵。基枕青原，夹出山谷间，绵邈不尽，故名。

《墨历记》云：由水碓而入青又庵，凡五里许。溪之源三：一出千

佛楼，一出谢坪，青又庵其一也。萦涧而行……右穷则渡涧而左，左穷则渡涧而右，凡二十余渡……其下斗峭，不可攀援，一水自左来，则千佛之流也；参差数百步，一水自右来，则谢坪之流也。由此数转，为石楼丹梯……蹬而上，忽开平田，禾黍瓜瓞，仿佛桃源，却无人家，独前阿茶丛之中，垂瓦两下，是所谓青又庵，千峰青又青，殆取此乎！行者烹所采茶，正不必北苑岭法也。厥后，经大小嶽，历观茶圃，皆笑老人所经画……

庐陵县志

同治十二年(1873 年)　三十二册　　陈汝桢、匡汝谐纂修

卷二　物产

货之属曰茶。旧志：土贡有茶芽。今山阜间种之，然味已逊闽、吴远甚，土人亦不善制造。

新淦(即今新干)县志

同治九年(1870 年)　十六册　　王肇赐、陈锡麟纂修

卷一　物产

药品

茗　郭璞云：早采为茶，晚采为茗。南方之嘉木。新淦自昔亦产佳茗，玉笥、东皂、栖碧诸山，不少嘉种。云雾窟宅，阴崖不见日色处，茶味清而微苦；平原沙土所产，新芽一发，便长寸余，腴而丰美，得水土之力全也。

卷十　杂类志

轶事

茗荈之制，斗异争奇，嗜者至近日极矣！淦初不植茶，玉笥、皂岭诸峰，间有产者，制亦不精，今则处处种之。穷乡僻壤，无不嗜茶。味别新陈，质衡轻重，色辨精粗，蒋心余所谓家无担石，且去寻旗枪，可笑也。茶具或煎锡烧瓷，龚春坛盏，以古为贵，愈小愈佳。谓壶小则香不涣散，味不躭阁；茶中之味，不先不后，只有一时，太早则未足，太迟则已过。茶碗衬碟，他处用锡用铜，用鬃用藤，江西用磁，霁红、翡翠、青花、白芨、胭脂、界纹之属。唐建始中，蜀相崔宁之女，以茶杯熨指，取碟承之，啜而杯倾，以蜡环碟子之中央，继以漆环代蜡，更环其底。其制愈新，以至百状。(《资暇录》)

峡江县志

同治十年(1871 年)　八册　　藏大儒、廖其观纂修

卷一下　物产

食之属

茶　出玉笥山者，名玉山茶，味佳。宜雨前采。

吉水县志

光绪元年(1875 年)　二十册　　陈长吉、胡宗元纂修

卷五　山川

东山，在县东二十里。延仁寿、折桂二乡，绵亘百余里。唐刘智请移郡于此，谓东通泰山，上有田可耕，茶药可采……

卷十　物产

货之属

茶

永丰县志

嘉靖二十三年(1544年)　二册　　管景纂修

卷之三　物产

在食物曰茶（充岁贡）。

永丰县志

同治十三年(1874年)　二十册　　双贵、王建中、刘绎纂修

卷五　物产

木之属

茶　始生而嫩者为一枪，寖大而开者为一旗。丰人制茶不甚精，恒取给于外。

卷三十三　艺文

元揭徯斯《浮云道院记》　余方窃禄周行，进不能有裨于世，退不能自讼其过。而客有言浮云之事者，乃起而四顾，茫然自失，渺然若天地间无所容。客之言曰，吾所居郡曰庐陵，邑曰永丰，是为欧阳文忠公之乡。吾之里在鸡山之阳，鹭溪之滨……泰定四年秋，吾归自河南，乃辟园数亩，种桑、柘三百株，枳若干，桔若干，木实之脂，可食可烛，俗曰山茶，又曰木子，树者千百株，茶五百株，桃、李、杂果、松、竹之属……乃筑室三楹，为藏修之所，取孔子富贵于我如浮云之语，扁曰浮云道院……

泰和县志

乾隆十八年(1753年)　二十册　　冉棠、沈澜纂修

卷二　山川

传担山　在县西五十里。弘治志：自龙泉拔铁山发脉，势极高峻，周回五里，路尤狭窄，攀援而后可过，故名。万历志：山西南有石笋峰，尤峭拔。下有九龙潭，又有玉溪泉，凡四十八窍，至岩前合为一，故又名六八泉。所产茶，味极香美。

九龙潭　在县西。弘治志：在传担山下。方圆一丈许，水清石激……茶生其旁，极甘香……以潭水烹之，其味尤佳。

玉溪泉　弘治志：在县西传担山下。石眼凡四十八，至岩前合为一，号六八泉。最宜茶。

卷五　土产

货部

茶　高行乡出。

按：旧志：吉州在唐时，贡黄丝、葛、苎、布，在宋时，黄茶、藤苎、葛，南渡以后，有茶、酒、铁坑、坊场店肆等税，元贡无所考……

泰和县志

道光六年(1826年)　二十册　　杨讱、萧锦纂修

卷二　风俗

……至于马牛羊豕，茶笋鱼鳖，果实蔬茹，绨绤麻枲之类，凡人所以奉口体者，皆足而不待外……

卷三　山川

传担山　在县西五十里八都。弘治志：自龙泉拔铁山发脉，势极高峻，周回五里，路尤狭窄，攀援而后可过，故名。万历志：山西南有石笋峰，尤峭拔。下有九龙潭，又有玉溪泉，凡四十八窍，至岩前合为一，故又名六八泉。所产茶，味极香美。

玉溪泉　弘治志：在县西传担山下。石眼凡四十八，至岩前合为一，号六八泉。最宜茶。详玉溪老人《传担庵记》。

泰和县志

光绪四年(1878 年)　十六册　　宋瑛、彭启瑞纂修

卷一　山水

……又西南六十里，有传担山（在六、七、八都交界处）……山西南有石笋峰，下有九龙泉，又有玉溪泉（详后。水凡四十八窍，至岩前合水为一，故又名为六八泉。所产茶，味极香美）。

……又有潭焉……曰九龙潭（在县西传担山下。方圆一丈许，水清石激……茶生其旁，极甘香……以潭水烹之，其味尤佳）。又有泉焉……玉溪泉（在县西传担山下。石眼凡四十八，至岩前合为一，号六八泉。最宜茶。详玉溪老人《传担庵记》）。

万安县志

康熙二十八年(1689 年)　四册　　黄昌图、刘应举纂修

卷二　山川

蜜溪潭，在鹅公嶂……水出蜜溪桥。旧志云：潭流清冽甘美，乡人

取以瀹茗，旧贡于朝，颇为民累。少师杨文贞公奏罢，至今德之。

神潭，在县南五里惶恐滩上。潭水清深，……潭之两岸，多种茶株，味甚香美，故云：蜜溪水，神潭茶。

卷四　物产

货属

茶　茶出神潭者，为贡茶，

按：贡茶由来已久，旧有茶园，经甲寅变乱，遂荒不治。戊辰岁，知县黄昌图殚心经营，给与茶户种本，务令开复旧园，课其耕种，力勤栽培，计三年后方可有济，庶得每岁如常办供，不至废坠……

万安县志

同治十二年（1873年）　五册　　欧阳骏、周之镛纂修

卷之四　食货志　土产

货之属

茶　旧以神潭者佳。

万安县志

光绪三年（1877年）重校正　同治十二年本　十册

卷一　川

蜜溪　在县东南鹅公嶂下。水出蜜溪桥，清洌甘美，旧贡于朝。明少师杨士奇奏罢之。（《通志》）

龙泉（旧县名，即今遂川）县志

康熙二十二年（1683 年）　二册　　张彬扬、李士璜纂修

卷二　物贡

定鼎以来，岁进茶芽，因县凋残，俱系茶户南康采买。

卷五　桥渡

济川桥，在遂江之上……宣德五年，僧袁从大以其家二十都牛岭山一十二亩栽植杉木，茶株十余万株，及守山屋基地五分，屋五间，告施入官，永为修桥之用……

龙泉县志

同治十二年（1873 年）　十二册　　王肇渭、郭崇辉纂修

卷一　山川

幞头山，在县西六十里。山形如幞头，时有赤光照人，有上、中、下三洞，洞中水流清泚，俗云流水幞头。好烹茶，啜味长。

颐山，在县西南六十里。高三十余丈，广袤五里许。山产茶极佳。

将军岭，在县西北四十里……山产茶佳。

西龙泉，在县西十五里官坑。泉自山巅流下，烹茶味佳。

卷二　物产

木之属

茶　连根采取，叶粗价贱。

永宁州(旧州名,即今宁冈县)志

光绪乙酉(十一年,1885年)　六册　　李重发、联丰纂修

卷二　山川

安息泉，在州东北十里安息堡后，山涧中流出，盛夏汲以煎茶，其味越宿不变。

卷三　物产

……茶虽不及义宁之龙脊，兴安之六岗，味亦佳……

草木　洞源茶　茅茶　茶树

永宁县志

同治十三年(1874年)　八册　　杨辅宜、萧应乾纂修

卷之一　物产

货之属

茶叶

莲花厅志

同治四年(1865年)　十册　　李其昌、李荫枢纂修

卷二　山

砻西乡第九都山（即二十九都）　茶头岭，岭头多茶树，故名。

砻西乡第十一都山（即二十都）　接秀岭，岭势延绵连接，上多

松、茶，一望若堆蓝点翠，秀色堪挹。

土产

……至于茶，有二种：一则取其子以为油，一则取其叶以为茗。山岭之中，民多种蓄以为利。

宜春县志

康熙四十七年（1708年）　十册　　江为龙、李绍莲纂修

卷十三　物产

物货之属

茶　《茶谱》云：袁界桥，其名甚著。今惟称仰山、稠平、木平者为佳，稠平尤号绝品。出宋志。

宜春县志

同治十年（1871年）　十二册　　路青云、李佩林纂修

卷一　物产

货属

茶叶

万载县志

雍正十一年（1733年）　十二册　　汪元采纂修

卷三　物产

货之属

茶

万载县志

同治十年(1871年)　十二册　　金第、杜绍斌纂修

卷十一　风俗

饮食……茶用大叶，皆崇乡及宜春产。崇乡香味较佳，价亦倍之。比乃竞尚武彝，仅得下品，慕虚名耳……

新昌(旧县名,民国时改为宜丰县)县志

乾隆五十七年(1792年)　十二册　　龚果、万廷兰纂修

卷二　山川

虎跑泉　四十都黄檗寺之方丈。旧传有虎跑地出泉，汲以烹茶，其味最胜。

卷三　土产

货之属

茶　清明采摘，山中处处有之。

安义县志

同治十年(1871年)　八册　　杜林、彭斗山、熊宝善纂修

卷之一　地理　物产

货之属

茶叶　昔无近有，晈源、西山最盛。

靖安县志

乾隆十六年(1751 年)　五册　　朱堂纂修

卷一　方舆　物产

货之属

茶

靖安县续志

同治九年(1870 年)　十六册　　祁启萼、舒化民纂修

卷之一　地理　物产

……其他松柏槐檀、樟柟杞梓，所在皆有，种茶莽者亦夥，惟不工焙法，微有烟火气，若得徽人治之，松萝奚让焉……

奉新县志

同治十年(1871 年)　十二册　　吕懋先、帅方蔚纂修

卷一　舆地　物产

货之属

茶

丰城县志

道光五年（1825年） 十二册 徐清选、毛辉凤纂修

卷之一 土产

货之属

茶

丰城县志

同治十二年（1873年） 十六册 王家杰、周文凤纂修

卷之二 风俗 土产

货之属

茶 山乡处处有之，出孤山密岭者佳。

清江县志

崇祯十五年（1642年） 四册 秦镛纂修

卷一 风俗

农事聿修，随土之腴瘠高下杂植五谷及茶、柑、白棉诸物，无隙壤，无虚日……

卷三 土产

茗药

茗，色味俱不甚佳。然上供茶芽每年十七斤，自定赋以来，未之改

也。西南乡地稍高阜者种之。春自乳茶以后，岁可再摘。邑大家多用闽武夷茶。居人将土茶用黄柏等物浸渍，令色味黄苦，伪为闽茶易之，实易辨。然粤中某县，又惯用此茶，岁必市去，又可异也。

清江县志

同治九年（1870年）　十册　　潘懿、朱孙诒纂修

卷二　物产

货之属

茗　色味俱不甚佳，西南乡地稍高阜者种之。

新喻（即今新余）县志

道光五年（1825年）　十册　　陆尧春、赵敬襄纂修

卷二　山川

蒙山　在县北九十里。方广百有余里，是为邑北镇山。相传春秋时楚老莱子耕于蒙山，即此。（见《钤山堂集》）黎献琛《蒙山赋》：维太元之鼓铸，起巨岳之崇巇。发天然之苍翠，绝尘世之软红……至若瑰奇志产，宝状堪夸……岳岳怀芳之竹，疏疏剪翠之茶。不独擅芳名于品汇，亦足资利用于民家……

白云岭　在蒙山最高处……山峡一坪，状如船，泉水夹流其间，有白云寺古迹。世传蒙山产方竹，即此；兼产茶树，即蒙茶也。

醴泉　在县西三十里芝阳莘店上。宋崇宁间，太史黄庭坚到此，饮而甘之，曰：自双井以来数十泉，皆不及此清洌，惜张又新、陆鸿渐未及知也。因题其旁石柱曰醴乳。

卷六　土产

货

蒙茶　性寒，出蒙山。

新喻县志

同治十二年(1873年)　十二册　　祥安、吴增逵纂修

卷一　山川

董越蒙山诗：蒙顶出青州，茶名遍宇宙。谁知此山中，亦有生云窦。旗舒谷雨余，芳撷清明后。风味如使君，谁云可轻售。

分宜县志

同治十年(1871年)　十四册　　李寅清、严升伟纂修

卷一　山

婆婆岩，为玉岭北出一支，在邑南四十里夏午村，石壁卓立。相传：元至正间彭媪采茶坠死，雀衔木叶积成封堆，村人惊为神，立祠祀之，故名。

物产

袁界桥茶，其名甚著，今称仰山、稠平、木平者为佳，稠平尤号绝品。(《茶谱》)

货之属，糖、漆、茶、炭。

福建省地方志

福建通志

乾隆二年(1737年)　六十四册　　郝玉麟、谢道承纂修

卷三　山川

莆田县

石梯山　自仙游县九座山发脉……山形如梯，其土宜茶，绝顶有炉峰岩，南可望海。

漳浦县

梁山　在县南稍西三十里……尽梁山之南境高数百丈者，为基山，又南行为天马山，断岸千尺，下瞰大江，每潮至，其声如鼓如雷，又名鼓雷山。山下有井，相传宋幼主汲井烹茶于此，所弃茶久而成树。

卷四　山川

崇安县

武彝山　在县南三十里，邑望山也。道书谓第十六洞天。峰峦大者亦三十有六。相传昔有仙人降此，自称武彝君，《列仙传》以为篯铿二子，长曰武，次曰彝，同居是山，因以为名……峰右为仙船岩……峰左为御茶园……又数百武为明王守仁祠（编者按：疑系宋朱熹祠），祠后磴千盘，可达接笋梯……梯下为茶洞，为清隐堂，四山夹峙，烟霭不绝，向产茶最佳，近为乡人斫伐殆尽，一望皆茅苇矣……

卷九　风俗

建宁府

何乔远《闽书》云：……建阳朱子之乡……茶每岁三收，苎每岁四收。

卷十　物产

福州府　货之属

茶　诸县皆有之。闽之方山、鼓山，侯官之水西、凤冈尤盛。唐地理志载，福州贡腊面茶，盖建茶未盛前也。

木之属

黄连茶　木高二三丈，叶似槐而尖长，春初，芽始生，可治以代茗饮，亦可为茹，味香美，俗又呼凉茶树。

泉州府　货之属

茶　五县皆有，而晋江清源洞及南安一片瓦产者尤佳。

香茶　一名孩儿茶，其法用脑麝合而成之，味芬，性凉。

卷十一　物产

延平府　货之属

茶　各县俱有，出南平半岩者尤佳。

建宁府　货之属

茶　七县皆出，而龙凤、武夷二山所出者，尤号绝品。宋蔡襄有《茶录》。

邵武府　货之属

茶　光泽、泰宁二县为多。

汀州府　货之属

茶

福宁府　货之属

茶

永春州　货之属

茶

卷六十二　古迹

福州府　石刻

苔泉　蔡襄守福州日，试茶必于北郊龙腰取水烹茗，无沙石气，手书苔泉二字，立泉侧。又义井二字，在社稷坛东里许，字大盈尺，相传亦襄所书。

卷六十三　古迹

建宁府　建安县

北苑茶焙　在凤凰山麓。伪闽龙启中，里人张廷晖居之，以其地宜茶，悉表而输于官，由是始有北苑之名。北苑茶为天下第一，官私之焙，凡千三百三十有六所。苑中有宋漕司行衙，后经兵燹。有御泉亭，造茶时取水于此，宋景祐间重修，邱荷为记，亭之前有红云岛，今俱废。

崇安县

御茶场　在武彝二曲之西，即宋希贺堂址，元时创设。大德七年，奉御高久住以其地狭陋，乃相前冈得龙井石泉一泓，甚清冽，辟基建殿于内，以储新贡。明洪武初重修。每岁惊蛰日，县官率属祀山神毕，令执事鸣金鼓、扬旗，同喊曰：茶发芽，自是龙井之泉渐发而溢，造茶毕，泉渐浑而缩。武当张真人至此，饮其水，曰：非武彝茶之美，乃兹泉之力也。今废。

卷六十四　外岛

琉球国　在大海中，始名流虬，其国地形在万涛中如虬浮水面，故名。一作流求。《元史》曰瑠求。明永乐中，改琉球国，在福州正东一千七百里偏南三里……

按：琉球国自前明历朝入贡，舟楫往来，俱驻于泉州……鸟雀谷蔬，果品花木，稍同中国，独不宜茶茗，即艺之亦不萌……

卷六十六　杂记　丛谈

福州府

元厚之绛平生不喜处外，及以给事中领长乐，亲旧祖道都门，勉以东闽盛时百货所聚，永嘉之柑，乌石荔枝，珍绝天下。厚之下车，作诗

谢之，云：丹荔黄柑北苑茶，劳君诱我向天涯。争如太液池边看，池北池南总是花。(《名贤清话》)

卷七十二　艺文

明谢肇淛《游武夷山记》　万历壬辰十月，余拜司理之苕（编者按：苕字疑误），扁州（编者按：州字疑为舟字之误）过武夷，时道士王隐泉为导，谒万年宫，泛九曲，拜紫阳祠，入云窝，登接笋，宿天游观，仅两昼夜而返……己酉之夏，始获重寻是游……饭已，过接笋峰下……仰视天游峰顶，新瀑怒号崩泻，亦足令人毛竖也。顷之，乔卿下，遂入茶洞，土人献新茗，啜之……过洞而桑麻平川豁然，别有天地，茅屋数间，以养蜂、采茗、蒸竹、制楮为生……

卷七十四　艺文

宋蔡襄《茶录》（编者按：此书是一茶叶专著，并已另有刊本，此处故删）

卷七十六　艺文

宋欧阳修《尝新茶呈圣俞》　建安路远三千里，京师三月尝新茶。人情好先务取胜，百物贵早相矜夸。年穷腊尽春欲动，蛰雷未起驱龙蛇。夜闻击鼓满山谷，千人助叫声喊呀。万木寒凝睡不醒，惟有此树先萌芽。乃知此为最灵物，宜其独得天地之精华。终朝采摘不盈掬，通犀镑小圆复洼。鄙哉谷雨枪与旗，多不足贵如刈麻。建安太守急寄我，香蒻包裹封题斜。泉甘器洁天色好，坐中拣择客亦佳。新香嫩色如始造，不似来远从天涯。停匙侧盏试水路，拭目向空看乳花。可怜俗夫把金锭，猛火炙背如虾蟆。由来真物有真赏，坐逢诗老频咨嗟。须臾共起索酒饮，何异奏雅终淫哇。

苏轼《和钱安道寄惠建茶》　我官于南今几时，尝尽溪茶与山茗。胸中似记故人面，口不能言心自省。为君细说我未暇，试评其略差可听。建溪所产虽不同，一一天与君子性。森然可爱不可慢，骨清肉腻和且正。雪花雨脚何足道，啜过始知真味永。纵复苦硬终可录，汲黯少戆宽饶猛。草茶无赖空有名，高者妖邪次顽犷。体轻虽复强浮泛，性滞偏工呕酸冷。其间绝品岂不佳，张禹纵贤非骨骾。葵花玉銙不易致，道路幽脸隔云岭。谁知使者来自西，开缄磊落收百饼。嗅香嚼味本非别，透纸自觉光炯炯。秕糠团凤友小龙，奴隶日铸臣双井。收藏爱惜待佳客，不敢包裹钻权倖。此诗有味君勿传，空使时人怒生瘿。

卷七十八　艺文

周必大《送陆务观赴七闽提举常平茶事》三首　暮年桑苎毁《茶经》，应为征行不到闽。今有云孙持使节，好因贡焙祀茶人。　鸾栖枳棘已多年，父老犹传主簿贤。扶杖喜迎新使者，赤帷何惜与高褰。　疲驽久倦值明光，风味尝思十八娘。拟请一麾依故旧，得无公道学苏章。

国朝周亮工《闽茶曲》十首　龙焙泉清气若兰，土人新样小龙团。尽夸北苑声名好，不识源流出建安。　御茶园里筑高台，惊蛰鸣金礼数该。那识好风生两腋，都从着力喊山来。　崇安仙令递常供，鸭母船开朱印红。急急符催难挂壁，无聊斫尽大王峰。　一曲休教松栝长，悬岩侧岭展旗枪。茗柯妙理全为祟，十二真人坐大荒。　歙客秦淮盛自夸，罗囊珍重过仙霞。不知薛老全苏意，造作兰香诮闵家。　雨前虽好但嫌新，火气教除莫接唇。藏得深红三倍价，家家卖弄隔年陈。　延津廖地胜支提，山下萌芽山上奇。学得新安方锡罐，松萝小款恰相宜。　太姥声高绿雪芽，洞山新泛海天槎。茗禅过岭全平等，义酒应教伴义茶。　桥门石录未销磨，碧竖谁教尽荷戈。却羡钱家兄弟贵，新衔近日带松萝。　沤麻浥竹斩栟榈，独有官茶例未除。消渴仙人应爱护，汉家旧日祀干鱼。

福建续志

乾隆三十四年(1769 年)　三十二册　　沈廷芳、吴嗣富纂修

卷十　物产

建宁府　货之属

武夷茶

台湾府

茶　《县志》：水沙连山中有之。

卷七十四　古迹

漳浦县

帝昺井　在鼓雷山下。《府志》：相传宋幼帝汲井烹茶于此，所弃茶久而成树，今其地多产茶。

卷八十七　艺文

国朝何瀚《九曲櫂游赋》　均此玩游，逸士与齐民异，当事又与逸士异，匪有所矫揉，其得趣系怀各迥然不相侔也……今《武夷志》载：亦肇于秦。朱子亦以为昔人避世之处……又闻之，九曲有茶园、茶洞，迩来开垦栽种，环山前后，无寸土间空适，当青黄不接之时，外方来采茶者万余，接踵山邑，将来何以广储积足供传食之众，兼以宁化土人布汉（编者按：汉字疑误）溪峒，风习传染，渐已喜健讼，尚争哄，茶为利之薮，今为害之丛，将何以安集而无恐……

卷八十八　艺文

国朝朱彝尊《御茶园歌》　御茶园在武彝第四曲，元于此创焙局安茶槽。五亭参差一井冽，中央台殿结构牢。每当启蛰百夫山下喊，枞金代鼓声喧嘈。岁签二百五十户，须知一路皆驿骚。山灵丁此亦大苦，又岂有意贪牲醪。封题入贡紫檀殿，角盘瘿枕怯薛操。小团硬饼捣为雪，牛潼马乳倾成膏。君臣第取一时快，讵知山农摘此田不毛。先春一闻省帖下，樵丁荛竖纷逋逃。入明官场始尽革，厚利特许民搜掏。残碑断臼满林麓，西皋茅屋连东皋。自来物性各有殊，佳者必先占地高。云窝竹巢擅绝品，其居大抵皆岩嶅。兹园卑下乃在隰，安得奇茗生周遭。但令废置无足惜，留待过客闲游遨。古人试茶昧方法，椎钤罗磨何其劳。误疑爽味碾乃出，真气已耗若醴餔其糟。沙溪松黄建蜡面，楚蜀投以姜盐熬。杂之沉脑尤可憾，陆羽见此笑且哝。前丁后蔡虽著录，未免得失存讥褒。我今携枪石上坐，箬笼一一解绳绦。冰芽雨甲恣品第，务与粟粒分锱毫。

国朝查慎行《和竹垞御茶园歌》　宋茶贵建产，上者北苑次壑源。研膏京挺制一变，争新斗异凡几番。白龙之团青凤髓，辇载入洛重马奔。武夷粟粒芽，其初植未繁。何人著录始经进，前有丁谓后熊蕃。君谟士人亦为此，余子碌碌安足论。宣和以来虽递驿，场未官设民不烦。元人专利及琐细，高兴父子希宠恩。大德三年岁己亥，突于此地开茶园。中连房廊三十舍，缭垣南北拓两门。先春次春遍采摘，一火二火长温馨。缄题岁额五千饼，鸡狗窜尽山边村。携来诈马筵，和入潼酪供鲸吞。岂知灵苗有真味，石铫合煮青松根。尔来历年已四百，御园久废名犹存。筠篮四月走商贩，茶户几姓传儿孙。我思螟鱼桔柚任土贡，微物亦可充天阍。朝廷玉食自不乏，何用置局灾黎元。追思兴也实祸首，幸保要领归九原。山灵曷不请于帝，按女青律笞其魂。传语后来者，毋以口腹媚至尊。

卷八十九　艺文

查慎行《武彝采茶词》　荔支花落别南乡，龙眼花开过建阳。行近澜沧东渡口，满山晴日焙茶香。　时节初过谷雨天，家家小灶起新烟。山中一月闲人少，不种沙田种石田。　手摘都篮漫自夸，曾蒙八饼赐天家。酒狂去后诗名在，留与山人唱采茶。

福建通志

民国十一年(1922年)　九十二册　　福建通志局纂修

卷四　物产

茶类　茶

《茶经》云：岭南生福州、建州。自注：福州生闽方山。又云：福建泉州未详（编者按：陆羽《茶经》无此说法），往往得之，其味极佳。

《三山志》云：旧记，旧闽县尉厅名茶山馆。又县东十五里有茶园山，亦云石鳖山，出茶。《球场山亭记》有芳茗原，今瓯冶山。唐宪宗元和间，诏方山院僧怀恽麟德殿说法，赐之茶，怀恽奏曰：此茶不及方山茶佳，则方山茶得名久矣。唐地理志亦载，福州贡蜡面茶，盖建茶未盛前也。今古田、长溪近建宁界亦能采造，然气味不及。

《八闽通志》云：福州诸县皆有之，闽之方山、鼓山，侯官之水西，怀安之凤冈尤盛。延平府各县俱有出，南平半岩者尤佳。邵武府光泽、泰宁二县为多。福宁州有出。建宁八县皆出，而龙凤、武夷二山所出者尤号绝品。宋蔡襄有《茶录》。泉州府七县皆有，而晋江清源洞及南安一片瓦产者尤佳。漳州府有出。汀州府有出。

按：以上二书，在南北宋诸书之后，而先录之者，以《三山志》所载之事居先，《八闽志》乃统论全省也。

《清异录》云：伪闽甘露堂前两株茶，郁茂婆娑，宫人呼为清人树，每春初，嫔嫱戏摘新芽，堂中设倾筐会。又云：建州有茶膏。

《茶录》云：建安民间试茶，皆不入香，恐夺其真。北苑凤凰山建属诸焙，所产者味佳，隔溪诸山，虽及时加意制作，色味皆重，莫能及也。

《画墁录》云：有唐茶品，以阳羡为上供，建溪北苑未著也。贞元中，常衮为建州刺史，始蒸焙而研之，谓研膏茶，其后稍为饼样。迨至本朝，建溪独盛，采焙制作，前世所未有也。士大夫珍尚鉴别，亦过古先。丁晋公为福建转运使，始制为凤团，后又为龙团，贡不过四十饼，专拟上供。天圣中，又为小团，其品迥加于大团。熙宁末，神宗有旨，建州制密云龙，其品又加于小团矣，然密云出则二团稍粗，以不能两好也。

《谈苑》云：建州茶，江左近日方有蜡面之号。李氏别令取其乳作片，或号曰京挺、的乳及骨子等，每岁不过五六万斤。迄今岁出三十余万斤。凡十品：曰龙茶、凤茶、京挺、的乳、石乳、头金、白乳、蜡面、头骨、次骨。龙茶以供乘舆及赐执政、亲王、长主；余皇族、学士、将帅，皆凤茶；舍人、近臣赐京挺、的乳；馆阁赐白乳。龙、凤、石乳茶，皆太宗令造。

丁谓《北苑新茶》诗序云：惟建州出茶有焙，焙有三十六，三十六中，惟北苑发最早，而味尤佳。社前十日即采其芽，日数千工，聚而造之，逼社即入贡，工甚大，造甚精。

《归田录》云：茶之品莫贵于龙凤，谓之团茶，凡八饼重一斤。庆历中，蔡君谟为福建路转运使，始造小片龙茶以进，其品绝精（一作精绝），谓之小团，凡二十饼重一斤，其价值金二两。

《铁围山丛谈》云：建溪龙茶，始江南李氏，号北苑龙焙者，在一山之中间，其周遭则诸叶地也。居是山，号正焙，一出是山之外，则曰外焙。正焙、外焙，色香必迥殊，此亦山秀地灵所钟之有异色已（张本色作也）。龙焙又号官焙，始但有龙凤大团二品而已。仁庙朝，伯父君谟名知茶，因进小龙团，为时珍贵，因有大团、小团之别。至神祖时，即龙焙又进密云龙，密云龙者，其云纹细密，更精绝于小龙团也。及哲宗朝，益复进瑞云翔龙者，御府岁止得十二饼焉。其后祐陵雅好尚，故大观初，龙焙于岁贡色目外，乃进御苑玉芽、万寿龙芽。政和间，且增以长寿玉圭……大抵北苑绝品，曾不过是，岁但可十百饼，然名益新、品益出，而旧格递降于凡劣尔。又茶茁其芽，贵在于社前，则已进御，自是迤逦，宣和间，皆占冬至而尝新茗，是率人力为之，反不近自然矣。茶之尚盖自唐人始，至本朝为盛，而本朝又至祐陵时益穷极新出而无以加矣。

《石林燕语》云：小龙团十斤，斤为十饼，仁宗以非故事，命劾之，大臣为请，因留而免劾，然自是遂为岁额。熙宁中，贾青为福建转运使，又取小团之精者为密云龙，以二十饼为斤而双袋，谓之双角团茶。大小团袋皆用绯，通以为赐也，密云独用黄，盖专以奉玉食。宣和后，团茶不复贵，取其精者为銙茶。

按：《燕语》有与《归田录》《丛谈》小异者，并录之。

《西溪丛语》云：建州龙焙面北，谓之北苑。有一泉极清澹，谓之御泉，用其池水造茶，即坏茶味。唯龙园胜雪、白茶二种，谓之水芽。先蒸后拣，每一芽先去外两小叶，谓之乌蒂，又次取两嫩叶，谓之白合，留小心芽置于水中，呼为水芽，聚之稍多，即研焙为二品，即龙园胜雪、白茶也。茶之极精好者，无出于此，每胯计工价近三十千。其他茶虽好，皆先拣而后蒸研，其味次第减也。茶有十纲，第一第二纲太嫩，第三纲最妙，自六纲至十纲，小团至大团而止。第一名曰试新；第二名曰贡新；第三有十六色：龙园胜雪、白茶、万寿龙芽、御苑玉芽、上林第一、乙夜清供、龙凤英华、玉除清赏、承平雅玩、启沃承恩、云叶、雪英、蜀葵、金钱、玉华、寸金；第四有十二色：无比寿芽、宜年宝玉、玉清庆云、无疆寿龙、万春银叶、玉叶长春、瑞云翔龙、长寿玉圭、香口焙、兴国岩、上品拣芽、新收拣芽；第五有十二色：太平嘉瑞、龙苑报春、南山应瑞、兴国岩小龙、又小凤续入额、御苑玉芽、万寿龙芽、无比寿芽、瑞云翔龙、先春、太平嘉瑞、长寿玉圭；以下五纲，皆大小团也。

《独醒杂志》云：北苑产茶有四十六所，广袤三十余里，分内外园。

《梦溪笔谈》云：建茶皆乔木，胜处曰郝源、曾坑，其间又岔根、山顶二品尤胜，李氏时号为北苑，置使领之。

《苕溪渔隐丛话》云：余赴官闽中漕幕，遂得至北苑观造贡茶，其最精即水芽，细如针，用御泉水研造，社前已尝贡余，每片计工直四万钱，分试其色如乳。

《茶论肊乘》:《茶谱通考》云：建州之北苑、先春、龙焙，福州之柏岩，建安之青凤髓、石岩白。

《能改斋漫录》云：丁晋公有《北苑茶录》三卷，世多指建州茶焙为北苑，以予观之，宫苑非人主不可称，建茶供御，自江南李氏始，故杨文公《谈苑》云云，北苑亦以供奉得名可知矣，李氏都于建业，其苑在北，故得称北苑。

《补笔谈》云：予读李后主文集，有北苑诗，知北苑乃江南禁苑，在金陵，非建安也。江南北苑使，正如今之内园使，李氏时，有北苑使，善制茶，人竞贵之，谓之北苑茶，如今茶器中有学士瓯之类，皆因人得名，非地名也。丁晋公为《北苑茶录》云，北苑，地名也，今曰龙焙。又云，苑者，天子园囿之名。此在列郡之东隅，缘何却名北苑，丁亦自疑之，盖不知北苑茶本非地名，始因误传，自晋公实之于书，至今遂谓之北苑。

按：以上二说，甚辩而不尽可信。《说文》：苑，所以养鸟兽也，不必其为禁苑，北苑因其焙面北而名，距建安洄溪二十里，实有其地，传名已久，若疑民间地不得名苑，则北苑之东尚有地名东宫，又何说乎？且建安既为李氏地，即别苑远在建安，亦无不可。至《谈苑》并未提及北苑，不足据以驳《丛语》也。

《试茶录》云（编者按：《试茶录》，即宋宋子安所撰的《东溪试茶录》，是一茶叶专著，并已另有刊本，此处故删）

《文献通考》云：茶有二类：曰片、曰散。片茶蒸造，实棬模中串之，惟剑、建则既蒸而研，编竹为格，置焙室中，最为精洁，他处不能造。其名有龙、凤、石乳十二等，以充岁贡及邦国之用。洎本路食茶，余州片茶，玉津出临江军，灵川、福州（编者按：玉津出临江军，灵川、福州句的上下文字俱漏引）。

《宣和北苑贡茶录》云（编者按：此书是一茶叶专著，并已另有刊本，此处故删）

《北苑别录》云（编者按：此书是一茶叶专著，并已另有刊本，此处故删）

按：《西溪丛语》云云，与此《录》同。唯《录》载细色、粗色共十二纲，而宽云十纲。又云：第一名试新，第二名贡新，又细色第五纲十二色，内有先春一色，而无兴国岩拣芽，并与《录》异。疑宽所据者，宣和时《修贡录》，而此则本于淳熙间《修贡录》也。《清波杂志》云：淳熙间，亲党许仲启官麻沙，得《北苑修贡录》，序以刊行，其间载岁贡十有二纲，凡三等四十一名，第一纲曰龙焙贡新，正与《录》合。

《遁斋偶笔》云：闽中兴化府城外郑氏宅，有茶二株，香美甲天下，虽武夷岩茶不及也，所产无几，邻近有茶十八株，味亦美，合二十株，有司先时使人谨伺之，烘焙如法，籍其数以充贡，间有烘焙不中选者，以饷大僚，然亦无几，此外十余里内所产皆冒郑氏，非其真也。

《闽小纪》云：武彝、岃崱、紫帽、龙山，皆产茶，僧拙于焙，既采，则先蒸而后焙，故色多紫赤。先是建州贡茶，首称北苑龙团，而武彝石乳之名未著，至元设场于武彝，遂与北苑并称，今则但知有武彝，不知有北苑矣。御茶园，在武彝第四曲，喊山台、通仙井，俱在园畔。前朝著令，每岁惊蛰日，有司为文致祭，祭华，鸣金击鼓，台上扬声同喊曰：茶发芽，井水既满，用以制茶上供，凡九百九十斤，制毕，水遂浑浊而缩。武彝产茶甚多，黄冠既获茶利，遂遍种之，一时松栝樵苏殆尽，及其后崇安令例致诸贵人，所取不资，黄冠苦于追呼，尽斫武彝所种真茶，九曲遂濯濯矣。歙人闵汶水居桃叶渡上，予往品茶其家，见其水火皆自任，以小酒盏酌客，高自矜许。秣陵好事者，尝诮闽无茶，谓闽客得闵茶，咸制为罗囊，佩而嗅之，以代旃檀，实则闽不重汶水也。闽客游秣陵者，宋比玉、洪仲章辈，类依附吴儿，强作解事，贱家鸡而贵野鹜，宜为其所诮欤！三山薛老，亦秦淮汶水也，薛尝言汶水假他味逼作兰香，究使茶之真味尽失，汶水而在，闻此亦当色沮。薛尝住为崱，自为剪焙，遂欲驾汶水上。余谓茶难以香名，况以兰香定茶，乃咫尺见也，颇以薛老论为善。前朝不贵闽茶，即贡者亦只备宫中浣濯瓯盏之需，贡使类以价货京师所有者纳之，间有采办，皆剑津廖地产，非武彝也，黄冠每市山下茶登山贸之。闽人以粗瓷胆瓶贮茶，近鼓山支提新茗出，一时学新安，制为方圆锡具，遂觉神采奕奕。太姥山茶，名绿雪芽。延、邵呼制茶人为碧竖，富沙陷后，碧竖尽在绿林中矣。崇安殷令，招黄山僧，以松萝法制建茶，堪并驾，今年余分得数两，甚珍重之，时有武彝松萝之目。鼓山半岩茶，色香风味，当为闽中第一，不让虎丘、龙井也。雨前者，每两仅十钱，其价廉甚。一云，前朝每岁进贡，至杨文敏当国，始奏罢之，然近来官取，其扰甚于进贡矣。

《寒秀草堂笔记》云：柯易堂曾为崇安令，言茶之至美，名为不知春，在武夷天佑岩下，仅一树，每岁广东洋商预以金定此树，自春前至四月，皆有人守之，惟寺僧偶乞得一二两，以饷富商大贾。又云：泉州卖茶，以花楼宫陈彝源为最著，其权以钱为之，每大钱一百六十文为一斤，谓之百六秤，小者为百四秤，准以市权，得十八两。

《归田琐记》云：浦城与武夷接壤，即浦产之茶，亦未尝不佳，而武夷焙法，实甲天下，浦茶之佳者，转运至武夷加焙，而味较胜，价亦顿增，其实古人品茶，初不重武夷，亦不精焙法也。按《武夷杂记》云：武夷茶赏自蔡君谟，始谓其过北苑龙团，周右父极抑之，是宋时已非武夷无茶，特焙法不佳，而世不甚贵耳。沿至近日，则武夷之茶，不胫而走四方，且粤东岁运蕃舶，通之外夷。武夷九曲之末为星村，鬻茶者骈集，交易于此，多有贩他处所产，学其焙法，以赝充者，即武夷山下人亦不能辨也。武夷茶名有四等：城中州府官廨及豪富人家竞尚武夷茶，最著者曰花香，其由花香等而上者曰小种，山中则以小种为常品，其等而上者曰名种，此山以下多不可得，得即泉州、厦门人所讲工夫茶，号称名种者，实仅得小种也，又等而上之曰奇种，如雪梅、木瓜之类，即山中亦不可多得。大约茶树与梅花相近者，即引得梅花之味，与木瓜相近者，即引得木瓜之味，他可类推，此亦必须山中之水，方能发其精英，阅时稍久，而其味亦即稍退。三十六峰中，不过数峰中有之，各寺观所藏，每种不能满一斤，用极小之锡瓶贮之，装在名种大瓶中间，遇贵客名流到山，始出少许，郑重瀹之，其用小瓶装赠者，亦题奇种，实皆名种，杂以木瓜、梅花等物，以助其香，非真奇种也。

《闽产录异》云：闽诸郡皆产茶，以武夷为最。武夷寺僧多晋江人，以茶坪为业，每寺订泉州人为茶师。清明后谷雨前，江右采茶者万余人，手挽茶柯，拉叶入篮筐中。茶师分粗细焙之，最细为奇种，即刺天之第一枪也，其二旗者为名种，为小种，稍粗者，为次香，为花香，花香者，夹栀子花入焙也，为种焙，为拣焙，最粗之茶，统为岩片，又有就茗柯择嫩芽，以指头入锅，逐叶卷之，火候不精，则色黝而味焦，即泉、漳、台、澎人所称工夫茶，瓿仅一二两，其制法则非茶师不能，日取直一镪。别有松际，色浅味香。老君眉（光泽乌君山前亦产老君眉），叶长味郁，然多伪。为铁罗汉、坠柳条，皆宋树，又仅止一株，年产少许，无何价值。凡茶，他郡产者，性微寒，武夷九十九岩产者，性独温，其品分岩茶、洲茶，附山为岩，沿溪为洲，岩为上品，洲为次品。九十九岩皆特拔挺起，凡风日雨露，无一息之背，水泉之甘洁，又胜他山。其茶分山北、山南，山北尤佳，受东南晨日之光也。岩茶、洲茶之外，为外山，清浊不同矣。九十九岩茶可三瀹，外山两瀹即淡。武夷各岩著名者，白云、仙游、接笋、金谷洞、玉华、东华，余则崇南之曹墩，乃武夷一脉，所产甲于东南，莲心、白毫、紫毫、雀舌，皆外山及洲茶，采初出嫩芽为之，虽以细为佳，味则浅薄。又有三味茶，别是一种，能解酲消胀。凡树茶宜日宜风，而厌多风日，多则茶不嫩，采时宜晴不宜雨，雨则香味减。武夷采摘以清明后谷雨前为头春，香浓味厚；立夏后为二春，无香味薄；夏至后为三春，颇香而味薄；至秋则采为秋露。贮茶，一忌湿气，次忌共置，三忌大器，以一二两小瓮密缄包裹，置铅箱中，实以岩片，缄以木匣为妙，然新旧交则色红味老而香减，莲心、白毫阴干者，色尤易变。瓯宁县之大湖，别有叶粗长名水仙者，以味似水仙花，故名。又有乌龙，产大湖小湖，皆能除烦去腻，真者亦难得。太姥绿雪芽，今福宁府各县溥种之，名绿头春，味苦。福宁白琳，福安松萝，以宁德支提为最。福州之福宁及闽县之鼓山，皆产半山茶，侯官之水西、凤冈、九峰山、林洋（即林洋寺）、华峰、长箕岭，长乐之蟹谷，福清之灵石，永福之名山室、方广岩，连江之美肇石门，皆产佳茗，独武夷价翔，夷人恐耗气侵精，不敢捆载，武夷片石，以此独全。宁、福两郡所产，皆呼土茶，以别武夷、建安也。昔年闽茶运粤，粤之十三行，逐春收贮，次第出洋，以此诸番皆缺，茶价常贵，今闽商资薄，不能居货，茶贾反以急售荡产。

香茶　《八闽通志》云：泉州府产，一名孩儿茶，其法用脑麝诸香和而成之，味芬性凉。

黄连茶　《八闽通志》云：木高二三尺，叶似槐而尖长，春初，芽始生，可治以代茗饮，亦可为茹，味香美，俗又呼凉茶树，又兴化方言，谓之蓝香，《闽书》略同。

卷五　物产

药类

茶饼　《闽产录异》云：出泉州。

卷三十八　艺文

《茶录》二卷，莆田蔡襄著。《四库全书总目》云：仁宗赐字曰君谟，（见集中《谢御笔赐字》诗序）仕至端明殿学士，谥忠惠。是书，乃其皇祐中为右正言修起居注时所进，前后皆有襄自序，前序称陆羽《茶经》不第建安之品，丁谓茶图（编者按：图字疑误）独论采造之本，至于烹试，曾未有闻，辄条数事，简而易明；后序则治平元年勒石时作也。分上下二篇，上篇论茶，下篇论茶器，皆所谓烹试之法。《通考》载之，作《试茶录》，然考襄二序，俱自称《茶录》，则试字为误增明矣。费衮《梁溪漫志》载有陈东此书跋曰：余闻君谟初为闽漕，出意造密云小团，为贡物，富郑公闻之叹曰，此仆妾爱其主之事耳，不意君谟亦复为此，余时为儿，闻此语，及见《茶录》石本，惜君谟不移此笔书《旅獒》一篇以进，云云。按《北苑贡茶录》称，太平兴国中，特置龙凤模，造团茶，则团茶乃正供之土贡。《苕溪渔隐丛话》称北苑官焙，漕司岁贡于上，则造茶乃转运使之职掌，襄特精其制，是亦修举官政之一端，东所述富弼之言，未免操之已蹙。《群芳谱》亦载此事，而以为出欧阳修，观修所作《龙茶录》后序，即述襄造小团茶事，无一贬词，知其语出于依托，安知富弼之言，不出依托耶？此殆皆因苏轼诗中有前丁后蔡，致养口体之语，而附会其说，非事实也。况造茶自庆历中事，进录自皇祐中事，襄本闽人，不过文人好事夸饰土产之结习，必欲加以深文，则钱惟演之贡姚黄花，亦为轼诗所讥，欧阳修作《牡丹谱》，将并责以惜不移此笔注《大学》《中庸》乎？《石遗室书录》云：襄天圣八年进士，治平元年自记云，《茶录》二篇上进后，知福州，为掌书记窃去藏稿，不复能记，知怀安县樊纪购得之，遂以刊勒行于好事者，然多舛谬。红雨楼题跋云：蔡君谟《茶录》石刻小楷，为平生得意书，刘后村去君谟未远，家有数本，而其一为方氏得之，不啻重宝，当时珍贵如此，况五百载之后乎？斯刻自君谟时置之建州治，为土掩瘗，不知年岁，近重修府藏，掘地得之，识其古物，洗刷仍置库舍，后附刻茶诗六首，字稍大于《茶录》，亦颇缺蚀，𤊹闻其石在公署，无从印拓，万历丁酉，屠田叔为闽转运副使，乃托田叔移书建州守索之，才得此本，守去，今复弃置，无有贵重之者。

《品茶要录》一卷，建安黄儒著。《四库全书总目》云：儒字道辅，陈振孙《书录解题》作道父者，误也，熙宁六年进士，此书不载于《宋史·艺文志》，明新安程百二始刊行之，有苏轼书后一篇，称儒博学能文，不幸早亡云，其文见阁本《东坡外集》，上元焦竑因录附其后，然《东坡外集》实伪本，（说详集部本条下）则此文亦在疑信间也。书中皆论建茶，分为十篇：一采造过时，二白合盗叶，三入杂，四蒸不熟，五过熟，六焦釜，七压黄，八渍膏，九伤焙，十辨壑源沙溪，前后各为总论一篇，大旨以茶之采制烹试，各有其法，低昂得失，所辨甚微，园民射利售欺，易以淆混，故特详著其病以示人，与他家茶录惟论地产品目及烹试器具者，用意稍别。惟《东溪试茶录》内有茶病一条，所称乌蒂白合，蒸芽必熟诸语，亦仅略陈端绪，不及此书之详明，录存其说，亦可以互资考证也。

《宣和北苑贡茶录》一卷，建阳熊蕃著。《四库全书总目》云：所述皆建安茶园采焙入贡法式，淳熙中，其子校书郎克始镂诸木，凡为图三十有八，附以采茶诗十章。考茗饮盛于唐，至南唐始立茶官，北苑所由名也，至宋而建茶遂名天下，壑源、沙溪以外，北苑独称官焙，为漕司岁贡所自出，文士每纪述其事，然书不尽传，传者亦多疏略，惟此书于当时任土作贡之制，言之最详，所载模制器具，颇多新意，亦有可以资故实而供词翰者存之，亦博物之一端，不可废也。蕃字叔茂，宗王安石之学，见《书录解题》。《石遗室书录》云：熊克跋言，先人作茶录，当贡品极盛之时，凡有四十余色。绍兴戊寅岁，克摄事北苑，阅近所贡皆仍旧，其先后之序亦同，惟跻龙园胜雪于白茶之上，及无兴国若小龙小凤，盖建炎南渡，有旨罢贡三之一而省去之也。先人但著其名号，克今更写其形制，庶览者无遗恨焉。先是，壬子春漕司再葺茶政，越十三载，乃复旧额，且用政和故事，补种茶二万株，（政和间曾种三万株）次年益虔贡职，遂有创增之者，仍改京铤为大龙团，由是大龙多于大凤之数，凡此皆近事，或者犹未知之也。又云：今闽中漕台所刊茶录，未备此书，庶几补其缺，云云。宋人茶录，盖莫详于此矣。《四库书目》谓图为克所增，乃据《书录解题》，而不知克跋已明言之，采茶诗十章，据克跋系蕃所作，而《四库书目》乃云此书克锓诸木，凡为图三十有八，附以采茶诗十章，一若图与诗皆克所作也者，且据跋亦未言克锓诸木。

《北苑别录》一卷，赵汝砺著（编者按：原作建阳熊克著，误，今改正）。《皕宋楼藏书志》引汝砺（编者按：汝砺二字，原作克字，误，今改正。本条末的克字，也照改为汝砺二字）自序云：建安之东三十里，有山曰凤凰，其下直通北苑，旁联诸焙，厥土赤壤，厥茶惟上上。太平兴国中，初为御焙，岁模龙凤，以羞贡篚，盖表珍异。庆历中，漕台益重其事，品目日增，制度日精，厥今茶自北苑上者，独冠天下，非人间所可得也，方其春虫震蛰，千夫雷动，一时之盛，诚为伟观，故建人谓至建安而不诣北苑，与不至者同。仆因摄事，遂得研究其始末，姑摭其大概，条为十余类，曰《北苑别录》云。《石遗室书录》云：《四库全书总目》于熊蕃《北苑贡茶录》下，附出《北苑别录》，谓时福建转运使主管账司赵汝砺复作《别录》一卷，以补其未备，所言水数赢缩，火候淹亟，纲次先后，品味多寡，尤极该悉。汝砺行事无所见，惟《宋史·宗室世系表》汉王房下有汉东侯宗楷曾孙汝砺，意者即其人欤？云云。今按《通志略》又有《北苑煎茶法》一卷，《遂初堂书目》又有《北苑茶录》，陶氏《说郛》亦有《北苑别录》，均不著撰人。《说郛》本亦一卷，首列御园四十六所，次曰开焙，曰采茶，曰拣茶，曰蒸茶，曰榨茶，曰研茶，曰造茶，曰过黄，曰纲次，细色凡五纲，粗色凡七纲，曰开畲，曰外焙，诸法甚详，与汝砺跋所称条为十余类尚合，殆即一书也。

山经卷一

福州府　闽县

方山，在清廉里，《寰宇记》云：在州南七十里，周回二百里，山顶方平，因号方山……天宝六载，敕改为甘果山……《八闽志》云：又名虎头山……《名胜志》云：方山与高盖隔江相直，陆羽《茶经》：福州方山产茶，即此……

山经卷七

兴化府　莆田县

石梯山，在城西南四十里，《八闽志》云：峻峭如梯，其上最宜茶，莆之茶，龟山为上，石梯次之，上有炉峰岩。

龟洋山，距城西二十里，《八闽志》云：产茶为莆之最……

山经卷九

泉州府　晋江县

泉山，《太平寰宇记》云：在州北五里……《闽书》作清源山……有三十六岩洞焉……曰泰空室……茶户居之。茶宜高山之阳，受日光早处，此地雾露蒙密，受旸独先……

山经卷十二

漳州府　漳浦县

鼓雷山，在县东南五十里，《八闽志》云：在九都，亦作古雷……《闽书》云：其下有井，相传宋幼主汲井烹茶于此，弃茶久而成树，今旁多种茶，其遗种也。

山经卷十六

延平府　将乐县

花岩，在东岩之南，距县九十里，《八闽志》云：多产佳茗，在隆荫都。

山经卷十八

建宁府　建安县

凤凰山，在县东北二十五里，《八闽志》云：在吉苑里，山有凤凰泉，一名龙焙泉，一名御泉，自宋以来，于此取水造茶，苏轼《凤咮石砚铭序》云：北苑龙焙山，如翔凤下饮之状……《闽书》云：北苑在其麓，其地宜茶，凡三十里。

按：《寰宇记》有茶山，云在郡北，民多植茶于此山，涉冬翠茂，他志皆不载，疑即凤凰山，独《舆地广记》云在建阳县，然建阳各志亦皆无之，今附此。

壑源山，在凤凰山南，《八闽志》云：高峙数百丈，此山之茶，为外焙冠，俗谓之捍火山，又曰望州山。

曹高山，在凤凰山南，《八闽志》云，一名作高山，右有曹圣者茶场。

山经卷二十

建宁府　崇安县

武夷山，在县南三十里（以望山故，首列）……《通典》云：汉治县地，吴置建安县，有武夷山，《寰宇记》建阳县下云在县北一百二十八里……《武夷山志》（以下简称《山志》）……接笋峰，《八闽志》云：一名仙接石……茶洞，《山志》云在接笋峰下，原名玉华洞，亦名升仙洞，又称幽微碧玉洞……入其中，夷旷可六七亩……而茶洞之名，则以产茶甲于武夷云。

金谷岩、金谷洞，《山志》云：岩在希真之右，洞在两岩之间……产茶最佳。

幛岩，《山志》云：在八曲廪石之左，横亘数百寻，四周陡壁，状如垂幛，顶平旷，无林木，土人艺茶其上，俗呼幛顶，茶殊佳……

山经卷二十九

福宁府　福鼎县

金字山，距城南七里，道光志云：形如金字，又南曰茗洋山，绵亘数里，地多产茶……

河渠书卷二

兴化府　仙游县

九鲤湖，在县东北兴泰里……

明王世懋《九鲤湖记略》云：闽山奇胜者，无如九鲤湖，余参闽政，守莆，乃延山人黄全之，出莆西门北行，已折而西，入山……至水晶宫，则湖当其前……左折而北，得古梅洞，入焉，洞故有梅，今无存矣，洞之右，地稍斥，而九仙阁峙焉，前植老梅，登阁望湖，水如玉雪可餐，橐中偶携吴中天池茗，命汲水烹之，色味俱绝……

闽侯县志

民国二十二年(1933年)　十六册　　欧阳英、陈衍纂修

卷十四　古迹

茶亭，在南门外，昔有僧以暑月醵金煮茗饮行者，因名。

紫薇台，在方山之支葫芦山，唐末有紫薇公隐此，未详姓名爵里，或曰避惠王鏻伪爵者，尝得异术，晦迹山中，煮紫薇花代茗饮，其乡人目为紫薇公。

卷二十五　物产三

茶类

茶　福州诸县皆有之。闽之方山、鼓山，侯官之水西，怀安之凤冈尤盛。《茶谱通考》云：建州之北苑、先春、龙焙，福州之柏岩。庆历初，林世程作《闽中记》，言福茶所产在闽县十里，且言往时建茶未盛，本土有之。鼓山半岩茶，色香风味，当为闽中第一，不让虎丘、龙井也。福州福宁及闽县之鼓山，皆产半山茶，侯官之水西、凤冈、九峰山、林洋（即林洋寺）、华峰、长箕岭，皆产佳茗。

卷二十八　实业

茶业概略

红茶　以初采之青茶加工搓揉，迨变成红色，然后晒干。

花香　将制成绿茶熏以茉莉、珠兰各花。

工夫　细工拣选。

卷四十七　艺文上

《茶谭》一卷

《茗笈》三十卷。

鼓　山　志

乾隆二十六年(1761 年)　六册

卷十一　艺文

明徐𤊹《灵源洞汲泉煮茗，摩崖观蔡君谟题刻，乃庆历丙戌仲秋八日，予至亦以是日，溯自蔡君游日，计五百八十余年矣》　呼童携茗具，古涧汲寒泉。活火烹林际，团焦坐石边。长空无过鸟，疏树有凉蝉。细读名贤迹，苔侵六百年。

徐𤊹《茶园》　岭半斜通路，山家历几环。谁知岩穴里，宛若武陵间。地僻村难辨，林深户不关。小楼攒竹翠，幽石绣苔斑。卜岁全看历，谋生尽采山。扶犁□麦熟，负筥焙茶闲。田妪多椎髻，村氓自古颜。门前江渺渺，屋后涧潺潺。塞墐茅茨厚，编篱槿木弯。小庞惊客吠，乳犊趁人还。朴野元堪羡，真淳似可攀。征徭吾欲避，从此离区寰。

卷十三　艺文

徐𤊹《灵源雨茗》　寒食才过谷雨前，鼓山风送焙茶烟。旗枪乍试甘泉脉，竹火瓷瓶手自煎。

谢肇淛《采茶曲》　布谷春山处处闻，雷声二月过春分。闽南气候由来早，采尽灵源一片云。　郎采新茶去未回，妻儿相伴户长开。深林夜半无惊怕，曾请禅师伏虎来。　紧炒宽烘次第殊，叶粗如桂嫩如珠。痴儿不识人生事，环绕熏床弄雉雏。　雨前初出半岩香，十万人家未敢尝。一自尚方停进贡，年年先纳县官堂。　两角斜封翠欲浮，兰风吹动绿云钩。乳泉未泻香先到，不数松萝与虎丘。

卷十四　外纪

鼓山灵源洞之后，居民数十家，种茶为业，地名茶园，产不甚多，而味清冽。王敬美督学在闽，评鼓山茶为闽第一，武夷、清源不及也，同时僚属陈玉叔、顾道行诸公大加称赏，茶一两，索价三分，敬美诸公叹其极廉。万历庚子，邑大夫取至百斤，且不时给值，种茶村民与寺僧俱困，几不聊生。丁未岁，闽令王君世德为之请于当事，罢其征，给券存寺。（旧志）

山下有居民采茶，久不还，相传坠岩死，其妻伤之，为作歌，声甚凄楚。（旧志）

鼓山半岩茶，色香风味，当为闽中第一，不让虎丘、龙井也。邓原岳诗云：雨后新茶及早收，山泉石鼎试瓷瓯。谁知屴崱峰头产，胜却天池与虎丘。国初，每岁进贡，至杨文敏当国，始奏罢，今栽培不足以供樵采者。（《小草斋诗话》）

厦　门　志

民国二十年(1931年)　十二册

卷十五　风俗记

杂俗

俗好啜茶，器具精小，壶必曰孟公壶，杯必曰若深杯，茶叶重一两，价有贵至四五番钱者，文火煎之，如啜酒然，以饷客，客必辨其色香味而细啜之，否则相为嗤笑，名曰工夫茶，或曰君谟茶之讹，彼夸此竞，遂有斗茶之举，有其癖者，不能自已，甚有士子终岁课读所入不足以供茶费，亦尝试之，殊觉闷人，虽无伤于雅，尚何忍以有用工夫而弃之于无益之茶也。

同安县志

光绪十一年(1885年)　十二册　　吴堂纂修

卷十四　物产

茶　邑不产茶，所用者，武夷岩茶及安溪清水、留山诸种，近则斗拱山亦有仿为者，但所出不多耳。

同安县志

民国十八年(1929年)　十二册　　林学增、吴锡璜纂修

卷十一　物产

货属

茶　……近甘露寺有出茶，三秀山亦有出茶矣。

南平县志

嘉庆十五年(1810年)　二十四册　　杨桂森、应丹诏纂修

卷八　风俗

生业

新兴、梅西、峡阳、梅南之地多产茶，民以茶为业。

卷二十七　艺文　诗

宋黄裳《茶苑》　莫道南芽非北苑，须知山脉是东溪。旋煎石鼎供清话，容照岩前日末西。　想为春风唤动山，雨前收得一篮还。斧斤不落幽人手，且喜家园禁日闲。　谁知谷口胜龙潭，最惬轻云回味甘。闻道溪东新得苑，梦中风腋落溪南。

续卷之一　物产

货属

茶　产不一，南平城南万福精舍产者曰龙团，最佳。

南平县志

民国八年(1919年)　二十册　　吴栻、蔡建贤纂修

卷之六　物产

……茶则峡阳、王台犹著。

嘉靖建阳县志

1962年影印　五册

卷之四　货产

货之属

茶　建州北苑、先春、大小龙团，茶之绝品者也。宋蔡君谟作《进茶录》，今建安官焙入贡，建阳崇政里所产，特粗者耳。

建阳县志

道光十二年(1832年)　二十卷　　梁舆纂修

卷之一　舆地　山川

苍山　在崇化，一名龟岭……产茶亦嘉。

卷之二　舆地　风俗

《建安集》云：农力甚勤，桑麻被陇，茶笋连山。

按：今桑麻不过十之一，笋十之一二，惟茶居十之八九。茶非民食所急，而茶山之害田，不可胜言。大率雨则涝，晴则干，由种茶之山，不能渟蓄雨水，而汇为泉也。建阳在万山中，田尽依山，资山泉灌溉，泉之生，必借草木蓊蔚，春雨涵濡，深入于地，酝酿日久，始溢而为泉，故谚有：春无雨，夏无泉之语。山有草根堵水，则雨水强半渍土，而流下山麓者少，而且清势亦纾而不悍。今建阳所辖之山，惟近城官道旁种茶差少，余则弥望皆童，然赤壤岁再铲削，土视（编者按：视字疑误）疏解，一过暴雨，或积雨水，挟砂土奔入山沟，自巅直冲而下，如飞瀑然，田间沟浍，一时不能尽泄，泛滥冲决，田塍为塌，虽在数里外者，久亦并受其害，故腴田皆化为瘠壤，甚且当田之中，荡而为渊涧，左右之田，半成洲渚，而虚粮之累，自此多矣，即或离田数尺，存山脚浚沟，令山水流入大溪，而岁久淘汰，山脚为裂，有阔至六七尺，深至一二丈者，一朝横决，阡陌皆溃，况复有出溪甚远，其末流必涌入田中者乎！至若豫防其冲，割田以为沟，沟久汰削，必复移而之田，田且愈割愈缩，而变为硗确，荡为涧洲之害，仍属可虞。三十年来，每遇大雨时行之候，东北二溪，辄红（编者按：红字疑误）波汹涌，势若黄河，皆茶山之水，由山沟而田涧，由田涧而大溪，以故澄潭皆淤泥填塞，有旧深数十丈者，今只数尺，如溪东浮桥潭是已。水道愈浅，水患愈多，既伤禾稼，而沿溪庐舍，亦多受坏，凡皆涝之为害也。茶山无尺寸青草，不能蓄雨水为泉，每当暑月，旬日不雨，则田干旱，半成龟坼，近溪之田，或可用桔槔引灌，外此则水道过远，惟蒿目而叹已。虽较诸涝患，似不甚险，然当涝患者三之一，当旱患者五之三，矧夏间本属青黄不接之时，加以旱禾荒，旱则民心惶惶，而啼饥者众矣！间有于山下得滥觞之泉，农民以全家性命俱系于此，往往连日彻夜，携锄决口，巡视田间，防塞水道，非互相争竞，凶殴毙命，亦必积受风露，酿成危疾，是旱之祸亦未尝不烈也！又茶山袤延百十里，寮厂林立，当春采摘时，招集外间游民甚众，难保无匪人窜入……其害始于乡民为侨居山佃所愚，岁受赁钱数百文，听其垦种，日久受害，欲令退佃，则诡云工资浩大，挟令重价取赎，自是业不由主，而土著人民效尤垦种者，亦复不少，岁加稠密，连冈亘嶂，有田之家，无能禁止，遂成积重难返之势。今欲使田无水旱，惟于未经垦种之山，力行禁止，以弭患于未然，其已垦种者，设法更易，如张益公之拔茶植桑，庶几仍成沃壤，岁岁丰稔矣。

卷之四　食货　物产

货之属

茶

建阳县志

民国十八年(1929年)　十二册　　万文衡、罗应辰纂修

卷四　物产

果之属

茶　种类甚多，其叶必经炒、摊、曝、干，然后冲饮，为常止渴之饮料。藏器曰：气味苦寒，久食令人瘦，去人脂，使人不睡。饮之宜热不宜冷。按：茶叶伤脾胃，虚弱人不禁饮，生茶叶捣汁，清一切实火，

子可榨油。

附杂货

茶

崇安县志

康熙九年(1670年)　四册　　管声骏、王绍运纂修

卷之一　风俗

……将村之细茶，皆民所以为生者也。

卷之一　货产

艺产

细茶

崇安县志

雍正十一年(1733年)　八册　　刘埥、张彬纂修

卷之一　物产

货属

夷茶

卷之一　风俗

二月　谷雨制茶。

五月　五日采药，作午时茶。

卷之八　古迹

御茶园　在武夷山第四曲，元建堂宇尽废，存喊山台，台左有通仙

井，元时井上复以龙亭，岁于惊蛰日有司致祭，率役夫茶户，鸣金鼓，合声喊山，谓动地脉以发泉，畅春膏而早茁，重玉食，谨有事也。初山力啬产，未修贡，贡自蔡襄始，初贡小龙团，凡七十余饼，欧阳永叔闻而曰：君谟亦作此事。迄元贡额浸广至二十斤，大德间，至二百五十斤，制龙团五斤饼。明初因之，罢制团饼，而额贡九百九十斤，凡四品。嘉靖三十六年，以茶枯，太守钱公嵘详请罢之，今基址为僧居。

崇安县志

嘉庆十三年(1808年)　十册　　魏大名纂修

卷之一　风俗

土产，茶最多，乌梅、姜黄、竹纸次之，客商携资至者，络绎不绝，而民不加富，盖工作列肆，皆他方人，崇所得者，地骨租而已。

武夷以茶名天下，自宋始，其时利犹未溥也。今则利源半归茶市，茶市之盛，星渚为最，初春后，筐盈于山，担属于路，负贩之辈，江西、汀州及兴、泉人为多，而贸易于姑苏、厦门及粤东诸处者，亦不尽皆土著，因之五方杂处，习尚异齐，然其地生产既饶，握赢自易，货殖而外，亦类能敦本崇实，故其人文，在近日尽有可观焉。

卷之二　物产

武夷茶　宋咸平中，丁谓为福建漕，监造御茶，进龙凤团。庆历中，蔡端明为漕，始贡小龙团七十饼。其时多在建州北苑，武夷贡额尚少。元初于第四曲御茶园建造堂宇，贡额止二十斤，大德间至二百五（编者按：五字下疑有漏字），四品。嘉靖三十六年，以茶枯，太守钱公嵘详请罢之。国朝仍充土贡。附山为岩茶，沿溪为洲茶，岩为上，洲次之，有小种、小焙、花香、松萝、莲心、白毫、紫毫、雀舌诸品。明徐㶿《茶考》：闽中产茶，以建安北苑第一，壑源诸处次之，武夷之名，宋季未有闻也。然范文正公《斗茶歌》云：溪边奇茗冠天下，武夷仙人从古栽；苏东坡亦云：武夷溪边粟粒芽，前丁后蔡相宠嘉，则武夷之茶，在前宋亦有知之者，第未盛耳。元大德间，浙江行省平章高兴始采制充贡，创御茶园于四曲，建第一春殿、清神堂，焙芳、浮光、燕宾、宜寂四亭，门曰仁风，井曰通仙，桥曰碧云，国朝寝废为民居，唯喊山台泉亭故址犹存。喊山者，每当仲春惊蛰日，县官诣茶场致祭毕，隶卒鸣金击鼓，同声喊曰：茶发芽，而井水渐满，造茶毕，水遂浑涸，而茶户采造有先春、探春、三春诸品，又有旗枪、石乳诸品，色香不减北苑。国朝罢团饼之贡，而额贡每岁茶芽九百九十斤，凡四种。嘉靖中，郡守钱嵘奏免解茶，将岁编茶夫银二百两解府，造办解京，御茶改贡延平，而茶园鞠为茂草，井水亦日湮塞，然山中土气宜茶，环九曲之内，不下数百家，皆以种茶为业，岁所产数十万斤，水浮陆转，鬻之四方，而夷茗甲于海内矣。宋、元制造团饼，稍失真味，今则灵芽仙萼，香色尤清，为闽中第一，至于北苑、壑源，又泯然无称，岂山川灵秀之气，造物生殖之美，或有时变易而然乎！陆廷灿《武夷茶》诗：桑苎家传旧有经，弹琴喜傍武夷君。轻涛松下烹溪月，含露梅边煮岭云。醒睡功资宵判牒，清神雅助昼论文。春雷催茁仙岩笋，雀舌龙团取次分。释超全《武夷茶歌》：建州团茶始丁谓，贡小龙团君谟制。元丰敕制密云龙，品比小团更为贵。元人特设御茶园，山民终岁修贡事。明兴茶贡永革除，玉食岂为遐方累。相传老人初献茶，死为山神享庙祀。景泰年间茶久荒，喊山岁犹供祭费。输官茶购自他山，郭公青螺除其弊。嗣后岩茶亦渐生，山中借此少为利。往年荐新苦黄冠，偏采春芽三日内。搜尽深山粟粒空，官令禁绝民蒙惠。种茶辛苦甚种田，耕锄采摘与烘焙。谷雨期届处处忙，两旬昼夜眠餐废。道人仙山资为粮，春作秋成如望岁。凡茶之产视地利，溪北较厚溪南次。平洲浅渚土膏轻，幽谷高岸烟雨腻。凡茶之候视天时，最喜天晴北风吹。苦遭阴雨风南来，色香顿减淡无味。近时制法重清漳，漳芽漳片标名异。如梅斯馥兰斯馨，大抵焙得候香气。鼎中笼上炉火温，心闲手敏工夫细。岩阿宋树无多丛，雀舌吐红霜叶醉。终朝采采不盈掬，漳人好事自珍秘。积雨山楼苦昼闲，一宵茶话留千载。重烹山茗沃枯肠，雨声杂沓松涛沸。

卷之十　古迹

御茶园　即希贺堂故址。元时创，大德七年，奉御高久住以其狭，乃相前冈得通仙井，甚清冽，辟基建殿，岁于惊蛰日有司致祭，率役夫茶户鸣金鼓，合声喊曰：茶发芽，有喊山台。明洪武初，重修。嘉靖三十六年，太守钱嵘详请罢之。

武夷山志

道光二十六年(1846 年)　八册

卷之十九　物产　艺属

茶　茶之产不一，崇、建、延、泉，随地皆产，惟武夷为最，他产性寒，此独性温也。其品分岩茶、洲茶，附山为岩，沿溪为洲，岩为上品，洲次之，又分山北、山南，山北尤佳，山南又次之，岩山之外，名为外山，清浊不同矣。采摘以清明后谷雨前为头春，立夏后为二春，夏至后为三春。头春香浓味厚，二春无香味薄，三春颇香而味薄。种处宜日宜风，而畏多风日，多则茶不嫩。采时宜晴不宜雨，雨则香味减。各岩著名者，白云、天游、接笋、金谷洞、玉华、东华等处。采摘烘焙，须得其宜，然后香味两绝。第岩茶反不甚细，有小种、花香、清香、工夫、松萝诸名，烹之有天然真味，其色不红。崇境东南，山谷平原，无不有之，惟崇南曹墩，乃武夷一脉，所产甲于东南，至于莲子心、白毫、紫毫、雀舌，皆外山洲茶，初出嫩芽为之，虽以细为佳，而味实浅薄，若夫宋树尤为希有。又有名三味茶，别是一种，能解酲消胀，岩山外山，各皆有之，然亦不多也。

唐徐夤《谢尚书惠蜡面茶》　武夷春暖月初圆，采摘新芽献地仙。飞鹊印成香蜡片，啼猿溪走木兰船。金槽和碾沉香末，冰碗轻涵翠缕烟。分赠恩深知最异，晚铛宜煮北山泉。

宋范仲淹《和章岷从事斗茶歌》　年年春自东南来，建溪先暖冰微开。溪边奇茗冠天下，武夷仙人从古栽。新雷昨夜发何处，家家嬉笑穿云去。露芽错落一番荣，缀玉含珠散嘉树。终朝采掇未盈襜，惟求精粹不敢贪。研膏焙乳有雅制，方中圭兮圆中蟾。北苑将期献天子，林下雄豪先斗美。鼎磨云外首山铜，瓶携江上中泠水。黄金碾畔绿尘飞，紫玉瓯中雪涛起。斗茶味兮轻醍醐，斗茶香兮薄兰芷。其间品第胡能欺，十目视而十手指。胜若登仙不可攀，输同降将无穷耻。吁嗟天产石上英，论功不愧阶前蓂。众人之浊我可清，千日之醉我可醒。屈原试与招魂魄，刘伶却得闻雷霆。卢仝不敢歌，陆羽须作经。森然万象中，焉知无茶星。商山丈人休茹芝，首阳先生休采薇。长安酒价减千万，成都药市无光辉。不如仙山一啜好，泠然便欲乘风飞。君莫羡花间女郎只斗草，赢得珠玑满斗归。

苏轼《咏茶》　君不见武夷溪边粟粒芽，前丁后蔡相宠加。争新买宠各出意，今年斗品出官茶。吾君所乏岂此物，致养口体何陋耶。洛阳相君忠孝家，可怜亦进姚黄花。

国朝彭定求《谢送武夷茶》　芒屩何缘到武夷，拣芽相饷等琼枝。却宜鸿渐烹泉日，绝胜龙团作饼时。石鼎香浮涵素液，冰壶色映净炎曦。使君风味情如许，续取欧梅唱和诗。

卷之二十　武夷杂记

山中采茶歌，凄哀清婉，韵态悠长，每一声从云际飘来，未尝不潸然堕泪，吴歌未能便动人如此也。

武夷茶尝自蔡君谟始，谓其味过于北苑龙团，周右文极抑之，盖缘山中不晓制焙法，一味计多，徇利之过也。余试采少许，制以松萝法，汲虎啸岩下语儿泉烹之，三德俱备，带云石而复有甘软气，乃分数百叶寄右文，令茶吐气，复酹一杯，报君谟于地下耳。

浦城县志

乾隆八年(1743 年)　八册　　李藩、林鸿纂修

卷一　山川

西岩山　在德星门外……有兰若二，一在绝顶，一在半岭，产茗甚佳。

卷五　土产

货品

茶　可方松萝。

风俗

浦介闽浙，大率山多田少……桑麻被陇，茶笋连山……

卷十三　艺文三

章岷与范希文同赋《斗茶歌》，岷诗先就，范曰：此诗真可压倒元白。今岷诗不传。

浦城县志

光绪二十六年(1900 年)　二十册　　翁天祜、翁昭泰纂修

卷六　风俗

胡昱旧志　浦城山多田少，民性刚劲，而勤于耕织，桑麻被陇，茶笋连山……

卷七　物产

货之属

茶　产西岩山、昭山者最佳。

卷四十二　艺文

袁枚《渔梁道上作》　远山耸翠近山低，流水前溪接后溪。每到此间闲立久，采茶人散夕阳西。

松溪（旧县名，原县辖境并为今松政县）县志

嘉靖十六年（1537年）　存一册　　黄金纂修

卷之三　食货　土产

货属

茶

松溪县志

康熙三十九年（1700年）　四册　　潘拱辰、黄鉴纂修

卷六　食货志

食物

茶　叶以谷雨前采者制为松萝。

政和（旧县名，原县辖境并为今松政县）县志

道光十二年（1832年）　十一卷　　魏敬中纂修

卷之一　地理

货之属

茶

政和县志

民国八年(1919年)　十二册　　钱鸿文、黄体震、李熙纂修

卷二　纬候　占验

节气　谷雨

事实　是节值午时，主茶价高。

右列占验，皆民俗相传，不为无征，故按例编入……

农事　播种

雨水　茶……

卷十　物产

常绿灌木

茶　有大白茶、草茶之别。大白茶，茎褐色，叶凌冬不凋，色淡绿，边如锯齿，叶片厚而椭圆，端及基部略尖，秋开白花，不结实，花合萼离瓣，雄蕊多数在周围，长短不齐，药（编者按：药字疑误）端有深黄色粉，雌蕊一枚，有甘蜜，采嫩芽晒之，名曰银针。草茶，花冠小，花粉淡，叶片小而长，能结实。皆属常绿灌木。

货物

银针　原产下里铁山，后渐推广。择土质厚而色黄者种之，发荣滋长。谷雨节采取一旗一枪者拣之，分摊筛上，置当风处，复取晒干之，色白如银，曰银针，晒久则色红而味逊。

乌龙　采置筛上，旋转之，令去水分，谓之走水。复炒之釜中，以手揉条，更以火焙干，味香而色乌，名乌龙香。

红茶　布嫩叶于筛上，凋萎后，揉缩之，积压片时，俟变红色，发佳香，置焙笼焙之，即成红茶。

绿茶　采嫩叶，铺筛上当风，复炒于釜中，揉之，至粘而香，焙之

令干，即成绿茶。

卷二十　礼俗

政蕞尔邑，百工未备，土木裁缝，旧俗不尚淫巧，自茶叶兴盛，顿改旧观……

政邑物产，除茶、杉、笋、纸外，别无大宗，每年自三四月茶市过后，不甚繁闹……

政邑茶叶兴盛，风俗为之一变，故宋太史滋兰有种茶、采茶、拣茶各曲，盖歌咏当日风土也。录之足征政俗。其《种茶曲》云：茶无花香满，家家无田钱。万千山农种茶山之巅，长镵短褐锄云烟。今年辟山南，明年辟山北。一年茶种一年多，绣陌鳞塍长荆棘。塍陌年年本沃土，客土山崩怨春雨。呜呜有鸟山上啼，飞去飞来诉茶苦。茶苦茶甘两不知，新茶种后雨丝丝。焚香默向山神祝，但愿明年茶叶齐。明年茶叶如山积，山下肥禾去一石。其《采茶曲》云：南山高，北山低，山人上山如上梯。山中谷雨新茶熟，千枝万叶如云齐。新山茶比旧山好，上山采茶争及早。春风苦恨不开晴，只恐栖枝茶色老。朝采茶，暮采茶，携篮挈榼并男妇，山前山后无闲家。万绿丛中影凌乱，一叶一摘肠堪断。山头终日竹鸡声，催人摘得三斤半。采茶何如去采桑，采桑不似采茶忙。采茶只备他人饮，采桑能博自家裳。其《拣茶曲》云：茶叶香，茶梗苦，万贯腰缠来大贾。大贾买茶茶市开，谁家姊妹拣茶来。燕占莺团地无隙，分领春山香一堆。细拨轻挥不停指，双眼撩香照秋水。日午腰慵欲欠伸，兜怀弄梗仍无几。茶苦梗，妾苦心，拣将黄梗似黄金。低头用尽闺中力，弹指君听厢外音。梗多梗少谁轻重，权衡暗识郎情用。归去余香尚恋衣，明朝来插钗头凤。裙布荆钗不拣茶，安贫却羡野人家。

建瓯县志

民国十八年(1929年)　十二册　　詹宣猷、刘达潜、蔡振坚纂修

卷四　山川

云际山，在铁狮山左，自顶分岗而来，下有永庆寺，寺后有陆羽泉，相传唐陆羽所凿，然羽实未尝到此，宋杨亿有陆羽何曾到之句。

鳌源山，在凤凰山南，高百丈，所产茶为外焙冠，《舆地广记》：鳌源茶，即此。

卷七　名胜

凤凰山　形如翔凤，上有凤凰泉，一名龙焙泉，又名御泉，有堂曰茶堂，前引二泉，为池曰龙凤池，池中岛曰红云岛，皆宋丁谓作也。苏轼《凤咮石砚铭》云：北苑龙焙山，如翔凤下饮之状，当其咮，有石苍黑，坚致如玉，太原王颐以为砚，予名之曰凤咮，即此是也。按红云岛在山下茶堂之前，四面植海棠，晴光掩映，如红云浮其上，泉亦清洁，上供茶用此濯之，今堂池俱废，而岛犹隐隐可辨。右为龙山……清蒋蘅记十二观，北苑其一也，有官焙三十二，小焙十余，又有内园三十六，外园三十八，至明尽废。蘅著论曰：宋、元苦官场之扰，明虽尽革，然番夷互市，不知始于何时，由是茶山愈开愈多，武夷，宋时尚未甚著，至元始移官局于彼，盖武夷兴而北苑渐废矣。厥后蔓延建阳，遍及瓯宁，盛极将衰，又骎骎焉有复开北苑之势。初重内山茶，他处茶必运至星村，以内山盖面乃售，今则建阳之徐墩，瓯宁之水吉，皆有茶行，茶市之盛，不减崇安。予尝论茶山三害，欲请当事设为厉禁，乃近闻邑东之钟山亦有客氓立厂开垦，钟山去北苑止十五里，孰谓予言而俱验耶？按先生殁于咸丰七年，同治与光绪间，东溪茶业极盛，以东屯为市场，东屯、北苑，相距二十里，光绪之季，又成弩末，最近移于西乡，而大湖水仙之

名，并驾武夷，虽以后未知变迁何若，然而武夷奇种、小种，历三朝至今日不衰，岂有天运耶？抑亦地质构造迥乎不同也。

卷二十二　金石

宋《茶录》　蔡襄著，上下篇论，并书嵌县学壁间，《福州府志》作皇祐三年蔡襄书，怀安令樊纪刊行。刘后村集：余所见《茶录》凡数本，暮年乃见绢本，岂非自喜此作，亦如右军之于禊帖，屡书不一书乎？公吏事尤高，发奸摘伏如神，而掌书吏辄窃公藏稿，不加罪，亦不穷治，意此吏有萧翼之癖，与他作奸犯科者不同耶？可发千古一笑。淳祐壬子十月望日，克庄书，时年六十有六。

卷二十五　实业

茶

水仙茶，质美而味厚，叶微大，色最鲜，得山川清淑之气。查水仙茶出禾义里大湖之大山坪，其地有岩叉山，山上有祝桃仙洞，西墘厂某甲业茶，樵采于山，偶到洞前，得一木，似茶而香，遂移栽园中，及长采下，用造茶法制之，果奇香为诸茶冠。但开花不结子，初用插木法，所传甚难，后因墙崩，将茶压倒，发根，始悟压茶之法，获大发达，流传各县，而西墘厂之茶母至今犹存，固一奇也。制法多端，近人所刊行茶务改良真传，可资考证。出产以大湖为最，而近今大湖牌号数十，推黄荣茂为第一（湿包法改为干包法），由其制法精良，得之自然，而辅以人力也。

节录宣传人李梦庚、林英国、林学谓、陈竹友、黄秉墉等茶务改良真传。一种茶，宜择山高向阳之地，有黑土小砂砾者种之，其味清远，兼有岩骨花香之胜。二培植，每年于仲春时用工铲锄，去其蔓草，采摘之后，均须复锄一次，迨深秋时掘松泥土，以舒其根，茶丛自然畅茂，且耐老，有奇香。三采摘，须于立夏前后，其叶开面，未有毫心，方可摘下，一丛宜分三次采摘，因地有肥硗，气候不齐故耳。四时候，每天采摘，须露水干后，摘者方可入奇种堆，如露青、过夜青、雨天青，均

不得入堆，以示优别。至摘青以三叶为度，有种粗大者，只好采二叶，至作青时，方能使苦水去而香味存，且茶丛不至亏损，实两得之益。五晒青，须看日色为标准，每筛以半斤至十两为度，候叶软便翻一次，晒至叶上枝软，方移置架上，待筛匣冷，以二筛合一筛，摇一次，再候半刻，复将两筛合一筛，又摇一次，如此摇法，约每筛有四斤之多，务须移至密室。该室如有空隙，宜用纸裱补，看青之人，日中亦须茶油灯照在密室内，须连摇四次，候其茶叶软者通쵃为硬，成饭匙式，且叶边齿上现出朱砂鲜红，兼发出花香，方可落大筹笙，播匀再落篓，片时候炒。六摇青，以天气为标准，如有南风，天气和暖，其青来必快，用轻手摇；若天气凉冷，用重手摇。否则青来太快，人工不敷；青来太缓，人工损失，不可不知。七雨天，如茶叶不甚粗老，可停候其晴明，或万不得已，总要采摘，厂中须造青楼，用苦竹棚成焙，去竹油，方可用之。青楼置火于下，宜俟其烟尽，开青于上，烘之，烘软然后摇造，其摇法如前，若天气冷，青间亦宜置火砵（编者按：应为钵字）。八炒鐤（编者按：查无此字，此处应即为鼎字），亦须看天气为准，则天气晴明，茶青必好，苦水去青，可用复手，不可吊开，免致走失真味。如天气冷及宿青苦水未清，落鐤时，要连开手炒数十下，以去苦水，语云：苦尽甘来，炒茶亦有此旨，宜细心研究。九复炒，先前炒熟之茶，用工揉挪，至有卷条，然后松开。落鐤复炒，起手用双手平压，随即翻转，又平压之，松开，炒几下即起，再揉其茶，乃有兰花香味及水鸡皮色。阳看白色，阴看绿色，皆于此一度功夫成之，万不可忽。十揉茶，初用轻手揉挪，至将卷条之时，方用重手揉之，总以个个有条，能起螺头为最妙。十一水焙，初时宜用烈火，乃不至走味，候叶干枝软起焙，以三焙或四焙作一筛，撒至架上，以去苦水火气，宜候至六点钟外，方可复焙。十二拣工，须于水焙后拣净枝头，然后下焙。十三复焙，其时间对于水焙之后，总以六小时为准。若复焙太早，茶色未免干燥少油，迟则走失真气，致少香味，初落焙时，笼不用盖，及香气蓬勃，宜用竹簏（编者按：查无此字）密盖，如此方能香上加香，然后纸包复焙为尤妙。

乌龙茶，叶厚而色浓，味香而远。凡高旷之地，种植皆宜。其种传自泉州安溪县，制法与水仙略同。清光绪初，工夫茶就衰，逐渐发明，至光绪中叶，遂大发展。近今广潮帮来采办者，不下数十号，市场在城内及东区之东峰屯，南区之南雅口，出产倍于水仙，年以数万箱计（箱有大斗及二五箱之别，二五箱以三十斤为量，大斗倍之）。

白毫茶，出西乡紫溪二里，采办极精，产额不多，价值亦贵，由广客采买，安南、金山等埠，其销路也。

莲子心茶，三禾西紫五里，前运售崇安之赤石街，近年水吉镇亦有设庄采办者，庄客多属广潮二帮。

按：宋代北苑凤凰山产茶，相传有凤凰飞集其地，啄茶子而食之。山上有茶堂、御茶亭，官焙三十二，小焙十余，当时称为天下名胜，宋之北苑，犹后之武夷也。至元武夷兴而北苑遂废，今为吉苑里，里内村落，犹有东焙、西焙之名称，岂宋世之留遗欤？清咸、同间，里之钟山，复有客氓至此开垦，普及各区，所出工夫茶，年以千数百万计，实超宋代而过之。垦植贩运，大半皆本地人享其利，而起家者无处蔑有，旋以不善制作，掺伪乱真，致为印度、锡兰、中国台湾之茶所打击，遂使绝大利益无复保存。犹幸绿茶（俗名香茶）接踵发明，借资补救。嗣是有和兴茶业公帮起而讲究种植制焙诸法，寻改为建瓯茶业研究会，联络群力，锐意改良。宣统二年南洋第一次劝业会，如金圃、泉圃、同芳星诸号，均获优奖。民国三年巴拿马赛会，詹金圃得一等奖凭，杨端圃、李泉丰得二等奖凭，此其效也。近年广潮帮盛，建瓯业此者，日形衰落，特恐利源自我出，利权不由我操，逆顾前途，实堪隐虑，吾人固宜奋袂而兴起也。原夫茶之始出，仅一二种，今则品类多而制法备，果能顺天时，因地利，而辅之以人力，将见茶业骎骎日上，不与昔之北苑、今之武夷并驾而齐驱也耶?!

卷二十七　杂录

壑源，在凤凰山南，与北苑为邻，茶味独在诸私焙之上，子瞻《和曹辅寄壑源试焙新芽》诗：明月来报玉川子，清风吹破武林春，山谷《谢送拣茶》诗云：壑源包贡第一春，湘奁碾香供玉食，又云：搜搅十年

灯火读，令我胸中书传香，苏黄二公，皆为识此山茶味也。(《渔隐丛话》)

蔡襄善别茶，建州能仁院有茶，生石缝间，盖精品也。僧采造得茶八饼，号曰石岩白，以四饼密遣人走京师，遗王内翰禹玉。岁余，蔡被召还阙，访禹玉，禹玉命子弟于茶筒中取精品，碾以待蔡，蔡捧瓯未尝，辄曰：此极似能仁寺石岩白，公何以得之？禹玉未信，索帖验之，乃服。(张邦基《墨客挥犀》)

建瓯县志

民国十八年(1929年)　十二册

卷十二　艺文　杂著

《品茶要录》一卷　宋黄儒撰。《四库书目提要》：儒字道辅，熙宁六年进士。书中皆论建茶，分为十篇。

建瓯县志

民国十八年(1929年)　十二册

卷之四　山川

曹高山上，有曹圣者茶场。

卷之十九　礼俗

按《玄览》云：荆扬角徵会，气漂轻，其声急，其泉酸以苦。建属扬州，介于吴越，民柔而脆，亦地气使之然乎？吾尝闻吴越之民，童而出，白首犹有未归者，此又何说哉？大率建利在山，木竹矿铁，笋纸茶苎，菰蕈榛栗之属，有力者自为之，故流寓者往往不返，安土重迁，亦利在则然也。

瓯宁(旧县名,原县辖境并为今建瓯县)县志

康熙三十二年(1693年)　八册　　邓其文纂修

卷之三　水利附物产

货属

有茶

建安(旧县名,原县辖境并为今建瓯县)县志

康熙五十二年(1713年)　六册　　崔铣、陆登选纂修

卷之一　山川

红云岛，在凤凰山下，茶堂前，宋咸平间，丁谓监茶事于堂，前引二泉，为龙凤池，中为岛，四面植海棠，晴光掩映，如红云浮其上，今池废而岛犹隐隐可识。(在吉苑里)

凤凰泉，茶焙中，泉甚清洁，上供茶用此濯之。(在吉苑里)

卷之四　物产

货属

茶

光泽县志

乾隆十五年(1750年)　五册

卷一　物产

货之属

茶

重纂光泽县志

光绪二十三年(1897年)　十二册　　李麟瑞纂修

卷五　舆地略

其物产旧志，芜杂不合体例，又所列皆诸县同有，可掇而来，可移而去，志犹不志也。今别为八……茶以老君眉名（乌君山前山后皆有……）。

货属　茶　有山茶，园茶，又有杂茶，采木叶为之，名满天飞。

物产因地之利，亦由人力而成者也，如前志所谓购种他所，遂成土产，可见矣。所惜者，如……咸丰、同治以来，遍处种茶，生息亦广，近因价钝，多荒废不理矣……

宁德县志

乾隆四十六年(1781年)　十二册　　卢建其、张君宾纂修

卷之一　山川

玉女峰　在县郭正南……前有茶园，后有石笋……

卷之一　物产

货属

茶　西路各乡多有，支提尤佳。

寿宁县志

康熙二十五年(1686年)　二册　　赵廷玑、柳上芝纂修

卷之三　食货　物产

货物类

茶

福安县志

崇祯十一年(1638年)　四册　　巫祝三、黄启仕纂修

卷之一　土产

货类

福安县志

乾隆四十八年(1783年)　四册　　侯谨度、陈从潮纂修

卷之七　物产

货类

茶　山园俱有。

福安县志

光绪十年(1884年)　十二册　　张景祁、黄锦灿纂修

卷之四　山川

桂香山，在坦洋，产茶甚美，由山麓登桂岩，香闻数里，岩下有井泉，清且冽。

观后井，在城内北真庆观后，明崇祯年凿，泉香味甘，为诸井冠，邑人烹茶，多汲于此。

福鼎县志

嘉庆十一年(1806年)　八册　　谭抡纂修

卷之二　山川

茗泽山　绵亘数里，地多产茶，故名。

卷之三　物产

货类

茶　《闽小记》(编者按：应为《闽小纪》)：太姥有绿雪芽茶。

霞浦县志

民国十八年(1929年)　八册　　刘以臧、徐友梧纂修

卷四　山川

大湖山，在三沙西北，周围五里，草木丛茂，产茶最佳。

卷十一　物产

货属

茶　向无白毛，只有绿茶、青茶二种，制法未精，致难畅销，甚有每况愈下之势，可慨也!

卷十八　实业

茶业

上东、中东、下西、上西、小南各区，皆有种茶，多于山园种之，迥不及福鼎玉琳之大白毫，寿宁之乌龙，其产量不及福鼎十之二，福安十之四。种茶只袭通常，制茶未谙新法。其制而装之箱曰箱茶，装袋者曰袋茶，皆红茶也。不经筛簸焙而蹂过装袋者，曰青茶，亦曰原机（方言枝谓之机）。摘而炒软，以脚蹂过，晒半干再微炒而成者，曰绿茶。清同、光间，多办红茶，民国以来，多办此绿茶，下溪之崇儒、杯溪，上东之牙城、六都，绿茶颇多于他处，茶品较好，京津帮名之曰福绿。绿茶售于京帮或天津帮，红茶售于洋商。其运赴也，从前以陆，其后以海，设行于三都、沙埕，茶季金融，颇足裨内山之生活，惜近来茶市衰矣!

卷二十二　礼俗

士习醇谨，民风朴诚，山利桐茶，海利蜃蛤，男有安居之乐，女无挈伴之游，敦本务实，罕去其乡，此其美也……

罗源县志

道光九年(1829 年)　十二册　　卢凤琴、林春溥纂修

卷二十八　物产

茶　佳者造在社前，其次火前，谓寒食前也，其次雨前，谓谷雨前

也。大抵茶之佳否在地土，亦在制法。邑产味近苦，崇祯旧志云：茶，诸山皆有，唯小云寺清明采者为第一，名曰龙团先春，又附记唐吕洞宾咏《大云寺茶》诗云：玉蕊一枪称绝品，僧家造法极工夫。兔毛瓯浅香云白，虾眼盆中细浪俱。断送睡魂离几席，增添清气入肌肤。出身只在溪岩外，不肯移根向上都。今二寺亦无佳制。

连江县志

乾隆五年(1740年)　十二册　　戚弢言、孙发曾纂修

卷之一　山川

……由文殊山南下……其一支东出者入炉山，为邑治东北方……从下陟其巅，复自巅降，有窝洼然，大可亩许，地产茶最佳……

卷之四　物产

货之属

茶　有二种，早采为茶，晚取为茗。欧阳修诗：共约试新茶，旗枪几时绿。世谓茶始生而嫩者为一枪，寖大而开为一旗。茶之佳者，造在社前，其次火前，谓寒食前也，其下则雨前，谓谷雨前也。昔人造茶之法不同，但专以蒸碾为工，至明代始用茶芽炒制，今谓之古制，连邑仿之者，以美肇为最，亦有以火焙赝为武夷者，如云居、五峰、西安所出，味亦甚佳，然深于茶事，必有择水、简器、慎烹诸法，如顾况所云：文火、细烟、小鼎、长泉，是于叶先生不负者。

连江县志

嘉庆十年(1805年) 十册 李莘、章朝栻纂修

卷之一 风俗

清明日，比户插柳枝，试新茶……

卷之三 物产

茶 ……儒洋所出，有莲心茶。

连江县志

民国十六年(1927年) 十册 曹刚、邱景雍纂修

卷四 山川

云头山 产茶极佳。

鹿池山 畲民所居，制茶特佳。

卷十 物产

茶 早采为茶，晚收为茗、为荈。连茶出产，山乡皆有，而焙制之佳者，以鹿池为最，次则云头山、儒洋等乡。然此为绿茶，销售不广。红茶出于梅洋及西路诸山，前数十年为盛，今亦锐减矣。

古田县志

民国二十六年(1937年)　十三册

卷十七　实业

茶业　清同、光间，茶业为本地出产品一大宗。县城及西区七保，北区平湖，大东区鹤塘、杉洋、邹洋等处，均有茶行。迄清季，本地茶业失败，茶行尽闭歇，茶山亦荒。迩来有名于社会者，只九都之乌龙，十七都之水仙而已，惟出产有限，不敷本地销售。此外，如大东区鹤塘、杉洋、邹洋等乡制造绿茶，尚有运省销售，然不及从前远矣。

屏南县志

乾隆五年(1740年)　四册　　沈钟纂修

卷之七　物产

茶之属

茶山皆有，或似武彝，或似松萝，惟产于岩头云雾中者佳。

卷之七　节序

嫁娶上轿，新人袖藏茶、米、锁钥，茶、米进轿即抛出，锁钥交付兄弟，过门三日，女家备办糕饼，送到婿家，名曰下厨茶。

莆田县志

康熙四十四年(1705 年)　十二册　　金皋谢、林麟焻纂修

卷一　舆地　山川

灵川里

石梯山……莆诸山产茶，龟山第一，此为第二。

卷二　舆地　物产

货类

茶　多出山中。

闽清县志

民国十年(1921 年)　八册　　杨宗彩、刘训瑺纂修

卷之三　物产志

货属

茶

木属

茶　十四都、十七都、十二都等处，出产最多，而四都白岩之茶，味尤清芬。

卷之五　礼俗志

七夕，童子以瓜果作乞巧会，学童各奉茶于书馆相啖，用果置茶中，或鲜或干，共七件，谓之七夕茶。

永福(即今永泰)县志

乾隆十三年(1748年)　四册　　陈焱、俞荔纂修

卷之一　山川

白龙井　在方广岩路口，泉色白，味清冽而甘，试茶为第一。

物产

货

茶

长乐县志

乾隆二十八年(1763年)　八册　　贺世骏、沈成国纂修

卷之三　物产

货之属

茶

长乐县志

道光二十五年(1845年)　四册

卷之四　舆地略　物产

登云山，居人多种茶，佳者与永安洋头并。玳瑁山亦出茶。

卷之四　山川略

玳瑁山，在县西少南五十里，一名罗径山。(黄志)其山出茶。(《采访册》)

卷之五　建置略　茶亭

董源桥茶亭　老茶亭　新茶亭　粄（编者按：查无此字，当系根据当地方言所新造的字）子冈茶亭　清心亭　甘露亭　榕树　冈茶亭　腋风亭　夹山茶亭　大顿岭茶亭　张坑岭茶亭

长乐县志

同治八年(1869年)　十四册　　彭光藻、王家驹、杨希闽纂修

卷之三　物产

货属

茶　树如瓜芦，叶如栀子，花类白蔷薇。有两种，一种叶可制茗，一种子可压油。

长乐县志

民国六年(1917年)　十二册　　孟昭涵、李驹纂修

卷之十六　礼俗

婚姻，吉期日……贺客宴时，喜娘屡以茶劝客……

福清县志

康熙十一年(1672年)　六册　　李传甲、郭文祥纂修

卷一　地舆类　山川

万石山　在六十都，去县百余里，有……茶园……

卷一　地舆类　土产

货之类

茶　一出清远里黄檗山，一出清源里灵石山。

福清县志

乾隆十二年(1747年)　十二册　　饶安鼎、林昂、李修卿纂修

卷二　地舆　土产

货之属

茶　灵石、黄檗俱有。

平潭县志

民国十二年(1923年)　八册　　黄履思、林春澜纂修

卷十一　物产志

货之属

茶　有乌龙茶。

仙游县志

乾隆十四年(1749年)　存十五册　　陈与祚、庄大椿纂修

卷之四　地舆　物产

茶　有数种，惟郑宅为最，而出于九座山九鲤湖者亦佳。蔡端明学士有《茶录》行世。

仙游县志

同治十二年(1873年)　十六册　　胡启植、叶和侃纂修

卷三　地舆　山

大飞山，在县北五里，县之主山也……宋绍兴间，喻景山时隐居处，山门石壁，镌大飞书院，漈旁有挹飞、煮茗诸篆，中列石灶、茶碾、研床、棋枰、小江山、松竹林诸胜……

卷四　地舆　泉

弥峰岩泉水烹茶最佳，能使茶色白而香，气清越，邑人取之，不惮其远（属万善里）。

卷四十九　艺文　传跋

《题蔡忠惠〈茶录〉后》　是录石刻，原在邑坊张家。予得其摹本，相随文笥，几三十年矣。往岁张遭回禄，石刻已灰，而摹本幸存，予恐其纸墨久而腐浥，则先正之手泽自我斩也，故梓以代焉。呜呼！四贤一不肖之诗，传颂华夷，不书温成之碑，有功人纪，其浚塘、减税、造桥、植树，特绪余耳，况是录乎？然君谟小楷，朱子尝称其宋朝第一，今吾邑所传，惟《荔枝谱》《茶录》二者而已。《荔谱》已刻于郡，评者谓《荔谱》结构不如《茶录》之精严，点画不如《茶录》之遒劲，亦或然也，重君谟者，不能不重于是录。

卷五十三　摭遗

土产之佳……郑氏茶以别致推重骚坛，烹之，水色仍白，香气四溢，当时古树剩一二株而已。其传送海内者，类取仙产茶，依郑宅所制，然香色犹远胜他处，采摘之烦，制造之功，劳费不少……

德化县志

乾隆十一年(1746 年)　十册　　鲁鼎梅、王必昌纂修

卷四　山川

雪山，在邑西南……产茶绝佳，树多唐时旧植……

卷四　物产

货之属

茶　产高山上者佳。

永春县志

康熙二十三年(1684 年)　四册　　郑功勋、宋祖墀纂修

卷一　疆域志　物产

货之属

茶

永春县志

民国十六年(1927 年)　六册

卷十一　物产志

茶山　石齿，在大鹏山后，高峰巉岩，云常覆之，其茶最佳，惟所产尚微。

金门志

光绪八年(1882年)　六册

卷二　分域略　山川

浯之为洲，大海环之，地本斥卤，泉鲜清甘，茗饮者病焉。盖茗之香味，不得佳泉不发，而岛上之泉，非出自石中者不佳。予不能酒，而有茗癖，终日与泉作缘，曩缘旧闻，第知有蟹眼、将军二泉耳。蟹眼出太武山巅，泉窍嘘吸，像蟹眼之转动；将军出兜鍪山麓石壁间，故以为号。予家东北望太武二十里而遥，蜡屐酌泉未数数，然西南距鍪山四里而近，奚童汲运不甚艰，遂得时时属餍。去秋偶过华岩庵，试其天井中石泉而善之，曰：蟹眼、将军而外，此其鼎之一足乎？题壁纪事，有未经尝七碗，几失第三泉之句。已而族人告予曰：村北数百武有龙泉焉，宋时龙起其地，泉涌石罅，迄今大旱不涸，吾里名龙湖，先永丰令公别号龙泉者，以此美迹所存，必有异味，盍试之？汲以瀹茗，果大佳，叹咤曰：忽近而谋远，得毋为龙神所笑？因并致四泉而详较之：蟹眼醇醲洌洁，赴喉之后，舌吻间尚有余甘；龙井醇洌，不减蟹眼，所微逊者，蟹眼出于危石，旋涌旋泻，汲者必以叶盛之入器，其鲜活之性，毫无所损，而龙井有窟瀨水，水稍停宿，故入口始觉迟钝，若决积渊而挹新液，二泉殆难为伯仲矣；将军居洲之尾，气力发泄已尽，洌而不醇；华岩分太武之支，醇精未散，但庵堂既高于井，而庵外稼地，复高于堂，人迹所狎，不无飞尘所犯，移其宇，浚其沟，使出泉之石挺然而露，既不敢望蟹眼，何不可轶将军而上之也哉！盖泉之所处，亦有幸有不幸也，据现在而品之，蟹眼第一，龙井第二，将军第三，华岩第四。己亥伏日岛上泉客识。(卢若腾《浯洲四泉记》)

安溪县志

嘉靖壬子（三十一年，1552年）　三册　　林有年纂修

卷一　风俗

槟榔代茶　槟榔消瘴，今宾客相见，必设此以为重，俗之婚聘，亦借此以贽焉。

卷一　土产

货品

茶　《瑞章总论》：茶乃南方嘉木，叶如栀子，花如白蔷薇，实如棕榈子。土产，建州北苑、先春、龙焙，洪州双井，蒙顶石花，皆茶之极品者也。紫为上，绿次之。笋为上，芽次之。社前采者为佳，寒食、谷雨采者次之，备见陆羽《茶经》。安溪茶产常乐、崇善等里，货卖甚多。

花类

山茶　花深红色，有数种，花开单叶而极大者曰日丹，单叶而小者曰钱茶，类钱茶而粉红色者曰溪圃，百叶而攒簇者曰宝珠，类宝珠而蕊白色焦者曰蕉萼。

卷一　乡里

金田乡　常乐里一图（在县东北八十里，旧为第十四都）

修仁乡　崇善里一图（在县东北四十里，旧有清源里，为第十七都，而崇善里为第十八都）

安溪县志

乾隆二十二年(1757年)　十二册　　庄成、沈钟、李畴纂修

卷之三　山川

圣泉岩　在驷马山左……登巅远眺，可望郡中清源山，产茶甚佳，而亦绝少……

卷之四　风土

……茶名于清水，又名于圣泉。

……农者……曩耕于田，今耕于山，曩种惟稻黍菽麦，今耕于山者，若地瓜，若茶，若桐，若松杉，若竹，凡可供日用者，不惮陟巉……

卷之四　物产

货之属

茶　亦曰茗，即荈也。龙涓、崇信出者多，惟凤山清水岩得名，然少鬻于市。

长泰县志

康熙二十六年(1687年)　三册　　王珏、叶先登纂修

卷四　土产

货属

茶　系土茶

长泰县志

民国二十年(1931年)　六册　　张懋建、赖翰颙纂修

卷之十　风土志

茶　《茶经》曰：茶者，南方嘉木，木（编者按：木字为树字之误）如瓜芦，叶如栀子，花如白蔷薇，实如栟榈，蒂如丁香，根如胡桃。泰产土茶。

漳浦县志

康熙三十九年(1700年)　八册　　陈汝咸、林登虎、陈梦林纂修

卷之一　方域上

山

磁灶山　在县北五十余里二十八都境内，山上多茶。

泉

虎泉　在虎山南麓，味甘厚而有余香，以器盛之，经年不变，烹茶最胜……

井

东庵井　在东口外印石山椒，其泉清甘，烹茗为佳……

帝昺井　在古雷山下。相传帝昺南奔到此，汲井烹茶，弃茶井边，久而成树，今是地多茶，土人称曰皇帝茶，其遗种也。

卷之四　风土下

货之属

茶　出二十八都磁灶，白埕者佳。又太武山有皇帝茶，乃宋帝昺所

遗也。近清泉亦多茶树。

云霄厅志

民国二十四年(1935年)　四册　　薛凝度、吴文林纂修

卷六　物产

货之属

茶　盘陀岭、碧湖岩村皆有产茶。然土人不习制法，归于无用。现饮片皆从武彝、安溪而来。

龙溪(旧县名、原县辖境属今龙溪地区)县志

乾隆二十七年(1762年)　十二册　　吴宜燮、黄惠、李畴纂修

卷之十　风俗

灵山寺茶，俗贵之，近则远购武夷茶，以五月至。至则斗茶，必以大彬之罐，必以若深之杯，必以大壮之炉，扇必以琯溪之箑，盛必以长竹之筐。凡烹茗，以水为本，火候佐之。水以三叉河为上，惠民泉次之，龙腰石泉又次之，余泉又次之。穷山僻壤，亦多耽此者，茶之费岁数千。

卷之十九　物产

货之属

茶　漳中以龙山产者为佳。

龙岩县志

民国九年(1920年)　十册　　马和鸣、杜翰生纂修

卷七　名胜志

九层岩　在县东百余里，丹崖翠巘，地产名茶，香味特别，山极高，自下望之，云气缥缈，迥入层霄中，清泉甘洌异常。

卷十　物产志

山茶科

茶　即茗，常绿灌木，高六尺余，叶长椭圆形，有锯齿，秋末开花，白色，果实扁圆，三角形，翌秋成熟，春季采嫩叶，制绿茶、红茶。有天生者，叶柄中空，异于种茶，岩人贵之，以紫金山茶最著名。

连城县志

康熙五年(1666年)　四册　　杜士晋、谢家宝纂修

卷四　籍产志

货类

茶茗

连城县志

民国二十八年(1939年)　八册　　陈一堃、邓光瀛纂修

卷十一　物产

货之属

茶

漳平县志

道光十年(1830年)　五册　　蔡世钹、林得震纂修

卷之一　舆地

货之属

茶　无佳品，土人以苦者为上焉。

永定县志

康熙三十六年(1697年)　五册　　潘翊清、陈钧奏纂修

卷二　土产

货之属

茶

上杭县志

康熙二十六年(1687年)　五册　　蒋廷铨纂修

卷之十一　风土志

货之属

茶

上杭县志

乾隆十八年(1753年)　八册　　赵成、赵宁静纂修

卷之一　物产

货类

茶　杭，凡山皆种茶，多而且佳者，惟金山为最，至精细者，如莲子心香味，逾于松萝。

上杭县志

民国二十七年(1938年)　十册　　张汉、丘复纂修

卷三　山川志上

纪山一　县志山脉

张风凹，南行，经吉湖崃，又南曰长岃（编者按：查无此字，当系根据当地方言所新造的字）崃，入杭境，突起高峰，峰峦耸秀，左起犁头崃，北出曰圆通山，产名茶。

大岭山，又东为大肚石峰，产茶绝佳，甚为难得。

师姑岭，旧有寨，旧志云：山势峻急，为江广往来孔道，清乾隆十六年，乡人邓文瑄率族人夹道植木，建亭屋施茶，行者便之。

纪山三

邑中产茶，古田、下隔最多，次圆通、龙嶂，次石梅峰、乌石崃，湖梓里，味皆香厚，然不讲求种植制焙之法，日渐消落，及今不图，恐如靛业之一跌不振……旧时汉口有悬下隔名茶牌者，其盛可知。近则杭茶不足供邑人之用，多来自浙江、崇安、宁洋、安溪，而宁洋茶尤巨。杭地不宜于茶者盖寡，邑人盍一注意哉。

石梅峰，壁立千仞，形如梅萼，产佳茶。

卷九　物产志

木之属

茶　有二种，一种高二三尺，取其叶干之，为饮料，子小如豆，已载入货属。此则树高丈余，结子大如桐子，取以榨油，名茶油，故此树又别名之曰油茶。

货之属

茶　宋（编者按：宋字后遗一魏字）了翁曰：茶之始，其字为荼，如《春秋》书齐荼，汉志书荼陵之类，若《尔雅》，若《本草》，犹从草从余。陆、颜诸人，虽已转入茶音，未辄改字，惟陆羽、卢仝以后，遂易荼为茶，其字从草、从人、从木云。杭于茶各处皆产，其稍著名者，则以金山、古田、下隔、圆通山、石梅嘴、湖梓里、上罗地、石坪前等处为最。汉口有悬下隔名茶牌者，盖百年前物也。然产量日减，不足供本地之需，盖吾杭土质本佳，惟制焙不得法，又多作伪，若其佳者，味厚而甘，不特远胜宁洋，且并驾浙江也。

卷十　实业志

二曰林业　……民国初……上白沙华姓组合裕源公司，于竹、木外，注重桐、茶两种，经营数年，竹、木颇有成绩，桐实亦渐有收获，自经丧乱，顿受摧残矣。至茶叶一项，往时古田、下隔、湖梓里等处，出产甚巨，而汉口镇有悬下隔名茶牌者，询之，则乾、嘉年间物，其产品之盛可知。古田里，产茶之乡，如大坪、上磜、洋尾、长坑里、分水岭、金谷岩、石坪一带，年可产茶数万斤，近年产额只一万数千斤而已。下隔出产亦微，湖梓里上年着手垦山，栽种甫一二年，而暴动事起，付之一炬。盖林业全恃培养，尤资保护，近已设立公会、苗圃，甚望名副其实也。

卷二十　礼俗志

邑有闹房之俗，高年二人，提灯前行，鼓吹花爆，送入洞房，索新郎新娘扛茶扛酒，种种戏谑，有过伤雅者，是宜出以正矣。

长汀县志

咸丰四年(1854年)　八册　　延栋、曾炳文纂修

卷之三　山川

白头岭　在县西二十五里……自此而西，连山夹路，林霍绵濛，故多产茶，岭凹有白云寺，有亭煮茶。

卷之三十一　物产

货属

茶　《茶经》曰：茶者，南方嘉木，木（编者按：木字为树字之误）如瓜卢，叶如栀子，花如白蔷薇，实如栟榈，蒂如丁香，根如胡桃。其名，曰茶，曰槚，曰蔎，曰茗，曰荈。邑产有山、园二种，而园茶较胜。

长汀县志

光绪五年(1879年)增补　咸丰四年本　十四册

卷之二　疆域附茶亭

各乡里茶亭　按：汀僻处万山中，行路之难，差比于蜀道，尝有一二十里远隔乡村，无可以避风雨而解渴烦，为行人少憩息者。汀人士素多好善，每于其中相度地势，建亭煮茗，以利行人，诚美举也！除散见各条外，谨就所报明者附录于此，其他见闻未及，不无遗漏，勿怪疏略。

百可亭　欣然亭　罗源岭亭　阳和隘亭　佛子岭亭　松风亭　亦乐亭　快意亭　翁坑茶亭　崔巍平凹路亭　半岭亭

卷之三　山川

西华山　在青泰里……道光十年，邑监生黄思政邀其亲识程仲发、程宏道在当坑路口，共造茶亭一座，为憩息行人计，旋飘摇于风雨，二十八年，思政再独力修葺，并筹每年烧茶资费，行者便之。

宁洋(旧县名,原县辖境属今龙岩地区)县志

康熙三十一年(1692年)　三册　　沈荃、吴琏纂修

卷之二　物产

木之属

茶

宁洋县志

光绪元年(1875年)　四册

卷之二　舆地志　山川

石牛崃　在城西六十里……产有山茶，可为药物，人争采之，只是少许，不可多得，故名仙茶。

卷之二　舆地志　物产

货之属

茶　种名甚多，惟有小种最佳。

将乐县志

乾隆三十年(1765 年)　十册　　李永锡、徐观海纂修

卷之五　土产

货之属

茶　城乡皆有，俱不甚佳，产于园地者更劣，过夜即酸，盖必以产高山者得雨露风霜为美也。东乡有云衢茶，南乡有仙人堂茶，水南有□岭茶，北乡有九仙山茶，虽法制朴拙，而真味有余，但所产不能多得也。

沙　县　志

康熙四十年(1701 年)　十册　　林采、邓文修纂修

卷之五　田赋志　附物产

货之属

茶

沙　县　志

道光十四年(1834 年)　十四册　　孙大焜、徐逢盛纂修

卷之十六　物产志

货属

茶　吕峰山草洋乡者良。

尤溪县志

康熙五十年(1711年)　四册　　刘宗枢、刘鸿略纂修

卷之三　物产志

货之属

茶　产各处岩室。

尤溪县志

民国十六年(1927年)　存九册　　马传经、洪清芳纂修

卷之八　物产

货之属

茶　产二十都、二十三都者佳。

大田县志

康熙二十四年(1685年)　四册　　周卜世纂修

卷二　物产

货之属

茶

大田县志

民国十七年(1928年)　六册　　陈朝宗、王光张纂修

卷四　物产志

货属

茶　产虎鼻崎者佳，可以疗病。他产为土茶。另一种，实可压油。

卷五　实业志

大田茶叶，原为出产大宗。在三十都各处多茶山，每年采做乌龙、小种红茶，售额可达万余金。自清季以来，省中茶价跌落，茶商多亏折，兼之时局影响，以致商家无敢采办，而各处茶山亦因之荒废，若能改良整顿，利益不少。

永安县三志

道光二年(1822年)　四本

卷一　山川

天字嶂，去城西五十里……今耕艺其上，茶敌桂山。

卷一　物产

果之属有茶……

花之属有山茶

永 安 县 志

道光十三年（1833 年）　四册　　孙义、陈树兰、刘承美纂修

卷之五　物产

货之属

文笔山茶　粗甚，好者价不过三分。

归化（旧县名，即今明溪）县志

康熙三十七年（1698 年）　四册　　杨传桀纂修

卷之一　舆地　土产

货之属

茶

清 流 县 志

康熙四十一年（1702 年）　五册　　王士俊、王霖纂修

卷之十　物产

货之属

茶　种之山者名山茶，种茶园者名园茶，山茶味厚，而园茶次之，视作手以为精粗。顺治初年，有江南僧人至清，遍山种茶，依松萝制之，香味并妙，与闵茶无异。

清流县志

道光九年(1829 年)　七册

卷之九　物产

货之属

茶　种之山者名山茶，种之园者名园茶，山茶味厚，而园茶次之，视作手以为精粗。国初，有江南僧至境，遍山种茶，依松萝制之，有香有色，迄今玮埔、梓材、薯坑等乡间，传其种，惟九龙峡中所产者，叶虽粗而味尤永，然亦仅可供卢仝之第七碗耳。

宁化县志

康熙二十三年(1684 年)　九册　　祝文郁、李世熊纂修

卷二　土产

茶　宋魏了翁曰：茶之始，其字为荼，如《春秋》书齐荼，汉志书荼陵之类，若《尔雅》，若《本草》，犹从艸从余。徐鼎臣训荼，犹曰，即今之茶也，惟陆羽、卢仝以后，遂易荼为茶，其字从艸、从人、从木。陆玑谓吴人作茗，蜀人作荼，皆煮椒为香，椒与荼既不相入，据此，则荼与茗又若二物，及《诗》山有樗之疏，则又引玑说，以樗叶为茗，读者益贸乱无所据。至苏文忠谓周诗记苦荼，茗饮出近世，其义既著明，然终未有命荼为茶者，盖传注例谓荼为茅莠，苦菜也，详见《鹤山集·邛州先茶记》。盖茶性味本苦，后人制作精妙，变易其质，于是陆羽有《茶经》，毛文锡有《茶谱》，蔡宗颜有《茶对》，卢仝有《茶歌》，陆龟蒙有《品茶书》，宋沈立有《茶法》十卷，宋徽宗有《大观茶论》，熊蕃有《北苑茶录》。又《茶谱通考》备载唐宋茶地、茶名，唐人首称阳羡，

宋人最重建安，近代惟重长兴之罗岕，岕有数处，惟重洞山，他如歙之松萝，吴之虎丘，钱塘之龙井，并与岕颉颃，黄山、天池、六安，又其下矣。若采造之法，昔人以蒸碾为工，佳品皆碾末作饼，杂以龙脑，至宣和始有不入脑子，如胜雪、白茶，专贡上用者，价与金等。明代始用芽茶，专以炒制为妙，而色之鲜白，味之隽永，古所不及矣。按《茶经》：其名，一曰茶，二曰槚，三曰蔎，四曰茗，五曰荈。槚，苦茶也。蜀人曰蔎。《天中记》曰：凡种茶树必下种，移植则不复生，故古人聘妇必以茶为礼，取其至性不移，植必以子也。今南中俵（编者按：以俵字的含意论，用在此处皆不合，俵字当为夷字之误）人娶妇必用茶，但多寡不同耳，岂非礼失而求诸野欤？宁茶最蕃，岁计数十万斤，然仅可供卢仝第七碗耳。

建宁县志

康熙十一年(1672年)　六册　　周煤、陈恂纂修

卷之一　风俗

土俗　惊蛰　炒米点茶，以石灰置碾柱，云辟虫蚁。

物产

货属　茶

建宁县志

乾隆二十四年(1759年)　十册　　韩琮、朱霞纂修

卷之二　山川

茶磨山　在里心保，二石相合如磨，其下有山，曰磨下山。

中茶山　在海云岩下，有上茶、下茶二山连接，故名中茶。

茶山　在海云岩西，山势耸立，四面如壁。

卷之二十七　物产

货属

茶　茶类非一，建邑惟东楚产者称最。

台湾地方志

彰化县志

道光二十四年(1844年)　十六册

卷之十　物产志

货属

茶　出水沙连山，能却暑消瘴，其余武彝诸品，皆来自内地。

淡水厅志

同治十年(1871年)　八册　　陈培桂纂修

卷二　封域疆界

由淡赴兰……途仅百十里（属淡者八十里，属兰者三十里）……计自艋舺武营南门启程……十里，深坑子街……五里，湾潭渡，有船……此间山平多种茶……金面山头分水岭，即淡兰交界……北岭高而不险，居民多种茶，有市百余家……

卷四　关榷

茶厘　淡北石碇、拳山二堡居民，多以植茶为业。道光年间，各商运茶往福州售卖……迨同治元年，沪尾开口通商，茶叶遂无庸运往省城，省中既无入口税银可征，台地亦无落地厘银可抽，而茶叶出产，递年愈广。同治十年，台道黎兆棠札饬委员候补府胡斌会同淡水同知试办抽厘……台湾征收茶厘自此始。谨按：淡地出产最多，或谓金银玉皆出内山，其实除米谷外，以茶、煤、脑、磺为最著，磺未开禁，而茶、脑、煤三者，愈出愈广……

卷十一　风俗

商贾估客辏集，以淡为台郡第一……茶叶、樟脑，又惟内港有之……商人择地所宜，雇船装贩，近则福州、漳、泉、厦门，远则宁波、上海、乍浦，天津以及广东……

饮食……茶味薄，不如武彝，与福宁埒，然茶树有数十年不萎者……

卷十二　物产

茶　产大坪山、大屯山、南港仔山及深坑仔内山最盛。

卷十三　古迹

乳井　在剑潭山也佳庄（山也佳即山仔脚），四围巨石，有泉窍，凿之，深仅数尺，水色如乳，甘可瀹茗。

卷十五　文征下

吴廷华《社寮杂诗》　才过谷雨觅猫螺，嫩绿旗枪映翠萝。独惜未经婀茗战，春风辜负采茶歌。（猫螺，内山地名，产茶，性极寒，番不敢饮。）

噶玛兰厅(即今宜兰县)志

咸丰二年(1852年)　八册　　董正官、陈淑均、李琪生纂修

卷六　物产

草

红毛茶　草属，疑即仙草。

附考

红毛茶，黄花，五瓣，叶如瓜子，亦五瓣，其根如藤，刨取晒干，或遇有时气不快，熬茶饮之，则愈。（《台湾纪略》）

货

茶　土产特多，焙制尚未得法，能避暑消瘴，其余武彝诸品，皆来自内地。

海东札记

乾隆癸巳(三十八年,1773年)　一册

卷三　记土物

地不产茶，水沙连一种，与茗荈相类，产野番丛箐中曦光不到之处，故性寒可疗热症，然多啜恐胃气受伤。

红毛茶，草类，黄花，五瓣，叶如瓜子，亦五瓣，根如藤，劚取曝干瀹茗，可疗时症。

河南省地方志

河南通志

民国三年（1914年）重印　六十四册　　田文镜、孙灏纂修

卷之七　山川上

河南府

赵封山　在巩县东南四十里，宋种茶于此。

卷之二十九　物产

货类

茶　信阳出，罗山亦有之，固始、商城间有，俱不甚佳。

密县志

民国十三年（1924年）　八册　　汪忠、吕林钟纂修

卷十三　实业志　物产

木类

云桑　能救饥，作茶尤佳，见《中州杂俎》。

遂平县志

顺治十六年（1659年）　二册　　张鼎新、赵之珩纂修

卷之上　食货志　土产

货属

茶　出西山。

遂平县志

乾隆二十四年(1759 年)　四册　　金忠济、祝旸纂修

卷之三　土产

货属

茶　西山间有之，不佳。

信阳县志

民国二十三年(1934 年)　八册　　方廷汉、陈善同纂修

卷三　舆地二　山脉

震雷山，在县东南十五里……西北双尖，形如乳峰，尤为奇特。清末，邑人于其麓种茶，味甚佳……

大茶沟、中茶沟、小茶沟，在五斗峰之北，皆明产茶地，尚有遗株。

三角山，亦名三架山，又名仙山，在县西六十里……北麓平田数十亩，清溪映带，颇有武陵风景。邑人杨子述于山麓集股种茶十余万株……

卷四　舆地三　古迹

三仙缸，在城西南五十里仙石畈，张培金有诗：两山之中夹平石，石山流泉水色碧。连生三窍圆而坚，口大如瓮深百尺。桃花红映千缸春，第一烹茶味更醇。可惜品题无陆羽，年年只好待游人……

卷十二　食货三　物产

货类

茶　本山产茶甚古，唐《地理志》：义阳土贡品有茶。苏东坡谓淮南茶信阳第一。明末因茶税过重，遂斩伐殆尽。今柳林、大茶沟、小茶沟等处，尚有遗株。清季邑人蔡竹贤提倡开山种茶，先后成立者，有元贞、广益、裕申、宏济（今名车云）、博厚、森森（今名万寿）、龙潭、广生等八处。（元贞社在震雷山，三十余亩，三万一千窝；广益社在观音堂胜泉寺，六十余亩，六万三千窝；裕申社在甘家冲小孙家冲，三十余亩，三万余窝；车云社在车云山，八十余亩，八万余窝；博厚社在白马山下，三万窝；万寿社在万寿山，四十余亩，四万余窝；龙潭社在黑龙潭天心寨，四十余亩，四万余窝；广生社在三角山，八十余亩，八万余窝；共岁产茶约万斤以上。）逐渐发达，（民国四年，曾呈部设茶叶公所，后停办，现推蔡竹贤、陈雨人等成立董事会，筹款建筑公所，地址在太平缸胡同路东。）西南山农家种茶者寖多。本山茶色味香俱美，品不在浙闽以下，将来成绩可立而待也。

固始县志

康熙三十二年(1693年)　十册　　杨汝楫纂修

卷之一　沿革　风俗

迨我朝陈蔡曹宋吴楚瓯越之民，杂耕于地，交居于郛，今称沃壤……饶茗、漆、竹箭、林木之利……

按：茗、漆、竹箭、林木、毛革，乃昔日未析之固始，今出商城，非本土之产矣。

重修固始县志

乾隆五十一年(1786年)　十六册　　谢聘、洪亮吉纂修

卷十四　物产

元马祖常《县治记》：饶茗、漆、竹箭、林木之利。余继善曰：

茗、漆、竹箭，乃昔日未析之固始，今出商城，非本土之产矣。

光州(旧州名,民国时改为潢川县)志

乾隆三十五年(1770 年)　三十二册　　高兆煌纂修

卷二十七　食货上

茶　出莲塘山，但味劣于六产，故不能行远。

卷六十七　杂记

光州产茶

宋时，光州产甚富，产茶凡十三场，光州即有其三。《梦溪笔谈》云：光州光山场买茶三十万七千二百一十六斤，卖钱一万二千四百五十六贯；子安场买茶二十二万八千三十斤，卖钱一万三千六百八十九贯三百四十八；商城场买茶四十万五百五十三斤，卖钱二万七千七十九贯四百四十六。今惟光山莲塘山植茶，然亦不多，余则无有矣。

光州直隶州志

光绪十三年(1887 年)　十六册　　杨修田纂修

卷之四　物产志

货之属

茶　陆羽《茶经》：一曰茶，二曰檟，三曰蔎，四曰茗，五曰荈。味劣于六、霍。

罗山县志

乾隆十一年(1746年)　六册　　葛荃、李之杜纂修

卷之一　山川

黑龙池　县西南一百二十里，产茶，有寺曰弥陀。

卷之一　物产

货类

茶　出龙池山。

商城县志

嘉庆八年(1803年)　十二册　　武开吉纂修

卷之二　地理下　物产

货之属

茶　陆羽《茶经》：一曰茶，二曰槚，三曰蔎，四曰茗，五曰荈。《梦溪笔谈》：宋时，商城场买茶四十万五百五十三斤，卖钱二万七千七十九贯四百四十六。今南山间有之，味亦劣于六、霍。

光山县志

乾隆五十一年(1786年)　十二册　　杨殿梓纂修

卷之十三　物产

茶　在宋时，光州所产片茶，有东首、浅山、薄侧等名。又于光

山、固始并置茶场，则昔时亦产茶处也。今县境不甚产茶，惟连康山有之，然品味不及闽、吴产远甚。予谓南境多山，凡山土黄色，多得清虚之气者，悉宜于茶，若遍种之，而制造如法，必岁致佳茗，且倍收自然之利也。

光山县志约稿

民国二十二年（1933 年）　八册　　许希之、晏兆平纂修

卷之一　物产志

货类

茶　邑南山中土性悉宜于茶。近三十年来，土人讲求种植制造之法，竞相仿效，进步颇速，其色香味均驾乎六安产之上，堪称佳品。春末夏初入山贩运者甚夥，此后将为最大之利源。

中国地方志茶叶历史资料选辑

下册

湖北省地方志

湖北通志

民国十年(1921年)　一百零八册　　杨承禧纂修

卷六　山川一

武昌县（今名鄂城）　黄龙山，在县一百四十五里……所产茶名云雾茶。(县志)

蒲圻县　茗山，在县北十里。(县志）产茗，为嘉鱼、蒲圻通衢。(清《一统志》)

崇阳县　龙泉山，在县西南四十里。(县志　嘉庆志作六十里）有石渠，泉流清驶，乡人号曰鲁溪岩……岩前产茶，甚佳，曰龙岩茶。(《方舆纪要》)

崇阳县　龙窖山，在县西七十里。土人呼雷师岭……有龙湫，产茶。(《湖南通志》)

兴国州（今改阳新县）　大坡山，在州东南八十里，本名碧云山，以东坡谪黄州游此，改名。嘉庆志旁有石楼，崭然出众山上，里人于此制茶，名坡山凤髓。(《一统志》)石榴山，在州西北三十里（原作西五十里，从州志)，相近有栗湾山。(清《一统志》)一名百福山，其最高处名龙栖，产茶甚美……（州志）

黄陂县　朝阳洞，在县东三十里，其势东向，故名朝阳……（嘉庆志）　向古《朝阳洞记略》：洞距城二十五里许……旁有庵，名解脱庵，侧种茶数百本，名小岘春……

卷七　山川二

蕲水县　凤栖山，在县东三里。(嘉庆志）俗传尝有凤凰栖此，山东有陆羽烹茶泉。(明《一统志》）茶山，在县北三里。(清《一统志》)每年采造贡茶之所。(《寰宇记》)

蕲州（今改蕲春县）　灵虬山，在州西北八十里，下产茶。(清《一统志》)

黄梅县　紫云山，在县北七十里……内有平田，僧人植茶，即为紫云茶。（清《一统志》）

卷八　山川三

天门县　东冈，在县东七十里，当松石、华严二湖间，唐陆羽尝居于此。（清《一统志》）自号东冈子。（县志）　天门山，在县西北五十里，交京山境，即龙尾山之首……相去里许，有火门山，差小，两两相对……《唐书·陆羽传》：羽庐火门山。明《一统志》：唐陆羽负书从邹夫子学，即此。按：天门、火门，旧志作一山，误。今改正。（清《一统志》）

卷九　山川四

东湖县（今改宜昌）　扇子峡在县西五十里。（府志）……蛤蟆碚在南壁半山，有石挺出，如大蟆呿吻向江，泉出蟆背山窦中。（宋范成大《吴船录》）《水品》所载，第四泉是也。蛤蟆在山麓，临江，头鼻吻颔绝类，而背脊疱处尤逼真，自背上深入，得一洞穴，石色绿润，泉泠泠有声，自洞出，垂蛤蟆口鼻间，成水帘入江……（《入蜀记》）欧阳修诗：石溜吐阴崖，泉声满空谷。能邀弄泉客，系舸留山腹。阴精吐月窟，水味标茶录。共约试春芽，旗枪几时绿。宋范成大诗：兹行看山真饱谙，今晨出峡仍穷探。南矶北矶白铁壁，千峰万峰碧玉簪。横前直疑江已断，崛起竞与天相搀。蜀山欲穷此盘礴，禹力且尽犹镌劖。望舒宫中金背蟾，泥涂脱尽余老馋。下饮岷江不知去，流涎落吻如排髯。挈瓶舣棹蘸清甘，未暇煮茗和姜咸。聊将涤研濡我笔，恍惚诗律高巉岩。

巴东县　巴山，在县南一里，一名金字山。（《方舆纪要》）县治所依。（《舆地纪胜》）峰分三冈，形如金字。产茶色白，所谓巴东真香茗也……（清《一统志》）

卷十　山川五

蕲水县　陆羽泉，在县东二里。（县志）天下第三泉，在县西四十里。（县志）在县北七里凤栖山下，陆羽《茶经》以为天下第三泉（编

者按：陆羽《茶经》无此说法）。(《舆地纪胜》)

卷十一　山川六

天门县　西湖，在县城西门外，广次于东湖。有洲曰复釜，唐陆羽所居，后葬此，即建塔焉。有西塔寺，内有陆子茶亭。（清《一统志》）陆子泉，在县城西北隅，一名陆羽茶泉，一名文学泉，又名陆文学井。唐陆羽得此泉以试茶，故名。(清《一统志》) 县志云：乾隆戊子夏，大旱，居民掘荷池，得巨石，出泉甚甘，并得断碑，有文学字，知县马士伟甃石构亭其侧，赋诗纪之。宋王禹偁诗：甃石苔封百尺深，如今赏味少知音。涓涓泉底中宵月，留得先生一片心。

卷十二　山川七

东湖县（今改宜昌）　蛤蟆泉，在蛤蟆碚，色清味美，陆羽所谓天下第四泉也。(府志)

卷十五　古迹一

兴国州　桃花寺，在州南五十里桃花尖山下，寺中有甘泉，里人用以造茶，味胜他处，号曰桃花绝品。(《舆地纪胜》)

卷十七　古迹三

天门县　雁桥，在县西门外，一名西桥，一名雁叫桥。相传陆羽为婴儿时弃此。群雁以翼覆之，因名。（清《一统志》）龙盖寺，在县西门外复釜洲上，一名西塔寺，一名广教院。唐建，即僧积公得陆鸿渐处。(清《一统志》)《图书集成》引旧志：唐以前久为禅院，相传晋支公住其中，即唐裴迪诗不独支公住也。天宝间，大师积公住寺中，获婴儿于洲上，育之，即陆羽也。唐裴迪诗：竟陵西塔寺，踪迹尚空虚。不独支公住，曾经陆羽居。草堂荒产蛤，茶井冷生鱼。一汲清泠水，高风味有余。泗洲寺，在县华严湖，相传唐僧皎然寻陆羽至此。(《图书集成》引旧志)

卷二十一　风俗

蒲圻县

周顺倜《艮思堂集·莼川竹枝词》：三月春风长嫩芽，村庄少妇解当家。残灯未掩黄粱熟，枕畔呼郎起采茶。茶乡生计即山农，压作方砖白纸封。别有红笺书小字，西商监制自芙蓉。原注：每岁西客于羊楼峒买茶，其砖茶用白纸缄封，外粘红签，题本号监制仙山名茶等字。芙蓉山在西乡。

崇阳县

……畲粟种茶，拙于治生。（宋王竑《乖崖祠记堂》）

卷二十二　物产

茶类

大茶　毛文锡《茶谱》：鄂州之东山、蒲圻、唐年县，大茶，黑色如韭，叶极软，治头痛。按：唐年今崇阳县也。

云雾茶　《武昌县志》：茶有雨前、明前、雀舌诸名，土人以嫩为贵。故味清而不腴。出黄龙山岭者名云雾茶，极佳。按：江夏县东南六十里有灵泉山，其顶旧产茶，亦名云雾茶，而县志未载。又《蕲州志》云：仙人台出云雾茶，味极佳，他处莫及。

龙泉茶　明《一统志》：龙泉山在崇阳西南……产茶，甚甘美，号龙泉茶。

风髓茶　《明史·地理志》：兴国有坡山，产茶。明《一统志》亦云：兴国大坡山旁，有石楼，里人于此制茶，号坡山风髓。

桃花茶　《舆地纪胜》：桃花寺在永兴县南桃花尖山之下，寺中有甘泉，里人用以造茶，味胜他处，号桃花绝品。苏轼有《问大冶长老乞桃花茶栽东坡》诗。按：清《一统志》于嘉鱼之阴山，蒲圻、大冶之茗山，皆言产茶。咸宁志有红茶。通山志有红、黑二茶。大冶志言茶出天台汪家岩、吴家岭诸山。是武昌府属通产茶。故《宋史·食货志》言：榷茶之制，江南路兴国军，荆湖路鄂州皆置务。《明史·食货志》：产茶之所，湖广亦以武昌为首，然当时惟兴国最著。《文献通考》云：片茶有进宝、双胜、宝山、两府，皆出兴国军。高宗建炎初，罢天下榷茶合同场十七处，而兴国军与潭州、建州、洪州、江州仍置场，监、官各一员，可知其出产之盛矣。近则蒲圻、崇阳、通山为最。康熙《通志》云：茶出通山者上，蒲圻、崇阳次之。《崇阳县志》云：今四山俱种茶，山民借以为业。往年山西商人购于蒲圻之羊楼峒，延及邑西沙坪。其制采粗叶入锅火炒，置布袋中揉成，再粗者入甑蒸软，取细叶洒面，压作砖，竹箱贮之，贩往西北口外，名黑茶。道光季年，岁商麇集，采细叶曝日中揉之，不用火炒，阴雨则以炭焙干，收时碎成末，贮以枫、柳木作箱，内裹薄锡，往外洋卖之，名红茶。茶出山则香，俗呼为离乡草。

观音茶　《崇阳县志》：草决明，俗呼观音茶，用以代茗。又《兴国州志》：草决明俗名六安茶。

汉阳茶　《汉阳府志》：茶茗旧无称。按：《宋史·食货志》言：榷茶之地，汉阳军、复州皆置务，则当时府属亦产茶，特非佳品耳。

松萝茶　《唐书·地理志》：蕲州蕲春郡土贡茶；黄州齐安郡土贡松萝。按：《群芳谱》引《西吴枝乘》云：茗以武夷、虎丘者为第一，淡而远；松萝、龙井次之，香而艳也。是松萝乃茶名。

蕲门团黄　李肇《国史补》：茶之名，蕲州有蕲门团黄。王观国《学林新编》：蕲门团黄有一旗一枪之号，言一叶一芽也。按：《文献通考》言：蕲门团黄，茶之极品。《本草纲目》亦云：茶之美者，蕲州之团黄。而陆羽《茶经》乃云：淮南之茶，出蕲州、黄州者下，岂当时制有未精耶？

灵虬山茶　清《一统志》：灵虬山在蕲州西北，上产茶。

紫云茶　清《一统志》：紫云山在黄梅县北，其顶平旷，有僧人植茶，号紫云茶。又《蕲水县志》言：斗方山及人家诸圃皆出茶。按：黄州府属之产茶，唐时始著，至宋而大盛。《宋史·食货志》言：榷茶之务六，一曰蕲州之蕲口，其山场采造之隶于官者，淮南道有蕲、黄二州。《茶经》言：蕲州茶生黄梅县山谷；黄州茶生麻城县山谷；品与荆州、梁州同。《寰宇记》言：麻城山原出茶；蕲州茶出蕲春、蕲水二县之北山。

又云：茶山在蕲水县北深川，每年采造贡茶之所。《舆地纪胜》言：天书崖在蕲州东，有茶场。此可证唐、宋时出产之饶矣。今各县志虽亦有茶，然微末不复著称。

干茶　《寰宇记》：安州土产。按：晋刘琨为并州刺史，与兄子南兖州刺史演书云：前得安州干茶二斤，皆所需也，汝可信致之。是安州晋时已产茶，然《宋史·食货志》言：安州初置茶务，后废，则所出或不及他处之盛，因罢之耳（编者按：刘琨书所说的安州，在今四川剑阁县。此处引用了刘琨此书，认为安州在今湖北，误）。

骞林茶　《文献通考》：太和山骞林茶，初泡极苦涩，至三四泡，清香特异，人以为茶宝。按：骞林茶，明《一统志》谓之骞林叶，太和山出。《均州志》：木之异者，有骞林树，芽茁如阳羡茶，能涤烦热，道流所珍。又按：陆羽《茶经》言：山南之茶，以襄州为次，生南漳山谷。今郡县志均未载。

仙人掌茶　《李太白集·答族侄僧中孚赠玉泉仙人掌茶》诗叙云：荆州玉泉寺近清溪水边，茗草罗生，枝叶如碧玉。惟玉泉真公常采而饮之，年八十，色如桃花。其茗清香滑熟，异于他处。余游金陵，见宗僧中孚示余茶数十片，拳然重叠，其状如手，号仙人掌。盖新出玉泉之山，旷古未睹，因持之见遗，兼赠诗要余答之。后有高僧大隐，知仙人掌茶发乎中孚禅子及青莲居士李白也。

鹿苑茶　《荆门州志》：远安茶以鹿苑为绝品，每岁所产，不足一斤。按：鹿苑乃远安县西鹿溪山寺名，见《舆地纪胜》。

凤山茶　《荆门州志》：鹿苑茶不及凤山著名，然凤山亦无茶，外间所卖，皆出董家坂、马家坂等处，以地近凤山，故名凤山茶。按：《茶经》言：茶出山南，以峡州为上，生远安山谷。盖即指鹿苑、凤山言之也。凤山即鸣凤山。

楠木茶　《国史补》：江陵有楠木茶。按：楠木茶亦见《茶事拾佚》。

大拓枕茶　《文献通考》：大拓枕茶出江陵。

碧涧茶芽　《宋史·地理志》：江陵府贡。《寰宇记》：荆州土产。按：《茶经》言：茶出山南者，以荆州为次，其茶生江陵县山谷。《宋史·食货志》言：榷茶之务六，采造之场十三，江陵府皆居一焉。其茶有片、有散，片茶出江陵者，有龙溪、雨前、雨后十一等。崇宁元年，定诸路措置茶事官、复置司于荆南。《明史·食货志》言：产茶之所，湖广曰荆州。是江陵产茶，自唐至明皆著称，今无闻矣。

黄连茶　《荆州府志》：本高二三丈，叶似槐而尖长，春初芽始生，可治以代茗饮，气味香甜。按：此与前观音茶皆本非真茶，而土人用之代茶者。

峡茶　《茶经》：峡州茶，生宜都、夷陵山谷。按：《群芳谱》引《夷陵图经》云：黄牛、荆门、女观、望州等山，茶茗出焉。《茶谱》云：峡州小江园碧涧茶、明月茶、芳药茶、茱萸茶，皆茶之极品。是峡茶旧已擅称。故《通典》《元和志》《唐书·地理志》，皆言峡州贡茶，《寰宇记》亦言峡州土产茶，《宋史·食货志》言归、峡二州，皆置场采造，隶于官，此并唐、宋时峡州出茶之证也。

砖茶　《茶事拾佚》：夷陵有砖茶。

白茶　《元和志》《唐书·地理志》：归州贡。《寰宇记》：归州土产。按：《大观茶论》：白茶自为一种，与众茶不同，林崖间偶然生出，非人力所可致，盖非种莳得之者也。

末茶　《宋史·食货志》：末茶有归州之清口。《文献通考》：散茶总二十一名，清口出归州。

真香茶　《茶谱》：渠江有薄片，巴东有真香，其名皆著。按：《图经本草》言：巴川峡山茶树，有两人合抱者，所产乃野生之茶，与他处园户种植者各殊。今《巴东县志》谓：真香茶，旧名著海内，自变乱后，荒为榛莽，间有采而售者，皆大叶粗梗，兼之烘焙失宜，色味俱恶，惟长丰里及在市里之羊乳山所出，里人于谷雨前采者，颇佳，长丰所产尤胜，惜难多得，是仍茶之野生者。《黔南行纪》言：尝求黄牛峡茶，有老媪卖新茶一笼，与草叶无异。又言：在峡州时，问士大夫黄陵茶，皆云粗涩不可饮。有小吏言：僧茶最善。试求之，得十饼，不减江南茶味，与《巴东志》所言相类。盖野生之茶，无人功为之焙制，则佳者自鲜，故兴利必在崇实业也。又按：清《一统志》云：明月峡在东湖县西二十里。《天中记》：茶生其间为绝品。巴山在巴东县治南，一名金字山，《名胜志》：山产茶，色微白，即所谓巴东真香茗也。斯亦茶事之可征者，因并志之。

容美茶　《鹤峰州志》：容美贡茗，遍地生植，惟州署后数株所产最佳。署前有七井，相去半里许，汲一井而诸井皆动，其水清冽，甘美异常。距城五十里，土司分守留驾司神仙茶园二处，所产味亦清腴，取井水烹服，驱火、除瘴、散气、止烦，并解一切杂症。现生产更饶。咸丰时，州人公议，请示设栈，多方经营，由是远客鳞集，城乡有食其利者矣。

云岩茶　仙峒茶　《来凤志》：茶最佳者，造在社前，其次则雨前，邑虽种植不多，然亦间有佳者，旧志所以有云岩、仙峒两种。按：施州卫志言：卫境皆出茶，然求如所谓云岩、仙峒者，盖不可多得矣。又按：物品册所载：各县之茶，鄂城有毛尖；嘉鱼有茶砖；咸宁有青茶、红茶、米茶，亦能为砖；蒲圻有黑茶、红茶、熟茶；崇阳有红茶、白毛尖；大冶有白雉山烟雨、云雾二种；广济有甜茶；黄梅有雨前；宜城有山茶；郧县有香桃茶；房县有太和、家园二种；远安仍有鹿苑茶；宜昌有银芽红茶、春华红茶；兴山有溪茶；长阳、五峰有红茶，长阳又有白茶；建始有绿茶；其羊楼峒茶有物华、松华、精华、月华、春华、天华、天馨、花香、夺魁、赛春、一品、谷芽、谷蕊、仙掌、如桅、永芳、宝蕙、二五、龙须、凤尾、奇峰、乌龙、华宝、蕙兰等名；皆因美洲赛会征集于各处者，今汇录之，俾留心茶政者得考焉。

卷二十三　物产

药类　薄荷　物品册：麻城出。按：《本草纲目》云：薄荷，人多栽莳，吴越川湖人多以代茶。

木类　黄楝　宜城、枣阳、郧西三志皆有之，枣阳志作黄练，宜城志菜类有黄练芽，字亦作练。按：此即《荆州府志》所云黄连茶也，见前茶类。其树高大，叶如楝而微黄，故名黄楝，练与连皆以音同而讹称之耳。其嫩芽可茹代茗，尤良。今各县亦通产，俗即呼为黄楝芽树。

卷三十　经政志八

榷税　茶税

咸丰五年开办，在羊楼峒设立专局，抽收茶税，并在咸宁、嘉鱼、崇阳、通山等县产茶地方设立分局。其抽收之法，分箱厘、业厘、行厘三项，实则一道并征。又箱厘一项，分广庄箱、大面箱、洋庄箱、二五箱，均系成箱出口之货……

卷九十九　金石志七

唐

陆鸿渐《煎茶碑》（佚）

在复州。

《陆文学传》（佚，据宋本《文苑英华》录入。）陆子名羽，字鸿渐，不知何许人也，或云字羽，名鸿渐，未知孰是。有仲宣、孟阳之貌陋，而有相如、子云之口吃。而为人才辩，为性褊躁，多自用意，朋友规谏，豁然不惑。凡与人宴处，意有所适，不言而去，人或疑之，谓生多瞋。又与人为信，纵冰雪千里，虎狼当道，而不愆也。上元初，结庐于苕溪之湄，闭关读书，不杂非类，名僧高士，谈宴永日。常扁舟往山寺，随身惟纱巾、藤鞋、短褐、犊鼻。往往独行野中，诵佛经，吟古诗，杖击林木，手弄流水，夷犹徘徊，自曙达暮，至日黑，兴尽号泣而归，故楚人相谓：陆子盖今之接舆也。始三岁，茕露育于竟陵大师积公之禅院，自九岁学属文，积公示以佛书出世之业，子答曰：终鲜兄弟，无复后嗣，染衣削发，号为释氏，使儒者闻之，得称为孝乎？羽将授孔圣之书。公曰：善哉子为孝！殊不知西方染削之道，其名大矣。公执释典不屈，子执儒典不屈。公因矫怜抚爱，历试贱务，扫寺地，洁僧厕，践泥圬墙，负瓦施屋，牧牛一百二十蹄。竟陵西湖无纸，学书以竹画地为字，他日于学者得张衡《南都赋》，不识其字，但于牧所仿青衿小儿，危坐展卷，口动而已。公知之，恐渐渍外典，去道日旷，又束于寺中，令芟剪卉莽，以门人之伯主焉。或时心记文字，懵然若有所遗，灰心木立，过时不作，主者以为慵惰，鞭之，因叹云：恐岁月往矣，不知其书。呜咽不自胜，主者以为畜怨，又鞭其背，折其楚，乃释。因倦所役，舍主者而去。卷衣诣伶党，著《谑谈》三篇，以身为伶正，弄木人、假吏、藏珠之戏。公追之，曰：念尔道丧，惜哉！吾本师有言：我弟子十二时中，许一时外学，令降伏外道也。以吾门人众多，今从尔所欲，可捐乐工书。天宝中，郢人酺于沧浪，邑吏召子为伶正之师。时河南尹李公齐物出守见异，捉手抚背，亲授诗集，于是汉沔之俗亦异焉。后负书于火门山邹夫子别墅，属礼部郎中崔公国辅出守竟陵，因与之游处，凡三年，赠白驴、乌犎(一作犁)牛一头，文槐书函一枚，云：白驴、犎牛，襄阳太守李憕(一云澄，一云枨)见遗，文槐函，故卢黄门侍郎所与，此物，皆己之所惜也，宜野人乘蓄，故特以相赠。洎至德初，泰(一作秦)人过江，子亦过江，与吴兴释皎然为缁素忘年之交。少好属文，多所讽谕，见人为善，若己有之，见人不善，若己羞之，忠言逆耳，无所回避，由是俗人多忌之。自禄山乱中原，为《四悲诗》，刘展窥江淮，作《天之未明赋》，皆见感激，当时行哭涕泗。著《君臣契》三卷，《源解》三十卷，《江表四姓谱》十卷，《南北人物志》十卷，《吴兴历官记》三卷，《湖州刺史记》一卷，《茶经》三卷，《占梦》上、中、下三卷，并贮于褐布囊。上元辛丑岁子阳秋二十有九。

《陆文学传》，鸿渐自传。茶之名，见于前史，盖自魏、晋以来有之，而后世言茶者，必本陆鸿渐，盖为茶著书，自其始也。至今俚俗，卖茶肆中，尝置一瓷偶人于灶侧，云此号陆鸿渐。以茶自名于世久矣，考其传著颇多，岂止《茶经》而已哉，然其他书皆不传。(《集古录》)

唐刘冥鸿书陆羽自叙也，刘虚白以羽自传，并李阳写真赞，又为后叙附，咸通十五年刻石在复州。(《舆地碑记》目引《集古录》目）按：《纪胜》：天门山在景陵县西六十里，本火门山，后俗忌，改曰天门山。

卷一百五十四　人物三十二

《新唐书·隐逸传》　陆羽字鸿渐，一名疾，字季疵，复州竟陵人。不知所生，或言有僧得诸水滨，畜之。既长，以易自筮，得蹇之渐，曰：

鸿渐于陆，其羽可用为仪。乃以陆为氏，名而字之。幼时，其师教以旁行书，答曰：终鲜兄弟，而绝后嗣，得为孝乎？师怒，使执粪除圬墁以苦之，又使牧牛三十。羽潜以竹画牛背为字。得张衡《南都赋》，不能读，危坐，效群儿嗫嚅若成诵状。师拘之，令薙草莽，当其记文字，懵懵若有遗，过日不作，主者鞭苦，因叹曰：岁月往矣，奈何不知书！呜咽不自胜，因亡去。匿为优人，作诙谐数千言。天宝中，州人酺，吏署羽伶师。太守李齐物见，异之，授以书，遂庐火门山。貌侻陋，口吃而辩。闻人善，若在己，见有过者，规切至忤人。朋友燕处，意有所行，辄去，人疑其多嗔。与人期，雨雪虎狼不避也。上元初，更隐苕溪，自称桑苎翁，阖门著书，或独行野中，诵诗击木，裴回不得意，或恸哭而归，故时谓今接舆也。久之，诏拜羽太子文学，徙太常寺太祝，不就职。贞元末，卒。羽嗜茶，著经三篇，言茶之原、之法、之具尤备，天下益知饮茶矣。时鬻茶者，至陶羽形置炀突间，祀为茶神。御史大夫李季卿宣慰江南，有荐羽善煮茶者，召之，羽衣野服，挈具而入，季卿不为礼，羽愧之，更著《毁茶论》。

卷一百七十一　杂记上

竟陵僧有于水边得婴儿者，育为弟子。稍长，自筮，得蹇之渐，繇曰：鸿渐于陆，其羽可用为仪。乃姓陆，字鸿渐，名羽。羽有文学，多意思，状一物，莫不尽其妙。茶术最著。巩县陶者，多为瓷偶人，号陆鸿渐，买十器，得一鸿渐，市人沽茗不利，辄灌注之。羽于江湖称竟陵子。于越称桑苎翁。贞元末，卒。(《国史补》原注)

卷一百七十二　杂记下

黄庭坚坠笔于蛤蟆碚。后至和初，荆州松滋县南苦竹寺竹泉，有僧浚井，得一笔。庭坚谪归，过此，视笔，曰：此吾蛤蟆碚所坠也。因知此泉与虾蟆碚相通。(《山堂肆考》原注)

文了，吴僧也，雅善烹茗，擅绝一时。武信王时来游荆南，延住紫云禅院，日试其艺，王大加欣赏，呼为汤神，授以大师之号，人皆目曰

乳妖。(《十国春秋》)

湖广通志

康熙二十三年(1684年)　二十四册　　徐国相、宫梦仁纂修

卷五　山川

武昌府

茗山　在蒲圻县北十五里，产茶。

大坡山　在兴国州东五十里，傍有石楼，里人于此造茶。

黄州府

凤栖山　在蕲水县东三里，相传有凤栖此，东有陆羽煮茶泉。

陆羽泉　在蕲水县凤栖山下，唐陆羽《茶经》以为天下第三泉也(编者按：陆羽《茶经》无此说法)。

安陆府

天门山　在景陵县西北六十里，唐陆羽传负书于火门山，从邹夫子学，即此，后因俗忌火字，改今名。

卷二十六　古迹

黄州府

三贤堂　有二：一在府学，祀宋王禹偁、韩琦、苏轼；一在蕲水县治东三里，以祀晋王羲之、唐陆羽、宋苏轼。

卷四十　隐逸

安陆府

唐　陆羽　字鸿渐，初不知所生，或言有僧得诸水滨，畜之。既长，以易自筮，得蹇之渐，曰：鸿渐于陆，其羽可用为仪。乃以陆为氏，名而字之。僧使执粪除。后乃隐苕溪，称桑苎翁。性高洁，不乐仕进，尝

诏除太子文学，不就。雅嗜茶，善品天下泉味，著《茶经》三篇，言茶之原、之法。其时鬻茶者，至陶羽形置炀灶间，祀为茶神。因御史大夫李季卿召羽，不为礼，羽更著《毁茶论》。

卷四十八　艺文五

唐陆羽《六羡歌》　不羡黄金罍，不羡白玉杯，不羡朝入省，不羡暮入台，千羡万羡西江水，曾向竟陵城下来。

唐裴迪《陆羽茶井》　竟陵文学院，踪迹尚虚无。不独支公住，曾经陆羽居。草堂荒产蛤，茶井冷生鱼。一汲清泠饮，高风味有余（编者按：此诗已见民国十年《湖北通志》，由于此处诗中文字与该《通志》的微有出入，因两存之）。

卷四十九　艺文六

唐皮日休《峡中尝茶》（编者按：《峡中尝茶》诗，系唐郑谷所作，此处作皮日休，误）　簇簇新英摘露光，小江园里火前尝。吴僧漫说鸦山好，蜀叟休夸鸟嘴香。入坐半瓯轻泛绿，开缄数片浅含黄。龙门病客不归去，酒渴更知春味长。

卷六十二　艺文　序

明李维桢《茶经序》　温陵林明府治邑三年，讨求邑故实而表章之，于唐得陆处士鸿渐《茶经》，锲诸梓，而桢为之序。盖茶名见《尔雅》，而《神农食经》、华陀《食论》、壶居士《食忌》、桐君及陶弘景录、魏王《花木志》胥载之，然不专茶也；晋杜育《荈赋》、唐顾况《茶论》，然不称经也；韩翃谢茶启云：吴王礼贤置茗，晋人爱客分茶，然不居功也。其笔诸书，尊为经而人以功归之，实自鸿渐始。夫扬子云一代大儒，《法言》中说，自可鼓吹六经，而以拟经，故为世诟病，鸿渐品茶小技，与经相提而论，安得人无异议？故溺其好者，谓穷《春秋》，演河图，不如载茗一车；而鄙其事者，使与佣保杂作，不具宾主礼，此难为俗人言也。羽所著《君臣契》三卷，《源解》三十卷，《江表四姓谱》十卷，

《南北人物志》十卷，《占梦》三卷，不尽传，而独传《茶经》，岂他书人所时有，此为觭长，易于取名耶？李季卿直技视之，能无辱乎！无论季卿，曾明仲《隐逸传》且不收矣。费衮云：巩有瓷偶人，号陆鸿渐，市沽茗不利，辄灌注之，以为偏好者戒。后鸿渐而同姓鲁望嗜茶，置园顾渚山下，岁收租，自判品题，不闻以技取辱，度鸿渐不胜伎俩磊块，沾沾自喜，意奋气扬，体大节疏，有执以成名，亦寄傲耳！太史公曰：富贵而名磨灭，不可胜数，惟俶傥非常之人称焉。鸿渐穷厄终身，而遗书遗迹，百世下宝爱之，以为山川邑里重，其风足以廉顽立懦，胡可少哉！夫酒食禽鱼，博塞樗蒲，诸名经者夥矣，茶之有经奚怪焉！

卷七十二　艺文二十九

明李维桢《陆鸿渐祠碑记》　唐处士陆鸿渐者，邑人也。其生平具宋子京《唐书》列传及所自为传中。鸿渐生类子文，收畜于大师积公禅院。考：院故名龙华寺，或曰龙盖，今邑西湖禅寺，相传谓其遗址。赵邻《因话录》：竟陵龙盖寺僧姓陆，于堤上得一初生儿，收育之，遂以陆为姓，聪俊多能，学赡词逸，诙谐纵横，东方曼倩之俦也。鸿渐遗文，独《茶经》行世，而又常为歌，所深羡者，西江水向竟陵城来而已，以故邑有复釜洲，有陆子泉，或曰文学泉，皆鸿渐所品水烹茶处……泉久没湖中，隆庆间，某以治湖堤得之，构亭其上，鸿渐之迹，日彰显矣，顾未有为祠，祠之则自邑人周藩伯始，既新其所托迹寺，更为计之曰，寺因鸿渐名至今，而身无地受血食，何耶？闻昔鬻茶者，陶鸿渐形以神事之炀突间，且茶法记诸书，不啻数十家，而辨水法亦甚广，吾党小子，尸祝而俎豆之，为邑魁杓，奚所不可！于是就寺后创祠，为堂某楹，后有台，前有某，有庑，有庖湢，遂成胜地，既落成，使余记之。余读《旧唐书》，传隐逸者二十人，《新唐书》传亦二十八人，其附传者不与焉，新书所不合于旧者五人，所增于旧者九人，鸿渐，所增之一也。按：传此数十人，或仕而隐，或隐而仕，即不仕而或以征聘至朝，或应辟至公府，染指而去，或取科名不偶而罢，或不就职而食朝禄，而其人或羽流方士，非吾儒俦伍，身不拜征辟，目不见人主，足不履朝堂，惟秦系、朱桃椎、李元恺、卫大经与鸿渐数人耳。新书出而旧书摈不录，《隐逸传》论贺知章，老始乞归，而卢鸿一脱其名，新书谬误已甚，旧书不收鸿渐，而烧丹、炼药、方技猥杂，则何谓也？子京论隐有三概：上者身藏而德不晦，名往从之；次挈治世具弗得伸，其于爵禄，泛然受，悠然辞；末者内审其才不可当取舍，故逃丘园而不返。由斯以谈，鸿渐固非子京所深取也……子京之下士，乃今之上士乎！今嘉鸿渐，虽尸祝俎豆之可矣。余览《一统志》载裴迪茶泉诗：竟陵西塔寺，曾经陆羽居。鸿渐，天宝中为县伶师，其时名未著，至与皇甫曾、权德舆、李季卿游，是大历、元和时人，王摩诘与迪酬倡，为盛唐时人，迪即年少晚，或及缔交，今其诗似咏鸿渐故居，则不相应，岂名氏偶同，或后人伪撰邪？志又言，陆子泉在沔阳州治西广教院，竟陵，故沔属邑，鸿渐所往来，人或慕而为之名，或误以县为州，二事无足深辨，然论世亦不可不审也。

卷七十九　备遗

裴迪诗　迪与王维同时，其诗自辋川倡和外，无传此诗。

大冶县志

乾隆二十二年(1757年)　四册

卷之一　地舆　山川

茗山，在梅山之南十里，有二峰，是为大茗、小茗，绝巘插天，清泉澄澈，宜瀹茗。

地舆　物产

货之属

茶

大冶县志

同治六年(1867年)　八册　　胡复初、黄昺杰纂修

茗山　在县西茗山堡，距城六十里。山有二峰，高者为大茗山，北出为小茗，绝巘插天，钟毓特异，清泉澄澈，瀹茗为宜，因以名山云。

物产

货属

茶　出天台汪家岩、吴家岭诸山。

大冶县志

同治六年　八册

卷之二　物产

货有茶之属　茶出天台汪家岩、吴家岭诸山。

黄陂县志

同治十年(1871年)　十二册　　刘昌绪、徐瀛纂修

卷十五　艺文中

邑人向古《朝阳洞记》　洞距城二十五里许，自太阳山蜿蜒而来，山脊断续，忽一峰起，怪石崚嶒，结为岩壑，势东向，故名朝阳……旁有庵，名解脱庵，侧种茶数百本，名小岘春……

应城县志

光绪八年(1882年)　八册　　罗湘、王承禧纂修

卷一　山川

温水即汤池，古名温水，一名温泉，亦名玉女泉，在县境京山下，俗称汤池……周圣楷曰：凡温泉所在，其下必有硫黄或丹砂、白矾为之根，乃蒸为暖流。按《渔隐丛话》云：惟新安黄山是朱砂泉，春时水微红色，可煮茗。长安骊山是矾石泉，不甚作气。太白诗云：色涨桃花，然则玉女泉定是丹砂耳。(《楚宝》)

物产

药之属……有青蒿，性凉，以之代茗，解暑气。

安陆县志

道光二十三年(1843年)　十二册　　梅体萱、李廷锡纂修

卷之三十七　物产

食物之属

茶　晋刘琨为并州刺史，与兄子南兖州刺史演书云：前得安州干茶二斤，皆所需也，汝可信致之。(《太平寰宇记》)（编者按：此处引用刘琨书，误，理由见民国十年《湖北通志》卷二十二物产中干茶条下）

黄冈县志

道光二十八年（1848 年）　二十册　　俞昌烈、谢荚纂修

卷一　物产

若花果、树木、草药……茶供瀹……

卷十九　铭

明杜濬《茶丘铭》　吾之于茶也，性命之交也，性也有命，命也有性也。天有寒暑，地有险易，世有常变，遇有顺逆，流坎之不齐，饥饱之不等，吾好茶不改其度。清泉活火，相依不舍，计客中一切之费，茶居其半，有绝粮无绝茶也。兼性耽香味，惟在初烹，旗枪一战，即听童子持去，不知其亡矣。一日，友人过谈，迩年出关，诸壮士走穷荒崄恶，水火不通，言语道断之地，道暍欲死，求马溲不可得。余始㦬然愧汗，念向来暴殄之罪，殆不容赎，自是始勉强啜再烹之茶，舌本寻索，亦觉津津有余味。因慨生平赋命奇薄，与物无缘，惟茶为恩，我负之不祥，岂可使堕落污秽中。且余既有花冢矣，耳目之玩，孰如性命之交乎！于是举凡所用茶之败叶，必点简收拾，置之净处，每至岁终，聚而封之，谓之茶丘，磨石刻铭曰：石可泐，交不绝。

卷二十　诗

宋苏轼《问大冶长老乞桃花茶栽东坡》　周诗记苦荼，茗饮出近世。初缘厌粱肉，假此雪昏滞。嗟我五亩园，桑麦苦蒙翳。不令寸地闲，更乞茶子艺。饥寒未知免，已作太饱计。庶将通有无，农末不相戾。春来冻地裂，紫笋森已锐。牛羊烦诃叱，筐筥未敢睨。江南老道人，齿发日夜逝。他年雪堂品，尚记桃花裔。

卷二十一　诗

宋黄庭坚《双井茶送子瞻》　人间风月不到处，天上玉堂森宝书。想见东坡旧居士，挥毫百斛泻明珠。我家江南摘云腴，落硙霏霏雪不如。为公唤起黄州梦，独载扁舟向五湖。

黄冈县志

光绪八年(1882 年)　二十四册　　戴昌言、刘恭冕纂修

卷二　古迹

东坡　在城东南隅，宋苏轼慕唐白居易而名也，其东坡八首……

麻城县志

康熙九年(1670 年)　四册　　屈振奇、王汝霖纂修

卷之一　山川

黄蘖山　东北距县九十里，在商城县界。万历间，僧无念者开荒建刹，山产茶、笋。

卷之三　物产

茶

麻城县志

光绪二年(1876年)　二十六册　　潘颐福纂修

卷五　物产

……茶供瀹……

麻城县志

光绪八年(1882年)　二十二册　　郑庆华、潘颐福纂修

卷二　山川

黄蘗山，在县东北九十五里，上产茶……

名胜

麻姑仙洞　洞在仙居山之腹……山半为静月寺，由寺左坡陀而升，过一亭，更上，始至洞，悬石支架中空，如屋底，一池时有神鱼游泳其中，泉水清冽，灵乳时滴，用以瀹茗，不减惠山……

卷十　物产

……茶供瀹……

麻城县志前编、续编

民国二十四年(1935 年)　十六册　　郑重、余晋芳纂修

前编

卷之一　山

县东九十五里，曰黄蘖山，上产茶、笋。

复钟尖　在县东一百一十里。峰挺立耸入云际，四周迤逦下垂，若复钟然，故名。产茶最佳，瀹之色青碧，味香洌异常，惜产量无多，岁收不过百斤，山麓居民，都于上年冬投资订购。

卷之三　食货　物产

茶供瀹。

续编

卷三　食货　物产

饮馔之属

茶　考《宋史·食货志》言：榷茶之务六，一曰……蕲口，其山场采造隶于官者，淮南道有蕲、黄二州。《茶经》言：蕲州茶生黄梅县山谷，黄州茶生麻城县山谷，品与荆州、梁州同。今按：麻城产茶之山不一，以龟蜂为最佳，山麓附近各地，出产亦旺，而品稍逊。盖茶不喜腴，山愈高则土质愈瘠，接云雾亦近，故香味清洌可贵，他如天台山、垒峰山、复钟尖等处，所产均美，惜数量不多，只足供本地之用，故名不远传耳。

罗田县志

民国十四年(1925年)校印　嘉靖壬寅(二十一年,1542年)本　一册

祝珝、蔡元伟纂修

卷一　山川

魁山　在县东六十里，形势嵯峨，高出众山，故名…… 按：此山脉有名茶山坳者，即《太平寰宇记》及《舆地纪胜》之茶山。

长园冲　在县西一十里…… 按：此有误，长乃茶字音近传讹。

卷二　物产

木类　按唐、宋有茶产极盛，此未之及。

附录　王夔强家传

……罗田物产，唐、宋以来，多冒以州郡之名，即如蕲竹、蕲簟、笛竹，据元李衎《竹谱详录》，皆产自罗田山中，审此，则唐、宋题咏如刘禹锡、韩愈、白居易、元稹诸作，均为罗田物产咏也。后人泥于州郡辖隶之名，又不见李氏之录，遂至遍传海内之名产，经诸贤之表暴，举归诸两蕲焉，不重可叹哉！又尝读《临川集》，见张彦博官石桥茶场，知未析县时，先有此主筦巨产之官；更证以《文献通考》，见十三茶场之名；证以《梦溪笔谈》，见石桥场岁产之额；证以《续资治通鉴长编》，而知乾德三年为建是官之始；而茶山坳、茶园冲及英山之茶园岭、茶园河，皆当日之产地，即《太平寰宇记》茶山在县深山之说，由兹可得其诂矣……

罗田县志

光绪二年(1876年)　十六册　　管贻葵、陈锦纂修

卷一　物产

茶　最上者为雨前茶。

蕲水(旧县名,即今浠水)县志

顺治十四年(1657年)　六册　　刘佑、杨继经纂修

卷二　山水

治东二里曰凤栖山……　下有陆羽泉。

治北三里曰茶山。　出茶，唐刘禹锡有诗。

治西四十里曰兰溪。　水源出苦竹山，其侧多兰，唐因以此名县。《茶记》：天下第三泉，李季卿谓兰溪石下水，即此。

泉　凤栖山侧日陆羽泉。《一统志》云：凤栖山下。唐陆羽《茶经》以为天下第三泉（编者按：陆羽《茶经》无此说法），宋王禹偁有诗。

天下第三泉　兰溪石下，唐陆羽烹茶处。《茶记》：天下第三泉，李季卿谓兰溪下水为第三，云得之陆羽口授。考《茶经》论水，恶渟浸而喜泉源，故曰山水上，江水次，井水下。山水取乳泉、石池漫流者上，江水取去人远者，井取汲多者，其论止于此，未尝品第天下之水味也。尝取二水及清泉水、浠川水、江水、洗笔池水试之，四水虽相若，惟兰溪水厥色如醴，味颇淳甘。曩尝较惠山、虎丘及镇江之水亦然。决以兰溪石水为真。今在兰溪驿东数里南岳庙后，潭有乳泉，津津漫出，宜为羽所取……

浠川八景　盖始于王元之咏浠上八景云。　曰茶泉。　在龙泉山下，

唐陆羽烹茶处。

浠川十二胜迹　各以一人得名，因总著之以征实。曰陆羽茶泉。唐陆羽以为天下第三泉。

物产

家园茶　斗方山及诸圃皆出，唐刘禹锡诗云：薤叶照人呈夏簟，松花满碗试新茶。

卷二十三　艺文

明李畿嗣《三泉》　兰溪之上可五里，曰三泉，云高士陆鸿渐之所评定者，盖即此河之潭水也。河之东岸有碑，有□人宅，所从来远，或谓泉井在宅之门内，或谓在门外之塘角……然蕲城东偏二里许，亦有陆公茶泉，亦云三泉。

卷二十五　艺文

明黄正色《三泉异味》　浠水南流，□至兰溪山下，滚滚有泉，出于河中，唐陆羽尝而甘之，以为与中泠、惠山二泉□□□今石题曰天下第三泉，韵人高士，过此往往汲取烹茗，其味独异。

蕲水县志

光绪六年(1880年)　二十册　　多祺、郭光庭纂修

卷二　山水

治东……二里曰凤栖山……下有陆羽泉。

治北……三里曰茶山，旧志云：出茶，唐刘禹锡诗云：松花满碗试新茶。

卷二　古迹

天下第三泉，在治西南四十里兰溪镇东数里南岳庙后。明万历间，

邑令游王廷刻石，往来游者皆有诗，今堙塞。按：三泉之名，本唐张又新《煎茶水记》，云得之楚僧《煮茶记》，谓代宗朝，李季卿刺湖州，至维扬，逢陆鸿渐处士，所笔记次第，曰：蕲州兰溪石下水第三，乃二十水中之一也。洎宋欧阳永叔作《大明、浮槎水记》，俱云：又新所记，与《茶经》相反，或妄附益之。欧盖以张之人不足与，故斥之。然永叔本《茶经》论水云：山水上，江水次，井水下。又云：山水乳泉、石池漫流者上。旧志注：潭有乳泉，津津漫出，则此泉宜为羽取，不得以又新之人而轻弃此泉也，惜永叔未亲至兰溪而试之。郭东凤栖山下泉，亦羽烹茶处，旧志载有茶泉亭，大梁卓世彦建，今圮。

卷二　物产

茶，斗方山及人家诸圃皆出。

嘉靖蕲州(旧州名，
民国时改为蕲春县)志

1962 年影印　明嘉靖本　三册

卷一　形胜

……又余章三泉堂云：江湖绝处，宋关咏《神光观记》：占淮濡之上腴，或又以吴头楚尾、荆扬交会之区称之。

按：三泉堂，天下第三泉之堂也，是泉在蕲水县龙泉山龙泉井。唐陆羽曾此取水烹茶，品为天下第三泉。《一统志》谓在县之凤栖山，或又谓在州之凤凰山，胥失之矣。夫蕲水在西汉为蕲春县地，自刘宋分析为县，至国初，俱属蕲州。又按神光观亦在蕲水县玉台山，宋关咏作记，亦以时尚属州，故备称蕲州形胜风俗，李常记广济寺，于蕲之风俗，亦极称之，寺则不知其处，或废于前代，而泯其迹，未可知也。

卷二　土产

药类　茶　《淮南子》曰：茶能解药毒。

蕲　州　志

乾隆二十年(1755 年)　十册　　钱鋆、周茂建纂修

卷二　物产　通产

木之属　茶

货之属　茶

蕲　州　志

咸丰二年(1852 年)　十二册　　潘克溥纂修

卷三　土产

淮南道蕲州土贡……茶……(《唐书·地理志》)

茶之美者，蕲州之团面。(《本草纲目》)

宋榷茶之制，择要会之地为榷货务六，一曰蕲州之蕲口镇。(《宋史·食货志》)

云雾茶，出仙人台，味最佳，诸茶莫及。(新稿)

木属　茶

蕲 州 志

同治二年(1863 年)增刻 咸丰二年本 二十二册

卷三 土产

木属 茶

药属 矮脚茶 治咳血。以上三味,《本草》未收,然现在所产,因并登之。

蕲 州 志

光绪八年(1882 年) 十八册 封蔚礽、陈廷扬纂修

卷三十 寺观

灵虬寺,在治北七十里,明正统间僧福兴重修。

顾黄公有《山僧说灵虬茶》诗,自注云:产宝掌道场……

黄梅县志

光绪二年(1876 年) 十二册 覃瀚元、袁瓒纂修

卷七 物产

货属

茶叶

黄安(旧县名,原县辖境属今黄冈地区)县志

康熙三十六年(1697年)　十二册　　刘承启、詹大衢纂修

卷之二　物产

蔬之类

茶

黄安县志

光绪八年(1882年)　十六册　　陈瑞澜纂修

卷之一　物产

蔬之类

茶

黄安乡土志

宣统元年(1909年)　二册　　余益杞纂修

卷下　商务

输入之品，指不胜屈，举其大宗言之……茶嗜六安州之产，城内及北乡最甚。殷富有岁耗百金以上者；中人之家，亦岁费数十缗；单丁贫户，亦人需数贯以内。山头茶为上品，立夏前，素封皆措资往采，肩挑牟利相望也……

咸宁县志

康熙四年(1665年)　六册　　何廷韬、王禹锡纂修

卷六　物产

各品

茶

卷十二　杂志

邑土产……茶，而民拙于焙，香者绝少……

咸宁县志

同治五年(1866年)　八册　　何璟、雷以诚纂修

卷四　物产

货类

红茶

咸宁县志

光绪八年(1882年)　八册　　陈树楠、诸可权、钱光奎、余益杞纂修

卷一　古迹

钟台山　在县东南六十里，即桃花尖山……一名泰山……又名钟山，下有桃花泉……泉水甘洁，里人用以造茶，曰桃花绝品……

风俗　节序

谷雨　茶芽初发，乡间竞事红茶，摘茶、踩茶、焙茶……

卷四　杂税　茶厘

……自西洋通商，咸马桥、柏墩地方植茶最广……

物产　货类

红茶

卷七　艺文

清章列侯《桃花碛记》　钟台，为省垣祖山，其别号曰桃花尖，唐李北海读书处也。有寺曰桃花观，下有甘泉，里人用以造茶，名曰桃花绝品……山一号积预塘，而以桃花碛名者，以其与桃花尖山相对，又仿秦人桃花源故事，可以避乱云尔。

通山县志

同治七年(1868年)　八册　　罗登瀛、朱美燮纂修

卷二　风土志　风俗

……谷雨前采茶，细如雀舌，曰雨前茶，又曰白毛茶。

卷二　风土志　土产

货类

茶　有红、黑二品，随人自为。

通城县志

同治六年(1867 年)　十册　　郑荛、杜煦明、胡洪鼎纂修

卷七　土产

货属

茶叶

嘉鱼县志

乾隆二年(1737 年)　四册　　张其维、李懋泗纂修

卷之二　土产

货之品

茶

嘉鱼县志

同治五年(1866 年)　十二册　　钟传益、俞焜纂修

卷三　风土志　土产

货之品

茶

武昌县志

光绪十一年(1885 年)　十册　　钟桐山、柯逢时纂修

卷一　山川

黄龙山，在县南一百四十五里，秀耸盘纡，泉石甚美，山巅常栖云雾，可占晴雨。产茶，名云雾茶。(新纂　按：山属灵溪乡。)

卷三　物产

茶之属

山乡多种于隙地，隔年播种茶子数十颗，至次年便生。烈日，须用树枝遮之。三年便可采。有雨前、明前、雀舌诸名。土人以嫩为贵，故味清而不腴。产黄龙山巅者，名云雾茶，极佳。(新纂)

卷末　志余

晋孝武世，宣城人秦精常入武昌山中采茗，忽遇一人，身长丈余，遍体皆毛，从山北来，精见之，大怖，自谓必死。毛人径牵其臂，将至山曲，入大丛茗处放之便去。精因采茗。须臾，复来，乃探怀中二十枚桔与精，甘美异常。精甚怪，负茗而归。(陶潜《搜神后记》　按：陆羽《茶经》引略同。)

江夏(旧县名,即今武昌)县志

乾隆五十九年(1794 年)　十册　　陈元京纂修

卷之一　山川

除夕泉，在县南九十里湖东新市铺左峡山口中……水甚清妙，瀹茗

有异香……

江夏县志

光绪七年(1881年)　八册

卷之二　疆土　山川

九峰山，在县东五十里。山环如城，列峰九……狮子峰尤形胜地。楚藩命茶、盐二商出金建寺，如藏经卷数，以居高僧无念。洪武末，敕建正觉禅林额，松柏苍蔚，清泉泠泠，出于井，烹本山茗，不啻惠山泉味……

除夕泉　在县东南九十里……瀹茗有异香……

崇阳县志

同治五年(1866年)　十册　　高佐廷、傅爕鼎纂修

卷一　山

茱萸山南四十里黄鹰峰……顺治间，僧开古井烹茶，有别味……

卷四　物产

货类

茶　龙泉山产茶味美，见《方舆要览》。今四山俱种，山民藉以为业。往年茶皆山西商客买于蒲邑之羊楼洞，延及邑西沙坪。其制，采粗叶入锅，用火炒，置布袋揉成，收者贮用竹篓，稍粗者入甑蒸软，用稍细之叶洒面，压成茶砖，贮以竹箱，出西北口外卖之，名黑茶。道光季年，粤商买茶，其制，采细叶暴日中揉之，不用火炒，雨天用炭烘干，收者碎成末，贮以枫柳木作箱，内包锡皮，往外洋卖之，名红茶。箱皆

用印，锡以嘉名。茶出山则香，俗呼离乡草。凡出茶者为园户，寓商者为茶行……自海客入山，城乡茶市牙侩日增，同郡邻省相近州县，各处贩客云集，舟车肩挑，水陆如织，木工、锡工、竹工、漆工，筛茶之男工，拣茶之女工，日夜歌笑市中，声成雷，汗成雨，食指既多，加以贩客搬运，茶来米去，以致市中百物，一切昂贵，而居民坐困，至于乞丐无赖，奸民盗贼，溷迹其中，为害益不可胜言矣。

卷十二　杂纪

崇阳多旷土，民不务耕，惟以植茶为业。张忠定令民伐去茶园，诱之使种桑麻，自此茶园渐少，而桑麻特盛于鄂、岳之间。至嘉祐中改茶法，湖湘之民，苦于茶租，独崇阳无茶租，民鉴他邑，思公之惠，立庙以报之……（《梦溪笔谈》）

蒲圻县志

乾隆三年（1738年）　十册　　王云翔、李日瑚纂修

卷二　物产

杂殖之类

茶

卷十二　风俗

勤业

……若其细民女红，自县东南以西，崇山峻岭，挖山采葛，树桑培茶……

蒲圻县志

道光十六年(1836年)　六册　　劳光春纂修

卷四　风俗

乡里　洪石

南乡洪石团，距城六十里。羊楼洞产茶……《通志》：洞距县六十里。

乡里　清乐

北乡清乐团，距城十里。茗山产茗……《通志》：在县十里，产茗，嘉蒲通衢。

蒲圻县志

同治五年(1866年)　八册　　顾际熙、文元音纂修

卷之一　山川

羊楼洞　距县六十里，产茶。

茗山　距县十里。《通志》：产茗，嘉蒲通衢。

卷之一　物产

杂植类

茶

蒲圻县志

同治丙寅（五年）　七册

卷一　山川

县治东南

羊楼洞（洪石），距县六十里，产茶。

县治北

茗山（清乐），距县十里……《通志》：产茗，嘉蒲通衢。

物产　杂植类

茶

江陵县志

乾隆五十九年（1794年）　二十册　　崔龙见、魏耀、曹义尊纂修

卷之二十二　风土　物产

杂植

茶　《国史补》：江陵有楠木茶。《宋史·地理志》：大柘枕茶出江陵。《宋史·食货志》：庆历之后，定诸路措置茶事官，置司，湖北于荆南。

木之属

黄连茶，本高二三丈，叶似槐而尖长，春初芽始生，可代茗饮，亦可为茹，味香而甜。

卷之五十八　杂记　外志

茶自阳羡、建州而外，有江陵之楠木，峡州之碧涧，随地著名，不

可殚述（峡州尚有明月、芳蕊、茱萸茶）。

荆门直隶州志

同治七年(1868年)　十六册　　恩荣、张圻纂修

卷之六　舆地志　物产

当阳

……惟玉泉仙人掌茶，不常见。

远安

远安茶，以鹿苑为绝品，每年所采，不足一斤，反不如凤山之著名，然凤山亦无茶，外间所卖，皆出董家畈、马家畈等处，以其近凤山，故曰凤山茶。

京山县志

光绪八年(1882年)　十七册　　李庆霖、曾宪德纂修

卷二十二　古迹

龙尾山陆羽池　相传陆羽读书其中，地名老虎凹，旁有石如砚，天旱水不竭，故名陆羽池。

石首县志

乾隆元年(1736年)　八册　　张坦、成师吕纂修

卷之四　古迹

万石湾，在楚望山麓，万石峭立，水甚湍急，邑人王季清、曾退如

偕友人袁中郎游其处，汲水煮茶，其味隽永，云不减三峡……

天门县志

康熙三十一年(1692年)　八册　　钱永纂修

卷之六　古迹考

文学泉　在县西北隅。一名陆子井。陆羽得泉以试茶，故以名井；羽曾以文学称，故又以名泉。

景陵(旧县名,即今天门)县志

康熙七年(1668年)　十四册　　李馨、吴泰纂修

卷之三　舆地志　山川

东冈　在县东七十里，夹松石、华岩二湖间，陆羽尝居于此……宋祁《新唐书·隐逸传》：陆羽号竟陵子，又号东岗子（编者按：《新唐书·隐逸传》无此记载）。

西江水　在县境西，襄江一派，从城下过，通云社泉，约数十道云。

附陆羽品水记……按：陆羽称楚水第一，则竟陵西江水，当居第一矣，今品水论不及此，故宋欧阳修谓此记为张又新诡作，非出羽书者，盖疑之也，录此备考。

西湖　在县西城外，广次东湖。中有洲，曰复釜，唐大师积公、陆羽所居，其后，积师葬于此，即建塔焉，名为西塔寺。寺有陆羽茶亭，其西有新甃陆子井，俱佥宪柯公所建，以寓怀古之意者。

松石湖　在县东七十里，邑司徒陈……因尝携新安松萝茶种其地，并著《松石园集》藏于家。

卷之六　风俗志　古迹

唐陆羽自传：风俗之美，无出吾国。

文学泉　按：陆井湮没年久，旧志谓在西禅寺，不得其实。嘉靖庚子，佥宪柯公令人持锥匝地，博求无踪，因构陆子茶亭于西禅寺，并刊《茶经》，以寓思陆之意。嘉靖己未，知县丘宜阅视城址，召民填筑，掘得井于城西北隅二十余步官地内，口径七尺，深近百尺，中有断碑废柱，字刻支公，万真陆井也，岂清冷之迹，出处显晦，固亦有数存耶（按：支公字刻，即裴迪诗：不独支公住，曾经陆羽居）。

复釜洲　在西湖中，以形似因名，陆羽故居也，唐为西塔寺，裴迪诗：曾经陆羽居，即此。

唐周愿《三感说》：我州之左，有复釜之地……中立塔庙……盖鸿渐本师像也。

境会亭　在县南。宋祥符中，因创鼓角楼，掘得一石，乃唐窦使君境会亭，今迹久废。按：图纪：境会亭在湖州，即唐人造茶之所，居恒无水，将造茶时，郡守毕至，设牲祭之，水始大发，名金沙泉，茶入贡即涸矣。邑进士吴文企任湖州守归，因建境会亭，今在三一庵旁。

读书堂　故志：在复州城北紫极观，唐皮日休、陆龟蒙读书于此，出沔志。按：日休，襄阳人，龟蒙，吴人，相遇于苕霅间，遂与友善，非在景陵也……

别墅

明李维桢《松石园记》　……正甫有园记，略言：邑人陆鸿渐以品茶名，去之苕霅以隐，而茶非邑所产，惟井泉犹存。先生官苕霅，携种布园中，属善造者造之，补鸿渐所未有，为八百年邑中盛事……

卷之九　秩官志

周愿牧守竟陵，因游西塔寺，著《三感说》，略云：愿曩时为南海连率李公复从事，公诏移滑台，予又为幕下宾，从容两地，七改星火，而愿材貌卑薄，亦为刺史，陇西短龄物故，予感一也；陇西先人讳齐物，尝为竟陵郡守，公生于守之日，故名复。呜呼！愿以散拙，忝公先人之州，往为子僚，今刺父郡，其感二也；愿频岁与太子文学陆羽同佐公幕，羽自传竟陵，风土之美，无出吾国，予今牧羽国，忆羽之言不诬矣。我州之左，有复釜之地，中立塔庙，盖陆羽之本师像也，予作楚牧……无羽香火，其感三也。

卷之十二　杂录

《茶经序》　唐皮日休
又《茶经序》　宋陈师道
又《茶经序》　鲁　彭
又《茶经序》　陈文烛
又《茶经序》　李维桢
《茶经引》　徐同气
《茶经跋》　徐　篁

沔阳州志

光绪二十年(1894年)　十六册　　葛振元、杨钜纂修

卷二　地舆　风俗

……《黄蓬山志》云：沔多湿，黄蓬山中土干，本宜茶，无植之者，湖上有湖歌，山间有采茶歌，大梁李濂牧沔，采为《沔风俗集》。

卷三　古迹

陆子泉　雍正《通志》：州西广教院，一名文学泉，因唐陆羽品泉得名（裴迪有诗。一曰在今天门）。

卷十一　序

明陈文烛《茶经序》　先通奉公论吾沔人物，首陆鸿渐，盖有味乎

《茶经》也。夫茗久服，令人有力悦志，见《神农食经》，而昙济道人与子尚设茗八公山中，以为甘露，是茶用于古，羽神而明之耳。人莫不饮食也，鲜能知味也，稷树艺五谷而天下知食，羽辨水煮茗而天下知饮，羽之功不在稷下，虽与稷并祀可也。及读自传，清清泠泠起四座，所著《君臣契》等书，不行于世，岂自悲遇不稷若哉！窃谓稷、陆羽，易地则皆然，昔之刻《茶经》，作郡志者，岂未见兹篇耶？今刻于经首，次《六羡歌》，则羽之品流概见矣。玉山程孟孺善书法，书《茶经》刻焉，王孙贞吉绘茶具，校之者余与郭次甫。结夏金山寺，饮中泠第一泉。

明徐同气《茶经序》　余曾以屈、陆二子之书付诸梓，而毁于爨，计再有事而屈郡人。陆，里人也，故先镌《茶经》。客曰：子之于《茶经》，奚取？曰：取其文而已。陆子之文，奥质奇离，有似《货殖传》者，有似《考工记》者，有似周王传者，有似山海、方舆诸记者。其简而赅，则《檀弓》也，其辨而纤，则《尔雅》也，亦似之而已，如是以为文，而能无取乎？客曰：其文遂可为经乎？曰：经者，以言乎其常也，水以源之盈竭而变，泉以土脉之甘涩而变，瓷以壤之脆坚，焰之浮烬而变，器以时代之刓削，事工之巧利而变，其鹭之为经者，亦以其文而已。客曰：陆子之文，如《君臣契》《源解》《南北人物志》及《四悲歌》《天之未明赋》诸书，而蔽之以《茶经》，何哉？曰：诸书或多感愤，列之经传者，犹有猳冠、伧父气，《茶经》则杂于方技，迫于物理，肆而不厌，傲而不忤，陆子终古以此显，足矣。客曰：引经以绳茶，可乎？曰：凡经者，可例百世，而不可绳一时者也。孔子作《春秋》，七十子惟口授其传旨，故《经》曰，茶之臧否，存之口诀，则书之所载，犹其粗者也。抑取其文而已。客曰：文则美哉，何取于茶乎？曰：神农取其悦志，周公取其解酲，华佗取其益意，壶居士取其羽化，巴东人取其不眠，而不可概于经也，陆子之经，陆子之文也。

沔阳州志

光绪二十年　十六册

卷九　人物　隐逸

唐　陆羽

童承叙赞：余尝过竟陵，憩羽故寺，访雁桥，观茶井，慨然想见其为人。少厌髡缁，笃嗜坟索，本非忘世者，卒乃寄号桑苎，遁踪苕霅，啸歌独行，继以恸哭，其意必有所在，乃比之接舆，岂知羽者哉！至其惟甘茗荈，味辨淄渑，清风雅趣，脍炙古今，张颠之于酒也，昌黎以为有所托而逃，羽亦以是夫！

按《楚宝》云：自禄山乱中原，作《四悲诗》，刘展窥江淮，作《天之未明赋》，皆见感激，当时行哭涕泗。著《君臣契》三卷，《源解》三十卷，《吴兴历官记》三卷，《湖州刺史记》一卷，《占梦》上、中、下三卷。周圣楷曰：尝读周愿牧守竟陵《三感说》，其略云：愿频岁与太子文学陆羽同佐陇西李公之幕，兄事之。又云：百氏之学，铺在手掌，天下贤士大夫，半与之游，加以方口谔谔，坐能谐谑，世无奈何，文行如轲，所不至者，贵位而已。按：此则羽在当时屡就征辟，大有文誉，惜其著作不传也。

沔阳州志

民国十五年(1926 年)重校印　明嘉靖间本　四册　　童承叙纂修

卷五　山

东冈　在县（景陵）东七十里，夹松石、华严二湖之间，陆羽尝居于此……

卷六　川

西江水　故志引陆羽六羡歌：千羡万羡西江水，曾向竟陵城下来，谓在县境，乃襄江之一派。按，故志：羽在上饶，闻所育僧卒，赋此。详其诗意，此水当不在竟陵也，作志者溺于羽诗，求之不得其处，乃谓为襄江之一派，失其实矣，存之以俟考。

文学泉　在县署（景陵）西北，一名陆子井，陆羽得泉以试茶，改名。

续修宜昌县志

民国二十年(1931 年)　一册　　赵铁公、屈德泽纂修

卷五　疆域下　物产

杂类　茶

货类　茶

卷六　山川

蛤蟆培，在县西五十里扇子峡，伏绝壁下，临江南岸，大数丈。宋黄庭坚云：从舟望之，颐颔口吻宛然，培后有洞，出泉，陆羽品其水味为天下第四。陆游诗云：巴东峡里最初峡，天下泉中第四泉。

蛤蟆泉，在蛤蟆培，其色清，其味美，即陆羽品水味所谓天下第四泉也。

卷二十五　艺文

宋黄庭坚《黔南道中记》　绍圣二年三月辛亥，次下牢关，同伯氏元明、巫山尉辛纮，傍崖寻三游洞……壬子，尧夫舟先发，不相待，日中乃至蛤蟆培，从舟中望之，颐颔口吻，甚类蛤蟆也。余从元明寻泉源

入洞中，石气清寒，流泉激激，泉中出石腰骨，若虬龙纠结之状，洞中有崩石，平阔可容数人宴坐也。水流循蛤蟆背垂鼻口间，乃入江耳。泉味亦不极甘，但冷熨人齿，亦其源深来远故耶……陆羽《茶经》纪黄牛峡茶可饮，因令舟人求之，有媪卖新茶一笼，与草叶无异，山中无好事者故耳……初余在峡州，问士大夫彝陵茶，皆云粗涩不可饮，试问小吏，云唯僧茶味善，试令求之，得十饼，价甚平也。携至黄牛峡，置风炉清樾间，身候汤手揃得味，既以享黄牛神，且酌元明、尧夫，云不减江南茶味也。

卷三十　杂录下

峡州小江园碧涧寮、明月寮、茱萸寮，茶之极品也。(《瑞草总论》)

东湖(旧县名,即今宜昌)县志

乾隆二十八年(1763 年)　八册　　林有席、严思浚纂修

卷五　疆域下　物产

杂类　茶

货类　茶

卷六　山川

培(《一统志》作培，一作背，言山势与江相背。考《字汇》无碚字，丁朝佐辨之甚明，详录杂志。)

扇子峡，在县西五十里，蛤蟆培在焉。

蛤蟆泉，在蛤蟆培，其色清，其味美，即陆羽品水味所谓天下第四泉也。

卷八　古迹

第四泉，在蛤蟆培，石大数丈，形如蛤蟆。其山出泉，陆羽尝品其

水味居天下第四。黄庭坚尝汲泉烹茶，称其冷熨人齿，有句云：巴人漫说蛤蟆培，试裹春芽来就煎。陆游诗云：巴东峡里最初峡，天下泉中第四泉。隔江稍东即明月峡，一名扇子峡，其山形洁白如月，又其上石窍亦如偃月形，故名。

黄牛峡石泉，在黄牛庙后，黄庭坚入蜀，烹茗于此。

卷十九　艺文

宋苏辙《蛤蟆培》　蟆背似复盂，蟆头如偃月。谓是月中蟆，闭口吐月液。根源来甚远，百尺苍厓裂。当时龙破山，此水随龙出。入江江水浊，犹作深碧色。禀受苦清洁，独与凡水隔。岂惟煮茗好，酿酒更无敌。

卷二十一　艺文

明刘升《碧涧采茶》　俗不善制茶，自先父请告归里，辟园数亩，名曰碧涧，适陶孝廉孝若自祁门秉铎归，日相讲求，采焙得法，不异阳羡、虎丘也。

卷二十五　艺文

宋陆游《入蜀记》（节录）　九日，微雪，过扇子峡，重山相掩，政如屏风扇，疑以此得名。登蛤蟆培，水品所载第四泉是也。蛤蟆在山麓，临江，头鼻吻颔绝类，而背脊疱处尤逼真，造物之巧，有如此者。自背上深入，得一洞穴，石色绿润，泠泠有声，自洞出，垂蛤蟆口鼻间，成水帘入江……晚次黄牛庙，山复高峻，村人来卖茶菜者甚众……茶则皆如柴枝草叶，苦不可入口……

明雷思霈《荆州方舆书》　彝陵州倚东山为屏，东山之首曰对马山……又过为蛤蟆培，其石如蛤蟆，大数丈，石上出泉，陆羽称为天下第四水也。黄庭坚云：从舟中望之，颐项口吻，酷似蛤蟆。源泉入洞中，石气清寒，流泉出石骨，又虬龙吼也……

卷三十　杂录下

欧阳修《大明水记》云：世传陆羽《茶经》止分别山水、江水、井水，未尝品第天下之水味也。至张又新为《煎茶水记》，始云，刘伯刍谓水之宜茶者有七等，又载：羽为李季卿论水，次第有二十种，内扇子峡蛤蟆口水居第四，皆江水居山水上，井水居山水上，与羽经相反。且末又云：如蛤蟆口等水，皆羽戒人勿食，食之生疾，疑羽不当二说以自异，使诚羽说，何足信也？得非又新妄附益之耶！欧公之言如此。余尝游平山堂酌大明寺泉，味极清冽，及饮锡山惠泉，则甘醇又过之。今春泝流入扇子峡，攀萝葛，久乃达洞口，洞深邃不可测，水不甚清，汲以烹茶，则微带泥沙气，远出大明、惠山之下，意是时新雨初霁，溪涧诸流，合而入焉者也。及阅欧公此记，至羽之论水，恶渟浸而喜泉源，江虽长，然众水杂聚，故次山水数语，然后知前贤格物之学，早先得我心也。又蛤蟆口水，即流入江中，居民饮此者，皆无恙，食之生疾，疑亦又新妄说也。（《潜庵纪事》）

东湖县志

同治三年(1864年)　十册　　金大镛、王柏心纂修

卷之五　疆域　风俗物产

杂类

茶

东湖县志

民国二十年(1931年)印　同治三年本　一册

卷五　物产

杂类　茶

货类　茶

卷二十九　杂录上

丁朝佐书欧阳修《蛤蟆培》诗后云：蛤蟆□，朝佐考字书无此字，按：《东坡集》：决囚经历□，忽忆寻蟆培，其字从土；又《南行集》，二苏皆有《蛤蟆培》诗，栾城作培，东坡作背。今秘书正字项安世尝自蜀来，云：土人写作背字，音佩。

远安县志

同治五年(1866年)　八册　　郑烰林、周葆恩纂修

卷一　山川

云门山，在县西北十五里，山皆鹿疃，又名鹿溪山，梁荆山居士陆法和栖焉。山下为鹿苑寺，旧有八景，曰：绝品茶、招仙岩、千年艾、腰带水、松风亭、苦竹溪、石柱山、法华台。安邑侯憩此，问及茶、艾，僧言：土人采伐，鲜有存者……

卷二　物产

货之属

茶

当阳县志

康熙九年（1670年）　三册　　娄肇龙、栗引之纂修

卷之一　山川

玉泉山，初名复舟山，在县西三十里……玉泉寺东石钟峡下有乳窟，水边茗草罗生，叶如碧玉，名仙掌茶。详载李白诗序……

卷之八　诗

唐李白《答族侄僧中孚赠玉泉仙人掌茶并序》（编者按：序已见民国十年《湖北通志》，惟该《通志》中所录序文，较此处为略，因两存之。诗照录如下）余闻荆州玉泉寺近青溪诸山，山洞往往有乳窟，窟中玉泉交流，中有白蝙蝠，大如鸦。按《仙经》：蝙蝠一名仙鼠，千岁之后，体白如雪，栖则倒悬，盖饮乳水而长生也。其水边处处有茗草罗生，枝叶如碧玉，唯玉泉真公常采而饮之，年八十余岁，颜色如桃花，而此茗清香滑熟、异于他者，所以能还童振枯，扶人寿也。余游金陵，见宗僧中孚，示余茶数十片，拳然重叠，其状如掌，号为仙人掌茶。盖新出乎玉泉之山，旷古未睹，因持之见遗，兼赠诗要余答之，遂有此作。后之高僧大隐，知仙人掌茶，发乎中孚禅子及青莲居士李白也。

尝闻玉泉山，山洞多乳窟。仙鼠如白鸦，倒悬清溪月。茗生此中石，玉泉流不歇。根柯洒芳津，采服润肌骨。丛老卷绿叶，枝枝相接连。曝成仙人掌，似拍洪崖肩。举世未之见，其名定谁传。宗英乃禅伯，投赠有佳篇。清镜烛无盐，顾惭西子妍。朝坐有余兴，长吟播诸天。

当阳县志

同治五年(1866年)　十四册　　阮恩光、王柏心纂修

卷之二　方舆志　物产

……惟有玉泉仙人掌茶，不常见。(旧志)

宜都县志

康熙三十六年(1697年)　三册　　刘显功纂修

(编者按：本书共十二卷，现缺三至七卷，因缺物产)

王之栋《山水记》　去城十五里为白洋……西十里而丹山……西南十六里，又得一大梁山，高峻奇耸，山家业茶，种梅、梨……

宜都县志

同治五年(1866年)　四册　　崔培元、龚绍仁纂修

卷一下　地理物产第六

杂产……茶……

长乐(旧县名,即今五峰)县志

同治九年(1870年)　八册　　李焕春纂修

卷之三　山川志

茶园坡　在石梁司，一在石板保，距城一百一十里，产茶，味美。

卷之八　物产志

货类

茶

长乐县志

光绪元年(1875年)　八册

卷之八　物产志

货类

茶

长阳县志

同治五年(1866年)　六册　　陈维模、左长炘、谭大勋、刘宗琨纂修

卷一　风俗

季春清明……乡人采雨前茶……

物产　木之属

茶

归州(旧州名,民国时改为秭归县)志

同治五年(1866年)　十二册　　余思训、陈凤鸣纂修

卷一　山川

兴山县有香溪，即王昭君所游处。(《寰宇记》)　香溪源出昭君村，水

味甚美，载在《水品》，色碧如黛，澄清可掬。（见陆游《入蜀记》）

唐补阙张又新《煎茶水记》云：代宗时，李季卿刺湖州，至维扬，逢处士陆鸿渐，知其善茶，因问所历之处水之优劣可判否？鸿渐遂论水次第有二十种，以归州玉虚洞下香溪水为第十四品。

归　州　志

光绪八年（1882 年）　六册　　沈云骏、刘玉森纂修

卷一　山川

八景　玉洞灵泉，州东二十里。唐天宝五年，猎者得之。石壁峭空，洞门宏敞，钟乳下滴，三伏时凛若九秋，即唐陆羽品香溪泉处。

归　州　志

光绪二十七年（1901 年）　四册　　黄世崇纂修

卷八　户役志

归州置州，始于唐武德二年，土贡：纻、葛、檫、蜜、蜡……其物产可纪者……则檫。

早采者为檫，晚采者为茗，一名荈。州南四十里王家岭产者良，烹贮碗中，经宿色不变。

州东三十里玉虚洞下香溪水。

兴山县志

同治四年(1865年)　六册　　伍继勋、范昌棣纂修

卷一　物产

货类

茶　县西白沙、相坪一带多种茶，味颇香美。

古迹

屈原宅，在县北荆州。

昭君村，县南一里。

兴山县志

光绪十一年(1885年)　四册　　黄世崇、祝长俊纂修

卷十四　物产志

兴山物产入贡额者，明以前无考。《唐书・地理志》：归州巴东郡贡葛、茶、蜜、蜡；《元丰九域志》：归州巴东郡贡纻十一匹；《寰宇记》：归州贡黄蜡；无专属兴山者。县境旧无茶。咸丰中，九冲山民李进政始种茶，为县境产茶之始。葛、蜜、蜡、纻，邑产亦微……

恩施县志

同治三年(1864年)　十二册　　多寿、罗凌汉纂修

卷六　物产

各品

茶

卷十二　杂志

邑土产……茶，而民拙于焙，香者绝少……

恩施县志

民国六年(1917年)印　同治三年本　二册

卷六　物产

果品

蜜罗　可入茶饮。

各品

茶

恩施县志

民国二十六年(1937年)重印　民国六年本　一册

卷六　物产

各品

茶

建始县志

道光二十二年(1842年)　四册　　袁景晖纂修

卷之三　物产

杂产

茶

建始县志

同治五年(1866年)　四册　　熊启咏纂修

卷四　食货志　杂产

茶

土产香楠而民不知蓄，陈者绝少；产茶而民拙于焙，香者绝少；产五加皮以浸酒，香美有殊致，而民尚桂花酒；三者皆恨事，附志之。(宋鳌《施南府志》)

巴东县志

光绪六年(1880年)　六册　　廖恩树、萧佩声纂修

卷之十一　物产

茶名真香。顾元庆《茶谱》云：茶之产于天下多矣，若剑南有蒙顶、石花，湖州有顾渚、紫笋，峡州有碧涧、明月，邛州有火井、思安，渠江有薄片，巴东有真香，福州有柏岩，洪州有白露，常之阳羡，婺之举岩，丫山之阳坡，龙安之骑火，黔阳之都濡、高株，泸州之纳溪、梅岭，

之数者，其名皆著。品第之，则石花最上，紫笋次之，又次则碧涧、明月之类是也，惜皆不可致耳。据此，是巴东产品，旧亦称著海内。今自变乱之后，荒为榛莽，间有采而售者，皆大叶粗梗，兼之烘焙失宜，色味俱恶……（旧志）按：今长丰里及在市里之羊乳山产茶，里人于谷雨前采之，色味颇佳，长丰产者尤胜，惜难多得耳。

闻之父老言：巴东盛时，民有桐、茶、药、果、蜡、漆之利，野兽窜伏深山，不为民害。迨崇祯壬午以后，迄于壬辰，十年之间……而邑遂为墟，方今土□人稀，茶荒桐槁……（旧志）

鹤峰州志

道光二年（1822 年）　四册　　吉钟颖、洪先焘纂修

卷之七　物产　杂产

茶　《世述录》称：神仙园、陶溪二处茶为上品，今查各处所产，无甚分别。

鹤峰州志续

同治六年（1867 年）、光绪十一年（1885 年）　六册　　徐澍楷、雷春诏纂修

光绪十一年续修卷七　物产

红茶　邑自丙子年广商林紫宸来州采办红茶，泰和合、谦慎安两号设庄本城五里坪，办运红茶，载至汉口，兑易洋人，称为高品，州中瘠土，赖此为生计焉。

邑多旷山，物产不饶，而高低皆可种植，果能量土之宜，随物之性，广种滋培，八百里生产，可胜言哉！近今美利日增，惟茶为最，故物产志续修。

来凤县志

乾隆二十一年(1756年)　二册　　林翼池、蒲又洪纂修

卷之四　物产　食货

茶果类

仙岜茶

云岩茶

来凤县志

同治五年(1866年)　八册　　李勖、项映、何远鉴、张钧纂修

卷之二十九　物产志

货属

茶，最佳者造在社前，其次则雨前，叶稍老，则茶粗。邑虽种植不多，然间有佳品，旧志所以有云岩、仙峒两种。

咸丰县志

同治四年(1865年)　四册　　张梓、张光杰纂修

卷之七　典礼　风俗

油茶、腐干、截颗、细茗、阴米，各用膏煎，水煮燥湿得宜，人或以之享客，或以自奉，间有日不再食则昏愦者。

擂茶，取吴萸、胡桃、生姜、胡麻共捣烂，煮沸作茶，此惟黔、咸接壤处有之。

卷之八　食货　物产

茶，谷雨前采取，其味香美。

咸丰县志

民国三年（1914 年）　四册　　陈侃、徐大煜纂修

卷四　物产

有用植物，如茶、漆、桑、桐子……皆为本地天然出产。茶树有二种：有种自园圃者，采其叶，可作茗，有雨前茶、火前茶之名，皆称佳品；其种自山林者，冬季摘实，可榨出油，味较菜油、罂粟油尤香美。

利川县志

同治四年（1865 年）　四册　　何蕙馨纂修

卷之一　山川

乌东坡　土人遍种茶树，其叶清香，坚实，最经久泡，迥异他处，名乌东茶，亦地气使然也。

卷之四　物产

杂产

茶

利川县志

光绪二十年(1894 年)　四册　　黄世崇纂修

卷之七　户役志　土产

蔬之余则𣗋　早采者为𣗋，晚采者为茗，一名荈。产县西南乌洞、东南毛坝者良，产县西南界牌岭者味甘，曰甜𣗋。

续辑均州志

光绪十一年(1885 年)　八册　　马云龙、贾洪诏纂修

卷之三　土产

（编者按：民国十年《湖北通志》卷二十二物产中骞林茶条下，称此茶产于均州）

襄阳县志

同治五年(1866 年)　八册

卷三　食货志　物产

知县宗景藩《种茶说》十条：

种茶，至白露时摘取茶子，晒干。垦地一方，将土锄细，取茶子一二升，均铺地上，如布薯种、芋头种之式，铺好，盖土约二三寸厚，土上再盖草须一层，能买茶饼或豆饼或菜饼研碎拌入土内得肥更妙。如旱干，宜用水浇之。

茶发芽后，须搭盖阴棚，夏则避太阳蒸晒，冬则避霜雪冻凌。

茶发芽后，经二春即可移栽。以大者两茎为一兜，小者三茎为一兜，每兜须相离二三尺，以便长发。移栽后一二年，茶树高二尺许，枝叶蕃茂，即可采摘茶叶。

另有种法，亦于白露时垦土锄细，摘取茶子晒干，随捡十数粒，另取桐子一二粒，埋做一窠。一亩之中，匀排百十窠，待其发芽。二春之后，将桐树掘去，取其树叶大，遮护茶叶，茶既成树，可以不用。此等种法，可省移栽。

茶树于高山平地皆可种植，但不宜太高，山高则雾重，以茶畏雾也。又各土均宜，惟不宜黄土，土中带沙者更佳。

茶树尚未茂盛之时，旁下空土，犹可栽薯、种豆。又每年五六月间，须将土挖松，芟去其草，使土肥而茶茂。但宜早不宜迟，故有五金、六银、七铜、八铁之说。

茶叶茂盛之后，每年五六月间须割一道，则茶肯发旁枝而叶茂。割者即为老茶（编者按：割字前疑有遗落之字）。

做青茶：雨前摘取嫩叶，用锅略熟炒后，用簸箕盛做一堆，用手力揉，去其苦水，再炒再揉，然后用炭火焙干。火不宜大，恐令焦黑。青茶，即平常泡吃之茶。

做红茶：雨前摘取茶叶，用晒垫铺晒，晒软合成一堆，用脚揉踩，去其苦水，踩后，又晒至手捻不粘，再加布袋盛贮，筑紧，需三时之久，待其发烧变色，则谓之上汗，汗后仍晒，以干为度。

凡细茶，当茶芽初出极嫩时采摘。清明前采者名明前，谷雨前采者名雨前，即《茶谱》所谓旗枪、雀舌等类，此茶之最细最嫩者。采成后，用手揉软，以铁锅微火轻轻搅炒，待半干时取出，再用炭火焙干，拣去粗梗，用纸包固，以石灰贮缸内，将茶包安置其中。缸口盖密，则茶叶香味不散，可以久藏。此外，三月为头茶，可做青茶；四月底、五月初为二茶，六月初为荷花，七月为秋露，均做红茶。再，茶子可以打油。

湖南省地方志

湖南通志

嘉庆二十五年(1820年)　八十册　　翁元圻、王煦、罗廷彦纂修

卷十　山川三

长沙府　茶陵州

景阳山，在州东，接江西永新县界，一名茶山。(《一统志》)……《史记》：炎帝葬于茶山之野。茶山即景阳山也。以林谷间多生茶茗，故名。(《名胜志》)

卷十六　山川九

岳州府　巴陵县

君山，在县西南洞庭湖中，一名湘山，亦称洞庭山。(《一统志》)……七先生祠，秦王古树（编者按：此句疑有脱误），产方竹、斑竹及茶。(旧志)

卷十七　山川十

平江县

龙窖山，在县东南百里。(明《一统志》)……上有龙湫，地产茶，相近有久宿山。(府志)

龙窖源，在县东百二十里，产茶。(《一统志》)

卷十八　山川十一

常德府　武陵县

茶林山，在县北三十里，一名茶山，以多产美荈名。(《一统志》)

莱公泉，在县北六十里甘泉寺中。(《一统志》)……泉味清美，最宜瀹茗，林麓回抱，境亦幽胜。(《东轩笔录》)

卷十九　山川十二

辰州府　泸溪县

无时山，在县西百四十里。(《一统志》)山多茶树，乡俗，当吉庆之时，亲族聚会歌舞于此。(明《一统志》)

溆浦县

鄌梁山，在县东南百五十里，今名顿家山，接宝庆府邵阳县界。(《一统志》)……顿家山产茶，远近货茶者多佃于此，其山甚宽广。(县志)

沅州府　芷江县

龙井，在州城外，泉味甘美，煮茗尤佳。

卷一百七十四　风俗　言语

茶曰忌，吃茶曰饮忌。

卷一百七十五　物产

总纪

荆湖南北路：有材木茗荈之饶，金铁羽毛之利，其土宜谷稻。(《宋史·地理志》)

湖南岁贡茶二十五万斤。(《旧五代史·梁纪》)马殷使民得自摘山收茗，算募高户，置邸阁，居茗，号八床主人，岁入算数十万，用度遂饶。(《唐书·刘建锋传》)荆湖岁课茶二百四十七万余斤，后茶法屡变，岁课日削，荆湖二百六万余斤。茶出潭、岳、辰、澧州，有仙芝、玉津、先春、绿牙之类二十六等。(《宋史·食货志》)乾德元年，免湖南茶税。七年，减湖南新制茶。(《宋史·太祖纪》)宋制：买茶之处，湖南则潭、澧、鼎、岳。片茶有独行、灵草、绿芽、片金、金茗，出潭州；大小巴陵、开胜、开卷、小卷、生黄翎毛，出岳州；双上、绿芽、大小方，出岳、辰、澧州。其鼎州，以上中下或第一至第五为号。散茶有岳麓、草子、杨树、雨前、雨后，出荆湖。(《文献通考》)元至元二十三年二月，立岳常德澧州榷茶提举司。元贞二月，罢。元统元年十一月，复立湖广榷茶提举司。(《元史·世祖、成宗、顺帝纪》)番人嗜乳酪，不得茶则困以病，故唐、宋以来，行以茶易马法，用制羌虏。明制尤密，有官茶，有商茶，皆贮边易马。湖南产茶，其值贱，商人率越境私贩，番人利私茶之贱，因不肯纳马。隆庆二十三年，御史李楠请禁湖茶，言湖茶行，茶法马政两敝，且湖南多假茶，食之刺口破腹，番人亦受其害。既而御史徐侨言：湖南茶多而直下，味苦，于酥酪为宜，亦利番也。但宜立法严核，以遏假茶。户部折衷其议，以汉中、保宁茶为主，湖茶佐之。各商中引，先给汉川，毕，乃给湖南，如汉引不足，则补以湖引。报可。(《明史·食货志》)楚之茶，则有湖南之白露，长沙之铁色，岳州之巴陵，辰州之淑浦，湖南之宝庆、茶陵。(《本草纲目》)湘中产茶，不一其地。安化售于湘潭，即名湘潭，极为行远。佳者有衡山之闼（俗钻字）林，盖极高岩磴所产，日色不到之处，往遣捷健樵者俗号山猴，缘木杪采之，故谓之阆林，土人极贵重，然终不脱湘潭之味。近有效江浙焙制者，居然名品，而洞庭君山之毛尖，当推第一，虽与银针、雀舌诸品校，未见高下，但所产不多，不足供四方尔。(《潇湘听雨录》)

长沙府

茶陵者，所谓陵谷生茶茗焉。(《茶经》)潭州土贡茶末一百斤，(《九域志》）潭州民输茶，初以九斤为一大斤，后益至三十五斤。李允则知潭州，请除三税，茶以十三斤半为定制，民便之。(《宋史·李允则传》)潭州之独行、灵草，唐、宋时产茶名。长沙之石楠，采芽为茶，湘人以四月四日摘杨桐草，捣其汁，拌米蒸，犹蒸糜之类，必啜此茶子去风也，尤宜暑月饮之。(《茶谱》)（编者按：光绪十一年《通志》本条下有注云：按石楠一名风药，能治头风，杨桐即南天烛，取汁渍米，作乌饭，谓之青精饭）长沙匠者造茶器，极精致，其工直之厚，等所用白金之数，士大夫家多有之，初不常用也。(《清波杂志》)

安化县出茶。(明《一统志》)

陕甘两省茶商，领引采办官茶，每年不下数千百万斤，皆于安化县采办，以供官民之用。安化三乡，遍种茶树，亦仗茶商赴买，向因等头银色，先卖后卖，多所争执。乾隆二十一年，巡抚陈宏谋奏定章程，将茶乡所有等称，由官较定颁发，向后买茶，除茶价按所产丰歉，随时消长，官不拘定外，其买茶概用纹银九折扣算，等称则照司法九三折扣算，正合市平。茶户称茶，亦用官称足给。谷雨以前之细茶，先尽引商收买；谷雨以后之茶，方许卖给客贩。如天时尚寒，雨前茶少，则雨后细茶，亦先尽引商买足，方许卖给客贩。牙行不得多取牙用，高抬价值（编者按：此段文字，有几处有脱简，已按光绪十一年《通志》补齐）。

衡州府

茶出山南者，生衡山县山谷。（《茶经》）湖南有衡山茶。（《国史补》）

岳顶茶特丰，谷雨前焙之，煮以峰泉，甘香不减顾渚。（《南岳志》）唐李群玉《尤山人惠石廪方及团茶》诗：客有衡岳隐，遗余石廪茶。自云凌烟露，采掇春山芽。珪璧相压叠，积芳莫能加。碾成黄金粉，轻嫩如松花。红炉爨霜枝，越瓯斟井华。滩声起鱼眼，满鼎漂清霞。凝澄坐晓灯，病眼如蒙纱。一瓯拂昏寐，襟鬲开烦拿。顾渚与方山，谁人留品差。持瓯默吟味，摇膝空咨嗟。

宋张拭《上封新茶》诗：浮瓯雪色喜初尝，中有祝融风露香。径欲与君同晤赏，短檠清夜正相望。

永州府

宁远出嶷茶，产九嶷山，故名。（《湖广通志》）

卷一百七十六　物产二

宝庆府

宝庆土贡茶。（乾隆府、厅、州、县志）

新化、武冈出茶。（《一统志》）

岳州府

岳州茶，有㴩湖之含膏。（《国史补》）㴩湖诸山旧出茶，谓之㴩湖茶，李肇所谓岳州㴩湖之含膏也。唐人极重之，见于篇什。今人不甚种植，惟白鹤僧园有千余本，土地颇类北苑，所出茶一岁不过一二十两，土人谓之白鹤茶，味极甘香，非他处草茶可比，并茶园地色亦相类，但

土人不甚植尔。(《岳阳风土记》)岳州之黄翎毛，岳阳之含膏冷，唐宋时产茶名。(《茶谱》)

常德府

武陵七县通出茶。(《荆州土地记》)

常德府境多茶园，异时禁切，商贾率至交兵。知府事李焘曰：官捕茶贼，岂禁茶商。听其自如，讫无警。(《宋史·李焘传》)

辰州府

辰州溆浦县西北三百五十里无射山，多茶树。(《坤元录》)

永顺府

溪州土贡茶牙。(《唐史·地理志》)

灵溪郡贡茶牙二百斤。(《通典》)

沅州府

郴州

宜章出茶。(《一统志》)

靖州

州县皆出山茶。(旧志)

澧州

石门牛觝山产茶，谓之牛觝茶。(《一统志》)

卷一百七十八　古迹

安化县

茶场在县西北资水上。宋置安化县，遂立茶场，伊溪山中、资江东平诸处皆产茶，比他处稍佳。(《一统志》)

湖南通志

光绪十一年(1885年)　一百六十八册　　李瀚章、曾国荃纂修

卷十五　山川三

茶陵州

茶陵县，以南临茶山，故名。(《元和志》)

景阳山，在茶陵县东百二十里，茶水源出此。(《舆地纪胜》)茶山，在茶陵军城之东。(《方舆胜览》)

卷十六　山川四

衡山县

卓锡泉，虎跑泉，皆在衡山福严寺。(《南岳志》)

宋宋祁《二泉记》　有大士曰慧思……因名二泉，曰卓锡，曰虎跑……凡瀹者、烹者、饪者、茗者取焉，香以甘故也……

卷十七　山川五

安仁县

狮子峰，在县西……上有浮屠，产茶甚佳。(旧志)

卷二十一　山川九

巴陵县

君山，在县西三十里青草湖中……(《元和志》)……产方竹、斑竹及茶。(旧志)

卷二十二　山川十

临湘县

莱公泉，在县北六十里甘泉寺中。(《一统志》)……淳熙中，张栻榜曰莱公泉。(《类苑》)泉味清美，最宜瀹茗……(《东轩笔录》)

卷二十三　山川十一

武陵县

龙窖山，在县东南百里。(明《一统志》)……上有龙湫，地产茶，相近有久宿山。(府志)（编者按：嘉庆二十五年《通志》亦有此条，文字与此完全相同，但列在平江县下）

卷二十四　山川十二

沅州府

芷江县

龙江，在州城外，味甘美，煮茗尤佳。(明《一统志》)

卷二十五　山川十三

郴州

浮休泉，在州西南旧儒学西，亦名圆泉，宋张舜民爱其清泠而甘，因以己号名之。(《一统志》)张浮休《永庆寺记》云：世传陆羽著《茶经》，定水品，张又新益水品为二十，而圆泉第十八，永庆寺今易为州学，或以为即会胜寺蒙泉。(《方舆胜览》)

卷五十九　食货五

榷税

……宋徽宗崇宁元年，右仆射蔡京大改茶法，荆湖、江淮、两浙、福建七路所产茶，仍旧禁榷，俄定诸路措置茶事官，置司，湖南于潭州。(《文献通考》)……元世祖至元十七年，置榷茶都转运司于江西，总江淮、荆湖、福广之税，而遂除长引，专用短引，每引收钞二两四钱五分，草茶每引收钞二两二钱四分。(《元史·食货志》)……国朝定鼎，尽除前明无艺之征……仿明臣王守仁设厂收税之法，先于郴州、宜章、临武、岳州等处设立卡局，抽收茶税……每箱抽银四钱五分……又以湘潭为茶商汇聚之地，另立盐茶分局……又因红茶本省抽厘甚轻，将盐茶两项仍归并本省局卡抽收……

卷六十　物产一　总纪

长沙府

安化县出茶

长沙匠者造茶器极精，其工直之厚，等于所用白金之数。士大夫家多有之，初不常用也。(《清波杂志》)

宝庆府

宝庆土贡茶(旧志)新化、武冈出茶。(《一统志》)

卷六十一　物产二

岳州府

巴陵、君山产茶，嫩绿似莲心，岁以充贡。(省志)君山茶，色味似龙井，叶微宽而绿过之。

常德府

武陵七县通出茶。(《荆州土地记》)

鼎州一种芽茶，性味略类建茶。(《本草集解》)唐刘禹锡《武陵书怀》诗云：茗折苍溪秀。苍溪在龙阳县。

辰州府

沅陵与安化交界处，地名界亭，产茶，岁以充贡。(《辰州府志》)溆浦县西北三百五十里无射山多茶树。(《坤元录》)

永顺府

溪州土贡茶牙。(《唐书·地理志》)灵溪郡贡茶牙二百斤。(《通典》)

郴州

宜章出茶(《一统志》)

桂阳县产风叶，充茗饮，能愈头风，故名。亦可浸酒，性微热，前人志记不载。《范石湖集》：蛮茶出修江，治头风，南人今无所谓蛮茶

者，风叶岂蛮茶之谓耶？（《余东叙录》）

桂阳州

临武旧有茶课，岁不过五锭，后增至五十锭，茶陵刘耕孙为县尹，言于朝，除其额。（《元史》列传）

卷末之十一　杂志十一　摭谈一

圆泉水，在郴州城南二十里会胜寺侧。张又新《煎茶记》自述：于僧舍得一书，见陆羽与李季卿论水之目二十，而此其第十八者也。张舜民适郴时，求是水不得，而以永庆寺泉当之。是水既出永庆寺，虽美不足复称，后人特缘张爱名浮休泉（编者按：此句疑有脱误）。永庆寺基，今入学宫，浮休泉已就湮。圆泉水……信有异脉，茶记不虚著也。独念盛洪之《荆州记》云：桂阳县有圆水，一边冷，一边暖，冷处清且绿，暖处白且浊。吾郡圆泉水外，别无圆水，水今无此异，岂水脉今与昔不同耶？（《余冬叙录》）

卷末之十五　杂志十一　摭谈五

桂丁茶出邵阳白云岩，衲子采之，岁不可多有。味微苦而香特清，酷暑以一叶入茶瓯，至隔宵不变味。其叶似桂，或以此得名。（《萸水录闻》）

长沙县志

嘉庆十五年（1810年）　十四册　　赵文在纂修

卷二十八　拾遗

宋时，长沙茶具有砧、椎、钤、碾、匙、瓶等目，精妙甲天下，一具用白金三百两或五百两，又以大缕银合贮之。赵南仲丞相帅潭，以黄金千两为之，进上，穆陵大喜。不知何以费乃至此？象箸玉杯，又何足道！

善化(旧县名,民国时并入长沙县)县志

乾隆十二年(1747 年)　八册　　魏成汉、张汝润纂修

卷之四　风土志　物产

竹木之属

茶

善 化 县 志

嘉庆二十三年(1818 年)　十册　　王余英纂修

卷二十二　风俗

《宋史·地理志》：有材木茗荈之饶，金铁羽毛之利，其土宜谷稻，赋入稍多……

卷二十三　物产

货属

茶　有谷雨前者，有清明前者，皆为细茶，名头茶。以后则味涩而苦，俗名到茶。又有粗者，名老木叶。

善 化 县 志

光绪三年(1877 年)　二十册　　吴兆熙、张先抡纂修

卷四　山川

乌川山　县东北九十里，复岭重山，居民多种蓝靛及茶、竹为生……

潘家山　县西七十里，产茶，出炭，居民多赖此为生。

卷十六　风俗

《宋史·地理志》：有材木茗荈之饶……

土产

木属

茶　有油茶、食茶二种。油茶子可榨油，渣则为枯，可以去污。食茶，清明谷雨前者为头茶；次则味微苦，曰茗，再次粗者为荈。二物多种，可取利，砍去老枝，次年复生，移种则难活，乡俗为婚用食茶，取此义。

巴陵（旧县名，即今岳阳）县志

嘉庆九年（1804年）　十二册　　陈玉恒、唐盛伊纂修

卷之五　山川

灉湖井，在县南灉湖寺侧。（《风土记》）井水煎白鹤山茶，气成白鹤飞舞。

卷之十四　风俗　土宜

宋志：岳处荆襄之都会，有材木茗荈之饶……

卷之十四　物产

货之属

茶　君山为上，国朝充土贡，自乾隆四十六年始，有兰芽、锅青等名，柏港稍次，俱非他产所及。唐史：茶之名品，岳州有灉湖之含膏。《升庵外集》：茶有开胜、开卷、少卷、黄翎毛，出岳州。又双上、绿芽、小芳，出岳（编者按：此处引文有脱误）。《汇苑详注》：灉湖诸滩

旧出茶。李肇所云灉湖之含膏，唐人极重之，见于篇什。今不甚种植，惟白鹤僧园有十余本（编者按：嘉庆二十五年《湖南通志》“岳州府”下作千余本。从一岁所出一二十两计，以十余本为是），颇类北苑，所出一岁不过一二十两，土人谓之白鹤茶。按：邑茶名古今殊称，种植亦异地。旧传产灉湖诸滩，今都无有，多产山崖中。邑茶盛称于唐，始贡于五代，马殷时今之贡茶（编者按：此句疑有衍文），皆君山之产。君山所出无多，山僧每以柏港乱之。北港（编者按：北港应即是柏港）地亦不广，而出茶较多，乡人有茶园者，收利颇饶，惟谷雨前初撷者佳，再撷，三撷，则稍逊矣。

卷之三十　捃摭

白鹤茶　灉湖诸山出茶，谓之灉湖茶，李肇所谓岳州灉湖之含膏也。今惟白鹤僧园有千余本，土地颇类北苑，一岁不过一二十两，土人谓之白鹤茶，味极甘香。出《岳阳风土记》（编者按：本条文字已见嘉庆二十五年和光绪十一年《湖南通志》，由于此处文字与两《通志》的都微有出入，因两存之）。

巴陵县志

同治十一年（1872 年）　十册　　潘兆奎、吴敏树纂修

卷之三　山水

白鹤山　《一统志》：在县南五里。明《一统志》：山有白鹤寺。按白鹤寺，即灉湖寺。唐时灉湖产茶，名白鹤翎。灉湖，即《水经注》之翁湖也。

卷之十一　风土　土产

君山贡茶，自国朝乾隆四十六年始，每岁贡十八斤。谷雨前，知县

遣人监山僧采制，一旗一枪，白毛茸然，洵珍品也，俗呼白毛尖，即白鹤翎之遗意。按邑茶盛称于唐，始贡于五代马殷，旧传产灉湖诸山，今则推君山矣。然君山所产无多，正贡之外，山僧所货贡余茶，间以北港茶参之。北港地皆平冈，出茶颇多，茶味甘香，亦胜他处。道光二十三年，与外洋通商后，广人每挟重金来制红茶，土人颇享其利。日晒者色微红，故名红茶；昔之称兰芽、锅青用火焙者，统呼黑茶矣（编者按：光绪二十六年《县志》本条下有注云：按往时红茶多得利，其贸本地之黑茶，或杂山中树叶为之，乃至无一叶茶。茶苦难得，值益高，始有自种者。今则红茶利益微，业茶者亦衰耗矣）。

贡茶：君山岁十八斤，官遣人监僧家造之，或至百数斤，斤以钱六百偿之，僧造茶成，已斤费二千余钱矣。向来买者可得四千，近以军事，武弁过此，必买茶以馈大官，斤率九千六百，多则十二千，僧利害略相当。然事平，军船日少，茶已不售，而官供如故，则败茶之道也。（《湖上客谈》）

贡尖，下有贡兜，随办者炒成，色黑而无白毫，价率千六百，粗五十止，其实佳茶也。

君山茶无他叶，其味粗细若一，粗者但陈收而浓煎之，可消食利气，而无克损之害。（《湖上客谈》）

卷之十一　风土

吴敏树《土产说》　巴陵之产有名者……茶，巴陵故少种，而君山旧有名，乾隆间入贡，岁十八斤。而余少时，见近里荷塘人卖茶。春三月，清明过十日，提小筐过门，其茶尚青，名曰锅青。生叶过汤而焙成，价斤百数十钱，贵之，常不买。谷雨后，侵晨担竹笼者，与之价……一日率斤九十，二日减五，三日又减五矣。岁岁如此。家饮陈茶，新者炒而收之，为引火气，有陈至二十年者，以与人治火疾，大效也。四都最多，茶地稍远，价廉于荷塘人，挑之来，或自遣人去，盖以四五十钱取其少粗者。又老茶斤十余钱，则临湘来矣。道光末，江、广人贩茶至洋，名红茶，虑茶伪，专取生叶，高其价，人争与市。而贸于本地者，名黑茶，乃取山中杂树叶为之，极有无一叶茶者，于是茶值三倍。往时苦难得，始有自种者。兵事起，岳阳设水卡，多榷茶盐，盐自川来，而茶出湖南也。城中买茶行，又有落地之抽，茶益贵矣。将来种茶者必日多，惟望时事清平，税尽除去。君山茶以名高，督兵船过，必取以馈当路大人，斤至十二千，平价九千六百。县官见僧多利，贡外添办至百余斤，官价六百，僧不敢较，近兵事少，买茶稀，僧不给本，必败茶。由此言之，利害之相倚伏，盛衰之变，岂不然哉！

卷之二十　名迹

　　邕湖井，《一统志》：在县南邕湖寺侧。《岳阳风土记》：邕湖井，唐人尝称甘水井，水煎白鹤山茶，气成白鹤飞舞，今荒秽不治，汲者亦少，不逮昔也。按：《茶录》有邕湖白鹤翎，盖茶有白毫，故以为名，今俗呼白毛尖。

　　邕湖寺，在岳郡城南吕仙亭之右，古刹也，一名白鹤寺。《湖上客谈》，唐张说刺岳州游寺诗：云间东岭千重出，树里南湖一片明。李太白《龙兴寺望邕湖》诗：剪落青桐枝，邕湖坐可窥。幽阴蔽亏，想见其胜。今寺露出湖上，寺前平田，沿江岸颇广远，古盖以植梧桐，叶大阴浓，今无有矣。《茶录》有邕湖之白鹤翎，今君山贡品，有白毫茸茸然，谓之白毛尖，即白鹤翎也。旧呼邕湖寺曰白鹤寺，有白鹤井，云以井水烹茶，则白鹤影见瓯中，此特妄说。《风土记》：吕仙亭，在白鹤山，盖皆以茶得名也。唐僧齐己诗云：应游到邕岸，相忆绕茶丛。则彼时寺前艺茶，若今君山矣。

卷之二十二　艺文

　　王琚《游邕湖上寺》　春山临远壑，水木自幽清。夙昔怀微尚，兹焉一放情。云间听弄鸟，烟上摘初英。地僻方无闷，逾知道思精。（按：烟上摘初英，谓采茶也。唐时邕湖寺前产茶，此亦一征。）

卷之二十七　艺文

万年淳《君山茶歌》　君山之茶不可得，只在山南与山北……李唐始有四品贡，从此遂为守令职……

巴陵县志

光绪二十六年(1900年)　十六册　　姚诗德、杜贵墀纂修

卷之五　舆地志五　山水

灉湖　……灉湖诸山出茶，谓之灉湖茶。

卷之七　舆地志七　物产

《玉芝堂谈荟》：唐、宋时，产茶地名有岳州之黄翎毛、开胜、开卷、少卷，岳阳之含膏冷。《宋史・食货志》，茶有二类：曰片茶，曰散茶。其出虔、袁、饶、池、光、歙、潭、岳、辰、澧州，江陵府，兴国、临江军，有仙芝、玉春、先春、绿芽之类二十六种。

巴陵乡土志

光绪抄本　二册

物产　植物

天然产

茶　君山最贵，北港次贵。灉湖诸山各洞皆产茶。

商务

洪桥茶，每岁出二万余斤，得价四千串左右，由水运销行武昌、汉口、芜湖、南京等处。

化钱炉茶，每岁出三万余斤，得价六千串左右，由水运销行上海、

广东等处。

河塘茶，每岁出二万余斤，得价四千串左右，由水运销行江西各处。

各洞茶，每岁出五十万余斤，得价十万余串，由水运销行汉口、外洋等处。

北港茶，每岁出十万余斤，得价二十万串左右，由水运销行华容九都、安乡、长沙、湘潭、汉口等处。

君山茶，出产无多，解贡作用。

洞庭湖志

道光五年(1825年)　十册

卷之五　物产

货属

茶　出君山，每岁入贡。

临湘县志

康熙二十四年(1685年)　二册八卷　　杨敬儒、杨柱朝纂修

卷之一　山川

龙窖源　县东百二十里。产茶。

卷之三　食货　物产

货之属

茶

临湘县志

同治十一年(1872年)　六册　　恩荣、欧阳恩霖纂修

卷二　方舆志　风俗

山民以植茶、纺织为生，泽民以取鱼、种棉为生。

卷四　食货志

货属

茶

平江县志

乾隆二十年(1755年)　六册　　谢仲坑纂修

卷之十二　物产

货之属

曰茶　邑产颇多，贫民资以度活，有茶税。

卷之十三　风俗

土宜：宋《岳州志》称：岳有材木茗荈之饶。旧通志称：平种桑饲蚕，今平多茗葛之产。

平江县志

嘉庆二十一年(1816年)　十册　　陈增德、李如珪纂修

卷九　物产

货之属曰茶，邑产颇多，十七都茶山坳较胜。

平江县志

同治十三年(1874年)　十六册　　张培仁、李元度纂修

卷五　地理志　山

自岱华山西北行曰湖源山。上有寺，唐建，为昔人避地所，有龙井，深不可测……

卷二十　食货志　物产

货之属曰茶，邑产颇多，有茶税。道光末，红茶大盛，商民运以出洋，岁不下数十万斤。

谨按：平邑山多于田，无殊异之产，迩来生齿日繁，虽丰年不敷民食。乾隆初，阳春谢邑侯劝种番薯，至今犹赖其利……第近岁红茶盛行，泉流地上，凡山谷间向种红薯之处，悉以种茶……今吾平独以兴贩外洋之茶，致妨本境之民食，岂可不思变计乎？况茶市方殷，贫家妇女相率入市拣茶，上自长寿，下至西乡之晋坑、浯口，茶庄数十所，拣茶者不下二万人……

湘阴县志

嘉靖四十四年(1565年)　上下卷

卷之上　古迹

仙人石　在治东四十里。相传仙人立石上，扳茶树而望白鹤山，俄而去……至今此地茶最佳，号仙人石茶。

卷之下　食货

物产　货

茶

湘阴县志

道光四年(1824年)　十七册　　阎肇烺、黄朝绶纂修

卷之十八　物产

木之属

茶　种植亦多，产南泉寺白鹤山者，较他处颇佳。

货物之属

茶　植园中，品不甚佳，产亦多。

湘阴县图志

光绪六年(1880年)　十四册　　郭嵩焘纂修

卷二十五　物产

蔬之余则茶　《尔雅》：槚，苦茶。□注：早采者为荼，晚取者为

茗，一名荈。《释文》云：荼，《埤苍》作樣。今茶，□杂采枸骨叶充之，名八角茶。其次称金树，似榆皮，有星点，其叶亦充茶，名矮脚茶。又次柳芽、茅栗叶，而榉柳叶亦充甜茶。

湘潭县志

嘉庆二十二年(1817年)　十八册　　张云璈、周系英纂修

卷三十一　艺文　文

国朝郭金台《碧泉记》　距潭西七十里，有泉曰碧，予幼耳其名，奇之。乙酉麦秋之望，吾友唐魏子订予游纪事。谨按：天宝间，泉自石窦出，莹澈一泓……品泉家称甘香冽碧，泉冽称胜。予及魏子就汲试茗而味大变，再试亦然，汲下溪流数十丈乃佳，远更佳……

卷三十三　艺文　诗赋

国朝许沧《题真应泉》　陆羽何曾尽品题，烹茶合在画桥西（泉在燕子桥西），波心夜月清如许，隐映城根水一堤。

卷三十九　风土

农事

谨按：潭邑水田宜稻，一熟之外，土不复耕，其茗菽之类，植于山原……

土产　木之属

茶　谷雨前采者为雨前茶，过此叶粗，香味亦减……十六都白莲圃所产尤良。

湘 潭 县 志

光绪十五年(1889 年)　十册　　陈嘉榆、王闿运纂修

卷四　山水第二十七

次东南曰军山，其木多茶……

军山，在县东南百五十里，高秀入云……中饶茶茗，春采露芽，供民家常饮……

卷十一　货殖第十一

……海禁开后，红茶为（编者按：为字下疑有遗落之字），大率五六十日而贸买千万。□乱，江路绝，专恃湘潭通岭南。五口开，汉口、九江建夷馆，县市遂衰，犹岁数百万……

浏 阳 县 志

雍正十一年(1733 年)　二册　　陈梦文、方暨谟纂修

卷一　物产

茶

浏 阳 县 志

嘉庆二十四年(1819 年)　十册　　谢希闵、王显文纂修

卷十五　物产

木之属

茶

浏阳县志

同治十二年(1873 年)　十二册　　王汝惺、邹焌杰纂修

卷二　舆地　山

县西之山

白茅尖　距县九十里。界醴陵……其上一窝，有第一峰三字碑，中断，下数十丈有庵……庵后，泉甚甘洌，产茶亦异他山……

卷七　食货　物产

货之属，茶……然浏岁以羡鬻诸外者，纸、茶及茶油、苎布略多……

增修醴陵县志

同治九年(1870 年)　六册　　徐淦、江普光纂修

卷一　风俗

农勤耕作……山谷则种薯、芋、豆、粟等杂粮及植茶、麻，以资食用。

惟近日红茶利兴，三四月间，开庄发拣。贫家妇女，虽多资余润，然男女杂遝渐染当防……

货之属

茶　茶油

卷十四　杂志

茶溪　治西四十里茶坑黛柏冲，石壁峭立，上有飞白书茶溪二字，径数尺……

醴陵县志

民国三十七年(1948年)　十册　　陈鲲、刘谦纂修

卷五　食货

茶烟

茶　清光绪间，红茶为醴陵大宗产品，运销于外，岁可两万石，穷陬僻壤，青翠成丛。入民国后，茶业衰歇，遂多摧而为薪，其存者，当春采制烟茶（即黑茶），亦不在少数。官庄桃花阳坑花麦田一带，所产销售于浏阳普迹，而以产自西乡龙骨冲者香味特佳。全县居民所需茶叶，大都取之当地，不待外求也。又有一种味如甘草者，名甜茶，性质凉，邑东北深山中常见之。

卷六　工商

光绪初，红茶业兴，邑人制茶贩运汉皋者，获利倍蓰。自是来龙门一带，每届春日，制茶拣茶，列厂恒数十。汔于光绪末年，则有瓷业及夏布、鞭爆起而代之。

输出与输入

醴陵土产货物输出县外者，清光绪间，首推红茶，民国后，输出渐减，终于绝迹。

商会

前清商贾，除鹾政外，皆单独营业，虽会馆多为祀神公会会所，于个人商业无涉焉，旋因红茶发展，始有茶团。

攸县志

同治十年(1871年)　十二册　　王元凯、严鸣琦纂修

卷二十九　茶法

楚南产茶之区，尽属西境，长郡之安化，宝庆之新化为尤著。攸历系由安化运买，或上引百篦，中引八十，下引六十，皆安茶也。近则茶商之来自新化者，视安邑较夥，而额引若干，合而计之，总不外乎旧额。志茶法。

卷五十二　物产

果属

茶　陆羽《茶经》：曰茶，曰檟，曰蔎，曰茗，曰荈。今通谓之茶，居民辟园栽茶树，小如栀子，丛生繁茂，清明采者上，谷雨前者次之，此后皆老茗耳。蒸焙修造，每不如法，鬻之于市，以此为园茶，其品劣下，别以新化、安化入茶行者为上。

卷五十四　杂识

攸，东乡多山，重岩复岭，延袤百余里。闽、粤之民，利其土美，结庐山上，垦种几遍。南昌裘行恕令攸时，有十害、十利之示，剀切详明。

附裘令告示：

……树木为山皮毛，古木老树，又为民间房屋之用。山既开尽，木皆砍伐，即如凤岭一带，杰宝、人献各乡，地处深山，本县曾至其处，山上并无古木老树，非栽桐茶，即种苞谷，必致将来建屋无料，艰于购办，其害六也。

茶陵州志

嘉庆十八年(1813 年)　四册　　甘庆增、朱怡滋纂修

卷之七　食货志　物产

花草之属

茶

茶陵州志

同治十年(1871 年)　八册　　梁葆颐、谭钟麟纂修

卷之五　山川

景阳山　在州东，接江西吉安府永新县界，一名茶山，以林谷间多生茶茗，故名。

卷之七　物产

货之属

旧志云：茶。物产自布帛菽粟外，无山珍海错……

卷二十三　艺文

书目

《茶铁辑略》　陈之笏编

酃　县　志

乾隆三十一年(1766 年)　八册　　林愈蕃纂修

卷之七　食货志　物产

货之属

茶　甚少

酃　县　志

同治十二年(1873 年)　八册　　郭树馨、周作翰纂修

卷之四　杂说

有友自酃归，赠予茶饼二百枚，题其缄曰炎陵茶饼，非茗荈种也。煮而啜之，味有余甘，因忆胡峤诗：沾牙旧姓余甘氏，破睡须封不夜侯。陶彝诗：生凉好唤鸡苏佛，回味宜称橄榄仙。似可当之。友云：封置数年尤佳，可除病。(《六研斋丛话》)

卷之七　物产

货之属

茶叶

湘 乡 县 志

道光五年(1825 年)　十册　　胡钧、张承霨纂修

卷之一　山川

泉井垇　在治南十里，路通衡岳，泉从石缝中出，荫田数百亩。以

之煮茗，香喷齿颊。

卷之十　物产

艺产　园茶

湘乡县志

同治十三年(1874年)　二十四册　　齐德五、黄楷盛纂修

卷二　地理　物产

货之属

茶　家园间植，岁采无多，常待给于新化、安化之茶。按：物产湘本无多，仅供一邑之用，犹恐不足，更无剩余可鬻他方，往者官司不知，间行取用，既不胜骚扰赔累之苦，缘出产太稀故也。

郴州总志

康熙五十八年(1719年)　六册　　范廷谋纂修

卷一　山川

圆泉，在州南十五里。陆羽《茶经》第十八泉（编者按：陆羽《茶经》无此说法）。郴阳八景之一曰圆泉香雪，何孟春有记。

郴州总志

嘉庆间　十四册

卷四十　物产

货之属　曰茶。注：郴属均产，以五盖为佳焉。多种平原隙地，近

通衡、湘。

永兴县志

光绪九年(1883 年)　十册　　吕凤藻、李献君纂修

卷十八　风俗

饮食　……妇女临午饮茶。或用茶叶合油煮之，谓之油茶；或用碎米合油煮之，谓之擂茶。女客至，或煎大糍，花糍或炒冻米和油茶款之，谓之茶会，盖明不用酒也。故俗谓午时为茶时。

卷五十二　物产

货之属

茶　旧十三都多产，今稀。

桂东县志

同治五年(1866 年)　八册　　刘华邦、郭岐勋纂修

卷二　山川

甘泉，在新坊覆钟山下，离城三十五里。泉自石中溢出，冬温夏寒，四时不涸，色清洁，汲以煮茗，味最甘。

珠帘泉，味甘，酿酒、烹茗有异香。

卷八　物产

货之属曰茶。

汝城县志

民国二十一年(1932年) 十册 陈必闻、卢纯道纂修

卷四 山川上

连珠岩（即洞灵山），在县东十里。内有岩洞，九曲池水清味甘……范永銮《连珠岩记》：连珠岩，旧名洞灵山……可以濯缨、瀹茗……

卷六 物产

货之属

茶 出下仁、九龙江、西山、后溪。

卷十八 政典志 实业

林产概况

……茶叶多产于南乡，西乡次之。南一区所产曰花仁茶，曰西山茶；南二区所产曰厚溪茶，曰九龙冈毛茶。西二区所产曰延寿茶，曰戴下茶。向日有粤商届时到此收买，运输出口，近今价值日昂，本地销售亦多，仅足敷用……

临武县志

同治六年(1867年) 十二册 邹景文、曹家玉纂修

卷六 山川

玉液灵泉 在舜峰麓黄门庄，悬溜峭壁，行人憩其下，暑渴便之，煮茗益佳。

卷十三　古迹

王茶坪，在县南五里许。相传前代榷茶场。

卷四十四　物产

木之属

茶　产西山，味颇苦，性凉，食之解毒。

嘉禾县志

同治二年(1863 年)　七册　　陈国仲纂修

卷之十四　物产

货之属

茶

嘉禾县图志

民国二十年(1931 年)　八册　　王彬、雷飞鹏纂修

卷之三　山川上

大岭头　南托附近……昔荒，今垦种茶。

横冲山　下马托境，多茶树。

鸭婆岭　邝家村西北，产茶子。

狗窝山　邝家村北，有桐茶。

卷之十六　食货上

农产物

茶叶　种者少，龙潭墟及蓝岭火烧野生，味美，名白茅茶。

茶叶外货输入　土茶叶实佳而少，凡饮多锦田茶，贩自瑶峒。

桂阳州志

雍正七年(1729年)　四册　　张明叙、李琼林纂修

卷六　物产

花草之属

茶　产最粗。

桂阳直隶州志

同治七年(1868年)　十二册　　汪敩灏、王闿运纂修

卷二十一　水道

……自寨西行，步道七里而至州城……城东有浮图，在鹿头山上……鹿头对望，即大凑山……山下为水窝寺，寺侧泉甘洌，号为蒙泉……惟兹泉及五云观帅家湾东门四井泉甘宜瀹茗。五云观在城北龙潭之下……

耒阳县志

道光六年(1826年)　八册　　常庆、陈翰纂修

卷之二　山川

侯憩山　府志载：侯计山，在县东七十里……山植茶，并粟、麦、麻、豆。

卷之二十一　物产

货类

茶

耒阳县志

光绪十一年（1885年）　十册　　於学琴、宋世煦纂修

卷七　物产

茶　《尔雅》：槚，苦荼。郭注，早采者为荼，晚采者为茗，一名荈，蜀人名之为苦荼。荼本作荼，自中唐始变为茶。邑产颇盛。惟谷雨前采，谓之谷雨前茶，竹山内采谓之竹山茶，极细嫩，煮食香味俱佳。《本草》：消食化痰，解酒食油腻烧炙之毒，多饮寒胃。一种树高丈余，矮亦五六尺，冬初开白花，花落结子，约李子大，曰茶子。寒露节采，名寒露子；霜降节采，名霜降子。焙干，去壳榨油，食用胜诸油。

衡阳县志

嘉庆二十五年（1820年）　十册　　阎肇烺、马倚元纂修

卷二十二　选举

崇祯十五年壬午科

王夫之（经魁，详《人物志》，祀先贤。）

卷二十九　人物

王夫之字而农，号姜斋，一号船山，崇祯壬午举人。文章志节，卓绝一时。精研六经性理诸书，尤笃志于横渠之学，生平著述甚富。卒之

岁，作书以别亲友，自撰祭文，临终，戒其子敀、敔曰：勿为吾立私谥，禁用僧道。学政宜兴潘公宗洛访其遗迹，为之立传。敀、敔皆绩学有文名。

衡阳县志

同治十三年（1874年） 七册 罗庆芗、殷家儁、彭玉麟纂修

货殖

自后稷奏根食，种百谷、百蔬，至汉有茶茗，及明有烟草。

清泉（旧县名，民国时并入衡阳县）县志

乾隆二十八年（1763年） 八册 江恂纂修

卷一 地理志 山川

黄茶岭 在城南回雁峰后，俗讹茶为巢。邑人吉士有“争栖鹊噪黄茶岭，扶醉人归白蜡桥”之句。

卷六 食货志 物产

木之属

茶冬青 土名腊树，布小茧，成白腊。

卷二十四 艺文志 诗

杨万里《澹庵坐上观显上人分茶》：分茶何似煎茶好，煎茶不似分茶巧。蒸水老禅弄泉手，龙兴元春新玉爪。二者相遭兔瓯面，怪怪奇奇真善幻。纷如擘絮行太空，影落寒江能万变。银瓶首下仍尻高，注汤作字势嫖姚。不须更师屋漏法，只问此瓶当响答（编者按：答字不协韵）。紫微仙人乌角巾，唤我起看清风生。京城满面思一洗，病眼生花

得再明。汉鼎难调要公理，策勋茗碗非公事。不如回施与寒儒，归续《茶经》传衲子。

衡山县志

道光三年(1823年)　二十册　　张富叶、萧凤翥纂修

卷之十八　风俗

采茶歌辞不雅，不足录。其音节低昂徐疾，尚无呕哑啁嘲之嫌。新年民间无事，五六人扮为采茶男女，一唱一酬，互相赠答，以长笛倚之，以胡琴、月琴应之，觉悠扬动听，不厌其聒耳也。

卷之二十九　茶法

古人鲜茶饮，孔子饭疏饮水，公都子云：冬日饮汤，夏日饮水，非明征欤？茶，荼也。荼，槚也。《尔雅·释木》：槚，苦荼。注：树小似栀子，冬生，叶可煮作羹饮，今呼早采者为荼，晚取者为茗，一名荈。《广韵》：荼，俗搽字。《韵会》：茗也。本作荼或作搽，今作茶，然则古不茶字亦不茶。自陆羽《茶经》，茶之字始著。《博物志》：饮真茶，令人少眠，茶之性始著。卢仝以后，谱之、经之、赋之、记之，甚且美其名而甘露之，茶之功用始著。功用著，而赋税亦由是起矣，岂特草野日用之需哉!

茶法志

茶非地宜，故无山；历来未经采办，故无税。居人日用所需，多从他处运至，如长郡、安化、宝庆、新化，皆产名茶，商舟便携来城市，散卖乡村，乃朝夕茗饮所由给也。至若篱边屋角，间有栽培。社后雨前，差堪采摘。焙干藏椟，俟豆棚清话，用烹活水于竹炉；当雪案高吟，正袅香云于石鼎。何须七碗，生卢仝两腋之风；只认一旗，识陆羽全经之味。盖物以罕见珍，使隋珠人握则不贵，家有千里骥，则视若牛

马。然所以他处或竞艳岳茶，以为龙团雀舌，殆不如也，殊不知所产之数，曾不及新安之万一，虽《田赋志》起运项下有茶价银五十余两，究非税课，无关茶法，故不志。

卷之五十二　物产

茶　岳产颇佳，但不多耳。

衡山县志

光绪二年(1876年)　二十册　　郭庆飏、文岳英纂修

卷二十　风俗

行商往来贸易，其物则豆、麦、棉花……其细民贩卖小物，有米贩、布贩、炭贩、茶贩……皆肩挑背负，自乡闾贩至城市，朝去暮还，其事劳，其利微……

饮食　烹岳茗，脍湘鱼……

嗜好　嗜烟、嗜茶……

衡　岳　志

康熙三年(1664年)　八册

卷之二　物产

夫瑶草青精，紫芝珠树，采大药者侈谈之，然而山川之灵，烟霞之气，故不为尘土生也。南岳为注生之区，而得气长年，见诸品物，松以万年称，竹以千年称，火枣交梨奚让焉。志产物。

茶　沿山皆茶。冬雪初霁，吐白花满山谷，异香撩人，寒蝶冻余，迎距宛转。春日雨晴，采芽明焙，以峰泉试之，浮乳甘香，不在徽歙下矣。

南岳志

乾隆十八年(1753年)　四册

卷之二　物产

茶　岳产特丰。谷雨前采芽焙之，煮以峰泉，味甘香不减顾渚。

南岳志

民国十二年(1923年)　十六册

卷二十二　物产

《茶经》：茶出山南者，生衡山县山谷。

《国史补》：湖南有衡山茶。《南岳志》：岳顶茶特丰，谷雨前焙之，煮以峰泉，甘香不减顾渚。

《唐史》：风俗贵茶，茶之名品甚众。剑南有蒙顶石花为第一，湖南有衡山，岳州有㴩湖之含膏（编者按：本条所说的《唐史》，系唐李肇《国史补》之误）。

《莲峰志》沿山皆茶。冬雪初霁，吐白花满山谷，弥望新粲，异香拂人，寒蝶冻余，迎距宛转如春日。雨前采笋芽，明焙，以峰泉试之，浮乳甘香，不在徽歙下矣（编者按：本条已见康熙三年《衡岳志》，此处文字与该志略有不同，因两存之）。

僧皎然《啗衡阳上人茶》诗　晦夜不可坐，琴轩犹为开。墙东隐者在，淇上逸僧来。客爱梅花饮，诗看卷素裁。风流高此会，晓景屡徘徊（编者按：诗题与传世所作《晦夜李侍御萼宅集招潘述汤上人饮茶赋诗》不同，当有误）。

国朝王夫之《衡岳摘茶词》十首　深山三月雪花飞，折笋禁挑乳雀饥。昨日刚传过谷雨，紫茸的的赛春肥。　湿云不起万峰连，云里闻他笑语喧。一似洞庭烟月夜，南湘北浦钓鱼船。　晴云不采意如何，带雨梢云摘倍多。一色石姜蕉笠子，不须绿箬衬青蓑。　一枪才展二旗斜，万簇绿沉间五花。莫道风尘飞不到，鞠尖队队满洲靴。　琼尖新炕风毛毽，玉版兼蒸龙子胎。新化客迟六峒远，明朝相趁出城来。　小筑团瓢乞食频，邻僧劝典半畦春。赏他监寺帮官买，胜取筛余几两尘。　丁字床平一足雄，踏云稳坐似凌空。商羊能舞晴天雨，底用劳劳百脚虫。　清梵木鱼渐放松，团团踞齿绿荫浓。揉香挼翠三更后，刚打乌啼半夜钟。　山下秧争韭叶长，山中茶赛马兰香。逐队上山收晚茗，奈何布谷为人忙。　沙弥新学唱皈依，板眼初清错字稀。贪听姨姨采茶曲，家鸡又逐野凫飞。

同治常宁志

民国二十年(1931年)刊　四册

卷一　山水

狮子岩，县西三十里。(《一统志》)……其上有浮屠精舍，产茶甚佳。(嘉庆《通志》)

卷十四　物产

货类

茶叶

祁阳县志

嘉庆十七年(1812年)　十二册　　万在衡纂修

卷之十四　物产

茶条　茶有五种，槚、蔎、茗、荈、茶也，皆采芽焙用。野茶子可压油。

祁阳县志

民国二十年(1931 年)　五册　　李馥纂修

卷八　山水志

……水东北流八里，届小陂桥，自源福岩以东北，民以筒车引水浸田，悉无旱忧。多种杉植茶，春夏之交，乔木瞻云，柔叶含露，群女采茶，村歌倡答，实娱客耳。

卷十　货物志

产茶之乡，如黄家渡、大忠桥、源福岩、青冈上下皆是，而以花筵江为良，然不能多获。

零陵县志

光绪元年(1875 年)　八册　　嵇有庆、徐保龄、刘沛纂修

卷一　地舆志　物产

木类

荈　芽可为蔬，旧志谓之楷芽。

茶

卷五　学校志　风俗

生计

……茶，有青茶、红茶之分。二三月间，贾客至境采取，亦生民之利也。

宁远县志

嘉庆十六年(1811年)　六册　　曾钰纂修

卷二　风土

潭湘数郡，有材木、茗荈之饶……

节候

三月清明节……九疑山中采茶、掘笋，以备馈遗。(旧志)

物产　货殖之属

茶　出九疑山，味美，但不可多得。

宁远县志

光绪元年(1875年)　四册　　张大煦、欧阳泽闿纂修

卷二下　东路寺观

金泉庵　在县南二十里永乐山下，有水名金泉，清洁而味甘……

徐旭旦记曰：寺枕永乐山之麓，山有泉，由暗涧达香积厨下，其水清洌，其味甘。虽方广不满五尺，而流沙耀金，静影沉璧，寺以故得名……

又金泉试茗，为八景之一。

九嶷山志

嘉庆元年(1796年)　二册

卷二　物产

茶　每岁谷雨前，采芽焙之，曰炭青，味甘香，不减武夷、日铸，

以潇水煮之，厥味倍佳。若晚取者，叶阔而厚，如《类篇》之所谓荈，《尔雅》之所谓槚，味多苦矣。

蓝山县图志

民国二十二年(1933年)　十册　　雷飞鹏、成守廉纂修

卷三　山川上

……自县西陆行三里亭至八亩坳，稍下又上，至南风坳亭，凡五十里，皆累级递上，坳有石亭，是名薰风……亭北向之右，矗起若特军者，是名天盖，又名天平山，俗称大罗界，又曰大罗盖顶……自天平山北下，为石门山，为茶山……茶山以产茶荈名……

卷十三　礼俗三

……小儿初生三日，以糯糟饷客，糯糟谓之餬糟，一曰酧糟，或用油茶（取茶荈油炒之，入姜煮水，杂拌花生、米花饮之，谓可驱瘴气）……

卷二十一　食货上

蓝山，山国……特异者……茶荈尤饶……茶叶可十万斤……

土产外货平均价格单位表

茶叶以斤计　1.50元

土产土销暨外销概数表

茶叶　土销额　100 000斤

最多产地　大桥、五里坪、黄毛岭、百叠岭。

道 州 志

嘉庆二十五年(1820年)　四册　　张元惠、黄如穀纂修

卷十　风土

占验　……三月……是月也，采桑摘茶……

土产　食货

茶叶　出西北灵王庙山内最多。逢谷雨日，带露摘之，甚柔细，以后渐粗，陈久者良。南路近江邑瑶山内有界牌茶，即六洞茶，其味浓苦，其色正红，暑月服之，可解渴烦，然真者殊鲜。

道 州 志

光绪三年(1877年)　八册　　盛赓、许清源纂修

卷十　风俗

商　州境上通两广，下达衡湘，四无关隘，富商大贾，云集辐辏，多江浙邻近之人……本地逐末者少，惟装运桐、茶油、木料、白炭等货发卖（俗名走下河），余则小店居积而已……

方言　物类

茶曰锄（今转去声。茶字，《正韵》：锄加切，茶锄并齿音双声。）

邵阳县志

嘉庆二十五年(1820年)　二十四册　　唐凤德、黄崇光纂修

卷三十七　艺文

邑人魏辅邦《观音阁茶亭记》　金滩观音阁，系通衢也。余家迩道

傍，恻行人溽暑中望梅无自，乃构亭备茶饮……使陆羽、卢仝辈憩息其中且作飕飗林下观也。时嘉庆乙丑。

卷四十七　风土　物产

货之属

茶　邑中所产，不如别属，兼之制造欠法，味有酸涩。惟龙山茶得之树木阴翳下，味独清香，而所出甚少。若本地茶，做法不美，所以不责办贡也。

邵阳县志

光绪二年(1876年)　六册　　黄文琛纂修

卷之六　食货志　物产

茶　不甚多，产龙山、赤水者甘。九龙岭者，瀹之，气若云雾。

邵阳县乡土志

光绪三十三年(1907年)　四册　　土官廉、姚炳奎纂修

卷四　地理　物产

物产大宗，自谷米外，煤与铁较夥，纸次之，靛漆与油茶、毛货又次之。地不爱宝，刻尚蕴藏有待，未能与他望邑比论。

地理　商务

茶叶各乡多产，东乡茶冈岭、水东江一带尤众。为茶箱售于洋人者，则概由湘乡永丰市、杨家滩二处购买另制。

新宁县志

光绪十九年(1893年)　十册　　张葆连纂修

卷二十　物产志

货殖之属

茶　峒产者佳。或仅能取给，或尚不足用。

武冈州志

嘉庆二十二年(1817年)　十二册　　许绍宗、邓显鹤纂修

卷十二　户书下　物产

货之属

茶　峒产甚佳。

武冈州乡土志

光绪三十四年(1908年)　二册　　张德昌纂修

物产

木类

茶　常产本境西北，山土最宜，岁可出数万斤。供外人采买，较安化产稍逊。

商务

红茶　产本境石下江洞口山门高沙。水运汉镇，转售外国。三万五千石（每年）。

花香茶　产本境高沙竹篙塘。水运汉口四千三百斤（每年）。

粗洞茶　产粤西华江六尚。陆运本城五千五百斤（每年）。

绥宁县志

同治六年(1867年)　八册　　方传质、龙凤翥纂修

卷二十六　茶法

绥地本非茶乡，民之勤树艺者，间于园内隙地及山脚肥饶之处培种茶树。然所出无几，多者仅供一家之用，少者尚须别贸他处，余则全资买济，故历来未有采办，亦未尝设官经理云。

卷三十七　物产

货之属

茶叶

新化县志

同治十一年(1872年)　十六册　　关培均、刘洪泽纂修

卷之四　舆地

茶亭(各团各村均有甚多,不胜数)

青冈村，在县西三十里……丛桂亭，(在太平。)　里人欧阳垣碑记：古者，冬日饮汤，夏日饮水，无所谓茶也。《诗经》茶字凡三，训为苦菜、为茅秀、为陆秽，无所谓茶也。宋高承《事物记原》引《淮南子》：神农尝百草，得茶以解其毒，为茶之始。恐未确。读《尔雅》，槚，苦荼。郭注，始有茗荈之诂。考《汉书·地理志》：荼陵，师古注，始有从草从人从木，戈奢丈加反之形声。考《三国志·韦曜传》，或密赐茶荈以当酒，而饮茶始见于史。然阳武（编者按：当为武阳）买茶，见王褒

《僮约》，赐坐进茶，见《飞燕别传》，是西汉盖已有之。据孙楚诗：姜桂茶荈出巴蜀，及温峤表贡茶千斤，茗三百斤，则茗饮权舆，当在秦人取蜀之后。至唐陆羽著《茶经》三篇，而饮茶盛行，然綦母煛饮茶序，黄庭坚茶赋，皆以瘠气侵精寒中为言，犹未尽人皆饮也。越至于今，普天率土，靡不以为先务，盖其释滞消壅，解愠止烦，功甚伟焉。我境青冈村太坪地方，自康熙三十有一年建亭置田，煮茗以利行旅，今已岁历八章，栋宇陊陁，岌岌可忧，且亭不跨衢，弛负不便，因新作于旧亭之西北数十武，自甲辰年六月十四日兴工，乙巳年四月十八日蒇事，都费二百有六缗。爰纪其颠末，并列捐名于贞珉。

大陂村　横江湾亭　县人陈能璋记：自来施济之事，其艳于当时，声于后世者，如解衣推食之类，难更仆数。独施茶一事，传记缺焉，岂以涤烦解渴之需，缓于充饥御寒之具耶？顾自白芽紫笋之用彰，陆羽嗜之而著经，卢仝饮之而成味，而灵山荈草，凡与酪浆醇醴同功。况夫行李之往来，轮蹄之困顿，火爘当头，汗流浃背，积雪没踝，寒钟砭肌，斯时得一碗之甘，润枯肠之燥，回寒谷之春，当如灌顶醍醐，不仅目为甘霖已也……

卷之九　食货　物产

　　榛　亦作茶。

　　樻　俗名茶子树。

新化县志

同治十一年(1872年)　十六册

同治元年，分一百二十七村为十六团。

附郭曰城乡团，凡四村，茶亭二。

大同团，凡十二村，附三村，茶亭三。

西南路敦信团，凡八村，茶亭九。

遵义团，凡八村，茶亭七。

永靖团，凡四村，茶亭二十二。

西北路曰西成团，凡十村，茶亭十八。

知方团，凡八村，茶亭三。

有故茶税官厅。……即今之苏溪关。

永安团，凡五村（北路），茶亭四。

时雍团，凡十村，茶亭三。

东北曰永清团，凡四村，茶亭十。

兴让团，凡七村，茶亭二。

黔阳县志

雍正十一年(1733年)　四册　　王光电纂修

卷之四　物产

杂货之品

茶

黔阳县志

乾隆五十四年(1789年)　六册　　姚义起、危元福纂修

卷二十九　物产

草之属

茶　《本草》：早采为茶，晚采为茗，一名荈。按：邑产皆圃中树艺，谓之园茶。

黔阳县志

同治十三年(1874年)　十二册　　陈澜、易燮尧、杨大诵纂修

卷十八　户书五　物产

……《宋史·地理志》：荆湖南北路，大率有材木茗荈之饶，金铁羽毛之利……

草之属

茶　《本草》：早采为荼，晚采为茗，一名荈。

沅陵县志

康熙四十四年(1705年)　五册　　郎廷梿、张佳晟纂修

卷七　物产

杂货之属

茶，结潭为上。

沅陵县志

光绪二十八年(1902年)　十二册　　守忠、许光曙纂修

卷三　星野

……谷雨日采茶，名谷雨茶……

卷三十八　物产

㮏　《唐韵》：即今荼荈之荼……邑中出茶处多，先以碣滩产者为

最，后界亭茶盛行。极先摘者名白毛尖，今且以之充土贡矣。

溆浦县志

乾隆二十七年(1762 年)　七册　　陶金谐、杨鸿观纂修

卷之三　山川

圣人山，县北一百二十里。宣阳江水出焉……水泉，味峻厉，使陆羽品之，未知堪入《茶经》否也?

老茶洞，县南一百二十里龙潭乡，产茶，木溪水发源于此。

卷之七　物产

货属

茶　产瑶山者极粗，味颇厚。顿家山又有芽茶。

溆浦县志

同治十二年(1873 年)　八册　　齐德五、舒其锦纂修

卷之三　山水

按《坤元录》言：溆浦北一百三十里有无射山，出茶。而无射不可考。

卷之二十三　杂识

《坤元录》言：溆浦无射山多茶树。而无射山不可考。《一统志》言：溆浦出漆。又言：出茜草。今溆浦并无漆，茜草亦少。《潇湘听雨录》言：溆浦出桃花纸，既薄而洁，足供临摹。今学书者所用，未知其为桃花与否，而名则甚美。

会同县志

光绪二年(1876年)　八册　　孙炳煜、黄世昌纂修

卷三　物产

货类

茶叶

卷十三　风俗

谷雨始采茶，烈火炮制，三炒三挪，再用缓火焙干，味颇香美。

靖　州　志

乾隆二十六年(1761年)　十二册　　吕宣曾、张开东纂修

卷之七　风土　节序

谷雨　清晨采茶，烈火炮制，三炒三挪，微火焙干，味颇香美。

靖州直隶州志

道光十七年(1837年)　十二卷　　觉罗隆、恩尹鸿纂修

卷之三　食货　茶法

靖属非产茶之区，习俗亦不尚茗战，故从无茶商至此。民间日用，多由洪市贩运供给，然亦无甚佳品。乡民间有种植者，叶老方取，以供一啜，非有火前、雨前之择，犹不足于用，此茶之所以必仰给于他境也。

卷之十一　风土　风俗

谷雨始采茶，烈火炮制，三炒三挪，再用缓火焙干，味颇香美。通道赵茶尤佳。

靖州直隶州志

光绪五年(1879年)　六册　　吴起凤、劳铭勋、唐际虞纂修

卷四　茶法

靖属非产茶之区，民间日用，多由洪市贩运供给，然亦无甚佳品。乡民间有种植者，叶老方取，以供一啜，非有火前、雨前之择，犹不足于用，此茶之所以必仰给于他境也。

卷十二　灾异

同治十一年四月大雨雹，自寚龙溪、张家寨茶树叶俱倾尽。

靖州乡土志

光绪三十四年(1908年)　二册　　金蓉镜纂修

卷四　物产

木之属（常产）

茶　《广韵》：俗梌字。《韵会》：茗也。本作荼，或作梌，今作茶。《尔雅》：槚，苦荼。郭注：叶可煮作羹饮。树小，叶如栀子，开白花，结实，春生，嫩叶炒揉焙干，作羹饮。城西南五里二凉亭茶叶最清美，惜树少。

草之属（常产）

藤茶，大者围如酒杯，长数丈，叶歧而尖，长约寸许，宽约半寸，乡人采取茎叶蒸贮代茶叶。

志商务

茶叶，本境所产约数十斤，不敷用。其自他产运入者，由会同陆运入本境，每岁约销三十石。又绥宁苗人茶饼陆运入境，约销一百石；由木商转运至汉口各处者，约二百石。

附录　靖州三十咏：

姜牙蜜饯满盘陈，风味油茶亦可人。绝忆头纲新焙出，二凉亭子雨前春（以冻米杂盐豉煮之，谓之油茶。二凉亭茶，新焙，年例，园客分饷官署）。

晃州厅（旧厅名，即今新晃侗族自治县）志

道光五年（1825 年）　十册　　俞克振、梅峄纂修

卷之三十七　物产

杂植之属

茶　圃中种者，谓之园茶。

芷 江 县 志

道光十九年（1839 年）　五十九卷　　胡礼箴、黄凯纂修

卷之四　山川

菊花井，在县南十八里，泉清冽，可以瀹茗。

茶水井，在县东一百二十里，水味甘，烹茗极香美。

卷之四十五　物产

杂植之属

茶　山野多种植，园中者谓之园茶。

芷江县志

同治八年(1869年)　三十二册　　盛庆绂、盛一林纂修

卷四　山川

大四方井，在城内东北隅督学试院东辕门。泉极清，瀹茗香味不改，闾巷间挈瓶而汲者争赴焉。

卷五十三　艺文　记

钱塘吴懋《明山茶记》：明山为一郡镇山，其蜿蜒秀美，亦八景第一，前人已备述之。道光己亥，胡雪门大令续修邑乘……暇日，谓予曰：明山产有茶，得毋即《水经注》所称茗山者是？设旧志脱漏未载，所系非细故，吾子盍为补之，毋为山灵所窃笑。考郦道元《水经注》：沅水又东溪水，南出茗山，山径回险，人兽阻绝，溪水比泻沅川，沅水又东，与诸渔溪水合。因咨询邑之同人，皆谢以不知。有朱生志大者，闻之，翌日，携茶叶一盒来赠，且曰：山以茗名，某虽未考，而此茶实产兹山深箐中，饮之能解暑，樵夫牧竖及往来行人，渴取生叶嚼之，便凉沁心脾，近山麓居者，岁于盛夏采归，以甑蒸，曝烈日中，乃收贮，备一岁所需。并录平日所作《采茶歌》二首以示余……按：道元此注在沅水，出牂牁且兰县，为旁沟水，又东至镡成县为沅水，东过无阳县，经文下无阳即今芷江也。又旧志载：县有鱼溪，与又东诸鱼溪水合，旬适符(编者按：此句疑有脱误)，是茗山为明山旧名无疑。及考《通志》，茗山编列辰州府属山川内，即引《水经注》："山径回险，人兽阻绝"八字，

则茗山不得牵合为沅之明山明矣。然朱生之言与诗，确而有征，因记之以报大令，且为兹邑物产补遗，非敢谓为明山生色云尔。

麻阳县志

同治十二年(1873 年)　十册　　姜钟秀、刘士先、王振玉纂修

卷之五　物产

杂植属

茶

永顺县志

乾隆十年(1745 年)　四册　　王伯麟纂修

卷四　物产

杂货类

葛茶

永顺县志

同治十三年(1874 年)　八册　　唐赓、李龙章纂修

卷六　土产

杂产

葛茶

宋元祐二年……十月……灵溪郡贡茶牙二百斤……

卷七　古丈坪厅

古丈坪厅，在永顺县东南界，逼近红苗，与乾州镇箄毗连……

物产　茶

永顺县志

民国十九年（1930年）　八册　　胡履新、张孔修纂修

卷十一　物产

货类

茶　溪州灵溪郡，贡茶芽。（《通典》）

按：唐代溪州既以茶芽入贡，其为地方出产可知。近亦有之，均制清茶，供本地食品，无制红茶以输出外洋者。若野茶则有观音、寄生、白花等名，皆不足取。

桑植县志

同治十一年（1872年）　四册　　周来贺纂修

卷二　土产

杂产

峝茶　四邑皆产，县属独多。味颇厚。谷雨前摘取，细者亦名枪旗。

续修永定(旧县名,即今大庸)县志

同治八年(1869年)　十二册　　万修廉、张序枝纂修

卷之六　物产

木属

茶　孙楚诗：姜桂茶荈出巴蜀。自秦人取蜀，乃知茗饮。隋文帝得之，愈头疾，乃竞饮之。唐陆羽著《茶经》，而天下益讲烹采，名目至不可胜述。州志称：澧属产茶，以永定茅坪为上，然亦所出无多也。

永定县乡土志

民国九年(1920年)　四册　　王树人、侯昌铭纂修

卷四　物产

商务

茶　本境食茶，以茅坪为上，岁出无多，兼运辰州枝条，销行本境。

古丈坪厅志

光绪三十三年(1907年)　十册　　董鸿勋纂修

卷十一　物产

茶树结子，须急栽之，方生。不可蓄久，令子落土中。两年不加锄铲，则隙地遍生秧子，栽之亦可活。

卷十一　商业志略

茶商　民间时有莳茶者。零星贩卖则有之，无商人运此者。

泸溪县志

乾隆十六年(1751 年)　八册

卷之四　物产

木之属

园茶　采于谷雨时，颇似闽产。

泸溪县志

同治九年(1870 年)　八册

卷之四　风俗

泸地少桑，女子不事蚕，惟纺绩棉花、苎麻以成布，兼织带作履，或刺绣佩囊，至贫家，则采茶馌饷，治园蔬，故俗多勤俭，少慆淫。

谷雨采茶，谓之谷雨茶。

卷之四　物产

木之属

茶

造茶法附　三月谷雨前，采最嫩者一叶一枪，摊干，为白毫；谷雨后，叶渐粗，另造作青庄、红庄二种。青者，用锅烧热，入叶炒之，乘热搓揉，炭火焙干，泡色淡而香味较胜；红者用篾垫曝太阳中，即搓挪成条，晒干，泡叶深红，可以货卖。摘茶以四月为头春，五月为二春，八月为三春，时候不一而多寡亦殊。

保靖县志

同治十年(1871 年)　八册　　林继钦、袁祖绶纂修

卷三　物产

木之属

茶　陆羽《茶经》：一曰茶，二曰槚，三曰蔎，四曰茗，五曰荈。始生而嫩者为一枪，寖大而开者为一旗。保邑少艺此者，惟里耶一带，亦间有佳制，谓之里耶茶……

龙山县志

嘉庆二十三年(1818 年)　四册　　缴继祖、洪际清纂修

卷之七　风俗

邑产茶不甚佳，佳者多自外来……

卷之九　物产

木之属

茶　陆羽《茶经》：一曰茶，二曰槚，三曰蔎，四曰茗，五曰荈。始生而嫩者为一枪，寖大而开者为一旗。

欧阳修诗：共约试新茶，旗枪几时绿。

《学林新编》：最佳者造在社前，其次则雨前。龙邑艺者亦多，亦间有佳制。

龙山县志

同治七年(1868年)修

光绪戊寅(四年,1878年)刻　六册　　符为霖、刘沛纂修

卷三　山水

桂英山　在县东北五十里，多桂树……山下一溪环抱，水甘洌，居民取以烹茶，采落英入汤内，其味清馥异常。

卷十一　风俗　节序

谷雨节种谷，春早则社日、清明即播种。摘茶芽，俗以谷雨为上品，芽初茁，缀白茸，曰白毛尖……

卷十二　物产　食货

雨前茶　《唐书·地理志》：溪州土贡茶芽。《通典》：龙溪郡贡茶芽二百斤。

武陵(旧县名,即今常德)县志

同治二年(1863年)　十二册　　孙翘泽、陈启迈纂修

卷之二　地理志　山川

茶陵山，县北三十里，一名茶山，一名马耳山（俗呼麻穰山），一名金玉山，一名东山，产美荈。(府志)

卷之十八　食货志　物产

货类

茶　邑南境近安化者，间种之。

武陵县志

同治七年(1868年)　六册　　欧阳烈、杨丕复、杨彝珍纂修

卷之四　山川

茶林山，县北三十里，一名茶山，产美茶。

卷之二十八　土产

木之种

茗　县南近安化、益阳界者佳。

安福(旧县名,即今临澧)县志

同治八年(1869年)　十二册　　姜大定、尹袭澍纂修

卷二十三　风俗

《九永风俗记》：人啜茗粥……（《志林》云：茗粥，即擂茶。尝历溇澧间，闻擂声，继以茗粥进……按：今武陵郡多擂茶，溇澧间绝少……）

卷二十五　物产

《宋史·食货志》：茶出潭、岳、辰、澧州，有仙芝、玉津、先春、绿芽之类二十六等。

《文献通考》，宋制：买茶之处，湖南则潭、澧、鼎、岳，片茶有独行、灵草、绿芽、片金。

《元史》：至元十三年二月，立岳、常德、澧州榷茶提举司……

旧通志：……惟茶，攸、常、澧为多。

食货

茶叶　邑乡皆间有之，惟出东南者味较美。

澧州志林

乾隆十五年(1750年)　二十六册　　何璘、黄宜中纂修

卷三　风俗

孙云梦记九永风俗，人啜茗粥……茗粥，即擂茶。据云：尝历溇澧，闻擂声，继以茗粥进……按：今武陵郡多擂茶，溇澧间绝少……

卷八　物产

茶　孙楚诗：姜桂茶荈出巴蜀。树小如栀子，采叶，早者曰茶，晚者曰茗，一曰荈。古冬饮汤，夏饮水。自秦人取蜀，乃知茗饮。隋文帝得之，愈头疾。乃竞饮之。唐陆羽著《茶经》，而天下益讲烹采。渴之需茶，遂与饥需食等。澧茶皆仰给邻商，土产无多，以永定毛坪者为上。

澧州直隶州志

道光元年(1821年)　二十册　　安佩莲、孙祚泰纂修

卷十二　艺文　记

康应瑚《云朝山记》：云朝山，在邑南九十里，高数千仞，与腾云山对峙，亦胜地也……至山顶，里许，忽山断如绝，昔人伐木为桥以渡，似不及天门石接之奇，然登其上者，云雾四冥，恍若先天混沌之象。故传曰云朝高顶。种有荈树，清香异味，昔人评之曰云雾仙品，即陆鸿渐《茶经》亦必不轻弃也……

直隶澧州志

同治己巳(八年,1869年)　二十四册　　魏式曾、杨恩寿纂修

卷四　风俗

采茶，宜谷雨前后，趁晴明摘而炒之。近今茶为日需，采至七月方止。性宜山土，永定为上，石慈福次之。

龙阳(旧县名,即今汉寿)县志

嘉庆十八年(1813年)　八册　　张在田、游凤藻纂修

卷之一　舆图　物产

木之属

茶子　叶如山茶而小，花白，子可榨油，俗名清油。

龙阳县志

光绪元年(1875年)　十六册　　陆运京、陈保真纂修

卷之十　食货志　物产

货属

茶　一名茗，一名荈。

《茶疏》：摘茶谷雨前后，其时适中。

桃源县志

道光三年(1823年)　十册　　谭震、方堃纂修

卷二　山川

东南五十里，曰古溶之山……一曰古牛之山……其木多黄杨、山楂、厚朴、茶，无松柏……

卷三　物产

茶，杨升庵《丹铅总录》：傅巽《七诲》：峘阳黄梨，巫山朱桔，南中茶子，西极石蜜。茶子触处有之，乃知古人已入文字品题矣。

按：茶，北乡甚希，东西乡并不产茶，惟南乡近安化界产者颇佳。每夏，茶商至邑，区为三等，沅溪一带为上，杨溪一带次之，水溪则下矣。各溪只隔一山，而味迥殊。茶商尝杯中汁，即能辨其为某溪茶，而土人不能自辨也。龙太常谓：桃花源西所产茶，用蒸法如岕。桃花源西正沅溪之地，则沅溪之茶，自明已名矣。

桃源县志

同治七年(1868年)　十六册　　罗行楷、沙明焯、郭世钦纂修

卷二　山

又东二十里，曰九龙山，其上多松、柏、茶，是在邑南九十里。

桃源县志

光绪十八年(1892年)　二十册　　余良栋、刘凤苞纂修

卷十七　艺文

向文奎《采茶歌》：碧乳霜华紫笋尖，绿窗唤出指纤纤。鼠溪（邑南水溪，古名鼠溪，为宋时产茶处，今沙坪茶庄附近）四月蚕桑少，解造红茶价不廉。

慈利县志

万历元年(1573年)　三册　　陈光前纂修

卷之六　风俗

……有茶、椒、漆、蜜之利，暇则摘茶采蜜，割漆采椒，以图贸易……

重修慈利县志

嘉庆二十一年(1816年)　八册　　李约、皇甫如森纂修

卷二　物产　木竹

茶　一名荈。古无茶，自秦取蜀，乃知茗饮。唐陆羽著《茶经》，而天下益讲烹茗。慈地家园亦种茶，以出西连地方者为上。又一种，子可榨油，枯饼可以肥种、浣衣。

慈利县志

光绪二十二年(1896年)　二册　　吴恭亨纂修

卷一　地理　山水

澧水，自潭口入县西境……东流十余里，岩口溪水，自北来注之。又东九里，径陶家𫉁……陶家𫉁，小阜也，迤东曰溪口市……初出市之货，曰桐，曰茶，一岁贸买，常值千万，近始绌减……

溇水，自大叶平南岸入县西北境……又折南，径柳枝平，左得羊韩峪水，右得陶家峪水（各十里），羊韩、陶家二峪之间……民勤树殖，岁擅赢利，曰桐，曰茶……

……溇水径此折北，届象耳桥西，左得仁石溪水……其水出白岩壁东南，流径上下西连，西连故饶好茶。近红茶擅赢，民艺日盛，贩者饰之出海，号鹤峰帮。鹤峰帮者，西贾品其与宁都同为中土第一，实则鹤峰不能专有，大率半出县北鄙云……

卷六　食货

……茶惟饭甑山有名，然亦不能多。顷岁西连有作红茶者，贩之辄获倍直，于是，人稍稍知种茶之利……

石门县志

嘉庆二十二年(1817年)　六册　　苏益馨、梅峰纂修

卷二十九　茶法

环石皆山也。虽非不毛之土，实少产茶之区，故自晋唐迄今，而茶法无闻，非缺也。盖邑人所饮，半仰给于鹤峰各溪洞，而雀舌、龙团，

其足备七碗而生风两腋者，悉购自他乡。夫岂若君山美味，上供天厨；安化佳品，下裕民生者之克擅美利于无穷也哉！此石邑茶法所由不设也。

石门县志

同治七年（1868年） 十一册 林葆元、申正飏纂修

卷四 物产

果类

茗 早采为荼，晚采为茗。其名有五：一曰荼，二曰槚，三曰蔎，四曰茗，五曰荈。六经无茶字，即古荼字，《诗》：谁谓荼苦是也。

益阳县志

同治十三年（1874年） 十六册 姚念杨、赵裴哲纂修

卷二 物产

货之属

茶

沅江县志

嘉庆十三年（1808年） 六册 唐古特、骆孔僎纂修

卷十八 风俗志

昔日山乡种田之外，栽树植竹，今则开垦为土，苎麻、红薯、茶叶极盛。

卷二十九　艺文志

邑人王文藩《沅江櫂歌》　钗头细茗趁春雷，品似闽中九曲来。珍重红囊遥寄与，何时斗水共裴回。（沅江茶，外间充武夷茶贩卖。）

宁乡县志

同治六年(1867年)　十八册　　郭庆飏、童秀春纂修

卷二十四　风俗

……广人贩红茶，按谷雨来乡，不利雨而利晴，不须焙而须曝，乡园获小济焉……

……山农治山，三伏以锄转土，覆草于下，候雨过炎蒸，腐之以美土疆。一岁，种烟；再岁，种薯、荞、粱、粟；三岁，种芝麻。通易粒食。每山一区，亦有□庄银或还土租，或栽松、杉、茶、竹，名曰包青山……

卷二十五　物产

蔬属

茶　《尔雅·释木》槚，苦荼。注：树小如栀子，冬生，叶可煮作羹饮。今呼早采为荼，晚取为茗，一名荈，蜀人名之为苦荼。茶本作荼，自中唐始变作茶，《日知录》辨晰甚详。然荼陵，《汉书》年表作荼，师古注：音涂；《地理志》作荼，师古注：丈加反。则汉时已有荼茶两字。前志：谷雨前采，谓之雨前茶，有枪无旗，极细嫩，以枫球黄藤焙之，香满堂室。近日栽者甚多，曰园茶，不及武彝、建旗（编者按：旗字疑误）、松萝、古塝诸品，携至外省，可以已病。

沩山六度庵、罗仙峰等处，皆产茶，惟沩山茶称为上品。

宁乡县志

同治六年　十八册

卷之五　山水

元坛璵　在县西百四十里。山路崎岖，里人倡募建亭施茶。公置茶田二亩，户名茶亭。

卷之九　古迹

龙凤山茶亭　在县南二十五里。

卷之二十四　风俗　方言

茶杯曰茶斟。

卷之四十四　艺文　著书目录

陶煓著《茶村集》

宁乡县志

民国三十年(1941 年)　二十八册　　宁乡县志局纂修

故事编第三　财用录

农业　物产

沩山茶　雨前摘制，香嫩清醇，不让武夷、龙井。商销甘肃、新疆等省，岁获厚利。密印寺院内数株，味尤佳。隆观易《啜新茗》诗：石臼铜铫手自将，花瓷琢玉泻瓶汤。烟云乳点溶溶白，风露姿含滟滟香。何日得求阳羡郡，寒芽新压武夷霜。头纲八饼知无分，稳卧山林岁月长。

按：湘茶大抵火焙，谓之熏茶，湘人性寒，饮之甚宜，下江人体热，饮湘茶，往往不舒适。

六度庵、文佳冲、苏家坳等处茶　茶园较多，其香味与各乡园茶无异，曾制红茶外售。

祖塔甜茶　树高叶大，味甘性凉。

征榷　茶引

宁乡产茶少，沩山茶最名，八角溪、祖塔二处茶次之。此外，一都六度庵，二都苏家坝、文家冲，三都张家冲，八都瓦子坪，茶质皆不及沩山，而六度庵最多。宋元以来，宁茶必有购出受榷者，其详无考。清代……光绪初，商人每岁三月来县采办，设号于治城，造红茶（茶号常设周壮节祠）销洋商，岁入数万金。县商贩运新疆，其利亦厚。后因外茶输入，而本采茶、造茶之法不精，或杂以劣质，行销壅滞，商多折阅。

《通考》：唐世，回纥入贡，以马易茶。德宗建中元年，用户部侍郎赵赞议，税天下茶、漆、竹、木。出奉天，诏罢之。贞元中，张滂请以茶税钱代水旱田租，自是至宋，茶税日重。宋初，茶利即五百余万缗。茶入于官商，转至于西北，散于夷狄，其利亦厚。以夷人食牛羊乳酪，不可一日无茶以通利之。宋一驮茶易一上驷，故宋以茶税、马政兼治，置茶马司，而受其害者惟园户。元丰中，刘挚言：蜀园户欲伐茶则有禁，欲增置则加市，有投死者。蔡京时，榷荆湖、江淮、两浙、福建七路茶加密。

《通考》：金泰和六年，尚书省奏定：七品以上官，其家方许食茶。

元世祖至元十三年，定长引茶，每引一百二十斤，收钞五钱四分二厘八毫；短引九十斤，收钞四钱二分八毫。三十年，立榷茶十六提举司，有岳、鄂、潭、常四处，皆榷湖南茶也。

明太祖辛丑立茶法，驸马都尉欧阳伦贩私茶，至赐死。嘉靖中，议禁湖南茶。李楠谓：湖南茶直贱，商人私贩出边，番人利之，不肯纳马。且湖南多假茶，食之刺口破腹，番人亦受其害。徐侨又言：湖南茶味苦，于酥酪为宜，亦利番。部议：先汉中茶，不足，乃给湖茶。

《清通考》：定鼎之初，差茶马御史招商领引纳课。顺治十四年，以七监马匹蕃庶，凡茶马变价银两，改解充饷。康熙三十二年，以兰城无马，可将甘州积贮茶篦银七、茶三，用充俸饷。盖本朝牧地，广于前代，良马成群，今复大宛、西番，尽为内地屋洼，天马皆枥上之驹，中马之制久停。是以甘肃茶封，恒苦于霉变，或变折价银，或以充俸饷，甘肃五司，已裁其二，尚存甘、庄二司及西宁一司，颁引征课，亦以留中马之旧迹于不废云。

按：新疆开后，茶销俄人。光绪中，红茶之路甚畅。康熙志《食货门》云：贡品，岁进茶芽二十斤。注云：每年清明后，采买于龙阳，具本赍解。明初，驰驿久之，革去勘合，甚苦民间，今蒙所司条议：州县解赴藩司，汇贡进京，民力稍苏焉。

按：茶派宁乡上贡，而所贡又非宁产，不知其故。

故事编第四　礼教录

清明后十五日为谷雨……俗重雨前茶，妇女多采之。

宁乡县新志卷二　诸录

赋税　附记

花园山出口捐，为清末筹学款所设，民国因之。凡……红茶……等，估价抽收百分之一二，轻重不一……

宁乡县志

民国三十年　二十八册

故事编第三　财用录

商业

宁人不善为商，商业著闻于外省者甚鲜。惟光绪间，宁人在新疆南八城者颇多，运沩茶、盐、姜及他土产以往，稍获利。

重修安化县志

嘉庆十六年(1811年)　二十卷

卷之四　物产

安邑……至于茶芽，为湖南上品，甲于他邑，多产于北路及西北路，之外，东南二路，则不产焉。额有贡茶。

安邑固多山泽之利，如茶、棉、杉、竹之类，民所资生不小矣。

货类

茶

安化县志

同治十一年(1872年)　二十册　　邱育泉、何才焕纂修

卷五　山川一

南干　又东北五里，曰仙茶园（在县治东六十里归化乡），仙茶水出焉。

卷七　山川三

锡杖山之西北十里，曰泉塘（在县东北四十五里归化乡）。县中十景，所谓泉塘沸玉是也。

旧志：府志：……其东为泉塘寺，去此约数十武。僧有佳客，时瀹茗焉。

卷十　风俗

土宜　大率有材木茗荈之饶，金铁羽毛之利，其土宜谷稻。（《宋史·地理志》）

百货有棕、茶、竹、木、油、炭、纸、铁、乌梅、棉花之属，一邑中广袤数百里，各有土之所宜。

卷十　物产

货之属

茶　古无茶名。《诗》：谁谓荼苦。荼即茶也。陆羽、卢仝而后，遂易荼为茶。明《一统志》：安化出茶。《潇湘听雨录》：湘中产茶，不一其地，安化售于湘潭，即名湘潭，极为行远。邑土产推此为第一，盖缘芙蓉山有仙茶，故名益著。

卷十一　古迹

茶场　在县西北资水上，宋置安化县，遂立茶场。伊溪、中山、资江、东平诸处，皆产茶，比他处稍佳。（《一统志》《通志》府志　王志　赵志　周志）

卷三十三　时事纪

康熙三十三年甲戌，定采买芽茶，巡抚委员汇解。（赵志：安化额有芽茶二十二斤。）

咸丰七年戊辰九月，知县陶燮咸厘定红茶章程：为厘定章程，泐石遵守事：照得安邑茶行规条，向经官定，立法本良，无如日久玩生，弊窦丛出。商人产户，受累无穷。本县莅任以来，访知底蕴，详加咨访，厘剔定章，俾商民买卖公平，永无流弊。适据各绅民等恳请示定前来，所有章程，逐条开列于后：　一、行秤，照刘公秤每斤以十六两四钱为度，由县较准，印烙颁发，不准私设大秤，更换印码。茶叶过秤，由产户看明斤两，毋许高悬短报，压秤折扣，秤完退皮，仍用原秤，不得另换小秤。　一、产户卖茶，任客先抓茶叶泡水，合庄无论买卖成否，均将所剩样茶给还原篓，三面落盘，成后过秤，不准额外多索。　一、行客买茶，必须现钱交易，不得赊欠。或银或钱，先须凭行说明，钱买兑钱，银买兑银。若系兑银，即照银色时价核算，比足交清，有假包换，不准高抬价值，短少平戥；如系兑钱，遵用九七通典，亦不得掺私短数，如有毛钱，数少者，听产户随便提数，以五千为度，当面数明，其余照围斟补。务须分裁号图，执照互合为记，免致混争。　一、茶叶须照咸丰四年旧章无论有无灰末，每百斤除净以七十六斤归数，不准再加折扣。　一、产户挑茶到行，如价值不合，听其另行投行售卖，行户不得阻卡留难。惟茶叶务须拣净，不准磨尖打末，头细底粗，以及掺草潮湿情弊，致病行商。　一、茶行开拣，须将男女分别，不许混杂嬉戏。男工不准倚强讴拣；女工拣茶多少，照数给钱，不准以少报多，致滋弊窦。如有奸商痞棍，倚势恃财，乘机调谑欺压平民，立即加等重究。　一、各埠脚夫起运钱货，不准争挑霸运，损失客货。　一、黑茶历有四章，务须遵办，不得以庄变黑少（编者按：此句疑有脱误），致坏成规。以上八条，各该行商产户人等，务须永远遵守，毋得玩视。倘敢故违，一经访闻，或被告发，定即拿案从严究办，决不姑宽。其各凛遵毋违，特示。按：西北多嗜茶，唐回纥入朝，以马易茶，茶通商自此始。《宋史》：陈恕为三司使，立茶法，各茶商数十人（编者按：此句疑有脱误），俾调利害，第为三等。明置茶马司，诸关津要害，置批验茶引所。其通商之法，一准盐法以行。是历年茶商，非漫无纪律者。梅山烟岚万叠崖谷间，生植无几，惟茶甲于诸州县，四、五、六月青黄不接，全赖市茶、运米于宝庆、益阳间。在启疆之初，茶犹力而求诸野，如旧志所云：山崖水畔，不种自生，故采时不无角逐。宋筑五寨，设兵戍守，防奸宄也。元明以来，民渐艺植，各有畛域。国初，茶日兴，贩夫贩妇，逐其利者十常八九。远商亦日至，曰引庄，曰曲沃庄，曰滚包庄。滚庄茶尚黄，曲沃茶尚黑，引庄如之，皆西北商也。嘉庆间，知县刘冀程颁定章程，较准法码，轻重划一，规矩森严，邑久赖之。越咸丰间，发逆（编者按：此系对太平天国起义军的诬称）猖狂，阛客裹足，茶中滞者数年。湖北通山夙产茶，商转集此。比逆（编者按：此系对太平天国起义军的诬称）由长沙顺流而窜，数年，出没江汉间，卒之通山茶亦梗。缘此估帆取道潮潭，抵安化境，倡制红茶收买，畅行西洋等处，称曰广庄，盖东粤商也。方红茶之初兴也，打包封箱，客有冒称武彝以求售者，孰知清香厚味，安化固十倍武彝，以致西洋等处，无安化字号不买。同治初，逆魁（编者按：此系对太平天国天王洪秀全的诬称）授首，水面肃清，西北商亦踵至，自是怀金问价，海内名茶，以安化为上品。奈市侩奸生，刘令法码，废为故物，于是走控上台。知县陶燮咸厘定章程八条，详于上。巡抚刘崐批饬泐之碑，永远遵循。

九年庚午闰十月，知县邱育泉厘定大桥、仙溪、龙溪、九渡水采买芽茶章程：县北大桥、仙溪、龙溪、九渡水四保额派贡茶斤两，茶税银一两二钱七分八厘，因各行借采肆害，同治八年，经县示革。饬贺奇枝等集费置产，派立户首，承办纳县，嗣后境内永禁请帖充行。厘定章程列后：　一、四保贡茶，每岁谷雨节前，由县发价，户首承领，赶紧办纳，毋得搁延，致于追责。　一、四保茶税银，每年户首按照钱粮扣明早完，毋得短少拖欠，有误惟正之供。　一、立户首，宜择殷实老成，保举充当，轮流扦拨，三年一换，毋得争赖。若误公为私者，立即革除。　一、公置田产，原为贡茶税银，值年户首，秋后收租，仲春粜谷，将赀向产户买收生叶，每斤定价铜钱一百六十文，秉公办理，遇有余剩，公同掌管，放外生息，永保贡税。　一、产户茶芽，兴败无常，务须三年一派，以昭平允。至某户该生叶若干，各宜按候摘交户首，以便征纳，毋得违误，致于追究。　一、户首办理公务耗费，登簿逐注，年清年款，以杜侵渔，如有吞嚼，除赔偿外，尤宜严惩。　一、户首纳茶，由工科经手，过秤缴署，每斤以十六两为定，毋得用重多索。而客商用秤，尤宜懔遵，违者许指禀究。　一、产户卖茶，交代宜清，底面宜合，毋许掺合伪冒，阴累客商，如违准罚。　一、客商入境，任便投寓，沿乡买茶，务须看实，比面成交，须用九九青钱足价，出货经日，不准退悔，样茶毋得打收，如违，许指禀究。　一、落户须顾客本，毋得支扯及阴交伙计，坐占暗股，于中射利，尤不得向产户需索及求赊挂账，致生少价阻货等弊，如违查觉，罚革不贷。

卷末　杂说

宋茶法严，邑伊溪、中山、资江、东坪产茶，视他处稍佳，谣曰：

宁吃安化草，不吃新化好，指茶也。山崖水畔，不种而生，人趋其利，奸人乘间唱和啸聚，至抗巡尉，习为不轨。绍兴二十四年黎虎将，淳熙二年赖文治，皆因而为乱，猖獗杀掠为民患。大帅王侍郎奏于资江、龙塘建寨，命将统之，岁一易戍，民赖以安。宋诸寨栅，皆险要地（编者按：本条所说的奸人和黎虎将等为乱，都是对农民起义的诬辞）。

广东省地方志

广东通志

同治三年(1864年)重刻　道光本　一百二十册

阮元、陈昌齐、刘彬华纂修

卷九十三　舆地略　风俗

潮州府

潮州灯节，有鱼龙之戏。又每夕各坊市扮唱秧歌，与京师无异。而采茶歌尤妙丽，饰姣童为采茶女，每队十二人或八人，挈花篮迭进而歌，又以少长者二人为队首，擎彩灯，缀以扶桑、茉莉诸花，采女进退作止，皆视队首，至各衙门或巨室，唱歌，赍以银钱酒果，自十三夕至十八夕而止。余录其歌三首，有曰：二月采茶茶发芽，姊妹双双去采茶。大姊采多妹采少，不论多少早还家。三月采茶是清明，娘在房中绣手巾。两头绣出茶花朵，中间绣出采茶人。四月采茶茶叶黄，三角田里使牛忙。手挈花篮寻嫩采，采得茶来苗叶香。颇有前溪子夜之遗。(吴震方《岭南杂记》)

方言谓茶叶曰茶米。

卷九十五　舆地略　物产

茗，岭南茶出韶州。(陆羽《茶经》)细茶出南华者佳。(《韶州府志》)

毛茶，乐昌毛茶，叶有白毛。河南茶，珠江之南，有茶树者三十三村，谓之河南茶。西樵茶，唐曹松移顾渚茶植其上。(《粤东笔记》)罗浮茶，石洞诸庵多有之，以春分前一日采，试以景泰泉水，芳香勃发，绝胜白云鼎湖所产。(《罗浮志》)罗浮有茶，产于山顶石上，如蒙山之石茶，其香倍于庙岕。(郝志) 潮州凤山茶，亦名待诏茶，亦名黄茶。(《潮州府志》) 化州有琉璃茶，出琉璃庵，其产不多，香味与峒岕相似，僧人奉客，不及一两。(郝志)顶湖茶，端州白云山顶有湖，僧人于岩际种茶，烹之，作素馨花气。(《广州府志》)新安茶，产杯度山绝壁上，烹之作幽兰茉莉气，水濯

十余次，甘芬益冽。(《广州府志》)土茶，海丰、龙川、长乐各有土茶。(《惠州府志》)

苦薆，《南越志》：龙川县有皋芦，一名瓜芦，叶似茗，土人谓过罗，或曰物罗。(陈藏器《本草》)珣曰：生南海诸山中，叶似茗而大，味苦涩，出新平县。(《本草纲目》)叶大如掌，一片入壶，其味极苦，少则反有甘味，利咽喉之疾，功并山豆根，以产新安、河源者为良。粤人烹河南茶者，必点薆少许为良。今称为苦艼，亦作薆。(《岭南杂记》)桂山产苦薆。(《惠州府志》)

蝇树，西樵多种茶，茶畦有蝇树，叶细如豆，叶落畦上，则茶不生螆，旱则蝇树降水以滋茶，潦则蝇树升水以熯茶，故茶恒无旱潦之患。夏秋时，蝇皆集蝇树，不集茶，故茶不生螆而味芳好。(《粤东笔记》)

卷一百　山川略

南海县

西樵山，在县西南一百二十里……唐末诗人曹松移植顾渚茶于此，居人遂以茶为生云……

新安县

大帽山，在城东五十里……多产茶。(《新安新志》)

凤凰山，在大奚山障，内有神茶一株，能消食退暑，不可多得，土人于清明日采之，名凤凰茶。(《新安新志》)

香山县

五桂山，在县东南八十五里……山左有大小花园，多异花，其阳产神仙茶。(郝志)

卷一百一　山川略

番禺县

《南越志》：天井冈下有越王井，深百余尺，云是赵佗所凿，诸井咸卤，惟此井甘泉，可以煮茶……

曲江县

南华山，在县南六十里。溪水回环，峰峦奇秀，产茶。

卷一百二　山川略

仁化县

观音山，在县东南九十里，接从化县界。高峰卓绝，林木阴翳，中有紫竹，下有龙潭，瀑布飞空，名白水硃（编者按：查无此字，当系根据当地方言所新造的字），盖即沱水所出之茗茶山也。（清《一统志》）

卷一百四　山川略

陆丰县

九龙山，在县西五十里。产茶颇佳，与虎山埒。（清《一统志》）

河源县

古云山，在县东十里，产茶。有古云隘。（清《一统志》）

桂山，在县西十五里。高约五百丈，绵亘六十余里，上多桂树，产茶绝佳。（清《一统志》）

义合山，在县东五十里。多竹。相近有康禾山，多木，俱产茶。（清《一统志》）

山峰嶂，在城东北一百二十里……产仙茶，味极甘美。（黄志）

卷一百六　山川略

海阳县

桑浦山，在县西南四十里……山势蜿蜒，产茶……（《通志》）

饶平县

待诏山，在县西南三十里，土人种茶其上，俗称待诏茶。四时杂花不绝，亦名百花山。（清《一统志》）

卷一百七　山川略

高要县

高望山，在县西二百五十里。山多茶木。（《舆地纪胜》）

阳江县

茶托冈，在城西二十里。形如茶托，故名。(《广东舆图》)

开平县

茗山，在城东十五里，高百余丈。产茶。(《广东舆图》)

开建县

大雁山，在县城东七十里……其山宜茶。

卷一百九　山川略

信宜县

白马山，在城北一百里……立白马庙于钱排石崖中，产七根毛茶。(府志)

化州

琉璃山，在城西四十五里……出名茶。(州志)

卷一百十　山川略

灵山县

派浪山，在县西二百三十里，一名那浪山。旁有茶山，产茶。(《广东舆图》)

卷一百十四　山川

南澳厅

果老山，在城西南十二里。上产九节茶。

花　县　志

光绪十六年(1890年)重刻

康熙二十五年(1686年)本　四册　　王永名、黄士龙纂修

卷三　物产

药之属　茶

花之属　山茶　蜀茶

花　县　志

民国十三年(1924年)　六册　　孔昭度、利璋纂修

卷六　实业志

食料品

茶叶　多产于山间，而以单竹坝所产为最佳，与清远茶齐名，次则为三华店，为三华村所特产，邻乡不能培植，销流于顺德、大良等处，号曰陈茶。

花类　生茶　蜀茶

药类　茶

种地　茶　第一区之单竹坝、李婆洞等处，从前种茶颇盛。当前清同治、光绪年间，有茶行十余间，设在县城，收买该处茶叶，为办洋庄之用。特立一公立茶秤，每交银一两，扣用三分，而此秤年可投银千元，近则以农民作伪，故致茶商裹足，现在此公秤连承五年，亦只投银百元耳，此可见昔盛今衰之大较也。又第三区之三华店附近，五六十年前亦多种茶，年产约万余担，近则多伐去茶树，而改种荔枝，约只存十之一云。

从化县新志

民国十九年(1930 年)　一册　　蔡廷镳、张经纶纂修

物产类

货之属　山茶

羊城古钞

嘉庆十一年(1806 年)　十二册　　仇池石纂修

卷二

西樵山　广州有三樵：曰东樵，曰南樵，曰西樵。西樵者，南海之望，而东樵，罗浮之佐也。去广州治西百余里……是山固多泉，诸飞泉外，其迸出石间者，或仄或涌，为乳为汤，大澜小沦，无不极其变怪之态，盘舞喷薄，响振一山。盖西樵，一泉山也。山中人沿溪以居，或截流为湖，或筑壆为塘，于四十余里间，以泛以渔，随舟所至，盖不知山在水中，抑水在山中矣。山中又多平地，可以种茶，茶田中有村十余，鸡犬鸣吠，若近若远，杜鹃、兰、桂之属，掩苒含风，花栈参差，云畦历乱，游者往往迷路。

重修曲江县志

康熙二十六年(1687 年)　四册　　秦熙祚纂修

卷一　土产

果之属

细茶　出南华者佳。

花之属
山茶

曲江县志

光绪元年(1875 年)　八册　　张希京、欧樾华纂修

卷十二　土产

制茶　产南华寺，味甘而清，以供佛祖。
罗坑茶　色红，经宿不变味，功专消暑。
果属　细茶
花属　山茶

乐昌县志

同治十年(1871 年)　六册　　徐宝符、李秾纂修

卷一　物产

货属
毛茶　昌茶
花类　山茶

乐昌县志

民国二十年(1931 年)　四册　　刘运锋、陈宗瀛纂修

卷三　风俗

附瑶俗……常以药、茶、材木运入市肆，交易无欺……

卷四　物产上

花类

山茶花　川茶（即蜀茶花）

卷五　物产下

木类

茶　茶即茗，饮料也。郭璞曰：早采为茶，晚采为茗。邑有白毛茶、古老茶、果子茶等。白毛茶，产于大山中，叶面有细白毛，性凉，其味胜于水仙。古老茶次之。果子茶又次之。

货类

白毛茶　叶有白毛，故名。味清而香，为红茶、绿茶所不及。大山处处有之，以瑶山所产者为最。邑人烹以祭祀，其茶辄变潮水色……

昌茶　与白毛茶不同，常绿灌木，高五六尺，秋日开白花，实三角形，其叶可烹为饮料，邑人采其嫩叶，以茉莉花烘之，味香而美。

仁化县志

嘉靖丁巳（三十六年，1557年）　一册　　胡居安纂修

卷二　土产

茶类

青茶　苦茶　黄茶　甜茶

仁化县志

光绪九年(1883年)　八册　　陈鸿、刘凤辉纂修

卷一　山川

黄岭　城西北六十里……山窝产白茅茶。(《采访册》)

卷五　物产

药属　茶，有白毛、黄茶二种。

茶属　山茶

仁化县志

民国二十三年(1934年)　二册　　何炯璋、谭凤仪纂修

卷首　山

黄岭　城东北四十五里，西界乐昌，北界湖南桂阳……山窝产白茅茶。

卷五　物产

货属　茶饼　出长江。

南雄直隶州志

道光四年(1824年)　十六册　　余保纯、黄其勤纂修

卷九　物产

山茶

始兴县志

民国十五年(1926年)　十册　　陈赓虞、陈及时纂修

卷之四　舆地略　物产

植物类

茶　产刘家山柑子园。味本佳，惜焙制未精，只销行本境。

木类

茶

翁源县志

嘉靖三十六年(1557年)　一册

物产

货部

茶

翁源县志

嘉靖间　一册

物产

货部

茶

翁源县志

康熙二十五年(1686年)　七卷　　刘士骐纂修

卷之一　物产

货属

茶

翁源县新志

嘉庆二十五年(1820年)　六册　　谢崇俊、颜尔枢纂修

卷四　物产

货之属有茶

花之属有山茶

佛冈直隶军民厅志

道光二十二年(1842年)　四册　　龚耿光纂修

卷之一　山川

西十五里曰凤岭……四十里曰飞桥山……四十八里曰丫髻山……有石壁峭立，窦中出泉，性清泠，盛夏汲以烹茶，可解炎热。其旁出诸峰，有将军脑、香炉凹、狮子尾、作洇子、天塘脑、老营底、凤柜口等土名，亦层峦并峙而稍亚之，产山茶，味清……

西北四十五里曰铺岭山……山在观音堡界，雄奥幽邃，产山茶，故名，又出蓝草。近村多以采茶刈草为业……

卷之二　物产

茶花

英德县续志

民国二十年(1931年)　八册　　邓士芬、凌鹤书纂修

卷之二　舆地略　山川

笔架山在县西……石壁产仙茶……年仅获数斤，味厚色清，七日不变。

蕨岭山脚泉水，由山坑涌出，灌田数十亩。此水沸时，加以茶叶，仍无色味，亦水性之奇者。

卷之十六　物产略

茶类

赤朱山茶，石莲乡蓝山茶，阿婆嶂岭茶，溪头乡黄岭茶，鹤子乡浮云山茶，皆奇品。

若中隅西茶，相传六祖所植。又有名葫芦茶者，丛生，茎小而长，叶尖如指，能消暑解毒，煎水治小儿疮疥。(《采访册》)

清远县志

光绪六年(1880年)　八册　　李文烜、朱润芳、麦瑞芳纂修

卷二　风俗

清远田地凡五等……至若耕山者，种茶种竹……(《采访册》)

八月望夜，剥芋、煎茶赏月。(旧志)

卷二　舆地

茶　古作荼。清远茶，以笔架山为最，黄藤峡次之，文嵩坝仔又次之。春分采者曰社前茶，白露采者曰白露茶，至嫩者名茶菊，稍粗者名上嫩。笔架茶味清香，饮后则凉沁心脾，三伏炎蒸，经宿味亦不变，解暑消滞，功无与比，若收藏年久，可治病。又有一种名葫芦茶，治小儿疳积。

阳山县志

道光元年(1821年)　五册　　陆向荣、刘彬华纂修

卷之二　舆地下　物产

山茶

连山绥瑶厅志

道光十七年(1837年)　二册　　姚东之纂修

物产

茗则大龙茶、小龙茶、黄连茶、上帅茶。茶出上帅者，在山尖，二尖相连而并峙，绝壁悬崖不可攀。茶生崖上，七茎为一丛，其味甘，茶之最上品也，然不常有。

连山县志

民国十七年(1928年)　六册　　凌锡华、彭征朝纂修

卷之一　山川

大旭山　在城西南一百一十里。产茶最盛，常有茶商设厂采办，贩运省城。

尖山　在城南一百八十里。与福堂、上帅二村分界，水亦分流，壁立千仞，三峰鼎峙。相传有人……得茶数株，采之不尽，故今名其山之茶曰仙茶。味清甘，可避瘴。

卷之三　食货

植物

茶　有三种：一为茶花树，专开茶花，不结子实；一为茶子树，专收其子以榨油，是为茶油，属内诸山有之；一为茶叶树，专摘其叶，以供瀹茗之用，大旭、大龙、金坑、巾子诸山均有之。邑中茶叶，向盛称出产之一大宗。

卷之三　商务

茶叶每年在本境销行者，约值银八百余两，由商人贩运至省城销行者，约值银七千余两。

乳 源 县 志

康熙二年(1663年)　二册　　裘秉钫纂修

卷之五　物产

货之属

毛茶

乳 源 县 志

康熙二十三年(1684年)　八卷　　张洗易纂修

卷之一　物产

货之属

毛茶

博 罗 县 志

乾隆二十八年(1763年)　六册　　陈裔虞纂修

卷九　物产

药之品　茶

龙门县志

咸丰元年(1851年)　四册　　毓雯、张经赞、张维屏纂修

卷三　物产

货品

茶

山茶

龙门县志

民国二十五年(1936年)　四册　　招念慈、邬庆时纂修

卷之四　山川

桂峰山　在县北七十里。山多桂树，花时香闻十余里。(清《一统志》)有茶名桂峰顶，味绝佳，但出产无多，极难得。(《采访册》)

芒芒髻山　在左潭山，巅有岩，岩有泉，隆冬不涸。产茶甚佳，名化饭茶。(《采访册》)

咸茶石，在詹村溪中，高丈许，广倍之。昔石上产茶一株，味如斥卤，故其石其地皆以咸茶名。(旧志)

卷之十九　县物志

植物

杂物

茶

河源县志

康熙二十八年(1689年)　八卷　　王驹纂修

卷之一　山川

桂山　自增城界帽子峰南走平陵，东望白石中一山特起，即此山也。在城西一十五里……与梧桐山相望，产桂茶。

古云山　在城东十里。高六十丈，其上产茶。

河源县志

乾隆十一年(1746年)　六册　　陈张翼纂修

卷之一　疆域　山川

桂山　在城西二十里……与梧桐山相望，深谷嵁严，不一而足，中有飞泉，悬空而下，最为奇观。产仙茶，笋亦甚美。昔为瑶地，后为客民耕修……

黄茅嶂　在城东……产茶。

仙峰嶂　在城东北一百二十里……产仙茶，味甘美。

卷之十一　风俗　物产

茶类　岭南山地产茶者多，而河邑独盛。上管、康禾诸约，居人生计，多半赖此。春夏之交，贾人丛集采茶，恒于清明前，香嫩色美，迟采者贱，至霜降后复取新芽，谓之霜茶，味尤佳，然不多得。桂山有仙茶，迥异常品，非人工所植，可偶遇而不可求也。又有名一枝枪者，亦出桂山。苦蒆，以上郭为美，味苦性寒，可以解热毒，然不宜多饮。又一种结子，取以为油，柳城、上管出产。

连平州志

雍正八年(1730年)　十册　　卢廷俊、颜希圣、何深纂修

卷之八　物产　食货

茶叶

和平县乡土志

清抄本　一册

物产　植物

茶

商务　出口

茶叶每年约二千篓，到省城卖。

龙川县志

嘉庆二十三年(1818年)　六册　　胡瑃、勒殷山纂修

卷二十　墟市　附茶亭

梅村茶亭　在龙江之东岸，路通潮闽。

秦岭茶亭　在岭西屯。

喜息茶亭　在下板桥当风凹。

十二排茶亭　在硿头堡。

赤犁树下茶亭　在丰稔堡。

石域庵茶亭　在丫髻约。

河门潭茶亭

高寨下茶亭　在山池约。
息劳茶亭　按：旧志古迹：在通衢。
莲塘凹茶亭　十一都，属沥口，距城一百二十里。
塔子良茶亭　在张坊约。
张湾洞茶亭　在张坊约，今废。
大洋凹茶亭　在长东约。
径口茶亭　在长东约。
沥口茶亭　在赤圳约。
聚乐茶亭
彭坑茶亭　在蓝田堡。
魏洞茶亭　在白石堡。
高视凹茶亭
山子凹茶亭
蒲芦岭茶亭
大路凹茶亭
黄沙桥茶亭
分水凹茶亭　在骆岐约，路通龙兴。
三思凹茶亭　在骆岐约，通惠潮大道。
大长沙茶亭
矿山排茶亭
佛子凹茶亭
三锡嶂茶亭
鹧鸪崃茶亭
田心坝茶亭
回龙庙茶亭
鸹（编者按：查无此字，当系根据当地方言所新造的字）子山茶亭
雁湖凹茶亭
猪牯崃茶亭
黄坑凹茶亭

蚺蛇皀茶亭　在青龙约。

上吉茶亭

下吉茶亭

十二排茶亭

上坪渴饮亭

张弓背茶亭

大人村茶亭

雪子坝茶亭

狗岩背茶亭

粽粑墩茶亭

大黄茅茶亭

坪冈新茶亭

中坑凹茶亭

中心埠茶亭

矮车新茶亭

矮车旧茶亭

赤石渡茶亭

白泥田茶亭

舡塘茶亭

独石茶亭

卷三十九　物产

木之属

茶　《尔雅》曰：槚，苦荼。注：树小如栀子，早采者为茶，晚采者为茗。龙惟峚（编者按：查无此字，当系根据当地方言所新造的字）禾凹者最佳，其次有大岭西山，所产不一，至《南越志》称，龙有苦芓茶者，即今茶蔃也，又别一种。

茶子　为油最佳，龙人山多栽种。

花之属

山茶，《群芳谱》：一名曼陀罗，树高者丈余。

东莞县志

嘉庆三年（1798年）　十一册　　彭仁杰、范文安、黄时沛纂修

卷之三十九　风俗

清明节　摘菊花和米粉煎作饼，以茶调之如羹，相馈遗，曰菊花茶。

东莞县志

宣统三年（1911年）　二十一册　　陈伯陶纂修

卷六　山川

大岭山　在城南四十里……主峰产茶。

卷九　风俗

妇女通问，尝以麻茶相馈，俗呼为研茶。

卷十四　物产

木类

茶　邑有茶山，旧以种茶得名，今水帘山巅有种茶为业者。（《采访册》）

卷九十六　杂录上

茶山雁塔寺，相传梁天监中，僧徒……于寺旁种茶数百株，故后名茶园。（《茶山乡志》）

卷九十八　杂录下

东莞以芝麻、薯油杂茶叶为汁煮之，名研茶，谓能去风湿，解除食积，可以疗饥。(《广东新语》)

增城县志

民国十年(1921年)　十三册　　王思章、赖际熙纂修

卷之九　实业　物产

货之品

茶

山茶

归善(旧县名,原县辖境属今惠阳地区)县志

乾隆四十八年(1783年)　八册　　章寿彭、陆飞纂修

卷三　山川

鳜湖　在丰山前……湖小而深，亦曰鳜潭，涨决通湖，惟此不涸，水最宜茶……

龙塘泉　在郡城南沙子步……水最宜茶，唐子西以为不减清远峡。

卷十五　风俗

岭外惟惠俗喜斗茶。(苏轼记)

卷十六　物产

货之属　茶

花之属　山茶

卷十七　艺文

宋苏轼《茶说》　唐相李卫公好饮惠山泉，置驿传递，不远数千里。而近世欧阳少师作龙茶后序，称嘉祐七年亲飨明堂，致斋之夕，始以小团分赐二府，人给一饼，不敢研试，至今藏之，时熙宁元年也。吾闻茶不问团铤，要之贵新；水不问江井，要之贵活。千里致水，真与伪固不可知，就令诚真，已非活水。自嘉祐七年壬寅至熙宁元年戊申，首尾七年，更阅三朝，而赐茶犹在，岂复有茶也哉？今吾提瓶走龙塘，无数十步，此水宜茶，昔人以为不减清远峡，而海道趋建安，不数日可至，故每岁新茶不过三月至矣。

平远县志

雍正九年(1731年)　四册　　黄大鹏纂修

卷之五　物产

茶茗

山茶

平远县志

民国二十三年(1934年)　四册　　卢兆鳌、李鹏举纂修

卷之二　物产

货之属

茶　产茶之山甚少，又不善焙制，火焦叶黄，其气燥烈，名为细茶，实粗茶也。

木之属

茶茗

大埔县志

同治十二年(1873 年)　十六册　　张鸿恩纂修

卷二　山川志

茶山为县治后扆，约高五十余丈，周围二里，脉自闽省来。

卷七　寺观志

有茶亭十一处。

卷十二　物产志

花之属

山茶　有川茶、锦边茶、日本茶诸种。日本茶，种类不一，其花有方，有圆，有六角，有八角。其色有红，有白，有淡红，有红白中分。

丰顺县志

光绪十年(1884 年)　六册　　许普济、吴鹏纂修

卷之七　物产

茶

山茶

古迹

层石岽　在璜坑社尖髻山边，离城三十里……每当春夏之交，丰草绿缛，皴波若织，周遭复产香茶，游屐所及，仿佛旃檀上界，土人固呼为自仙塘。

兴宁县志

咸丰六年（1856年）　九册　　张鹤龄、曾士梅纂修

卷之三　规制志　附公所

古茶亭、甘砖茶亭、嘉昌茶亭、大径茶亭，在县北黄龙堡。大坪茶亭。

澄海县志

乾隆二十九年（1764年）　六册　　金廷烈纂修

卷之四　物产

山茶　《虞衡志》：茶葩萼大倍于中州，有六角、八角者，曰日本茶，所谓川茶者，即蜀茶也。

海阳（旧县名，即今潮安）县志

雍正八年（1730年）　十册　　张士琏、陈玨纂修

卷之八　物产

禾之属　茶，潮地佳者罕至。今凤山茶佳，亦云待诏山茶，亦名黄茶。苦苧叶大而树高，取其芽日干之，味最苦，然性寒，不宜多（编者按：多字下疑漏一饮字）。

花之属　山茶

海阳县志

光绪二十八年(1902年)　十二册　　卢蔚猷、吴道镕纂修

卷八　物产

花品

山茶　以叶类茶，又可作饮，故得茶名。邑之茶花，只有红白牡丹、六角山茶数种。(《群芳谱》参《采访册》)

卷四十六　杂录

凤凰山有峰曰乌岽，产乌喙茶，其香能清肺膈。

饶平县志

康熙二十六年(1687年)　六册　　刘抃、熊可坪纂修

卷之一　山川

待诏山　在县西南十余里……土人植茶其上。郡称待诏茶。

卷之十一　物产

茶　粤中旧无茶，所给皆闽产，稍有贾人入南都，则携一二松萝至，然非大姓不敢购也。近于饶中百花凤凰山多有植之□，其品亦不恶，但采炒不得法，以致苦涩，甚恨事□。茶种地宜风，宜露，宜微云。采宜微日，宜去梗叶，□落病蒂。炒宜缓急火，宜善揉生气，宜净锅。宜密□收贮。兼此者，不须□□邻妇矣。

饶平县志

康熙二十六年　六册

卷十一　物产

花类

山茶花

南澳志

乾隆四十八年(1783 年)　四册　　齐翀纂修

卷之二　山川

果老山　城西南十二里。产九节茶。

卷之十　物产

茶　九节茶，产果老山，枝叶纷披，似珍珠兰，可以去风热。

潮阳县志

隆庆六年(1572 年)　二册　　黄士龙、林大春纂修

卷之七　物产

山茶

潮阳县志

光绪十年(1884 年)　十册　　周恒重、张其翻纂修

卷十二　物产

山茶　《本草·山茶注》：其叶类茗，故名山茶……有六角、八角者，曰日本茶。

惠来县志

民国十九年(1930 年)印　雍正本　六册　　张玿美纂修

卷之四　贡赋志　物产

木之属

茶　惠地佳茶罕至。南阳、石船等山产者颇佳。

陆丰县志

乾隆十年(1745 年)　四册　　王之正、沈展才纂修

卷之二　疆域　山川

九龙山　在邑西五十里。产茶颇佳，与虎山埒。

陆丰县志

乾隆十年　一册

物产

花之品曰……山茶。

海 丰 县 志

乾隆十五年(1750 年)　二册　　于卜熊、史本纂修

海丰县志续编

同治十二年(1873 年)　一册　　蔡逢恩、林光斐纂修

山川

莲花山　邑北五十里。形如莲花，高数百丛……上平如砥，中有七星墩，其产茶气味最佳。

银瓶山　邑北二十五里，昂伏乾坎间，县祖山也。高千仞，状若瓶……其茶树为云雾所罩者，味尤甘香。

虎山　邑东三十里。盘郁幽深，茅庵梵刹，联绎山腰。居民多持长素，以种茶为业，恍然别有洞天。

风俗

妇女又嗜咸茶，茶少下盐，置瓦盆中擂之千百杵，令成膏液，然后沃以沸水，下以炒麻，家常加此二餐于早午饭后，若亲串至，又增多花生、炒米，浮满茶瓶。昔粤中之款客，无槟榔，必相嫌，今丰之宴宾少咸茶，不成事矣。

物产

料品　茶　银屏莲花，谷雨前采芽制者，土人曰本山，味埒龙井，贩之外省，亦号上珍，但伪者颇多，土人尚不能辨。

花品　山茶

寺庵

莲花庵　在莲花峰顶。曲径迤逦，虬松延蔓，幽泉吞吐，别有洞天。其地产茶数株，酌泉烹之，滋味甘洁，涤荡烦襟，亦地灵之一证也。

普宁县志

乾隆十年(1745年)　八册　　萧麟趾、梅奕绍纂修

卷之一　山川

灵汇甘泉　泉甘而冽……就泉煮茗，最为清胜。

卷之八　方音

茶叶曰茶米。

卷之九　土产

山茶

揭阳县志

乾隆四十四年(1779年)　四册　　刘业勤、凌鱼纂修

卷之七　物产

蜀茶　有红白二种。其大如碗，瓣有重台交覆，亦有红白相间者，俗呼川茶。百叶而攒簇者谓宝珠花。红而有棱者谓六角。

茶　山中土茶，味微苦。

揭阳县续志

光绪十六年(1890年)　四册　　王崧、李星辉纂修

卷之四　物产

茶　山中土茶，味微苦，炒熟，性极温，土人呼为炒子茶。然惟山

中人嗜，揭所饮啜，皆建茶也。

炭　《老学庵笔记》云：南方多木炭，山中以松枝烧成，其以茶树杂木烧者，坚而耐火，不让归安鹁鸽青也。

佛山忠义乡志

道光十一年(1831年)　七册　　吴荣光纂修

卷五　乡俗　物产

岁时

上元开灯宴，普君墟为灯市，灯之名状不一，其最多者曰茶灯，以极白纸为之，剔镂玲珑，光泄于外，生子者以酬各庙及社，兼献茶果，因名茶灯……

南海县志

同治八年(1869年)重刊　道光间本　二十册　　潘尚辑、邓士宪纂修

卷之七　舆地略三　山川

西樵山，南海之望，去县西南一百二十里……山半地平，有居民十三村，沿溪以居，或截流以渔，或筑垦为塘，于四十余里间，以泛以渔，随舟所至，盖不知山在水中，抑水在山中矣。山中可以种茶，唐末诗人曹松寓此，尝以顾渚法教人种茶，山民至今以茶为业。……

卷之八　舆地略四　风俗

西樵，号茶山，今山中人率种茶。其采摘亦多妇女，甚守礼法，有问路者，茶人往往不答。昔湛文简、方文襄二公讲学山中，其流风遗化有存者。（据《广东新语》修）

卷之八　舆地略四　物产

料品

茶　出西樵。（郭志）西樵号称茶山，自唐曹松移植顾渚茶其上，今山中人率种茶。

毛茶　以产于紫姑峰者为上……

荳　生南海诸山中……

卷之二十三　古迹略一

翠微石室，在西樵黄旗冈，唐末诗人曹松寓此。石室宛然若存。松尝以顾渚法教人种茶，山民至今以茶为业。（据《西樵游览记》）

卷之二十六　艺文略二

《茶堪舍词稿》一卷　南海倪济远撰

南海县志

同治十一年(1872年)　三十二册　　郑梦玉、梁绍献、李征霨纂修

卷之八　舆地略四　物产

料品

茶　出西樵。（载于郭志）西樵号称茶山，自唐曹松移植顾渚茶其上，今山中人率种茶，间以苦荳，荳树森森，望之若刺桐丛桂。每茶一亩，苦荳二株，岁可给二人之食。其茶宜以白露之朝采之，日出则味稍减，或谓此茶甲天下，早春摘者尤胜，三日一摘，余则每月一摘，早春一月之茶，可当余月一年云。（载于《广东新语》）樵茶为粤东第一，武定侯称其甲于天下，细注碗中，其气密覆，凝结不散，芬馥若兰，山川佳气钟之也。春月采者曰春茶，谷雨时采者曰雨茶，夏月采者为横枝茶，白露节采者

曰露茶，诸品之中，露茶为贵。周氏樵志：樵茶之佳，以大雪后至春初所采者为良，名曰雪鞠，厥味甘芬，厥色青白，露茶虽重，不如也。夏月采者为横枝茶，最粗贱，山民如草刈之，自后约半月一采，则茶芽矣。天气清明，朝曦未上，各村妇女，三五为队，素衣缟带，冲云践露，联袂谷中，日高即止。既采之后，始拣茶芽，芽分上、中、下，其上者曰小芽，茶之最精者也；次则中芽，一旗一枪者是也；下则紫芽，叶之紫者也。其采茶之具，有镊有筐，以竹为之，造茶之器，有勺有铛，以铁为之，有石以搓茶用，有褥以□茶用，制法大约与顾渚异。白云茶产于白云洞前，亦名寺前茶，以洞口有白云寺也。出茶之地不多，皆生晒，山顶所产，不逮也。樵茶大抵生焙二色，以生晒为上，焙者，芬香之气，蕴于火中。生晒味芳烈，但水色不及火焙之清，须以溪中山泉煮之，试之他水，味亦薄。（载于《西樵游览记》）

毛茶　以产于紫姑峰者为上，叶有白毛，大非茶类，性最寒，能解积热，不可过饮。（载于《西樵游览记》）

木品

蝇木　南海西樵村人种茶，植之以为荫。木高数丈，叶细如豆，叶落畦上，则茶不生螆，山人多植于畦中，旱则蝇树降水以滋茶，涝则蝇树生水以熯茶，故茶恒无旱涝之患。又夏秋时，蝇皆集于蝇树，不集茶，故茶无螆而味芳好。盖蝇树，茶之所赖以为洁者也，已受蝇污，而以洁与茶，为德于茶者也。山下茶畦多种之，山上则否，以山上云雾多，不生蝇也。（霍益芳《西樵山志》）

续修南海县志

宣统二年（1910 年）　十四册　　郑荣、桂坫纂修

卷四　舆地略三　物产

茶叶从前为出口货大宗，现在出口之数，历年递减。光绪十八年，

出口尚有六万五千担，至二十八年，出口不过二万四千担，盖西人多向锡兰、印度购茶，以其价廉也。前后仅距十年，销数之锐减已如是，中国茶业之失败，亦大略可睹也。

西樵山多产茶，山人向以植茶为业。官山墟有茶市一区，近高街百步石地方。近日茶业失败，山人往往将地售作坟墓，所产茶株，比前百不存一。

三水县志

嘉庆二十四年(1819年)　八册　　李友榕、邓云龙纂修

卷一　物产

花之属　山茶

卷十三　编年

明世宗嘉靖三十二年癸丑秋八月，华山井变。（华山洗钵泉，甘清香冽，烹茗最美，是年中秋，水色变赤，腥气逼人……）

番禺县志

同治十年(1871年)　十六册　　李福泰、史澄纂修

卷五　舆地三　山川

学士泉……天顺中，学士黄谏谪广州，品其水为岭南第一……学士泉烹茶，味最美，经昼夜色且不变，宜居第一……

卷七　舆地五　物产

料品

茶　有河南茶，珠江南岸三十三村多艺茶。有家园茶，蓼涌、南村、市头等处亦多艺茶，其嫩芽充河南茶，以售于外，其老叶曰家园茶，亦曰老茶。有白云茶，产滴水岩、白云顶诸处。近日慕德里属之茶山，鹿步属之慕源，亦多种茶，皆有茶庄。（参《新语》《采访册》）

卷五十四　杂记

珠江之南，有三十三村，谓之河南，粤志所谓河南之洲，状若方壶是也。其土沃而人勤，多业艺茶，春深时，大妇提籯，少妇持筐，于阳崖阴林之间，凌露细择绿芽紫笋，熏以珠兰，其芬馨绝胜松萝之荚。每晨茶估涉珠江以鬻于城，是曰河南茶。好事者或就买茶生自制，叶初摘者曰茶生，犹岕山之草子也。（据《广东新语》修）

番禺县续志

宣统三年（1911年）　十六册　　梁鼎芬、丁仁长、吴道镕纂修

卷十二　实业志　树艺

珠江南岸三十三村多艺茶，其老叶曰家园茶。阮文达公课学海堂，曾以河南茶命题。蓼涌、南村、市头等处，亦艺茶，其嫩芽充河南茶以售于外地。慕德里属之茶山，鹿步属之慕源，多种茶，皆有茶庄。（据李志、《广东新语》《学海堂二集》《采访册》）

香山（旧县名，即今中山）县志

康熙癸丑（十二年，1673年）　四册　　申良翰、欧阳羽文纂修

卷一　山川

五桂山　在县南八十五里……山左有大小花园，产各异花甚多，其

阳产神仙茶。

卷三　物产

花品　山茶

香山县志

道光八年(1828年)　九册　　祝淮、黄培芳纂修

卷一　山川

黄杨山　在县西南七十里……黄杨茶山，僧采以飨客，可消暑瘴，得者珍之。

五桂山　在县东南五十五里……山左有大小花园，多异花，其阳产神仙茶。

大花园　在五桂山之左……小花园多产芝草、菖蒲，转山左，神仙茶丛生焉。色香俱绝，酷类岭山、武夷，余不及也。

桂峰　在县南十五里……峰旁有茶亭，设茶以待樵者。

沙桥　在谷都东三十里……有云径寺茶亭。

卷五　物产

洋山茶　红白二种，重台，性畏寒。(《澳门纪略》)

茶　五桂山产神仙茶，乡人于清明前后穷日搜摘，无过两余。凤凰山茶味亦清馥，近山人采之。黄杨山茶，寺僧所贵重，用以供客。老万山茶，解暑避瘴气。破布（编者按：破布二字不可解）叶作茗饮，清热消暑，能解闷，香山中多有之，出大字都黄道山者良。(《澳门记略》)　茶园茶出恭都会同乡里余，其他旧为莫姓所居，名曰园林（编者按：园林二字似为茶园二字之误）。道光二十八年，里人莫维墉始于其地种茶，其味清凉，可比清远所出者。(《采访册》)

香山县志

光绪五年(1879年)　十二册　　田明曜、陈澧纂修

卷九　古迹　廨宅

茶亭在县南四十里。

卷九　古迹　寺观附

金台寺在黄梁都黄杨山上，宋末赵时钬、龚行卿、邓光荐读书于此，筑金台精舍，今建为寺，后为文昌宫。两水夹流，瀑布百丈，下为龙潭，渊深莫测。山出茶，以本山泉煎之尤佳云。

香山县志续编

庚申(民国九年,1920年)　六册

卷二　舆地　商业附

输入品	输入地	岁值约计
茶	佛山等处	五万元

县属商业，除澳门外，以城南石岐为总汇，各乡墟市，亦有号称畅旺者……至输出输入各品，则以水运居多。(《采访册》)

新会县志

康熙二十九年(1690年)　十册　　薛起蛟纂修

卷之五　物产

山茶

新会县志

道光二十一年(1841年)　十二册　　林星章、黄培芳、曾钊纂修

卷二　舆地　山川

螺顶山，右出为蛇头岭……山麓有西竺庵，庵左有井泉，最宜茶。

宝鸭山　有茶庵井，水最宜茶。

新会乡土志

民国间刻　光绪本　四册　　蔡垚爔、谭镳纂修

卷之十四　物产

植物

茶　种于高山。三十年前，本境茶业极盛，因通商之初，西人运茶本在广东，邑人辟绿护屏迤西数十顷地种之，获利甚厚。后因用野草鬼灯笼等掺杂作伪，顿失信用，西人无复采办者。今则多行荒废，仅余附近鹤山处诸少数耳。

输入品

茶叶　由鹤山运来，每年约值银三十万元，为本境制茶之原料。

输出品

茶叶　每年出口值银约五十万元，运出香港。

开平县志

道光三年(1823 年)　六册　　王文骧纂修

卷三　疆域　山川

百立山　在城南隔河二里……昔产白云茶……

卷三　风俗　礼节

……聘用槟榔、椰子，首重茶，谓之茶礼……

卷四　物产

草之属

茶

开平县志

民国二十二年(1933 年)　八册　　余棨谋、张启煌纂修

卷之四　舆地上　山川

百立山　在城南隔河二里，一名北猎山，又名北立山……昔产白云茶……

卷之六　舆地下　物产

草之属

茶　《十三经》无茶字，有荼字。茶之种类甚多，其作茶用者，则

《诗·谷风》之荼苦，《七月》之采荼，《绵》之堇荼。唐陆羽传，羽嗜茶。原注：自此荼字减一画为茶。邑大冈、金村、丽洞向多种茶，但不及水井之多且旨。水井茶以产自磨刀水者尤胜。百立山之白云茶亦有名。

茶花

新宁(旧县名,即今台山)县志

道光十九年(1839 年)　五册　　张深、曾钊、温训纂修

卷四　物产

料品

白云茶　以产于瓶山顶者为上。性最寒，能解积热，不可过饮。

西坑茶

花品

山茶

卷四　山川

黄竹脑东南为牛围山　在城西南百里。高与大隆山相埒，上产茶，生石上者尤良。

新宁县志

光绪十九年(1893 年)　十二册　　何福海、郑守昌、林国赓、黄荣熙纂修

卷七　山川

狮子山，在县东南五十里，与新会接界……山上产白云茶，香味皆异于他处。

牛围山，在县城东南百里。高与大隆山相埒，上产名茶，生石上者

尤良。

卷八　物产

料品

白云茶　以产于狮子头瓶山顶者为上，性最凉，能解积热，不可过饮。

西坑茶

恩平县志

康熙二十七年(1688年)　八册　　佟世男、郑轼纂修

卷七　物产

山茶

恩平县志

民国二十三年(1934年)　十册　　余丕承、桂坫纂修

卷之五　舆地　物产

草属

茶　出清湾大人山金鸡水者颇佳。

茶花

鹤山（旧县名，原县辖境属今佛山地区）县志

道光六年（1826年）　四册

卷二下　物产

鹤邑无多物产，古劳茶之外，惟烟草最盛。

鹤山县志

道光十六年（1836年）　六册　　徐香祖、吴应逵纂修

卷之二上　地理　山川

大雁山，在县东七十里……其山宜茶，来往采茶者相续不绝……（《采访册》）

卷之二下　地理　物产

古劳之丽水冷水山阜皆植茶，其最佳者，曰石岩头，以其生于石上，味特香烈。白露日采者谓之早白露，能愈百病，邑中物产，惟此可以甲诸郡。昆仑山亦产白云茶，可已痢疾，然不多得。（旧志）近则自海口直至附城，毋论土著客家，多以茶为业。种茶之法先于七八月下种，次年正月即发嫩叶，可采。凡采一次，谓之一造，每年有六造。十月后，叶老，无可采矣。十二月则去其枝，约离地三四寸许，并松其根旁之土，用草厚覆之，至来年，树愈茂而嫩芽多。茶畦必栽蝇树，叶细如豆，蝇喜集焉，则不为茶害。叶落畦上，茶不生蚁，性又善于引水，使茶地不燥，天旱又降水以滋茶，故昔人谓蝇树者茶之所赖以为洁而德于茶者也。（《采访册》）

卷之二下　地理　冢墓

明隐士谢佑墓在葵根山。

谨按：葵根山见山川志。邑庠生梁之楠、林定三再至其地，三日夜遍访佑墓不可得，盖一望皆种茶树，而墓已湮没久矣。

赤溪(旧县名,原县辖境属今佛山地区)县志

民国九年(1920年)　五册

卷一　舆地上　山川

大望山（望，一作磅，或作梦）　在县西南三十五里……产白云茶，难多得，香味绝佳。

卷二　舆地下　物产

山茶花　有红白二种，皆重叠千层，性畏寒，而花色绝胜。

茶　种茶之地，宜阳宜瘠，县境山高石露，故产佳茗，而以深湾三个湾头大麻等处高山所产为最，有观音茶、白云茶、白心茶、红心茶、石茶多种。

高明(旧县名,原县辖境属今佛山地区)县志

光绪二十年(1894年)　六册　　蔡逢恩、梁廷栋纂修

卷二　物产

山茶，出老香山各处大山间，有叶，大如掌，善化食滞，消暑气。

海南岛志*

民国二十二年（1933 年）　一册　　陈铭枢纂修

本岛向无人工种茶，一般所饮之茶，多仰给于外。本岛所产茶叶，皆采自野生茶树，而制法粗恶，色味不佳。其中最有名之茶，为五指山水满峒所产，树大盈抱，所制茶叶，气味尚清，每年由陵、万、定三属出口，产额约值六七千元。

琼山县志

咸丰七年(1857 年)　十六册　　郑文彩纂修

卷三下　物产

茶　琼山文昌出，近儋州者佳。(旧志)

苦簦茶树，若刺桐丛桂，叶大而涩，其味最苦，俗常以之和茗烹。(旧志)

茶莒　买梅茶。(旧志,俱未详)

野茶，一名灵茶，即江南黄连茶也。(旧志)

定安县志

光绪四年(1878 年)　十六册　　吴应廉、王映斗纂修

卷之一　舆地　物产

茶属

＊ 海南，1988 年 4 月从广东省划出，独立建省。作者辑录此书时，海南属广东省。今遵从原作，未予改动。

南闾岭茶　味清甘，每年清明前后十日采，采时有数百余人，日采夜宿，以香气占茶叶老嫩，早时闻香茶叶嫩，午候闻香茶叶得中，日晡闻香茶叶老，名曰甜茶，味匹武夷，甚煁避瘴。(《采访册》)

思河岭茶　俗名白马岭茶，味甜胜于南闾岭，其采法亦与南闾岭同。

水满峝茶　气味香美，冠诸黎山，久已有名……今不能多得矣。

龟岭茶　在岭口香林寺。

澄迈县志

嘉庆二十五年(1820年)　存四册　　谢济韶、李光先纂修

卷之一　山川

新村井　在城东半里许。泉清冽，煎茶有粟泉气味。

儋州志

康熙四十二年(1703年)　三册　　韩祐纂修

卷之一　土贡

明　茶芽四十五斤　茶叶一十五斤（以上俱出州，今派入均平）。

临高县志

光绪十八年(1892年)　十册　　聂缉庆、桂文炽纂修

卷之四　疆域　物产

木之属

香白茶　堪以为弩。

陵水县志

乾隆五十七年(1792 年)　四册　　瞿云魁纂修

卷之一　物产

黎茶　产黎中，客民在山中摘取炮炙之，性寒，能解热，不宜多饮。

野茶　一名灵茶，即江南黄连茶。

崖州志

乾隆二十年(1755 年)　六册　　宋锦纂修

风土志

卷之八　物产

杂植属

茶

感恩(旧县名,原县辖境属今海南省)县志

民国二十年(1931 年)　四册　　周文海、卢宗棠纂修

卷三　物产

草类

鹧鸪茶，生黎母山中。五月采之，蒸熟晒干，芳馥异常，可消食。

乐会(旧县名,原县辖境属今海南省)县志

康熙间　四册

茶之二　土贡

明朝　茶芽一十七斤

(清朝) 康熙　茶芽

化　州　志

光绪十四年(1888 年)　七册　　彭贻荪、章毓桂、魏邦翰纂修

卷一　山川

琉璃山，在州西五十里大路旁。明州守赵士锦建庵其上，名琉璃庵，有泉名琉璃泉，出名茶。

卷二　物产

茶叶　山茶

卷十二　余录

小茶山题字　按：额在琉璃庵，明州守赵士锦题。

信宜县志

光绪十五年(1889 年)　八册　　敖式槱、梁安甸纂修

卷一　舆地七　山川

马鞍山，在旧图黄寮堡，去城北六十里……上有茶亭。

白马山，在新图马贵堡，去城东北一百四十里……又传石崖中产七根毛茶，可望不可采。

卷一　舆地八　关隘

茶山岭，在城西二十五里。高山一路，西通茂名及北流。

卷一　舆地十三　物产

山茶　俗呼洋茶，有红白二种。

阳春县志

道光元年(1821年)　四册　　陆向荣、刘彬华纂修

卷之一　舆地　物产

山茶

茶　清明采制，可亚松萝。

阳江县志

民国十三年(1924年)　十册

卷之十六　食货志四　物产

茶　土产少，惟唐□狗头山所产一种，叶味俱似龙井，余则地茶、油麻茶，各山多有之。(《采访册》)

茂名县志

嘉庆二十四年（1819年）　八册　　秦沅纂修

卷之十六　物产

山茶　茶

茂名县志

光绪十四年（1888年）　七册　　郑业崇、许汝韶纂修

卷一　舆地　山川

马蹄岭，在县西六十五里……岩石罅有树数十本，叶可制茗，极佳，曰仙人茶。邑举人杨廷桂从岁贡杨植坚读书仙坑时，采制饮之，奇赏不置，有诗志之。信宜举人李龙光，偕友人游仙人岩，《赠居士杨国树惠仙人茶》诗序，纪之甚悉。

茶山岭，在县西迤北一百三十里……岭上有茶亭。

卷一　舆地　物产

茶　《野客从书》云：世谓古之荼即今之茶，不知荼有数种，惟荼槚之荼乃今之茶。陆羽《茶经》：一曰茶，二曰槚，三曰蔎，四曰茗，五曰荈。新洞之茶，树高数尺，叶颇长，花白，略小于洋茶花。谷雨前采取者佳，秋末尤佳。以七水埇者为极品，名驰远近，庄黄洞坳头次之。性寒，去食积油腻，味易变，难久藏。（《采访册》）

山茶　花白而香，比洋茶花瓣层数略少，子可取油。洋茶有红白二种，多植于盘，然植之地中，树更高大。（《采访册》）宋荦诗：海舶春风初到时，空帘微雨挹芳姿。从来邢尹多相妒，分付牡丹开小迟。

电白县志

光绪十八年(1892 年)　八册　　孙铸、邵祥龄纂修

卷二　舆地二　山

茶山，在县西八十里。(章志)

卷廿六　纪述二　古迹

茶亭，在化城庵内。(章志)

徐闻县志

宣统三年(1911 年)　八册　　王辅之纂修

卷一　物产

茶

山茶

海康县志

康熙二十六年(1687 年)　三册　　郑俊、宋绍启纂修

上卷　土产

食之品

茶

花之产

山茶

遂溪县志

道光二十九年(1849年)　六册　　喻炳荣、李充材纂修

卷十　物产

货物

食之品

茶

花之产

山茶

高要县志

道光六年(1826年)　十册　　韩际飞、何元纂修

卷四　舆地略二　物产

顶湖茶　端州白云山顶有湖，僧于岩际种茶，岁收石许，烹之，作素馨花气味，甘淡而滑，称顶湖茶，然不恒得。

宣统高要县志

民国二十五年(1936年)　十一册　　马呈图纂修

卷三　地理篇　山脉

屏风岩　……自十仙洞至玉皇殿，沿路皆松萝茶树，春秋佳日，游人相望于道。

老香山，在县城西南六十四里……山深林密，松杉最繁，出茶甚美。

又有一种野生者，叶大而粗，土人呼为云雾茶，能除瘴气热病。……

卷十一　食货属　物产

顶湖茶　相传有顶湖寺僧于岩际种茶，岁收石许，烹之，作素馨花气味，甘淡而滑，称顶湖茶，然不恒得。（旧志、《广东新语》）

怀集县志

民国五年(1916年)　四册　　周赞元纂修

卷之十　杂事志　物产

白崖山茶　城南一百五十里，色泽俱佳，价廉味美，远近久驰名焉。

齐岳茶　城西北一百二十里。

罗逢茶　城东七十里。

上磴茶　离城一百二十里，有名冷瓮茶者，饮之满齿生凉，然殊难得。

黄沙茶　在凤岗堡，距城一百三十里，茶味清香。

广宁县乡土志

清刻本　一册　　伍梅纂修

物产

茶　本境每岁销行十万余斤。

茶，运往清远、省城等埠，每岁销行一百万余斤。

四 会 县 志

光绪二十二年(1896 年)　十二册　　刘德恒、吴大猷纂修

编一　物产

山茶　有深红、浅红，疏瓣、密瓣之别。六角茶最珍贵，珠茶次之。

编二下　凉亭

茶冈凉亭　高腰岭茶亭　金鸡径茶亭　上林茶亭　村美茶亭

罗 定 直 隶 州 志

雍正八年(1730 年)　六册　　王植纂修

卷之一　舆地　物产

山茶

罗 定 志

民国二十四年(1935 年)　六册　　周学仕、马呈图纂修

卷一　风俗

女子将嫁，深自闭藏，父母选少女伴之，谓之伴姑。亲属具牲酒为饯，女唱骊泣别，盛服出，诸妇送之门外，诸弟侄送之闾外。越三日，母家备糍果茶素探望，七日亦然，谓之三朝茶、七朝茶。

泷俗最重家族，聚族而居，必有宗祠，其小者曰香火堂。昕夕上香，朔望献茶，生辰忌日，皆荐以酒馔，春秋行三献礼，谓之大祭……

卷三　物产

茶　三区罗镜、四区蒲垌坑皆有之，而以泗纶为多。在昔茶叶甚盛，后因制法失宜，外茶代兴，遂至不振。(《采访册》)

附民国大事记

三区建亭筑桥，以利行人。

蔡廷锴捐赀建相思根岭顶茶亭、石篱背茅坪茶亭。陈福初亦捐赀建同安乡凹头茶亭……

德庆州志

光绪二十五年(1899年)　十册　　杨文骏、朱一新、黎佩兰纂修

卷四　山川

茗山，在端溪州东八十里，曰茗山。产茶。(陆志)

卷六　物产

茗山茶　《方舆纪要》：茗山，在州东十五里，产茶。

澳门纪略

光绪庚辰(六年,1880年)　二册　　印光任、张汝霖纂修

上卷　官守篇

康熙二十四年，设粤海关监督，以内务府员外郎中出领其事，其后或以侵墨败，敕巡抚监之，迩年改归总督。所至有贺兰、英吉利、瑞国、琏国，皆红毛也；若弗郎西、若吕宋，皆佛郎机也。岁以二十余舵为

率……其来以哔吱哆啰哖玻璃诸异香珍宝，或竟以银钱，其去以茶，以湖丝，以陶器，以糖霜，以铅锡黄金，惟禁市书史、硝磺、米、铁及制钱……

下卷　澳蕃篇

有辣茶　茶以枚计。

广西壮族自治区地方志

广西通志

嘉庆五年(1800年)　八十册　　谢启昆、胡虔纂修

卷之八十九　舆地略十　物产一

桂林府

茶　各州县出，而临桂之刘仙岩，兴安之六峒，全州之清湘特佳。(金志) 龙脊茶出义宁。(府册)

卷之九十　舆地略十一　物产二

庆远府

土茶　各属俱有，出思恩古心崗者佳。

思恩府

茶　出上林茶山。

卷之九十一　舆地略十二　物产三

平乐府

茶　恭城出。(金志)茶有岩口、花山二种。(《富川县志》)

梧州府

竹茶　《茶经》云：容州黄家洞有竹茶，叶如嫩竹，土人作饮，甚甘美。(《寰宇记》)茶出岑溪大崗山巅，叶粗味厚，故有崗茶之名。今各乡近山皆植，民资为利。(府志)

卷之九十二　舆地略十三　物产四

浔州府

西山茶　出桂平西山。(金志)

龙山茶　出贵县龙山。(金志)

南宁府

茶　出宣化之都茗山，横州之六凤、簸箕、陈塘、簕菜诸村，今横产总以六凤为名。土忠州亦出。（府志）

卷之九十三　舆地略十四　物产五

郁林州

茶　产州治马二岭者佳。（州志）

卷之九十六　山川略　山

灵川旧县　吕仙山，县西四里……其地产茶。

龙胜厅　龙脊山，城东八十里，产龙脊茶，向办土贡，近年停止。

卷之一百　山川略　山

上林县　都茗山，县西北六十里，其山产茶，又谓之茶山，北江出此。（《一统志》）

卷之一百〇四　山川略　山

贵县　龙山，县北五十里……山产茶，沙江出焉。

卷之一百六十一　经政十一

宋　天禧末，天下茶皆禁，惟山、陕、广听民自卖，不得出境。

邕宁县志

民国二十六年（1937年）　四册　　谢祖莘、莫炳奎纂修

卷之一　地理二

都茗山　《太平寰宇记》：在封陵县西六十里，其山出茶，土人食

之，因呼为都茗山…… 明《一统志》：都石山（按：石为茗之讹）在城东六十里，满山皆石，不产竹木。《方舆纪要》：都石山，在府东六十里，以岩石崔巍而名，其相近北者曰都茗山，出茶。

大茶山　县西南六十里，上产佳茗，叶大味甘，煮茗旬日，气味不变。

教王山　府志：县南百八十里，林木蔽天，通钦廉，达海澨，广博无际，产铁力木、毛茶。

茶山　府志：……所产材木，不可胜用。《古今图书集成》：在灵山县西二百二十里，其山产茶……

卷之十四　食货六　物产

木之属

茶　叶可作饮料，都茗山产者佳。

武缘（旧县名，即今武鸣）县志

道光二十四年（1844年）　六册　　世纶、詹作述纂修

卷之三　食货志　物产

货属

茶　出大鸣山者最佳。（旧志）

武缘县图经

宣统三年（1911年）　八册　　黄君巨纂修

卷二　地略中　山川

大名山　山坳坦处，有石棋枰一，石墩八，石灶七……四周茶树，

古茂异常，所谓仙墟也。（志草）

卷四　政略　物产

货属

茶　出明山者佳。（旧志）

明山茶，其味苦，与修仁所产相似。（《舆地纪胜》）

武鸣县志

民国四年(1915年)　十册　　温德溥、曹唯儒纂修

卷之三　地理考　泉

渭泉　黄肖村西南半里，烹茶最甘，久不变味，可供一村之汲。（韦志）

地理考　物产

货属

茶　出鸣山者佳。

上林县志

光绪二十五年(1899年)　四册　　徐衡绅、周世德纂修

卷二　地舆上　山

大明山　《通志》：拔地四十八里……山中产茶。

鲤鱼峰　在大明山外，乱石礌砢，状如鲤鱼，产茶尤胜。

茶山，产茶味佳。（旧志）《寰宇记》：谓之都茗山。（《通志》）

上林县志

民国二十三年(1934年)　十六册　　杨盟、黄诚沅纂修

卷之一　山川一

大明山　山拔地四十八里，上有三宝峰，山中产茶。

子午山　在里民墟南，状如银锭，山麓出泉九派，旱不竭，潦不溢，烹茶，其味最佳。

仙茗山　旧曰都茗山，县西北六十里，其山产茶，又谓之茶山，北江出此。(清《一统志》)茶山，在上林乡，产茶。(《古今图书集成》)

卷之七　物产

货之属

茶　迁江、上林出茶，产明山味极清香，以撷自峰顶者为贵，《舆地纪胜》谓明山茶其味苦，与修仁所产者相似，是殆尚未加细辨，方有此等模糊之品骘欤……

宾州(旧州名,民国时改为宾阳县)志

道光六年(1826年)　六册　　耿慎修、张鹏展纂修

卷之八　山川

社留名山，在州南八十里……山半有石穴，水泉喷出，悬崖飞瀑，为社留江之源，产茶甚佳，村人利之。

卷之二十　物产

茶　产社留山者佳。

苦荳茶

横　州　志

光绪己亥（二十五年，1899 年）　八册　　谢钟龄、朱秀纂修

卷三　山川

六麽山，在城北三十里……产异茶。

卷六　物产

货之属曰茶，出六凤、宝华、簸箕、陈塘、簕菜诸山为上。

花之属曰山茶花。

龙州县志

民国十五年（1926 年）　三册　　叶茂茎纂修

物产

杂植类

后山茶　味香性削……饮之宜。

康梯茶　生于园边甚多，惜人不知采而制之耳。

苦登茶　生于原野，味苦，烹久，回香甘。

隆安县志

民国二年（1913 年）　三册　　杨寿祺、黄诚沅纂修

卷之四　食货考　物产

货之属

茶

河池州志

道光九年(1829 年)　一册

食货志　物产

蔬类

茶

罗城县志

道光二十四年(1844 年)　四册　　万文芳、李化人纂修

卷二　物产

杂物属　茶，陆羽《茶经》：一曰茶，二曰槚，三曰蔎，四曰茗，五曰荈。《博物志》：饮真茶，令人少眠。

思恩(旧县名,原县辖境属今河池地区)县志

民国二十四年(1935 年)　二册

第四编　经济

林产　茶之属

茶

苦辛茶　产于前区苦辛峒，味香而美。

老婆茶　叶大色红。

藤茶　近山者多用之。

葫芦茶　叶如葫芦形，性凉。

苦丁茶　叶厚，味苦甜。

宜北（旧县名，原县辖境属今河池地区）县志

民国二十六年（1937 年）　一册

第二编　风俗

婚礼　聘礼，除规定财礼外，过聘之日，男家备猪仔一只，鸡二只，鸭二只，香菌茶叶盐糖面果各成包，名曰水礼……

第三编　实业行政

……民国二十四年，县长李志任内，令各乡村每乡开辟乡林场一所，广植桐、茶及有利益之树木……

第四编　产业

茶之类　香茶　金钩茶　苦茶　蓝靛茶　民国十五年，县府检送香茶种子寄到南京试种，出茶品种最佳，曾给予奖状，若更加研究，改进种法及制法，将来茶业发达，未可限量。

花类　茶花

第四编　商业

县属出产……治安、崇兴两乡，以香菌、桐油、茶油、五倍子、蜜糖、茶叶、杉木为大宗……

象州志

同治九年(1870年)　二册　　李世椿、郑献甫纂修

纪地第一

唐陆羽《茶经·八之出》载，岭南所生有福州、建州、韶州、象州，虽其履綦未到，品评未详，要必宜于茶可知也。近有种于荒僻高峻之地者，采之雨前，皆属佳品。

武宣县志

嘉庆间钞本　存一册　　高攀柱、梁士彦纂修

卷五　物产

药属　苦茶　东乡茶　瑶茶　寄生茶

花属　山茶

武宣县志

民国三年(1914年)　四册　　唐朝绳、覃先澄纂修

卷四　名山

白花山……高峻出群山，常有白云绕其巅……山巅之西，有天然石桥，长丈许，桥旁产山茶，味清香，不逊于浔郡西山茶。

卷十四　物产

茗类　东乡茶　庙王茶　苦茶　瑶茶

武宣县志

民国二十三年（1934年）　六册　　朱昌奎、庞赓辛纂修

第二编　十章　第三节　风俗

婚嫁

纳采（即定婚）　男家送女家礼物如下：礼帖　礼单　猪羊　鸡鸭　槟酒　茶盐　果品　糕饼　衣料　首饰之类……

第四编　四十一章　第三节　茶之属

紫荆茶　庙王茶　古琶茶

紫荆茶，每斤四角，行销县属及桂平以下各县。

庙王茶，每斤三角，行销县属及象州以上各县。

古琶茶，每斤四角，行销县属及象州。

第四编　五十章　交通

庙王墟，小市也……贸易与象州为盛，二塘次之，出□多在象城，土产以古琶茶及百合粉、黄精、桔梗、柴胡为有名……

马平（旧县名，即今柳江）县志

光绪二十一年（1895年）　六册　　舒启、吴光升纂修

卷二　山川

小龙潭，在立鱼岩下，陆鸿渐《茶经》名为圆泉（编者按：陆羽《茶经》无此说法）。

卷二　物产

茶

树兰，即木本鱼子兰，花穗如珍珠而香不及，以之入茶极佳。

榴江（旧县名，原县辖境属今柳州地区）县志

民国二十六年（1937 年）　一册　　况思渊、萧殿元纂修

第一编　地理　山（附岩）

和尚岗，县东七十里，与荔浦、大闳接界……山内有巨石，形如僧，石人后产茶树一株，大可数十围，高二丈余，茶味清甘，隔宿而味不变，乃榴属之特产也。

第二编　社会　商业状况

县属商业概况……输出者以桐茶、生油、谷米、蔗糖、瓜子、草菰、茶叶为大宗……

第三编　经政　物产

茶之属　细茶　山茶　和尚茶　龙凤茶

第九编　文艺　诗

民国徐启明《瑶民竹枝词》　逢人欢喜唤同年，待客油茶次第煎。一盏擎来双手捧，此中风俗礼为先。

雒容(旧县名,原县辖境属今柳州地区)县志

嘉庆二十年(1815 年)钞

乾隆五十九年(1794 年)本　一册　　林大宏纂修

卷十八　杂志

壮人皆耕田而食，常以黏米作粥，时时歠之……畏荈茗之苦，渴惟饮水而已。

雒容县志

民国二十三年(1934 年)　一册　　藏进巧、唐本心纂修

卷上　舆地　物产

茶之属，种于山者多，种于园者少。茶叶形状，与茶子树无异。采取茶叶，或日晒，或火焙。茶之色味，有色红而味香，有色绿而味香。

融(旧县名,原县辖境属今柳州地区)县志

道光十一年(1831 年)　六册　　刘斯誉、路顺德纂修

卷二　物产

木属

檟　似栀子，叶可为茶。

山茶

临桂县志

嘉庆七年(1802年)　十五册　　蔡呈韶、胡虔、朱衣真纂修

卷十二　物产

茶　金《通志》：刘仙岩特佳。按：七星山石上亦产茶，尤芳润。

兴安县志

同治十年(1871年)　六册　　李宾旸、赵松友、陈寿田纂修

卷之四　物产

木之属

茶　叶可采制为饮，即茗荈之类。

全州志

嘉庆四年(1799年)　十册　　温之诚、曹文深纂修

卷之一　物产

花类

茶

全县志

民国二十四年(1935 年)　四册　　黄昆山、唐载生纂修

第七编　经济　林产

茶之属

茶　分谷雨茶（谷雨节前后采者多嫩芽）、粗茶（立夏节前后采者多粗叶）两种。

藤茶

茶类用产无多，又未讲求采造，品茗之家，恒购自外埠，价格增粗矣。

灌阳县志

康熙四十七年(1708 年)　三册　　单此藩、蒋学元、陈廷藩纂修

卷三　物产

货之属　瑶茶

灌阳县志

道光二十四年(1844 年)　八册　　萧煊、范光祺纂修

卷四　物产

货之属　瑶茶

花之属　茶花　宝珠山茶

恭城县志

光绪十五年(1889年)　四册　　陶墫、陆履中纂修

卷一　沿革

……隋末，梁萧铣起兵巴陵，据粤境，始分平乐地置县，曰茶城。唐武德四年，平萧铣，置乐州治，改茶城为恭城县……

谨按：曾三接学博恭城旧志载，宋太祖遣潘美攻刘鋹，克昭州属之旧茶城，催盐茶，周渭题请愿还所赐诰命，请除盐茶之禁，更别邑名，遂易茶城为恭城，乡民德之。又载，元大德六年，升昭州为平乐府，又景太守云重修《平乐府志》载，唐置邑曰茶城，宋有茶税，明成化十三年始更恭城。(知县陶墫撰)

卷一　山川

佛岩在县北九十里……岩右有石笋一条……其下笋头微出清泉，山僧以器盛之，烹茗极佳，宋进士田开读书处。

芹源山，在城东二十里，产茶与杉树均佳。

卷四　物产

茶出北洞源，味尤佳。

平乐县志

光绪十年(1884年)　六册　　全文炳、伍嘉猷纂修

卷一　山川

莲花山，在城南三十里……山出石芽茶，可消暑解渴，味甚佳。

卷一　土产

花类　山茶

阳朔县志

康熙十二年(1673年)　四册　　陈洪畴、徐元达纂修

货类

茗

龙胜厅志

民国二十五年(1936年)影印

道光丙午(二十六年,1846年)本　一册　　周诚之纂修

山

龙脊山，城东八十里，产龙脊茶，向办土贡，近年停止。

风俗

粤西山谷，奥险阻绝，蛮类实繁……畏莽茗之苦，渴惟饮水而已……

物产

龙脊茶出义宁。

永宁州（旧州名，原州辖境属今桂林地区）志

嘉庆癸酉（十八年，1813年）　三册

卷二　山川

安息泉　在州东北十里安息堡后山涧中流出，盛夏汲以煎茶，其味越宿不变。

卷三　物产

草木类

茅茶

茶树

修仁（旧县名，原县辖境属今桂林地区）县志

光绪年间稿本　二册

山川

社公井　在官潭上石壁脚，其泉从石罅流出，冬温夏清，烹茶，味鲜美。

物产

茶　生于石地者佳。　宋邹浩有美修仁茶诗，茶之胜于他处者可知矣。

义宁(旧县名,原县辖境属今桂林地区)县志

道光元年(1821 年)　四册　　谢沄纂修

卷二　物产

龙脊茶出上江，灵鹫茶出下江，俗呼为浔江茶。

苍梧县志

同治十三年(1874 年)　十二册　　王钖绅、王栋纂修

卷十　杂税

唐穆宗时，两镇用兵，帑藏空虚，乃增天下茶税，率百钱增五十，岭南茶，播自领之。(《通考》)

宋天禧末，广茶听民自卖，不得出境。

卷十　物产

百谷之属

茶产多贤乡六堡，味厚，隔宿不变。产长行虾斗埇者，名虾斗茶，色香味俱佳，唯稍薄耳。(《采访册》)

钟山县志

民国二十二年(1933年)　一册　　卢世标、卢钞标纂修

卷一　山脉

雷电山，在西区清塘墟之南，高百仞，山皆土质……茶树叶味甘美，尤能解暑疗疾，为不可多得之珍品，名雷电仙茶。

卷六　物产

植物

货品　茶叶　茶

卷九　公款

……又八仙冲周围岭以朝回分水为界，内有茶山，每年约产茶子五六千斤，系公产。

卷十六　杂记

瑶壮

县西北之花山及西南之桔芬，南区之义安……如客至其家，不问熟识与否，概由妇女招待，敬以油茶，客能多饮，则主人喜……

富川县志

光绪十六年(1890年)　六册　　顾国诰、刘树贤纂修

卷二　物产

货品　茶　有岩口、花山二种。

贺　县　志

光绪十六年(1890年)　六册　　全文炳、苏煜坡纂修

卷七　物产

水茶之叶制茗，不异武彝，向姜七、姜八二都颇收其利，近南乡龙水茶尤盛。

茶花

贺　县　志

民国二十三年(1934年)　十册　　韦冠英、梁培煐、龙先钰纂修

卷一　山

金紫山　在桂岭墟北约十余里，山自生茶，味甘芳异常，村人名为仙茶，春日采之不竭。余详旧志。(续志)

卷二　风俗

婚礼，凡男女生数岁即结亲，四乡则俟稍长……男家具金银冠饰及槟榔酒茶肉鸡等物送女家收受……婚期……次晨，男家邀集诸亲，新郎偕新妇庙见，依次拜见舅姑及伯叔父母诸亲属，谓之拜茶。茶之云者，茶食也。是日，女家备油糍米果糖饼各物，及早送至婿家……自此七日咸备送，曰七朝茶……自七朝迄周年，茶物无所缺，特少杀耳，今此风渐减矣。(旧志)

卷四　农业

民国二十年冬，县长黄绍耿提倡增加生产，改善农村生活……时有

县民吴蔚才呈报在五甲村所属荒山种植桐、茶约十万株，竹数千株，柚三百余株……

卷四　林业

茶之属　茶之叶制茗，不异武彝，向来姜七、姜八两都颇收其利。冷水茶出三叉山，味美。仙人茶出三叉山顶，老树三株，高丈余，味清香。南乡龙水茶尤盛。近瑞云山亦种茶，名西山茶，品质泽润，气味清香，声价倍高，永庆、大宁、大小水等处茶皆不及，种植用子，培护用草灰，采叶时，以手搓之，以锅炒之，每年产量三万余斤，每斤最多三角或二角。昔时制红茶，又名珠茶，行销粤地，由粤运洋，制叶用麻布袋，以足践之，用火焙之，每年产量不下十万斤，近因洋庄不销，茶价大跌，根不培植，茶遂荒弃，虽有出产，大非昔比。(续志)

卷四　农产

花之属　茶

岑溪县志

乾隆九年(1744 年)　二册　　何梦瑶纂修

卷之二　田赋　物产

货

茶　岑向无茶，止大峝山巅植之，其味甚佳，故有峝茶之名。迄今各乡近山处尽种，而谢孟堡山场所植尤夥，远近贩鬻，为利颇饶。

永安州(旧州名,即今蒙山县)志

光绪二十四年(1898 年)　六册　　李常霔、吴缵周纂修

卷之一　地志—中　土产

药之属

茶　出眉江里者佳，曰瑶茶。

花之属

山茶

昭平县志

光绪十七年(1891 年)重刊

乾隆二十四年(1759 年)本　八册　　陆焞纂修

卷二　山川

石泉，在宁化里黄姚南。水从石缝中流出，清冽可烹茗，埠人皆取汲于此。乾隆间，街民分其泉为内外两池。

卷四　物产

用之属　茶

花之属　山茶

卷四　风俗

……恩来里原为壮薮……其中田野广平，山林茂密，薄税轻徭，故成聚者众，耕凿而外，种植茶、桐、松、杉……

昭平县志

民国二十三年(1934年) 八册 李树枏、吴寿崧纂修

卷一 图说

预字区偏居县之西，为八区之首……诸山环绕……其山宜桐、茶，为出产大宗……

卷二 山

藤宝山 在城南七十里，又名宝塔山。查此山实府江之屏蔽也……三月时，出茶无多，味殊特别，时人每争购之。更一种俗呼神茶，叶长四寸，产于五月，为居山人家专利焉……（《采访册》）

象矶山 在太字区……面积极广，地多产茶，味颇佳。又名象棋山。

卷三 钱粮

宋

租税有……物产之品五，六畜也，齿革翎毛也，茶盐也，竹木麻草刍菜也，果药油纸薪炭漆蜡杂物也。

卷六 物产

制造物

茶 此为我国出口大宗，如江南之碧螺春，浙江之龙井，福建之武彝，安徽之六安，云南之普洱，皆久经驰名。昭平所种，若雨水采者名雨前茶，清明前采者名未过清，气味清腴，亦不让他。

植物

花之属 山茶花

卷七　风俗

昭平僻居偏隅……婚礼……先媒妁，次问名，以槟榔、茶叶为礼……论婚虽由媒妁，然多由两家亲串及戚友世好预为通知，而后女家将庚帖凭媒送于男家，如已合成，则以槟榔、茶叶、钗镮为定……

信都（旧县名，原县辖境属今梧州地区）县志

民国二十五年（1936年）　七册　　罗春芳、王昆山纂修

卷一　山川

梅岭山，县西五十里，接苍梧界，该山顶有野山茶树数株，味亦甚美。

卷五　物产

嗜好之属有茶　有高脚茶、低脚茶二种。

观赏之属有茶花。

卷五　林产

茶之属，邑中甚罕，有亦无多，惟上贺县，下开建，皆为出产地。

郁林直隶州（旧直隶州名，即今玉林县）志

乾隆五十七年（1792 年）　四册　　邱桂山、刘玉麟、秦兆鲸纂修

卷二　山川

马二岭，在州城北三十里。按：岭与寒山对峙，大梁江径其中，江流过此岭及石人岭遂入罗望江，州人以茶产此岭者为佳。

郁林直隶州志

光绪二十年（1894 年）　十册　　冯德材、文德馨纂修

卷二　山川

马二岭，城北三十里，岭与寒山对峙，大梁江径其下，过此岭及石人岭遂入罗望江，州人以茶产此岭者为佳（编者按：本条文字，虽与乾隆五十七年《州志》大致相同，但其中有的可纠正该《州志》误记之处，故予保留）。

卷四　月令

孟春之月，梨始华，茶芽坼，柳怀胎，荔枝吐蕊，小麦黄，冬禾熟，土膏动，农治耕具。

卷四　风俗

俗重槟榔，宾入门，奉茶后，即献槟，若仓卒，可无茶，不可无槟……茶有茶泡，近来更兴用冬瓜切片寸余，或二寸阔，一二分厚，方

圆不一，上雕花木虫鱼，皆镂空，渍以白糖，晒干，名为茶泡，客至，用点茶以为敬。若嫁女者，须备数百枚，女于归次日，凡婿家男妇老幼及姻戚人，遍奉茶泡茶，谓之新人茶……

卷四　物产

茶宜于山，近山者之利。嫩芽清明前采名未明茶，比他省雨前尤早，茶味厚而色近浊，土人不善制之，故昔时常有远商来收买，焙碾好始运去，今则少矣。

桂平县志

民国九年(1920年)　十二册　　黄占梅、程大璋纂修

卷之四　山川上

三岩山　县西一百二十里，武平里西北。三峰并峙，高峻为武平诸山冠，人迹罕至，上产天然茶，色味俱佳，经宿不变。(《采访册》)

西山　一名思灵山……有乳泉，泉清洌如杭州龙井而甘美过之，时有汁喷出，白如乳，故名乳泉……架竹引泉，沿崖种树，可风可茗……

大石寨岭　在县南秀二里……产桂、茶、杉、松。(《采访册》)

卷之十九　纪地　物产下

茶之属

古者相见，拜揖而已，情意重则有飧燕之礼，而今主宾酬酢，必以茶烟槟榔为敬，数者尤以茶为人人不能少缺之物，此盖始于汉晋之间，至唐而大盛。《尔雅》：槚，苦荼。注：早采者为荼，晚采者为茗，一名荈，蜀人名为苦荼。《韵会》：茶即古荼字，自陆羽、卢仝以后，始作茶字。《洛阳伽蓝记》：茗饮何如酪浆。茶之来亦远矣。自有此物，而往来之文易备，无待燕飧，亦可达情，周孔复生，必加入士相见礼之中。况

自中外互市，取利于外，尤以此为大宗，可略之乎！桂平诸山，如思陵、紫荆、三岩（武平里山）及乌茶、大泽、盘龙、大石、（秀一里山）石田（下秀里山）各岭，皆产茶，其名如下：

西山茶　出西山棋盘石乳泉井右观音岩下，低株散植，绿叶铺菜，根吸石髓，叶映朝暾，故味甘腴而气芳芬，炎天暑溽，避地禅房，取乳泉水煮之，扑去俗尘三斗，杭湖龙井未能逮也，棋盘石外，亦多种者，而气味不如。

中和茶　出秀一里，集于中和墟，故名。色红味厚，为红茶之一种，境内茶产，斯为最富。

石田茶　出下秀里石田村诸山，色青绿，所产亦与中和颉颃。

紫荆茶　出宣里紫荆山，细茶之一种。

三岩山茶　出武平里三岩山，见山川。

编者按：另一民国九年《县志》，除在“卷之四　山川上”多出“乌茶岭”一条外，余均与本《县志》同，故该《县志》从略。“乌茶岭”条的原文如下：

乌茶岭　在县南秀一里南，岭麓有茶隘。

平南县志

光绪九年(1883年)　十册　　袁彬、周寿祺纂修

卷之三　舆地略　山川

石牛岭下有井泉，清冽，烹茶最佳。

容县志

光绪二十三年(1897年)　六册　　易绍德、封祝唐、黄玉年纂修

卷二　月令

仲春之月，茶芽坼，鱼苗生，雏燕来巢泽，农叱其犊。

卷三　山川

大容山，县西北二十五里，为县治来脉……东面有灵液岩，其下砢溪，即九十九涧之一……泉水甘洌异常，数百人饮之不竭，岩名灵液，以此岩在山第二层铅宝洼内，深约二丈，广倍之。邑人覃武保记云：吾邑两名山：大容、都峤，南北并峙，而大容尤为岭表群山之祖……以对都峤者，其泉尤烈，冱寒不冰，用以烹茶，极甘洌……

卷四　风俗

又由元日迄下弦止，各乡竞为狮鹿、采茶、鱼龙等戏……尤以采茶为陋俗，法用乔妆，男一女二，更唱迭和，从正月至腊月，逐月皆有茶歌，语虽俚鄙，然亦多香艳者，大抵竹枝乐府之遗，其辞见诸《岭南纤志》及汪茗文《说铃》等书。王新城诗所谓“乡村高下元宵夜，满路香风唱采茶”者是也。

卷六　物产

货属

茶珠，旧以峪山产者佳，今则顺水、招波等里多有。春末，山人摘其芽鬻于市，东商复拣而研之，焙炒成珠，转运出洋，业此者数家。至茶味之佳者，则为未明茶，未过清明摘取，得气之先，清芬异常。又有都峤山甜茶，木高数丈，叶大寸余，味甘凉，可解暑渴。

竹茶，《寰宇记》引《茶经》云：容州黄家洞有竹茶，叶如嫩竹，土人作饮，甚甘美。

卷八　建置（附茶亭）

松岭茶亭　在面里三豆坑（编者按：查无此字，当系根据当地方言所新造的字）松岭坳上容信交界处。

北流县志

光绪六年(1880年)　十二册　　徐作梅、李士琨纂修

卷四　舆地

波二里　县南，古名波得。

上岑

卷八　物产

茶，产波二里、上岑者佳。

岗果树，高丈许……叶可瀹饮当茶。

茶花

陆川县志

光绪间增订　乾隆二十一年(1756年)本　三册　　石崇先纂修

卷二　气候

正月，柳怀胎，茶芽坼，荔枝吐花，土膏腴，农人治耕具。

卷五　井泉

不明泉，城东北十里，在东震山麓修竹庵旁。其水烹茶最佳。

卷十二　物产

竹木类　茶

陆川县志

民国十三年(1924 年)　十册　　古济勋、吕浚堃纂修

卷二　月令

正月，柳怀胎，茶芽坼，荔枝吐叶，土膏动，农治耕具。

卷二十　物产

植物

茶　按：茶，谢仙嶂产者最佳，但茶树甚少，亦无人栽种。

博白县志

道光十二年(1832 年)　十册　　任士谦、朱德华纂修

卷二　气候

仲春之月，草木茂，竹笋盛，农人入山，理农具，春分……茶渐茁。

卷十二　物产

货属　茶

花属　山茶

贵　县　志

光绪二十年（1894 年）　五册　　王仁钟、梁吉祥纂修

卷之一　土产

龙山茶出贵县。（金《通志》）按：今龙山已不产茶，惟怀西、怀北各里来人种者，名河婆茶，味淡而气香，不多产。

贵　县　志

民国二十三年（1934 年）　八册　　欧仰羲、梁崇鼎纂修

卷一　地理

诸山

北山　一名平天山……梁志云……唐贵州牧尝教植茶树于此，土人赖之，俗呼其地为龙山……

卷十　物产

植物

茶之属

龙山茶　北山里（编者按：里字疑是衍文）产，有山茶、园篱茶之别。

河婆茶　一名六花茶，河婆人植之于六花山，故名。味淡而香，怀西、怀北各里产，土壤宜砂土，清明后、谷雨前采嫩叶焙制者尤佳。

灵山县志

嘉庆二十五年(1820年)　四册

卷之五　山川

鸡笼山　距县九十里，西向者为马面山，连峰合沓，横亘三十余里，常产仙茶，乡人清明、谷雨前后偶一遇之，拾或盈筐归。

灵山县志

民国三年(1914年)　存三册

生计志　植物

马面山茶，叶厚而长大，背有白色，味甚甘凉。一说此山界分东西，东边茶尤美云。

上思州志

道光十四年(1834年)　二十卷　　陈兰滋纂修

卷之八　山川志　山川

弄怀岩　城西二十里……又多产名茶。明嘉靖间，知州事周璞题名曰弄怀。(四景之一曰弄怀泉石。)

卷之十七　食货志　物产

货属

茶

四川省地方志

四川通志

嘉庆二十一年(1816年)　一百六十册　　常明、杨芳灿、谭光祜纂修

卷十　山川一

金堂县　云顶山，在县南五十里。《寰宇记》：云顶山，旧名石城山，其状如城，在县西十五里。上平十亩，有神泉方丈，澄清如照，云霞容与。唐天宝六年，改为云顶山。

宋蒲国宝《金堂南山泉铭》　兰陵钱治尝作《南山泉记》，实仁宗天圣四年，距今盖一百二十有一年也。钱又夸大其言，以谓陆羽作《茶经》，第水之品三十（编者按：陆羽《茶经》无此说法）；张日新《煎茶记》，又增其七；毛文锡作《茶谱》，又增至二十有八。金堂南山泉，当不在兰溪第二水下，然前之三人，足迹曾不一履此地，宜皆不为所赏鉴，故此泉湮没而无闻焉。可叹也……黄君才叔，此方之修整士也，绍兴辛巳，于南山之南，手披荆棘，锄其荒秽，卓江山景物之会，作屋十数楹，极幽居之胜，而岩窦之间，泉之湮者复达，引之庭除，其声涓涓，遇暇日，余率二三宾朋，登君之堂，洗心涤虑，便觉烦暑坐变清凉，酌为茗饮，则又苾甘可爱，诚如治之言者……

灌县　大安寺山，在县西南四十里。产茶。

崇庆州　大坪山，在州西北一百里。右接大邑，左接灌县……崚嶒叠嶂，壁立千寻，其中周匝一亩稍平，故名曰大坪。产茶。

什邡县　大蓬山，即蓥华山，在县西五十二里。高崖矗天，瀑布飞泻，山高百里，六月积雪不消。

明曹楷《游蓥华山记》：蓥华接岷山南支，高百里许。其最高峰皆白石森列，望如削玉，盛夏积雪不消，章洛诸峰，苍翠层叠于外。余旧欲一游未暇。岁辛丑，方僧谈及，兴不可遏，乃于六月十有八日甲申策蹇裹粮，偕僧行，快夙愿焉……山花烂熳，如铺锦绣，竹、木、茶、漆、

药材之利，农工之器，络绎于道，旦旦出关，而山不童……

卷十四　山川五

奉节县　相公溪，在县西三里。溪滨有寇公井，夔诸水，惟此烹茶最佳。

巫山县　巫峡，在县东三十里，与广溪峡、西陵峡并称三峡。明杨慎《竹枝歌》：最高峰顶有人家，冬种蔓青春采茶。长笑江头来往客，冷风寒雨夜天涯。

开县　盛山，在县北三里。突兀高峰，为县主山也，山如盛字。《寰宇记》：在州西北三里。唐韦处厚知开州，有盛山十二景诗，韩愈为之序……　韦处厚《茶岭》诗：顾渚吴商绝，蒙山蜀信稀。千丛因此始，含露紫英肥。张籍《茶岭》诗：紫芽连白蕊，初向岭头生。自看家人摘，寻常触露行。

开县　茶岭，在县北三十里。产茶，味极佳。不生杂卉。

卷十五　山川六

彰明县　兽目山，在县北五里。有百汇龙潭，上下凡三潭，其水常流，产茶，土人谓之兽目茶。

卷十六　山川七

雅安县　蒙山，在州南。《括地志》：山在县南十里。《元和志》：每岁贡茶，为蜀之最。又见名山、芦山二县。《寰宇记》：在名山县西七十里。北连罗绳山，南接严道县。山顶受全阳气，其茶芳香。

名山县　蒙山，在县西十五里。有五峰，最高者曰上清峰，其巅一石，大如数间屋，有茶七株，生石上，无缝隙，云是甘露大师手植。每茶时叶生，智矩寺僧报有司往视，籍记叶之多寡，采制才得数钱许。明时贡京师，仅一钱有奇。环石别有数十株，曰陪茶，则贡藩府诸司而已。其旁有泉，恒用石覆之，味清妙，在惠泉之上。（详见《雅安志》）

名山县　花溪山，在县北。竹径茶畦，清溪翠筱，幽境可居。

名山县　甘露井，在蒙顶上清峰……井水，雨不盈，旱不涸，后人盖之以石，游者……揭石取水烹茶，则有异香……

卷十七　山川八

乐山县　扬雄山，在县西一里。《方舆胜览》：在府西。有洞深邃，子云隐居于此，今为延祥观。

乐山县　茶山，在县西五里，与水城相望，势长而平如案。旧产茶。相近为洛都山，一名龟山。

乐山县　郭璞岩，在乌尤山。上有尔雅台，相传郭璞入蜀，注《尔雅》于此。《方舆考略》：郭璞《移水记》，谓优游笑傲，放意于山水间，仍于嘉州城东百步乌尤山凿书岩，而苏子由诗，亦指其注《尔雅》于此。史谓无入蜀之文。谨按：《移水记》有嘉州二字，则非璞之手笔，恐后人之附会耳。盖嘉州之名，始于后周，而自周以前，止曰汉嘉郡，曰龙游县耳，安得有所谓嘉州哉！或者后人追书，则未可知耳，当考。《苕溪渔隐丛话》：嘉州乌牛山，在水中心，昔郭景纯注《尔雅》于此，有台在焉……　宋苏辙诗：放舟沫江滨，往意念荆楚。击鼓树两旗，势如远征戍。纷纷上船人，橹急不容语。余生虽江阳，未省至嘉树。巉巉九顶峰，可爱不可住。飞舟过山足，佛脚见江浒。舟人尽敛容，竞欲揖其拇。俄顷已不见，乌牛在中渚。移舟近山阴，壁峭上无路。云有古郭生，此地苦笺注。区区辨虫鱼，《尔雅》细分缕。……　王十朋《尔雅台》诗：隐迹江山郭景纯，学兼儒伎术通神。虫鱼草木归笺注，何害其为磊落人。

峨眉县　花山，即铧山，在县西北十里。产茶。《蛾眉山志》：即四峨山。其形棱瓣如花，因名。

卷十八　山川九

达县　南岩山，在县南三里。又火峰山，在县南七里。大有山，在县南二十里。酉山，在县南三十里。产茶。元时，官置抽茶场。

卷二十一　山川十二

梁山县　蟠龙山，在县东二十里。孤峙秀杰，突出众山。下有二洞，洞中有石龙，首尾相蟠，故名。《方舆胜览》：山旁有喷雾崖。洞中之泉，下垂约二百余丈，喷薄如雾。宋张商英谓水甘腴，偏宜煮茗，非陆羽莫能辨之。

卷三十五　祠庙二

蓬州　司马长卿祠，在州西。元延祐四年建。

卷四十　寺观三

奉节县　香山寺，在县东南三十里麝香山上。寺产香茶，因名。

卷四十二　寺观五

潼川府　三台县(附郭)　东蜀道院，在县北二十里，有司马相如、严君平、扬雄、诸葛亮……十五人画像，乃都官冯植得善本，命名手摹写于此。《方舆胜览》：东蜀道院在郡治。

卷四十四　陵墓一

成都府　郫县　汉扬雄墓，在县西二十里。

灌县　汉司马相如墓，在县东十二里。《元和志》：在导江县东二十里。元《一统志》：在彭州九陇山。

卷四十八　古迹一

成都府　成都县(附郭)　司马相如宅。　《一统志》：在县西南。《寰宇记》：在益州西四里。　《蜀记》云：相如宅，在市桥西，即文君当垆涤器处。　《益都耆旧传》：宅在少城中笮桥下百步许，又有琴堂焉。今为金花寺。

明《一统志》：在府城西南五里。

草元亭，一名子云亭，在扬雄宅内。　《寰宇记》：在华阳县少城西南。　旧志：在成都县署，又有载酒亭。今废。

琴台，在城外市桥西汉司马相如宅内。　《十道志》：成都有琴台，即相如与文君贳酒处。

卷四十九　古迹二

金堂县　宋黄才叔故宅，在县香林寺侧。　县志：其左有清流一泓，涓涓不绝，汲以烹茗，甘香异常，即当年黄处士所浚之南山泉也。

郫县　读书台，在县西十五里。相传扬雄读书处，又有子云亭在其侧。　县志：在县西半里许，久圮。明成化间，蜀府丞……就其堂筑堂数楹，翼以廊庑，颜曰子云书院。

卷五十二　古迹五

南充县　琴台，在县南。司马相如尝寓此。

蓬州　司马相如故宅在州南。　《寰宇记》：在相如县南二十里。罗洪先《周地图记》：其地有相如坪，相传云相如营别业于此。

蓬州　琴台，在州相如宅右。《方舆胜览》：司马相如宅，滨嘉陵江，有琴台。又水北有相如坪，相如故宅碑在县西南光圣寺，漫灭不可读……

广安州　读书台，在州东五十里。旧传扬雄曾读书于此……

岳池县　读书台，在县西。相传扬雄读书处，时有鹿眠其下。

卷五十四　古迹七

雅安县　读书台　县志：在县南龙观山麓。相传司马相如通邛筰斯榆时，曾憩此读书。

卷五十五　古迹八

嘉定府　乐山县(附郭)扬雄故宅　《名胜志》：城西一里，有扬雄山，石洞幽邃，相传为子云游此。　县志：在县西扬雄山上，有子云亭。

尔雅台，在乌尤山乌尤寺左。相传郭景纯注《尔雅》于此。

犍为县　子云亭，在县南三十里。　旧志：在治南二十里子云山上。汉扬雄隐居构亭于此。

三台县　苏泉，在县东山之腰。泉流清洌，味极甘，东坡曾烹茶于此，因名。

卷五十六　古迹九

达县　抽茶场　《一统志》：在县南。　元《一统志》：宋时，陈弁、朱肱、余应求、李升、韩均，皆以言事切直，谪监达州茶场，时目为五君子。

邛州直隶州　琴台，在州治南。相传司马相如抚琴处。

文君井，在州南街左琴台侧。相传即文君当垆处。　明《一统志》：文君井在邛县南二里，即卓文君当垆、司马相如涤器处。

卷五十七　古迹十

绵州直隶州　扬子云读书台，在州西五里。山腰盘石，相传为子云读书台，台前石壁，右镌子云像，左刻子云真像四字。

彭水县　丹泉井　黄山谷谪黔时，寓凤凰山开元寺。山下石泉，味甚甘洌，僧人煮茗，以为清供，因题曰丹泉井。

叙永直隶厅　废界首茶课司。　《一统志》：在厅西北二里。明洪武六年建，后废。

卷六十一　风俗一

雅州府　雅安县(附郭)　羌蛮杂处，四方茶货所聚。(《打箭炉厅志》)

黎州　蕃部，蛮夷混杂之地，元无市肆，每汉人与番人博易，不使见钱，汉用绸、绢、茶、布，蕃部用红椒、盐、马之类。

卷六十九　茶法

唐建中元年，税天下茶、漆、竹、木，十取一，以为常平本钱。(《文献通考》)

贞元九年，复税茶，委盐铁使张滂具处置条目，每岁得钱四十万贯。(《册府元龟》)

穆宗即位，两镇用兵，帑藏空虚，盐铁使王播乃增天下茶税率百钱增五十，两川以户部领之。(《唐书》) 李珏疏略：榷茶起于养兵，今边境无虞，而厚敛伤民，不可一也；茗饮人之所资，重赋税则价必增，贫弱益困，不可二也；山泽之饶，其出不贯，论税以售多为利，价腾踊则市者稀，不可三也。

太和五年，户部侍郎庾敬休以剑南道税茶旧例，委度支巡院勾当榷税当司于上都召商人便换。太和元年，户部侍郎崔元略与西川节度使商量，取其稳便，遂奏请税茶事使司自勾当，每年出钱四万贯送省。近年以来，都不依元奏，并二道诸色钱物，州府多逗留不送，皆不禀奉。今请取江西例，勾当于归州置巡院所，自勾当收管诸色钱物送省，所冀免有悬欠。从之。(《册府元龟》)

宋天禧末，天下茶皆禁，唯川、陕、广听民自买卖，不得出境。(《文献通考》)

熙宁七年，始遣三司干当公事李杞入蜀，经画买茶，于秦凤熙河博马，与成都路漕司议合。事方有端，而王韶言：西人颇以善马至边，所嗜惟茶，乏茶与市。即诏趣杞据见茶计水陆运至，又以银十万两、帛二万五千、度僧牒五百付之，假常平及坊场余钱，以著作佐郎蒲宗闵同领其事。初，蜀之茶园，皆民两税地，不殖五谷，惟宜种茶，赋税一例折输，民卖茶资衣食，与农夫业田无异，而税额总三十万，杞即诸州创设官场，岁增息为四十万。既而运茶积滞，岁课不给，乃建议于彭、汉二州岁买布各十万匹，以折脚费，实以布息助茶利，亦未免积滞。都官郎中刘佐复议岁易解盐十万席，顾运回东船载入蜀，而禁商贩。未几宗闵议川陕路民茶息收十之三，尽卖于官场，更严私交易之令，于是蜀茶尽榷矣。(《文献通考》)吕陶疏略：川、陕四路所出茶，比东南十不及一，诸路既许通商，两川却为禁地，亏损治体。如解州有盐池，民间煮者，乃是私盐；晋州有矾山，民间炼者，乃是私矾。今川蜀茶园，皆百姓已物，与解盐、晋矾不同。又市易司笼制百货，岁出息钱不过十之二，但必以一年为率。今茶场司务重立法，尽榷民茶，随买随卖，取息十之三，或今日买十千之茶，明日即作十三千卖之，变转不休，比至岁终，岂止三分。

李稷以茶价增减不一，立中价，定岁入课额，及设酬赏，以待官吏，重园户采造黄花秋叶茶之禁。（《宋史·食货志》）蒲宗闵更请巴州等处产茶并用榷法。（《宋史·食货志》）

陆师闵代稷建言，于成都府置博卖都茶场，又以买马司兼领茶场，茶法不能自立。诏罢买马司，兼领税息，至稷加为五十万，及师闵为百万。（《宋史·食货志》）刘挚疏略：蜀茶之出，不过数十州，人赖以为生，茶司尽榷而市之。园户有茶一本，而官市之额至数十斤。官所给钱，靡耗于公者，名色不一；给借、保任、输入、视验，皆牙侩主之，故费于牙侩者又不知几何；是官于园户，名为平市，而实夺之。园户有逃而免者，有投死以免者，而其害犹及邻伍。欲伐茶则有禁，欲增植则加市，故其俗论谓：地非生茶也，实生祸也！愿选使者考茶法之弊，以苏蜀民。李杞增诸州茶场，自熙宁十年至元丰八年，蜀道茶场四十一。（《宋史·食货志》）

元丰五年，许川路余羡茶货入陕西变卖。（《宋史·食货志》）元祐间，诏成都等路茶事司以三百万缗为额。（《宋史·食货志》）靖康元年，诏川茶侵客茶地者，以多寡差其罪。（《宋史·食货志》）

成都帅司蔡延庆言：邛部川蛮主苴克等愿卖马，即诏延庆以茶招来。后闻非便，罢之。（《宋史·食货志》）

建炎元年，成都路运判赵开言榷茶买马五害，请用嘉祐故事，尽罢榷茶，而令漕司买马。或未能然，亦当减额以苏园户，轻价以惠行商，如此则私贩衰而盗贼息。朝廷遂擢开主管茶马。二年，开更茶法，印给茶引，使商人即园户市茶，百斤为一大引，除其十勿算，置合同场以讥其出入，重私商之禁，为茶市以通交易。每斤引钱春七十，夏五十，市利头子在外，所过征一钱五分。引与茶随，违者抵罪。自后引息钱至一百五万缗。（《文献通考》）

乾道末，青羌作乱，茶司为之增长细马名色等钱，岁约三十万。（《朝野杂记》)绍兴时，复提举官，又旋增引钱。至十四年，每引收十二道三百文。

韩球同提举茶马，始榷忠、达州茶，即夔合广安置合同场，岁收以八万斤为额。然商人以利薄不通，但以引钱敷民间，民甚苦之。后三年遂除。先是，球尽取园户加饶之茶为正额，有一场而增至二十万斤者。民知输官不补所得，于是起为私贩。秘书省正字张震言，遂命有司裁损。(《朝野杂记》)

淳熙六年以后，累减园户重额钱十六万，又减引息钱十六万。绍熙初，杨辅定法：成都府利州路二十三场，岁产茶二千一百二万斤，通博马物帛，岁收钱二百四十九万三千余缗。(《宋史》)

四年，命四川宣抚司支茶博马。七年，复置茶马官，凡买马州县黎文叙长南宁平珍，皆与知州、通判同措置任责，通判许茶司马辟置，视买马额数之盈亏而赏罚之。(《宋史》)按：《文献通考》载：乾道初，川秦八场马额，共九千余匹，川马五千匹，秦马四千匹。淳熙以后，为额共万二千九百九十四匹。盖宋时马场兼川秦，元、明后，则在秦不在川也。

庆元六年，诏四川产茶处岁输经制头子钱五千四十一道有奇，又科租钱三千一百四十道有奇。(《宋史》)嘉定三年，诏茶马官各差一员，分为两司，文臣成都主茶，武臣兴元主马。

元至元五年，用运司白赓言，榷成都茶，于京兆巩昌置局发卖，私自采卖者，其罪与私盐同。(《续文献通考》)六年，立西蜀四川监榷茶场使司，定长引短引法：长引带茶一百二十斤，收中统钞五锭有奇；短引带茶九十斤，收钞四锭有奇。(《元史·食货志》)天历二年，始罢榷司，归诸州县。(《元史》)

明太祖令商人于产茶地买茶，纳钱请引，引茶百斤，输钱二百；不及引曰畸零，别置由帖给之。后又定茶引一道输钱千，照茶百斤；茶由一道，输钱六百，照茶六百斤。既又令纳钞每引由一道纳钞一贯。(《明史·食货志》)洪武四年，户部言：四川巴茶三百十五顷，茶二百三十八万余株，宜定令每十株官取其一；无主茶园，令军士薅采，十取其一；以易番马。从之。于是诸产茶地设茶课司，定税额四川一百万斤，设茶马司于秦、洮、河、雅诸州。(《明史·食货志》)碉门、永宁、筠连所产茶，名曰剪刀麄叶，惟西番用之，而商未尝出境。四川茶盐都转运使言：宜别立茶局征其税，易红缨毡衫米布椒蜡，以资国用，所收之茶，依江南给引贩卖法，公私两便。于是永宁、成都、筠连皆设茶局矣。(《明史·食货志》)诏天全六番司民免其徭役，专令蒸乌茶易马。(《明史·食货志》)

初制：长河西等番商以马入雅州易茶，由四川岩州卫入黎州，始达茶马司，定价马一匹，茶千八百斤，于碉门茶课司给之。番商往复迂远，而给茶太多，岩州卫以为言，请置茶马司于岩州，而改贮碉门茶于其地，且验马高下以定茶数。诏茶马司仍旧，而定上马一匹，给茶百二十斤，中七十斤，驹五十斤。(《明史·食货志》)五年，置四川茶盐都转司。(《明史·食货志》)十七年，定乌撒、乌蒙、东川、芒部茶盐布匹易马之数，乌撒岁易马六千五百匹，乌蒙、东川、芒部，皆四千匹。凡马一匹，给布三十匹，或茶一百斤，盐如之。(《明史稿》)二十一年，天全副招讨杨藏卜来朝贡，言茶户向与西番贸易，岁收其课，近在官收买，额遂亏，乞从民便。许之。(《明史稿》)三十年，置成都、重庆、保宁、播州茶仓四所，令商人纳米中茶。

令自三月至九月，每月差行人一员，于陕西、四川等处省谕把隘头目，不许私茶出境。(《续文献通考》)成化七年，罢差行人，并罢播州茶仓。

汉中茶，例岁办茶二万六千二百斤，兼以巡获私茶四五万斤易马。其于远地，一切停止。本地茶园人家，除约量本家岁用外，其余尽数官为收买。(《九边考》)永乐六年，敕户部：川陕多通番小路，严谕把隘头目查禁缎匹、绢帛、私茶、青纸出境。

令四川保宁等府茶课，每岁运十万斤至陕西接界交收，转运各茶司支用。(《明会典》)

四川茶课司旧征数十万斤易马，永乐以后，番马悉由陕西道，川茶多浥烂，乃令以三分为率，一分收本色，二分折银。(《明史·食货志》)成化中，以岁饥，令商纳粟中茶，且令茶百斤，折银五钱，此商课折色之始也。

宣德五年，六番招讨司奏：旧额岁办乌茶五万斤，二年一次，运赴

碉门茶马司易马。今户部令再办芽茶二千二百斤，山深地瘠，艰于采办，乞减其数。帝令免乌茶，只办芽茶。（《明史稿》）

嘉靖中，定四川茶引五万道，二万六千道为腹引，二万四千道为边引。芽茶引三钱，叶茶引二钱。中茶至八十万斤而止，不得太滥。（《明史·食货志》）

十四年，题准四川夔州等处附近陕西通茶地方，不论军卫有司，凡事干茶法者，悉听陕西巡茶御史管理，严禁私茶，查考举劾。（《明会典》）

三十一年，奏准茶产汉中府等处茶课，岁课五万余斤，每百斤加耗六斤。（《续文献通考》）

末年，御史潘一桂言：松潘与洮河近，私茶往往阑出，宜停松潘引目，申言入番之禁。报可。（《明史》）

隆庆三年，题准将四川课茶改征折色，解陕西苑马寺易买种马。（《明会典》）

裁引万二千，以三万引属黎雅，四千引属松潘诸边，四千引留内地，税银共计一万四千二百六十七两，解部济边以为常。（《明史·食货志》）

巡抚严清疏略：本省每年户部关引五万道，半填芽茶，半填叶茶。以二万六千道为腹引，每引芽茶三钱，叶茶二钱。二万四千道为边引，内一万九千八百道给黎雅各商，每引芽茶三钱八分，叶茶二钱五分；二百道给本地思经罗纯产茶处所土民，每引芽茶七钱六分，叶茶五钱；松潘四千道，税与腹引同；共税银一万三千八百六十三两。然边引报中者多，恒苦不足，腹引常置于无用之地。盖向来腹多边少者，无非谨中外之防也。然腹地有茶，汉人或可无茶，边地无茶，番人或不可无茶，故边引易行，而腹引常滞。先此议茶法者曰：茶乃番人之命，不宜多给，以存羁縻节制之意，是矣。乃边引愈少，私贩愈多，只为奸人作利屯耳。又曰：四川茶法不缩，即陕西马政有妨，此犹未深考。夫番地最广，近者弥月，远者弥年，陕西洮岷与松潘接境，与黎雅邈不相及，今不增松潘而增黎雅之引，于陕西马政何妨。自隆庆三年始将原引五万减去一万二千道，于黎雅边引加一万道，每引量加一钱税银，已充旧额，而边腹相安矣。

万历三年，巡抚曾省吾题准将驿传盐茶水利合为一道，又于黎雅边引内，除四百九道给思罗茶户，纳税商人止二万九千三百九十一道。

六年，四川茶课折色，陕西巡茶御史册报新收银一千六百九十四两六钱九分五厘。(《续文献通考》)初，岁解银一千五百九十六两五钱三分。

十三年，御史钟化民以私茶阑出多，请分任责成陕之汉中，关南道督之，府佐一人，专驻鱼渡坝；川之保宁，川北道督之，府佐一人，专驻鸡猴坝；率州县官防守。从之。(《明史·食货志》)

中茶易马，惟汉中、保宁，而湖南产茶，其直贱，商人率越境私贩，中汉中、保宁者，仅一二十引，茶户欲办本课，辄私贩出边，番族利私茶之贱，因不肯纳马。万历二十三年，御史李楠请禁湖茶，言湖茶行，茶法、马政两弊，宜令巡茶御史召商给引，愿报汉兴保夔者准中，越境下湖南者禁止。且湖南多假茶，食之刺口破腹，番人亦受其害。既而御史徐侨言：汉川茶少而直高，湖南茶多而直下，湖茶之行，无妨汉中。汉茶味甘而薄，湖茶味苦，于酥酪为宜，亦利番也。但宜立法严核，以遏假茶。户部折衷其议，以汉茶为主，湖茶佐之。各商中引，先给汉川，毕，乃给湖南，如汉引不足，则补以湖引。报可。(《明史》)

国初，四川行茶旧额，新增共十万六千百二十七引，额征银万三千一百二十八两三钱七分五厘，税银四万五千九百四十二两三钱七分八厘。

康熙二十六年，增边腹引万有一百五引。二十九年，复增二千四百二十三引。

三十五年，饬准打箭炉番人市茶贸易。四川巡抚于养志遵旨会同乌斯藏喇嘛营官等查勘打箭炉地界，奏：番人借茶度生，居处年久，且达赖喇嘛曾经启奏准行，应仍准其贸易。理番院议准，从之。

五十八年，准里塘、巴塘地方买运茶斤。议政大臣议复都统法喇疏言，从之。法喇疏略：蒙古地方及西藏人民，皆借茶养生。松潘一路，茶价甚贱，青海一带，积茶必多，应暂行禁止，俟其恳请时，再酌定数目，令其买运。至打箭炉外，最近者为里塘，遣官招抚，令营官造具所管番寨户口清册，酌量定数，许其买运。巴塘以外，亦照此例。其打箭炉一路，当视番情之向背，分别通禁。应如所奏。

雍正八年，定川茶征税例。奉谕旨：川茶皆论园论树以定税额。夫茶树有大小不同，园有广狭不一，若概以园树之园数为额，未为允当，应将茶税照斤两收纳，方得其平，着该抚详议。经户部议准，得旨允行。部议略：四川抚臣宪德疏言……再查陕西行茶，例定每引一道，运茶百斤，每茶一千斤，准带附茶一百四十斤，如有夹带，即以私茶论罪。今该抚请加耗茶一十四斤，如有多带，照私盐例治罪；地方官有故纵失察者，照失察私盐例处分。……

十年，准预颁四川省行茶引张，随时给发。宪德疏略：川省行茶，原以部引为凭，自应请引行运。但口外番彝贸易多寡，内地州县无从查考，或见番客云集，茶斤易售，方请增引，如必候部颁发，则番客已去，各商未免畏阻不前。请于额颁之外，预颁茶引五千张，收贮巡抚衙门，俟有请增州县，一面题报，一面即将部引颁发。

乾隆六年，四川巡抚硕色奏请酌减松潘地方行茶边引，户部议复，从之。部议略：查川省松潘地方行茶边引，原额一万三千七百六张，尽足行销，原无茶引不敷买食之处。后因天全州土商滥请增给土引，以致积滞，经前抚臣杨馝题准改拨各州县代为分销。维时成都等县商人，因松潘修城之时，番民聚集佣工，茶斤易销，定为常额，是以成都县拨销土引六百张……俱改照边引纳税，于松潘行销。年来，城工告竣，番民陆续回巢，茶斤渐至壅滞，应如所请，将成都等县积引量减四千四十九张，并课税银两一并照数开除。

八年，豁免川省成都、彭、灌三县逋欠茶课。

三十七年，四川前任总督阿尔泰奏：南川县地方产茶盛茂，每年除配额引之外，尚有余积，请自今始增茶腹引一百张，照例征收课税。从之。

三十八年，定四川三杂谷等处土司买茶，以千斤为率，使仅敷自食，不能私行转售。从川督刘秉恬请也。

卷七十四　物产一

成都府

茶　《寰宇记》：茶生益州山谷，凌冬不萎，三月三日采干。为饮，令人不睡。又简州亦产茶。《茶经》：出彭州九陇县马鞍山至德寺堋口镇者，与襄州茶同味。毛文锡《茶谱》：蜀州晋源、洞口、横源、味江、青城皆出，有雀舌、鸟觜、麦颗、片甲、蝉翼诸名，皆散茶之最上者。

重庆府

茶　《华阳国志》：涪州产茶。《寰宇记》：渝州旧贡茶。《茶谱》：南平县狼猱山茶，黄黑色，渝人重之，十月采贡。

保宁府

茶　《寰宇记》：巴州产。　《广雅》：巴、阆采茶作饼，煮饼先炙，令色赤，捣末，置瓷器中，以汤覆之，用葱姜芼之，即茶始说也。

夔州府

茶　唐志：夔州贡茶。　旧志：开县茶岭产茶，味绝佳，不生杂卉。府志：万县、巫山俱出。

龙安府

茶　《寰宇记》：昌明县连西山出者并佳，独龙安松岭上出者不可食。明《一统志》：彰明县兽目山有茶，名兽目茶。

雅州府

仙茶　名山县治之西十五里，有蒙山。其山有五顶，形如莲花五瓣。其中顶最高，名曰上清峰，至顶上略开一坪，直一丈二尺，横二丈余，即种仙茶之处。汉时，甘露祖师姓吴名理真者手植，至今不长不灭，共八小株。其七株高仅四五寸，其一株高尺二三寸，每岁采茶二十余片。至春末夏初始发芽，五月方成叶，摘采后，其树即似枯枝，常用栅栏封锁。其山顶土仅深寸许，故茶不甚长，时多云雾，人迹罕到。书曰：蔡蒙旅平，即此山与府城东蔡山也。《元和志》：蒙山每岁贡茶为蜀之最。《方舆胜览》：蒙山有五顶，前一峰最高，曰上清峰，产甘露茶。

明《一统志》：蒙茶受阳气之全，故芳香。《本草》：雅州之蒙顶、石花、露芽、谷芽为第一。《茶谱》：雅州百丈、名山二处茶尤佳。

山茶

乌茶

嘉定府

茶　《九域志》：洪雅县有买茶场。　明《一统志》：峨眉县出，味初苦而终甘。

茶　产横山。

潼州府

茶　产遂宁。

绥定府

茶　唐志：通州　东乡俱出。　元志：州南西山产茶。

眉州直隶州

茶　《寰宇记》：按《茶经》云，眉州洪雅、昌阖、丹棱，其茶如蒙顶制饼茶法，其散者叶大而黄，味颇甘苦，亦片甲、蝉翼之次也。　州志：青神县出茶，峨眉县花山亦出。

邛州直隶州

茶　《茶经》：临邛四邑有火前、火后、嫩绿黄等号。又有火番饼，重四十两，入西番党项重之。如中国名山者，其味甘苦。《九域志》：有火井茶场。

泸州直隶州

茶　《寰宇记》：按《茶经》，泸州之茶树，夷獠（音 lǎo，古时骂人的词语）常携瓢具穴其侧，每登树采摘芽茶，必含于口，待其展，然后置于瓢中。旋塞其窍，归必置于暖处。其味极佳。本州产者，味辛性热，饮之可以疗风，通呼为泸茶。

忠州直隶州

茶

太平直隶厅

茶　唐志：太平出。

卷七十五　物产二　附录艺文

明杨慎《蒙茶辨》　世以山东蒙阴县山所生石藓，谓之蒙茶，士大夫珍贵而味亦颇佳，殊不知形已非茶，不可煮饮，又乏香气，而《茶经》

之所不载。蒙顶茶，四川雅州，即古蒙山郡，其《图经》云：蒙顶有茶，受阳气之全，故茶芳香。《方舆胜览》《一统志》土产，俱载蒙顶茶。《晁氏客话》，亦言雅州也。白乐天《蒙茶行》云：李丞相德裕入蜀，得蒙饼。文彦博有《谢人惠蒙顶茶》诗云：旧谱最称蒙顶味，露芽云液胜醍醐。吴中复诗云：我闻蒙顶之巅多秀岭，恶草不生生淑茗。今少有者，盖既远而蒙山有五峰，最高曰上清，方产此茶。且常有瑞云影相见，多虎豹龙蛇，人迹罕到故也。但《茶经》品之于次。若山东之蒙山，乃《论语》所谓东蒙主耳。

附旧志《动植谱》：

蒙顶茶　名山县蒙山上清峰甘露井侧产茶，叶厚而圆，色紫赤，味略苦。春末、夏初始发。苔藓庇之，阴云覆焉。相传甘露大师自岭表携灵茗播五顶。旧志称：顶茶受阳气全，故芳香。唐李德裕入蜀，得蒙饼，以沃于汤瓶上，移时尽化，以验其真。传称雅州蒙山上有露芽，故蔡襄有歌曰：露芽错落一番新；白乐天诗：茶中故旧是蒙山；吴中复《谢人惠茶》诗：吾闻蒙山之岭多秀山，恶草不生生淑茗，皆谓此茶也。

雷鸣茶　蒙山有僧，病冷且久，遇老父，曰：仙家有雷鸣茶，俟雷发声乃茁，可并手于中顶采摘。服未竟，病瘥，精健至八十余。入青城山，不知所之。今四顶茶园不废，惟中顶草木繁重，人迹稀到。

太湖茶　瓦屋山太湖寺出茶，味清洌，甚佳。

真香茗　《述异记》云：出巴东，其色白，如蔷薇，煎服，人不眠，能诵无忘。

唐白居易《谢李六郎中寄新茶》诗　故情周匝向交亲，新茗分张及病身。红纸一封书后信，绿芽十片火前春。汤添勺水煎鱼眼，末下刀圭搅麹尘。不寄他人先寄我，应缘我是别茶人。

施肩吾《蜀茗》诗　越椀初盛蜀茗新，薄烟轻处搅来匀。山僧问我将何比，欲道琼浆却畏嗔。

薛能《蜀州郑使君寄鸟觜茶》诗　鸟觜撷浑牙，精灵胜镆铘。烹尝方带酒，滋味更无茶。拒碾干声细，撑封利颖斜。衔芦齐劲实，啄木聚菁华。盐损添常诫，姜宜著更夸。得来抛道药，携去就僧家。旋觉前瓯浅，还愁后信赊。千惭故人意，此惠敌丹砂。

宋文彦博《蒙顶茶》诗　旧晋最称蒙顶味，露芽云液胜醍醐。公家药笼虽多品，略采甘滋助道腴。

范成大《蒙顶新茶》诗　蜀土茶称圣，蒙山味独珍。灵根托高顶，胜地发先春。几树惊初暖，群篮竞摘新。苍条寻暗粒，紫萼落轻鳞。的砾香琼碎，鬖松绿虿匀。漫烘防炽炭，重碾敌轻尘。惠锡泉来蜀，干肴盏自秦。十分调雪粉，一啜咽云津。沃睡迷无鬼，清吟健有神。冰霜凝入骨，羽翼要腾身。磊磊真贤宰，堂堂作主人。玉川喉吻涩，莫厌寄来频。

陆游《丁东院汲泉烹新茶》诗　一州佳处尽裴回，惟有丁东院未来。身是江南老桑苎，诸君小住共茶杯。雪芽近自峨眉得，不减红囊顾渚春。旋置风炉清樾下，它年奇事记三人。

卷一百四十三　人物

汉司马相如

《汉书·艺文志》：司马相如赋二十九篇。小学家《凡将》一篇，司马相如作。

扬雄

《汉书·艺文志》：小学家扬雄《仓颉训纂》一篇。赋，扬雄赋十二篇。

卷一百九十三　西域志

前藏下

又赏给达赖喇嘛辖下每年……茶三十五甑。(旧《通志》)

卷一百九十六　西域志余六

西藏番民，多食糌粑、牛羊肉、奶子、奶渣等物，其性燥，而茶所急需，故不拘贵贱，饮食以茶为主。其茶熬极红，入酥油、盐搅之，饮茶食糌粑或肉米粥，名土巴汤……

卷一百九十七　纪闻一

司马相如初与卓文君还成都，贫居愁懑，以著鹔鹴裘就市人阳昌贳酒，与文君为欢。文君举杯而笑曰：我平生富足，今乃以裘贳酒，遂相与于成都卖酒。相如亲着犊鼻裈，涤器，以耻王孙，王孙果以为病。乃厚给文君，文君遂为富人。文君姣好，眉色如望远山，脸际常若芙蓉，肌肤柔滑如脂。十七而寡，为人放诞风流，故悦长卿之才而越礼焉。长卿素有消渴疾，及还成都，悦文君之色，遂以发痼疾。乃作美人赋，欲以自刺，而终不能改，卒以此疾至死。文君为诔，传于世。(《女侠传》)

建始中，蜀帅崔宁之女，以茶杯无衬，病其熨指，取碟子托之，既啜，而杯倾，乃以蜡环碟子之中央，其杯遂定。即命匠以漆环代蜡，进于蜀相，蜀相奇之，为制名而话于宾亲，人人为便，用于代。是后传者更环其底，愈新其制，以至百状焉。贞元初，郓帅油蔚绘为荷叶形，以衬茶碗，别为一家之碟，今人多云茶托始此，非也。蜀相即今升平崔家，讯则知矣。(《资暇录》)

成都县志

嘉庆二十一年(1816年)　存五册

卷三　人物　文苑

汉司马相如，字长卿，成都人。

扬雄，字子云，成都人。

华阳（旧县名，清代为成都府附郭首县）县志

嘉庆二十一年（1816 年）　十六册　　董淳、潘时彤纂修

卷二十三　茶法

邑非产茗，岁惟税茶，晚采为荈，先摘曰芽，万春银叶，五顶石花，玉垒关外，泸江水佳，乳头蜡面，云脚露芽，白毫品贵，紫笋名嘉，输从园户，榷自商家。

长寿县志

民国三十三年（1944 年）　八册　　卢起勋、刘君锡纂修

卷一　山川

黄草山　产茶。

卷三　茶法

《尔雅》：槚，苦荼。郭注：早采为荼，晚采为茗，蜀人名曰苦荼。王褒《僮约》：武阳买荼。武阳，蜀郡地也。《方言》：蜀西南人谓茶曰蔎。扬雄《蜀都赋》：蔓茗荧郁。常璩《巴志》：园有香茗。是茶自古有之，而惟吾川最盛。至制为饮料，则自李唐始。建中初，纳户部侍郎赵赞议，税天下茶，十取其一，以为常平仓本钱，是为榷茶之始。其后，王涯为相，置榷茶使，自领之，榷茶始置专官矣。宋熙宁间，令商人输刍粮塞下，授以要券，谓之交引，商人持以中茶，自是始有引名。熙宁七年，三司干当公事李杞入蜀，经画买茶。输受之际，往往压其斤重，

侵其价值，园户逃亡，邻伍受害，致蜀民有生茶实生祸之谣。元、明及清，权时立法，损益不常。惟以茶易马，自唐、宋、元、明以迄清初，历代相沿而未之改易。吾川接近番夷，又属产茶区域，茶马之交涉，课税之繁重，禁令之森严，亦惟吾川当其冲而受其害，史册具载，姑不赘述。吾邑产茶无多，清初亦无引额，所需食茶，大率由重庆、南川输入。至道光三十年，奉文新增腹引五十张，征税银十二两五钱，课银六两二钱五分，起运盐茶道库收贮。此时茶法，仍系官督商销，各县茶商，非经立案承销，批准给照，不能私营茶业。民国成立，自财政厅令各县征收局办理。凡属茶商呈请认销，预缴押金一百二十元，外领照费二元，印花每张八角。规定每担茶叶净重一百斤，纳税一元六角。如查获私茶，加倍处罚。至二十六年，行营业税制，腹茶税已取消矣。

卷十三　物产

木之属

茶　郭璞云：早采为茶，晚采为茗。陆羽云：其名有五：一茶，二槚，三蔎，四茗，五荈。今则通谓之茶，系常绿灌木，高七八尺，秋日开白花，实三角形。至唐时，始焙其叶为饮料。大约春日采芽，早采而芽细者，有雨前、雀舌、白毫诸名；晚采而芽粗者，谓之毛尖，或称老茵。吾邑东西山均产，惜少佳品。旧时聘妇多用茶，故受聘亦曰受茶，或曰定根茶。《天中记》：凡种茶树必下子，移植则不生，故聘妇亦以茶为礼，即此意也。

花之属

山茶

綦江县志

道光十五年(1835年)　十二册　　宋灏、罗星纂修

卷十　物产

花之属

山茶

货之属

茶

綦江县续志

同治二年(1863年)　十二册

卷十　物产

花之属

山茶

货之属

茶

巴县志

乾隆二十五年(1760年)　十二册　　王尔鉴、周开丰纂修

卷十　物产

货属

茶

巴县志

民国二十八年（1939年）　二十三册　　罗国钧、向楚纂修

卷之四上　茶课

四川榷茶，始于唐，至宋建炎始行引，元立西南监榷茶场使，明置川陕茶马司，以二万六千道为腹引，二万四千道为边引。（商人贩茶，至百斤以上，俱赴管茶官处报中。凡中芽茶，引三钱，叶茶，引二钱，俱报中价银赴司上纳。其腹里产茶地，凡茶不及百斤，俱赴州县报数，每十斤纳银一分，给票照费。）前清康熙四十一年，又增土引五千六百道，边、腹、土引，征课同，征税则各别。巴为腹引区，旧有茶商，自张献忠之乱（编者按：此系对农民起义的诬辞），徙湖广之民实川，不惯食川茶，人准带湖茶四十斤，故商因之停募。道光三十年，部颁腹引二百张，征课羡银一百十八两六钱，随引照票二十张，额纳息银二十一两六钱。（园有余茶，额引不敷配销，由监道印发照票，令商自备成本，领配缴息。）招商一名领引，向綦江、南川、江津三县采配济食。同光朝，推广商额，（增引若干，不可考。）营业者标榜曰部引官茶。迄辛亥改革，政府以腹茶为内地民食所关，破除引岸，蠲免课税。六年，仍定认岸领票配销制，巴县茶票八百张，总商裕商公缴押岸银八百元，注册给照，按年承领，转发散商。（分店十二家。）赴指定地方采配。凡招商收税、销茶、采茶之政，均征收局司之。每票一张，征银一元五角，配天平秤净茶百斤，折为二包，（包加皮索五斤。）包贴印花一颗，征银八角，（此指细茶，若普通之老荫茶，则百斤为包，仍贴印花一颗，征银八角。）票与印花，均于采茶前领之，一年一易，复用者有罚，此本省所产也。他省之产，则曰外茶，外茶印花，分四种，甲种课税一角，乙种课税八分，丙种四分，丁种二分。市通行者滇茶，普通曰普洱，春茶担二十筒，纳税四元，外贴甲种印花；上者下关沱茶，担四十筒，纳税四元，外贴甲种印花；次者景谷沱茶，担五十筒，纳税四元，外贴乙种

印花；其他北平之香片，浙江之龙井，筒重至一斤者，贴甲种印花，二分之一者，则贴丙种，四分之一者，则贴丁种。凡城乡市镇，一律行销官茶，或设分店，或设簸户，由总商分给之。其无票者以私论。八年，省议会提议：就场征税，任商自由贸易。十四年，财政部令仍照旧章恢复引岸。二十五年三月，始由县征收局移交市征收处办理，减定票额为五百云。

卷之十九上　物产上

花类

茶　按：茶之一字，古人所无，茶即荼也。《说文》：荼，苦荼也。苦，苦菜也。则苦与荼一物二名，而皆为菜类，与茶荈异物，然后世荼蓼及茶荈，则皆假用此字。考《尔雅》：槚，苦荼。释文曰：荈、荼、茗，其实一也。《茶经》云：其名有五：一荼，二槚，三蔎，四茗，五荈。然则茗、荼亦通名耳。郝疏《尔雅》，据《晏子春秋·杂下篇》：茗荼，以为茶起于汉以前。又谓：诸书说茶字，只作荼，至陆羽《茶经》，乃减一画作茶，而今则只知茶，不知荼矣。《寰宇记》：渝州旧贡茶。《茶谱》：南平县狼猱山茶黄。北碚缙云山产甜茶、白茶，味甚好，但黑色，渝人重之，十月采贡。按：今县属东里石龙乡，西里多字山俱产，雨前早采叶，亦不恶，惜焙制非法，味薄色枯，只供乡里之用，品茶者所弗道也。

绵州直隶州（旧直隶州名，民国时改为绵阳县）志

同治十二年（1873年）　二十册　　文棨、伍肇龄纂修

卷七　山川

原属彰明县　县北山。

兽目山　参旧志：治北五里，产茶甚佳，谓之兽目茶。

卷十四　古迹

绵州

扬子云读书台　旧志：州西五里许西山观，古名仙云观。山腰盘石，相传为子云读书台。台前石壁，右镌雄像，左镌扬子真像四字，尚存。明州绅高第、高简、金皋、金深及郡守诸游人，题咏甚多，惜剥落不能成读。按：子云读书台，州境有二：一在州西南三十里皂角铺，州牧费云龙题坊云：古钟阳镇其南不数武，扬子云读书台在焉；一即此。

安县

白塔　在县城南五十里许，叠三层，高二十余丈，顶有茶树数株，天旱长青，塔下建寺，即以白塔名……

梓潼县

相如读书崖　县志：即西崖，在长卿山上。凿石室二间，高二丈余，可容案几，相传司马相如、边孝先读书处……

卷三十　茶法

尝考《禹贡》任土所宜，及《周礼》祭祀宾客之名物，皆不及茶。自汉以来，史传亦绝少记载。其为用，大约贵于唐，盛于宋。而茶之有税，则自赵赞始之，张滂行之，至王播则有增税，至王涯则有榷法。迨宋而榷商易马，入衔置使，国家因以为财赋之源。历元及明，责令将应办茶课约十株而取其一，解茶马司收，以备易马远番之需。盖番人无茶则病，若一背中国，则无从得茶，以此为羁縻之术，蔡方炳所称贤于数万甲兵者也。然考苏子由论蜀茶状，孟氏据蜀，始榷茶，及艺祖平蜀，遂无禁。淳化间，因民间贩卖，量行收税。李杞初立茶法，禁民间私卖，然所收之息止四十万贯。至刘佐、蒲宗闵提举茶事，取息太重，时吕陶奏乞改行长引，令民自贩，茶每一贯出钱一百，又差孙回、李稷入川相度，始议茶价随时增减，取息依旧。由是息钱、长引二说并行。及引陆师闵等共事，又增额至一百万贯，师闵又乞于额外以百万贯为献。法凡四变（《容斋三笔》：熙宁七年，遣三司干当公事李杞经画蜀茶，以蒲宗闵同领其事。蜀之茶园，不殖五谷，惟宜种茶。赋税一例折输钱三百，折绢一匹三百二十，折䌷一匹十钱，折绵一两二钱，折草一围，凡税额总三十万。杞创设官场，岁增息为四十万。杞去，都官郎中刘佐体量多其条画，于是宗闵乃议民茶息收十之三，尽卖于官场，蜀茶尽榷。知彭州吕陶言：天下茶法既通，蜀中独行禁榷，且尽榷名茶，随买随卖，今日买十千，明日即作十三千卖之，比至岁终，不可胜算，岂止三分而已）……我国家子惠黎元，阜通商贾，给引以昭信，薄征以抑末，不独绵属产茶地方有无贸迁，民歌乐利，即远在氐羌夷僰，莫不同霑渥泽，共饮和甘，以视乾德之榷务，淳化之交引，咸平之三升，景德之三说，其利病岂可同年而语也哉!

绵阳县志

民国二十一年(1932年)　十一册　　梁兆麟、蒲殿钦、崔映棠纂修

卷三　杂税

以盐、茶、烟、酒为大宗，前清税额无多，民国政繁税重，迭经增加税额，遂非前清之旧矣。列表如下：

税目	标准	税率	全年收数	备　　考
茶税	以茶引壹票计	壹元五角	陆百元	义和祥认二百票，长龄春、协和长各认一百票，均缴财政厅。

卷三　茶法

茶为海外贸易之大宗，在世界商品中，俱以华茶为贵，大别为红茶、绿茶两种。近年出口之数，岁约一百五六十万担。据《广群芳谱》引《茶经》：剑南以彭州上，绵州、蜀州次。其称绵州者，乃绵州旧属之龙

安县及西昌、昌明、神泉诸县，皆产茶之地。今绵阳境内，茶树无有，民国初年，经实业所长叶春芳购茶种数担，种之，生不数柯，并不蕃茂，或以为土不宜，遂止不种，使依学理研究，再广种植，或有畅茂蕃衍之一日。至最近茶引沿革……民国初年，四川废盐茶道，设立财政厅，茶税归厅征收。绵阳运茶商号三家，义和祥号于民国三年认岁领茶引二百张，协和长号于民国十年认岁领茶引百张，长龄春号于民国十五年认岁领茶引一百张，三家共四百张，每张缴库平银一两，加耗折每张共缴银一元五角。每运茶一担，用引一张，往大邑、�连、马边三处贩运毛茶，到绵阳发卖，每岁共销四百担。至贩运春茶、龙井、蔷薇、六安香片等茶，则销路甚微，例无引票。近年由建设局令饬各家分销。中坝第二民生工厂所制绿茶，销数亦微，知民风所好异矣。

卷三　物产

（卅三）山茶科　茗　檟　荈　蔎　苦搽（茶叶子）

（卅三）山茶科　山茶曼陀罗树　一捻红（茶花）

商业　商货输入表

茶类　细茶，绿茶，蔷薇，龙井，春茶，花茶。来货地点大邑、名山、马边、南川、筠连、中坝、上海、云南。

江油县志

乾隆二十六年(1761 年)　二册　　瞿纬曾纂修

卷上　茶法

……间产山茗，不得与赵坡、水南、白芽、蒙顶比，故为数无多……

卷下　物产

饮食　茶

江油县志

道光二十年(1840年)　存三册　　桂星纂修

卷一　山川

观音岩　在县西三十五里。产茶。

江油县志

光绪二十九年(1903年)　五册　　武丕文、欧培槐纂修

卷三　山川

兽目山　《方舆纪要》云：山下有白汇龙潭，上下凡三潭，其水常流，产茶，名兽目茶。考白汇龙潭，皆在匡山之麓，明叶松《游天仓山记》云：至白汇溪，西循兽目而上者，即此。其地在县西三十里，今名赵家沟，府志云：在彰明县北五里，与白汇龙潭皆不合，似当援《方舆纪要》与叶松之记为是。旧志轶，今补。

兽目溪　在县西北五十里，俗名赵家沟。溪之两岸皆山，为兽目山，产茶，亦以此名。明叶松《游天仓山记》所谓西循兽目溪而上者即此。

卷十　物产

货属　茶

广元县志

乾隆二十二年(1757 年)　四册　　张赓谟纂修

卷七　土物

货属

茶

重修广元县志稿

民国二十九年(1940 年)　六册　　谢开来、王克礼、罗映湘纂修

第十一卷　物产

茶　为山茶科常绿灌木，高七八尺，叶长椭圆形，秋末开白花，翌秋始结果。春日摘嫩叶以制茶，供饮料，味苦微涩，略具香气。县东鹿亭溪、普子岭一带广产之，俗称东路茶。其粗叶称老叶茶，运销甘省阶州、文县及松潘以上番地；嫩叶销本县，鲜出境者。木材坚实，供雕刻；种子可榨油；俱有用。

第十五卷　风俗

饮食　城乡食饮……城市米、麦、豆、蔬杂食，朝饔夕飧，比户无异，间佐肴酒，饮多以茶；乡井视出产而异……自饮惟水，客饷以汤；场市俗奢，茶饮则普矣……

剑阁县续志

民国十六年(1927年)　八册　　王昌蔚、张政纂修

卷六　物产

外地物产输入表

物产种类	运徕道路
茶	成都　由大北道入 中坝场　由西庙多宝寺武连

重修梓潼县志

咸丰八年(1858年)　六册　　张香海、蒲荐镐纂修

卷一　山川

长卿山，县西南五里，旧名神山。唐元宗幸蜀，遥见山上有窟，近臣进奏，此汉司马相如读书之窟，因敕改今名。《九域志》有长兴山，即此。上有西岩寺，下有汉李业石阙。

卷三　古迹

相如读书岩，即西岩，在长卿山上。凿石室二间，高二丈余，可容案几，相传司马相如、边孝先读书处。昔有殿宇三楹，旁接以危楼，可通石室，又名西岩寺。今殿与楼俱圮。

卷三　流寓

司马相如　字长卿，成都人，寓梓潼，尝读书西岩石室。

三台县志

嘉庆十九年(1814年)　八册　　沈昭兴纂修

卷之一　山川

茶堵山　县东十里。　旧志云：茶堵仙迹，或因仙人煮茶于此，故名。

卷之五　茶法

三台向不产茶。

卷之八　物产

货之属

茶　茶之始，其字为荼，早取为茶，晚取为茗荈，苦荼也。

三台县志

民国二十年(1931年)　十二册　　林志茂、张树勋纂修

卷二　山川

茶堵山　旧通志：在州东十里。相传仙人董仲煮茶于此。

苏泉　旧县志：在县东山之腰，泉流清冽，味极甘美，东坡曾煮茶于此。

卷十三　茶法

民国元年，县人萧明远接充茶商，此时已无引岸可言，因川南邛州路塞（旧案，三台茶商赴案领引，在邛州采办），即在遂宁分买筠连茶运

县贩卖，每担纳税银一元。五年，滇军入川，�连路塞，萧明远即停贸。

民国六年，省署修订茶务章程，凡茶商均在财政厅领票，每张配茶一担，缴课银四元。

现时茶商，系孙尔康承充，先在财政厅缴押银四百元，然后入山办茶，其销数每年在四百担以上。至外省茶入境（如普洱、龙井、香片之类），于入口时，照货税缴纳，改装出售，不在本省税课之例。

卷十三　物产

货类

茶　茶之始，其字为荼，早取为茶，晚取成荈，苦不堪食。邑产为香露茶、女儿茶二种。

卷二十六　轶事

东川茶名　张澍《蜀典》引《国史补》云：东川有神泉、小团、昌明、兽目四茶名。

盐亭县志及续编

乾隆五十一年(1786年)修，光绪八年(1882年)续修　十二册

胡光琦、雷懋德纂修，邢锡晋、赵宗藩续修

卷之四　土地部　土产

货之属

茶　茶之始，其字为荼，早取为茶，晚取为荈，苦荼也。

射洪县志

嘉庆二十五年(1820年)　十六册　　陈廷钰、赵燮元纂修

卷二　舆地　山川

茶土山　唐志：县西三里，其土宜茶，故名。

卷五　舆地　风俗

……上元日为传柑节，各家食粉团，张灯，庆元宵，唱秧歌、采茶歌，儿童作走马戏……

卷六　食货　物产

货属

茶花

射洪县志

光绪十年(1884年)　十册　　谢廷钧、张尚溎纂修

卷之一　山川

茶土山　县西三里，其土宜茶，故名。

遂宁县志

乾隆五十二年(1787年)　十册　　李培峘纂修

卷四　土地部　土产

货之属

茶　陆玑谓：吴人作茗，蜀人作荼。凡种茶树，必下种，移植则不复生，故古人聘妇，必以茶为礼，取其至性不移，植必以子也。茶花冬开似梅，亦清香，叶似栀，可煮为饮。其老叶谓之荈，嫩叶谓之茗。昔邑广利寺山产之，其味最佳。

遂宁县志

民国十八年(1929年)　八册　　甘焘、王懋昭纂修

卷之七　实业

茶圃　前实业所长杨家鸿植茶苗于第一农场内，计百五十余本，培壅数载，枝干拳曲，叶亦枯涩，大有萎谢之态，兹已随场中桑株供灶下之用矣。

蓬溪县续志

光绪二十五年(1899年)　四册　　周学铭、熊祥谦纂修

卷一　物宜

茶

……又尝购茶实于太平，不获，今赖僚友蓝君荫堂购于邛而得之，兼得善莳者招之来，乃分播于城乡隙地。夫茶，非桑伦也，饮汤饮水，民未病渴，而何取于花瓷瀹茗哉，虽斫以树桑可也。然以视罂粟，其得失不亦殊乎！彼戎视利，求取无厌，淫巧百端，以荡我民心，而剽其利，流极不返，将若之何！彼有所甘，厥惟茶荈，植于硗硧，可易番银，与桑并营，顺时宜也，十年之后，吾将以为桑亚焉。故毅然为之，委绅助理，而谆告之曰：吾于此持定识定力以图之，必岁岁增植，以周于境中，是期不以人言而悔，不以耗用而悔，不以一举无成而悔。昔贵州之檿丝，远

取蚕于山东，三而后有成，终为一方利者，惟其志定力专，不懈于半途也。于是绅民咸悦，共殚厥心，粒既播矣，芽既萌矣，今留莳人于县，俟条颖之成，分栽既定，而后遣之，计所播为粒十三万有奇，用钱六十三千一百十四，桑用钱百五十七千八百，皆官民捐款，因利余资，未尝取于公，赋于里也。

蓬溪近志

民国二十四年(1935年)　八册　　伍彝章、曾世礼、纪大经纂修

卷三　征榷篇　茶税

茶税原课有引，前清川省设有盐茶道，蓬溪县署亦设有盐茶房，而旧续两志，记载均阙，何也？查前志成于康熙三十年，遭张献忠惨劫（编者按：此系对农民起义的诬辞），最后底定，较他县亦迟，其撰志时，尚未招商领引完税欤？续志成书，或当茶商歇业之后，茶引已请准归丁，亦略而未书欤？蓬溪县境不产茶，所销之茶，筠连为最，宣汉、开江次之，灌县最少。考清代蓬溪茶商二名，姜同泰、韩义顺，均以业茶致富，今姜氏式微，韩氏子孙尚众。据云：当清季光绪初年，私贩充斥，茶商亏折太巨，而每年应完之引课，赔累尤多，始恳县署转请大府准于歇业，应完茶引课税，赋之于民，援例归丁，而引课年完若干，今已文献无征，韩氏子亦不能详道也。蓬境应销茶额，则任邻封茶商运销，来蓬营业，多为安岳茶商。辛亥反正后，相缘无异。民国十四年，财政厅通令各县招商认案，大县准招商二名，正副各一，每名取押案银一百四十元，由征收局收解，由局备文交商赴厅请领茶票，每票共缴银一元六角，每担一票，持赴所指产茶地方购配，茶与票不能分离，违则以私茶论罚。县新认茶商裕义昌为正商，大有益为副商。二十二年，川战结束，筠连等县，为二十一军防区，各商领财政厅茶票，往该地购茶，不生效力，须另领该地所发茶票，类似就场抽税，而所发茶票，仍财政厅名义，茶商

已领省厅茶票，重受损失，亦莫如何也。

德阳县新志

道光十七年(1837年)　五册　　裴显忠、陈一津、刘硕辅纂修

卷一　物产

花之属　山茶

卷八　赋税

县境多平衍，虽有东北小山，皆不产茶，民间日用，惟购于邻封。

德阳县志

同治十三年(1874年)　存五册　　何庆恩、刘宸枫、田正训纂修

卷五十一　物产

花之属　山茶

德阳县志

民国二十八年(1939年)　五册　　熊卿云、汪仲夔、洪烈森纂修

卷四　茶税

德阳向不产茶，各种茶叶，多购自雅属各县……民初……只征边引。十四年，部令恢复分岸原制，招商认额。德阳认商聚福源、同兴公二家，收入为三八〇元，即茶商认额也。据征局人称：本县年额系二百担，每担税率一元九角正。据茶号人称：私茶甚广，每年本县约销五百担以上。

省府于川中茶岸有逐年增加之计划，以后果于私茶能加制限，则茶税增加，可无疑已。

绵竹县志

嘉庆十八年(1813 年)　六册　　沈瓖纂修

卷二十三　茶法

绵邑向有产茶处所，未经设官经理……经过之处，并无关隘盘查。

卷三十六　艺文上

清陆箕永《绵竹竹枝词》　线磴回盘万仞冈，采茶郎似去年忙。几家门户原依旧，认取沿山七里香。（西北多产茶，上盘绝壁，下临湍流，采茶时，男女群往，攀援峻险，如猿玃然。七里香，似木香，土产也。）

卷四十二　物产

货殖　茶

花　山茶

绵竹县志

道光二十九年(1849 年)　十册　　刘庆远纂修

卷二十四　茶法

绵邑向有产茶处所，未经设官经理，国朝康熙四年，经知县李如梃督民采取，始行办课。迨后，渐次畅行。

卷三十六　艺文一

宋张栻《定叟弟频寄黄蘖仰山新芽，尝口占小诗，适灾患无聊，又不得遣寄，今日方能写此》　瘴雨昏昏梅子黄，午窗归梦一绳床。江南云腴忽到眼，中有吾家棠棣香。　集云峰顶风霜饱，黄蘖州前水石清。不入贡包供玉食，只应山泽擅高名。（坡公贬草茶，未为确论。余谓建茶如台阁胜士，草茶之佳者，如山泽高人，各有风致，未易疵也。）

卷四十四　物产

货殖　茶

花　山茶

绵竹县乡土志

光绪三十四年（1908 年）　一册　　田明理、黄尚毅纂修

绵竹县之历史

乙　政绩

国朝李如梃，河南孟津县举人。顺治十八年，授绵竹令……督民采取茶株，始报课税。在任十载，清洁自矢。

绵竹县之地理

乙　植物

茶　木本科　双子叶　叶头锐，叶基脚尖，叶缘锯齿，果如松子，味苦。绵北马跪寺青龙、白虎二垉所产甚佳。邑商采配作边引，行销松、茂等处。

茶与伪茶之辨，一叶缘有锯齿，一叶缘无。

山茶花　……以叶类茶，又可作饮，故名。花有红白深浅，其名录下：

杏天钩　颜淡红。　朱砂片　花瓣圆尖。　凤尾茶　茶瓣尖长。　紫袍　花片长圆。此为四大种。　喷朱茶　色如喷出红点，粉底。　醉

杨妃　单叶，花开早，桃红色。　西施茶　红淡色。　狮子头　蕊心花须，细如狮毛。　将军盔　围圆长蕊心。牡丹茶　蕊心圆瓣大，治妇女红崩。　孩儿面　淡白，底浅红色。　白牡丹茶　能治妇女白带。　清心白　围圆，瓣白，心淡青。　槟榔　白底，红槟文。

丁　商务　造茶法

茶有三种：一曰黄茶，二曰白茶，三曰苦丁茶。黄茶，有果，布地而生，其树高三四尺许，春芽夏茶，采焙之者三，味燥而烈，销松、茂一带。白茶，树高二三丈，采茶初夏晞干，性最凉。苦丁茶，伐木硁之成片，性平，山人多饮之，以价廉故，每年茶出，销路极旺，约得万金之谱，县有茶课，以此故也。

绵竹县志

民国八年(1919 年)　十册　　文显谟、黄尚毅纂修

卷一　山川

马跪山　城西北三十里隆平寺，有僧名法净，蜀王秀闻其名而召之，托疾不往，王怒，欲加罪，马至此跪不行，后因以名寺……

卷八　物产

木类

茶　木本科，双子叶，叶尖锐，基脚尖，缘有锯齿，果如松子，味苦。绵北马跪寺青龙、白虎二坳所产甚佳。邑商采配作边引，行销松、茂等处。

花类　茶花　《群芳谱》：一名曼陀罗。

卷九　实业　农业

茶　一名荈，为常绿灌木。唐天宝时，始为饮料。类分黄茶、白茶、

红茶、苦丁茶等名目。红、白、苦三种所产不多，黄茶即老茶，行销松、茂等处，邑商采配作边引。县北马跪寺青龙、白虎二垉茶产甚佳，其汉王场及西山所产亦多。

造茶法　黄茶，有果，布地而生，其树高三四尺许，春芽夏茶，采焙之者三，味燥而烈，销松、茂一带。白茶，树高二三丈，采茶初夏晞干，性最凉。红茶，以人工制成，茶性热，色浓，人不喜饮。苦丁茶，伐木磋之成片，性平，山人多饮之，以价廉故。

安县志

嘉庆十七年(1812年)修，

同治三年(1864年)增刻　十二册　　杨英灿纂修

卷十四　古迹

白塔，在县城南五十里，计十三层，高二十余丈，顶有茶树数株，天旱长青……

卷二十二　茶课

安县西北境内沿山一带，素产春茶，味苦叶粗，在二三月间采摘，悉皆散植于山坡峻岭之间，听民自种。所产本属无多，无庸官为经理，茶商等领引采买，运至松潘一路行销，遵行已久，茶户商民相安无事，亦无堕引缺额诸弊。

卷三十　物产

茶　《太平寰宇记》：松岭山上出茶，不可食。毛文锡《茶谱》云：绵州龙安县生松岭关者，与荆州同，其西昌、神泉等县连西山生者，并佳，独岭上者，不堪采摘。

花属　山茶

卷三十二　风俗

商贾　安邑西北乡产茶，归松潘茶商配引行销完税。

岁会　三月清明日为清明会……是月，采苦茗。

安　县　志

民国二十二年（1933年）　十二册　　夏时行、刘公旭纂修

安县续志

民国二十七年（1938年）　一册　　成云章、陈绍钦纂修

卷二十四　茶税课

安县西北境内沿山一带，素产毛茶，味苦叶粗，在二三月间采摘，悉皆散植于山坡峻岭之间，听民自种，所产本属无多，无庸官为经理，茶商等领引采买，运至松潘一路行销，遵行已久，茶户商民，相安无事，亦无堕引缺额诸弊。（本旧志）

卷二十五　盐茶课

此项课额，清初至同治二年，中多变更，已采录旧志。至民国光复……各县茶商自向省财政厅完纳引票税，安县之盐茶科房遂撤销。

卷二十六下　物产　植物

木材　茶子树

县属特产，惟茶叶，有红、白两种，红者最多，由茶商采买，运入夷地出卖。

花类　茶花

卷五十七　旧志　风俗

商贾　安邑……西北乡产茶，归松潘茶商配引行销完税……

三月清明日为清明会……是月，采苦茗。

北川县志

民国二十一年(1932年)　九册　　杨钧衡、黄尚毅纂修

卷三　茶法

榷茶始于唐，至宋以为筹国备边之要，法诚美焉！蜀之茶，见于王褒《僮约》阳武（编者按：应为武阳）买茶之语，《华阳国志》亦云：什邡县山出好茶，蜀茶之珍于世，固已久矣。前明，陕以西，川以南，置茶马司各一，犹唐时回纥入贡，以马易茶故事。今则幅员万里，边疆腹地，茶引一例通行，迥非明代所可同日语也。北川本产茶之区，引额课项，自应胪陈，上以裕国，下以通商，讵非经久之良法哉！

前清茶法，额引张数，征解课税，羡截银两，盐茶道每年奏领奏解……其边引，行销松潘；腹引，行销内地。北川县，前清代行天全州边引一百六十二张，其引又转交边茶商号代销。县属陈家坝、漩坪、曲山场、擂鼓坪、羊角乡等处，每年产边茶约六七十万斤以上。民国成立，经省议会核定川西边茶条例，归四川财政厅专案办理，额计边茶票每张征库平银一两正。近年茶商丰盛合、义合全、本立生、裕国祥、聚盛源，均住县属采购边茶，运往松潘行销。县属向产腹茶，每年约计十万斤以上。

物产　特产表

东区　红茶　陈家坝为多，通口次之。每石二包，每包重六十斤，每年产出十余万斤。物价飞涨，价值难定。

南区　红茶　敏溪、大水湾、曹三沟、曲山、擂鼓坪皆产。每年约

一千担，每担一百二十斤。

彰明（旧县名，原县辖境属今绵阳地区）县志

同治十三年（1874 年）　八册　　何庆恩、李朝栋纂修

卷六　山川

兽目山　在县西二十里。有百汇龙潭，上下凡三潭，其水常流，产茶甚佳，谓之兽目茶。即今青岩山。

卷五十三　土产

山茶花

罗江（旧县名，原县辖境属今绵阳地区）县志

嘉庆二十年（1815 年）　四册　　李桂林、邓林纂修

卷二十　盐茶税课

罗江向不产茶，在安县、什邡等处采买，回县行销。

南充县志

嘉庆十八年(1813年)　五册　　袁凤孙、陈榕纂修

卷一之六　古迹

琴台，在治北六十里。司马长卿尝寓此。

南充县志

民国十八年(1929年)　十六册　　李良俊、王荃善纂修

卷四　古迹

司马相如故宅　在罗家场琴台寺。　《寰宇记》：司马相如故宅，在相如县南二十里。《周地图记》：其地有相如坪，相传相如别业在此。宅右西滨汉(按即嘉陵江)，蓁薄郁然，其基名相如琴台，高六尺，周四十四步。

卷六　商会

南充县商会各帮职业货值价目表：

茶帮　由财政厅配发茶引印花，入山采茶，回顺出售。　约计户数二家。　约计全年价目　一万余元。初由省财政厅发给茶引印花，入山采茶，外无重征，后因财政纷歧，各地收捐，茶引印花，均属无效。

卷十　流寓

汉　司马相如，成都人，侨寓蓬州，宅边有琴台，后人立祠祀之，今名琴台寺……属南充，在治东罗家场辖境内。

卷十一　土物

观赏植物　山茶　树珠兰　可以煮茶。

木材类　檬子树　贫家或用其嫩叶以作茶。

苍溪县志

民国十七年(1928年)　六册　　钟俊、李灵椿纂修

卷八　物产

老鹰茶木　一名红茶，饮之消暑。　以上林部植物。

山茶　一名七里山茶。　以上花类。

西充县志

光绪元年(1875年)　五册　　高培穀、刘藻纂修

卷三　物产

花　山茶

营山县志

同治九年(1870年)　八册　　翁道均、熊毓藩纂修

卷二　建置沿革

梁　相如县　天监六年，析宕渠地，合今蓬州地为一县，以司马长卿故宅名，属梓潼、隆城二郡。《寰宇记》：县在蓬州东八十五里。

卷十五　物产

花　山茶

广安县志（原周克堃私著，曰《广安州新志》，收为官书后，改题今名）

民国十六年（1927年）　十册

卷四　山川志

皛然山，州东南四十里，古白岩山……旧志：层峦叠嶂，烟锁雾环，自山麓至顶二十余里，有圣水洞、老龙洞，尤为名迹。其山产多材木，富茶、竹……

卷九　乡镇志

戴市场，州东五十里，地近皛然山。庙观三处，增饰崇丽，地有茶、木、竹、纸之饶……

官溪场，州南十五里。市濒渠江西岸，地饶米谷，多富人环居，市易只茶、盐、竹、木，村店二十余。

桂花场，州东八十里。同治中，置地近天池，交邻水界，地多竹、麻、纸，市易惟土茶、谷米……

卷十二　土产志

茶产牛角硐。宋时，军有合同场。远商采买于园户，出鬻他路，名曰硐茶。嘉、道中尚盛，今出产少。

花之属　山茶花　玫瑰花　烹入茶亦良。　茉莉　与珠兰入茶，味鲜芳而美。

药之属　荆芥　乡人解暑，瀹枝以代茶。

卷十三　货殖志

盐、茶本土所鲜……惟茶无商贩，其课由丁粮上纳，随便买卖。

卷十六　赋税志　税课

唐贞元九年，榷茶。县产茶及茶出要路，皆估其直，十税一，为水旱备。长庆中，增茶税率为钱百增五十。开成二年，茶税行交引。

军旧有茶税。熙宁间，始官买官卖，置提举司，专榷茶之政。其始，岁课少，李稷为提举，骤增其数。绍兴中，韩球、美成同提举，始榷忠、达茶，即广安置合同场，岁收与夔合，以八万斤为额，民甚苦之，商人利薄，但以引钱敷民间耳。美成在茶司，尽取园户加饶之茶为正额，一场骤增万斤，民知输官不补所得，于是多私贩，后亦量减引钱。（杂记）

卷三十四　风俗志

饮食之节，旧以淡泊成风。茶苦蕣而色浊，酒酿黍而味薄……酒惟米酒，常设无贫无富，日用略同，独乡风最尚午茶……

卷三十八　古迹志

牛角洞，州东南七十里大山中。多茶树，味最香美，商贩出境，名曰洞茶。

岳池县志

光绪元年(1875年)　十册　　何其泰、吴新德纂修

卷六　物产

花之属　山茶

卷十三　流寓

汉　扬雄，字子云，成都人。成帝时，客有荐雄文似相如者，献《甘泉》《长杨》诸赋，拜执戟郎，校书天禄阁。家贫，嗜酒不偶。尝寓居岳池之二郎山下读书，至今犹名其处为读书台，古迹犹存。

万源县志

民国二十一年（1932年）　六册　　刘子敬、贺维翰纂修

卷一　河流

中河，一名中江，又名千江河，源出县东北城口白支山，南流约百里，至桑溪河，入县境……此河小舟上至固军坝止……下运之货，以花、布、茶、铁为大宗……

任河，一名九江，源出城口东北交陕西砖坪厅界大山之七里沟……又流百八十里，至紫阳县，入汉江……土产茶、铁、药材，亦由此下运焉。

卷二　乡镇

白羊庙　东南一百二十里。集期三、六、九，原属二保。每年春季，茶叶交易多集中此市。　以上四区。

青花溪　治南六十里。集期二、五、八，原属四保。　每年春季，茶业较盛。　以上八区。

卷二　名胜

竹峪关　在治西。地多茶园，清明前后，焙茶者多，青烟缭绕，颇饶佳趣。旧品为竹峪茶烟，近人又或品为天池茶影……惜未详细叙列，征诸实地，兹编亦仅得虚存其名，以俟将来耳。

卷三　物产

货属类　茶　邑产大宗，详农业。　苦茶　两种，因土性而异，非种有异也。　老鹰茶　野产，性寒，多饮令人失声，煎茶合酱不变味。外商有专收此茶者，本地少用。

卷三　农业　桐茶

茶　……县属产茶，以三区之白羊庙，四区之锅团圆，八区之青花溪，十区之大竹河、白果坝等处最为驰名。种茶之法亦分点种、移苗两项，惟不及桐树之易活易长，嫩苗尚须人力保护，收获在植定七年以后。制茶，于采回时入锅搅炒，以梗叶皆软为度，晾至半干，盛于麻袋内，以足团之，或一次二次，至多不过三次，则叶成条而拳曲，曝干或阴干后，拣去枝干，贮袋内，筑成包，外束以绳，便于运输。此两大宗，年来增益农家经济不少。惟俗有点种桐、茶，恐得桐痨、茶痨之忌，故多雇孤老行之，亦殊可笑。

卷三　商业

输出类

茶叶　由陕、甘商输运出口，行销陕西之汉中、西乡、镇巴，甘肃之兰州、秦州等处。本地商亦有专务茶业者。

卷三　田房税

民国以来，引岸废除……田房茶税则仍照收……微不足数之土产各物，亦遂因时而征税。论者谓为时代之递嬗使然，然而人民之负担则益加重矣。略叙如下：

茶税，每一百二十斤征银一元五角（历系包案……）

宣汉县志

民国二十年(1931 年)　十六册　　汪承烈、庞炳麟纂修

卷四　食品　物产

货之属

茶叶子　以雨前、毛尖为最，次曰头茶、二茶、三茶，最下者捱刀茶，或曰宰茶子。西行陕、甘，东下夔、渝，均为大宗家常用者。惟割秋后老叶，或采茶果烹之，曰随茶。产地以上东区及北区之十字溪、铁矿坝为盛。毛尖惟土黄场、樊哙场采之，余则否。雨前者，谓谷雨以前也，古曰火前，谓禁火以前也。

卷六　财政　赋役

茶税　徐志云：唐穆宗长庆元年，盐铁使王播议增天下茶税率百钱增五十，川以户部领之。宋真宗大中祥符元年，盐铁转运使裴休请厘革横税，以通舟船，商旅既安，课税自厚，又正税茶商，多被私贩茶人侵夺其利，今请委强干官吏，先于西蜀出茶山口，布置把捉，量加半税，给陈首帖子，令所在公行，使私贩者免犯法之忧，正税者无失利之欺。从之（编者按：裴休所请各节，系唐宣宗大中年间事，此处作宋真宗大中祥符元年，误）。天禧四年，天下茶皆禁，惟川、陕、广茶听民自卖，不得出境。神宗熙宁七年，始遣三司干当公事李杞入蜀，经画买茶，与成都路漕司议合。初，蜀之茶园，皆民两税地，不殖五谷，惟宜种茶，赋税一例。既而运茶积滞，岁课不给，乃建议于彭、汉二州岁买布各十万匹，以布息助茶利。自熙宁七年至元丰八年，蜀道茶场四十一处。高宗建炎元年，擢成都路运判赵开主管川、陕茶马事，开至成都，大更茶法，印给茶引，使商人即园户市茶，百斤为一大引，为茶市以通交易。绍兴四年，杨辅为使，遂定为成都利州路二十三场。岁产茶二千一百二

万斤。熙、丰以来，茶司权出诸司之上。是年，初命四川宣抚司支茶博马。七年，复置茶马官。宁宗庆元六年，诏四川产茶处岁输头子钱五千四十道有奇，又科租钱三千一百四十道有奇。元世祖至元五年，用运使白赓言，运成都茶于京兆、巩昌置局。六年，始立四川榷茶使司掌之。十年，始立四川盐榷茶场使司，定长引、短引法，长引带茶一百二十斤，收中统钞五锭有奇，短引带茶九十斤，收钞四锭有奇。明洪武五年，置四川茶盐都转运司，令四川产茶地方，每十分官取一分。三十年，令成都、保宁、重庆三府及播州宣慰司各置茶仓，岁征川中课茶，贮仓招商市买，与西番易马。嘉靖四年，巡抚都御史王轨、巡按御史马纪题奏，以水利佥事带管茶法，每年布政司差官赴南京请印目五万道，送与管茶官收贮，分别等第，芽茶每引三钱，叶茶每引二钱，听商赴管茶官处报明，给以引目，照买照卖，立限截角四缴；禁革湖茶，不许越界；进贡番夷，不许夹带私茶，其该赏茶斤，行布政司查给。茶课与税，初皆本色，一以易马，一以赏番，至是俱折收银两，备买茶赏番及买马之用。隆庆三年，巡抚严清题疏，本省每年户部关引五万道，半填芽茶，半填叶茶。以二万六千道为腹引，每引芽茶三钱，叶茶二钱。二万四千道为边引，内一万九千八百道给黎雅各商，每引芽茶三钱八分，叶茶二钱五分；二百道给本地思经罗纯产茶处所土民，每引芽茶七钱六分，叶茶五钱；松潘四千道，税与腹引同。共税银一万三千八百六十三两。然边引报中者多，恒苦不足，腹引常置于无用之地，盖向来腹多边少者，无非谨中外之防也。然腹地有茶，而汉人或可无茶，边地无茶，番人或不可无茶，故边引易行，而腹引常滞。先此议茶法者曰：茶乃番人之命，不宜多给，以存羁縻节制之意，是矣。乃边引愈少，私贩愈多，只为奸人作利屯耳。又曰：四川茶法不缩，陕西马政有妨，此犹未深考。夫番地最广，近者弥月，远者弥年，陕西洮、岷与松潘接境，与黎雅渺不相及，今不增松潘而增黎雅之引，于陕西马政何妨。自隆庆三年，始将原引五万减去一万二千道，于黎雅边引加一万道，每引量加一钱税银，已充旧额，而边腹相安矣。监察御史王廷瞻会题，每年茶引三万八千道内，将三万道作黎雅边引，除二百道产茶地方报中，每引照旧芽茶七钱六分，叶茶五钱，给思经罗纯；二万九千八百道给商，每引芽茶四钱八分，叶茶三钱五分，比旧俱增一钱；四千道给松潘；四千道腹引，照旧芽茶三钱，叶茶二钱。通计一万四千二百六十七两。清初，原无茶引。雍正八年，奉行清查，自九年始新增腹引三张。十年，又据茶户王凤臣等请增腹引二十二张，新旧共二十五张，每张运茶一百斤，随带附茶一十四斤，每张榷课银一钱二分五厘，征税银二钱五分，每年征课银三两一钱二分五厘，征正税银六两二钱五分，又每张征羡银截银一十四两八钱二分，例限五月完半，十月全完，批解盐库上纳。茶引，每岁二月赴道请领给商，于本县买茶，在本县发卖，并请领征收课税羡截银两应用，连批由单各一张，以便填解，其残引，定限申缴，以防滋弊……

邻水县志

道光十五年(1835 年)　六册　　曾灿奎、甘家斌纂修

卷二　物产

货之属　茶叶

花之属　茶花

大竹县志

道光二年(1822 年)　六册　　蔡以修、刘汉昭纂修

卷五十一　物产

花之属　茶花

大竹县志

民国十七年(1928年)　八册　　郑国翰、曾瀛藻、陈步武、江三乘纂修

卷一　山水

四方山，在堡市、团市之东。山形方正，竹诚诸山，皆发源于此……团属茶山，产茶，味佳，价高……

九盘山，县西三十里……山势高峻，由陡嘴盘旋九折，始达其岭……物产茶叶、玄参、白合、煤炭……

云雾山，县西四十里。高出云表，盛夏如秋，西山积雪，为竹阳八景之一……物产栀子、桐子、煤矿，茶尤著名。

卷二　乡镇

清水铺，县南三十五里。地近西山，平田仅三之一，地产茶、烟、玄参、栀子……

高穴场　县南五十里……近山一带，产黄白竹甚夥，土宜叶烟、茶、桐……

卷十二　物产

花之属　山茶

卷十三　商业

输入物品，以棉纱为大宗，次则……万源之茶……

渠　县　志

嘉庆十七年(1812 年)　四册　　王来遴纂修

卷之十九　风俗

渠地市廛，水陆交通，然湫隘嚣尘，无通商大贾，惟盐、茶、药材，有往来营贸者。

卷之二十八　茶法

茶者，南方之嘉木，蜀中珍品亦多。唐时，回纥入贡，以马易茶。宋、元因之，制引榷税，上以裕国，下以通商，遂为经久之良法。然历时既久，不无私弊，国朝定制，凡不产茶之州县，认销产茶州县之茶腹引，无引者禁，我渠遵行久矣。志茶法。

渠　县　志

同治三年(1864 年)　十二册　　何庆恩、贾振麟纂修

卷四十八　物产

食货之属　茶

花之属　山茶

南江县志

道光七年(1827年)　四册　　胡炳、彭映纂修

上卷　物产

崇清乡　山河地土居民，蓄茶园，每采摘于谷雨前后为头茶，五、六月则为二茶，七八月则为晚茶。树下并可种包谷，其利颇饶。春分即有陕西客民来山置买，落经纪人家，以便交易。头茶稍贵，次、三则不及前矣。

中卷　茶法

南江旧志载：崇清乡产茶。

南江县志

民国十一年(1922年)　四册　　董珩、岳永武纂修

第二编　物产

植物

茶盛产北部。每年采摘，于谷雨前后者为头茶，五六月为二茶，七八月为晚茶，清明采者尤佳。小高山产物，故益可恃者，无以逾之。

第二编　赋税

前清有盐税、茶税，民国未征。

巴州(旧州名,民国时改为巴中县)志

道光十三年(1833 年)　四册　　朱锡谷、陈一津纂修

卷一　物产

《寰宇记》：巴州产茶。　《广雅》：巴、阆采茶作饼，煮饼，先炙令色赤，捣末，置瓷器中，以汤覆之，用葱姜芼之。即茶始说也。

卷四　赋税

州产茶，见于《太平寰宇记》……

巴州志略

民国二十一年(1932 年)　一册

茶法

州属岁产茶五千七百斤……

土产

茶

巴中县志

民国十六年(1927 年)　四册　　马传芝、余震纂修

第一编　地产

植物

……茶自民国六年农会提倡种植，惟县土性不宜，故不发达……

第三编　赋税

茶　清雍正八年按引榷课……查本县原不产茶，民国初裁销。

通江县志

道光二十八年(1848年)　八册　　锡坛、陈瑞生、邓范之纂修

卷二　古迹

石楼山庄　有宋梁隐君墓。梁名实，字延之，仕宋，因疾上官科敛民财，愤然领米七升，茶一斤，交子钱七百二十六文，弃官归隐，卜葬石楼山庄。

卷十　物产

货类　茶

通江厥田下下，硗确之土，而欲较美利于沃壤，良多愧已……邑产，惟茶用遍于他邑，然雀舌、龙团之号，下病民，上亦病官。裕我子孙，则愿滋殖之，苦于供亿则思薙拔之。嗟乎！民在山巅崖阿之下，恃此为世业焉。特望尹此者轸之虑耳。

万县乡土志

民国十五年(1926年)　二册

卷八　物产

植物

茶　叶粗大，色红而性寒，盛夏饮之，却暑，俗呼为老鹰茶。

开　县　志

咸丰三年(1853年)　六册　　李肇奎、陈昆纂修

卷四　山川

茶岭　在县北三十里。旧传产茶，味绝佳，不生杂卉，今则无矣。石麟士曰：盛山十二景有茶岭，据韦诗：千丛自此始，含露紫英肥，似韦公手植于盛山者，与此无涉。

卷十五　物产

茶　旧志：开县茶岭产茶，味绝佳，不生杂卉。

开　县　志

民国十九年(1930年)传抄　乾隆间本　二册　　胡邦盛纂修

山川

茶岭，在县北三十里。　旧传产茶之处，茶味绝佳，不生杂卉，今则无矣。

物产

茶

城口厅志

道光甲辰(二十四年,1844年)　六册　　刘绍文、洪锡畴纂修

卷五　古迹

鸡鸣寺　在八保，距厅南一百八十里，一名寄名寺。相传建自东汉

时，无碑志可考。

古茶园　在八保鸡鸣寺后。相传自明以来，即为茶园，茶树皆明时植。所产之茶，较他处诸茶细嫩，又独早，其味清香，逾于凡品，厅属多产茶，以是处为佳。

卷六　风俗

……商贾亦多外来，以棉花、布帛、杂货于场市与四邻居民赶集交易，复贩买药材、茶叶、香菰、木耳、椒、蜜、猪、牛等物，往各省发卖。

卷十八　物产

果属

茶，树如瓜栌，叶似栀子，花白如蔷薇，单瓣，黄蕊，结实如栟榈，蒂如丁香。有株生，有丛生，四时不凋。二月发嫩芽，至清明节即可采。厅民多种茶以为利，七、八、九保皆产，以鸡鸣寺古茶园为最佳。又有名老鹰茶者，其色较白，不甚清香，逊于诸茶，惟煎茶入酱不变味。《广韵》：春藏叶，可以为饮。《韵会》：茗也。本作荼，或作㯥，今作茶。陆羽《茶经》：一曰茶，二曰槚，三曰蔎，四曰茗，五曰荈。《博物志》：饮真茶，令人少眠。语云：芳冠六清，味播九区，焕若积雪，晔若春敷，调神和内，倦解慵除，益气少睡，轻身明目。《三农记》云：茶之名，始于汉；茶之税，始于唐，盛于宋，元大兴。其引贴，以代诸州水旱之赋，至明，与西番互市茶马。茶，乃一木叶耳，上为朝廷赋税之助，下为生民日用之资，其利甚溥。始得名于王褒，著《茶经》于陆羽，丁谓述《茶录》，毛文锡析《茶谱》，蔡宗颜题茶对，卢仝咏茶歌，品题甚多。闻之唐人尚茶，其品益众，惟蒙顶石花、露芽、谷芽为第一，北苑龙凤团为上供。蜀之茶，则有东川、神泉、兽目，峡之碧涧、明月，夔之真香，邛之火井、思安，黔阳之都濡，嘉定之峨眉，泸州之纳溪，玉垒之砂平。

货属

茶　厅境皆产行销。

花属
茶花

大宁(旧县名,即今巫溪)县志

光绪十二年(1886年)　八册　　高维岳、魏远猷纂修

卷一　物产

货之属
茶　产茶山坝一带，采做均不如法，故值贱而行不远。

卷八　轶事

《续通鉴长编》：宋神宗熙宁初，苏辙《论茶法五弊状》，其一略曰：川茶本法，止于官自贩茶，其法已故。今官吏缘法为奸，遂又贩茶，贩大宁盐，贩瓷器等物，并因贩茶还脚，贩解盐入蜀。

奉节县志

光绪十九年(1893年)　八册　　曾秀翘、杨德坤纂修

卷七　山川

相公溪，在县西三里。溪滨有寇公井，故名。夔诸水，惟此烹茶最佳。

卷十五　物产

花类　山茶

卷二十　寺观

香山寺，在县东南三十里麝香山上。寺产香山茶，因名。

云阳县志

民国二十四年(1935年)　十册　　朱世镛、刘贞安纂修

卷三　山水上　东北山

由团坝分水岭以西，曰尖汉溪，北亘大岭，历苦草塘、中元蚜口、燕子坪、沈家坪(在高峰观下)，产茶。

卷十三　礼俗中

旧志称：县俗南俭而北侈，验之信然。盖北乡各甲，地多膏腴，益之盐卤之利，茶蔗之饶……

种获称两季，杂植则应时致力，秋成自恃粳稻……莜莽间于隙地少种，与胡麻云台相埒，非所急也。

卷十五　礼俗下

茶谓之荼　魏了翁集：茶之始，其字为荼。如《诗》所云：谁谓荼苦，陆颜诸人，虽已转入茶音，未尝轻改字文。陆羽、卢仝以后，遂易荼为茶。《野客丛书》：世谓古之荼，即今之茶，不知荼有数种，惟称荼檟之荼，则今之茶也。陆羽《茶经》：曰茶，曰檟，曰蔎，曰茗，曰荈。

忠州直隶州志

道光丙戌(六年,1826年)　八册　　吴友篪、熊履青纂修

卷一　山川

高盈山　在州西二十里。其山孤峰似削，陡壁遥冈，盘曲如篆，翘然礴然之势，周遭几百里，故以高盈目之……

卷四　物产

货之属

茶　余家岩、周家岩、高盈山皆产。

花之属

茶花

梁山(旧县名,即今梁平)县志

嘉庆十三年(1808年)修,同治六年(1867年)增修　十册　　符永培纂修

卷二　山川

喷雾崖　县东三十里白兔亭后。《胜览》云：蟠龙洞之泉，下注垂崖，约二百余丈，喷薄如雾，石壁间刻喷雾崖三字。宋张商英留题云：水味甘腴偏宜煮，茗非陆羽莫能辨。范成大以为天下瀑布第一，有飞练亭与之相对。嘉庆十二年，邑令符永培手书“蜀岭雄风”四大字，镌于石壁。

卷十二　物产

花之属曰　蜀茶

梁山县志

光绪二十年(1894年)　十二册　　朱言诗纂修

卷四　物产

花之属　蜀茶　山茶

内江县志

同治十年（1871 年）　十册

卷二　物产

花类　山茶

卷二　田赋　盐茶

茶，本县无种植者，民间食茶，系邛州、丹棱各处引商运售。

内江县志

光绪三十一年（1905 年）　十二册　　彭泰士、曾庆昌纂修

卷二　物产

花类　山茶

内江县志

民国十四年（1925 年）　十二册　　曾庆昌纂修

卷二　物产

花类　山茶

乐至县志

乾隆五十一年(1786年)　六册　　张松孙、雷懋德纂修

卷三　土产

货之属

茶　茶之始，其字为荼。早取为茶，晚取为荈，苦荼也。

花之属

蜀茶

乐至县志

道光庚子(二十年,1840年)　四册　　裴显忠、刘硕辅纂修

卷三　物产

花之属　山茶

乐至县志又续

民国十八年(1929年)　四册　　杨祖唐、蒋德勋纂修

卷二　局所

印花督销处，民国十四年成立，除油、盐、柴、米簿账等免贴外，其余各货，分别贵贱，按挑贴粘……

种 类	挑目（重量）	本境征贴数目	过境征贴数目
毛茶	壹挑	四分	八分
沱茶	壹筒	半分	一分
龙井	壹斤	半分	一分

安岳县志

道光乙未(十五年,1835年)　八册

卷十　人物

赵开《宋史·本传》：字应祥，普州人，登元符三年进士第。大观二年，权辟雍正……尽室如京师，买田尉氏，与四方贤俊游，因诇知天下利病所当罢行者，如是七年，慨然有通变救弊志……因指榷茶买马五害，大略谓：黎州买马，嘉祐岁额才二千一百余，自置司榷茶，岁额四千，且护马兵逾千人，犹不足用，多费衣粮，为一害。嘉祐以银绢博马，价皆有定，今长吏旁缘为奸，不时归货，以空券给夷人，使待资次，夷人怨恨，必生边患，为二害。初置司榷茶，借本钱于转运司五十二万缗，于常平司二十余万缗，自熙宁至今，几六十年，旧所借不偿一文，而岁借乃准初数，为三害。榷茶之初，预俵茶户本钱，寻于数外更增和买，或遂抑预俵钱充和买，茶户坐是破产，而官买岁增，茶日滥杂，官茶既不堪食，则私贩公行，刑不能禁，为四害。承平时，蜀茶之入秦者，十几八九，犹患积压难售，今关陇悉遭焚荡，仍拘旧额，竟何所用？茶官吏坐糜衣粮，未免科配州县，为五害。请依嘉祐故事，尽罢榷茶，仍令转运司买马，即五害并去，而边患不生。如谓榷茶未可遽罢，亦宜归并转运司，痛减额以苏茶户，经立价以惠茶商，如此则私贩必衰，盗贼消弭，本钱即常在，而息钱自足。朝廷是其言，即擢开大提举川陕茶马事，使推行之，时建炎二年也。于是大更茶马之法，官买官卖茶并罢，参酌政和二年东京都茶务所创条约，印给茶引，使茶商执引，与茶户自相贸易，改成都旧买卖茶场为合同场、买引所，仍于合同场置茶市，交易者必由市，引与茶必相随，茶户十或十五共为一保，并籍定茶铺姓名，互察影带贩鬻者。凡买茶引，每一斤春为七十，夏五十，旧所输市利头子钱并依旧，茶所过，每行征一钱，住征一钱半。其合同场监官，除验引称茶，封记发放外，无得干预茶商茶户交易事。旧制：买马及三千匹者，转一官，比但以所买数推赏，往往有一任转数官者，开奏请推赏必以马到京实收数为格，或死于道，黜降有差。比及四年冬，茶引收息至一百七十余万缗，买马乃逾二万匹。张浚以知枢密院宣抚川蜀，素知开善理财，即承制以开兼宣抚处置使司随军转运使，专一总领四川财赋……

卷十五　土产

花之属　蜀茶。《群芳谱》：一名曼陀罗。以叶类茶，又可作饮，故得茶名。花有数种，就中宝珠为佳，蜀茶更胜。

卷十六　外纪

《食货志·盐茶》：蜀茶旧无榷禁。熙宁间，始置提举司，收岁课三十万。至元丰年，累增至百万。建炎元年，成都转运判官赵开言榷茶买马五害，请用嘉祐故事，尽罢榷茶，而令漕司买马。或未能然，亦当减额以苏园户，轻价以惠行商，如此则私贩衰而盗贼息。遂以开同主管川秦茶马。二年，开至成都，大更茶法，仿蔡京都场茶法，以引给茶商，即园户市茶，百斤为一大引，除其十勿算。置合同场以讥其出入，重私商之禁，为茶市以通交易，每斤引钱春七十，夏五十。市利头子钱不与焉，所过征一钱，所止一钱五分。自后引息钱至一百五万缗。

荣县志

民国十八年(1929年)　九册　　廖世英、赵熙、虞兆清纂修

物产第六　食货类

茶　《尔雅》：槚，苦荼。郭注：早采为荼，晚取为茗，蜀人名之苦荼。《晏子春秋》有茗菜之文。王褒《僮约》：武阳买茶。武阳，蜀

郡地也。《方言》：蜀西南人谓茶曰葰。扬雄《蜀都赋》：蔓茗荧郁。常璩《巴志》：园有香茗。是茶自古有之，今音敕加反，古则荼音而已。《博物志》：饮真茶，令人少眠。《桐君药录》：巴东有真香茗茶，煎饮，令人不眠。是晋已前茶不通行，惟蜀惟盛，唐则天下风尚矣。此亦乡故之隽闻也。施肩吾《蜀茗》词：越碗初盛蜀茗新，薄云轻处搅来匀。山僧问我将何比，欲道琼浆却畏嗔。荣，山谷间茶种不一，以天堂、定理、莲花诸寺为多。明末赭矣。近年双古坟始制绿茶，色香味都绝。西北多山，倘遍广植而精焙之，自然之大利也。

资州直隶州(旧直隶州名，民国时改为资中县)志

光绪二年(1876 年)　二十四册　　罗廷权、何衮纂修

卷八　物产

花之属　山茶花

资中县续修资州志

民国十八年(1929 年)　六册　　吴鸿仁、黄清亮纂修

卷八　物产

植物类　山茶花

资阳县志

咸丰十一年(1861年)　十册　　范涞清、何华元纂修

卷七　茶政

汉王子渊《僮约》有武阳买茶之语，晋常璩《华阳国志》有什邡、武阳出茶之文，至唐而遂榷茶，宋则以为筹国备边之要务。县非产茶所，迩来招商设引，广民食，助经费。

花之属　山茶花

简州(旧州名,民国时改为简阳县)志

咸丰三年(1853年)　　濮瑗、陈治安纂修

简州续志

光绪二十三年(1897年)　共十册　　易家霖、傅为霖纂修

卷十二　土产

《太平寰宇记》：简州产茶。

简阳县志

民国十六年(1927年)　十二册　　林志茂、汪金相、胡宗阏纂修

卷十九　土产

茶　《太平寰宇记》云：简州产茶(光绪志)以上味类。

附植物（天然制造）品行销：

茶　自邛州、蒲江及下河马边、筠连来，由商按引纳课。邛、蒲茶岁销二百五十石，下河茶销一百五十石，每石一百斤，使无私茶充塞，自不止此。

宋时，州境产茶，前清绝少茶树。所需皆购自他邑。

永川县志

乾隆四十年(1775 年)　四册

卷八　物产

杂物之属

茶

永川县志

光绪十九年(1893 年)　十册

卷之二　舆地　物产

食货之属

茶　本作㮝。陆羽《茶经》，其名有五。邑产虽非绝佳，然萱花寺、大小峰门等处，赖此为衣食者甚众。

永川县志

光绪十九年　十册

卷之三　建置　场镇

茶店场　县东十五里。创自前明，相传建文帝过宿，茶庵乃其遗址，场因名焉。庵在街西……

永川县志

光绪二十年(1894年) 十册 许曾荫、马慎修纂修

卷二 物产

花之属

山茶

大足县志

民国三十四年(1945年) 六册 郭鸿厚、陈习珊纂修

卷一 山脉

妙高山 在县西四十里。山顶有庙，曰妙高寺……循寺左右石岩有窟四……四窟内壁刻李审特煮茗于此……

卷三 田赋

物产之品六……三曰茶、盐……

卷三 诸税

茶税 茶之有税，自唐德宗建中元年始，其初为是说者，曰什取其一，以代水旱田租也。其后文宗时，置榷茶，徙民茶树于官场。武宗时，量加半税，禁私鬻。宋制：榷货务六务、十三场，领园户，受其租，园户领本钱于官，所种茶，悉送榷货务鬻之，故藏匿不送官及私贩鬻者没入之，论罪有差。仁宗天圣时，罢官给本钱，使商人与园户自相交易，定为中估，而官收其息。嘉祐四年，一切弛禁，园户种茶者，官

收租钱，商贾贩茶者，官收征算，诏曰：上下争利垂二百年，江湖之间，幅员数千里，为陷阱以害吾民，当虑幸于立异之人，因缘为奸之党，妄陈奏议，以惑官司，必寘明刑，用惩狂谬。神宗熙宁七年，复榷蜀茶。徽宗崇宁元年，改行长引、短引，短引于旁近郡县便鬻，长引从所指州军鬻之。政和二年，增损茶法，严影带之禁。元初，长引每引茶一百二十斤，收钞五钱四分二厘八毫，短引茶九十斤，收钞四钱二分八毫。至元十七年，置榷茶都转运司，创立门摊食茶课程，不问有无产茶之处，一概椿派百姓。二十一年，革罢之。明太祖立茶法，每引茶百斤，不及引者，谓之畸零，别置由贴付之，量地远近，定以程限，于经过地方执照，若无引及茶引相离者，听人告捕。隆庆三年，均四川边、腹茶引。清世宗雍正时，定本县额行腹引一百张，共征课银三十七两五钱。宣宗道光二十一年，摊入丁粮，并征分解，详田赋篇。民国成立，罢随粮附征，今照商货征收营业税。

卷三　风俗

本县风俗习惯，旧皆崇尚简朴……顾多嗜茶及酒，凡城乡大街小市，皆有茶社、酒寮，无论四时，座客常满……

铜梁县志

道光十二年(1832年)　十册　　徐瀛、白玉楷纂修

卷一　山川

巴岳山　在县南十五里，一名泸昆山。高六里，长十里。浓阴苍翠，鸟道曲盘，上有三十五峰，多产佳茗……

东山　在县南百四十里。高八里，长百里……山界属永、璧、合三邑，沿山多产佳茗……

西山　在县南八十里，与东山对峙，约隔四十里。物产亦同。春夏

之交，采茶者男妇如云，歌声抑扬，两山互应。

卷三　食货　物产

茶　有两种：一巴岳茶，雨水前叶细如粒，以此时采者为佳；一白茶，树高数丈，味甘美，饮之可消积食。

铜梁县志

光绪元年(1875年)　八册　　韩清桂、陈昌纂修

卷一　山川

巴岳山　在县南十五里，一名泸昆山。为邑山最高处。浓阴苍翠，鸟道曲盘，上有三十五峰，多产佳茗……

东山　在县南。高八里，长二百余里。上接隆昌之牛尾镇，断续俯仰，直达合州沙溪庙，沿山多产佳茗……

西山　在县南八十里，与东山对峙，约隔四十里。物产亦同。春夏之交，采茶者男妇如云，歌声宛转，乐而忘疲。

合州(旧州名,民国时改为合川县)志

乾隆五十四年(1789年)　六册　　周澄、王汝嘉、张乃孚纂修

卷五　食货

花类

山茶花

货类

茶

合　川　志

光绪二年（1876 年）　八册　　费兆钺、程业修纂修

卷之五　食货　物产附

货类

茶

合川县志

民国九年（1920 年）　三十册　　郑贤书、张森楷纂修

卷十三　土物

老茵茶树，高数丈，叶形似白茶，色褐，四时不凋，其皮每年脱换一次，花开于夏季，香远益清，叶与皮作茶亦佳。老山常种此树，惟云渠镇、平家沟称为特产。平以宽著有《茶树记异》。

合川县志

民国十年（1921 年）　三十册

卷十三　土物

老茵茶树，高数丈，叶形似白茶，色褐，四时不凋，其皮每年脱换一次，花开于夏季，香远益清，叶与皮作茶亦佳。老山常种此树，惟云渠镇、平家沟称为特产。

山茶花

江北厅志

道光二十四年（1844年） 八册 福珠郎阿、宗瑄、黄云衢纂修

卷一 山川

礼里 东山 八甲，厅北一百里。自大华蓥分脉，高五里，绵亘三十余里。林壑幽奥，气势磅礴，产松、杉、茶、竹及铁矿、煤炭等物。

卷三 茶政

茶之为饮，上古不闻，自陆羽著《茶经》而嗜之者遂盛，有国家者，因以为财赋之原焉。茶，一名槚，一名茗，一名荈，今通谓之茶。茶盛于唐，而榷茶亦始于唐，宋、元而后，榷茶益详。兼以诸蕃接壤，恒仰给之，盖腥羶之食，非茶不消，青稞之热，非茶不解，是山林草木之物，恒关系乎经费之要务也。江北产茶无多，仅敷本地采食，间有不济，恒由郡城贩买，故历来无额设引张。

卷三 物产

货之属

茶 仁里西山一带，义里广东坡，礼里东山、西山俱产之。

璧山县志

同治四年（1865年） 六册 寇用平、陈锦堂纂修

卷一 山川

梅井山 县西南四十里。高出群山上。有燃灯古佛庙。山出井油、菌兰、丛茶、五加皮、杉楠木。

卷二　田赋

宋开宝六年，令川陕人户，两税以上输纳钱帛，每贯收七文，每匹收十文，丝绵一两，茶一斤，秆草一束各一文。(《文献通考》)

卷二　茶法

唐建中元年，税天下茶、漆、竹、木，十取一，以为常平本钱。(《文献通考》)

贞元九年，复税茶，委盐铁使张滂具处置条例。(《册府元龟》)

宋天禧末，天下茶皆禁，唯川、陕、广听民自买卖，不得出境。(《文献通考》)

熙宁中，蒲宗闵议川陕路民茶息收十之三，尽卖于官场，更严私交易之令，于是蜀茶尽榷矣。(《文献通考》)

元至元六年，立西蜀四川监榷茶场使司，定长引、短引法。长引带茶一百二十斤，收中统钞五锭有奇，短引带茶九十斤，收钞四锭有奇。(《元史·食货志》)

明太祖令商人于产茶地买茶，纳钱请引，引茶百斤，输钱二百，不及引曰畸零，别置由贴给之。(《明史·食货志》)

洪武四年，户部言：四川巴茶三百十五顷，茶二百三十八万株，宜定令每十株官取其一，无主茶园，令军士薅采，十取其一，以易番马。从之。(《明史·食货志》)

五年，置四川茶盐都转司。(《明史·食货志》)

嘉靖中，定四川茶引五万道，二万六千道为腹引，二万四千道为边引，芽茶引三钱，叶茶引二钱，中茶至八十万斤为止，不得太滥。(《明史·食贷志》)

璧山，明代茶课银一两四钱五分，遇闰加银九分。(旧志)

国初以来，川省茶引，旧额新增共一十三万九千三百五十四张。边、腹、土引每张征课银一钱二分五厘；边引每张征税银四钱七分二厘，腹引每张二钱五分，土引每张三钱六分一厘。(《四川通志》)

卷二　物产

茶　《寰宇记》：渝州贡茶。按：璧山之玉兔山、拖木槽、马度槽、缙云山等处皆产。清明后采，俗谓之清明茶，亦曰丛茶。

江津县志

光绪元年（1875年）　八册　　王煌、袁方诚纂修

卷六　土产

货类

丛茶

江津县志

民国十三年（1924年）　十册　　聂述文、刘泽嘉纂修

卷五　食货

茶法

清康熙三十年前，县境未产茶，亦无课税。四十八九年间，距县西百八十里之羊景、洪洞、漩水三处居民，以界连仁怀、合江，地可产茶，相率栽种。……

卷十一之二　土产

花类

山茶花

卷十二　农业

茶　南方嘉木。树如瓜芦，叶如栀子，花如白蔷薇而心黄。饮之则

神清，乃中国独擅之利。邑人罗楷廷(省立农业专门学校毕业)曰：津地辽阔，植茶之地，所在皆有。茶地可分三等：土赤而中杂砂石者为上，紫黑无砂石者次之，黄白杂真土者为下。凡山腹不甚高之地，其土西南向，成斜坡形，低处又为多水之区者，最宜种茶。地选得后，注意育苗，苗圃宜平，土宜碎，相距二尺掘坑，深二三寸，以糠与焦土拌茶子，每坑种六七粒，种毕，覆土厚寸余，苗出，见草即除，用水灌溉，长至二三尺，移植茶林，每株相距三四尺，长则折其树头，使高不出三四尺，俾其下多生丛枝。其肥料之关系茶树者，亦甚重要：有促茶芽之生育者曰春肥，宜用人粪、米糠、豆粕等，于摘叶前四五日施之；有助夏季生育者曰夏肥，于六月中用马褥藁或刈青草施之；有助秋季生育者曰秋肥，于九月中深掘根际，以牛粪、腐草或黏土和堆肥施之；冬日又以人粪溉之，曰寒肥。茶树宜施深耕法，令其须根分配匀适，以便吸收养分，否则肥料之功减少。

重修涪州(旧州名,民国时改为涪陵县)志

同治十一年(1872 年)　十册

卷一　物产

花类

山茶花

涪陵县续修涪州志

民国十九年(1930 年)　五册

卷六　茶课

涪无官茶，亦无茶商立庄。乡间所常饮者，曰老鹰茶，曰毛尖，皆

土产。

卷七　物产

饮之属

属于茶者　《茶谱》：涪州有三般茶，宾化最上，制于早春，其次白马，最下涪陵。其时宾化未并入巴县，今非涪境矣。白马及东西里（涪陵江左右），产茶虽多，诚无上品，惟长里梓里场属之方坪所产，色香味俱佳，而地不过数十亩，树仅数十株，产额少，土人不谙制焙，不能与武夷、龙井相埒。

垫江县志

道光八年(1828 年)修，

咸丰八年(1858 年)校刻　十册　　夏梦鲤、董承熙纂修

卷三　物产

芽茶

花卉类　山茶　茶花

垫江县志

光绪二十六年(1900 年)　八册　　谢必铿、李炳灵纂修

卷之三　食货志六　物产

木之属

茶　东西山皆产，有黄、白二种，白者为本山茶，黄者为老阴茶。凤凰、太平两山，尤称最焉，谷雨前采之，焙以珠兰，居然名品。

重修丰都县志

同治八年(1869年)　七册　　田秀栗、徐昌绪纂修

卷一　物产

卉……有……山茶。

丰都县志

光绪十九年(1893年)增刻　同治八年本　八册

卷一　物产

卉……有……山茶。

重修丰都县志

民国十六年(1927年)　六册　　黄光辉、郎承诜、余树棠纂修

卷九　植物产

茶　产义顺乡马武坝、七曜山俱佳，厢子石茶子油尤多。至崇德乡梨子湾，香味仿佛云南普茶，但所产不敷一乡之用。光绪二十七年，太和乡廪生谭绮垣选购佳种，种植里余，出产暴盛，色味双佳，远近争购之。后绮垣卒，茶树渐萎。

石柱厅新志

道光二十二年(1842年)　四册　　王槐龄纂修

物产第九

药之属　茶叶

花之属　山茶

秀山县志

光绪十七年(1891年)　四册　　王寿松、李稽勋纂修

卷七　礼志第六

田家岁时佳节，炒米杂姜茗，入油炒研之，为油茶。亦时以款宾……

酉阳直隶州续志

同治三年(1864年)　二十四册　　王鳞飞、冯世瀛、冉崇文纂修

卷之十九　物产志

财货属

茶　酉属皆有之，然惟彭水为多。彭水之茶，古志未尝言及，至宋，则都濡、洪杜，嘉茗独传，黄山谷《答从圣使君书》云：今奉黔州都濡月兔两饼，施州八香六饼，试将焙碾尝。都濡，在刘氏时，贡炮也，味殊厚，恨此方难得真好事者耳，又《与冯兴文判官书》言：分惠洪杜新芽，感刻感刻是也。而黔州之茶，亦于此时并著，山谷书云：此邦茶乃可饮，但去城或数日，土人不善制造，焙多带烟耳，不然亦殊佳。又《与泸州安抚王补之书》云：施、黔作研膏茶，亦可饮。漫奉

四种，幸碾试，垂谕如何。此可知邑茶著称，始于宋代矣。今产茶之地，陶志注：白衣、三会二地。考二地皆近江口，故世谓之江口茶。凡采之最早者，曰雨前，曰毛尖，叶稍老则茶粗，价亦以次递减。

卷之二十二　艺文志三

宋黄庭坚《阮郎归·茶词》　摘山初制小龙团，色和香味全。碾声初断夜将阑，烹时鹤避烟。消滞思，解尘烦，金瓯雪浪翻。只愁啜罢月流天，余清搅夜眠。　烹茶留客驻雕鞍，有人愁远山。别郎容易见郎难，月斜窗外山。　归去后，忆前欢，画屏金博山。一杯春露莫留残，与郎扶玉山。　歌停檀板舞停鸾，高阳饮兴阑。兽烟喷尽玉壶干，香分小凤团。　雪浪浅，霜花圆，捧瓯春笋寒。绛纱笼下跃金鞍，归时人倚栏。　黔中桃李可寻芳，摘茶人自忙。月团犀胯斗圆方，研膏入焙香。　青箬裹，绛纱囊，品高闻外江。酒阑传碗舞红裳，都濡春昼长。

宋黄庭坚《踏莎行·茶词》　画鼓催春，蛮歌走向，火前一焙争春长。低枝摘尽到高株，高株别是闽溪样。　碾破春风，香凝午帐，银瓶雪滚翻清浪。今宵无睡酒醒时，摩围影在秋江上。

黔江县志

咸丰元年(1851 年)　四册　　张绍龄纂修

卷三　物产

木之属　茶条

花之属　茶花　西洋茶　莲花茶　金边茶　水红茶　绣球茶　佛顶茶　牡丹茶　晚山茶　鱼鳞甲茶　粉红茶

黔江县志

光绪二十年(1894年)　五册　　张九章、陈藩垣纂修

卷三　物产

木之属　檟茶　有两种，叶皆可食。

货财之属　茶　檟，茶叶也，随在有之，但不多耳。

花之属　山茶

卷五　月令

三月清明……是月采茶。

彭水县志

光绪元年(1875年)　四册　　庄廷域、支承祜纂修

卷一　井泉

项家井　在县城东山。泉水清冽，煮茗绝佳。

卷二　盐茶

邑各乡皆有茶，而以江口镇虎溪所产为佳。

卷三　风俗　节令

三月清明前后……山农皆种御麦。植茶者采茶，艺麻者耘麻，收诸豆及春蔬。

四月……山农刈麦，摘晚茶。

卷三　物产

花类　山茶

卷四　古迹　纪胜

丹泉井　在凤凰山开元寺下。黄山谷谪黔时，取井中水煮茗，味清冽，因题曰丹泉。明县令曹栋有碑。

南川县志

光绪二年(1876 年)　十二册　　黄际飞、周厚光纂修

卷二　土产

货物类

茶　邑多茶园，人资其利。

白茶

南川县志

民国二十年(1931 年)　十三册　　柳琅声、韦麟书纂修

卷四　各税

榷茶　榷茶之法，取诸园户曰课，征诸商贩曰税。然防园户自报隐漏难稽，仍令商贩照买数代纳，于买价中扣除。茶商先缴银领引，赴产地买茶后，向县署请验，运外销售。邑为产茶地，上销川北合川、遂宁一带，浸及成都；下行涪、丰、忠、垫、梁各县。

卷四　虞业

茶　南川夙以产美茶著。《蜀典》引《茶谱》：涪州出三般茶，宾花

最盛，制于早春，其次白马，最下涪陵。按：宾花乃宾化之误。邑在唐开元名宾化，属涪州。白马，即今涪陵东南之白马河也。《茶谱》所载，为邑茶无疑。至清代，邑中先辈携茶至京师，馈人者，犹得隆化早春之名，可见其为美种。近时邑产，四路俱蕃，以东路半溪沟为最多，北路双河场、九盆坎为最美，多数为丛生灌木（茶字入草部，其类在草木之间）。曰丛茶，俗称家茶（双河场所产一种名兰花茶，每年只摘一次。锅内微炒两次，入茶瓯中，叶正立，形似竹叶，香如兰花）。采之最早于雨水节前者。曰雨前茶，即雀舌也（俗云：阳雀未开口）。制造之精者，有红茶、绿茶两品。红茶制法：以稍粗生叶三四斤盛茶盖内（或用箩兜，内以绵絮盖好），微火烘出汗珠，手揉数道，以茶汁流出为度。搓一回，晒一回，屡搓屡晒，最后发汗一次，待茶蒂色红而止。其味最浓，畅销日、俄。绿茶制法：造灶一排，置锅四五口，各灶用㭎炭暖烘。取细茶生叶入第一口锅，一搓一抖，次第转入各锅，仍一搓一抖，微火待干，视色带嫩绿而止。其味浓，其气清香，畅销长江下流，以迄欧美。二茶皆重庆商人间岁特来制办……清季贸盛，年出四五千包，今减至千包上下（此指纳课者言）……清代每斤不过三四百文，粗者百余文，今增价十倍。一种乔木，如桂叶，名白茶，俗呼老茵茶，味较淡而清香，产数不及丛茶之多。

卷六　植物

山茶

茶　郭璞云：早采为茶，晚采为茗。陆羽云：其名有五：一茶，二槚，三蔎，四茗，五荈。今则通谓之茶。吾南有丛茶、白茶二种，均春中始生嫩叶，摘归蒸焙，去苦水，曝干供饮。丛茶俗又名家茶，采早而芽细者，有雨前、雀舌、白毫诸名；晚采而芽粗者，通谓之毛尖。白茶俗又名老茵茶。丛茶树小而丛生，白茶树高丈余。丛茶价常高于白茶，为吾南出产大宗。

富顺县志

同治十一年(1872年)　十四册　　罗廷权、吕上珍纂修

卷三十二　物产

花之属　茶花

富顺县乡土志

钞本,无年代　一册　　陈运昌纂修

商务篇

第三章　他境所产所制，运入本境销行者。

第一节

茶　由叙陆运入境者数千金，他处所产毛茶，由水陆路运入境者亦数千金。

隆昌县志

同治壬戌(元年,1862年)　七册

卷五　山川

玉屏山，县东南三十里，《通志》作正觉山。崇冈峻岭，绵亘数十里，为邑南屏……明邑人郭孝懿《正觉山茗泉记》……余里中正觉山寺，居冈阜卷阿间，望楼峰、响石诸山，似宾主群从，周围拱立，泸富疆域，一瞬百里余。厥涌泉焉，左右渊泓；厥产茗焉，岚滋露沐。余尝读书此间，汲泉烹茗，气味甘美。余惜兹泉之湮没日久，而世卒莫之

知，余幸得知之矣，欲效陆羽著《茶经》而弗获，空惭泉茗知己也。是为记。

卷二十二　茶法

陆羽辨茶味而作经，卢仝计茶碗而写性，其昉远，其事韵矣。隆虽非产茶之区，而五花雷鸣，未尝不引行资食，可蒙乐利，而顾忽之也哉！志茶法。

南溪县志

同治十三年(1874年)　八册　　福伦、胡元翔、唐毓彤纂修

卷三　茶法

榷茶始于唐，至宋以为筹国备边之要，法诚美焉！蜀之茶见于王褒《僮约》阳武（编者按：应为武阳）买茶之语，《华阳国志》亦云：什邡县山出好茶，蜀茶之珍于世，固已久矣！前明，陕以西，川以南，置茶马司各一，犹唐时回纥入贡以马易茶故事。今则幅员万里，边疆腹地，茶引一例通行，迥非胜国所可同语。南溪虽不产茶，第额引有颁，课税无缺，上以裕国，下以通商，亦因民之利为利也。志茶法。

南溪县志

民国二十六年(1937年)印　民国二十一年(1932年)本　八册

卷一　舆地　附名山

云台山　在县北八十里。明进士汪忱、唐佐读书于此。明汪忱《采茶》诗：傍竹沿溪茶数柯，报君指下莫伤他。来年更有新条在，赢得东风雨后多。　携篮过岭掇龙芽，嫩叶新枝带露华。活火觅泉和月煮，不

知正味落谁家。　剪茶山北与山南，收得龙芽绿满篮。七碗消除高士渴，更无尘梦到茅庵。

卷二　物产

第二、三区　二、三两区，占县东北全部地，以便于铨次，故并述之。其地两岭平行，由西南迄东北，北岭为云台山脉，南岭为宝林寺脉，两岭间之平原，则三区地也，南岭之东南，则二区地也……其森林，则松、杉、桐、茶为多……

卷二　食货

表四　近六十年食品之价格(以钱计)

屏茶（以斤计）	同治九年	民国十九年
	80	1 600

卷二　文征

清万清涪《南广竹枝词》　家园茶数宝林寺，粗叶子出汪家场。几日春光过谷雨，便难买得好旗枪。（县境所产茶，土人呼为家园茶。宝林寺称上品，汪汤一带次之。谷雨后价渐平减，亦犹武夷、蒙顶重旗枪也。）

江安县志

乾隆二十八年(1763 年)　四册　　雷伊纂修

卷三　物产

花类　山茶花

江安县志

嘉庆十七年(1812年)　六册　　赵模、郑存仁纂修

卷一　物产

花卉类　茶花

江安县志

道光九年(1829年)　二册　　高学濂纂修

卷二　物产

木宜茶、桐(茶与桐子可榨油)、杉、榕……

江安县志

民国十二年(1923年)　五册　　严希慎、陈天锡纂修

卷一　山川

庞山，县西南八里。有洞，有寺观，俱以庞仙名。

陈天锡《游庞山记》　己未四月四日晴，陈子敕小僮挈榼裹饭，将游庞山，值徐子子箴至，遂与偕……寺以洞名，曰庞仙。饭后涉洞，西山壁茶一株，绝古，可采食……

纳溪县志

嘉庆十八年(1813 年)　四册　　赵炳然纂修

卷三　物产

花之类　茶花

直隶泸州志

嘉庆二十五年(1820 年)　十册　　沈昭兴、余观和纂修

卷一　山川

泸州直隶州

大南山，在州南四十里。其山产茶。

卷三　公署

泸州直隶州

盐茶批验所　在州北小市厢资江岸。雍正初建，系州判兼管。

卷五　物产

泸州直隶州

茶　《寰宇记》：泸州之茶树，夷獠（音义已见前）常携瓢具，穴其侧。每登树采摘芽茶，必含于口，待其展，然后置于瓢中，旋塞其窍，归必置于暖处，其味极佳。本州产者，味辛性热，饮之可以疗风，通呼为泸茶。按：唐、宋时，州属辽阔，今则并无夷獠，亦无此摘茶法矣。

合江县

茶

茶油　一种山茶，茎、叶、花与茶无异，其实为油，渣可毒鱼。

泸　县　志

民国二十七年（1938年）　八册　　王禄昌、高觐光纂修

卷之一　舆地志　山脉

大南山　周数十里。产茶最盛。

卷之三　食货志　商业

茶业　清时，城内设官茶店，行销腹引三十三张，城乡设分店领销，价照官店，所销为云南普洱春茶及长宁、永宁之白毫、白茶。白毫，细者为香片，粗者为毛尖，名目甚繁；白茶则鲜有购者。民国后，无官店，业此者皆自由购销，以下关沱茶及毛尖为大宗。

合江县志

同治十年（1871年）　十二册　　瞿树荫、罗增垣纂修

卷五十一　物产

货之属

茶　茶之佳者，造在社前，其次火前，谓寒食前，其下则雨前，谓谷雨前也。

合江县志

民国十四年(1925 年)修，

十八年(1929 年)印　八册　　王玉璋、刘天锡、张开文纂修

卷二　茶税

茶桌捐

清光绪三十四年起，征作警察经费，茶桌一张，日征钱五文。国变时，警察停办，罢征。民国二年，续办警察，复征。十年，增至每桌十文。十一年七月，警察撤废，又罢征。十三年，县城设市政公所，再征。

卷二　物产

邑南凡五区，幅员辽阔，纵长三百里，叠嶂重山，毗接黔徼。南四、南五两区，形势狭长，纵界巨岭，蒲江支干，分贯其间，山七而田三……山高气寒，又宜于茶，采制茶饼，运销泸州、江安、长宁、纳溪、富顺、隆昌等处。(旧志)　清乾隆中，穆为元种茶数十万株，用以起家，艺者日众。清世至设关甘雨场税之，号曰甘关。曩时输出茶斤，岁以数十万计，今稍逊矣（甘关税章，每茶百斤征钱三百零五文。昔年收入，在千贯以上，近不过数十贯）。

邑西凡五区，纵长二百余里，赤、习两水，贯穿其间，交通特便……西二区毗连习水县，亦竹木之薮也……丛茶亦为特产……

表十六　人造出口　物品

名称	用途	产　　区	销　　场
茶	饮料	西一、二、五，南四、五	泸县、江安、长宁、纳溪、富顺、隆昌

续修叙永厅、永宁县合志

光绪三十四年(1908 年)　十二册　　刘朝镕、万慎纂修

卷三　山川

厅属

定风山　治北。红崖下产细茶。

卷四十　商务

叙永出口货统计表

名　目	发行所	销售处	岁出数
茶、红古、古蔺、水尾三种	城内水尾礅子场，古蔺椒子沟	各埠	无定

卷四十一　物产

谷类

茶　大小两种：大者为大茶，叶粗，生早；小者为丛茶，叶细而迟。　山阳者佳，山阴者苦。近城红崖、古蔺最著，余则随地皆有，水尾礅子场亦多。

花类　茶花

卷五十三　名胜

红崖三十六峰

清李芝浦《第十四峰》　定风山，在莲花峰之下，庙祀东岳，产名茶。诗曰：百年古刹郁苍苍，灌木阴森夏亦凉。晴日东升朝岳帝，仙云西下捧空王。画图隐隐横龙马，门户双双列凤凰。间摘新芽调雀舌，松寮邀客试茶枪。

叙永县志

民国二十四年（1935 年）　六册　　赖佐唐、宋曙纂修

卷一　山川

定风山　在治北。红崖下产细茶，甚佳。

卷一　物产

茶　有大茶、白茶两种。以红崖茶最为著名，颇行销境外。农家有摘取酸枣树叶作茶者。此外，尚销云南之春茶，每年耗费亦巨，若将红崖茶改良制法，必能抵制春茶之输入。

卷七　种植

花卉类　山茶

卷七　茶业

茶为常绿灌木（印度、锡兰多独本，高达数丈，我国多丛本，高二三尺，分枝甚多），叶形椭圆（长二三寸，宽八九分，面平）。芽生细毛，为淡绿色，老则变为深绿色。撷其嫩者，焙之，晒之，茶斯成矣。我国为茶之特产地，早见史乘。饮茶之风，始自周时，至汉始行栽培，讫魏、晋而大盛，但仅以生叶煎蒸而饮，未加炮制。至唐陆羽著《茶经》，制茶具，行蒸制干燥之法，始制茶饼（名曰茶团）。唐、宋用茶，皆为细末，制为饼片，临用而碾之（一名碾茶）。至于以手搓叶，入炉烘焙者，始自元末明初（或谓汉时吾川已知饮茶，以是浸染东南。而西北游牧之族，恃茶为命，宋代开西戎马市，以茶砖易马，抚驭蒙藏，大半取之于蜀。南宋时，茶种始入日本。明末，荷兰商人又输入英国，视为珍品，不常用也）。近年国人饮茶，平均年可四斤。今日印度、爪哇、

锡兰、日本、台湾种茶，皆采大农制（以机器制造，与吾国大异）。华茶销路，遂以日衰（近年华茶以行销于俄国者为多）。田宜稻，山宜茶。叙永多山，大小冈阜，皆可种茶（昔时，人口稀少，种茶尤盛，借以广民食，助经费，为筹国备边之要务焉）。惟农家视为副业，故产量不丰。叙永之茶，大别为二：一曰大茶，一称茶壳，叶粗，或野生，制法甚简，一经日光，即可成茶，间有制成茶砖者，惜不中饮，故难入市；二曰丛茶，叶细，有红、绿两种，制法，用火烘焙。就中以近城红岩产者为最知名（红岩茶亦称定风茶，其制法，纯需火力烘焙，并加搓揉，然后杂以花香，于是茶之品类益多矣）。邻近各县，皆来采购，且有运至泸县者。余则随地皆有，而天池镇所属水尾场亦多。

明清两代，茶有课羡，销有区域，不得自由贩运。民国以来，运售自由，销路日广，价格日昂，从事茶业者，多培植以浚其财源，并可抵制外来春茶之消耗。附近二十年茶业表如下：

种类	产生地	产额	备考
大茶	叙永四乡	50 000 000 斤	有白茶、苦茶二种，以其产量甚少，故并入大茶类
丛茶	红岩　天池 水尾　江门	38 000 斤	此茶从前专供永邑食户及茶馆之用，近则行销他县矣

长宁县志

嘉庆十三年(1808年)　六册　　曹秉让、杨庚纂修

卷二　山川

嘉鱼泉　马鞍山下。《舆地纪胜》云：有小鱼，四时如一，游泳其间，其泉夏冷冬温，汲之酿酒烹茶，味极甘美。前辈于上巳日流觞于此，又名流杯池。

卷二　物产

花之属　山茶

兴文县志

光绪十三年(1887 年)　四册　　江亦显、黄相尧纂修

卷一　山川

龙洞　在上罗者三，在下罗者二，灌溉田亩，多资其利。惟上罗场一洞，在深谷中，其味清冷，煮茶最香。

龙王井　在建武城内北街。相传源出玉屏山麓，昔人砌石引泉，伏流入城，水极甘洌，烹茗酿酒，绝佳。

兴文县志

民国三十二年(1943 年)　五册　　李仲阳、何鸿亮纂修

卷一　建置沿革

建武，在县西南。明万历以前，为都掌蛮盘踞，不在版图之内。万历元年，克平，设建武守御所直隶都司于叙南、泸州二卫……

卷八　物产上

花类　山茶花

卷九　物产下

茶树　小如栀子，叶可煮作羹歠。《尔雅》：槚，苦荼。谓槚苦者，乃茶也。

兴文县特产物调查表（二十七年十一月十六日填）

名　称	产　量	备　　考
茶	35 000 斤	县属，除炭厂锦冠外，各地皆产

卷十九　农田　土宜

晏阳镇　宜松、杉、桐、茶、桑。　玉屏乡　宜桐、茶。　建武石碑双河簸峡乡　有桑、麻、桐、茶，茶约四千余斤，远近著名者，为建武乡之小鹿鸣茶。箐竹特编保　宜桑、茶、桐。

卷二十　实业

农事试验场　辟置北关外。据县府三十二年施政报告：育苗造林近况，本年共栽丛茶 2 000 株。

农产　特产　茶，以建武小鹿鸣山所产名最著，年产佳品不过数斤。

高　县　志

同治五年（1866 年）　八册　　敖立榜、曾毓佐纂修

卷二十九　茶法志

县属向无茶课，以地方不产茶，即间有，而味殊薄。

卷五十一　物产

花之属　山茶

筠连县志

同治十二年(1873 年)　六册　　程熙春、文尔炘纂修

卷四　茶法

榷茶始于唐，以广民食，助经费。历代相沿，与盐并重。筠于明季，相传有茶课银一十二两，自献逆（编者按：此系对农民起义军领袖张献忠的诬称）叛乱，野火焚烧茶园，无复根株。今则派引行销，亦裕国便民之一政也。志茶法。

卷四　物产

货之属　茶叶　邑产最多。

木之属　茶

花之属　茶花

屏山县志及续志

民国二十年(1931 年)刻，乾隆四十三年(1778 年)原修，光绪戊戌(二十四年，1898 年)续修　三册　　张曾敏原修、张九章续修

卷一　物产

货之属

茶

古宋(旧县名,原县辖境属今宜宾地区)县志稿

民国十九年(1930年)　三册

卷二　山川

香山　在县城北山。山腰有泉，取以烹茶煮菽，味极甘芳，故名。

卷五　物产

谷类

茶　大小两种：大者为大茶，叶短，早生；小者为丛茶，叶细而迟。山阳者佳，山阴者苦。又有白茶，俗名老人茶。又有苦丁茶，味苦。又有藤茶，红、白二种。

庆符(旧县名,原县辖境属今宜宾地区)县志

光绪二年(1876年)　四册　　孙定扬、胡锡祜纂修

卷十三　古迹

金鱼井　在县西北一百二十里七星山下。水冷芳冽。宋苏东坡曾游于此……嗜茶，寓居郡城，尝遣人遍汲泉水试之，极称此水为佳。

卷廿九　茶法志

县属地方向不产茶。

乐山县志

嘉庆十七年（1812 年）　八册　　龚传黻、涂崧、江之沛纂修

卷四　物产

货之属

茶　《方舆考略》：嘉定茶山旧产茶。《续刻茶经》：凌云山茶，色似虎丘，味逼武夷，泛绿含黄，清馥芳烈，伯仲天目、六安。

花之属　山茶

卷十六　杂录

茶为蜀中郡邑常产，凌云、沙坪，初春所采，不减江南。

乐山县志

民国二十三年（1934 年）　八册　　唐受潘、黄镕纂修

卷二　区域一

寓公楼，在龙泓寺右。《图书集成》称：寓公庙，寓公者，陆通、扬雄、郭璞、李白、苏轼、黄庭坚、邵博、晁公武也。

府志：子云，江原人。初迁沐川（今屏山地）；继迁犍为，居子云山，在犍为东南十五里，扬雄故宅在焉；再迁成都金花寺（见《名胜志》《屏山县志》《方舆考略》《蜀水经》）。按：当云再迁乐山，四迁成都。

卷三　区域二

鹰嘴岩，距城五里，盐关在焉。岩之后山为茶山，旧产茶。唐卢士埕名之曰茗冈山。

尔雅台，在乌尤山。世传晋郭璞注《尔雅》于此。其误本于《移水记》，清吴白华学使已考证之（详艺文志），乃汉犍为文学舍人注《尔雅》处，而向之题咏，皆作景纯，仍旧存之。

卷七　经制　茶税

《华阳国志》：南安出名茶。旧志：凌云茶色似虎丘，味逼武夷；安谷乡有茶山，唐卢士埕更名茗冈；今此二地之茶，靡有孑遗矣。盖邑中茶树，听其自然生植，即自由采撷，不甚爱惜，求其特别垦种，加以人力护蓄，壅料培植者，未之有也。故牛羊之放牧，樵苏之斫伐，率以为常，安得不根株渐绝哉！今邑境产茶之区，惟观峨、映碧二乡，每岁产品，运输出境者，大约数千斤。盖铜河两岸，山高土润，时多阴雨，茶树蔓生，故太平镇以上、五渡溪以下各地场市，逢谷雨、清明以后，即茶叶出售之时，过此以往，则马边茶贩运至铜街子福禄场而销售焉。

《通考》：自熙丰来，蜀茶官事权，出诸司上，其富亦甲天下……

卷七　物产

植物类

茶　有红春、白春、家茶之别。红、白春叶大，味甘；家茶叶小，味苦。春分前后采者，曰毛尖，最香嫩；清明采者，味浓而价低。更有野茶，以刺梨、山麻、柳叶代之，价最贱，亦可食。《华阳国志》：南安、武阳皆出名茶。《外纪》：凌云初春所采，不减江南。旧志：凌云茶色似虎丘，味逼武夷。今亡矣。

木之属　茗子，即野茶，坚可作杵，亦名茶条。

花之属　山茶

卷十二　艺文

晋　铜壶刻漏　《器物谱》云：嘉定州旧有铜壶刻漏，相传郭景纯守嘉州日制，规制奇绝，后移置省会，在金钟鼓楼。范成大有铜壶落成诗。按：璞未至蜀，因壶系古物，姑存其说。

夹江县志

光绪十四年(1888年)刻　嘉庆十八年本　四册

卷四　物产

花之属　山茶

夹江县续志

民国二十三年(1934年)　八册　　罗国钧、薛志清纂修

卷之四　物产

木之属　茶树

工艺品之属　茶叶

花之属　山茶　茶花

洪雅县志

嘉庆十八年(1813年)　七册　　王好音、张柱纂修

卷二　山川

鹰嘴山，县南四十里。上接峨眉……花溪襟其左，稚川带于右，绵亘百里，所产富茶、铁。

柏木冈，迤逦百里，中广黄连、杉、茶诸药物。在县西南七十里。

卷四　物产

货之属

茶，出花溪、总冈二处。

卷二十五　杂著

《茶经》：眉州、洪雅、昌阖、丹棱，其茶如蒙顶制饼茶法，散者叶大而黄，味颇甘苦，亦片甲、蝉翼之次也。按：县西南诸山皆产茶，界峨眉者，其茶色青味甘，如峨山所产，界荥经、雅安、名山，其茶色黄味苦，制皆成颗，无制饼法。

旧志载：郭璞由汉嘉眺望佳秀，因盘旋金鸡，相传有记，今失其处。按：郭璞入蜀，史有阙文，考《移水记》……优游笑傲，放意山间，乃于嘉州城东百步乌尤山凿书岩云云。《器物谱》以为官汉嘉太守，嘉州之名，始于后周，郭璞时尚无其名，《舆地碑目》固尝辨之。汉嘉今雅州府，查雅州志职官、宦绩、古迹、流寓，皆无郭璞。世言桓温入蜀，郭卒已久，或未乱入蜀，亦未可知，并不详宦游汉嘉之说。虽嘉定乌尤山尔雅台流传已久，见于宋大家集者更多，恐皆附会之词，至云有记，皆似谶语，殊无理智，大都后人赝作耳。

丹棱县志

乾隆二十六年(1761 年)　四册　　李光泗、彭遵泗纂修

卷一　山川

总冈山　县西五十里。崇峰峻岭，盘折蜿蜒数十里，相续不断。其首洪雅，其阴雅安、名山、蒲江，其阳为邑地，饶茶、桐、黄柏、五倍，居人恃以为富。

由总冈东折，为北岩，为盘陀……由盘陀而东，数里为符山，又东为刘山……饶材木竹箭，亦产茶、桐，视总冈诸山杀矣。自此为北界。

卷五　物产

货类　茶

附茶说　茶俱产西山，总冈至盘陀，蜿蜒数十里，民家僧舍，种植成园，用此致富。其细者曰雨前，次曰锅焙，次曰花刀，粗曰大叶，最下曰铁甲。旧传土浅而味薄，惟打箭炉一路可售，今松潘、川北通引盛行矣。又有野茶，名老人者，叶似檬，味苦而佳，能疗头风，亦可采也。

丹棱县志

光绪十七年（1891年）　四册　　顾汝萼、朱文瀚纂修

卷一　山川

总冈山　县西五十里。崇峰峻岭，蜿蜒数十里不断。其首洪雅，其阴雅山、名山、蒲江，其阳为邑，产茶、桐、黄柏、五倍，居人资以为生。

卷四　物产

货类　茶

丹棱县志

民国十二年（1923年）　八册　　刘良模、罗春霖纂修

卷一　山脉

丹棱山脉，自总冈蜿蜒而来，崇峰峻岭，袤延数百里不断。上由芦山口天台寺起，下至新津保子山止。其阴雅安、名山、蒲江，其阳洪雅、丹棱。冈上产茶、桐、黄柏、五倍子、蓝靛等物，居人资以为生。距县城八十里，一名可募山，总志分总冈、可募为二山，误。

卷四　物产

食品

茶　树高数尺，叶似栀子，花如白蔷薇而黄蕊，清香。二三月采嫩叶，微蒸微炒，焙干晾箔上，不宜见日，贮用新器。邑西山总冈一带，民家种植成园，用此致富。

卷四　商务

出境货

茶　产西山。总冈至盘陀石，蜿蜒数十里，民家僧舍，种植成园，用以资生。贩户在名山收买，陆运至打箭炉一路发售。今松潘、川北通引销行，每岁约值数千元。

青神县志

嘉庆二十年(1815年)　六册　　颜谨、谢智涵纂修

卷二十九　茶法志

蒙顶露芽，堪资卢仝七碗，青城雀舌，可入陆羽三篇，蜀中之茶，号称绝品矣。我朝厘定茶政，额以边、腹二引，商民两便。青邑虽小，仙掌雷鸣，亦常有焉，则煎文火而烹长泉，有不尘虑去怀，清风生腋者乎！作茶法志。

眉州(旧直隶州名，民国时改为眉山县)属志

嘉庆四年(1799年)　十三册　　涂长发、王昌年纂修

卷二　山川

眉州

总冈山，治西五十里。崇峰峻岭，盘折蜿蜒数十里，相续不断。其首洪雅，其阴雅安、名山、蒲江，其阳为邑地，饶茶、桐、黄柏、五倍，居人恃以为富。

卷九　物产

货类　茶

眉山县志

民国十二年(1923年)　八册　　王铭新、郭庆琳纂修

卷三　土产

眉地燥湿得中，物靡不宜。所产率与他县同。兹特举其著名者……西南三峰山产茶，可比蒙产，故《寰宇记》列眉州为产茶州县。

考本境所产，尚待取给于邻县者，若马边之茶。

彭山县志

嘉庆十九年(1814年)　六册　　史钦义纂修

卷三　风俗

婚礼

亲迎至堂……次晨，新妇登堂拜舅、姑。女家治茶果，设几席，命新妇跪拜，上茶尊长，诸亲咸次第拜，谓之拜茶……

卷六　物产

花之属　茶花　一名曼陀罗。

彭山县乡土志教科书

民国十年(1921 年)　一册　　徐原烈纂修

第二十课　工

……实业所，蚕桑种植，渐参新法，试种红花、茶树，亦见成效……

重修彭山县志

民国二十三年(1934 年)　八册

卷三　物产

茶　产出极少。别有名老鹰茶者，树类枬，叶亦相似，取其叶干之，即以为茶，乡人多用之。

花之属　茶花

井研志

光绪二十六年(1900 年)　十二册　　高永瀛、吴嘉谟纂修

卷八　食货四　土产

……其本境绝不生产，全资邻县济用者，则有……马边、名山之茶……

井　研　志

光绪二十六年　十二册

卷八　食货四　土产

茶　马边、名山产。

仁寿县志

同治五年(1866年)　十四册　　罗廷权、马凡若纂修

卷一　山水

水属

煎茶溪　泉中溪独美，以煎茶，浮起碗面二三分不溢。

卷二　物产

货属

茶出老山家园，曰家园茶。入瓦壶，水煎久久，色浓味厚，清且香。

花属　山茶

卷十一　艺文

宋韩驹《谢人送凤团及建茶》　白发前朝旧史官，风炉煮茗暮江寒。苍龙不复从天下，拭泪看君小凤团。　山瓶惯识露芽香，细蒻匀排讶许方。犹喜晚涂官样在，密罗深碾看飞霜。

员兴中《议国马略》　臣闻固国之方，在于置卫，置卫之实，在于市马。五代之末，监牧多废，官市多缺，国马遂不蕃庶。自我国家之兴，遂大葺治，每岁遣使，多方命官。太宗皇帝兴国之初，诏市一十七万。

咸平以后，其政大修。诸坊诸军，积至二十余万，饲马兵校，多至万有六千，遍至刍藁，亦近七十余万，标占坊监，亦总四万余顷，检示牧事，纤悉至此，可谓备矣。虽周之初，设养校之官，多牧庾之职，亦不敢望吾祖宗之世也。陛下丰德大业，随弊指顾应时，宁一川、秦牧事，尤切加意，务选精强之吏，远以莅之，此乃国家总核之实也。臣固蜀人，曾吏牧司，市马西方，躬见其事，敢为陛下言之：盖川、秦所分市马之地，陕西则阶文西和等州，四川则黎叙南平等处，每处置务，每务置官，内陕西只就宕昌博易，至要至便。然臣观川、陕博马之物，不过数四，有锦有茶，又有细绢。陕西则多用茶而少用锦，四川则多用锦而少用茶。随其所需，有无相济，是宜良驷来者接踵。然招诱无方，间不得人，蕃客不至，马额渐缺，何也？市马者数病未去也。陕西买马之物，惟仰茶货，蕃部既已中马，一旦得茶，或乏旅费，依旧以茶当缗，前此监吏渐与收茶支钱，时时称提自重其货，迩来不能矣。茶货一轻，何从致马，此一病也。茶自蜀中出关，经兴、利等州，然后渐至宕昌，盖近二千余里，铺兵沿路，摘叶代茶，虽有明禁，无由遏止，以致博马之际，蕃部多方退难，此二病也……

犍为县志

乾隆十一年（1746年）　四册　　宋锦、李拔纂修

卷之一　山川

观斗山，在县东十五里。其地有寺，名老人寺，相传有老人植茶于此，树皆连抱，服之者年至百岁。今其树尚有，乡人采食，名老人茶。

犍为县志

嘉庆十九年(1814 年)　四册　　吕朝恩、张希翊纂修

卷二　山川

观斗山　县东十五里。产茶。详物产。

卷四　物产

老人茶　相传观斗山有老人植茶于此，树皆连抱，服之者年至百岁。今其树尚存，乡人采食，名老人茶。

卷十　丛谈

扬雄草元砚，昔人掘地得之，形如今制，但去圭角。(见《清赏录》)

犍为县志

民国二十三年(1934 年)　八册　　陈世虞、罗绶香纂修

一卷　疆土志　乌抛山东系诸山

云蜂寺山　县东七十里龙窕场东。岩壑烟云，朝暮不开，四十八山，纵横围绕，望若楼台，有万全寨，上有云峰寺、中峰寺、罗氏祠，产茶、姜、桐。

童子石　孝姑乡童子濠上。山巅有石，如小孩窥伺，故名。该地产茶绝佳。

小安乐窝（即圣泉漱玉）　城西里许翠屏山麓。竹木蓊蔚，古寺清幽……圣泉出自山半，四时不涸，莹洁清冽异常，时人常为瀹茗之会云。

三卷　居民志

关于饮食服御者：

土产茶叶，价廉者有二种：曰老人，曰颗子，可供贫民家之日用。佳者为毛尖，细嫩如毛，谷雨前采者为上品，名雨前茶，味清美而微苦，县境以泉水场附近地产者为最。他县茶商有到时入境采买者，但未成为大庄耳。毛茶一种，小康家多用之，最上者饮用云南普洱茶。

十卷　物产志

木类

茶树　各处皆有，惟泉水、铁山出产稍多。

老人茶　旧志注：相传观斗山有老人植茶于此，树皆连抱，服之者年至百岁。今其树尚存，乡人采食，名老人茶。今各处皆有。

花类

山茶花　一名曼陀罗

制造品

茶

峨眉县志

嘉庆十八年(1813年)　四册　　王燮纂修

卷三　茶法

按：峨邑原来产茶，自峨山万年寺以下，一路山地，多系茶山，皆园户采摘，于市上发卖……

卷三　物产

木之属

茶　春前者佳。

货之属

茶　《广舆记》：峨眉山出，初苦后甘。《通考》：峨眉出白芽茶。《方舆考略》：峨眉花山产茶。《文选·注》：峨山多药草，茶尤异。

按：峨邑物产与邻境异者，皆不甚可贵……《文选·注》谓峨山多药草，茶尤异。然良材佳种，培植维艰，出亦无几。加以迩来茶户多杂以冬青等树叶，辛苦不可近口，品愈下矣！

花之属

山茶

峨眉县新志

民国二十四年(1935年)　五册　　李锦成、朱荣邦纂修

卷二　街市

茶行　城隍庙街。光绪三十四年，取消茶商，设忠信茶行于祠内。宣统三年，奉文改办官茶公行。

卷三　物产

按：峨邑僻处偏隅，工艺骤难发达，惟桑、茶向系特产。自宣统元年开办蚕桑茶业传习所以来，于较场公地，集股栽桑二千余株，社会为之勃兴，平畴旷野，弥望青葱，蚕桑大有起色。至于蓄茶焙制等法，亦月异而岁不同，可为出产之一助……

卷九　诗

宋陆游《煮茶》　雪芽近日峨眉得，不减红囊顾渚春。旋置风炉清樾下，它年奇记一二人。

嘉定州(旧州名,原州辖境属今乐山地区)志

万历三十九年(1611 年)　四册　　李采、范醇敬纂修

卷一　山

茶山　治西五里，与水城相望，旧产茶，今无。山势长而平如案。

卷三　人物

郭璞传始终无一犍为字，旧志乃称嘉守，何不伦也！且此地在晋时未为嘉州，璞入蜀有无不可知，即果入，当在王敦从罗尚讨赵廞时，第此时□乱，何缘从容乌尤山注《尔雅》也？廞后璞为敦记室参军，晋亦姑置成李于度外，首尾二十余年，璞无入蜀之理，此必缘墨头鱼附会《尔雅》以有此说耳。

卷五　物产

货之属

茶　产九峰者佳，初出时，不异天池，然不多，率以伪者参入之，便恶。

花之属

山茶

嘉定州志

民国二十一年(1932年)重抄

康熙丁未(六年,1667年)本　三册　　张能鳞、彭钦纂修

卷五　物产

木之属

茗子　即野茶，可作杆。

花之属

山茶

峨边县志

民国四年(1915年)　四册　　李宗锽、贾希曾、李仙根纂修

卷二　食货志

茶法

峨边略产茶，向无官引，惟土人自产自制，销用本地而已。

马边厅志略

嘉庆十年(1805年)　六册　　周斯才纂修

卷四　流寓

汉扬雄，字子云，成都人。初隐居犍为之子云山，又筑室于邑之沐川。

宋黄庭坚，字鲁直，江西分宁人。绍圣初，贬涪州别驾，自号涪翁。后移戎州安置。好游览山水，曾憩邑之东关石洞，后人因名之曰涪翁洞。

雷波厅志

光绪十九年(1893年)　六册　　秦云龙、万科进纂修

卷三　疆域志

雷波在叙府西南，旧为夷地。明万历十七年，设宁戎巡检司(即今黄螂地)，属屏山县。国朝雍正七年，置雷波卫。乾隆二十六年，改为厅，黄螂地属焉。

卷三十三　物产

货之属

茶　黄螂产者最佳。

花之属　山茶

越西厅全志

光绪三十二年(1906年)　六册　　孙锵、蹇念恒纂修

卷三　物产

杂货属

雪茶　出雪山下。色白，性纯阴，土人采取发客。

王冈茶

花属

山茶

雅安历史

民国十四年(1925 年)　二册　　贾鸿基纂修

卷二　田赋篇　田六

地宜五谷、六畜，其树茶，其种蓝靛……

卷四　杂记篇

境有枳壳芽、笋杷芽、枇杷芽者，能治风疾，又有皂荚芽亦可入药，皆上春摘取，和茶作之。

雅安县志

民国十七年(1928 年)　六册

卷一　山川

蒙山　在县北十五里。《禹贡》：蔡蒙旅平，即此……顶作五峰，其中峰曰上青峰，最高，俯视峨眉诸山，与蔡山左右对峙……上有天盖、智矩等寺，足称名胜。山多产茶，在极顶者尤贵，清时入贡。汉志：青衣县有《禹贡》蒙山。《元和志》：每岁贡茶，为蜀之最。又见名山、芦山二县。《寰宇记》：在名山县西七十里。北连罗绳，南接严道县。山顶受全阳气，其茶芳香……

七盘山　治北十五里。山麓有大石，自生石盘七，古色斑斓，绝非人力所造，官茶园在焉。

村市

南城外一街马市街　古茶场。《九域志》：洪武九年，收置番马处，以茶易之。

卷二　盐茶

《文献通考》：建炎元年，成都路运判赵开言榷茶买马五害，遂擢开主管茶马。二年，开更茶法，印给茶引，使商人市茶。《宋史》：淳熙四年，命四川宣抚司支茶博马。七年，复置茶马官。嘉定三年，诏文臣主茶，武臣主马。《宋史·食货志》：成都帅司蔡延庆言：邛部川蛮主苴克等愿卖马，即诏延庆以茶招徕。《元史·食货志》：至元六年，立西蜀四川监榷茶场，有长引、短引法。《明史·食货志》：太祖令商人于产茶地买茶，纳钱请引，引茶百斤，输钱二百；不及引曰畸零，别置由贴给之。后又定茶引一道输钱千，茶由一道，输钱六百。既又令纳钞一贯。洪武四年，川茶十株取一，以易番马。设茶马司于秦、洮、河、雅诸州。诏天全六番司民，专令蒸乌茶易马。初制：长河西等番商以马入雅州易茶，由四川岩州卫人黎雅，始达茶马司，定价马一匹，易茶千八百斤，于碉门茶课司给之。番商往复迂远，而给茶太多，岩州卫以为言，请置茶马司于岩州，而改贮碉门茶于其地，且验马高下定茶数。诏茶马司仍旧，而定上马一匹，给茶百二十斤，中七十斤，驹五十斤。《明会典》：嘉靖中，定四川茶引五万道，二万六千道为腹引，二万四千道为边引。《明史·食货志》：以三万引属黎雅。巡抚严清疏略：边引二万九千八百道给黎雅各商，每引芽茶三钱八分，叶茶二钱五分；二百道给本地思经罗绳处所土民，每引芽茶七钱六分，叶茶五钱。万历三年，于黎雅边引内，除四百九道给思罗茶户，纳税商人止二万九千三百九十一道。按：思经在县南一百十里，罗绳在县西北七十里。清康熙三十五年，饬行打箭炉番人市茶贸易。四十一年，雅州二千七十九引。四十四年，雅州增边引一千九百八十。雍正七年，以雅州、荥经引拨新繁、峨眉等县，招商认销。

赏需茶，单年三百包，双年二百包，由道署领价，商人承办。赏给达赖喇嘛茶七十五包，包重五十斤。

卷二　物产

……其树茶，为一县专有之利。　陆羽《茶经》：剑南以彭州为上，邛州次，雅州、泸州下。清岁贡八两，有官茶园，在县西北七盘山宝兴寺后……

卷四　普通风俗

《通志》：山多田少，地瘠耕劳，思勤本业，妇无外饰，近山人户，采茶为业。

……茶之细者，一旗一枪，是曰雨前茶，士绅家储以备饮。渐粗曰金尖，曰金玉。男女岁作工，咸习为摘茶、拣茶、烘茶、焙茶、窨茶、蒸茶、筑茶、编包、脚运，自园户贸于商，商市于番，利四分之而得其一，平民生计衣食资之……

卷四　杂记

雷鸣茶者，仙茶之一种也。昔蒙山有僧，病冷且久，遇老父，曰：仙家有雷鸣茶，俟雷发声乃茁，可并手于中顶采摘。服未竟，病瘥，神健至八十余，入青城山，不知所终。旧其地有雷鸣寺，今已圮矣。《通志》载雅州产雷鸣茶，即指此事。

唐志：贡茶之郡十有六，剑南惟雅州一郡而已。《天中记》：雅州有枳壳芽、笋杷芽、枇杷芽，治风疾，又有皂荚芽，皆上春摘其芽，和茶作之。按：蒙山芽茶，于春分前后早撷者，泡作纯绿色，而香味最胜，诸芽盖取其似而名，非以之和茶也。

卷六　益部方物赞

宋文同《谢人寄蒙顶新茶》　蜀土茶称盛，蒙山味独珍。灵根托高顶，胜地发先春。几树惊初暖，犀篮竞摘新。苍条寻暗粒，紫萼落轻鳞。的砾香穷碎，鬅松绿蛋均。漫烘防炽炭，重碾敌轻尘。惠锡泉来蜀，干肴盏自秦。十分调雪粉，一啜咽云津。沃睡谜无鬼，清吟健有神。冰霜凝入骨，羽翼要腾身。落落真贤宰，堂堂作主人。玉川喉吻涩，莫厌寄来频。

宋文彦博《蒙顶茶》　旧谱最称蒙顶味，露芽云液胜醍醐。公家药笼虽多品，略采甘滋助道腴。

芦山县志

康熙六十年(1721年)　二册　杨廷琚、刘树远、竹全仁纂修

首卷　名宦

汉司马相如　奉诏辟灵关。

芦山县志

民国三十年(1941年)　二册　宋琅、张宗翙、刘天倪纂修

卷一　风俗

……每岁农功，无分男女，恒努力于畎亩间。农余暇日，则男子裹粮负茶，由邛崃火井槽及天全两地转运茶包，至打箭炉……

卷三　物产

山茶

名山县志

光绪十八年(1892年)刻，

二十二年(1896年)重校刻　四册　赵懿、赵怡纂修

卷二　山原

蒙山　境内之镇山也，唐改曰始阳山，在城西北十五里。山高数千

仞，绵亘不可以里计……旧志谓：仰则天风高畅，万象萧瑟，俯则羌水环流，众山罗绕，茶畦杉径，异石奇花，足称名胜。山顶五峰：中曰上清峰，左曰菱角峰、灵泉峰，右曰甘露峰、毗罗峰。五峰酷肖莲花，苍秀勃郁，中为禁簾，护贡茶七株，即甘露慧禅师手植蒙顶茶也。自汉迄今，不枯不长，谓曰仙茶七株。外曰陪茶，曰菱角湾茶，亦随计贡。旁有甘露井，即禅师示寂处，今封以石，不可启动……丛林古刹凡七：绝峰曰天盖寺，山左曰智矩寺、圣灯寺、净居庵、天竺院，山右曰蒙泉院、永兴寺，皆苍林古木，绝壑飞泉。蒙泉凡数百道，合流成川，即青衣江也。奇踪妙迹，不可胜纪，散见各门。

《元和郡县志》：蒙山在严道县南十里，今每岁贡茶、马，为蜀之最。《九州志》：蒙山者，沐也，言雨露蒙沐，因以为名。山顶受全阳气，其茶芳香。又云：始阳山在芦山县东七里，本名蒙山，唐天宝六年敕改始阳山。　《舆地纪胜》：西汉时，有僧从岭表来，以茶实植蒙山，忽隐池中，乃一石像，今蒙顶茶擅名，师所植也。至今呼其石像为甘露大师。又引王庠《蒙顶茶记》，唐志：贡茶之郡十有六，剑南惟雅州一郡而已。又引雅安志：蒙山，属名山县，山有五顶，前一峰最高，曰上清峰，有甘露茶，山上常有瑞相影现，又有蒙泉，范蜀公亦云：常有瑞云护其上。又云：智矩寺在名山之蒙顶山。　杨慎记：名山之普慧大师……流寓名山。按：碑，西汉僧理真，俗姓吴氏，修活民之行，种茶蒙顶，殁，化石为像，其徒奉之，号甘露大师……宋淳熙十三年，邑进士喻大中奏师功德及民，孝宗封甘露普慧妙济大师，遂有智矩院。岁四月二十四日，以隐化日咸集寺荐香，宋、元各有碑记，以茶利由之兴焉。夫啜茶，西汉前其名未见，民未始利之也。浮屠自东汉入中国，初犹禁民不得学，贺如晦记，称西汉吴姓，则华人也，时安得华人为僧乎？考之张大用《图经》称：后汉有高僧，携茶种蒙山，茶为天下利益，然后投井化石，其徒负以凿像，为堂奉之。又称：《梓潼神君附鸾碑记》正其为后汉人，名理真，西汉之称，岂欲古其人，大用之记，岂欲神其迹耶!

知县胡寿昌《三登蒙山采茶序》：（一）尝考陶谷《清异录》载：吴僧日住蒙顶，结庵种茶，凡三年，味方全美，得绝佳者，曰圣杨花，又为吉祥蕊，所采不逾五斤，持归供献，不复再摘，此蒙顶仙茶之始也。复考毛文锡《茶谱》载：蒙山顶茶，以石花为最。按：蒙顶与蔡山对峙，孤峰独秀，陡壁千寻，昂藏天际，迤逦而登，盘旋二十余里，始达山巅。山有五峰，环列状如指掌，曰上清，曰甘露，曰玉女，曰井泉，曰菱角。仙茶植于中心蟠根石上，每岁采仙茶七株为正贡，分贮银瓶。以菱角湾所产为帮贡，此石花之所宜列于上品也。其造茶之法，正贡隔纸微烘，不令见火，拣精洁者六百片入贡，余则分致同官。每盒不过五片，宝如奇珍，收藏数载，苍翠如故，其见重如此。菱角湾陪茶，仍焙颗而清芬过之。昌以庚申四月，恭率僚属，初登蒙山采茶，循旧章也。时滇寇初平，闾里安辑，邻氛不犯边鄙，借以培养民气，感山灵之精爽，爰为赋诗，以志寅恭。（二）辛酉四月，循章采茶，时当用武之际，不及举行，及克乱，复调办鱼通夷务，月余始得蒇事。乃于五月既望，由雅郡渡青衣江，至辛寺小憩，清风迎爽，旭日初升，南望江水，横锁中流，瓦屋凌虚，花溪映碧，复从蹬道攀跻十余里，始达大五顶，俯视洞口云生，雨骤至，风亦不息，须臾，烟消日出，晴朗如初。仍循旧路，陟千仞之冈，听百道红泉如跳珠戛玉，仰望山巅，松萝交映，竹柏青苍，洵足怡人心目，顿忘险阻之在前也。午后，登山肃拜，采叶盈筐，如法制造。山僧进收藏团茶，汲蒙泉试之，芬芳异于常品。按欧阳永叔《归田录》暨叶梦得《石林燕语》载：庆历中，蔡君谟为福州转运使，别择茶之精者，为小品龙团以进，其品清绝，尝缕金花于上，宫中每值南郊致斋，中书枢密各赐一饼，四人分之，自是遂为岁贡。蒙顶团茶，适与福州茶饼相类，盖亦不减于密云、阳羡矣。爰题诗于石以纪之。（三）张舜民《画墁录》载：茶品盛于有唐，以阳羡为上供，建溪北苑未著也。近世修建溪之贡，士大夫珍尚鉴别，亦过于前人。至丁晋公为建州转运，始制大龙凤团，所贡不过四十饼，专拟上供，虽近臣之家，未尝见也。天圣中，又为小团，缕之以金，惟上斋宿八人两府共赐一饼，持归以侈非常之赐，亲知瞻玩，赓和以诗，欧阳永叔亦有《龙茶小录》，茶品之贵，莫盛于此。迨国朝，则兼以蒙山仙茶为上供，制作与古微别，亦非始于近代。尝考熊蕃《北苑茶谱》载：万春银叶，造自宣和二年，玉叶长春，造自政和二年，其正贡不过四十斤，今蒙茶焙作，固已同于宋制矣。宜其生于磐石，色味迥殊，《大观茶论》所称冲澹简洁，韵高致静之品，信乎其不诬也。

……紫霞山　一名壁山，又名观坪山，在城南……山左有紫府飞霞洞，中有石龙，屈曲灵妙……自宋建梓潼观，颇极闳敞……观后右侧，明翰林叶桂章墓在焉。前有紫霞井，甘冽宜茶。

岢幕山　一作可募，一名长秋山，一名总冈山，在城南四十里。

香花崖　在城东北三十里，有仙人洞。崖下产雾钟茶，树大合抱，高二丈余，亭亭如盖，叶较他产粗厚，酌入杯中，云雾蒙覆，盖佳品也。余详物产。

卷七　寺观

智矩寺　《通志》引《方舆考略》在县西，汉建。又引旧县志：在县西十五里蒙山五峰之下。汉甘露道人创始，宋淳熙时重修，每年于此制造贡茶……

卷八　物产一

贡茶　赵懿《蒙顶茶说》：名山之茶美于蒙，蒙顶又美之，上清峰茶园七株又美之，世传甘露慧禅师手所植也。二千年不枯不长。其茶叶细而长，味甘而清，色黄而碧。酌杯中，香云蒙覆其上，凝结不散，以其异谓曰仙茶。每岁采贡三百三十五叶，天子郊天及祀太庙用之。园以外产者曰陪茶，相去十数武菱角峰下曰菱角湾茶，其叶皆较厚大，而其本亦较高。岁以四月之吉祷采，命僧会司领摘茶僧十二人入园，官亲督而摘之。尽摘其嫩芽，笼归山半智矩寺，乃剪裁粗细及虫蚀，每芽只拣取一叶，先火而焙之。焙用新釜燃猛火，以纸裹叶，熨釜中，候半蔫出而揉之。诸僧围坐一案，复一一开所揉，匀摊纸上，弸于釜口，烘令干，又精拣其青润完洁者为正片……焙稍粗，则叶背焦黄，稍嫩则黯黑，此则剔为余茶……再后焙剪弃者，入釜炒蔫，置木架为茶床，竹荐为茶箔，起茶箔中，揉令成颗，复疏而焙之，曰颗子茶，以充副贡，并献大吏，不足，既漫山产者充之。每贡仙茶正片，贮两银瓶，瓶制方高四寸二分，宽四寸；陪茶两银瓶，菱角湾茶两银瓶，瓶制圆如花瓶式；颗子茶大小十八锡瓶，皆盛以木箱黄缣，丹印封之。临发，县官卜吉朝服叩阙，选吏解赴布政使司投贡房，经过州县，谨护送之，其慎重如此……

《华阳国志》：南安武阳，多出名茶。　《元和郡县志》：蒙山每岁贡茶，为蜀之最。　段成式《锦里新闻》：蒙顶山有雷鸣茶，雷鸣时乃茁。　李肇《国史补》：剑南有蒙顶石花，湖州有顾渚紫笋。　苏恭《唐本草》：雅州之蒙顶石花、露芽、谷芽为第一。　叶清臣《述煮茶小品》：蒙顶传于岷蜀。　陆树声《茶寮记》：雅州蒙顶上有火前茶，谓禁火以前采者，后者谓之火后茶。《图经》：蜀雅州蒙顶茶，受阳气全，故芳香。其生最晚，在春夏之交，方茶生。常有云雾覆其上，若有神物护持之。唐李德裕入蜀，得蒙饼，以沃于汤瓶之上，移时尽化，以验其真。蒙顶又有五花茶，其片作五出。蒙山白云岩产云茶，云茶，山茶之别名也。　毛文锡《茶谱》：蜀之雅州有蒙山，上有五顶，顶上有茶园，其中顶曰上清峰。有僧病冷且久，尝遇一父老，谓曰：蒙之中顶茶，常以春分之先后，多构人力，俟雷之发声，并手采择，三日而止。若获一两，以本处水煎服，即能祛宿疾，二两当限前无病，三两固以换骨，四两即为地仙矣。是僧因之中顶，筑室以候，及期，获一两余，服未竟而病瘥。时到城市，人见容貌常若年三十余，眉发绿色，其后入青城访道，不知所终。今四顶采撷不废，惟中顶茶木繁密，云雾亏蔽，鸷兽时出，人迹罕到矣。今蒙顶有锬芽、莪芽，皆云火前，言造于禁火之前也。火后者次之。又有枳壳芽、枸杞芽、枇杷芽者，皆能治风气病。又有皂角芽、槐柳芽，皆上春摘，摘其芽，和茶作之。又有压膏露芽、不压膏露芽，并冬芽，言隆冬甲坼也。又有研膏芽，作片进之，亦作紫笋。　唐白居易《琴茶》诗：琴里知闻惟渌水，茶中故旧是蒙山。　刘禹锡《西山兰若试茶歌》：荷况蒙山顾渚春，白泥赤印走风尘。　黎阳王有《蒙山白云岩茶》诗：闻道蒙山风味佳，洞天深处饱烟霞。冰绡剪碎先春叶，石髓番粘绝品花。蟹眼不须煎活水，酪奴何敢问新芽。若教陆羽持公论，应是人间第一茶。　国朝湘潭王闿运《蒙顶上清茶歌》：酌泉试茗平生好，惟有蒙茶远难到。名高地僻少愈珍，梦想灵芽但西笑。春动岷嶓花药香，故山新茗渴未尝。石华绿叶今始见，开函已觉炎风凉。闻道仙根汉时活，七株常应雷鸣发。王褒遣童不敢担，长卿识字名空撮。贡登天府二千年，龙衮亲擎飨帝筵。从此人间不敢识，苔栏十里围云烟。年年叶共周天转，银泥小盒盛三片。至尊晨御偶一煎，王公那得分余羡。吴越江湖名品多，只供嫔女泼云涡。含香焙火争春早，散雪折枝付驿驮。一闻敕使当秋进，始觉后时灭所吝。闻名乍见已足夸，川纲长价开中引。达赖熬茶静远荒，红茶航海动西洋。从来盐铁一时利，谁言此物关兴亡。肸蚃馨香原有自，百草纤微岂堪比。对此沉吟不忍煎，如睹法物郊坛里。山人掉首百不知，松风一榻轻烟迟。园茶采采共葵菽，迎凉且咏豳公诗。世间远物徒为累，宁知跂石眠云味。一啜余甘复几时，支颐坐看西山翠。忽忆君山北渚滨，乱余枯柄杂樵薪。五峰深处寻真隐，倘遇披云旧种人。

雾钟茶　城东北三十里香花崖下所产。树大合抱，老干盘屈，枝叶秀茂。父老皆言：康熙初，罗登应手植也。叶较别茶粗厚，斟入杯中，云雾蒙结不散，因名。

名山茶　陆羽《茶经》谓：剑南以雅州百丈山、名山、泸州为下。《寰宇记》引《茶谱》云：雅州百丈山、名山二者尤佳。按二说龃龉，实则名山茶，自蒙顶而外，皆不甚佳，味苦涩而短薄。

物产二

木属

楠　……一种名冒楠，木不坚，叶可乱茶。

卷九　风俗

《通志》：其民质而少文，其俗淳而不薄，力农采茶，男妇勤苦自甘。（名山）

卷十　田赋　经费

贡茶　岁给银瓶银贰拾壹两伍钱，饭食银柒两伍钱叁分，共银贰拾玖两零叁分，赴司请领，折钱票给发。

卷十五　外纪

名山茶，自蒙顶仙茶而外，随地所产皆粗叶，为大筒，致远出打箭炉……其嫩芽，早采极细者，则小儿女子每岁谷雨前私摘入市……亦或稀遇，颇可饮。又有较嫩芽，粗及半者，往往炼为砖方，广二寸，长倍之，印以字文，土人弗贵也。函而远馈，世多珍异。

名山县新志

民国十九年(1930 年)　六册　　胡存琮、赵正和纂修

卷一　地理

蒙山　在县西北，至顶十五里。　境内镇山也。旧志称：山高数千仞，绵亘不可以道里计……仰则天风高畅，万象萧瑟，俯则羌水环流，众山罗绕，茶畦杉径，异石奇花，迥异尘凡。山顶五峰峙立，中曰上清，左曰菱角，曰灵泉，右曰甘露，曰毗罗，酷肖莲花，苍秀勃郁，中为禁籞，汉甘露禅师手植之仙茶在焉……

卷四　物产

土壤类　馁土　脊土也，俗有青硐土、白演砂等称，系硅岩、砾岩所化。混合物少，生物不鬯，惟宜树桑种茶。此土杂入他土壤中，约占全额三十分之一。　冷土　强半为黏岩、灰岩所化。土性过冷，非逢旱年，禾麦不茂。蒙顶、总岗二山多此土质，宜种茶。

木类

茶　《尔雅·释木》：槚，苦荼。吴之英谓：荼字篆省隶作茶，说详《蒙茶歌序》。《集韵》：巴南呼茶曰葭。《方言》：蜀西南呼茶曰蔎。《花木志》：嫩茶曰茗，老茶曰荈。郭璞则谓荈为槚。其木灌生，茎高约二三

尺，叶似杞，花白果褐，全县皆产。其产青衣、大幕两流域者，曰西山茶；百丈、延镇两流域者，曰东山茶。东山茶味不如西山茶。其在谷雨前采者，曰雀舌、曰花毫、曰白毫、曰毛尖、曰元汁，行销内地；谷雨后采者，曰金玉、曰金仓，行销边藏，大宗出产也。　蒙茶　蒙顶五峰，中曰上清，汉僧吴理真自西域、天竺挈茶种于峰下，凡七株，迄今二千余年，不长不枯。其叶细长，网脉对分。味甘而清，色黄而碧，酌杯中，香云幂覆，久凝不散，以其异，名之曰仙茶。《元和郡县志》列入贡茶，自是相沿迄清。每岁孟夏，县尹筮吉日朝服登山，率僧僚焚香拜采，如周岁日数，采三百六十叶。贮两银瓶，贡入帝京，以备天子郊庙之供。三百六十叶外，并采菱角峰下凡种，揉制成团，曰颗子茶，另贮十八锡瓶，陪贡入京，天子御焉。中外通称贡茶，即此两种也。民国停贡，县尹仍照旧珍采，以供祀事。至于漫山所产，茶味均佳。李德裕、白居易、黄山谷、段成式、文同、文彦博、杨慎、王闿运诸名士，俱有品题，详载旧志。陆羽《茶经》曰：名山为下。《寰宇记》引《茶谱》则曰名山尤佳。二书龃龉，必有一误也。　雾钟茶　茶皆灌木，此独特生。城北叶公乡香花岩有一大株，老干盘屈，周可合抱，相传为罗登应植。　老鹰茶　茶之别种也。

卷八　食货

（农）……岭谷浅土，木宜茶。春细秋粗，随时采鬻，亦足御穷……

（商）　县中商业，茶为最，大概分粗、细两种……县商拥此巨货，不善持筹，年来破产失业，负累巨万者比比，邻县附籍居奇，什九获利，良可慨也!

卷十　风俗

谷雨采茶　《养生术》云：谷雨采茶疗百病。县俗：上品之茶，以谷雨时采制者为最，疗病与否，无甚重轻也。

卷十三　士女四

方技

汉甘露大师　《舆地纪胜》：西汉时，有僧从岭表来，以茶实植蒙顶，忽隐池中，乃一石像。（所隐之池，今称甘露井，石像系碑刊飞白式，昔竖井畔，民国十五年，修毗罗楼，误为工人碎毁。）今蒙顶茶擅名，师所植也。《通志》：师名理真，俗姓吴。宋淳熙年，邑进士喻大中奏师功德及民，孝宗封为甘露普惠妙济大师。

明杨慎《甘露大师题词》略称：岁四月二十四日，为师隐化期，僧俗集寺荐香集智矩寺。宋、元各有碑记，以茶利由师兴也。按：茶在西汉前其名未见，民亦未始利之。浮图自东汉入中国，初犹禁民学习。贺如晦记谓师姓吴，则华人也，其时安有华人为僧？考张大用《图经》称：后汉有高僧，携茶种于蒙山，迨茶利大兴，乃投井化石。又考《梓潼帝君附鸾碑记》：其为后汉人，名理真。然则西汉之说，岂欲古其人，大用之记，岂欲神其迹耶？并存待考。

唐采茶僧　《舆地纪胜》引毛文锡《茶谱》载：有僧病久，遇一老父，曰：仙家有雷鸣茶在蒙山上，服之可去宿疾。僧如其言，疾果瘥，年八十余，不知所终。采茶者后见一僧，往往独行，疑即此。

清照彻　字霁白，雅州任氏子，为蒙顶寺僧。僧植茶万株，银杏、松、杉各数百株，建经楼及毗罗殿，及甘露大师石室。《通志》称恪守清规，礼佛诵经而外，不预世事。

卷十四　古迹

坛庙表

名　称	所 在 地	所 祀 神
天盖寺	蒙山绝顶	甘露大师

《通志》：汉，甘露结庐于此。宋淳熙时重建，明、清代有培修，民国初年，增建层楼，高出林表。遥瞻俯眺，万象森罗。寺后为仙茶园，

为甘露井，寺前路若悬缊，阴林暗天，相传甘露手植之八宝、蒲团等树，即在林中，苍秀勃郁，名人题刊颇多，散载各篇，兼详旧志。

名　称	所在地	所祀神
栖霞寺	百丈场后山	孔子、老子、释迦

张落魄修道之所也。宋名延禧观，明初易名，后遭兵燹。清康熙时僧海德重修，殿宇宏整，花木幽秀，附近玉液泉，烹茶芳冽，夙号名胜。

名　称	所在地	所祀神
长马寺	体三甲	关　侯

建始无考。清道光二十九年重修，以此为茶马司遗址。按……唐自回纥入贡，以茶易马，宋、明皆于川陕置茶马司，音与长马寺相近，年久传讹欤？

卷十六　事纪

神宗熙宁八年，榷蜀茶。　九年，吐蕃购茶，定雅州为交易所，置茶场。

元丰时，有司请以茶易马，名山设茶马司，每茶四十斤，易番马一匹。（年数不详。按：《元和郡县志》称：蒙山每岁贡茶，为蜀之最。又《茶经》载：名山、百丈产茶。又贞元中，诏税蜀茶。据此，名为茶区，隋唐以前，久已著称，至是定以茶易马之例，后虽国是屡更，此例终未之改。）

明太祖洪武五年，设茶马司，西方诸部落相率以马易茶。（行茶之地，自碉门、黎雅抵朵甘乌斯藏五千余里。上马一匹，易茶八十斤，中、下以次递减。）

神宗万历二十二年，遣中官查加茶税，贿赂公行。思宗崇祯十五年……蒙山仙茶萎黄，频年不发新叶。

清世祖顺治十一年……优礼商人，复茶马市。

荥经县志

乾隆十年(1745 年)　八册　　劳世沅纂修

卷首　图考

安箐坝　城西南三十里相岭脚下。山俱箐竹，居民编茶篓为业，茶园极多，而观音寺为最。

小溪坝　城南过河里许。地广田腴，习尚勤俭，产茶极多，惟太湖寺茶品绝佳。

烟溪坝　烟竹之下。滥村接壤，力田以务本，采茶以逐末。

烟竹坝　城南二十里改丁要路。地不足耕，茶有余利。

改丁坝　有上改、下改之分，城西南三十里。万山环峙，路径崎岖，茶园极广，民以为业。

卷一　地舆　关隘

小关山　县西四十里。今为盘验茶引之所。

卷三　风俗

山多田少，民不足耕，虽大户无数月之蓄，至小民则背运茶包，勤苦食力，号为膧乡。

卷三　物产

货属

太湖茶　味最佳，昔人咏之曰：品高李白仙人掌，香引卢仝玉腋风。

山门茶

荥经县志

民国四年(1915年)　十册　　贺泽、张赵才纂修

卷十六　诗

何绍基《韩孟传大令赠观音山茶，因言荥经蚕桑颇盛，今皆废而采茶矣》　荥经茶引行腹边，税银万两课三千。观音仙茶最上品，质轻干短色味鲜。地下出泉天落雨，但到此山化甘乳。一旗一枪悉慈悲，不寒不削滋肺腑。其中细叶尤可珍，箬笼锡匣贡九阍。人人皆具媚兹意，雨前采尽一山春。开山寺前石如镜，照见形容可端正。纷纷儿女叩观音，保佑年年茶事盛。观音有灵应叹嗟，吾民不肯做人家。多年抛废蚕桑业，竟唱山歌来采茶。

卷十九　杂著

《通志》：瓦屋山太湖寺出茶，味清冽，甚佳。诗人咏之曰：品高李白仙人掌，香引卢仝玉腋风。按：太湖寺一名云峰寺，距瓦山远甚，近不闻其产茶也。惟箐口驿观音寺颇生淑茗，清宗室果亲王入藏时，饮而甘之，嗣后采茶入贡以为恒。至清鼎革始免。

卷二十　物产

货属

茶　产县西境，种类不一，曰大茶、曰金玉、曰春茗、曰白毫、曰毛尖、曰白茶、曰红茶(俗名老鹰茶)。大茶、金玉、春茗销巴里藏卫，白毫销成都，毛尖销宁远，红茶销本地。以上各种，每年约共销二百三十余万斤。

汉源县志

民国三十年(1941年)　四册　　刘裕常、王琢纂修

卷三　食货志

植物类　木属

茶树　县中有黄泥堡产之，顺河八谷山亦产，味最浓厚，惜不多。有白茶、老鹰茶二种，黄泥堡两河乡出产较丰。

西昌县志

民国三十一年(1942年)　四册　　郑少成、杨肇基纂修

卷之一　地理志　山

大林山　香茗、雪梨……果实累累，四时而有也。

会理州志

同治九年(1870年)　九册　　邓仁桓、吴钟仑纂修

卷十　物产

茶花

盐源县志

光绪十九年(1893年)　六册　　辜培源、欧阳衡、曹永贤纂修

卷三　物产

茶花　亦名宝珠，种类甚多。

冕宁县志

光绪十七年(1891年)　四册　　李英粲、李昭纂修

卷十一　物产

山茶

温江县乡土志

宣统元年(1909年)　四册　　曾学传纂修

卷十一　物产

山茶

温江县志

民国十年(1921年)　八册　　张骥、曾学传纂修

卷十一　物产

山茶

郫　县　志

同治八年(1869 年)　十册　　陈庆熙纂修

卷四十　物产

山茶

郫县乡土志

光绪三十四年(1908 年)　一册　　姜士谔纂修

商务

入境货

茶　自灌县运来，岁销部引一百二十挑。

郫　县　志

民国三十七年(1948 年)　六册　　李之清、戴朝纪纂修

卷之一　物产

木属

茶　蜀西灌邑为最，邑中亦有之，以汜乡侯、何公墓及乡宁寺产者为佳，然产量不多，年仅数十斤而已。

山茶

灌　县　志

乾隆五十一年(1786年)　四册　　孙天宁纂修

卷之一　山川

定廉山　产茶

卷之三　茶法

唐起税茶法，宋设茶马司，均以裕国用也。灌青城诸山，丰产茶荈，不独邑人利之，即番人乳酪腥膻之食，非茶则病，有必需焉。故朝廷设立引茶，发及商贾，令其支照，以稽往来。其法最为简要，因非若陆羽之烹，卢仝之饮，徒资美谈已也。

卷之十　土产

货类

茶　《寰宇记》：茶，生益州，凌冬不萎，三月采干，饮之，令人不睡。今治内多有之。

卷之十二　杂记

茶　《寰宇记》：出益州，凌冬不萎，三月采，焙干，饮之，令人不睡。今治多有之。

增修灌县志

光绪十二年(1886年)　十册　　庄思恒、郑琋山纂修

卷之二　舆地志　山川

太安山　在县西南四十里。产茶。

卷之六　田赋志　茶法

附录贡茶

康熙十三年，布政司札饬县属青城山天师洞三十五庵僧、道等，每年采办青城芽茶八百斤，内拣顶好贡茶六十斤，陪茶六十斤，官茶六百八十斤。道光四年，奉文裁减一百斤，每年采办芽茶七百斤，内拣好贡茶二十斤，陪茶二十斤，官茶六百六十斤，每斤给茶价钱一百文。于立夏前五日，僧、道等将茶办齐，运赴县署，自行拣选三日。贡茶、陪茶用锡瓶四个敬盛装贮，于立夏前一日派拨内司差役解赴布政司贡房投验，余茶赍送各大宪辕下。

卷之十二　物产志

茶　《寰宇记》：茶，生益州，凌冬不萎，三月采干，饮之，令人不睡。　《茶谱》：彭州蒲村口，其园有竹厓、石花等号。晋原、洞口、横原、味江、青城，其横芽、雀舌、鸟觜、麦颗，盖取其嫩芽所造，以其芽似之也。又有片甲者，早春黄茶，芽叶相把，如甲片也；蝉翼者，叶软薄如蝉翼也，皆散茶之最上也。玉垒关外宝唐山有茶树，产于悬崖，笋长三寸、五寸，方有一叶、两叶。邑中有红茶、白茶、苦丁茶、茨藜茶，要不及青城毛茶味厚。其连枝叶砍者，名马茶，夷人所食，每岁运售金川。

卷之十三　艺文志

杨慎《和章水部沙坪茶歌》　玉垒之关宝唐山，丹危翠险不可攀。上有沙坪寸金地，瑞草之魁生其间。芳芽春茁金鸦觜，紫笋肘抽锦豹斑。相如凡将名最的，谱之重见毛文锡。洛下卢仝未得尝，吴中陆羽何曾觅。逸味盛夸张景阳，白兔楼前锦里旁。贮之玉碗蔷薇水，拟以帝台甘露浆。饼聚龙云分麝月，苏兰薪桂清芬发。参隅迢递渺天涯，玉食何由献金阙。君作茶歌如作史，不独品茶兼品士。西南侧陋阻明阳，官府神仙多蔽美。君不闻夜光明月投人按剑嗔，又不闻臃肿蟠木先容为上珍。

往年在馆阁，陆子渊谓予曰：沙坪茶，信绝品矣！何以无称于古？余曰：毛文锡《茶谱》云：玉垒关宝唐山（俗名唐帽山）有茶树，悬崖而生，笋长三寸、五寸，始得一叶、两叶。晋张景阳《成都白兔楼》诗云：芳茶冠六清，逸味播九区，此非沙坪茶之始乎！

灌记初稿

光绪二十年(1894年)　四册　　彭洵纂修

卷二　贡赋记

物产　食物惟茶称最。郭璞所谓树如小栀子。陆羽谓青城丈人山散茶末茶尤妙。《茶谱》谓蒲村、灌口、堋口，其园名仙崖、石花者，茶饼小而嫩，芽如六出花。又云：味江、青城有雀舌、鸟觜、麦颗，又有片甲、蝉翼，盖取其早春嫩芽之状有以似之而名。今则谷雨前嫩芽之有毛者称良，然不易得，有贡茶故耳。又有白茶、红茶、苦丁、马茶，马茶尤边夷所重。

山茶

灌县乡土志

光绪三十三年(1907年)　二册　　钟文虎、徐昱纂修

卷之二　山

沙坪山，即古花坪。又古宝唐山产佳茶。明杨慎《和章水部茶歌》跋云：往年在馆阁，陆子渊谓沙坪茶信绝品，何无称于古？余曰：毛文锡《茶谱》云：玉垒关宝唐山有茶树，悬崖而生，笋长三寸、五寸，始得一叶、两叶，晋张景阳《成都白兔楼》诗云：芳茶冠六清，逸味播九区，此非沙坪茶之始乎。据此，则沙坪山即宝唐山矣。

物产

植物制造

茶叶

商务

植物制造，以茶为清品。每岁谷雨前，邑令督青城三十六庵道士登山敬采，入署选焙，盛以银瓶，封缄上贡茶七十余斤，向有陪茶，今免。余则腹引行销内地郫、温、崇、繁、成、华，岁不过成装八九百担，价可万金有奇。边引行于松潘草地、茂功五屯，夏初采伐，皆大叶粗枝，岁可及五千包。余皆由邛州、大邑、崇庆、彭县采买，约得二万包，价约二十四五万。

灌县志

民国二十二年(1933年)　十四册　　叶大锵、罗骏声纂修

卷一　舆地书

沙坪山，当即古花坪，又古宝唐山产茶，明杨慎谓即沙坪茶。

卷四　食货书　商

……茶为土产。陆羽《茶经》盛推青城丈人山散茶。毛文锡《茶谱》谓蒲村、灌口、堋口，其园名仙崖、石花者，茶饼小而嫩，芽如六出花。味江、青城有雀舌、鸟觜、麦颗、片甲、蝉翼，盖就早春嫩芽之状而名。清时，有贡茶，佳品入选，颇不易得。近所称雨前、雨后、毛尖、白毫、花毫诸类，亦足珍贵。尤以麻溪所出为优，蒲阳、漩口、水磨沟诸山次之。至清明前后，枝叶深长，则通称毛茶，最下者为枇子、粗壳，乃市面茶铺所用。又有茅亭茶，产自汶川，味尤浓厚。白茶则四五月中连枝摘收炒晒，色白，与黑茶、苦丁、红白茶，俱为茶之别种，民间恒饮。植茶者曰园户，各设茶房，制造时价，总约数万元，行销温、郫、崇、

彭、成、华等处，皆腹茶也。边茶于夏初采伐，名刀子茶，邑境岁约千余包，余由邛、蒲、崇、彭等处采买，岁约二三万包，行销松、理、茂、懋诸夷境，约值三十余万元。其初无专商，清雍正间始奏准立为西岸商岸，较南岸略少，而茶品过之。先承办者皆邑人，有何、董、贾、苟、余、王诸姓，各有引章，后渐租出。嘉庆间，陕人焦氏租引开设信兴公，至光绪十八年歇业，转租与鼎立元，至光绪二十九年倒闭，由裕国祥承继，今已由灌移住松潘，与其地之聚盛源及二三小号均系川帮。在灌城租引设号者，咸同间先后有何丰盛、严义合、马本立三家。茶引，清时由户部给，民国由财政厅给，不设专商……

卷七　物产

茶叶　种类不一，经人工制造，行销甚远。详食货。

木属

茶　《寰宇记》：茶生益州，凌冬不萎，二三月采而干之，煮饮，令人不睡。邑西北山中多产茶。具详食货。

山茶

掌故卷一　茶法

唐始税茶。宋设茶马司。元征茶课，四川置榷茶场。明有官茶与商茶，皆贮边易番人马。官茶间征课钞，商茶输课。清茶法尤详。

康熙十三年，布政司檄饬县属青城山天师洞三十五庵僧道，岁采芽茶八百斤，内拣贡茶六十斤，陪茶六十斤，官茶六百八十斤。道光四年，奉文裁减一百斤，岁采芽茶七百斤，内拣贡茶二十斤，陪茶二十斤，官茶六百六十斤，每斤给茶价百钱。立夏前五日采齐，运赴县署。贡茶、陪茶均用锡瓶四个盛贮，立夏前一日由县赍送藩署贡房，余茶分送各大府。后递减至七十余斤。清末豁免。按：贡亦赋税之一，宋时永康军贡交……紫背龙牙、白背龙牙、大鹤仙、小鹤仙贡茶，盖类此。

青城山记

光绪二十一年(1895年)　一册

卷上　诸山记

沙坪山当即古花坪。又古宝唐山产佳茶。

彭　县　志

嘉庆十八年(1813年)　四册　　王钟钫、彭以懋纂修

卷二十五　茶政

唐为职贡，明以易马，宋榷最严，私易衣赭，盛世政宽，通商平价，雷荚幽岩，雪芽沃野，稚叶香清，小团制雅，月窼花蛮，珍逾糌把。作茶政志。

邑境西北山多产茶，彭门山内外及小鱼洞茶坪种植尤多。按《茶谱》云：彭县有蒲村、堋口、灌口，其园名仙崖、石花等，其茶饼小而嫩，芽如六出花者，尤妙。又《茶经》云：茶出彭州九陇县马鞍山至德寺、堋口镇者，与襄州茶同味。《唐书·地理志》：彭州土产。

《宋史·食货志》：熙宁四年，神宗与大臣论昔茶法之弊，文彦博、吴充各论其故，然于茶法未有所变。及王韶建开湟之策，七年始遣三司干当公事李杞入蜀，经画买茶，韶言：西人颇以善马至边，所嗜唯茶。即诏趋杞据现茶计水陆运致，以著作佐郎蒲宗闵同领其事。初，蜀之茶园，皆民两税地，不殖五谷，唯宜种茶，赋税一例折输，盖为钱三百，折输细、绢皆一匹；为钱十，则折输绵一两；为钱二分，则折输草一围，役钱亦视其赋。民卖茶资衣食，与农夫业田无异。杞被命经度，即属诸州官场岁增息四十万，而重禁榷之。既而运茶积滞，岁课不给，即建议于彭、汉二州岁买布各十万匹，以折脚费。宗闵乃议以川峡路民茶息收

十之三，尽纳于官场，更严私交易之令，稍重至徒刑，仍没缘身所有物，以待给赏。于是蜀茶尽榷，民始病焉。十年，知彭州吕陶奏言：川峡四路所出茶，比东南十不及一，诸路既许通商，两川却为禁地，亏损治体。如解州有盐池，民间煎者，乃是私盐；晋州有矾山，民间炼者，乃是私矾。今川蜀茶园，皆百姓已物，与解盐、晋矾不同。又市易司笼制百货，岁出息钱不过十之二，然必以一年为率。今茶场司务重立法，尽榷民茶，随买随卖，取息十之三，或今日买十千之茶，明日即作十三千卖之。变转不休者，比至年终，岂止三分。因奏李杞、蒲宗闵等苟希进用，必欲出息三分，致茶户被害，始诏息止收十之一。元丰五年，以陆师闵提举茶场，税息加至百万。侍御史刘挚奏疏曰：蜀茶之出，有司尽榷而市之，名为平市，而实夺之，园户有逃而免者，有投死以免者，其害犹及邻伍，故其俗论谓：地非生茶也，实生祸也。愿选使者考茶法之弊，以苏蜀民。右司谏苏辙继言：吕陶尝奏改茶法，止行长引，令民自贩，每缗长引钱百。诏从其请，民方有息肩之望。又差孙回、李稷入川相度，始议茶价随时增减，取息依旧，息钱长引，二说并行。《明史・食货志》办茶课约十株而取其一，解茶马司，以备易马。按番人无茶则病，以此为羁縻之术，蔡方炳所称贤于数万甲兵也。

卷四十　物产

山茶

重修彭县志

光绪四年(1878年)　十册　　张龙甲、吕调阳纂修

卷三　物产志

木

茶　《尔雅》：槚，苦荼。俗作茶。

什邡县志

嘉庆十七年(1812年)　十二册　　纪大奎纂修

卷十八　风俗

西北高山，茶、炭、竹、木、蜜蜡、纸、梅，固有其利，居民遂安之，一年之计，皆望于此。衣食常多不足，不知货之所出，合之虽见多，分之则病少，岂可坐待。凡山岭空余之处，宜务杂粮以佐食，种杉柏、植茶株以资费。(史志)

卷二十九　茶法

邑西北皆山，山内产茶……

旧规：每岁谷雨前，园户采茶英呈送县署及省，申各宪，名为进新。然山中皆粗品，园户先期往灌县等处购买细茶呈进，颇为苦累。嘉庆二年，奉文裁革进新。但以茶斤又为备赏番民所必需，若奉文采办赏需，茶甲亦不得借词推诿，等因，出示立案。自是园户得免进新之累。

卷五十一　物产

货之属曰……茶。

续增什邡县志

同治四年(1865年)　四册　　傅华桂、王玺尊、甘雨培纂修

卷五十一　物产志

货之属曰……茶。

什邡县志

民国十八年（1929年）　八册　　王文照、曾庆奎、吴江纂修

卷五之下　物产

货类　茶

物产出入比较

什邡东南平衍，西北高山，土田硗多沃少……山地物产，以木材、煤炭为多，土药、靛、漆、丝、茶次之……故输出之物，惟以叶烟为大宗，其他土药、靛、漆、丝、茶等输出亦无几何……综而计之，入实较出为多焉。

物价涨落比较

物名	量数	光绪价目	近年价目
红茶	每百斤	六七钏	一百七八十钏

上表，光绪系综约光绪三十余年所列，近年系指民国十年至十七年所列，各价目亦就中平约计耳。

金堂县续志

民国十年（1921年）　八册　　王暨英、曾茂林纂修

卷之一　物产

山茶

汉州(旧州名,民国时改为广汉县)志

嘉庆十七年(1812年)　十二册

卷十七　盐茶志

按：宋李心传《朝野杂记》：蜀茶，雅安之蒙顶，峨眉之白芽，合州之水南，广汉之赵坡，士人珍之。今州属亡产，亦不详赵坡名，姑识之，以俟博考。

卷末　志余

宋张震《论夔州榷茶事》　绍兴中，韩球领夔路茶事，尽取园户加饶之茶为正额，有一场而增至二十万斤者，民知输官不补所得，于是起为私贩。二十六年六月，秘书省正字张震真甫以为言，遂命本司裁损。今茶场每百斤加饶率过半，茶官稍加裁抑，则商贩者遂转而之他，请宜量减引钱而禁其搭带，又以地之远近而稍低昂之，庶几乎其可矣。

新都县志

民国三年(1914年)　十二册　　张奉书、张怀洵纂修

卷三　物产

山茶

邛州直隶州(旧直隶州名，民国时改为邛崃县)志

嘉庆二十三年(1818年)　十二册　　吴巩、王来遴纂修

卷二十一　茶法

宋天禧末，天下茶皆禁，惟川、陕、广听民自买卖，不得出境。(《文献通考》)

明洪武四年，户部言：四川巴茶三百十五顷，茶二百三十八万余株，宜定令每十株官取其一，无主茶园，令军士薅采，十取其一，以易番马。从之。于是诸产茶地设茶课司，定税额四川一百万斤，设茶马司于秦、洮、河、雅诸州。五年，置四川茶盐都转司。(《明史·食货志》)

卷二十三　物产

茶　宋魏了翁曰：茶之始，其字为荼，如《春秋》书齐荼，汉志书荼陵之类，《尔雅》《本草》犹从艸，从余，惟陆羽、卢仝以后，遂易荼为茶，其字从艸，从人，从木。陆玑谓吴人作茗，蜀人作荼，皆煮椒为香，椒与茶既不相入，据此，则荼与茗又若二物。

按：《茶经》，其名，一曰茶，二曰槚，三曰蔎，四曰茗，五曰荈。槚，苦荼也。蜀人曰蔎。郭璞曰：早取为荼，晚取为茗，荈，苦荼也。《茶经》：临邛有火前、火后、嫩绿黄等名。又有火番饼，重四十两，俗名锅焙茶，又名邢业茶，以邢姓制造得名也。《九域志》：有火井茶场。邛州贡茶，造茶为饼二两，印龙凤形于上，饰以金箔，每八饼为一斤，入贡，俗名砖茶。

花之属　蜀茶　本名滇茶。　滇茶色娇鲜，其大如碗，瓣有重台，亦有白者。山茶有数种，而滇茶第一。白茶攒簇者曰宝珠，类宝珠而白曰焦萼，有杨妃、玛瑙等名。杨用修云：小者名曰海红。

邛崃县志

民国十一年(1922年)　四册　　刘夐、宁湘纂修

卷二　方物志　识大略

旧志食货所载盐茶引案销场，乃国计商情上事也，与地志方物无干，即盐茶房亦司引课而已，旧志物产盐茶并列，而盐茶道址，未及一言……所引《茶经》，唯著茶名曰火前、火后，曰嫩绿黄，曰火番饼，一名锅焙茶，又曰邢业茶。《九域志》：火井有茶场。造砖茶，每砖二两，八砖为一斤，此其著闻者也。至于十八堡产茶之所，无能名焉。今茶业设有公司，年年春间到此地采买，用新法焙制，亦但就西街茶市交易，少有到园堡自行采摘者，商贩又有北路交易者。

邛州十八堡名目（新采访者，查系明制）。　花楸　天台　相台　骡马　天池　牛心　红晓　盐井　雾清　中峰　石匣　水口　横山　左坝　飞龙　小凤　木樒　朱璜。

十八堡，皆有头目人，画地分界，如今之团区，为收税计也。清之季年，州牧曾朝佑一律免征，园户至今颂之。其实邛州产茶之地，何止十八堡，龙溪、川溪、双河、三坝，皆产白毫。收茶之时，又何止谷雨，西南北诸山，处处产茶，自春及秋，均可采撷。故有茶叶，有茶干，有茶果（如豌豆大）。干与果须熬，而叶则泡可也。其色有黑、有白，有红、有绿。绿者最上，其名有芽茶、家茶、孟冬、铁甲，并有阳山、阴山之分。何谓阳山、阴山？向日为阳，背日为阴。茶市之在场镇者，西南北路为多，而城内则西街为最。谷雨前后，逢场集期，一市千斤，场镇小市，有不及者，而大市，有过之者。

南路之王家茶店，西路之邢家茶店，今皆废。唯高、何二场之间，有大林茶店犹存。号巨亨。其茶有五等，与旧志邢业茶不同：一曰砖茶，用细毛尖制，一斤一砖，十六砖为一包；二曰金尖，次于砖茶之细；三

曰金玉，又次于金尖，皆有叶无干；四曰金仓，叶而带干，叶干皆细；五曰老穰，干多叶少。茶果禁不出关，防茶种之流播于关外也。销场在打箭炉。

邛崃县志

民国十一年　四册

卷二　方物志　识大略

林业

山茶花

大邑县志

光绪元年(1875年)增修

同治丁卯(六年,1867年)本　八册　　赵霖、王瀛纂修

卷四　山川

鹤鸣山,《通志》在县西北三十里。

雾中山,《通志》在县北五十里。与石城山相连，一名雾山……

卷五　古迹

茶场在县西。　《九域志》：有大邑、思安二茶场。

卷七　物产

茶　《寰宇记》：临邛四邑有火前、火后、嫩绿黄等名。又有火番饼，重四十两，俗名锅焙茶。　《九域志》：大邑、思安二茶场。《茶

谱》：蜀州晋源、洞口漕造茶，为饼二两，印龙凤于上，饰以金箔，每八饼为一斤，入贡，俗名砖茶。　按：邑境雾中、鹤鸣诸山现俱产茶，每年尚额销边腹茶引二千三百余道，而树老山荒，产数已不如前，制造亦未能如法。若火番饼、砖茶等名目，民间鲜有知者。惟谷雨前所采毛尖，犹脍炙人口云。

卷十二　金石

开化寺碑记　在雾中山上南道。布政司右参议泰和胡直撰文……略云：予登山寺……无蚊蚋虎豹蛇蝎，宜植佳茗，不能谷，僧数千人，以茗易谷，不涂手而食……

卷十九　杂事

毛文锡《茶谱》：蜀州晋源、洞口、横原、味江、青城，其横牙、雀舌、鸟觜、麦颗，盖取其嫩芽所造，以其芽似之也。又有片甲者，早春黄茶，芽叶相把如片甲也；蝉翼者，其叶软薄如蝉翼也，皆散茶之最上也。又邛州之临邛、临溪、思安，有早春、火前、火后、嫩绿等上、中、下茶。按：洞口在今县东，思安在今县西。

大邑县志

民国十八年（1929年）　六册　　王铭新、解汝襄、宋育仁纂修

卷三　建置志

农会　设唐家祠，始于民国二年，何鋆为会长，成立分会，请以新加官粮为常年费，因草创无建树可言。三年，复由县署召集绅耆照章改组……是为大邑农会正式成立之始。时萧俊、王济融为会长，始租地为桑园，更于银屏山右设茶园一区，植茶树百余株，是为大邑农会有苗圃之始……

卷十　食货志　商业

邑境偏僻，不利交通，故商业萧条。所产物品，如南区之米，北区之煤，东南之布，西北之茶与木材，即其大宗……

输出商品

茶　邑中鹤鸣山茶品味最佳，附近各山均产茶。每岁雨水节后，各路茶商麇集悦来场清源市。雨水前后之春尖，则销成都、双流、郫县、崇宁、温江及川东。其余为原枝、为白茶，制法较为粗陋，用竹包裹，运往松潘川边，全年输出约一千余石。

物产

花之属　山茶

文征卷

王圻《游雾中山记》　雾中开化寺者，古大光明普照寺也。山脉发于昆仑，常有云雾上覆，故曰雾中……此寺居雾山之麓……两河以北，龙窝以南，方数十里，栋宇错落，皆缁舍，绝无杂居。僧人植茶树棕而待值，借以养生……

诗征卷上

宋陆游《九日试雾中僧所赠茶》　少逢重九事豪华，南陌雕鞍拥钿车。今日蜀中生白鬓，瓦炉独试雾中茶。

增修崇庆州志

光绪三年(1877年)　十册　　李承保、胡麟纂修

卷一　山

大坪山　《通志》：在州西北二百余里。上多积雪，产茶。

卷五　物产

货属

茶　州西怀远镇万家坪山中产毛尖茶，树矮枝细，有雨前、雨后、白毫等名。另一种名枇杷茶，树高一二丈，叶粗大，名粗毛茶。近有取其嫩巅充普洱茶者，味亦颇类，引行夷疆。

白茶　树高一二丈，叶大。四五月间连枝折下，炒过晒干，色白，向不入引，近亦征取商税。

草茶　采杂树嫩芽造成，与家茶颇类，不准入市掺和，商禁最严，查出重罚。

卷十二　杂识

怀远镇即古横原地，见《通志》，第不知怀远之名起于何时？及阅毛文锡《茶谱》：蜀州晋原、洞口、青城、横原所出鸦嘴、雀舌、蝉翼、鳞甲，皆散茶之最上者。考文锡为五代蜀人，乃知宋以前即有此称，又与蜀州晋原并举，必起自唐时也。

崇庆县志

民国十五年(1926年)　十册　　谢汝霖、罗元黼纂修

方舆第一　山水

朱崇河，由鸡公石分支，径向河坝，历定江、文江二桥，即怀远镇设治处也。晋初，李雄据蜀，尝设汉源县于是。清乾隆之季，始设州分治。《茶谱》：蜀州晋原、横原产茶，与味江、青城雀舌、麦颗、片甲、蝉翼均为上品。明末清初，村号横原，怀远之称，意为讹转，或俗情所讳，因更制名矣。

建置第二　官廨

实业所（民国十四年改所称局）。在天目寺内，原前清蚕桑传习所。民国四年，改蚕务局。八年改所，设农、工、蚕三科。农科有试验场，（由农会拨入）为田十七亩，分森林、苗圃、棉业、茶园（有山地三亩余）……

食货第十

……西山夙以产茶名，（考《尔雅》，茶有茗、荈之别，早采者始为茶。《方言·注》谓蜀西南人谓茶曰葰，今无此称。）孟蜀毛文锡《茶谱》之横原、洞口，即在于是，故明村尚以横原名。《茶经》称剑南以彭州为上，绵、蜀为次，所指乃青城之散茶，非横原也。近今所称，有雨前、雨后、毛尖、白毫、花毫诸类，岁产约数百担。清明前采，尤为珍美，（即毛谱所云之雀舌、鸟觜。）持较浙江龙井，不过制与香略逊，色味未多让也。惟入茶贾手则稍殊。刘梦得诗云：欲知花乳清泠味，须是眠云跛石人，良信。别有枇杷茶，高二三丈，叶粗大，土人采嫩芽制出以代普洱，味亦差近。其引与连枝采割之刀子茶均行夷疆。白茶则四五月中连枝摘取，炒晒，色白，与黑茶、红白茶，俱为茶之别种。民间恒饮白茶之美者，产味江之龙石崖，其干独红，味为较胜……

新繁(旧县名,原县辖境属今温江地区)县志

乾隆八年(1743 年)　六册　　郑方城、朱敦修纂修

卷之三　税课

新繁县素不产茶，向来民间食用茶斤，俱自赴彭县采摘……

新 繁 县 志

同治十二年(1873 年)　八册　　李应观、杨益豫纂修

卷之四　食货　茶法

古无茶之名。毛诗：谁谓荼苦，堇荼如饴。《尔雅》：槚，茶也。苦

菜，即今茶之始。盖古人相见，汤饮而已，夏以梅，冬以椒，无用茶者。六朝时，始用茗以代汤，其今日主宾用茶之始乎？唐初，以茶易边马，遂立租税，其用亦渐广，而阳羡者贵，嗣是陆羽之《茶经》著焉。宋时，士大夫愈尚茶品，而纲至多，亦颇累民。著作佐郎何鬲、三班奉职郎王嘉麟请罢给茶本，以宽民力。而金泰和中，尚书省奏：茶者，非必用之物，以绢易茶，岁费百万，因请禁诏七品上始得用茶。元仍收税，明立专官，盖自是与盐并行。繁邑向不产茶，大率采诸彭、灌山中，而商引之行，与盐并重。今考其行于邑而征于商者备数焉。志茶法。

卷之十六　艺文

宋欧阳修《和梅公仪尝茶》溪山击鼓助雷声，逗晓灵芽发翠茎。摘处两旗香可爱，贡来双凤品尤精。寒侵病骨惟思睡，花落春愁未解醒。喜共紫瓯吟且酌，羡君潇洒有余清。

新繁县乡土志

光绪三十三年（1907 年）　二册　　余慎、陈彦升纂修

卷之八　物产

山茶花

新繁县志

民国三十六年（1947 年）　十册　　侯俊德、刘复纂修

卷之三十二　物产

茶子树　山茶

崇宁（旧县名，原县辖境属今温江地区）县志

嘉庆十八年（1813 年）　四册　　刘坛纂修

卷四　物产

货属

茶

崇 宁 县 志

民国十四年（1925 年）　六册　　陈邦倬、易象乾纂修

卷三　物产

茶　崇宁地土，茶树颇少，惟县北山中稍有种植，出产亦微。岁由灌商购取成庄，引税向归灌商办理。

山茶

茶岸

邑中茶岸，亦载旧志。民国九年，茶岸已废，今现在招商，尚未成立。

打箭炉（旧地名，即今康定县）志略

康熙四十七年（1708 年）　二册

卷下　土俗　土产

官分驻以来，地方宁谧，明……邛、雅、荥、天各州县商人领引运茶，皆于炉城设店出售。

四川新设炉霍屯志略

光绪三十二年(1906年)　一册　　李之珂纂修

疆域

炉霍屯为行茶入藏之路。查入藏两路，均自折多山分，一西南行，经过里塘、巴塘，为差贡大路，一西北行，经过炉霍屯，为行茶之路，俱至察木多合路入藏。

饮食

夷性嗜茶，辰午晚食，俱以茶入锅，煮数十沸，去渣，入乳酥合盐各少许，盛以木桶，群取以食，怀中各带一木碗，食糌粑。如遇喜庆，麦面、青稞等粮作饽饦，入灰火中炙令熟，男女围坐于地，手劈以食，亦随啜茶数瓯……

附录上赵次帅条陈：

一、霍屯宜兴茶务也。印茶行销藏地，侵蚀利权，已非一日。霍屯为入藏北路，番夷运茶，由此路者，十之八九。查霍屯可兴办茶务地方有二：霍屯本城一也；屯所管寫远之林冲二也。本城与林冲，首尾相距约四百余里。屯境辖地，自开埠头，番夷不能异议，况彼处兴办茶务，番夷无不乐从。且霍屯东北一面，毗连金川诸夷，西北一面，毗连德格及甘省玉树诸夷地，面纵约千余里，茶业发达，正一基础。或谓打箭炉城向有茶号，霍屯何必多此一举？然由炉至霍，尚有六百余里之遥，炉霍屯正北道诸夷之中心点。查炉茶近来货品不佳，较以印茶减色，果于霍屯兴办茶务，一面改良茶品，一面设立埠头，挽回利权，是亦要素，此兴办茶务之似为应办事宜也。

里塘(即今理塘)志略

嘉庆庚午(十五年,1810年)　一册　　陈登龙、钱召棠纂修

卷上　风俗

……饮食多糌粑、牛肉、羊肉、奶子、奶渣、酥油等物，其性燥烈，而茶为急需，故贵贱皆以茶为命。煎茶之法，用细茶熬极红，入酥或奶子和盐搅之。饮茶食糌粑或肉面粥，名上巴汤……客至必设酒，或设酥茶，围坐甚欢。婚嫁以茶为礼……

卷下　杂记

里塘台例折色每皮茶一包，折银一两，绒马茶一包，折银二两……

雪茶，生雪山中。蛮人于四五月间采摘以售。叶如茶而白色，冰芽云片，气味香辣，食之令人止燥消烦，领其风调，可补《茶经》之缺。

巴塘志略

清抄本　二册

上册　山川

茶树山　台南二十里。往来大道，一山突立，二水环流，一线羊肠，别无歧径，真天成险隘也。

下册　艺文

《巴塘竹枝词》四十首之一　临邛客至斗茶纲，土铚新煨榾柮香。闻道相如解消渴，葡萄根碗劝郎尝。(邛州产茶,行于塞外,饮茶皆以木碗,尤为珍贵。)

风俗

酥油熬茶，和木碗内，用手抟食。

松潘纪略

同治十二年(1873年)　一册　　何远庆纂修

夷情记

厅治部落环集……口内外绵袤数千里，总名曰番，以地界于西，故土人呼曰西番……食则用稞麦炒研细末，名糌粑，(秦武域《金川于役记》:蛮人其食则糌粑,用青稞炒面和乳茶为之。)盛木碗内，茶煮极釅，加牛羊酥酪微调饮之。腹少饱，则以碗底糌粑更加干者，搓团食，名曰呵糌粑茶。日常五六次。盖天气寒，地气燥，故用糌粑之热，和以酥酪之腻，茶茗之凉而食之，亦因地然也……俗重货利，熟番之富者，常买茶用牛马驮运口外，向生番易狐羊皮诸物回卖之……

民俗记

……厅治，古徼外地。汉唐始通中国，汉民迁寓者……不论农商，皆习番语，为其便与番民称贷交易也。有力者，并贩茶黄胜关外，易麝香、鹿茸、皮张诸物以归。岁常一次，获重利焉……

松潘县志

民国十三年(1924年)　八册　　傅崇榘、张典、徐湘纂修

卷二　茶法

唐建中元年，税天下茶。川省税茶自此始。(《通志》)

宋建炎二年，成都路运判赵开主管川陕茶马，乃更茶法，用茶引，使商人、园户市茶。（《通志》）

明嘉靖四年，定例，每年布政司差官赴京请印引目五万道，送管茶官收贮，分别边、腹等地，听商赴管茶官报明，给以引目，照买照卖，立限截角回缴，给引行销松潘，向未定额。迨隆庆三年，以川省每年户部关引五万道定额，边引四千道行销松潘。

清雍正八年，定川茶征税例。向章：论树之大小，园之广狭，以定税额，未为允当，应将茶税照斤收纳，方得其平。四川巡按宪德疏交户部议准，定每斤课银一厘二毫四丝，随向章定额引税赴地方官照数完解。每引一道，运茶一百斤，每茶一千斤，准带附茶一百四十斤，如有多带，照私治罪。应将行茶商人姓名、产茶州县、税课，详细造册报部。（《通志》）

乾隆六年，四川巡按硕色奏请酌减松潘地方行茶边引，户部议复，从之。（《通志》）

乾隆三十六年以后，川省行茶边、腹、土引，每张征课银一钱二分五厘，边引每张征税银四钱七分二厘；腹引每张二钱五分；土引每张三钱六分一厘。

民国建元，改引为票。松潘各行商连环出保，公举总商一名，向四川财政厅具领，每票一张，征银一两，任各商于产茶地方采配，大包重一百二十斤，小包重六十六斤。每票一张，配大茶一包，征银一两；每大茶票一张，配小茶二包，征银一两；全年约行三万余票。所有税课、杂征、羡截、余平暨各项浮费流弊，一律禁除，由财政厅定章立案，永远遵守。

卷五　坛庙

黄龙寺　在县东七十里……亦名雪山寺……　附邑人王文藻诗：百鸟争鸣送好音，我寻隐逸入山林。雅循流水穿芳径，为采名茶陟远岑。（山中产雪茶。）

卷八　物产

药属

雪茶　产县属黄龙寺，性凉退火。

卷八　文苑

清刘绍攽《西行记》　乾隆九年三月十三日，制府庆上公偕余赴松潘。出成都西门三十里，过犀浦……二十里曰郫县……将近灌县，忽青城耸翠，灌口流声，不觉耳目一异……沿江行崖壁间，自是无平壤矣。三十里为尤溪沟，树木茂密，多佳茗，叶细味清……

汶志纪略

嘉庆十年（1805年）　四册　　李锡书、高从孔纂修

卷二　榷法

古称经费曰盐、曰铁、曰茶、曰矿、曰木……尤溪一路俱产茶，户有茶园。按蜀省产茶者，共三十一处，而商人所行之引，曰腹、曰边，腹引行于通省，汶川所行者边引……所以济边外夷人之乏……茶多则茶价低而商困，少则壅阏不通，而茶户亦困矣。

卷三　物产

货物

茶，茅田最佳，又野产白茶树，极大。

卷三　山川

按汶川山川，自茂州来，至青坡，入县境……又南行四十五里，过娘子岭，即古龙溪沟。沟最宽，又最深，可以上至茂，东达彭境。居民

繁庶，田土宽广，读书治生产，此地为最。又产茶，户有茶园，以为生计……

卷四　古迹

娘子岭　县南一百一十里。山曰银岭，俗名娘子岭，为入省大路。有关帝庙，道士居之，往来者献以茶。其茶即岭上道士自摘者，味最佳，水亦清冽。

汶川县志

民国三十三年(1944 年)　一册　　祝世德、吴仲申纂修

卷之四　物产

木属

茶　《寰宇记》：茶生益州，凌冬不萎。二三月采而干之，煮饮，令人不睡。龙溪、映秀、兴文，产量极富。茅亭茶，叶细长而清香，尝采入贡，产量不丰。

货属

茶叶　邑南茅亭产茶，味清香，色微绿，叶长而宽。清时入贡，素负盛名。又兴文坪茶亦佳，龙溪、映秀次之，均称细茶。又以老枝叶焙成方圆形，运往夷地销售，名茶包，即粗茶。

贵州省地方志

贵州通志

嘉靖三十四年(1555年)　十二卷　　谢东山、张道纂修

卷之三　风俗　土产

贵州布政司宣慰司

货之属　茶

龙里卫

货之属　茶

贵州通志

乾隆六年(1741年)　三十二册　　张广泗、靖道谟、杜诠纂修

卷之五　地理　山川

贵筑县

高坡　在城南五十里……暑月犹寒，地产茶，郡人尝避兵其上。

定番州

卢山……又南有茶山，产茶……

贵定县

阳宝山　在城北十里……山产茶，可供啜。

都匀县

藤茶山　在城西南旧丹行司西。

平远州

茶山　在城东南六十里。

卷之十五　食货　物产

贵阳府

茶　产龙里东苗坡及贵定翁粟冲、五柯树、摆耳诸处，土人制之无法，味不佳，近亦知采芽以造，稍可供啜。

思南府

茶　出婺川，名高树茶，蛮夷司鹦鹉溪出者，名晏茶，色味颇佳。

大定府

茶　出平远山岩间，制如法，味甚佳。

贵州通志

民国三十七年(1948年)　一〇七册

刘显世、吴鼎昌、任可澄、杨思元纂修

卷之□　舆地志　山脉

猓猡坡　其作物多茶……

马鬃岭　其木多……桐、茶。(《黔南识略》)

高峰山　其木多……茶、橡。

兰花坡　其木多……茶、腊。

凤凰山　其作物多茶（茶在清为贡品）。

云雾山　作物多茶（见乾志）。

黄龙山　其木有……茶、橡。(《黔南识略》)

龙头山　其木多……茶、橡。(《黔南识略》)

老姥坡　其木多桐、茶……(《黔南识略》)多茶。(清《一统志》)

大楼山　其货多漆、纸、茶、桐……

金钟山　其木多松、漆、桐、茶。(《黔南识略》)

天乐巷山　其作物多茶。平灵台产尤佳。

七里坝　其木多桐、茶。(《黔南识略》)

华盖山　其木多桐、茶、橡、漆，其货有茶。

九龙山　其木多桐、茶……其作物有茶。采访册：产县北瓮梢、太坪、谷定各地。

蜜蜂坡　其木多桐、茶……

牛塘山　其作物多茶。按：茶以阡产为最佳。

扎营关山　其木多……桐、茶……（《黔南识略》）

金石关山　其木多杉、桐、茶、栗……（《黔南识略》）

台盘山　其木多枫、栗、桐、茶……（《黔南识略》）

武陵山　其木多桐、茶。

梵净山　其木多桐、茶……

来龙坡　其木多桐、茶。

卷之□　风土志　风俗

仁怀直隶厅

……茶、笋之利次之，铁及靛又次之。（《仁怀厅志》）

卷之□　风土志　物产

植物

茶　思、播、费、夷诸州，往往有之，其味极佳。（《茶经》）

茶，府县皆有。（明《一统志》）

茶出独山州……苗族以茶为生业。（清《一统志》）

阳山茶，色类松萝。（《滇行纪程》）

黄庭坚答从圣使君云：此邦茶乃可饮，但去城或数日，土人不善制度，焙多带烟耳，不然，亦殊佳。今得黔州都濡月兔两饼，施州入香六饼，试将焙碾尝，都濡在刘氏时贡炮也，味殊厚，恨此方难得真好事者耳。（《全蜀艺文志》）

苦丁茶　按吴震方《岭南杂记》：苦荎茶，叶大如掌，味极苦，少则回甘，噙咽利咽喉之疾，功并山豆根，据此当名苦荎茶。

苦茶　全郡皆产，味极苦。《尔雅》：槚，苦荼。郭注云：树小如栀子，冬生，叶可煮为羹饮。（《兴义府志》）

卷之□　古迹志

照壁山寺　在府城东北一里许。本名阳宝山，又名顶高峰，列嶂排云，俨若屏障……泉冽茶甘，宦游之极乐也。(《黔语》)

黔 滇 志 略

乾隆十三年(1748 年)　十二册　　谢圣纶纂修

卷之十八　山川

贵阳府属

卢山，在定番州城北卢山司南……又南有茶山，产茶……(《通志》)

卷之二十四　物产

茶　平灵台，在湄潭城北四十里马蝗箐中，四面悬岩，多茂林……顶上方广十里，有茶树千丛。(《通志》)

黔 南 识 略

光绪三十二年(1906 年)　八册　　爱必达纂修

卷三　土产　广顺州　种桐、茶。

卷十　土产　麻哈州　宜桐、茶。

卷十一　土产　清平县　产杉木、桐、茶。

卷十二　土产　镇远府　产松、桐、茶、杉。

卷十四　土产　施秉县　产桐、茶、松、杉。

卷十五　土产　天柱县　产茶、桐、杉、桑。

卷十五　土产　黄平州　产茶。

卷十八　土产　思州府　产桐、茶、杉。

卷十八　土产　玉屏县　产桐、茶。

卷三十一　土产　绥阳县　产桐、竹、茶。

卷三十二　土产　正安州　产桐、茶。

绥阳县志

民国十七年(1928 年)　八册　　胡仁、李培枝纂修

卷之四　食货志　物产

货类

茶

余庆县志

康熙五十七年(1718 年)　六册

卷之七　风土志　土产

货类

茶

卷之八下　艺文

《劝农条约》　一种桐油树、丛茶……茶乃日用之物，余邑粗种，皆极不堪，务须拣买丛茶佳种，分植山坡之间，丛茶既多，贩于川楚甚便，何不勉力乎?!

桐梓县志

民国十八年(1929年)　二十册　　李世祚纂修

卷四　舆地志下

龙罩台　与天字山相对，土沃米腴，产茶尤佳，一名杨花台。

卷九　食货志　物产一

茶　《方言》：蜀西南人谓茶曰蔎。扬雄《蜀都赋》：蔓茗荧郁。常璩《巴志》：园有香茗。陆羽《茶经》：茶之出，黔中生思州、播州、费州、夷州，往往得之，其味极佳。(黄志引)洪武二十年，置成都、重庆、保宁、播州茶仓四所，令商人纳米中茶，自二月至九月，每月差行人一员，于陕西、四川谕把隘头目，不许私茶出境。成化七年，罢播州茶仓。(《续文献通考》)今土人饮茶各种：一老鹰茶，树大叶苦，似冬青叶，无其青滑，有细白毛，最宜解暑；一大树茶，径一二尺，叶粗，味微甜；一丛茶，即苦茗也。以火石地、红油沙地所产为上：城外东山是火石地，村人竞相种植，多者数百斤，焙其嫩芽，五分有一；溱里后箐数十里皆红油沙地，产茶尤佳，气香味回，均有远贩来，土人不如东山之专力也。又夜郎箐顶，重云积雾，爰有晚茗，离离可数，泡以沸汤，须臾揭顾，白气幂缸，蒸蒸腾散，益人意思，珍比蒙山矣。

续修正安州志

光绪三年(1877年)　十册　　彭焯、杨德明、严宗六纂修

卷之五　物产

茶　质粗味薄。

湄潭县志

光绪二十五年(1899年)　六册　　吴宗周、欧阳曙纂修

卷二　山川

平灵台　在县北四十里，四面危崖，广可数百步，上产茶……(旧志)

卷四　物产

货类

茶　质细味佳，所产最盛。

湄潭县志

民国二十二年(1933年)　二册

名山胜境项

平灵台，县北四十里，在马蝗箐，悬崖四面，攀陟甚难……顶上方广十里，茶树千丛，清泉醇秀。

玉屏县志

乾隆二十二年(1757年)　八册　　赵沁、田榕纂修

卷之五　物产

货属

茶

玉屏县志

民国三十七年(1948年)　四册

卷之五　物产

货属

茶

德江县志

民国三十一年(1942年)　二册　　张礼纲、田广心纂修

卷一　地理　物产

茶　官林之茶……均可获美利，然皆所产无多。

印江县志

民国二十四年(1935年)　二册　　郑士范纂修

卷四　田赋　物产

茶　皆奇货。

普安县志

民国十五年(1926年)　十六册　　杨学溥纂修

卷之一　舆地志

境内各山

江西坡，在城东三十里，高耸宽平，明洪武中，置卫于此……又江西坡铺亦置于此，商民辐辏，无异城市，今则气象荒凉，大非昔比矣。

地瓜坡，在城南三十里，坡高八里，绵亘十余里。

卷之十　方物

工艺作物

茶叶　按瓜波（编者按：根据“林业”所述，瓜波系地瓜坡之误)、江西坡之茶，俱详林业。

卷之十一　林业

县属山箐阻深，最宜于林业……其可资生者，如……地瓜坡、江西坡之茶，亦农民衣食之源也……

按……茶亦种者甚少，又不讲求焙制之法，故皆未发达也。

卷之十三　德行

周先型，字遇泰，中区地瓜坡人……地瓜坡河，每夏潦暴涨，不利行人，先型手种茶，精制出售……

安南（旧县名，原县辖境属今兴义地区）县乡土志

宣统元年（1909 年）　一册　　易辅上纂修

第三编　物产

茶

镇宁县志

民国三十六年（1947 年）　四册　　胡翯、饶燮乾纂修

卷之四　物产

竹木类

茶

附镇宁州

茶　州郡皆出。

开阳县志稿

民国二十八年(1939年)　四册　　欧先哲、钟景贤纂修

卷二十九节　林牧

森林

茶　……茶则以一区之翁朵、顶方、中坝，三区之光里为最多。

卷三十二节　商业

出口

茶　本县茶为特产，但惜量尚不丰，每年输出贵阳约五千斤，每斤平均以五毛计，岁入约二十五万元。

卷三十三节　物产

茶　灌木，系常绿树。县属为产茶区，且质亦佳，为有名出品，如一区之南贡、翁朵、大塘、枇杷哨、磨盘、顶方、中坝、翁昭，三区之马江山、马场、三合场、中火炉、宅吉以及二、四、五区之各地均产之，尤以南贡附近之白沙波一带产质最佳，年可数千斤。据父老流传，南贡附近所产之茶，在专制时代，指为贡品，南贡即以此得名，而茶亦以此驰名全县。清末年，邑人李香池等曾有茧茶公司之创立，制压茶饼，有方、圆两种，茶面有开阳贡茶四字，销行各县，为数甚巨，惜以管理无方，早经停办，殊为遗憾。南贡一带之茶，生熟土塝上，其树较高，叶厚，色青，叶柄之长，均较各地过之。土为黑砂而疏松，故根易蔓延，便吸肥料。每岁冬末，必掘其根土尺许，铲附近土皮和人粪壅之，仍以原土掩上。其茶泡后，色淡绿，味香，久泡稍冷，则呈葡萄红色，至为美观，煨至三次，色味不变，陈者尤佳，洵特产也。故价常较他处为高，本年新市价值，头茶摘于谷雨前，每斤已在一元左右。制茶

土法，于岁三月初，摘新芽，名头茶，细小而嫩，先以清水洗净，滤干后，入净釜中以文火焙之，每分钟搅五六次，觉熏手时，取入竹器中，洁手揉叶，至卷而止，候热散尽，洗锅再焙（不洗锅则生茶锈），如是者四，但炒至三四次时，每分钟须搅十次，否则叶色不均，细粗不匀，此后入竹笼中烤之，上盖以洁布，使火力均匀，茶气不散，至干而止，即成茶也。采茶自清明起，谷雨前采者曰雨前茶，极细者曰毛尖，均茶中上品。四月摘二次，曰上茶，至三次止。茶开白花，实内藏子，可榨油。本县全年茶之产量，至少在五万斤以上，除供应本地外，贩运邻县约三万斤之谱，平均以每斤五毛计，每年入洋亦在一万五千元左右，如能予以提倡改良，则本县茶业，将来自大放光明也。

毕节县志稿

同治间抄本　二十卷　　王正玺纂修

卷之七　物产

货之属

茶

毕节县志

光绪五年(1879年)　八册　　陈昌言、徐廷燮纂修

卷之八　食货　物产

货之属

茶

平远州(旧州名,民国时改为织金县)志、续志

光绪十六年(1890年)　十册　　周溶、谌厚光纂修

卷之十八　物产

杂物

茶

天柱县志

光绪二十九年(1903年)　九册　　林佩纶、杨树琪纂修

卷之三　食货志　土产

杂货

茶

麻江县志

民国二十七年(1938年)　七册　　周恭寿、熊继飞纂修

卷五　物产下

茶　灌木常青树，一名槚，一名荈，唐时始以充饮。外南区青塘距落户十里产者最佳。其树较高，叶较厚，色较青，叶柄较长。查其土为黑沙，疏松，而深根易蔓延，便吸肥料。村人视为特产，竭力经营，春初锄其根土尺许，铲附近土皮和人粪壅之，仍将原土掩其上，计岁所产

约数万斤。细检之叶，色微绿，瀹而尝，色绿味香，煨至三次，其色味不变，故价倍于他茶。制法：每岁三月初，折新芽，称头茶，筐盛至家，先以清水洗洁，滤水干后，入洁釜中烧，微火，每分钟搅五七次，觉熏手，取入竹器中，洁手揉叶，卷而止，热散尽，洗锅再炒，如是者四，但炒至三四次时，每分钟须搅十次，不如是则叶色不均，粗细不匀矣，每次取出，须热散尽，每炒须先洗锅，否则生茶锈，此后入竹笼中烤之，上以洁布盖，使火力均及茶气不散，至干而止，即成茶也。四月折二次，曰上茶，至三次止。郭官井喻姓细毛尖茶亦佳，每斤售至大洋一元。开白花，结实，内藏二三子，榨油。

黄平州志

嘉庆五年(1800年)　十六册　　周有声纂修

卷之一　名胜

云雾山　距旧城西北三十里……崇冈峻岭，地僻境幽，常有云雾笼其巅，昔产茶，山僧艺之以为业，后大为僧累，今则根株悉绝矣。

古州厅(旧厅名,民国时改为榕江县)志

光绪十四年(1888年)　五册　　余泽春、余嵩庆、易顺鼎纂修

卷之四　食货志　物产

茶

都匀县志稿

民国十四年(1925年)　六册　　窦全曾、陈矩纂修

卷四　山脉

格山　山当城西二十里，高可三百丈，亘十余里……产茶最佳。

团山　位县城西南二十七里，产茶最佳。

卷六　物产

茶　四乡多产之，产水箐山者尤佳，以有密林防护也。(民国四年，巴拿马赛会曾得优奖。)输销边粤各县，远近争购，惜产少耳。自清明节至立秋，并可采，谷雨前采者曰雨前茶，最佳，细者曰毛尖茶。

瓮安县志

民国四年(1915年)　十册　　李退谷、朱勋纂修

卷之十四　农业

木类

茶　县中茶味亦佳，可以大种。

平越直隶州（旧直隶州名，州治在今黔南布依族苗族自治州所辖的福泉县）志

光绪三十三年（1907 年）　十六册

卷之三　山水

湄潭县

平灵台　在县北四十里，上产茶……

卷之二十二　物产

货类

茶　明《一统志》：州县俱有。

饮食类

擂茶　今郡人食擂茶者，杂茶芽、花椒、鸡苏、脂麻研之，间加胡桃肉、火麻亦可研。

广顺州（旧州名，原州辖境属今黔南布依族苗族自治州）志

道光二十七年（1847 年）　六册　　金台、但明伦纂修

卷二　食货志　物产

山园之茶（俗名丛茶）。

定番州(旧州名,原州辖境属今黔南布依族苗族自治州)志

民国三十四年(1945 年)　一册　　陈惠夫纂修

卷之五　山川

凉水井　在城南六里，水出山麓，味清而最凉，以之烹茶，异于他水。

卷之七　物产

茶　出程番金石地方，土人必待芽老五寸方采制。

定番县乡土教材调查报告

民国二十八年(1939 年)　二册　　吴泽霖纂修

第三章　物产

植物

茶叶

八寨（旧县名，原为八寨厅，原厅辖境属今黔南布依族苗族自治州）县志稿

民国二十一年(1932 年)　四册　郭辅相、王世鑫纂修

卷十八　物产

茶，园圃屋后多产，有密林防护尤宜。自清明节至立秋并可采，谷雨前采者曰雨前茶，细者曰毛尖茶，最佳，不特可供本处用，即边粤各县争购焉。

三合（旧县名，原县辖境属今黔南布依族苗族自治州）县志略

民国二十九年(1940 年)　四册　许用权、胡翯纂修

卷四十三　物产略

茶类

云钩茶　西乡出产。

树高茶

苦叮茶

竹节茶　生于溪涧中。

黄茶园茶

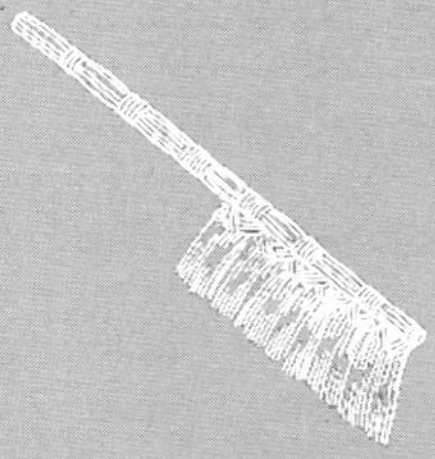

云南省地方志

云南通志

乾隆元年（1736年）　三十册　　尹继善、靖道谟纂修

卷之三　山川

普洱府　攸乐县

六茶山　曰攸乐，即今同知治所，其东北二百二十里曰莽芝，二百六十里曰革登，三百四十里曰蛮砖，三百六十五里曰倚邦，五百二十里曰漫撒，山势连属，复岭层峦，皆多茶树，

卷之二十六　古迹

普洱府　攸乐县

六茶山遗器　俱在城南境，旧传武侯遍历六山，留铜锣于攸乐，置铓于莽芝，埋铁砖于蛮耑，遗木梆于倚邦，埋马镫于革登，置撒袋于慢撒，因以名其山。又莽芝有茶王树，较五山茶树独大，相传为武侯遗种，今夷民犹祀之。

卷之二十七　物产

太华茶　出太华山，色味俱似松萝，而性较寒。（云南府）

茶　产攸乐、革登、倚邦、莽枝、蛮耑、慢撒六茶山，而倚邦、蛮耑者味较胜。（普洱府）

感通茶　出太和感通寺。（大理府）

云南通志稿

道光十五年(1835年)　一百一十二册　　阮元、伊里布、王崧、李诚纂修

卷之十一　地理志三之一　山川一

云南府

北乐山　《一统志》：在宜良县北三十里。　《云南府志》：在宜良县北二十里，旧名播雄山，今称宝洪山。　《宜良县志》：上有古刹，产茶。

卷之十七　地理志三之七　山川七

楚雄府

佛顶山　《楚雄县志》：在县西二百里瓦姑哨下，山形如佛顶，产雀舌茶，今为土人铲尽。

卷之二十三　地理志三之十三　山川十三

普洱府

攸乐茶山　旧《云南通志》：六茶山之一，产茶。

六茶山　谨按：并在九龙江以北，猡梭江以南，山势连属数百里，上多茶树，革登有茶王树。《一统志》有普洱山，在府境，山产茶，性温味香，异于他产，名普洱茶，府亦以是名焉。引《滇程记》，自景东府行一百里至者乐甸，又行一日至镇沅府，又二日达车里宣慰司，又二日至普洱山，想即此。

卷之二十四　地理志三之十四　山川十四

永昌府

茶山　《一统志》：其上产茶最佳。

灵鹫山　旧《云南通志》：山间产茶，香逾诸品。

孟通山　《一统志》：在湾甸州境，产茶。

卷之六十二　食货志四　课程

《皇朝通志》：顺治十八年，准达赖喇嘛及根都台吉于北胜州互市，以马易茶。

《大清会典事例》：康熙四年，复准云南北胜州开茶马市，商人买茶易马者，每两收税银三分，该抚详造交易细数、番商姓名，每年题报。

《古今图书集成》：康熙二十二年，定各省茶课，广西、云南茶课，二省不产茶（编者按：广西、云南二省不产茶之说不确），凡有贩茶，抽税无定额，汇入杂税内。

卷之六十九　食货志六之三　物产三

云南府

《徐霞客游记》：里仁村石城隙土宜茶，味迥出他处。

大理府

茶　旧《云南通志》：出太和感通寺。

《大理府志》：感通三塔皆有，但性劣不及普茶。　《徐霞客游记》：感通寺茶树，皆高三四尺，绝与桂相似，茶味颇佳，焙而复曝，不免黝黑。

澄江府

毛毼毡茶　章潢《图书编》：旧阳宗县出。

顺宁府

茶　《顺宁府志》：味淡而微香。

丽江府

雪茶　《丽江府志》：生雪山中石上，心空味苦，性寒下行。

余庆远《维西闻见录》：阿墩子、奔子阑皆有，盛夏雪融，如草叶，白色，生地无根，土人采售，谓之雪茶。汁色绿，味苦性寒，能解烦渴，然多饮则腹泄，盖积雪寒气所成者。

卷之七十　食货志六之四　物产四

普洱府

茶　檀萃《滇海虞衡志》：普茶名重于天下，出普洱所属六茶山，一曰攸乐，二曰革登，三曰倚邦，四曰莽枝，五曰蛮耑，六曰慢撒，周八百里。入山作茶者数十万人，茶客收买，运于各处。普茶不知显于何时，宋自南渡后，于桂林之静江军以茶易西番之马，是谓滇南无茶也。顷检李石《续博物志》云茶出银生诸山，采无时，杂椒姜烹而饮之。普洱古属银生府，则西蕃之用普茶，已自唐时，宋人不知，犹于桂林以茶易马，宜滇马之不出也。李石志记滇中事颇多，足补史缺，云茶山有茶王树，较五茶山独大，本武侯遗种，至今夷民祀之。倚邦、蛮耑，茶味较胜。

思茅厅采访：茶有六山，倚邦、架布、嶍崆、蛮砖、革登、易武，气味随土性而异，生于赤土或土中杂石者最佳，消食散寒解毒。二月间开采，蕊极细而白，谓之毛尖。采而蒸之，揉为茶饼，其叶少放而犹嫩者，名芽茶。采于三四月者，名小满茶。采于六七月者，名谷花茶。大而圆者，名紧团茶。小而圆者，名女儿茶。其入商贩之手，而外细内粗者，名改造茶。将揉时，预择其内之劲黄而不卷者，名金月天。其固结而不解者，名扢搭茶，味极厚难得。种茶之家，芟锄备至，旁生草木，则味劣难售，或与他物同器，即染其气，而不堪饮。

阮福《普洱茶记》：普洱茶名遍天下，味最酽，京师尤重之。福来滇，稽之《云南通志》，亦未得其详，但云产攸乐、革登、倚邦、莽枝、蛮耑、慢撒六茶山，而倚邦、蛮耑者味最胜。福考：普洱府古为西南夷极边地，历代未经内附，檀萃《滇海虞衡志》云：尝疑普洱茶不知显自何时，宋范成大言，南渡后，于桂林之静江军以茶易西蕃之马，是谓滇南无茶也。李石《续博物志》称，茶出银生诸山，采无时，杂椒姜烹而饮之。普洱古属银生府，则西蕃之用普茶，已自唐时，宋人不知，犹于桂林以茶易马，宜滇马之不出也。李石亦南宋人。本朝顺治十六年……编隶元江通判，以所属普洱等处六大茶山纳地，设普洱府，并设分防思茅同知，驻思茅。思茅离府治一百二十里，所谓普洱茶者，非普洱府界内所产，盖产于府属之思茅厅界也。厅治有茶山六处，曰倚邦，曰架布，曰嶍崆，曰蛮砖，曰革登，曰易武，与《通志》所载之名互异。福又检贡茶案册，知每年进贡之茶，例于布政司库铜息项下动支银一千两，由思茅厅领去转发采办，并置办收茶锡瓶、缎匣、木箱。其茶在思茅本地收取，鲜茶时，须以三四斤鲜茶，方能折成一斤干茶。每年备贡者，五斤重团茶，三斤重团茶，一斤重团茶，四两重团茶，一两五钱重团茶，又瓶盛芽茶、蕊茶，匣盛茶膏，共八色。思茅同知领银承办。思茅志稿云：其治革登山有茶王树，较众茶树高大，土人当采茶时，先具酒醴礼祭于此。又云：茶产六山，气味随土性而异，生于赤土或土中杂石者最佳，消食散寒解毒。于二月间采蕊极细而白，谓之毛尖，以作贡，贡后方许民间贩卖。采而蒸之，揉为团饼，其叶之少放而犹嫩者，名芽茶。采于三四月者，名小满茶。采于六七月者，名谷花茶。大而圆者，名紧团茶。小而圆者，名女儿茶，女儿茶为妇女所采，于雨前得之，即四两重团茶也。其入商贩之手，而外细内粗者，名改造茶。将揉时，预择其内之劲黄而不卷者，名金月天。其固结而不解者，名扢搭茶，味极厚难得。种茶之家，芟锄备至，旁生草木，则味劣难售，或与他物同器，则染其气，而不堪饮矣。

永昌府

茶　《一统志》：出湾甸州孟通山。

章潢《图书编》：湾甸境内孟通山，产细茶，名湾甸茶，谷雨前采者尤佳。

《腾越州志》：团茶色黑，远不及普洱，出滇滩关外小茶山境。

东川府

雪茶　巧家厅采访：产向化里。

云南通志

民国二十三年(1934年)重印

明隆庆间本　八册　　邹应龙、李元阳纂修

卷二　地理

云南府

山川

石岩井　在圆通寺内石岩下，以之烹茶，其味香美，非他泉可及。

物产

花之属　山茶

大理府

物产

饮馔之属　茶

花之属　山茶

临安府

山川

渊泉　近大井，水味清美，烹茶甚佳，俗呼小井。

物产

饮馔之属　茶

花之属　山茶

永昌军民府

山川

灵鹫山　在府城北八里，高如宝盖，延袤七里余，山巅旧有报恩寺，俗呼大寺，山有茶园、果林。

法明井　在府法明寺，有二，一在栖云楼，一在归休庵，水皆香美，煮茶无翳。

物产

饮馔之属　茶
花之属　山茶

卷三　地理

楚雄府
物产
花之属　山茶
曲靖军民府
物产
花之属　山茶
澂江府
物产
食货之属　茶
花之属　山茶
蒙化府
物产
花之属　山茶
鹤庆军民府
物产
花之属　山茶
姚安军民府
物产
花之属　山茶
广西府
物产
货之属　茶

卷四　地理

武定军民府

物产

花之属　茶花

景东府

物产

货之属　茶

花之属　山茶

顺宁州

物产

饮馔之属　茶

北胜州

物产

花之属　山茶

陇川宣抚司

风俗

结亲用谷茶、鸡卵为聘礼，客至亦以谷茶供奉之。

湾甸州

物产

茶　境内有孟通山，所产细茶，名湾甸茶，谷雨前采者为佳。

卷十六　羁縻

贡象道路

下路由景东历赭乐甸行一日至镇沅府，又行二日始达车里宣慰司之界，行二日至车里之普耳，此处产茶，一山耸秀，名光山，有车里一头目居之，蜀汉孔明营垒在焉……

滇　　系

光绪十三年(1887年)　四十册　　师范纂修

卷之四一　赋产

异产

大理府感通茶　出太和感通寺。

普洱府茶　产攸乐、革登、倚邦、莽枝、蛮耑、慢撒六茶山，而倚邦、蛮耑者味较胜。

普茶名重于天下，此滇之所以为产而资利赖者也。出普洱所属六茶山，一曰攸乐，二曰革登，三曰倚邦，四曰莽枝，五曰蛮耑，六曰慢撒，周八百里。入山作茶者数十万人，茶客收买，运于各处，每盈路，可谓大钱粮矣。尝疑普茶不知显自何时，宋自南渡后，于桂林之静江军以茶易西蕃之马，是谓滇南无茶也……顷检李石《续博物志》云：茶出银生诸山，采无时，杂椒姜烹而饮之。普洱古属银生府，则西蕃之用普茶，已自唐时，宋人不知，犹于桂林以茶易马，宜滇马之不出也。李石于当时无所见闻，而其为志，记及曾慥端伯诸人，端伯当宋绍兴间，犹为吾远祖檀倬墓志，则尚存也。其志记滇中事颇多，足补史缺，云茶山有茶王树，较五茶山独大，本武侯遗种，至今夷民祀之。倚邦、蛮耑茶味较胜。又顺宁有太平茶，细滑似碧螺春，能经三瀹犹有味也。大理有感通寺茶，省城有太华寺茶，然出不多，不能如普洱之盛。

卷之五二　山川

普洱府宁洱县

城外石马井水，无异惠泉。感通寺茶，不下天池、伏龙，特此中人不善焙制耳。徽州松萝茶旧亦无闻，偶虎丘有一僧住松萝庵，如虎丘法焙制，遂见嗜于天下，恨此泉不逢陆鸿渐，此茶不逢虎丘僧也……(明冯

时可《滇行纪略》）

黔滇志略

乾隆十三年（1748年）　十二册　　谢圣纶纂修

卷二　山川

丽江府属

雪山，一名玉龙山，其山九峰，在丽江府城西北，蒙氏僭封为北岳。山巅积雪，经夏不消。山产茶，谓之雪茶，清苦能解烦渴。（丽江志）

卷十　物产

丽江有小雪山，登小雪山即望见大雪山矣……

圣纶按：……雪山亦产雪茶，味苦凉，然无清香之气……

昆明县志

光绪二十七年（1901年）　四册　　戴䌹孙纂修

卷二　物产

旧《通志》：太华茶，色味俱似松萝，而性较寒。

昆明县志

民国三十二年（1943年）　十六册　　倪惟钦、陈荣昌、顾视高纂修

卷之五　物产志二

茶　名槚，又名荈。常绿灌木，高五六尺，叶长椭圆形，秋日开白

花，五瓣，实略如三角形，属山茶科。按：唐时始以充饮料，大别为红茶、绿茶二种。旧俗聘礼多用茶，故受聘亦曰受茶。李时珍曰：茶苦而寒，最能降火，兼解酒食之毒，使人神思闿爽，不昏不睡，若虚寒及血弱之人，饮之最久，则脾胃恶寒，元气暗损，百病即生。医经云：茶有百损，独利一目，斯言信然。县属归化山及龚山种植之。

呈贡县志

光绪十一年(1885 年)　八册

卷五　物产

花果之属　山茶

安宁州志

雍正九年(1731 年)　四册　　杨若椿、段昕纂修

卷之十　盐法(附物产)

花果

茶

安宁州志

乾隆四年(1739 年)重刻　雍正九年本　四册

卷十　盐法(物产附)

花果　茶

卷十九　艺文志上

雷跃龙《石淙杨文襄公传》　公讳一清，字应宁，号邃庵，其先氏为滇之安宁人……十九成进士……迁都察院右副都御史，督理秦中马政。西蕃故饶马，必仰给中国茶饮以去其膻酪疾。先是高帝著为令，以蜀茶易蕃马，资军中用，久而寖弛，茶多阑出为奸人利，而蕃马不时至，公乃请重行太仆苑马官而严私通禁，尽笼茶利于官，以□致诸蕃马，马大集，牧政用修，给军者日益称足……

卷十九　艺文志下

杨慎《温泉》诗　黟岫灵砂沚，（徽州黄山有温泉，是朱砂窟所发，春时色微红，可瀹茗，谢客诗云：石磴泻红泉，盖是类也。）华清礜石汤。（骊山华清池，乃礜石所积，李贺诗：华清源中礜石汤，徘徊白凤随君王。）佳名虽许并，仙液讵堪方。火井原通脉，曹溪且让香。（东坡诗：水香知是曹溪口，溪本在岭南，此地旁亦有曹溪。）流温涵水碧，（水碧盖仙药珍品金膏之隅也，谢康乐彭蠡湖中诗，水碧辍流温，朱紫阳庐山温泉诗引用之，即以流温为温泉云。安宁此地名碧玉泉，亦取水碧之说乎?）气郁谢硫黄。清暑南熏际，回暄北陆旁。体应偕露洁，心不假犀凉。春酝熏兰斝，云腴泛茗枪。（醽酒煮茶，皆增尝味。）弄珠余浣女，鲙玉賸渔郎。瑶草蟠千岁，（岸有无名树，四季不雕。）琼枝缀九房。（端州任凤德修池，得石芝，光莹如玉。）温柔真此地，难老是何乡。（张平子南都赋：温泉荡邪而难老。）

昭通志稿

民国十三年(1924年)　十二册　　符廷铨、杨履乾纂修

卷之九　物产

植物

花之属

山茶

昭通县志稿

民国二十五年(1936年)　九册　　李文林、卢金锡、杨覆乾纂修

卷五　物产

木属

山茶

路南县志

民国六年(1917年)　四册　　马标、杨中润纂修

卷一　地理　物产

植物

竹木类

宝洪茶　产北区宝洪山附近一带，其山，宜良、路南各有分界。茶树至高者三尺许，夏中采枝移莳，一二年间即可采叶。清明节采者为上品，至谷雨后采者稍次。性微寒，而味清香，可除湿热，兼能宽中润肠，藏之愈久愈佳。回民最嗜。路属所产，年约万余斤，上品价每斤约五角余。

沾益州志

乾隆三十五年(1770 年)　四册　　王秉韬纂修

卷三　物产

花之属

茶花

沾益州志

光绪十一年(1885 年)　六册　　陈燕、韩宝琛、李景贤纂修

卷之一　山川

邓家龙潭，在西门城脚，泉甘美，可烹茶，往汲者颇重之。

孙家井，在南门外数武，泉涌不息，清冽味甘，烹茶家多取汲于此。

罗平州志

康熙五十六年(1717 年)　二册　　黄德巽、胡承灏纂修

卷之一　山川

磨盘山　州北里许，俯视太液湖，上建玉皇阁，下沸清流，味甘美，堪拟茶泉，特乏赏鉴耳。

陆良县志稿

民国四年(1915 年)　八册　　刘润畴、俞赓唐纂修

卷之一　物产

常产

茶

宜良县志

民国十年(1921 年)　十二册　　王槐荣、许实纂修

卷二　地理志　山川

北乐山　在城北二十里，旧名播雄山，今称宝洪山，雄踞治北，赤江环绕，上有古刹，产茶。

马龙州志

雍正元年(1723 年)　二册　　许日藻、杜诠纂修

卷之三　地理　山川

温泉　州南四十里，出乱头村岩石间，水清味甘，可以沃茶。

新兴州(旧州名,民国时改为玉溪县)志

乾隆十四年(1749 年)　六册　　徐正恩纂修

卷五　物产

花之属　二月华者　茶。　十二月华者　山茶。

续修玉溪县志

民国二十年(1931 年)　存九册　　李鸿祥、崔澄纂修

卷五　物产

花之属

茶花

海红　即浅红山茶，自十二月开至二月，与梅同时，故一名茶梅。

元江志稿

民国十一年(1922 年)　十二册　　黄元直、刘达武纂修

卷七　食货志一　物产

生芽　《台阳随笔》：普茶以倚邦、易武二山为最，近来元人购种遍植猪羊街诸处，其色香味不减普产，最佳者为生芽，即银尖，亦曰白尖，乃谷雨时所采之蘖，惜业此者尚用土法制造，人迪新机，我封故步，殊难望发达耳。

娑罗茶　《台阳随笔》：产大哨之茶叶山，以树似娑罗，故名。性寒，能除热毒，生采曝干，炒食之，味香而美。

元江志稿

民国十一年(1922年)　十二册

卷之二　地舆志三　山川

大哨山　采访：在县东北百里，产婆罗茶。

新平县志

民国二十二年(1933年)　八册　　吴永立、王志高、马太元纂修

卷十四　物产

茶类　产西区斗门，味不亚于景茶，惜所出无多。

续修河西(旧县名,原县辖境属今玉溪地区)县志

民国十四年(1925年)　四册　　董枢纂修

卷一　土产

花属　山茶

景东县志稿

民国十二年(1923 年)　八册　　周汝钊、侯应中纂修

卷之十八　艺文志六

采茶曲（编者按：此处共收录自正月至十二月的采茶曲计十二首，由于其中有很多内容比较庸俗，故删）

石屏县志

民国二十七年(1938 年)　十四册　　袁家谷纂修

卷十六　物产

植物　山茶科

茶

建水州志

雍正九年(1731 年)修，

民国二十二年(1933 年)重印　十册　　祝宏、赵节纂修

卷之二　物产

货物

莫黑茶

续修建水县志稿

民国九年(1920年)　十八册　　丁国梁、梁家荣纂修

卷之一　山川

泸江北五里曰流泉，在北山寺左，味甚甘，春秋墓祭者，必汲以煮茗。寺旧称北冈华刹。

楚雄县志

宣统二年(1910年)　十二册　　崇谦、沈宗舜纂修

卷四　物产

木类　黄练茶

花类　茶花，有红、白二种。

大姚县志

道光二十五年(1845年)　八册　　黎恂、刘荣黼纂修

卷六　物产

花之属　茶花　红　大红　玛瑙　硬枝　白粉红　软枝

姚州(旧州名,民国时改为姚安县)志

康熙五十二年(1713 年)　一册　　管棆纂修

卷二　物产

花之属　山茶

姚　州　志

光绪乙酉(十一年,1885 年)　十二册　　陆宗郑、甘雨纂修

卷三　物产

杂物之属

雀舌茶　出州西四十里凤山，土人亦间有采之者，味虽回甘，性却大寒。

花之属

山茶

卷十一　古迹

三合树　采访：在州东一百四十里石者村后。其树一本而三干，本大十围，皮色如一，干各三围，一茶、一漆、一则土人所谓豆瓣香者，村人每岁杀牲祭之。

古泉　州旧志：在城西四里古泉寺之左，其水甘洌，烹茗极佳。

姚安县志

民国三十七年(1948 年)　八册　　霍世廉、由云龙纂修

卷四十四　物产志

植物

木属

谨按：甘志杂物属载：雀舌茶出州西四十里凤山，土人亦间有采之者，味虽回甘，性却大寒。近弥兴有携普茶种植数十株，现亦长成，将来或有发展希望。又普溯有近山茶一种，味淡而甜，性寒，昔祥云人采购混入普茶中售之；近土人采取煮膏，晒干，成灰白面，冲水服之，味可口，五斤可制膏一斤，价值普茶二倍。

罗次(旧县名,原县辖境属今楚雄彝族自治州)县志

康熙五十六年(1717 年)　四册　　王秉煌、梅盐臣、杨伦纂修

卷二　物产

花属　茶

罗次县志

光绪十三年(1887年)　四册　　胡毓麒、杨钟璧纂修

卷二　物产

花属　茶

镇南(旧州名,原州辖境属今楚雄彝族自治州)州志略

光绪十七年(1891年)　十册　　李毓兰、甘孟贤纂修

卷四　物产

木品　茶

花品　茶花

盐丰(旧县名,原县辖境属今楚雄彝族自治州)县志

民国十一年(1922年)　十一册

卷四　物产志

杂物之属

雀舌茶

白盐井（在原盐丰县境内）志

乾隆二十三年（1758 年）　四册　　郭存庄、赵淳纂修

卷一　山川

大王庙甘泉　有上下二泉，味皆甘，上泉今架枧流关内，注之石缸，汲饮称便；其下一泉，涌出石罅，味更清冽，煮茶为向来司署取汲之。提举郭存庄凿甃深广，建亭其上，以障尘浊，匾曰羊郡甘泉。

卷三　物产

花类　山茶

续修白盐井志

光绪三十三年（1907 年）　十一册　　李训鋐、罗其泽纂修

卷四　寺观

圣泉寺　井旧志：名大王寺，在宝关门外，山麓有二井，水味甘洌，上井美于烹茶，下井利作豆腐。相传井脉来自宾居大王庙，故以名寺……

续修浪穹（旧县名，原县辖境属今楚雄彝族自治州）县志

康熙二十九年（1690 年）　三册　　赵珙纂修

卷一　物产

花类　山茶

浪穹县志略

光绪二十九年(1903 年)　六册　　周沆纂修

卷二　产物

雀嘴茶　采访：产荞后里，形如雀嘴，芽作淡碧色，味苦微酸，性寒，能清郁消滞。

花类　山茶

剑川州志

康熙五十二年(1713 年)　三册　　王世贵、张伦纂修

卷十六　物产

食货

宝山茶

花属　山茶

大理县志稿

民国六年(1917 年)　十六册　　张培爵、周宗麟纂修

卷五　物产　特别产附

按：感通三塔之茶，皆已绝种，惟上末尚存数株。

花草之属

山茶　陈仁锡《潜确类书》：山茶有数种，而滇茶第一，大如碗，红如血，中心满如鹤顶，来自滇南，名曰滇叶。按：今有绣球红、松子壳、

宝珠、玛瑙、菊瓣、十样锦、胭脂片、桂叶、银红数种。

卷二十五　艺文二

江阴徐宏祖霞客《滇游日记》〔节录　崇祯己卯十二年（1639 年）三月〕十一日，早炊，平明夫至，乃行，由沙坪而南一里余，西山之支，又横突而东，是为龙首关，盖点苍山北界之第一峰也……二里登岭头，乃循岭南西行三里，乃稍下，度一峡，转而南，松桧翳依，净宇高下，是为荡山，而感通寺在其中焉……十三日，与何君同赴斋别房，因遍探诸院，时山鹃花盛开，各院无不灿然中庭，院外乔松修竹，间以茶树，树皆高三四丈，绝与桂相似，时方采摘，无不架梯升树者，茶味颇佳，焙而复曝，不免黝黑。已入正殿山门，亦宏敞，殿前有石亭中立，我太祖高皇帝赐僧(无极)归云南诗十八章，前后有御跋，此僧自云南入朝，以白马、茶树献，高皇帝临轩见之，而马嘶花开，遂蒙厚眷……

卷三十一　艺文六

乌程吴应枚《滇南杂咏》　宛转红墙绿树萦，感通佳处试茶铛。望中洱海开奁影，照出山腰玉带横。(感通寺在大理府城西,产茶,晓望苍山白云如带,横束山腰,土人呼为玉带云。)

卷三十二　寺观

感通寺　在城南圣应峰中，有三十六院。汉时摩腾、竺法兰由天竺入中国时建。又名荡山寺。

邓川（旧州名，原州辖境属今大理白族自治州）州志

咸丰三年（1853年）　八册　　钮方图、杨柄锃、侯允钦纂修

卷四　物产

花　山茶

赵州（旧州名，原州辖境属今大理白族自治州）志

万历十五年（1587年）　四册　　庄诚、王利宾纂修

卷一　物产

饮馔之属　茶

花之属　山茶

赵　州　志

乾隆元年（1736年）　四册　　程近仁、赵淳纂修

卷三　古迹

读史台　在晴云庵，明郡绅董思周筑，主事邹良彦题，有古茶、柏树。

卷三　物产

食货属　汤颠茶

花属　山茶　有宝珠、绣球红、松子壳、菊瓣、紫袍、玉带、分心卷瓣、桂叶、银红。

赵　州　志

道光十五年(1835年)　三册

卷三　物产

食货属　汤颠茶

后　　记

2006年4月，中国国际茶文化研究会、吴觉农茶学思想研究会等全国12家茶叶、茶文化团体和吴觉农故乡绍兴市人民政府、上虞市人民政府共同发表了“弘扬吴觉农茶学思想倡议书”，建议多方筹集资金，组织整理出版《吴觉农茶学文集》。经过多方努力，中国国际茶文化研究会成立了由有关专家组成的《吴觉农集》编委会，自2006年起就把编辑出版《吴觉农集》列入中国国际茶文化研究会的重要工作内容，并特邀著名学者、中国社会科学院研究员沈冬梅同志为具体执行主编，全面展开吴觉农有关文献资料的搜集和整理编辑工作。

吴觉农先生一生著述宏富，在茶学、农学、农业经济学、社会、家庭、婚姻、人生等方面，皆有着众多著述和译作。如何确定《吴觉农集》编选范围，编委会和中国国际茶文化研究会学术委员会专家经过数次讨论，最终决定主要以茶学论著、译著为主，并选取少量农学、农业经济学、社会、政治等方面的代表性论述和译作，以期着重反映出吴觉农先生一生事茶作为茶叶专家同时又是著名的农学家和社会活动家的人生风采和学术成就。

《吴觉农集》资料搜集工作量大而繁杂，几乎都在图书馆及茶人们中间展开，沈冬梅同志为此付出了大量心血。资料搜集工作得到了刘勤晋、刘启贵、朱自振、邵曙光、王建荣、陈书谦等茶界人士的大力支持与帮助。钱樑先生的子女、王家斌、马森科、陈席卿、阮浩耕、张定、王亚雷、尹福生等提供了数十封吴觉农书信；中国科学院图书馆馆长张晓林，上海图书馆的甘振虎、屠秀丽，中国国家图书馆文献中心的陆承、王三珊、任鹏飞，上海茶叶学会傅平方，曾在中国科学院图书馆工作的姜勇，中国人民大学的廖菊楝，吴觉农家乡的有关领导和部门等，都给予了大力支持与帮助。中国农业出版社责任编辑姚佳对《吴觉农集》进行了认真编审。在此一并表示衷心的感谢！

这里特别要感谢吴觉农先生的亲属，吴甲选先生、张素娟女士陪同编者先后访问了陈舜年、尹在继、何耀曾、裘览耕等老茶人；而在书信整理方面，吴甲选先生、吴谷茗女士、张素娟女士更是付出了辛勤的努力。

吴觉农先生的著述包含了以其为代表的老一代茶人的历史经验与精神镜鉴，是中国茶产业和茶文化发展的宝贵财富。经过多年努力，《吴觉农集》（共八册）2020年由中国农业出版社陆续出版发行。愿《吴觉农集》的编辑出版为弘扬中国茶文化，以茶为媒，以茶会友，谱写茶产业和茶文化发展新篇章作出应有的贡献。

编者

图书在版编目（CIP）数据

中国地方志茶叶历史资料选辑／吴觉农辑．—北京：中国农业出版社，2022.3
（吴觉农集）
ISBN 978-7-109-26022-1

Ⅰ.①中…　Ⅱ.①吴…　Ⅲ.①茶业－中国－文集
Ⅳ.①F326.12-53

中国版本图书馆 CIP 数据核字（2019）第 223531 号

中国农业出版社出版
地址：北京市朝阳区麦子店街 18 号楼
邮编：100125
特约专家：穆祥桐　　特约编辑：张　荷
责任编辑：姚　佳
版式设计：韩小丽　　责任校对：吴丽婷
印刷：北京通州皇家印刷厂
版次：2022 年 3 月第 1 版
印次：2022 年 3 月北京第 1 次印刷
发行：新华书店北京发行所
开本：700mm × 1000mm　1/16
印张：56.75
字数：780 千字
定价：198.00 元
